THEORY AND POLITICS — THEORIE UND POLITIK

THEORY AND POLITICS
THEORIE UND POLITIK

Festschrift zum 70. Geburtstag für
Carl Joachim Friedrich

Herausgegeben von

KLAUS VON BEYME

MARTINUS NIJHOFF / HAAG / 1971

348892

ISBN 90 247 1196 7

JA
71
.T5
1971

PRINTED IN THE NETHERLANDS

VORWORT

Die Soziologie wissenschaftlichen Ruhms ist weitgehend unerforscht. Ein Versuch, ihn mit behavioristischen Methoden für die Politikwissenschaft zu analysieren, den Somit und Tanenhaus unternahmen, zählt zu den Faktoren, die wissenschaftlichen Ruhm bedingen: originelle Ideen, Beiträge zur Systematisierung, Anregung wissenschaftlicher Forschung, Publikation vielgebrauchter Lehrbücher und organisatorische Fähigkeiten. Carl Joachim Friedrich wurde bei dieser Analyse – obwohl ihr gelegentlich ein behavioristisches *bias* nachgesagt wurde – von einem grossen Prozentsatz der interviewten Politikwissenschaftler sehr häufig zu den bedeutendsten Gelehrten seines Faches gezählt. Einmalig war die Dauer der wissenschaftlichen Hochschätzung, die er in einer Zeit einer immer kurzlebiger werdenden wissenschaftlichen Reputation genoss. Friedrich war neben Lasswell einer der wenigen, die sowohl vor 1945 als auch nach 1945 unter den 15 bedeutendsten Politikwissenschaftlern genannt wurden.[1] Es wird schwer sein, unter den fünf Voraussetzungen wissenschaftlicher Reputation einen einzelnen Grund für die Bedeutung C. J. Friedrichs herauszustellen.

Neue Ideen entwickelte Friedrich – so umstritten manche (vor allem in der Totalitarismusforschung) gewesen sein mögen – besonders in der Erforschung des Konstitutionalismus, des Föderalismus und des Totalitarismus.

Seine bekanntesten Beiträge zur *Systematisierung der Forschungsergebnisse* sind die Werke „Constitutional Government and Democracy" (1937 ff.) und „Man and His Government" (1963).

Auch eingefleischte Behavioristen, die dazu neigten, die mit quantifizierenden Methoden arbeitende Monographie über einen sehr begrenzten Gegenstand für die einzig wissenschaftliche Publikation im engeren Sinne zu halten, haben immer wieder anerkannt, dass Friedrichs „Verfassungsstaat" ein bahnbrechendes Werk war, in dem erstmals versucht

---

[1] Albert Somit-Joseph Tanenhaus, *American Political Science. A Profile of a Discipline*, New York, 1964, S. 66.

wurde, den juristischen Formalismus der älteren Literatur zu überwinden und den *country by country-approach* durch eine komparative Fragestellung zu ersetzen. Der „Verfassungsstaat" war das Lehrbuch einer ganzen Generation und hat bis heute einen Platz unter den einführenden Textbooks behaupten können. Harry Eckstein, der manches an Friedrichs Methode auszusetzen hat, anerkannte in seinem Überblick über die Geschichte des *Comparative Politics*, dass Friedrich der erste Autor war, der zurück zu den Fragestellungen der politischen Soziologie führte, die in der klassischen politischen Theorie seit Montesquieu gestellt worden sind.[2]

Anregungen für wissenschaftliche Forschung hat Friedrich durch seine Lehrtätigkeit in Harvard und Heidelberg in reichem Masse gegeben. Vorliegender Band zeigt jedoch, dass er keine einheitliche Schule gebildet hat. Obwohl Friedrich einer der ersten methodenbewussten Forscher des Faches gewesen ist, und auch in seinen ideengeschichtlichen Forschungen immer dem methodischen Aspekt – und damit der Frage, welche Bedeutung die Theorien vergangener Jahrhunderte für die Politische Theorie der Gegenwart haben – besondere Aufmerksamkeit schenkte[3], hat er keine einheitliche Methode vertreten. Eckstein nannte seine Methodologie sogar „an antimethodological methodology", womit er nicht so sehr den Vorwurf des Eklektizismus aussprach als auf Friedrichs Skepsis gegenüber einem rigorosen Szientismus hinweis, der auf Formulierung exakter Gesetze nach dem Vorbild der Naturwissenschaften, nach Quantifizierung und nach mathematischer Präzision strebt.[4] Friedrich ist politisch und methodisch immer Pluralist geblieben. Das hat ihm gelegentlich den Vorwurf mangelnder Konsistenz eingebracht, ihm aber in den repräsentativen Geschichten der Politikwissenschaft jene Kritik erspart, welche die Polemik gegen Merriam, Lasswell, Easton, Almond, Deutsch oder andere Protagonisten bestimmter Methoden und approaches vorbrachte.[5] Vorliegender Band seiner Schüler und Freunde zeigt dass Friedrich trotz seines fast antikischen Familiensinns viele Schüler, aber keine „disciples" gehabt hat. Ähnliches gilt für die Freunde, die Beiträge zu dieser Festgabe leisteten. Nicht vielen ist es gegeben wie

---

[2] Harry Eckstein, "A Perspective on Comparative Politics, past and present", in: Harry Eckstein-David Apter Eds.: *Comparative Politics*, New York, London, 1963, (S. 3-32) S. 23.

[3] Friedrichs Werk *Die Staatsräson im Verfassungsstaat*, 1961, S. 116ff ist ein gutes Beispiel dafür, wie bei der Erörterung eines heute kaum noch gebräuchlichen Begriffes immer das funktionale Äquivalent in der modernen Theorie mitgesehen wird. Die Bemühungen Friedrichs um die Erkenntnis der immer wiederkehrenden methodischen Grundfragen werden vor allem an der Anthologie „Politische Wissenschaft", 1961, sichtbar.

[4] Eckstein, a.a.O., S. 23, 21.

[5] Friedrich kam z.B. in der hitzigen Attacke gegen die am. Politikwissenschaft von Crick erstaunlich milde weg. Bernard Crick, *The American Science of Politics. Its Origins and Conditions*, Berkeley, Los Angeles, 1967, S. 150, 192.

Friedrich – bei zahlreichen Koautor-und Herausgeberschaften – Freund-
schaft mit sehr unterschiedlichen menschlichen und wissenschaftlichen Tem-
peramenten zu bewahren.

Wissenschaftsorganisatorisches Talent verbindet Friedrich mit dem Drang
selbst zu forschen und sein Talent nicht in organisatorischen Aktivitäten zu
erschöpfen, wie kaum ein anderer Politikwissenschaftler. Das hat er als
Präsident der American Political Science Association (1962/63)[6] und als
Präsident der International Political Science Association (1967-1970), als
Präsident der Association de philosophie politique, oder als jahrelanger
Herausgeber wichtiger Publikationen (wie der Jahrbücher ,,Public Policy''
und ,,Nomos'') in reichem Masse bewiesen.

Selbst den heute von der jüngeren Generation an den älteren Wissenschaftlern vermissten *Praxisbezug* hat Friedrichs Tätigkeit als Politikwissenschaftler nie entbehrt, vor allem als Berater der amerikanischen Militärregierung und von Muñoz Marin in Puertorico. Seine wissenschaftliche und
wissenschaftspolitische Bedeutung überschreitet jedoch bei weitem seinen
direkten politischen Einfluss. Sie liegt vor allem in der Vermittlung zwischen
zwei Kulturbereichen – dem amerikanischen und dem deutschen –, und in
seiner engagierten Förderung des Gedankens der europäischen Einigung.
Friedrich hat sich nie als Emigrant gefühlt und daher selbst auf dem Tief-
punkt der Entwicklung in Deutschland der Nazizeit, – im Gegensatz zu
vielen Emigranten – weder seine Zuneigung zum Geburtsland je aufgeben
versucht, noch seinen Optimismus hinsichtlich der Möglichkeiten demokratischer Entwicklung in Deutschland je ganz verloren. Sein entspanntes Verhältnis sowohl zu den USA wie zu Deutschland machte ihn – der sich stets
als Deutsch-Amerikaner bezeichnete – geeigneter, als Mittler zwischen zwei
Kulturbereichen zu wirken, als manchen ,,Neu-Amerikaner'', der in der
Reeducation-Epoche mit verständlichen Vorbehalten zurückkam. In
Deutschland warb Friedrich für manche Errungenschaft des amerikanischen
Konstitutionalismus, des Föderalismus und der politischen Kultur (zuletzt
in: The Impact of American Constitutionalism, 1967). In den USA hat
Friedrich – in einer Zeit, da sich Generalisierungen für die deutsche Geistes-
geschichte nach der Art von ,,Luther zu Hitler'' auszubreiten begannen,
durch wissenschaftliche Werke – z.B. über Althusius und Kant (Inevitable
Peace) – dazu beigetragen, das Bewusstsein wachzuhalten, dass es in Deutschland auch andere geistige Traditionen gegeben hatte als jene, die für das Jahr

---

[6] Man kann es als besondere Auszeichnung ansehen, dass Friedrich zum Präsidenten in
einer Zeit der Vorherrschaft des Behaviorismus gewählt wurde, zu dem er – im Gegensatz
zu den meisten Präsidenten seit der 50er Jahre – nicht gerechnet werden kann. Vgl. Albert
Somit – Joseph Tanenhaus, *The Development of American Political Science. From Burgess
to Behavioralism*, Boston, 1967, S. 193.

1933 von Bedeutung und Vorbild waren. Diese Arbeiten leben keineswegs bloss vom Informationsgefälle zwischen den Sprachbereichen. Die Arbeit über Althusius (1932) gehört noch heute zu den bahnbrechenden Forschungen über die politische Theorie der Vergangenheit und zu den besten Werken Friedrichs.

Der Mehrsprachigkeit von Friedrichs Wirken entspricht die Festschrift, in dem sie englische, deutsche und französische Beiträge in der Originalsprache belässt. Dr. Hartgerink und dem Nijhoff-Verlag mit ihren Verdiensten um die Vermittlung der wissenschaftlichen Literatur zwischen Amerika und Europa ist es zu verdanken, dass der Band in der vorliegenden Form erscheinen konnte. Der Herausgeber fühlt sich ferner Otto Friedrich und der Flick A.G. zu Dank verpflichtet, die durch grosszügige Spenden die Finanzierung dieser Festschrift ermöglichten.

Dieser Sammelband versucht, die Vielseitigkeit des Friedrichschen Werkes widerzuspiegeln, das von der politischen Ideengeschichte seit der Antike bis zu den Internationalen Beziehungen reicht. „Foreign Policy in the Making" (1938) war eine der ersten Synthesen zu einer Zeit, als es eine entwickelte Disziplin der internationalen Beziehungen noch nicht gab. Da Friedrich in fast allen Werken versucht hat, einerseits die theoretischen Fragen mit den Sachproblemen zu verbinden, und andererseits die Theorie der Gegenwart in ihren Zusammenhängen mit der politischen Theorie der Vergangenheit zu sehen – was ihm gelegentlich sogar den Vorwurf der Demonstration von zuviel Gelehrsamkeit eintrug[7] – ist dieser Band in zwei Teile gegliedert: in einen Teil, der die Beiträge zur Theorie der Vergangenheit und einen zweiten Teil, der die Aufsätze zur Theorie der Gegenwart umfasst. Da beide Partien weite Teile des Gebietes der Politikwissenschaft abdecken und manche einander sinnvoll ergänzen, wagt der Herausgeber zu hoffen, dass der Band mehr als eine blosse Buchbindersynthese ist.

Tübingen, Januar 1971   Klaus von Beyme

---

[7] Eckstein, a.a.O., S. 21.

CONTENTS

II PROBLEMS OF PRESENT POLITICAL THEORY — PROBLEME DER POLITISCHEN THEORIE DER GEGENWART

I

HISTORY OF POLITICAL THEORIES
GESCHICHTE DER POLITISCHEN THEORIEN

RAYMOND POLIN

PHILOSOPHIE ET HISTOIRE DES IDÉES POLITIQUES

L'histoire des idées est un concept complexe et souvent confus qu'il est difficile de soumettre dans son ensemble à une réflexion univoque. On l'a parfois identifiée avec l'histoire des opinions, des représentations collectives, des habitudes de pensée, susceptibles de constituer à chaque époque les éléments d'une conception du monde, d'une *Weltanschauung* ambiante. On pourrait l'entendre, au niveau le plus bon comme au niveau des idées le plus généralement reçues, des croyances les plus diffuses et les plus généralement partagées, au niveau des préjugés explicites ou inscrits dans les moeurs d'un temps.

C'est alors une affaire de conscience implicite, de conscience en soi.

On pourrait entendre aussi l'histoire des idées au niveau d'une conscience plus explicite telle qu'elle se manifeste moins dans les moeurs vécues que dans les écrits, dans les paroles, dans les oeuvres d'art d'un temps. On y traiterait encore volontiers des formes d'expression autant comme des indices et comme des témoignages indirects que comme des moyens directs d'expression et d'analyse d'un état des idées ambiantes. La littérature spontanée y aurait autant de prix que l'oeuvre littéraire réfléchie, et les auteurs mineurs seraient aussi bons témoins que les créateurs d'idées, de valeurs et de chefs d'oeuvre. On s'attacherait tout autant à ceux qui sont tout à fait de leur temps, qui en sont bien imbibés plutôt qu'à ceux qui le guident et anticipent sur le suivant par leur nouveauté.

Le plus souvent, c'est à l'un ou à l'autre de ces niveaux que s'en tiennent les historiens des histoires des idées, qu'il s'agisse de traditions aussi différentes et aussi brillantes que celle de Paul Hazard ou celle de Paul Lovejoy. Ils attachent une place plus limitée à l'expression proprement philosophique des idées et à ceux qui font profession de considérer les idées elles-mêmes comme l'objet propre de leur prise de conscience, de leur invention, de leur travail spécifique. Pour ceux-ci, au contraire, l'analyse conceptuelle, la réflexion, la mise en forme de théories constituent leurs méthodes propres. C'est là vocation de philosophe. Pour eux, l'histoire des idées se concentre, par privilège, dans l'histoire de la philosophie, quelles que soient les idées dont il y ait philosophie. Cette histoire-ci des idées concerne les idées dans la mesure où celles-ci ont été élaborées et réfléchies de telle sorte qu'elles puissent être élevées au niveau de conscience le plus clair dont elles soient capables, en même temps qu'on cherche à les ordonner entre elles de la façon la plus cohérente ou la plus systématique possible. Ce qui répond au but suprême de la philosophie qui est, pour chaque philosophe, de comprendre, de se comprendre et de faire comprendre, au plus haut point de lucidité qu'il lui est possible d'atteindre. A la limite, les idées qui occupent le philosophe sont celles dont il peut y avoir théorie, et dans la mesure où il peut en faire la théorie.

En d'autres termes, aux deux premiers niveaux de l'histoire des idées, l'attitude du chercheur est avant tout celle d'un historien, dont la philosophie personnelle demeure distincte et séparée de la conception du monde dont il découvre et décrit les manifestations. En lui, l'attitude de l'historien prévaut sur celle du philosophe. Au contraire, l'histoire des idées philosophiques est affaire de philosophe et, dans ce dernier cas, l'historien est inséparable de sa philosophie. Son oeuvre d'historien est dominée par sa vocation et par sa tâche de philosophe; elle contribue à sa propre formation, aussi bien qu'à l'oeuvre éducatrice qui accompagne sa mission proprement philosophique. Il n'est curieux du passé que pour éclairer le présent, pour contribuer à le pémétrer de ses valeurs, à le rendre intelligible et à agir sur lui. C'est en philosophe qu'il travaille. Si philosophe que soit l'historien des idées' si historien que soit le philosophe étudiant l'histoire de la philosophie, il y a entre leurs attitudes moins une différence de degré qu'une différence de nature.

La coupure entre leurs travaux n'est pas cependant radicale. Les idées implicites dans les oeuvres littéraires (l'idée de nature, l'idée d'homme, l'idée de justice par exemple) relèvent certes, elles aussi, de l'histoire des idées philosophiques. C'est qu'il s'agit encore ici d'oeuvres de la réflexion, quoique les idées n'y soient traitées que par l'indirect. Elles y sont présentes ,,en soi", par l'exemple et dans les actes, mais, consciemment ou non, elles sont au coeur de l'oeuvre et de ses intentions.

Nous ne voulons pas dire, par conséquent, que l'histoire des idées doive se borner à une histoire de l'explicite et que toute la signification sous-jacente, et surtout les significations inconscientes d'un auteur étudié en doivent être exclues. Bien au contraire. Mais nous voulons dire que celles-ci ne prennent de valeur pour le philosophe que dans la mesure où elles préparent et étayent une réflexion réfléchie qui vise à la lucidité la plus exigeante, exprimée sous une forme aussi strictement conceptuelle que faire se peut. Le non-conscient, le non-réfléchi, ne relèvent de l'histoire des idées philosophiques que dans la mesure où ils participent de l'élaboration et de l'expression d'idées réfléchies pour elles-mêmes.

L'analyse du langage relèvera donc de l'histoire des idées, mais dans la mesure seulement où l'histoire d'un mot, par exemple, peut être explicitée en histoire d'une signification et révèle, à l'analyse, une certaine conception de son objet, une idée dont il peut être fait la théorie, comme les derniers travaux d'Emile Benveniste le montrent si bien.

Ce qui est simplement vécu – et ce que le philosophe pourrait prendre en considération comme le milieu et peut être comme la condition de l'éclosion des idées qui l'intéressent – relève moins de l'histoire des idées au sens philosophique auquel nous nous limitons désormais, que de l'histoire des moeurs. L'implantation de l'histoire des idées dans l'histoire des moeurs exprime, dans la réalité, une relation de continuité, comme l'implantation de l'arbre dans le sol. Mais pas davantage. La formation des idées implique une prise de conscience, celle-ci peut être en soi, mais elle ne prend de sens, de portée, que par rapport à un ,,pour soi'' qu'elle porte en elle, et dans la mesure et au moment où elle parvient à le rendre explicite. L'histoire des idées ne trouve d'objet que par la conversion du vécu au ,,pour soi'' et à partir de ce ,,pour soi'' sans lequel l'"en-soi" serait pour lui-même dépourvu de sens philosophique. L'histoire des idées est une oeuvre philosophique; son objet est philosophique; il est le produit d'une conversion philosophique du vécu en pour soi. C'est la justification de sa nature philosophique: l'historien des idées fait oeuvre de philosophe à la fois par l'élaboration philosophique à laquelle il se livre – sa méthode est, par excellence, une méthode de réflexion, d'analyse et d'interprétation consciente, une recherche de la lucidité – et par la nature philosophique de son objet.

C'est pourquoi l'histoire des idées que nous prenons ici en considération trouvera son objet favori, et sans doute son objet privilégié, dans la compréhension, l'interprétation, l'appréciation des théories et des doctrines philosophiques,

Il conviendra de distinguer, dans l'histoire des idées, des domaines fort différents, qui seront susceptibles de relever de méthodologies et d'intentions fort diverses: histoire des idées mathématiques, histoire des idées scientifiques, histoire des idées religieuses, histoire des idées juridiques, des idées philosophiques et plus particulièrement des idées métaphysiques, des idées logiques, des idées esthétiques, des idées morales et politiques, que sais-je encore. Nous traiterons exclusivement de l'histoire des idées morales et politiques, domaine dont nous nous préoccupons tout spécialement.

Soulignons tout d'abord l'unité radicale du domaine moral et politique. Même si l'on peut distinguer l'éthique des relations d'individu à individu de la politique, où les relations avec le public sont essentielles, il existe, de l'éthique au politique, une dialectique indéchirable aussi bien qu'irréductible à l'unité, qui fait du domaine politique et moral un domaine spécifique. Rousseau avait bien raison d'écrire que ,,ceux qui voudront traiter séparément la politique de la morale n'entendront jamais rien à aucune des deux''.

Nous partirons du principe qu'une idée, qu'une doctrine morale et politique, ne constitue pas un système fermé sur lui-même et qui meurt avec son créateur. Dès qu'il est livré au public, il vit d'une sorte de vie spécifique, parce qu'il se trouve nourri de toutes les interprétations, de toutes les opinions, de toutes les controverses auxquelles il donne lieu. Les intentions originaires de l'auteur, portées par le véhicule, toujours inadéquat, toujours incertain de ses oeuvres, forment le catalyseur et l'excitateur des interprétations à venir avec d'autant plus d'efficacité, de continuité, de durée, que l'oeuvre dont il s'agit s'élève à des dimensions plus universelles. Entre l'histoire qui se fait autour d'elle et l'histoire qu'elle développe, s'établissent des liens réciproques et constamment renouvelés.

Or, l'histoire des idées morales et politiques se distingue, dans l'histoire des idées en général, parce qu'elle est essentiellement une histoire des valeurs morales et politiques, de leur signification, de leurs relations à la pratique. Les idées morales et politiques ne peuvent être réduites, en effet, à des éléments simplement conceptuels. En les présentant comme des valeurs, nous les désignons comme des complexes d'idées, de significations et d'images en continuité avec la pratique, en prise sur elle, comme des ensembles d'intentions et de schèmes d'actions tout pénétrés de réactions affectives et de prolongements pratiques, normatifs et sociaux. Evaluer, c'est, non seulement prendre conscience, mais aussi former la conscience d'une certaine manière d'agir sur le donné, c'est s'intégrer a une certaine procédure pratique, participer à une action virtuelle ou efficace.

Si l'histoire des idées morales et politiques apparaît essentiellement comme une histoire des valeurs, elle ne peut donner lieu à une science, au sens étroit du terme, mais à une compréhension historique de ces valeurs. De cette conscience pratique des valeurs, de cette activité plus ou moins consciente d'elle-même, il ne peut y avoir de connaissance. Elle ne comporte pas de vérité, mais, à proprement parler, une validité pratique. Une activité, une action, n'est pas vraie, elle a une valeur, une opportunité, une efficacité. Faire l'histoire d'une valeur, c'est la faire revivre, restaurer sa validité pratique, retrouver son intention pratique originaire, susciter une attitude créatrice de valeurs en harmonie avec l'attitude originaire qui leur avait donné naissance. Comprendre, c'est susciter des valeurs, en harmonie avec les valeurs originaires, retrouver une certaine attitude pratique par rapport à un monde donné. A la création originaire des valeurs, il s'agit de faire correspondre une invention de valeurs, en harmonie, en correspondance, en cohérence, avec la première.

C'est dire que l'histoire des valeurs morales et politiques est toujours une interprétation: comprendre, c'est essayer de réinventer une perspective irréductible, dont les composantes sont historiques et personnelles. Il n'y a donc pas une interprétation unique d'une valeur morale et politique, mais il y en a une diversité sans doute aussi inépuisable que l'histoire elle-même.

C'est le propre des grandes doctrines de susciter à l'infini et constamment de nouvelles interprétations, de nouvelles manières de les comprendre. Une grande doctrine existe, vit, sous les espèces de ses interprétations successives. Chaque interprétation nouvelle est proprement la figure vivante de l'oeuvre originaire, sa façon d'exister, d'avoir du sens, pour un homme, pour un groupe d'hommes, à une époque donnée. A travers l'actualité de cette figure, la doctrine originaire trouve une prise sur l'histoire actuelle: elle marque ainsi sa présence. Elle n'est pas la reconstitution d'un système d'idées mortes, une curiosité muette à placer dans un musée: elle est la résurrection d'une conception de l'homme et des choses humaines qui donnent la parole, dans les dialogues du temps présent, à un homme génial, dont la vision originale, unique, affirme son univers, sa perennité, et le manifeste efficacement dans l'éducation des hommes de l'époque, dans la discussion de leurs problèmes et jusque dans leurs luttes. Platon, Aristote, Locke, Rousseau, Marx ne seraient rien, s'il n'y avait des conceptions du monde, toutes différemment, mais toutes fidèlement, platoniciennes, aristotéliciennes, lockiennes, rousseauistes, ou marxistes, à l'oeuvre, efficacement à l'oeuvre, dans le présent.

C'est pourquoi les préjugés à la mode contre l'histoire de la philosophie, contre l'histoire des idées, sont si ridicules et si vains. Rien n'est plus essentiel au présent que le passé. Il n'y a pas de dépassement qui ne suppose de conservation. Il n'y a pas de création du nouveau sans assimilation de l'ancien. Cela n'aurait certes pas beaucoup de sens de faire de l'érudition pour l'érudition et de faire métier de rat de bibliothèque. Mais cela n'aurait plus du tout de sens d'avoir l'illusion de vivre et d'agir à partir de rien, de créer *ex nihilo* et d'ignorer les bibliothèques ou de les brûler.

Il va sans dire que l'interprète lui-même ne se livre pas à sa tâche sans en subir, sans en vouloir, les conséquences. Il fait oeuvre de créateur second, il tâche de retrouver à sa façon un élan originaire, il se fait l'interprète d'idées dont il n'aurait pas été capable à lui tout seul. Pour les comprendre, il les réinvente, si fidèle qu'il se veuille, sous une forme qui est la sienne propre. Il peut en être l'ami ou l'ennemi, rechercher un allié ou vouloir mieux connaître un adversaire. Il est lui même, tout le premier, éduqué et transformé par son interprétation. S'il pouvait accomplir sa tâche sans en être marqué, sans être le premier à en apprendre quelque chose, pourquoi souhaiterait-il s'y livrer? A quoi rimerait cette absence de vocation? Et quelle motivation aurait bien pu l'inciter à consacrer à sa tâche d'interprète le meilleur de ses forces, le plus clair de son temps?

Le philosophe historien n'est en rien comparable à ce savant, qui serait savant dans son laboratoire ou devant son tableau noir et homme dans sa maison. Il fait corps avec son oeuvre et vit de son résultat. Il n'est jamais un pur historien, il est aussi un doctrinaire. Son interprétation est liée à une doctrine implicite, la sienne propre, même s'il n'en a jamais tenté ou réussi l'élaboration explicite. Il n'est jamais un pur théoricien coupé de la pratique. Mais il est, à sa façon, sinon un homme d'action, du moins un homme dans l'action.

Une telle compréhension interprétative est fonction à la fois des valeurs transmises par l'oeuvre originaire et de l'attitude propre de l'interprète ainsi que de sa situation historique.

A cet égard, nous n'entrerons pas dans une discussion banale qui se réduit d'ordinaire à l'affrontement de dogmatismes irréductibles. Nous nous bornerons à définir notre position. A nos yeux, une doctrine, et d'autant plus qu'elle est d'une portée plus universelle, est l'expression de ce qu'un homme a de plus original et de plus propre: à la limite, elle est l'homme lui-même. Son sens le plus essentiel tient à l'effort créateur de l'auteur, révèle son attitude créatrice et ne s'interprète que par elle. Ce qu'elle a de plus significatif, c'est ce qui, sans lui, n'aurait pas été et n'aurait pas été dit. Toute théorie qui prétend trouver l'explication de la doctrine d'un homme dans l'action déterminante des éléments de la situation historique dans laquelle elle a été composée nous paraît donc erronée; elle se limite à une interprétation grossièrement causale. A tant faire, il faudrait faire comprendre selon quelles modalités jouerait cette prétendue causalité. Le matérialisme historique le sent bien; il superpose à cette détermination causale, l'action d'un intermédiaire, les classes sociales et leurs luttes, dont les intérêts matériels, la survie, permettent d'interpréter l'orientation, les transpositions et les marques de cette prise de conscience travestie qu'est une "superstructure" idéologique. Que de confusions, que d'obscurités, dans le chevauchement de ces deux systèmes d'explication. Il faudrait commencer par montrer qu'ils ne sont pas contradictoires, car la conscience de la vie est tout autre chose que la détermination de la conscience par la vie. L'acte de prendre conscience n'est pas le produit d'une détermination: il en est le dépassement. On oublie en outre de justifier, au passage, le fait que l'on a recours à la confuse notion de classe et qu'on préfère un système de références collectif plutôt qu'un système de références individuel.

Sous le couvert d'une prétention pseudo-scientifique, la théorie matérialiste historique ignore le rôle de l'individu créateur, l'efficacité de la réflexion et de la prise de conscience et réduit l'explication, et du même coup, la doctrine elle-même, à quelques éléments généraux interchangeables valables pour une période tout entière. Elle oublie le plus important, c'est-à-dire ce que nul autre dans son temps n'a dit de la même façon, ce dont l'auteur est l'inventeur libre et original, la première et unique origine.

Cela dit, il faut bien entendu reconnaître que la situation historique dans laquelle se développe une doctrine lui fournit un système de références sans lesquelles elle ne serait pas compréhensible, et auquel nul ne peut prétendre échapper, mais il y a loin de l'usage d'un système de références à l'affirmation dogmatique d'un système de déterminations causales. De même, nous ne pensons pas que l'on puisse épuiser l'interprétation d'une doctrine à partir de déterminations que lui feraient subir les éléments de la personnalité de son auteur ou les événements psychologiques de son existence, bien que leur connaissance puisse être d'un prix certain dans la compréhension des valeurs qu'elle présente. Le psychique ou le caractériel peuvent aider à la compréhension d'une oeuvre; la réciproque est aussi vraie et sans doute plus vraie encore.

Que sont, pour comprendre Nietzsche, l'histoire de son temps, sa biographie intellectuelle et psychologique, pourtant si extraordinaires et tellement significatives, auprès de la signification portée par l'oeuvre elle-même? Qui pourrait écrire l'oeuvre de Nietzsche à partir de ses histoires? Qui ne préfèrerait pas cent fois l'oeuvre de Nietzsche pour connaître l'homme Nietzsche, plutôt que toutes ces petites histoires? Après tout, ce sont les plates évidences qu'on nous invite si souvent et si dogmatiquement à oublier.

Pureté, altitude, sérénité de Sils Maria où je me trouve en ce moment, comme vous convenez bien à ce premier livre du Zarathoustra qui a été écrit au bord de ces lacs, dans cette courbe de montagne, au commencement d'août 1881, ,,à six mille pieds au-dessus de la mer et bien plus haut encore, au-dessus de toutes les choses humaines''. Mais n'y a-t-il pas une distance infinie entre ces hauteurs suprêmes de l'Engadine et l'éclosion du Zarathoustra? Toute la distance qui tient d'abord, dans le fait même de la prise de conscience, et d'autre part toute la distance qui tient dans la puissance créatrice originaire des hommes de génie.

Qu'il s'agisse de situations historiques, de situations sociales, de situations psychologiques, le propre de la production des valeurs, c'est de partir d'elles mais d'aller au-delà. Et c'est ce dépassement qui est le plus significatif, qui donne son sens le plus propre à l'oeuvre, ce par quoi elle est incomparable et irremplaçable, et ce qu'il faut atteindre pour l'interpréter fidèlement. Les valeurs accomplissent en tant que telles une transcendance en acte, une libération par rapport à tout donné, une prise de distance, qui est le propre de l'évaluation. C'est pourquoi toute explication par l'historique, le social, le psychologique, ne touchent que l'inessentiel. L'essentiel, l'irréductible, ce autour de quoi tourne toute compréhension, c'est toujours au delà de toute compréhension parfaitement adéquate, la création elle-même, dans son élan original, irréductible. On ne peut guère en rendre compte qu'en essayant de retrouver l'orientation créatrice, l'attitude créatrice, dont les thèmes, les références axiologiques fondamentales, sont plus aisés à décrire et à repérer que le mouvement créateur lui-même. L'interprétation est une forme seconde, une forme d'ailleurs nécessairement réactive et dépourvue d'initiative proprement créatrice.

De telles observations valent, il va sans dire, non seulement pour l'oeuvre de l'auteur originaire, mais pour l'oeuvre de chacun de ses lecteurs et de ses interprètes. La différence, c'est que la création novatrice, l'inspiration, est originaire chez l'auteur; son oeuvre propre consiste dans ce dépassement du donné, dans cette libération, selon une attitude, une perspective proprement originale. Tandis que chez l'interprète, pour qui il ne s'agit que de création imitative, de création seconde et adjacente, la part de la réflexion, de la recherche de conscience harmonique, est plus considérable. L'auteur se laisse aller à une inspiration qui l'entraîne, l'interprète cherche à retrouver cette inspiration et son sens à force de lucidité.

Mais dans un cas aussi bien que dans l'autre, ce qu'il faut affirmer, c'est la capacité de tout homme, et c'est là sa capacité proprement philosophique, à transcender la situation historique, sociale, psychologique, dans laquelle il se trouve placé. Contre la théorie marxiste des idéologies, ce qu'il faut reconnaître, c'est, non pas l'autonomie, l'indépendance, ordinaires et de fait, de la compréhension et de l'évaluation, mais la possibilité, le principe de leur autonomie, de leur indépendance. Il ne s'agit pas seulement de reconnaître que le jugement et la connaissance scientifiques sont capables d'échapper aux déterminations qui pèsent irréductiblement, selon Marx, sur les idéologies, ce qui est d'ailleurs l'objet d'une querelle traditionnelle intérieure au marxisme. L'important, c'est qu'il en aille de même de l'évaluation créatrice ou recréatrice, et de la compréhension des valeurs qui sont au principe de toutes les formations ,,idéologiques'', au sens le plus large du terme, bien que les valeurs ne puissent être, en tant que telles, objets de science. Contre tous les dogmatismes, religieux naguère, idéologiques aujourd'hui, la vieille revendication de John Locke demeure toujours debout et reste le critère ultime de toute liberté humaine: reconnaître à chacun le pouvoir, la liberté, de juger par lui-même en dernier ressort. Cela implique la liberté, le pouvoir d'être à l'origine, d'être le premier commencement, de sa propre pensée, de son propre jugement, dans une situation historique donnée. Cela suppose l'indépendance de la réflexion.

Ce principe décisif ne peut être affirmé que si l'on accorde aussi les postulats qu'il implique, c'est-à-dire, en premier lieu l'irréductibilité de l'existence individuelle, l'originalité d'une attitude propre qui forme le principe d'une existence; en second lieu, l'identité de la liberté et de la conscience, lorsqu' elles parviennent à leur réalisation la plus achevée; en troisième lieu, la vocation proprement humaine de l'homme à vivre dans un monde qui ait du sens, où exister en homme puisse vouloir signifier comprendre et être compris. C'est à ces conditions seulement que l'histoire des idées peut être véritablement une oeuvre philosophique.

En conséquence, mais c'est encore une évidence banale que l'on se plaît à masquer et à oublier, l'histoire des idées a pour objet fondamental ces idées elles-mêmes à travers les oeuvres écrites qui les expriment. Si l'histoire des idées ne peut se passer de l'histoire des évènements et du milieu dans lequel ces idées se développent, si elle ne peut se passer de la connaissance de la personne et de la vie de l'auteur, de son caractère, de ses moeurs, elle a pour objet, les oeuvres, et pour méthode leur analyse, la recherche de leurs thèmes majeurs, la découverte de leurs structures et de l'attitude créatrice qu'elles expriment, la mise au jour toujours hypothétique des intentions et des significations originaires de l'auteur. Les approches sociologiques, historiques, psychologiques, sont des aides indispensables. Mais leur apparente objectivité, leur caractère factuel, matériel, sont des témoignages trompeurs; leur extériorité ne peut être réduite. Les signes et les preuves suprêmes se trouvent dans l'oeuvre même, dans l'implicite et, avant tout et en dernier ressort, dans l'explicite.

Encore ne faut-il pas abuser de l'implicite et de la lecture entre les lignes. On a beau jeu de souligner la complexité des grandes oeuvres, la latitude laissée à leurs possibles incohérences, à leurs possibles équivoques, et même cette difficulté que l'auteur aurait éprouvée, non seulement à vaincre l'opacité et l'inadéquation des formes reçues de l'écriture, mais même à prendre lucidement conscience de ses propres intentions, sans parler de la nécessité parfois protectrice de ne pas tout dire, de laisser deviner et de n'avancer que masqué. Passons sur le ridicule que l'interprète se donne en prétendant en savoir plus long sur son auteur que l'auteur n'en savait de lui-même. La prétention est peu sensible au ridicule. Faisons la part des choses, en particulier pour ceux qui avaient à se faire entendre en dépit de la servitude, ou pour ceux dont le style d'expression consiste à procéder par l'indirect.

Ceux-là sont rares malgré tout et ceux-ci relèvent souvent davantage de la littérature que de la philosophie. Tenons pour une règle stricte que l'implicite ne peut jamais donner lieu qu'à des hypothèses incontrôlables et que, en bonne méthode, on ne devra pas les présenter autrement. Aucune hypothèse compatible avec l'explicite n'est interdite, mais elle ne demeure jamais qu'une hypothèse. Cette règle répudiée, on peut faire dire à l'auteur n'importe quoi et surtout, d'ailleurs, puisqu'on passe outre à ce qu'il a dit, on peut lui faire dire ce qu'il n'a pas dit et même ce qu'il n'a pas voulu dire.

Sans doute la gratuité de ce que l'on avance alors rend-elle possible des propositions surprenantes, mais ce brillant, né de la gratuité, est de mauvais aloi. En échappant à tout système de preuves, on échappe aussi à tout contrôle, et on ne donne prise à aucune critique. On entre dans un jeu gratuit. On peut penser que ce jeu est vain. A moins que le témoignage que l'on apporte, qui est seulement un témoignage sur soi, ne constitue par lui-même une doctrine. Alors, l'auteur interprété n'était plus qu'un prétexte et l'interprète devient l'auteur véritable. La doctrine présentée, considérée cette fois pour elle-même et non plus dans une perspective historique, peut re-trouver toute sa légitimité dans le présent, en renonçant à toute fidélité par rapport au passé.

Mais, dans le cadre de l'histoire des idées, on peut faire toutes les théories que l'on voudra – notre époque en est friande – pour démontrer que l'essen-tiel se trouve dans le sous-jacent, dans le souterrain, qu'il s'agisse d'incon-scient, de pulsions, de structures ou d'infra-structures, et que l'explicite ne dépasse pas les limites d'une prise de conscience fallacieuse et travestie. On pourra le faire parfois, rarement, à juste titre. On ne pourra pas empêcher que toute l'interprétation ne parte de l'explicite, et ne revienne à l'explicite et que, dans le rapport de l'interprète à l'oeuvre originaire, la fin recherchée ne soit le maximum possible de conscience claire, de lucidité, d'explicitation. *L'ultima ratio*, dans un cas aussi bien que dans l'autre, c'est ce qui a été effecti-vement écrit.

Exigeons plus encore. A partir du moment où l'on admet que c'est l'oeu-vre qui constitue la loi de l'interprétation, on est amené à penser l'ensemble de l'oeuvre comme un tout, comme un langage total, dont chacun des textes qui le composent constitue pour ainsi dire, une phrase, une parole. Sous peine de n'avoir affaire qu'à une oeuvre médiocre et de petite portée, cet ensemble trouve le sens de chacune de ses parties dans sa participation au tout, dans la cohérence de l'ensemble. Cette tendance à la cohérence correspond à l'attitude créatrice originaire qui est à la source de l'oeuvre. Cette, tendance à l'expression cohérente se heurte, en fait, au magma, par définition inadapté, des moyens de l'expression et doit se frayer un chemin à travers des circonstances plus ou moins favorables. Mais c'est la cohérence, plus ou moins parfaite, plus ou moins achevée, qui constitue l'institutrice du centre. C'est pourquoi, il convient de prendre la cohérence d'une oeuvre pour postulat de travail, aussi longtemps que faire se peut, et ne se résigner à reconnaître une contradiction d'un grand auteur qu'après que toutes les hypothèses conciliatrices imaginables se sont montrées vaines. La constatation d'incohérence n'est qu'un pis aller et un constat d'échec, pour l'interprète autant que pour l'auteur.

L'appel aux vertus de l'empirisme, seul capable, dit-on parfois, de suivre la pensée d'autrui jusque dans ses incohérences et de la révéler dans son inauthenticité, s'il est respectable quand il est opportun, ne doit pas, à la suite d'une généralisation hâtive de son emploi, tomber, aux dépens de la pensée que l'on tâche de comprendre, dans les vices de la paresse et de la passivité.

On le voit, en renonçant à admettre qu'il puisse y avoir une vérité unique et éternelle dans l'interprétation d'une oeuvre morale et politique, en réduisant l'interprétation à une compréhension axiologique, à une reconstitution, en fonction d'une perspective originale, en faisant dépendre la compréhension d'une oeuvre, à la fois, de la lumière qui émane d'elle et de la lumière qu'elle reçoit, nous avons rendu difficile le problème de la définition des limites légitimes de l'interprétation en histoire des idées. Mais nous n'avons renoncé, ni à affirmer que ces limites existent, ni à en déterminer la latitude.

La compréhension d'une oeuvre naît, avons-nous dit, de la rencontre de deux attitudes créatrices de valeurs, l'attitude propre à l'auteur de l'oeuvre et dont celle-ci est l'expression plus ou moins imparfaite, et l'attitude propre à l'interprète. Celui-ci accomplit son travail de réinvention en fonction de son attitude philosophique propre, quelle que soit la lucidité à laquelle il parvienne à son propre égard. Car l'interprète a une philosophie propre, qu'il ait ou non réussi à la rendre explicite. La compréhension d'une doctrine morale et politique est toujours fonction de la doctrine propre de son interprète.

C'est dire que, non seulement il n'y a pas d'interprétation vraie, mais qu'il n'y a même pas d'interprétation radicalement objective. Toute interprétation est affectée d'un certain coefficient doctrinal irréductible, que l'on peut définir à partir de l'attitude axiologique personnelle de l'interprète. Pour qui veut comprendre des valeurs, il n'y a pas, pour reprendre le mot de Max Weber, de *Wertfreiheit*: en présence de valeurs, il n'y a pas de neutralité, de liberté possible par rapport à n'importe quelle valeur. Il n'y a même pas d'existence humaine qui ne dégage une évaluation. Exister humainement, c'est se situer par rapport à une constellation de valeurs. L'homme *wertfrei* serait un homme abstrait, un pur indifférent. Il finirait par n'y avoir plus pour lui de valeurs, ni les siennes, ni celles des autres. Parvenu à la limite de l'indifférence, comment pourrait-il comprendre ce qui n'existerait même plus pour lui? On ne peut comprendre les valeurs d'autrui que par rapport aux siennes propres, en composant avec elles un ensemble ordonné, qui les ,,comprenne'', au double sens de ce mot, et qui permette de les ,,comprendre''. On ne peut comprendre autrui que par rapport à soi-même.

Nous nous étions naguère efforcé de montrer qu'il n'y avait pas de valeurs absolument objectives. Nous n'avons pas cessé de le croire. Comment pourrait-on imaginer que l'on pût parvenir à une compréhension, c'est-à-dire à une évaluation objective des valeurs? Il ne s'agit absolument pas de renoncer à une attitude ,,scientifique'' au sens le plus large du mot, à l'égard des valeurs humaines, je veux dire à une attitude de rigueur et d'honnêteté intellectuelle où la lucidité, l'explicitation, la conceptualisation soient requises, au plus haut point où on puisse les porter. Il s'agit de ne pas confondre cette attitude ,,scientifique'', qui comporte sa spécificité et ses limites, mais aussi sa règle, avec la ,,science'' dont sont capables les objets de la nature et les nombres.

De cette position radicalement subjectiviste, si fort incomprise, il ne s'ensuit pas que tout soit permis, bien au contraire. La règle est bien plus sévère, bien plus austère, quand on a enfin compris qu'elle ne dépend que de soi et des critères moraux que l'on s'impose.

On peut d'abord définir cette règle en termes moraux, en effet, ce qui a l'avantage de n'en point masquer le caractère ouvertement subjectif. Sans doute, l'oeuvre livrée au public appartient-elle désormais à celui-ci, et sa vie dépend-elle indéfiniment de l'interprétation des autres. On peut admettre, en effet, que l'auteur, ou l'oeuvre, auxquels l'histoire des idées morales et politiques s'intéresse, a une consistance et une cohérence propres. Par rapport à l'auteur, cette consistance cristallise, autour de l'attitude axiologique qui lui est propre – par rapport à l'interprète, l'oeuvre semble avoir comme une ligne de plus grande pente, une orientation majeure, une convergence de ses lignes de force, capable de résister aux déformations, aux déviations qu'on tenterait de lui imposer de l'extérieur.

Par rapport à l'orientation fondamentale d'une oeuvre, le philosophe de l'histoire des idées a un devoir de loyauté, qui suppose du respect, du bon vouloir, et cette générosité qui cherche à estimer l'autre au plus haut point dans ce qu'il a de propre et de plus original. C'est la loyauté que l'on peut attendre d'un ami comme d'un adversaire quand l'effort commun pour comprendre est porté à son niveau le plus aigu et le plus élevé.

En fonction de sa ligne de plus grande pente, une oeuvre complexe et grande se situe entre des limites d'interprétation plus ou moins proches, mais toujours distantes, et cela d'autant plus qu'elle est plus complexe et composée d'éléments plus incertains. Il y a, autour de l'attitude créatrice de l'oeuvre, une latitude d'oscillations qui ouvre un large champ à des interprétations diverses. Mais cette ouverture a des limites en dehors desquelles l'interprétation manque à son devoir de compréhension et devient déloyale. Toute interprétation d'une oeuvre est une interprétation sur un thème et, pour ainsi dire, une variation sur ce thème. Il y a bien des variations loyales sur un thème. Beethoven avait écrit un jour cinquante variations sur un thème de Diabelli, et chacune reste parfaitement fidèle à ce thème. Mais il y a des interprétations qui ne sont pas simplement des variations, mais qui sont des déviations, des déformations proprement infidèles et déloyales.

On pourrait donner à la règle de loyauté un tour phénoménologique, en reprenant cette analyse de cohérence d'une oeuvre à laquelle nous nous sommes déjà livrés. De même qu'une oeuvre, pour acquérir sa plus grande force d'expression, tend à être aussi cohérente que possible, de même l'interprète pour s'élever à la plus grande compréhension, doit tendre à former une interprétation en cohérence, en harmonie avec l'oeuvre qu'il interprète. Comme si la réinvention du complexe de sens et de valeurs à laquelle il se livre, pouvait s'inscrire dans la perspective caractérisée par l'attitude génératrice de l'oeuvre initiale: il s'agit pour lui de prêter sa propre vie, sa propre capacité de création et de conscience, à cette attitude par rapport à soi, aux autres, au monde, aux valeurs, manifestée autrefois par une oeuvre. Cette cohérence phénoménologique entre les valeurs initiales et leur interprétation correspond à la loyauté subjective de la recherche. Telle est la vaste limite du champ des interprétations plausibles, vraisemblables. Et tout ce que peut faire l'interprète des valeurs, c'est de tâcher de parvenir à une interprétation plausible.

Il y a donc plusieurs interprétations possibles, et sans doute, une infinité d'interprétations loyales et cohérentes, en fonction d'interprètes toujours différents, toujours uniques. L'histoire des idées morales et politiques est toujours ouverte, toujours à faire et à refaire. Cette indéfinie reprise dans l'histoire est, pour une oeuvre, le témoignage de son irrépressible présence et la preuve de sa grandeur par sa perennité. Mais on ne peut faire dire à une oeuvre n'importe quoi. Il y a des interprétations impossibles parce qu'elles ne sont pas cohérentes avec l'oeuvre originaire, parce qu'elles seraient déloyales. On ne peut faire de Locke un partisan de l'intolérance, de Montesquieu, un partisan de l'arbitraire, de Rousseau, l'apôtre de la dictature ou de Hegel le défenseur de l'anarchie. Nous nous sommes interdit de parler d'erreur dans le domaine de l'histoire des idées morales et politiques puisque nous nous sommes interdit de parler de vérité. Alors il nous faut dire que, s'il y a une multiplicité d'interprétations qui peuvent être loyales et fidèles, cohérentes par rapport à l'oeuvre originaire, il y en a d'autres qui sont incompatibles avec celle-ci et qui peuvent être délibérémment infidèles et déloyales, qui peuvent proprement être traitées de mensonges.

Les jeux sur les mots auxquels se livrent avec complaisance certains acrobates contemporains sont, hélas, de cette nature.

C'est pourquoi la critique et la discussion, en histoire des idées, risque si facilement de prendre un tour personnel. En fait, il y a deux sortes de discussions possibles. La première résulte de la collision d'interprétations plausibles et d'interprétations qui ne le sont pas, voire seulement d'interprétations non plausibles. Cette sorte de discussion est vaine et inutile, elle risque de conduire à de fâcheux affrontements. Elle ne relève pas de la philosophie, mais bien plutôt de la propagande ou du jeu. La seconde sorte de discussion consiste dans la confrontation d'interprétations plausibles, qui respectent la règle de cohérence; elle est d'autant plus féconde qu'elle cherche moins à réduire une interprétation à l'autre, à constituer un dogmatisme exclusiviste de l'interprétation et qu'elle concourt davantage à l'approfondissement, à l'enrichissement de chacune des interprétations en présence. Elle constitue, à proprement parler, l'histoire des idées morales et politiques.

Le pire ennemi de l'histoire des idées, c'est, en effet, le dogmatisme, qui est la négation de l'interprétation compréhensive, car, en interdisant la constante réinterprétation et réinvention des oeuvres, il les exclut de l'actualité. Sous prétexte de les conserver, il les momifie et les enferme dans un passé immobile, périmé et vain. Sous prétexte de former des dogmes et d'entraîner l'obéissance et l'efficacité, il empêche la seule conviction efficace dans l'histoire, celle qui naît d'une interprétation dont on soit, pour soi-même, l'auteur et le garant.

On tombe alors dans les manoeuvres de la propagande en faisant servir la gloire, le prestige, l'autorité d'un grand homme à des fins étrangères à l'univers de ses valeurs. Il suffit parfois pour se justifier, d'emprunter quelques mots, quelques phrase arrachés à leur contexte, on opère un transfert indû d'une certaine axiologie à une autre, qui lui est étrangère et incompatible. On se livre à l'exploitation abusive d'une oeuvre et, pour employer un mot à la mode, à une véritable aliénation.

Si l'on ne voulait pas abuser du prestige des grands hommes du passé en se servant de leur nom pour couvrir sa propre marchandise, il y aurait, d'ailleurs, à la limite de l'histoire des idées, une réaction très légitime à une doctrine du passé. Ce serait la création d'une oeuvre personnelle, qui ne se placerait pas dans une perspective historique, mais qui, en résonance avec l'oeuvre originaire, tenterait de produire une oeuvre propre, personnelle. L'oeuvre originaire ne servirait plus alors que de principe d'inspiration, que de foyer d'excitation. Tout serait permis alors à ce créateur inspiré qui prendrait, avec une initiative première, des responsabilités originales. Il retrouverait une loyauté d'une autre sorte, celle du créateur responsable.

Il appartiendrait alors à son public, s'il s'en trouvait un, de dire, comme le nouvel auteur l'aurait peut être ressenti, et souvent masqué, jusqu'à quel point son oeuvre est proprement originale ou jusqu'à quel point elle s'inscrit, en effet, dans telle ou telle perspective hégélienne, marxiste ou nietzschéenne, et fait revivre le maître dont elle prétend s'inspirer.

MAURICE CRANSTON

SOME ASPECTS OF THE HISTORY OF FREEDOM

The word "freedom" has two characteristics which ought not to be overlooked. The first is that it is incompletely descriptive: to be told that someone is free is to be told something that is less than fully intelligible. Is he free from captivity, from debt, from social engagements, from duties, from the marriage tie? The possibilities are innumerable. There are so many different situations, and different kinds of situation, which can "bind" a man. Thus we need to know of a man who is said to be free, what he is free from, or, alternatively, what he is free to do: that he is free to emigrate, for example, or to marry or to dispose of certain property or to accept a social invitation. In any case we need more information.

The second important feature of the word "freedom" is that it implies liking, approval, some form of favourable attitude towards the situation mentioned. In the jargon of our subject it is a "laudatory" word, a "normative word", one that "confers value", what Ryle calls a "hurrah word". Freedom is, by definition, a good thing. A prisoner who is pleased to be released, a soldier who is happy to be demobilized, a wife who is glad to be divorced: all such people are likely to use the word "freedom". But someone who passes from a condition which pleases him to one which displeases him, who passes, for example, from a good job to the bread line of the unemployed, from a happy marriage to a miserable widowerhood, from a luxury liner to an open raft, will not say he is "free". This is because he does not feel he has gained anything; he has lost something.

The word "freedom" signifies in its most general use, the absence of constraints, burdens, frustrations; and it is because we do not, on the whole, like constraints, burdens and frustrations that we use this smiling word "freedom" to signify their absence. If something is absent that we should like to have present, we do not spoak of being free, we use some other word such as "lacking" or "missing" or "wanting". We read about "tax-free investments" but who has ever heard of a "dividend-free investment"? If we are with out a certain skill, we usually regret it. I would say: "I lack Spanish" not "I am free from Spanish". Again, I would say: "The spare wheel is missing from my car" not "My car is free from spare wheels".

We should not be surprised to hear someone say that his house was free of rats, but we should be surprised to hear him say that his house lacked rats. This is not to suggest that everyone would use the same word in the same circumstances. Different people have different feelings in similar circumstances; and only the man who knows the feelings knows what is the right word to express those feelings.

Freedom is the absence of constraint; but it needs to be added that not all constraints are unwelcome. There is an element of constraint in all rules, and we certainly do not find all rules irksome. We need rules, and more often than not we want them. Obligations and promises and contracts "bind" us morally, and although there is a antithesis between freedom and bondage, we do not regard all our obligations as disagreeable. As David Hume said, most men are usually happy to do their duty. For this reason, it would be paradoxical to speak of an antithesis between duty and freedom, despite the fact that duties "bind" us. When doing what we ought to do coincides (as it most often does) with doing what we want to do, duty and freedom are united.

The same could be said about law. Men need and desire a system of law; and indeed we have a word which denotes a condition of undesirable lawlessness, "licence". This word "licence" carries with it an element of condemnation which corresponds to the element of praise in the word "freedom" – or in the word "liberty" which I take to a synonym of "freedom". Naturally, people often disagree about the desirability of certain specific laws or rules, and one person will use the word "freedom" where another would use the word "licence". Consider the example of the progressive school which was run in the 1920's by Bertrand and Dora Russell. There were none of the usual school rules about work and conduct. The Russells said proudly "This is a school where freedom prevails". But other people, people who did not share the Russells" views on education, used to say, disapprovingly: "This is a school where licence prevails". The facts were not in dispute. People simply disagreed in their judgement of those facts; and each person's judgement dictated his choice of language.

There is a famous remark of Thomas Hobbes about the liberty of subjects being the silence of the law, and, in a sense, there is no denying the truth of it. If there is no law forbidding public meeting, no law controlling the press, no law forbidding the sale of liquor, then in all these cases the silence of the law might easily be read as the measure of the liberty of the people. But if there is no law against murder, robbery or assault, no law to protect rights of any kind, then the silence of the law will not so readily be taken as the measure of the people's freedom. Such a thought is elaborated in one of Locke's arguments, which can be read as a reply to Hobbes even though it may not have been written as such, namely Locke's argument that law enlarges liberty.

It is worth quoting Locke's words from paragraph 57 of his *Second Treatise of Government*.

"For law, in its true notion is not so much the limitation as the direction of a free and intelligent agent to his proper interest, and prescribes no further than is for the general good of those under that Law. Could they be happier without it, the Law, as an useless thing, would of itself vanish; and that ill deserves the name of confinement which hedges us in only from bogs and precipices. So that however it may be mistaken, the end of law is not to abolish or restrain, but to preserve and enlarge freedom. For in all the states of created beings capable of laws, where there is no law, there is no freedom. For liberty is to be free from restraint and violence from others, which cannot be where there is no law; but freedom is not, as we are told, a liberty for every man to do what he lists (for who could be free, when every other man's humour might domineer over him?), but a liberty do dispose and order as he lists, his person, actions, possessions, and his whole property, with the allowance of those laws under which he is, and therein not to be subject to the arbitrary will of another, but freely follow his own."

The disagreement between Hobbes and Locke could perhaps be summed up by saying that Hobbes dispenses with the word "licence". For him political freedom is never more than a residual freedom. In the state of nature, which is a state of total anarchy, there is complete freedom. In political societies, there is only a limited number of civil liberties, although some political societies provide more than others. Hobbes does not seem to have had any strong feelings about the extent of the civil liberties which any one system afforded; he was more concerned to press his point that any civil society is preferable to anarchy. But Locke distinguishes between three conditions: the state of nature, which is lawless in the sense that it is without positive law; a constitutional state, which has both liberty and law; and a despotism, which has bad laws and no liberty. Thus Locke identifies freedom as something distinct both from the licence of anarchy and from the oppression of despotic rule, whereas Hobbes understands freedom as that which is opposed to the constraints of government as such.

I will call these two conceptions of freedom the Lockean and the Hobbesian, although they are certainly not held by those two philosophers alone.

Each has its own theoretical and practical implications. Hobbesian freedom exists in the full sense only where there is no government. There will be miscellaneous civil liberties in any and every state, but Hobbes does not permit any antithesis between a free society and despotism. No civil society is free, although some have more liberties than others. There is thus no sense in which the Hobbesian could fight a war for freedom or engage in a revolution for the sake of freedom – except perhaps in the case of an anarchist, who might launch a revolution with the aim of overthrowing governments altogether. It is ironical that Hobbes, who was such an authoritarian and who dreaded anarchy above all things, should have formulated better than many anarchists the anarchist conception of freedom as that which stands opposed to government, of liberty as the silence of the law. At the level of practical politics, there thus seem to be two lines open to the exponent of Hobbesian freedom: either a quietistic and grateful acceptance of any established government no matter how despotic (which was Hobbes's own line, and logically his line, since he thought that anarchy was the worst of evils), or, alternatively, an attitude of hostility to any government on the ground that all government is opposed to freedom (this is the anarchist choice; making the same Hobbesian identification of freedom with anarchy, the anarchist, for the sake of freedom, chooses anarchy).

The Lockean conception of freedom has other implications and raises other problems. First there is the problem of distinguishing between the licence of anarchy and the freedom of the rule of law under a constitutional system. Then there is the problem of distinguishing between such a good system of law and the "bad law" of a despotism which Locke thinks may be even more inimical to freedom than is the licence of anarchy. Furthermore, there is the practical problem for anyone who understands freedom in this Lockean sense, of setting up and maintaining a political society which is neither anarchic on the one hand nor despotic on the other.

There is a distinction elaborated by Sir Isaiah Berlin in his lecture on "Two Concepts of Liberty" which might be introduced at this point: the distinction between "positive" and "negative" freedom. It might well be suggested that the Hobbesian notion is one of negative freedom – freedom from any political or legal constraints – whereas the Lockean notion is one of positive freedom a measured, limited, lawful freedom expressed in the language of rights. But I think this might be misleading. For although the Lockean conception was developed into something distinctly "positive" by later theorists such as Hegel, Locke himself adhered to a "negative" formulation. In the paragraph I have quoted from his *Second Treatise*, Locke says that "liberty is to be free from restraint and violence from others". Law is needed (he suggests) to ensure freedom from the kind of restraint and violence which exists in the state of nature, but this does not mean that *any* kind of law is conducive to freedom; and indeed Locke says that the sort of law which is upheld by despotic government is inimical to freedom. Only a certain kind of law preserves and enlarges men's liberty. So Lockean freedom is defined "negatively" even though it is tied to a conception of law which is understood "positively" as "the direction of a free and intelligent to his proper interest". Locke takes care to add that this law "prescribes no further than is for the general good of those under that law'. Liberty for Locke in this sense is the "silence of *superfluous* laws".

This emphasis of Locke's on the connection between liberty and law naturally calls to mind the old Latin tag: "*Libertas in legibus constitit*". And it may prompt us to wonder whether the Romans had a distinctive conception of freedom. What did they understand by the word "*libertas*"? The evidence we have suggested that it meant different things to them at different phases in their history[1]. One of the circumstances which helped to shape the idea of *libertas* for Roman minds was the existence of slavery. In the first place, a free man was simply a man who was not a slave. An important moment in Roman history occurred when, in Wirszubski's words, the relationship between the king and the people came to be "considered to be analogous to the relation between master and slave". For this reason, "*libertas*" in its first and most elementary political sense meant freedom from kingly oppression. At this stage of Roman history, the concept of freedom which men held was an unambiguous one: freedom stood opposed to monarchy conceived as mastery.

With the establishment of the Republic, the word *libertas* acquired a different resonance. It ceased to have such a limited and specific use. It acquirred more than one meaning. In the first place, the notion of liberty came to be connected with the republican form of government as such. In Wirszubski's words, "The Romans dated their own freedom from the abolition of the monarchy, and identified with this the republican form of constitution[2].

This is understandable enough; for if freedom simply means the absence of monarchical dominion, a constitution which eliminates monarchy introduces freedom. To attain freedom in this sense, all that is required is a republic. But once the Romans secured their republic, they began to think of freedom as something more than the mere absence of kingly oppression.

---

[1] In this connection see especially C. Wirszubski, *Libertas as a Political Idea at Rome during the late Republic and Early Principate*, Cambridge University Press, 1950.

[2] *Op. cit.*, p. 5.

They began to think of it as being composed of the basic rights of citizenship. They did not use the word *"libertas"* to name the whole range of positive civil rights, because these were not evenly distributed, with some citizens having so obviously a larger share of them than others; but the central and indispensable rights which any man had to have in order to be a citizen at all were understood as constituting freedom or *libertas*.

Undoubtedly the word *"libertas"* became a word of marked rhetorical potency. Certain political factions made it their motto: those who proclaimed their devotion to the republican constitution proclaimed their devotion to *libertas*. And outside Rome, the people who demanded *libertas*, the Allies, for example, and the Latins, were clearly understood to be speaking of citizenship. In asking for *libertas* they were asking for civil rights. In both senses, this Roman conception of freedom can be distinguished from democratic conceptions, whether those of ancient Greek or of the modern world. For the Romans, to be free meant having a vote in choosing a ruler; it did not mean ruling oneself. Cicero, for example, spoke of a properly balanced constitution as one in which the magistrate has enough power, the Senate enough authority, and the people enough freedom, but Cicero was not thinking, in Hobbesian terms, that the less power the magistrate had then the more freedom the people would have; still less did he see any conflict or competition between freedom and authority.

It is not difficult to see why the Romans stressed the connection between liberty and law. For whether *libertas* is identified with the republican constitution or with the enjoyment of civil rights, it is indebted to a conception of law for its very meaning. Besides, the Romans distinguished *"libertas"* from *"licentia"* even more forcefully than we distinguish "liberty" from "licence": and *licentia* meant lawlessness in the most literal sense.

It is interesting to notice than when the Roman republic was transformed into a Principate, the idea of *libertas* underwent a further modification. Many historians say that the Roman republic disappeared because the people became less devoted to what they had regarded as freedom, and began to yearn for peace and security even at the expense of liberty. But we can detect in the literature of this period of autocracy, evidence of newer and non-political theories of freedom gaining currency in Rome. For example, it became fashionable in certain quarters to think that inner freedom is more important than civil freedom. At the same time, we find several polemical writers suggesting that liberty is not only dependent on the law but is identical with the law, and hence that the more the law is asserted by a powerful ruler, the more is freedom upheld.

If Roman *libertas* was indeed inseparable from the Roman republic, then it is hardly surprizing that kind of freedom at any rate disappeared when the republic disappeared. Conceivably Caesar was right to think that the old Roman constitution was appropriate only to a city state and that for a universal empire, a different kind of constitution was needed – one with a single ruler at its head. At all events, Caesar was victorious; and the republic came to an end.

Cato's suicide seems a logical act: he prefered to die while he was still a free man, rather than live in what he understood as servitude. In the words of Seneca: "By divine law they were indissolubly united. Neither did Cato survive freedom nor freedom survive Cato." But of course the Emperors tried to exploit of prestige of the word "*libertas*" to their advantage. Augustus called himself the liberator: *vindex libertatis*, as we read on his coins. But all he could fairly claim to have done was to have freed the community from the particular oppression which held sway before his own. Later Emperors made the same sort of claim. But, as Pohlenz[3] writes, "it only meant that they had destroyed one ruler to put themselves in his place. . . People quickly grew accustomed to the new situation and the opposition fell silent. . . In the capital after their loss of liberty the great majority were satisfied with bread and circuses. In the provinces, the peole were quite content and glad that law and order now prevailed. Above all they enjoyed gratefully a boon the world had hardly known before. . . peace."

With the decline of political freedom, the time was ripe for more sophisticated and metaphysical notions of freedom to come into favour. But Roman thought did not originate such ideas; they borrowed them from Greek and oriental sources. And here the temptation to look at Greek conceptions of freedom is irresistible. It is a commonplace that the idea of political liberty did not have anything like the prominence in ancient Greece that it had in Rome. The Greek political philosophers were more interested in justice, and their emphasis reflected something that was fairly general. Even so, we do often find the word "*eleutheria*" being used to mean political liberty; and once again we may notice that the word is used rather differently at different times and places.

The scholarly literature on this subject is exiguous; but two fairly recent books in German deal with it at some length: Max Pohlenz's *Griechische Freiheit*[4], published in 1960 and the first two hundred pages of Alexander Rüstow's *Weg der Freiheit*[5]. Rüstow treats freedom as political freedom only, but Pohlenz gives attention equally to the various philosophical concepts of

---

[3] Max Pohlenz, *Freedom in Greek Life and Thought*, Dordrecht, Holland, 1966.
[4] *Op. cit.*
[5] This is Vol II of Rüstow's *Ortbestimmung der Gegenwart*, Erlenbach Zürich, 1952.

freedom put forward by Greek thinkers. Many of these thinkers are critical, and even scornful, of freedom conceived as political freedom.

In the few essays that have been written in English on the Greek idea of *eleutheria* we find some bewildering remarks. For example, in a well-known paper by Hannah Arendt entitled "Freedom and Politics" the suggestion is made that "in the classical era freedom was regarded exclusively and radically as a political concept" and that "freedom in the philosophical sense was introduced into philosophy much later by St. Augustine[6]". Dr. Arendt is surely wrong in thinking this, for the Greeks entertained a variety of non-political notions of freedom. J. L. Myers, in his *Political Ideas of the Greeks* gives as *the* Greek conception of freedom something which is scarcely political at all: the Greeks, he says, understood freedom as "self mastery" (p. vi) or "being grown-up" (p. 196)[7].

Undoubtedly what Myers speaks of is *one* Greek conception, but manifestly it is not the only one. We cannot even speak of a single Greek notion of *political* freedom. For as in Rome, that changed with changing times. The earliest form in which political freedom was talked about in ancient Greece seems to have been simply the freedom of Greeks from alien, and specifically, from Persian rule. This is still a very familiar sense of political freedom, the one we have in mind when we speak of the freedom of the Poles or the Czechs. "National freedom" is the expression we should use nowadays. We can hardly apply the word "nation" to the ancient Greeks, because it would be an anarchronism, but we may allow ourselves to speak of the freedom of the Greek people. Herodotus in his history depicts the Greek war against the Persians as one of liberation: again an arrestingly modern conception. In Athens the people put up a statue and a temple to Zeus Eleutherios – Zeus the Liberator – which affords another example of the use of the word *"freedom"* to mean Greek liberation. However, if freedom means freedom from alien rule, much depends on what is meant by "alien rule". And after the Persians had been expelled, some Greeks who lived elsewhere than in Athens felt that the supremacy of Athens in the Greek confederation was itself a form of "alien rule". Thus we find the word "freedom" being used at this period to mean local freedom or autonomy. Indeed it is this which authorised Sparta, which few of us might think the ideal model of a free society, to go into battle against Athens with the cry "Freedom for the Greeks", meaning, of course, "Independence for Small Cities".

In Athens itself a more elaborate notion of political freedom developed with democratic government. Pericles in his famous Funeral Oration gives a

---

[6] See A. Hunold (Ed.), *Freedom and Serfdom*, Dordrecht, Holland, 1961.
[7] J. L. Myers, *The Political Ideas of the Greeks*, London, 1935.

very exalted and idealized account of it. He claims that the men of Athens
live as they choose, but being patriotic men, they put the interests, and needs
of the city before their personal concerns. Their aim, says Pericles, is the free
development of the human personality, understood as that of a citizen; and
a citizen is a man who gives willing assent to the laws he has helped to institute.

Plato provides a very different picture of Athenian freedom[8]. He uses the
same word "*eleutheria*" and he agrees that the Democratic Man makes freedom his aim. But freedom, says Plato, is understood as "men doing what
what they want to do". Not, as Pericles claims, doing what they want to do
and wanting what is good, being unconstrained in putting their country
first and obeying the law. Far from it: Plato depicts men who do what they
want to do as men who live selfishly and obey only their own desires.

This is not to say that Plato always uses the word "*eleutheria*" in a pejorative way. Indeed the first reference to it in *The Republic* (which occurs in
paragraph 329 D) clearly implies that freedom is a good thing: we hear
Cephalus saying that old age has given him peace and freedom because he is
no longer troubled by sexual desire. This is a sense of the word freedom which
is to recur in Greek (and other) philosophy: freedom understood as freedom
from the constraints of passion.

Aristotle in at least one famous passage in the *Politics* (Book V. ix. 15, 16)
echoes Plato's feeling that there is something mean about the conception of
freedom as "doing what one likes, each man living for any end he chances
to desire". Like Plato, Aristotle connects this conception of freedom with
the democratic ethos. And again like Plato Aristotle uses the word "*eleutheria*" in different senses elsewhere in his writings.

Although all questions of Greek etymology tend to be controversial,
there are good grounds for thinking that the word "*eleutheria*" is rooted in
"to go where one wills" and Epictetus (Book IV. I. 34) explains freedom in
this way: "I go wherever I wish; I come from whence I wish". Freedom is
thus freedom of movement; and this is perhaps the most primitive sense of
freedom for the Greek mind. Thus if we can say of the ancient Greek, as we
can of the modern English language, that freedom is opposed to constraint,
then we must add that a constraint is felt to be a constraint because it
something which hinders motion towards a chosen end.

Pericles, we may notice, praises freedom not only because it entails, by
definition, being unconstrained, but because, contingently, the free people
of Athens chose *well* (at any rate, Pericles thinks they do). Plato and Aristotle,
who do not take the same view of the choices these free people make, who

[8] *The Republic*, VIII, 557 B. "On the Democratic Man".

think indeed that the people use their freedom to make bad choices, attack this type of freedom, which they identify as *democratic* freedom. They prepare the way for the suggestion that there may be other, and better types of freedom.

This suggestion is developed by a good many Greek philosophers. Their various conceptions of inner freedom, moral freedom and metaphysical freedom compete with the older ideas of political freedom, whether collective (as in the case of Greek freedom from alien rule) or individual (as in the case of the democratic freedom of the Athenian citizen). Some of the philosophical notions of freedom are frankly anti-political. Aristippus, for example, puts forward the suggestion that to be free is to be independent of all external things, and Diogenes carries the idea even further: freedom for him is complete non-attachment. Other writers develop the idea that Plato puts into the mouth of Cephatus, that the most important freedom for man is freedom from the flesh and its lusts. And later we meet the Stoic conception of freedom, which brings it back into politics though not into the *polis*, by making freedom at once a distinguishing characteristic of reasoning beings and a universal right which such beings possess. It ought not to surprise us that the Greeks had so many different notions of freedom, since we ourselves have so many. There is only one sense of freedom which they seem not to have had at all: and that is freedom in the sense of the freedom of the will. This is a conception which we can fairly date from St. Augustine; and if Dr. Arendt had said, not that the philosophical concept of freedom dated from St. Augustine, but that the concept of free-will did, then we should agree with her.

But let us leap from the ancient to the modern world. In England in the sixteenth and the seventeenth centuries, the word "freedom" was much on men's lips. And it was used as often as not in a sense of political freedom. Or rather it was used in at least two distinct senses of political freedom. The first, and more "traditional" sense, we might speak of as chartered freedom. In medieval times, the word "freedom" suggested to many Englishmen the rights and liberties and privileges that went with being an Englishman. In a more limited sense, the word "freedom" denoted the additional rights that went with being a burgess, a registered taxpayer or citizen. Here freedom is plainly connected with rights, and we can perhaps discern an analogy with ancient Rome, though it is not an analogy one should press too far. In late medieval England, as in Rome, freedom means something which all citizens enjoy and also something of which some citizens enjoy more than others. Hence we find "freedom" often spoken of as the special privilege of the gentleman. Chaucer, for example, says of one of his knights: "He was of knighthood and freedom flower". In Germany freedom at this time is also understood as a mark of privilege: another name for "Baron" is "Freiherr".

The medieval idea of freedom as chartered freedom exists side by side with another notion of political freedom, which we might want to call more negative: this is the notion that to be free is simply not to be dominated by anybody in office. One reason why this notion becomes more prominent in the early modern period is that the rise of absolutism in the sixteenth century had undermined the traditional basis of "chartered freedom". But even then it was not entirely new. We find it expressed, for example, in the poetry of William Langland, who was born around 1330. There are some verses of his about liberty which begin:

> Neither King nor knight, constable nor mayor
> Shall overbear the commons, nor summon them to court

And in a poet born in the fifteenth century, John Skelton, we read of freedom as something to be defended against the domination of the clergy:

> The poor people they yoke
> With summons and citations
> And excommunications

Freedom for these poets is clearly understood as the absence of constraint by the established powers, whether royal, feudal, ecclesiastical, ministerial or municipal. The Englishman of the middle ages had no reason to single out any one of these powers as the sole source of constraint; indeed the ordinary man gained a good deal in the way of freedom as a result of these very divisions of power and rivalries between temporal and spiritual rulers, between kings and noblemen. The English of the middle ages had no reason to regard freedom, as the Romans once did, as something directly opposed to monarchy. The English medieval kings were far too limited and circumscribed in their powers to enact the role of the despot.

This is one reason why the notion of liberty has never been tied in England, as it was in Rome, to the idea of a republican constitution. Assuredly, England became a republic of sorts under Cromwell after the death of Charles I, but that was a transformation that no one desired. Even Cromwell was a monarchist, with the vision of himself as monarch. The King's enemies in Parliament had wished simply to introduce a reformed monarchy, and it was only because Charles I stubbornly refused to be constitutional monarch, that the Puritan victors in the English Civil War had to set up a republic. A handful of intellectuals, such as Milton, tried to propagate the ideology of republicanism in England, but their efforts were unavailing, and the eleven years of the Puritan Commonwealth were felt to be so disagreeable by most Englishmen that republicanism, which had never been popular, fell into lasting disrepute. The French, like the ancient Romans, were able later to date their freedom from the introduction of republican government; but the English could not, and never were to do so. Hence one notable difference between the English conception of political freedom and that of other nations.

Medieval Englishmen often felt that the King was on their side, and hence on the side of freedom against the oppression of bishops and barons; so it is hardly surprising that just as many Englishmen were prompted in the seventeenth century to fight for freedom on the side of Charles I as when prompted to fight for freedom on the side of the Parliament. The cry of liberty was perhaps more often heard on the Parliamentary side, but as reflective men of the time observed, this did not mean much. Locke himself noted in his private journal in 1659: "Those who use the word "liberty" are most often the greatest engrossers of it."

The seventeenth century in England was, of course, a period of great political disturbance. And it is natural that the thinkers of the time should apply their minds to the attempt to rescue the concept of freedom from falling altogether into disrepute. We can, I think, detect at least three notions of freedom in the theoretical literature of the period. There are the two already mentioned; the Hobbesian, according to which freedom is the absence of political constraint, and the Lockean, according to which freedom is the absence of any constraint other than that of a good system of law. The third conception of freedom is one which can be found in some of the writings of Milton, who speaks of freedom is being unconstrained in acting well.

Those philosophers who think that the dictionary is the best guide in questions of this kind may fancy that the dictionary is on the side of Hobbes. For the dictionary does undoubtedly define freedom as the absence of constraint without going into any details about the nature of the constraint. There is however something that dictionaries are seldom explicit about, and that is the evaluative or normative character of certain words. Freedom is a word, as we have noticed, of a heavily normative character; so there is nothing unreasonable in the suggestion that freedom has some connection with what we might, in a rather old-fashioned way, call the good. And it is not astonishing that moralists like Milton, who connect the good with righteousness or virtue and not with the satisfaction of desires, should wish to suggest that freedom, as something by definition good, must be associated with doing what we ought to do rather than with doing what we want to do.

This "Miltonic" concept of freedom has an important place in the intellectual history of America. In the early Puritan societies of Massachussets, liberty was conceived of in two ways. In the first place it was understood as freedom from the kind of Anglican orthodoxy which was established in England. In the second place, liberty was understood as the freedom to do only what was right. And indeed in Massachussets men were often "forced to be free" in the sense that they were often forced to conform to the Puritan rules of conduct.

Naturally some inhabitants of Massachusetts felt that this Miltonic form of freedom was an oppression as bad as that of Anglican England; and indeed a number of those early colonists appealed to the King of England to protect them from their local, or provincial, oppressors. The colony of Rhode Island was founded, under the protection of the British monarch, by people who found the Puritan rule or Miltonic liberty of Massachussets intolerable.

Hence it would be a mistake to think that the American conception of freedom in the seventeenth century was republican. And even in the eighteenth century, when the war of independence was fought and the American republic instituted, there was a marked lack of ideological republicanism in America, and even of what might be termed the republican *ethos*. The victorious American colonists, like the victorious English roundheads in the seventeenth century, found themselves in a situation where they had to set up for themselves a nation without a king; and since their whole conception of the nation was that of a kingdom, they faced the paradoxical task of establishing a kingless kingdom. Their republicanism was in this sense profoundly negative. In America there was not, as there had been in ancient Rome, and as there was later to be in France, any identification of liberty with the republican state as such. Far from becoming, in this manner, *étatiste*, the Americans retained their suspicious, hostile attitude to the state even though they had made that state their own.

Friedrich, in his classic work on *Constitutional Government and Democracy*[9], provides an explanation of this .Although George III was the villain of revolutionary polemics, it was the bureaucracy which the American people actually felt and detested, detested because it was both oppressive and inadequate. "This experience, 'Friedrich writes,' created a permanent suspicion of executive power which has stood in the way of responsible government service ever since."

It was the absence of any republican ideology in the American revolution which enabled Edmund Burke perfectly logically to commend it while condemning the French revolution. The American revolution was, in this sense,

[9] Carl J. Friedrich, *Constitutional Government and Democracy*, Boston, 1950, pp. 42 f.

conservative, or at any rate, Lockean. Historians are sometimes accused of exaggerating the influence of Locke in the American revolution, but the key documents of the period, including the Federalist Papers, are written in an unmistakably Lockean idiom. The makers of the American republic, as Friedrich has pointed out, drew on past, and therefore on British experience.[10]

If we can speak of distinctly American political ideology emerging at the end of the eighteenth century, then the word we should use to describe it would be *democratic* rather than republican. Locke himself noticed early in the seventeenth century that there was a tendency towards what he called "a numerous democracy" in the American colonies because those colonies were socially egalitarian: they had no aristocracy. And Locke who (despite his reputation) disliked democracy, proposed the institution of an aristocracy in Carolina as a means of correcting this trend towards democracy. Of course Locke's advice was not taken, and an egalitarian, and, so to say, a "democratic" society, produced, as he expected it to produce, a democratic constitution.

Even so, the constitution that was thus democratised was a Lockean constitution. America never modelled herself on the one country which provided an example of democracy in the modern world, Switzerland. For the citizen-soldiers of the sluggish Swiss cantons were deeply *étatiste*, and afforded no model for the rugged individualist of the New World, who carried a gun only for his own protection. If the American was prompted to discard the Lockean conception of freedom, it was increasingly in favour of the Hobbesian conception, of freedom as freedom from any kind of political dominion. And when the Miltonic conception of liberty declined with the decline of the Puritan rule in Massachussets, "American freedom", or the American way of thinking about freedom, whether in politics or other spheres, proved surprisingly often to mean the "silence of the law", and still does today in Spockian theories of upbringing, for example, or in fashionable American progressive theories of academic organisation.

The French have held rather different views of liberty. It was fashionable in France in the eighteenth century to speak of England as the "mirror of liberty", but it is doubtful whether the French really wanted to adopt the English form of political freedom or whether indeed they really understood what English freedom was. Montesquieu perhaps, for all his mistakes, came

---

[10] "The rich experience of British administrative genius had already been at work in creating the framework of a government service into which the constitutionalising forces merely had to put new men to carry on" *op. cit.*, p. 43.

closer to it than most; but Montesquieu, as Voltaire noticed, had a vested
interest in remodelling France on the English model, because the English
constitution, with its House of Lords, gave special privileges to provincial
aristocrats like Montesquieu himself in addition to any liberties it bestowed
on the common man. And Voltaire, who had no reason to love the aristocracy, considered such privileges to be wholly inimical to freedom. Political
freedom, as Voltaire understood it, meant freedom above all from the
constraints that emanated from the feudal power; and to put down that
feudal power, Voltaire was more than willing to elevate the royal power.
Voltaire saw feudal power as linked with ecclesiastical power; and it was because he regarded these two sources of constraint, the nobility and the
Church, as the greatest enemies of freedom in France, that he saw nothing
illogical in favouring at the same time freedom and *"le despotisme éclairé"*,
this latter being understood as an enlarged and enlightened monarchy. This
preference was closer to the thinking of Francis Bacon than to that of Locke
and of English or American people generally. Bacon's politics, of course,
found little favour in his own country; but the Baconian idea of *le despotisme
éclairé*, propagated by Voltaire and the other Encyclopaedists, has always
had adherents in France and other continental countries, and even a few
exponents of it, such as General de Gaulle.

If Voltaire had a royalist notion of freedom, Rousseau had one which was
thoroughly republican, and this has undoubtedly played a crucial role in
French political thought. Rousseau connects freedom with republic virtue
and with an image of Spartan civic order. The free man for him is the
citizen, and the citizen is the man who always wills what is right. It is because freedom is thus linked with rectitude that Rousseau can speak of a
man being "forced to be free."

Edmund Burke contrasted the conventional English notion of the rights
of Englishmen, which he thought both intelligible and admirable, and the
French conception of the rights of man, which he thought absurd. But
Burke was too impatient. The French had to talk at this abstract level because they had no traditional experience of rights to draw upon. Their
understanding of liberty was necessarily bookish. On the other hand, the
French had undoubtedly a concrete knowledge of what stood opposed to
freedom: the Church, for example, and all the arbritrary laws and feudal
privileges that were characteristic of the *ancien régime*. When Voltaire
cried: *"Écrasez l'infame"* he did not have to explain what *"l'infame"* was
everybody knew or could readily imagine.

Moreover, abstract ways of thinking came easily to the French, just as
pragmatic, or Baconian, or empirical ways of thinking were becoming

habitual in the English-speaking world. French culture, thanks to the ende-
avours of its Jesuit and Jansenist professors, of its cartesian philosophers
and of its innumerable lawyers, bred rationalists everywhere, so that *liberté*
conceived as one of the abstract rights of man was wholly congenial to the
French type of mind.

In the French Declaration of the Rights of Man and the Citizen liberty is
defined as 'being unrestrainted in doing anything that does not interfere
with the liberty of another", a phrase which puts one in mind of Locke. But
the French Revolution was very far from being a movement to enthrone the
minimal state and to let the people be; it was very unlike the Glorious Revolution of 1688 which Locke admired so much. Besides, the call for *liberté*
was heard at the same time as the cry of *égalité* and *fraternité*, the purge of
the aristocracy, the attack on Christianity, the seizure of property and all
sorts of other progressive enterprises which were quite incompatible with
Locke's kind of liberty, although of course a number of them were foresha-
dowed by Voltaire and Holbach and the Encyclopaedists generally. But that
was the paradoxical manner of the Englightenment philosophers – demanding liberty from the constraints of the *ancien regime* at one moment and
drawing up blue-prints for new forms of despotism at the next. Unfortunately, although it may be possible to believe in liberty and despotism
at the same time, it is scarcely possible to have any more then the most
parsimonious Hobbesian series of civil liberties under the best of despots.

However, when neo-Roman and Rousseauesque yearnings for republicanism took possession of the French soul, the temptation to identify
liberty with the republican form of government was well-nigh inescapable.
The republican ideology enables its adherents to believe at the same time in
freedom and in a strong state. And indeed the republican argument for a
strong state is beautifully simple: if the state is the people's state, the
people's freedom cannot be diminished if their state is powerful; on the
contrary, if their state is enlarged, their freedom is correspondingly enlarged.

But even though this French republican idea of freedom is *étatiste*, it
remains essentially individualist. Freedom is still conceived as the possession
of each man and each citizen. This is no longer true of the concept of freedom
upheld by the nationalist movements in other parts of the world in the
nineteenth and twentieth century, which transform freedom into a right
belonging to *a* people or *a* nation. Freedom is demanded no longer for the
man and the citizen, but for Germany or Italy or Ireland or India or Nigeria.

And so we seem to have come full circle. The earliest conception of freedom
that we can trace in Western political thought is that of the freedom of the
Greek people considered as a people, a freedom contrasted with alien rule.

The same notion is the most widespread of any conception of freedom in the world today. It is perhaps ironical that so primitive an understanding of freedom should satisfy the minds of men in a world as sophisticated as our own. It certainly did not satisfy the Greeks for long. Once they had acquired their freedom from alien rule, new and more far-reaching forms of political liberty were expected. The mere absence of alien rule was the beginning of the Greek experience of liberty: it was not its final consummation.

In what we call the Third World today, the notion of freedom as freedom from alien rule is often the only one to which men can hope to aspire. New nations have gained their independence, but further forms of freedom have not been vouchsafed to the inhabitants. The constraints of the old empires have been lifted, but new constraints have taken their place. No doubt these new constraints are in most cases more tolerable than the old ones; populistic government has necessarily to be more "popular" than imperialism; the new ruler demands to be loved while the old ruler needed only to be respected. But it is only too obvious that the freedom of the nation if compatible with the bondage of the individual, and if the second half of the twentieth century can boast of being an age of national liberation it cannot claim on those grounds alone to be an age of political liberty.

Dante Germino

MACHIAVELLI'S POLITICAL ANTHROPOLOGY

Although Machiavelli tells us at the beginning of the *Discourses* that he is intent upon charting a new path in political speculation, and although he certainly carries out that intention, in another sense he is perpetuating the tradition of inquiry begun by Plato, the founder of western political theory. It is Plato who, in the Republic, espouses the macroanthropological principle and makes the human psyche rather than the visible heavens the basis of an ordered polity. The interpenetration of psyche and society is a leading theme for both men. The decisive difference between these great thinkers results from the fact that Plato begins his analysis with the ordered psyche of the philosopher open to the experience of the world-transcendent ground and works his way down to the psychology of the *demos*, while Machiavelli begins with the psychology of the *demos* and works his way up to a vision of the order-giving psyche of the heroic individual possessed of *virtù*. Machiavelli's ascent is only partial, however. His analysis moves within the sphere of immanent existence; the problem of man's relation to Being is bracketed in favor of considering his precarious foothold in the stream of becoming.

In a famous letter to Piero Soderini, written presumably in January, 1513, Machiavelli remarked that he viewed political affairs through the "mirror" of "the many, who observe results when they are finished rather than the means by which they are achieved." He echoes this statement in the *Prince*, where he observes that "the vulgar" (*il vulgo*) is always impressed with the "appearance" (*quello che pare*) and the "result" (*lo evento*) of things, "and in the world one finds only the vulgar."[1] That this judgment is rendered in a

---

[1] Letter to Piero Soderini of January, 1513, in Niccolo Machiavelli, *Opere*, A. Panella, ed., 2 vols, Milan-Rome, Rizzoli, 1939, vol. 2, pp. 779-782 at 780; *Il Principe*, XVIII; *Opere*, vol. 2, p. 66. All citations to the Italian text are from this edition. In this letter Machiavelli searches for lessons to be learned from the tumultuous events of the preceding four months. In September, 1512, the Florentine Republic came to an end. Soderini, the Gonfalonier, was deposed and banished. With the return of the Medici to power, Machiavelli lost his position as Chancellor and Secretary to the Dieci di Libertà e Pace, to which

matter-of-fact manner and without any overtone of contempt can be gleaned
from his analysis of human nature and from his explicit defense of the many
against "all writers" put forward in *Discourses* I, 58. Machiavelli clearly
expects a gain in realism for his political science by taking his bearings from
the way most men generally behave rather than from the prescriptions
respecting the good life offered by the moral philosophers of the past. As he
expresses the matter in the famous fifteenth chapter of the Prince:

> But it being my intention to write something useful for him who understands it, it
> has seemed to me more profitable to proceed directly to the effective truth of the
> thing (*la verità effettuale della cosa*) than to the imagination of it. And many have
> imagined republics and principalities that have never been seen or known to exist
> in truth; because how one lives is so far removed from how one ought to live that
> he who abandons what is done for what ought to be done learns rather his ruin
> than his preservation.[2]

Machiavelli is convinced of the necessity to descend to the depths, to discover
the truth about the actual behavior of men in the world and to build a
theory of politics upon it. He is interested in much more than being merely
descriptive, however. The most charitable thing that can be said about the
interpretation of Machiavelli as the first "value-free" social scientist who
writes from a "straightforward empirical standpoint" is that it is extremely
wide of the mark. Rather, Machiavelli strives to build his model of the good
society out of the material afforded by ordinary men possessed of less than
sublime motivations. Within the limits of the possible, he aspires to create
the noble out of the less-than-noble. Although it can scarcely be said that his
predecessors were as negligent of investigating "how men live" as he seems to
imply in the above passage,[3] Machiavelli does indeed present us with a fresh
perspective in political science. He is a lover of the world and of worldliness

he had been appointed in 1498. This remarkable letter is concerned with many of the
themes that loom so large in the *Prince*, the *Discourses*, the *Art of War*, and the *History of
Florence*.

[2] *Il Principe*, XV; *Opere*, Vol. 2, p. 57. (Hereinafter it will be assumed that I refer to
Volume II unless otherwise indicated.)

[3] It is not certain Machiavelli had in mind Plato, Aristotle, Augustine, and Aquinas in
his reference to those who "imagine principalities and republics" or contemporaries such
as Erasmus who wrote what he would certainly have regarded as "utopian" tracts. We do
not know whether he was familiar with Sir Thomas More's *Utopia*, published in 1516. Cf.
L. K. Born, "Erasmus on Political Ethics," *Political Science Quarterly*, December, 1928,
pp. 522-543. In his *Discourse on Reforming the State of Florence*, Machiavelli refers
favorably to Plato and Aristotle as writers who, if unable to institute a republic "in actuality, did so in writing." If they did not have the occasion to found a republic like Solon or
Lycurgus, "the fault is not in their ignorance but in their lacking the power to put it into
effect." *Opere*, 748. In other words, their goals were practically attainable.

and he possesses a healthy respect for that which is earthy and animal-like, as well as for that which is human, in man.

We have said that in his psychology Machiavelli descends to the depths, and this is true if by it we mean that he regards it as essential for the political scientist to bring to light and take account of the irrational and evil impulses which men ordinarily prefer to ignore or explain away. It is to his credit to have insisted unflinchingly that the political analyst and the wise political actor are not at liberty to ignore fundamental facts even – and especially – if they are inconvenient and unpleasant. On the other hand, if by descent to the depths we mean the relentless exploration of all levels of the experience of the psyche after the manner of Heraclitus or Plato – i.e. the "deep-knowing" of the soul as it grows in awareness of the Being beyond beings and attempts to achieve, within the measure afforded to fallible men, attunement with the *ens realissimum* – then we must conclude that Machiavelli by his own testimony for the most part has truncated his analysis, which remains at or near the surface dimension of reality.

The theme of appearance *versus* reality is a recurring one in Machiavelli's writings. In *Discourses* I, 25, we read that "the generality of men (*lo universale degli uomini*) feeds itself as much on that which seems as on that which is; indeed, many times it is moved more by appearances than by realities (*le cose che paiono che per quelle che sono*)."[4] Included in the "generality of men" are princes, who possess the same "nature" as their subjects.[5] Inasmuch as Machiavelli is determined to view political affairs through the "mirror of the many" – i.e. to observe them from the perspective of the "generality of men" – it follows that much of his analysis moves at the level of appearance rather than of reality – or rather at the level of appearances taken by most men to be realities. This leaves open the question of what for Machiavelli constitutes reality in the ultimate sense; his full answer to this question remains an enigma and perhaps always will remain so. That he did distinguish between appearance and reality and that he regarded a small number of "most excellent" men – presumably himself among them – to be open to reality as such may be gathered from his works. We shall return to this question.

The Psychology of "the many"

One of the most famous of Machiavelli's observations on the "generality of men" is found in Chapter 17 of the *Prince:*

---

[4] *Discorsi*, vol. I, p. 25; *Opere*, p. 169.
[5] *Discorsi*, vol. I, p. 58; *Ibid.*, p. 236.

. . .about men one can say this generally: that they are ungrateful, inconstant, simulators and dissimulators, fugitives from danger, greedy for gain. . .[6]

Many other examples could be given of his harsh and seemingly pessimistic judgment about human nature. In the same chapter of the *Prince* he gives forth with the bitter saying that "men forget more quickly the death of their father than the loss of their inheritance" (*gli uomini sdimenticano pui presto la morte del padre che la perdita del patrimonio*).[7] In the *Discourses* one encounters observations of a similar type: It is necessary for a lawgiver "to presuppose that all men are evil," and that they will always employ the "malignity of their mind" (*la malignità dello animo loro*) when they have "free occasion" to do so. If evil is not always observable in men's natures it is because special circumstances prevail which cause it to remain hidden, but time, "the father of all things," will always bring it forth to light.[8] A few chapters later, he informs us that "men are more prone to evil than to good."[9]

Machiavelli was indeed convinced from his lengthy experience of "modern events" and his extensive reading of ancient history of man's innate capacity for evil. However, this judgment is by no means his last word on the subject of man's natural propensities. He is frequently labeled a pessimist, but those who employ this characterization are not particularly helpful in advancing our knowledge about the specific character of his thought. Perhaps if we attempt to avoid neat classifications, which in any event almost never apply with accuracy to thinkers of rank, and look to his comprehensive reflection on human nature, we may hope to make at least some headway in understanding his teaching.

To begin with, Machiavelli held that there *was* such an entity as "human nature" and that this nature was in a sense constant. If there were not essential properties identifying men as men and exhibited wherever human kind was found, then it would not be possible to achieve a science of politics, or a political psychology as a subdivision thereof. "The sun, the elements, men," he tells us, have not changed in "movement, order, and power" in comparison to ancient times.[10]

[6] *Il Principe*, p. XVII; *Opere*, p. 62.

[7] *Ibid.*

[8] *Discorsi*, I, 3; *Opere*, p. 113. Machiavelli generally uses *animo* (*mind*) rather than *anima* (*soul*) in his political writings. The place of *anima* in his psychology is difficult to determine. One of his more dramatic references to *anima* is in his letter of April 16, 1527 to Francesco Vettori: "Io amo messer Francesco Giucciardini, amo la patria mia piú dell' anima." (I love Francesco Giucciardini, I love my country more than the soul.) *Opere*, p. 847.

[9] *Ibid.*, I, 9; *Opere*, p. 132. Both of these passages concern the "malignity" of rulers rather than that of the common man. Republican institutions and the rule of law are necessary to check their lust for dominion.

[10] *Discorsi*, Preface to Book I; *Opere*, p. 102.

To affirm the constancy of human nature did not, of course, imply that this nature was static and uniform. Men are similar and men are different: both sides of this proposition have to be simultaneously affirmed. Nature, Machiavelli stated in the letter to Soderini referred to at the beginning, has made each man with a different "intellect" (*ingegno*) and "imagination" (*fantasia*), just as it has made him with a unique "face."[11] The uniqueness of each man does not destroy his commonality with all men, however. Each human being actualizes himself within a given amplitude of possible psychic and physical development. The overarching "human nature" which contains, so to speak, the individual actualized "natures," is precisely this amplitude. Machiavelli does not, then, fall into the difficulty posed by Hobbes' nominalism which, if fully consistent, can speak only of "men" and not of "man." (Hobbes's nominalism does not prevent him from repeatedly speaking of "man," however, and the entire Part I of the *Leviathan* is entitled "Of Man.")

Just as man's nature is not uniform in its individual actualizations, so it is not static, or rigidly fixed, either. Aside from the changes which occur in man's bodily constitution over time, the psyche is a field of perpetually shifting and contending passions, one or more of which may temporaily gain control, only later to be replaced by a contradictory passion or set of passions. The "order" of the psyche, as the last quotation from the *Discourses* indicates, is bound up with its "power" and "motion." Machiavelli's theory of the psyche is concerned with explicating the range and character of the passional field as it manifests itself in man.

Man, then, is by nature a desiring animal. His psyche can be perhaps most accurately described as a "bundle of passions." It would appear that primordially these passions incline him to hostility and anti-social behavior toward other human beings. Following Guido Dorso, we may label these impulses the "agonistic" passions.[12] Man's agonistic reaction is rooted in the fact that the human condition is one of scarcity and deprivation relative to the desires of men. For man is not only a desiring animal; he is an infinitely desiring animal. "Nature," Machiavelli observes in one of the more important passages in the *Discourses*, "has created men in such fashion that while they can desire everything they cannot obtain everything; so that, desire being always greater than the power to acquire, they are ill contented with what they possess and obtain scarce satisfaction from it."[13] "Enmity"

---

[11] Letter to Soderini, *Opere*, p. 781.

[12] Cf. my discussion of Dorso's psychology in *Beyond Ideology*, New York, 1967, pp. 123, ff.

[13] *Discorsi*, I, 37; *Opere*, p. 190.

and "war" result from the perpetual disquiet in the psyches of men. Those who have more, fight to keep what they have acquired while those who have less struggle to obtain more. If men do not fight by "necessity" they will do so as a result of "ambition." Ambition is "so powerful in human breats (*ne' petti umani*) that it never leaves them, no matter how high they ascend in rank."[14] Men, he informs us in a later chapter, "do not know how to put limits to their hopes."[15]

Although on balance Machiavelli found the agonistic passions to pre-dominate in the psyche of the "generality of men," his comprehensive teaching also takes the cooperative impulses into account. Man's unquiet psyche oscillates between the passions of fear and hope, love and hate, the desire for tranquility and the urge for novelty, the need for submission and the determination to rebel, trust and suspicion, sociability and enmity, narrow self-interest and the capacity for sacrifice, lethargy and industrious-ness. The cooperative passions, while not against nature (Machiavelli refers in the *Art of War* to "love of country" as "caused by nature,"[16] and in various passages of the *Discourses* shows men to be by nature capable of feeling compassion for the sufferings of others and of experiencing respect for gentle and humane actions[17] cannot rise to a superordinate position relative to the agonistic passions unless assisted by the external pressure of "necessity." Necessity can be of two sorts, natural or man-made. Included under the category of natural necessity come famine, disease, floods, earthquakes, etc. Necessity which is the product of human action can be further subdivided into that resulting from war in which physical survival of the collectivity is at stake and that which is legally induced. The latter is what Machiavelli describes as *necessità ordinata dalle leggi* ("necessity ordered by law.")

The latter concept – necessity ordered by law – deserves comment be-cause it is particularly important in illustrating the twofold character of Machiavelli's teaching with respect to human nature. Men are by nature "evil" (i.e. anti-social) – or, more precisely, they are "more prone to evil than to good" – but they are capable of becoming "good" under the right conditions, or "under the pressure of necessity." As he expresses his view with characteristic pungency of style near the beginning of the *Discourses*, "hunger and poverty make men industrious" while laws can "make them

---

[14] *Ibid.*

[15] *Discorsi*, II, 27; *Opere*, p. 332.

[16] *Dell' Arte della Guerra*, IV (end); *Opere*, p. 588. ("L'amore della patria e causato dalla natura. . .")

[17] *Discorsi*, III, 7, 19, 20.

good."[18] "Strong" laws can "force necessities" upon men who are not challenged by the adversity of the physical environment or confronted with an enemy attack.

If Machiavelli was "pessimistic" about the evil tendencies in man, he was decidedly optimistic about man's capacity for political socialization. If man is on balance uncivil he can be made civil and civilized by education and law. One of his most striking assertions with respect to man's potentiality for socialization is in the *Art of War*. He has Fabrizio declare that in any commonwealth where "something good" remains, one can "easily" induce men to "honor and reward excellence, not to despise poverty, to esteem the modes and orders of military discipline, to . . .love one another, to live without harmful factions (*sette*), to esteem that which is private less than that which is public, and other similar things. . ."[19]

It would be erroneous to characterize Machiavelli as either pessimistic or optimistic in his understanding of human nature. He most certainly did not endorse the Augustinian view of man as burdened with original sin. The "sins" of men in society he informs us in the *Discourses*, originate not in themselves but in the "negligence" of princes or their bad example.[20] Man's "evil" behavior – certain aberrant "pathological" types aside – has its roots not so much in some basic innate malevolence as in the desperate reaction of a threatened creature who is burdened with self-consciousness and the capacity for infinite desire. Machiavelli describes, rather than condemns, man's condition and he describes it in a manner that combines empathy and detachment.

Machiavelli is not lacking in compassion for man's plight. In his poem, *L'Asino D'Oro*, he compares man's plight unfavorably with that of beasts:

Only man is born devoid of all protection; he has neither hide nor spine nor feather nor fleece nor bristles nor scales to make him a shield.

In weeping he begins his life, with the sound of a cry painful and choked, so that he is distressing to look at.

Then as he grows up, his life is verily short when compared with that of a stag, a raven, or a goose.

Nature gave you hands and speech, and with them she gave you also ambition and avarice, with which her bounty is cancelled.

To how many ills Nature subjects you at starting! And afterwards Fortune – how much good she promises you without fulfillment![21]

---

[18] *Discorsi*, I, 3; *Opere*, p. 114. "Necessity ordered by law" is also a major theme of the very initial chapter of the *Discourses* (I, 1).

[19] *Dell' Arte della Guerra*, I; *Opere*, p. 480.

[20] *Discorsi*, III, 29; *Opere*, p. 431.

[21] *L'Asino D'Oro*, Chapter 8; *Opere*, I, p. 848. Translation by A. H. Gilbert, Machiavelli: *The Chief Works*, 3 vols; Durham, North Carolina, 1965, II, 772.

Man is, then, in some measure a pathetic animal, more to be pitied than censored. He is brought into the world at odds with himself and incapable without external support of fashioning his deliverance. Being born "without protection" he is in need of a shell of security. Without such a protective shell – i.e., the well-ordered state – his constructive and cooperative impulses cannot take root and flourish; with it he is capable of achieving a degree of nobility. The primordial fear which animates men can be assuaged and channelled into constructive and cooperative endeavors under the shade of the state's security. Impartial and expeditious enforcement of the laws is sufficient to quell the malignant passions in the breasts of most men; man comes both to fear the punishment that the state metes out for anti-social behavior and to esteem the state for making possible the release of his cooperative energies.[22] To his *patria* man owes "his very existence, and later, all the benefits that nature and fortune offer him. . ." Inasmuch as he owes to her his "every advantage," he "is under no greater obligation than to his country."[23]

Machiavelli did not teach, as had Aristotle, that man is "by nature a political animal," but he did hold that man possesses many inclinations toward political association. Under pressure of "necessity" – whether natural or "ordered by the law" – the solidaristic impulses can prevail over the anarchic ones. Aggression does not depart from man's constitution upon the erection of an ordered commonwealth, however. Although a political equivalent for internal aggression has been found through creation of the state and the recognition of the common good, conflict between the members of society remains a fact of political life. The conflict has been sublimated – men "fight according to law" rather than "force," but fight they continue to do. And the fighting according to law is in continual jeopardy of disintegrating into violent conflict even in the best-ordered of republics. Man's civility is a coating of ice of varying thickness (relative to the excellence of a particular set of laws and institutions) under which churns a sea of aggressive drives.

In every society conflict rages between two major social constellations: the

[22] Fear is a leading theme in Machiavelli's analysis. In part the socialization process involves substituting political and religious fear for the primordial terror that accompanies the unorganized existential situation. The security afforded by the well-ordered polity enables man to relegate fear to the background of the consciousness while hope and courage become the predominant impulses. Or to put it another way, fear of God and the laws, instead of leading man to destructive and fratricidal *anomie*, becomes the basis for courage and hope. Fear need not defeat, but can nourish hope under the proper conditions. Cf. *inter alia*, *Dell' Arte della Guerra*, VI; *Opere*, pp. 631, 655, 661.

[23] *Discorso o dialogo intorno alla nostra lingua*, *Opere*, I, pp. 713-727 at 713; translation by J. R. Hale, *The Literary Works of Machiavelli* London, 1961, pp. 175-190 at 175.

many and the powerful (*li grandi*); in the Roman context the opposition is between the plebs and the nobles, specifically. Significantly, Machiavelli employs a psychological term to designate these opposing force; he calls them "humors" (*umori*). The opposition between the two social forces, animated by differing inclinations, is ineradicable.[24] If the "humoric struggle" is well-managed and contained within limits enforced by both law and the societal *ethos*, felicitous results will be derived from the struggle. This is why it is important *both* to give free play to the expression of these inclinations – i.e., to recognize the legitimacy of the humoric struggle – and to prevent it from breaking all bounds, thus seriously weakening, if not altogether destroying the society. Machiavelli is sometimes held to be the first political thinker of rank to have emphasized the possibly beneficial results of political conflict. Bertrand de Jouvenel has written of his acceptance and approval of the factional struggle. There is much validity in this statement, although strictly speaking, Machiavelli did not approve of *factions* (*sette*, *parte*) any more than did Rousseau after him. While Machiavelli did not think that the humoric struggle could or should be avoided, he did think this of the factional struggle. Factions (or "sects" or "parties") are based on ambition and narrow group or personal interest to the detriment of the common good. The factional struggle destroys a community; the humoric struggle can preserve it as a strong and vital force. Modern Florence, as Machiavelli frequently points out in both the *Discourses* and the *History of Florence*, is a leading example of a society consumed by intransigent and fanatical factions. Republican Rome, on the other hand, established institutions through which both of the great groupings which divide every society could find regular, legal, and open expression. The interests of the *grandi* were protected by the Senate and those of the plebs by the Tribunate and popular assemblies, with the consulate first in one camp, then in the other. Now the objective of the *grandi* is to dominate (we would say today to exploit); that of the many, to be free from domination. Put somewhat less harshly, the *grandi* aim to keep their privileged position while the many wish to see them removed. Inasmuch as Machiavelli never openly discusses the problem of economic inequality (although his position on this question may perhaps be implied from his frequent references to a well-ordered republic keeping the citizens poor and the commonwealth rich), we may assume that he regarded a certain amount of economic inequality as inevitable. In any event, he regarded inequities in the possession of power as inevitable; there would always be rulers and ruled. For Machiavelli, then, the humoric struggle was not to be avoided but optimally was to be contained in such a

[24] *Discorsi*, I, 4; I, 7; *Opere* 115, 125-127. See also I, 39; *Opere*, 196.

way that the energies resulting from it would benefit the republic – i.e. contribute to its collective strength and virtù. The minimal prerequisite for maintaining the struggle within bounds was acceptance by both sides of the legitimacy of the other's claim to exist. This acceptance carried with it a limitation on the ambitions of either side. In a particularly striking image, Machiavelli refers to the two social forces as "small birds of prey," which, if exclusively preoccupied with catching their victim, will fail to see the larger bird above, ready to pounce upon them and kill them.[25] The "larger bird" is the threat that the republic itself will be destroyed, and a tyranny be established in its place, in which event neither the people nor the nobles will be able to achieve their aspirations. The cause of most tyrannies is the "excessive desire of the people to be free and the excessive desire of the nobles to command." If both sides do not agree on a law "in favor of liberty" – i.e. the liberty of each of them to press their aspirations and (for the people in particular) to voice their grievances – tyranny will result.

THE HEROIC PSYCHE

Let us turn now to a consideration of Machiavelli's psychology of the ruler, and in particular of the ruler possessed of authentic virtù. We might do well to begin with the sixth chapter of the *Prince*, which is of key importance in this context. In this chapter as elsewhere Machiavelli distinguishes between the great majority of men "who almost always travel along paths beaten by others and proceed in their actions by imitations" and a few "great men" who possess authentic and creative political vision. These great men are held up by Machiavelli as examples worthy of imitation by rulers of the second rank, i.e. by most rulers. Men in general, then, are imitative. Such virtù as they possess is the result of good laws and good "education." We have now to consider the men of "very rare brain" who were the founders of these very laws and institutions – i.e. men who did not imitate others but, relying solely on their own strength, created a political order out of the raw material of human nature. These are men who stamped a particular "form" on the political "matter" at hand.

Machiavelli speaks in this chapter of new princes, but it is clear that he has in mind particularly to discuss not any new prince but specifically those princes who "by their own virtù" founded "new modes and orders" – i.e. who made a fresh creation, a new beginning in politics. (A hopeful side of

---

[25] *Discorsi*, I, 40; *Opere*, 204: "perché gli uomini, come diceva il re Ferdinando, spesso fanno come certi minori uccelli di rapina . . .che non sentono uno altro maggiore uccello che sia loro sopra per anmazzarli."

Machiavelli's teaching is its assumption that a new political beginning, although extremely difficult, is always possible.)

Of all those who have founded new modes and orders the "most excellent," according to Machiavelli, are "Moses, Cyrus, Romulus, Theseus and similar men." Machiavelli declines to "reason" about Moses because he was merely the "executor of things ordered by God" and deserved to be admired "only for the grace that made him worthy to speak with God." Cyrus and the others deserve admiration because in their "actions and orders" they achieved a greatness "not dissimilar" from that of "Moses, who had such a great teacher."

The distinguishing mark of the "most excellent men" who are founders of modes and orders is their *virtù*, one of the untranslatable terms one finds in Machiavelli's writings. This word has a variety of connotations depending on the context in which it is used, and the only way to approach its comprehensive meaning is to examine its use in all of these contexts. Translators exhaust their vocabulary in rendering the concept, customarily employing as many as a dozen meanings, ranging from vigor, excellence, strength of will, to ingenuity, acumen, insight, and, yes, even virtue. In the chapter presently under consideration Machiavelli means by it a power of the psyche – indeed *the* power of the psyche which is indispensable for great political leadership.

The founder accomplishes his creative mission by his *virtù*, i.e. through his own resources of intellect, imagination, tenacity of purpose, and capacity for seizing the occasion. He owes nothing to chance or accident for the greatness of his action. If his achievement is due to chance it is a tarnished victory; vulgar success but not authentic political greatness may be gained in this way. True political greatness, then, results solely from the input of the outstanding man of *virtù* into the situation. The founder "owes nothing to fortune except the occasion" for his action. The "occasion" provides the opportunity for the rare political leader to display the "*virtù* of his mind."

By "occasion" Machiavelli refers to a predicament of such magnitude as to require dramatic and brilliant action for deliverance to be achieved. The Israelites' enslavement to the Egyptians provided Moses with the "occasion" to display his *virtù* in leading them forth to freedom in the desert. The rebellious state of the Persians under the rule of the Medes and the dispersed condition of the Athenians provided the occasions for Cyrus and Theseus, respectively, to show their *virtù*. *Virtù* is the capacity to fashion a new solution out of oppressive and seemingly irremediable conditions, conditions for which the founder himself was not responsible.

It would appear that the source of order in the political world for Machiavelli, then, is not Plato's *agathon*, Aristotle's divine *nous*, or the providential

God of Christianity, but the psyche of the founding hero. God for Machiavelli is not so much dead as he is politically irrelevant. He is absent from the
political world. Man is left to struggle for his own deliverance in this life,
and the founding hero becomes the representative for mankind in the
struggle, pointing a way toward a victory that is, no doubt, only partial and
temporary, but nonetheless a victory. The founding hero, through his own
daring and astuteness, directs the construction of a dike to keep out the
surging waters of the surrounding chaos.

The great political innovator, although he will possess the capacity to
convince men by words, will also take care to have at his disposal the
necessary force to carry out his enterprise and to consolidate his gains,
should the people, because of the variability of their temperaments and
their lukewarmness or even hostility toward radical change, lose enthusiasm
for it. "All armed prophets conquer, while disarmed ones fail" is a hard
saying of Machiavelli. By this he did not mean that force alone is sufficient
to establish new modes and orders. The willing adherence of the populace
was of course to him of crucial importance. What he did mean by it – and this
is a theme which looms large in the introductory chapters of the *Discourses* –
is that violence frequently attends the founding of a new political order,
principally because those who are attached to the old order are strong
partisans of it, while those who are inclined to support the new are less
zealous in their advocacy. The reason is that the benefits of the old order are
remembered as precious and tangible by those who profited from them, while
those who stand to gain from the new dispensation do not yet possess their
reward. Men are insecure and wavering with respect to the uncertain
future; left to themselves and without external pressure they are undepend-
able.

The founder, on the other hand, has nothing on which to feed himself except his *virtù*. The figure of the hero, unflinching in his determination to
master the situation confronting him stands forth in Machiavelli's pages,
illuminated by the lightning flash of his prose against a background of
darkness and disorder. We could call him Prometheus except for the too
often forgotten fact that Prometheus was a god, while this figure on the
lonely heights of power is every inch a man.

There is perhaps nothing so absent from Machiavelli's political universe
as is the Christian conception of grace and of man as a grace-needing animal.
Man to Machiavelli must fashion his own raft of salvation; no other vessel
will come to his aid, no divine swimmer will raise him above the always
threatening innundation.

The theme of the founder is discussed again at length in the opening chapters of the *Discourses*. Enduring political foundations are those built by a single man gifted with extraordinary *virtù*. Unlike the "generality" of men, the founder-hero is not motivated by narrow ambition and the desire for immediate, selfish gain at the expense of others. He is not "short-sighted" but takes the longer view. He is dedicated to the "common good" and to "true glory." Although most men are good only as a result of necessity, the founder is the man who seizes upon external necessity as the occasion for displaying his *virtù*. He is capable of creative political action that looks beyond the immediate difficulty. He is in a larger sense the man who imposes necessities on others, who orders necessity "by law." It was by imposing the necessity for strict observance of the laws and vigorous adherence to military discipline that Romulus and Numa enabled the Romans collectively to achieve a degree of *virtù* that has never been surpassed by any other commonwealth. They were able to overcome by prudent modes and orders the tendency to indolence the Roman population would otherwise have exhibited as a result of the fertility of their lands and the mildness of their climate.[26]

Machiavelli's teaching in the remarkable Chapter 9 of Book I of the *Discourses*, which deals with the necessity for new modes and orders to be the product of the "mind" of a single extraordinary man, may be summarized as follows:

(1) Rare men exist – presumably by nature –[27] who escape the corruption of the generality of mankind and who, without the pressure of the necessity for self-preservation, will and do the political good. If it can be said that they are driven by necessity at all, it is a necessity of a higher order that impels them – an inner necessity welling up from the virtuous psyche. These are mankind's redeemers from chaos and ignoble politics.

(2) These men are the true possessors of authority; good modes and orders originate in their "minds." They lay down compulsion and engender

[26] See the relevant portions of Eric Voegelin's article: "Machiavelli's Prince. Background and Formation", *Review of Politics*, Vol. XIII, pp. 142-168 for an illuminating discussion of the heroic character type as envisaged by Machiavelli.

[27] "Virtue in the highest sense, extraordinary virtue, grandeur of mind and will, the premoral or trans-moral quality which distinguishes the great men from the rest of mankind, is a gift of nature. Such virtue, which is not chosen, compels a man to set himself high goals," Leo Strauss, *Thoughts on Machiavelli*, Glencoe, Illinois, 1953, p. 247. Strauss cites in particular *Discourses* III, 12 (beginning) as support for his conclusion. Despite this sometimes too generous assumptions and his hypermoralistic insistence on the "evil" character of Machiavelli's teaching, there is much of value in Strauss's analysis. See, however, C. J. Friedrich's trenchant review of Strauss in the *New Leader*, 1965, for a needed corrective. Friedrich discusses Machiavelli's conception of "founding a political order" in his magisterial chapter of the same title in *Man and His Government* (New York, 1963), pp. 389-405.

necessities upon others without themselves being compelled by any human agency or threat to their survival.

(3) Although they must when necessary act tyrannically, they themselves are not tyrants and have an objective antithetical to tyranny: they use absolute power to found a political order in which absolute power will be as difficult as possible to attain. Precisely because they are disinterested – i.e. they do not seek to further their own individual gain or that of their posterity – and because they are wise (they know that most men are "more prone to evil than to good") they create institutions designed to encourage the dispersal and sharing of political power. The republican regime rather than a regime of hereditary monarchy is for Machiavelli the model regime for a number of reasons, but chiefly because its constitutional ordinances check the inordinate concentration of power in one man. Machiavelli would not have agreed with Acton that all power tends to corrupt, for he held the heroic founder to be incorruptible. In this instance at least, this celebrated "realist" turns out to have been a thoroughgoing "idealist." Excluding these rare individuals, however, he would have emphatically subscribed to Acton's dictum, which culminates in the conclusion that "absolute power corrupts absolutely." Men seek power and they must have it for their security. Only if its exercise is limited by prudent laws which give both "humors" of society a share in power will it be a force for the common good.

(4) New modes and orders rarely come into existence unaccompanied by violence. Violence, terror, and evil attend the construction of the good political order; this is the principal paradox of political life. Machiavelli does *not* observe in this connection (as has frequently been attributed to him) that the "end justifies the means." The Florentine secretary was honest enough to call a spade a spade. Murder, assassination, fraud, treachery and all the other vicious acts he discovered to have accompanied the founding of states remain evil, regardless of the result. What he did say was that most men, who judge chiefly by the results of actions, will "excuse" evil means if these means achieve a favorable outcome. He also concludes that "he who is violent to destroy, not he who is so to build, deserves to be censured" and that Romulus in particular "merits excuse" for the killing of Remus.[28] The founder will not shrink from evil if the necessities laid down by the human condition for the founding of states demand it. He will employ cruelty not for its own sake but for the common good. He is, then, a man who will not

---

[28] *Discorsi* I, 9; *Opere*, pp. 131, 133 (end). *Vide* the discussion of Machiavelli and the "end justifies the means" in my article, "Second Thoughts on Leo Strauss's Machiavelli" in: *The Journal of Politics*, August 1966, pp. 794-817 at pp. 803-807. Most importantly, the reader should consult C. J. Friedrich's definitive work, *Constitutional Reason of State*, Providence, R. I. Brown University Press, 1957, especially pp. 23-29.

lose his nerve; a man who, while he is no lover of violence *per se* (his objective being to establish a political framework in which its occurrence will become more rare and men can "fight" through law), is nonetheless tough-minded and unsentimental enough to employ it ruthlessly where the occasion calls for it. Presumably, if the choice has to be made, he will put his "country" before his "soul." *Virtù* takes precedence over virtue in its moral and theological signification.

Machiavelli's hostility to tyranny is apparent in many passages in the *Discourses*. This antipathy is particularly evident in Book I, Chapter 10, whose title pronounces the founders of tyranny to be contemptible in the same degree that founders of republics and kingdoms are praiseworthy. Tyrants, in contrast to the virtuous founders, are "deceived by a false good and a false glory" and either through choice or ignorance pursue the path leading to infamy. Although they have occasion to lay the foundation for a good society to endure after them, they lack the *virtù* to seize it. Just as Machiavelli has lauded Romulus, Lycurgus, Moses, and Theseus, he condemns Caesar, who destroyed the republic. Among the Roman emperors he praises those "who lived under the laws and as good princes," (e.g. the Antonines), while condemning Caligula, Nero "and many other villianous emperors *(tanti altri scelerati imperadori)*." Caesar seized a corrupt city in order wholly to ruin it; the true founder would take it "to reorder it as did Romulus."[29]

It is in Chapter 10 that Machiavelli expands the list of "praiseworthy" men – men of *virtù* – to include, in addition to founders of republics, founders of religions, generals of armies, and men of letters "of various sorts, each one according to his rank." Machiavelli's elite of *virtù* – as distinct from an elite based on wealth, birth, or position in society – then, includes not only extraordinary political and military leaders but literary and religious innovators as well. Interestingly enough, he places founders of religion ahead even of founders of republics in this account of praised and praiseworthy men. Later in the chapter he even assigns first place to Numa over Romulus as having contributed more to the founding of Rome because he provided the Romans with a religion, which is always the basis of good laws, education, and arms. Machiavelli later (*Discourses* I, 19) revises this comparison of Romulus and Numa by assigning to Romulus the greater *virtù*; nonetheless, without question he regarded religion as an indispensable tool for the management of a populace.

[29] *Discorsi*, I, 10; *Opere*, p. 137.

POLITICAL PSYCHOLOGY AS THE ART OF DISSIMULATION

Although Machiavelli regarded men as possessing the same "nature" – i.e. as being essentially equal – he found that important politically relevant inequalities always appear. Inequalities of wealth, status, and power were in his view inevitable and ineradicable, even if readjustments were possible through political action; good laws and good education could mitigate extreme disparities of wealth and status, and under a republican constitution the many could be admitted to a share in power through their representatives (the Tribunes in the case of the Romans) and through their participation in assemblies and elections. In a larger sense, however, the division between rulers and ruled could not be eliminated even in the most democratically structured commonwealth. Gaetano Mosca's later formulation of the theory of the "ruling class" (*classe dirigente*) was anticipated in Machiavelli's observation in the *Discourses* that "in all republics, no matter how organized, no more than forty or fifty citizens attain to positions of command. . ."[30]

Ruling classes vary extensively as to the degree of *virtù* they possess; sometimes they are corrupt beyond remedy, in which event no counsels will be recognized or heeded by them. To any ruling class, whether of a republic or a principality, still possessed of some *vritù*, Machiavelli addressed certain general counsels, applicable both to domestic and international politics. Some of the counsels had to do with the efficient management of the material forces at one's disposal. Military tactics and especially the need to revive the popular militia were always very much on Machiavelli's mind as is evident from the *Prince*, Book II in particular of the *Discourses*, and the *Art of War*. He was also concerned, however, with "psychological warfare" and with what might be termed the psychological management of a populace. In the psychological realm he was centrally concerned with skillful dissimulation – or what he often calls, with characteristic frankness, simply "fraud."

Machiavelli has often been denounced for advocating treachery and fraud. Certainly he is a careful analyst of this phenomenon as it bears on our understanding of "how men live." If he is an advocate of anything, however, it is not so much blatant fraud as it is astute dissimulation. As is well known, Machiavelli cites numerous examples of extreme treachery in politics; he appears to go out of his way to find these examples, as he does with regard to instances of extreme cruelty. As even one of his harshest critics has pointed out, however, his purpose in employing extreme examples is essentially pedagogical.[31] They are meant to shock us so that we will

---

[30] *Discorsi* I, 16; *Opere*, p. 153.
[31] Strauss, *op. cit.*: ". . .once one grasps the intransigent character of Machiavellis'

challenge our own illusions and commonplace opinions and be receptive to facing unpleasant facts. Machiavelli's overall objective is to illuminate the complexities of the phenomenon we refer to as political power. Power, in his mind, is not synonymous with brute force or "simple-minded militarism" but requires in its proper exercise a whole range of skills. Optimally, the power-wielder needs to possess a subtle mind, one capable of recognizing, in the words of one interpreter of Machiavelli, that "action demands we be oblique as well as direct, and right action demands a high degree of awareness of both kinds of discourse."[32]

Nor does Machiavelli see politics as simply the continuous practice of dissimulation. In the famous eighteenth chapter of the *Prince* he speaks of the necessity for the *Prince* to use both the "beast and the man." There are, he informs us, "two modes of fighting: one with law and the other with force." The first of these is proper to man, the second to beasts; "but because the first often is insufficient, one must have recourse to the second." The prince must, like Achilles, have a centaur – a half-man and half-beast – for his teacher.

Machiavelli goes to considerable pains to indicate the political relevance of the instinctive and non-rational elements in man's nature – that part of his nature which he shares with animals in general. Politics is not all "fighting according to law." He proceeds further to divide the animal elements present in the political situation into those exemplified by the lion and the fox. The symbol of the lion evidently stands for direct physical coercion, while that of the fox represents the need for dissimulation.[33]

In stressing dissimulation, Machiavelli has in mind particularly the practice of establishing long-range objectives, the full implications of which one keeps as concealed as possible. The most successful example of dissimulation ever practiced, in his view, was that of the Romans when they made alliances with certain peoples on the Italian peninsula only later, after having conquered much additional territory and having vastly increased their power, to turn on these allies, now proportionatly far weaker, to subjugate them. Machiavelli frequently observes that most men and most rulers see no further than present necessity. Prudent dissimulation is essentially the

theoretical concern, one is no longer compelled to burden him with the full responsibility for that practical recklessness which he frequently recommends." And again: ". . .Some of the most outrageous statements of the *Prince* are not meant seriously but serve a merely pedagogic function; as soon as one understands them, one sees that they are amusing and meant to amuse," p. 32.

[32] Joseph Anthony Mazzeo, *Renaissance and Seventeenth-Century Studies*, New York, 1964, p. 165.

[33] *Il Principe*, 13; *Opere*, p. 65.

ability to see further into the future than your opponent and to conceal your insights from him.

With respect to dissimulation in domestic affairs, the pages of all of Machiavelli's political writings are full of examples. Prudence requires that what one says *in palazzo* is not necessarily the same as one's utterances *in piazza*. Wise rulers must know how to anticipate the reactions of both the many and the *grandi* to their proposals. Beyond that they must know how to manage the fears and affections of men to the advantage of the common good. Machiavelli regarded love and fear as the two principal drives motivating men. The greatest fear is that of physical extinction, although as we have seen he held men in general to be a paradoxical combination of contrary impulses so that they can be induced out of fear of the gods and the desire for glory to act courageously and self-sacrificially. Religion, as we have seen, was viewed by Machiavelli as a supreme tool of political management. Rulers should at a minimum *appear* to be religious and God-fearing. A convincing appearance of religion was not difficult to produce, because most men are easily deceived.

Under the general heading of "psychological management" Machiavelli included many maxims which could be strung together to constitute a kind of political cookbook, or how-to-do-it manual. To read his counsels in this light is to interpret him rather mechanically, however, and to ignore his brilliant ability to sense that which is unique in each historical situation. He is forever qualifying the application of a general rule after stating it with exaggerated emphasis.

Part of the speculatively-practical wisdom a ruler needs to manage a populace has already been indicated. He must understand that most men do good only out of necessity, that in every society conflict between the various "humors" exists and that the legitimate ambitions of each must be honored. A prince or magistrate must comprehend the crucial importance of timing in politics: if punishment must be meted out, it is best to accomplish it rapidly and all at once; honors, on the other hand, should be parcelled out over time so as to derive the maximum gratitude and support from them. Rulers should not wait until necessity forces them to reward their subjects, however. Otherwise the people will fear that when the necessity passes, what has been given them will be withdrawn. A ruler must know how to employ both the arts of war and those of peace, both the gentle methods of Marcus Aurelius and the cruel ones of Severus. Above all he must be adaptable and able to shift with the times. As he explained in the letter to Soderini to which reference previously has been made, that man is "happy" whose "manner of proceeding" harmonizes with his time, while he whose actions are out of step with the times and the "order of things" comes to grief. There are, we are told, as many "orders of things" as there are "provinces and states":

But, because the times and things, both universally and particularly, change often, while men change neither their concepts nor their manner of proceeding, it turns out that one has good fortune at one time and bad at another.

And truly if there were someone sufficiently wise who knew the times and the order of things and could accommodate himself to them, he would always have good fortune or would protect himself from the bad, and it would be true that the wise man would command the stars and the fates. But, because one does not find these wise men, men being above all short-sighted and unable to command their natures, it follows that fortune varies and commands men and holds them under her yoke.[34]

One of the most striking examples of deliberate dissimulation for the purpose of psychological management of the populace in Machiavelli is that referring to Numa's deception of the Roman people through invoking religious sanction for the new laws he wished to introduce. Numa "pretended to be intimate with a nymph, who informed him what he should say to the people. . ."[35] By thus appearing to act according to divine instructions he was able to introduce new laws which would have been impossible solely on his own authority. Machiavelli admits that Numa would not have been believed in his own incredulous and irreligious (i.e. "sophisticated") age, but shortly thereafter reminds his readers of the gullibility of the Florentine populace at the time of Savanarola. Savanarola was able to convince the supposedly cultivated citizens of Florence that "he spoke with God"; they believed him without having seen "anything extraordinary to make them believe him." This is not surprising, because "men are born, live, and die always under the same order."[36]

Machiavelli, although he appears to derive some pleasure from his sardonic unmasking of the ruses leaders have employed to make themselves believed, does not write for the purpose of exposing such dissimulation but in the attempt to place it in the perspective required of a science of politics. There is for him a deeper rationality behind the apparent irrationality of this entire process. In part, the problem is one of communication and of the need for indirect, non-literal modes of addressing and arousing the people. "Prudent men," such as Lycurgus, Solon, and "many others," know of "many goods" for which they do not have at hand "evident reasons capable of

[34] Letter to Soderini of January, 1513; *Opere*, pp. 781-782.
[35] *Discorsi*, I, 11; *Opere*, p. 139.
[36] *Ibid.*, p. 140.

persuading others." Hence, the necessity to have recourse to myth. Machiavelli, after unmasking the literal untruth of the myth, finds that at a deeper
level the myth has its truth. In a sense he is exploring the same problem
which preoccupied Plato in the *Republic* when he introduces the "myth of
the metals" and the concept of the "noble lie." Dissimulation, then, to
Machiavelli is not to be understood in a moralistic fashion as an infamous
trick, but is to be viewed as a political necessity which conveys the truth that
man needs convincing myths to move him to action. There is, in his view,
some need of the psyche to respond to mythopoetic imagery, else it would
not recur among all peoples regardless of educational level, etc. What
Machiavelli does not discuss is the question of whether Numa, Lycurgus,
Solon and the others were in fact aware of their using deliberate deception
in invoking divine sanction for their deeds; perhaps they were themselves
convinced of the authenticity of their religious experience. In any event
Machiavelli's account is wholly inadequate on this score. Machiavelli by
and large lacks a psychology of religion. Nor can one be constructed by
tying together his sometimes sarcastic, often witty, and occasionally serious
remarks about religious experience in his political writings. It seems doubtful
that he was a precursor of Feuerbach and Marx – i.e. that he had a consistently anthropological interpretation of religious experience as a projection of
non-religious needs and of religious experience itself as an illusion. There
are too many aspects involved in his approach to religious phenomena to
permit us to assume that he held a ruthlessly reductionist interpretation of
religion, particularly if one takes into account the *Exhortation to Repentance*,
his religious poetry, and the frequent and apparently sincere references to
Christianity in his letters.

Machiavelli leaves the subject of religious experience – and of the experience of the world-transcendent ground – shrouded in mystery. As a
result, his psychology of the founders – men who are at the border between
man's known experience and his communication with the unknown – is
lacking in depth. We know that they are "numenous" figures but do not know
the source and character of the "numen" they possess.

Although in his discussion of the heroic psyche Machiavelli concentrates
upon the dramatic actions of the founders of the past as narrated in history
and legend, he clearly intends to include in this category, as he states in the
Dedication to the *Discourses*, men who have never been princes but who
"because of their innumerable good qualities deserve to be such".[37] The
Discourses is dedicated to two of his friends and fellow citizens. In the
Dedication and in the Preface to Book I he ranks himself among those not

[37] *Discorsi*, Dedication; *Opere*, p. 100.

motivated by "ambition and avarice"; he proclaims himself to have been "driven by that natural desire always operative in me to do what I believe redounds to the common benefit of everyone", to enter upon a "path not yet travelled by anyone" and which is full of danger and difficulty.[38] In other words, there are ordinary citizens who have not been provided the opportunity to display their *virtù* in ruling who possess the requisite qualities for heroic political action. Like the founders celebrated by history, they, the unsung heroes, are also motivated by the desire to effect the common good and will sacrifice their self-interest and personal tranquility and security to this end. One of the principal advantages of a democratically inclined republic in contrast to a principality is that the avenues of leadership are open to such excellent men in time of crisis or danger. The well-ordered republic, then, can weather the adversities of fortune more successfully than can the principality, because the republic can draw upon its reservoir of able and virtuous citizens, selecting the man whose nature most fits him for handling the situation at hand. Princes are restricted by their natures and only rarely possess the *virtù* to adapt to and/or master their times. Republics, then, are more viable than principalities because they can on short notice come up with the leadership precisely required for the times. They reward the meritorious individual with power rather than permitting him to languish in obscurity or at best to receive a measure of renown through writing.

MACHIAVELLI'S COMPREHENSIVE REFLECTION

Machiavelli is the first great modern exponent of anthropocentric humanism. Anthropocentric humanism takes man as the measure of all things, i.e. man in his inner-worldly existence as distinct from man considered in his relationship to transcendent Being. Man's relation to Being is not a problem explicitly treated by Machiavelli. What he does consider is man's relation to nature. Nature is absolutely central to Machiavelli's comprehensive reflection. Nature to Machiavelli is a cyclical process of decline and renewal. Man is at one situated within nature and capable of achieving a partial understanding of and a partial mastery over it. That part of nature which defies his complete knowledge and control is given the name of fortune. Those men who can directly and of themselves achieve partial control over nature are possessed of *virtù*. *Virtù* is not synonymous with reason but includes reason, instinct, and imagination, along with physical vitality and endurance. *Virtù* itself is a gift of nature to some men, who in turn create modes and

---

[38] *Discorsi*, I (Preface); *Opere*, p. 101.

orders through which by imitation other men may in varying degrees acquire *virtù*.

To understand nature is to understand all that is relevant for human social existence. That which is beyond nature – the supernatural – is not knowable by men but is accepted on authority. (That this authority itself rests on nothing but illusion and expedient fraud is a possible, although by no means an inevitable deduction from Machiavelli's major writings, but not from some of his minor writings and letters. One must be careful to take into account his use of irony and his employment of statements calculated to shock his readers for the pedagogical purpose of waking them up to fresh perspectives.) In any event, Machiavelli held that preoccupation with the supernatural as such directs men's minds away from the concrete political tasks at hand. Nature itself, however, is not simply an opaque material force but also in some sense a noetic or psychic entity. It is not simply a closed system external to the consciousness but is in some degree permeable by the consciousness. Nature is not without purpose; on the contrary, it possesses a plan. As Machiavelli indicates in an important chapter of the *Discourses*, nature operates in a similar fashion with respect both to "simple" and "mixed" bodies: it "purges itself" of "superfluous matter" for the "health of that body." Human societies are examples of mixed bodies. Everything of human generation is periodically destroyed "of necessity" by "disease, famine, or inundation" in order that men "having become few and humbled, may live more commodiously and become better.[39] The course decreed by nature (sometimes he uses "heaven" or the "heavens" interchangeably with nature) is a recurring cycle of birth, growth, and death.[40]

Men themselves determine the precise time limits of the cyclical pattern but the pattern itself is presumably inexorable. Ascent to good modes and orders is made possible by men of *virtù*; maintenance of good modes and orders is made possible by their successors and imitators who periodically purge the society of evil by force if necessary to effect a "return to the origins" or to the time of foundation when *virtù* was at its height. Even the most virtuous institutions and rulers cannot prevent the eventual demise of the body politic; a "perpetual republic" cannot exist. This is because man's nature contains evil impulses which, although for a time they can be constructively channelled, cannot permanently be contained. There are in Machiavelli occasional hints of what Camus refers to as "metaphysical rebellion." If only a succession of harsh and incorruptible rulers like Manlius Torquatus could arise every generation to bring a society back to its origins,

---

[39] *Discorsi*, II, 5; *Opere*, p. 265.
[40] *Discorsi*, III, 1 and *Istorie Fiorentine*, V, 1; *Opere*, vol. 1, p. 348 and II, 280.

such a republic "would be everlasting."[41] But nature (or "heaven") has "set a limit to the life of everything in the world."[42] Neither a society nor an individual can wholly master his situation; wise and prudent men neither rebel nor despair but face their lot with equanimity and courage. In this way fortune "has no power over them."[43]

Because of the variability of all of nature, including the human psyche itself, every human achievement, no matter how brilliant, is merely provisional. And yet the effort must be made; man must never cease to hope, and to face with fortitude his condition. In the final analysis we are brought by Machiavelli's political teaching to a kind of truncated stoicism, or a stoicism lacking any explicit reference to the divine *logos* as the ground of Being and of participation in this *logos* as the distinguishing mark of man's humanity.

Machiavelli's political anthropology, which in turn is the basis of his specifically political psychology with its practical implications, is complex, subtle, and original. The extraordinary vividness of his imagery stems from an extremely rare capacity for fresh and direct experience. Machiavelli managed to see the political world in an immediate and direct manner that is reminiscent of Plato. Both men are founders, not of polities, but of political science.

Both Plato and Machiavelli were preoccupied with the theme of appearance versus reality. In some respects, of course, their teachings are antithetical. From the Platonic perspective, Machiavelli never moves beyond the world of appearance; he remains immured in the recesses of the cave and has not accomplished the *metanoia*, or conversion of the psyche essential for experiencing the *agathon*. Machiavelli does not directly take issue with Plato. His teaching does not so much contradict as it runs parallel to that of Plato. In effect, however, Machiavelli denies the relevance of the reality discovered by the philosopher for human life as it must be lived in the cave. The reality with which he is concerned is the "effectual truth of the matter."

Despite their profound differences, both men were dedicated to uncovering the illusions which men often employ in deceiving themselves and others. Both men insisted on questioning everything, and both relentlessly pursued the arduous task of placing the inherited symbolism of their political culture under critical scrutiny. They were both radicals in the true sense of the term, which derives etymologically from *radix* (root, going to the roots). They were both concerned, within the limits of human possibility, to establish a fresh and immediate contact with reality. This is the secret of their perennial

[41] *Discorsi*, III, 22; *Opere*, p. 418.
[42] *Discorsi*, III, 1; *Opere*, p. 348.
[43] *Discorsi*, III, 31; *Opere*, p. 436.

appeal, for the capacity to strike out on a radically new departure, "without any respect" (*senza alcuno respetto*) to inherited patterns of thought deemed authoritative, is an extremely rare gift. (A radically new departure is, of course, different from a simple reaction against prevailing doctrines and institutions.) We are all indebted to these men for pointing the way toward the achievement of a critical science of politics, which is something worlds removed from the elaboration and defense of received opinion – or its unconsidered rejection.

Neither writer is, of course, without his limitations. Plato's paradigm is burdened with the "mortgage of the *polis*" (Voegelin), while Machiavelli's implicit defense (in the *Discourses*) of republican imperialism hardly strikes most of us as a creative solution to contemporary problems of world order. Plato is concerned above all with providing a social environment conducive to the life of reason, while Machiavelli concentrates on the requirements of a viable political order in a perpetually unstable world.

Somehow in our own thinking we need to look to a union of both kinds of wisdom. Even this synthesis will be incomplete if lacking a kind of charity which neither writer possesses in full measure. On the other hand, a new humanism in political theory cannot afford to ignore the realistic insights of either Plato or Machiavelli regarding the human condition, nor can it substitute sentimentality for disciplined analysis. The "new way" demanded by our own time is, if not hard to find, full of obstacles and pitfalls. It is only with extreme difficulty that one might hope to get "beyond ideology".

Like Plato, Machiavelli is open to the charge of excessive elitism, or of exaggerating the gulf separating the generality of men from the fully developed character types. Both writers define men as possessing a common human nature but proceed to imperil this insight by exaggerated adulation of the few whose psyches achieve maximal openness to the experience of reality as such. This situation is all the more incongruous in the case of Machiavelli, because of his frequently expressed praise of and sympathy for the many, which reaches its culmination in *Discourses* I, 58. Both Plato and Machiavelli challenge the pretentions to knowledge on the part of the ruling classes of their time. In that respect, at least, they are "egalitarians". Machiavelli adds the judgment that the majority in a well-ordered republic, even if it errs in general matters is a sound judge of particular cases, especially those involving the choice of candidates for public office. And yet the lonely hero and the even more solitary philosopher are separated from the bulk of mankind by a knowledge gap of tremendous proportions.

Machiavelli ranks himself by implication at least even above the founding heroes who are the unfailing recipients of his adulation. This is because he not only possessed a practical knowledge of political life, as did the heroic founders of States and movements, but a speculative understanding of the natural and human world as well. Plato and Machiavelli were intellectually modest in the sense that each recognized the limits to human knowledge: Plato conceived of *philosophia* as the *love*, not the possession, of wisdom, while Machiavelli admitted that "we" (human beings) are ignorant of things supernatural. But both men were intensely arrogant regarding their conception of the gulf separating themselves from ordinary men, who think that they know reality but generally feed on appearance. At a minimum they hold that most men do not know the extent to which they live by illusion; they are not aware of the basic problem of appearance versus reality.

Due recognition of the exceptional merits of these men and of other great political philosophers need not entail acceptance of the hero worship implicit in the teaching of some of them.

If there is a human condition and a human nature, it is common to all. In varying degrees all are affected by a fundamental ignorance; Being, as Hartmann said, turns only one of its sides towards man.

Similarly, all men participate to some degree in reality and all are capable of sharing some awareness of the limitations to human knowledge. If there is no qualitative gulf between men, no man or group of men has by right the task of assuming the psychological management of a populace, a task which both Plato and Machiavelli assigned to the elite of wisdom and *virtù*. A whole new ethic of respect for the person must be elaborated if we are to hope to avoid substituting manipulation and indoctrination for persuasion and meaningful consent.

A plethora of problems remains to confront political theory, which today as in the past is concerned with the threefold task of elaborating a political anthropology, a theory of the good society, and a theory of history. Political psychology, which is a subdivision of political anthropology, can today draw on the insights of Freudian psychoanalysis and on the academic discipline of psychology, which, as with all the contemporary "social sciences," comprises a multiplicity of perspectives ranging from a reductionist type of behaviorism to complex and multidimensional analyses. A political psychology that is part of a critical science of politics will not be tempted to forsake philosophical reflection for techniques, nor to shrink from criticizing dubious assumptions and oversimplifications sometimes smuggled in under the name of science. Nor will it ignore the contributions of past explorers of the psyche such as Plato and Machiavelli, simply because they thought in the past.

Machiavelli is sometimes described as a "forerunner of the rationalism of the Enlightenment".[44] Other equally sensitive interpreters see him as a man who anticipated much of Freud's work, i.e. as a thinker who was acutely aware of the irrational drives at work in men and the emotionally charged political universe where reactions of fear, love, and hate, rather than the rule of reason, are of decisive importance in man's relationship to political authority.[45] Still others credit him with having been the principal initiator of a school of modern political thought known as "classical republicanism". Machiavelli is correctly seen as having inspired James Harrington, Algernon Sidney, and, through them, other proponents of republicanism in England.[46] Many other affinities and lines of influence, both acknowledged and unrecognized, could be detected between Machiavelli and later political thought. Interpretations of this kind are valuable, so long as they are not taken in such fashion as to obscure the fact that as a political thinker Machiavelli is *sui generis*. Today, five hundred years after his birth, we are perhaps closer to the man, as distinct from the legend, than at any time since that legend's inception a generation after his death. That this is so, is another indication of the extraordinary advances that have been achieved in our understanding of political theory as a tradition of inquiry in our time. To employ one of Machiavelli's favorite words, this provides us with the "occasion" to fashion a new theory of politics which will be "empirical" in the authentic sense as understood by the powerful mind and compassionate spirit to whom we dedicate these essays.[47]

[44] Neal Wood, Machiavelli," *International Encyclopedia of the Social Sciences*, Vol. 9, pp. 505-511 at p. 511.

[45] Mazzeo, *op. cit.*, pp. 135, 136 (note). As is clear, particularly in Freud's essay, *The Future of an Illusion*, there is an Enlightenment strand in Freud's thought, so that Wood's and Mazzeo's interpretations of Machiavelli are not so opposed to each other as they would appear to be on the surface. Cf. Paul Roazen, *Freud: Political and Social Thought*, New York, 1968, p. 159 and *passim*. Even so, Machiavelli remains Machiavelli and his political thought differs in many important respects from that of either Freud or the Enlightenment.

[46] Cf. Z. S. Fink, *The Classical Republicans*, 2nd edition, Evanston, Illinois, 1962; Charles Blitzer, ed., *The Political Writings of James Harrington*, New York, 1955, pp. 31 ff., 133, ff. and *passim*. Although not strictly speaking a classical republican, Rousseau has profound affinities with this tradition and cites Machiavelli frequently in the *Contrat Social*.

[47] "An Empirical Theory of Politics" is the subtitle to Carl J. Friedrich's major work, *Man and His Government*, New York, 1963.

Robert Derathé

THEORIE ET PRATIQUE EN PHILOSOPHIE POLITIQUE: LA MONARCHIE FRANCAISE SELON JEAN BODIN ET MONTESQUIEU

Depuis Henri Baudrillart[1] et Etienne Fournol[2], on a souvent rapproché Jean Bodin de Montesquieu. De nos jours, on admet que c'est dans le domaine du droit comparé que les deux auteurs sont les plus proches. C'est ainsi, par exemple, que Pierre Mesnard écrivait en 1952: „Le regain de faveur que connaît la *Méthode de l'Histoire* a permis de mieux comprendre le comparatiste et de considérer Bodin comme l'ancêtre et le maître de Montesquieu[3]".

Nous voudrions dans cette courte étude attirer l'attention sur un autre point. En relisant les deux auteurs, nous avons été frappés de voir combien des préoccupations d'ordre pratique se mêlaient à leur entreprise scientifique. Ils ont certes abordé tous deux l'étude de la jurisprudence avec l'objectivité de savants. Mais, sans toujours l'avouer, ils visent l'un et l'autre un objectif plus immédiat et se présentent comme des écrivains engagés dans les luttes politiques de leur temps.

Aussi y a-t-il deux manières d'étudier leurs oeuvres majeures – les *Six Livres de la République* (1576) et l'*Esprit des lois* (1748) – selon que l'on met l'accent sur l'aspect théorique et systématique de ces ouvrages, ou qu'au contraire on s'attache aux circonstances historiques dans lesquelles elles ont été conçues et aux options politiques des deux auteurs[4]. Si l'on se place au premier point de vue, Bodin apparaît comme le théoricien de la souveraineté et Montesquieu comme celui de la liberté politique. Mais, replacées dans le contexte historique, leurs théories prennent une autre signification: les

---

[1] H. Baudrillart, *Jean Bodin et son temps*, Paris, 1853.

[2] T. E. Fournol, *Bodin, prédécesseur de Montesquieu*, Paris, 1898.

[3] „Supplément bibliographique" joint à la Deuxième édition de *L'Essor de la Philosophie Politique au XVIᵉ siècle*, Paris, J. Vrin, 1952, p. 13.

[4] En ce qui concerne la politique de Bodin, Jean Chauviré a adopté comme méthode d'exposition un exposé divisé en deux parties, l'une théorique et l'autre pratique: „Je me crois obligé, dit-il, de diviser mon étude en deux parties: l'une, plus générale et théorique, susceptible d'intéresser tous les âges et tous les pays; l'autre, plus pratique, plus spéciale au XVIᵉ siècle, où je montrerai l'auteur observant les vices de la société contemporaine et tâchant à les réformer" (*Jean Bodin, Auteur de la République*, Paris, 1914, p. 303).

Six Livres de la République deviennent alors une contribution en faveur de la souveraineté des rois et plus spécialement du roi de France, tandis que l'*Esprit des lois*, comme le soulignait naguère Albert Mathiez[5], fait partie de la littérature d'opposition au XVIIIe siècle et représente, au moins dans une certaine mesure, l'opposition nobiliaire ou féodale contre les empiètements du pouvoir royal.

Certes, chez l'un et l'autre écrivain, les préoccupations pratiques ne peuvent être en désaccord avec le système théorique, mais elles risquent parfois, comme nous le verrons, d'en atténuer la rigueur ou même d'en compromettre la cohérence. De plus, chez Bodin comme chez Montesquieu, il est difficile de savoir si en définitive, les objectifs immédiats – d'ordre pratique – n'ont pas autant sinon plus d'importance que le souci d'élaborer une oeuvre scientifique. En tous cas, les deux motivations sont si étroitement liées entre elles qu'il n'est pas toujours facile de déceler les vraies intentions de l'auteur.

I

La politique de Bodin est dominée par deux notions – souveraineté et propriété – et par un principe qu'il emprunte à Senèque: *Ad Reges potestas omnium pertinet, ad singulos proprietas; omnia Rex imperio possidet, singuli dominio*[6].

1. Si l'on étudie la première notion, on constate chez Bodin un glissement de la souveraineté en général à la souveraineté des rois.

Certes Bodin définit la souveraineté sans référence à une forme particulière de gouvernement: dans tout Etat ou République il y a une puissance souveraine et les formes de gouvernement se définissent en fonction du titulaire de cette puissance[7].

Mais, si l'on entre dans le détail de son exposé, on s'aperçoit que Bodin ne

---

[5] „La place de Montesquieu dans l'histoire des doctrines politiques au XVIII° siècle", in *Annales historiques de la Révolution française*, Mars 1930, pp. 97-112.

[6] *De Beneficiis*, lib. VII, cap. 4 et 5, texte cité par Bodin dans la *République* au livre I, chap. 8, p. 157 de la troisième édition (Paris, 1578, 1 vol. in-folio), à laquelle nous référerons désormais. En réalité, Bodin s'inspire sur ce point particulier des juristes italiens du XIV° siècle, en particulier Bartole et son élève Baldus, qu'il cite dans les *marginalia*, comme l'a montré Ralph E. Giesey dans une communication au Colloque international consacré à Bodin et organisé par l'Institut de Science politique de l'Université de Munich en avril 1970 („The Two Laws in Bodin's Concept of Sovereignty").

[7] „Puis donc que la qualité ne change point la nature des choses, nous dirons qu'il n'y a que trois Etats, ou trois sortes de Républiques, à savoir la monarchie, l'aristocratie et la démocratie: la monarchie s'appelle quand un seul a la souveraineté. . . et que le reste du peuple n'y a que voir; la démocratie ou l'Etat populaire, quand tout le peuple, ou la plupart d'icelui en corps a la puissance souveraine; l'aristocratie, quand la moindre partie du peuple a la souveraineté en corps et donc, donne loi au reste du peuple, soit en général, soit en particulier" (*République*, liv. II, chap. 1, p. 184-185 de l'édition de 1578).

traite de la souveraineté en général que pour prouver, contre ceux qui soutiennent le contraire, que le roi de France est véritablement ,,prince souverain'' en son royaume. Il le prouve contre ceux qui, comme Claude de Seyssel, ont voulu faire du royaume de France un Etat mixte[8]. Il le prouve contre ceux qui tirent argument de la présence des Etats et des assemblées du peuple pour contester la souveraineté du roi. Pour Bodin, au contraire, ,,en cela se connaît la grandeur et majesté d'un vrai Prince souverain, quand les états de tout le peuple sont assemblés, présentant requête et supplications à leur prince en toute humilité, sans avoir aucune puissance de rien commander, ni décerner, ni voix délibérative: mais ce qu'il plaît au Roi consentir ou dissentir, commander ou défendre, est tenu pour loi, pour édit, pour ordonnance. En quoi ceux qui ont écrit du devoir des Magistrats, et autres livres semblables, se sont abusés de soutenir que les états du peuple sont plus grands que le prince: chose qui fait révolter les vrais sujets de l'obéissance qu'ils doivent à leur prince souverain: et n'y a raison ni fondement quelconque en cette opinion-là, si le Roi n'est captif ou furieux ou en enfance; car si le prince souverain est sujet aux états, il n'est ni Prince ni souverain; et la République n'est ni Royaume ni Monarchie, mais une pure Aristocratie de plusieurs seigneurs en puissance égale, où la plus grande partie commande à la moindre en général, et à chacun en particulier: il faudrait donc que les édits et ordonnances fussent publiés au nom des états, et commandés par les états, comme en seigneurie Aristocratique, où celui qui préside n'a puissance aucune, et doit obéissance aux mandements de la seigneurie, qui sont toutes choses absurdes et incompatibles[9]''. Aussi Bodin conclut-il que ,,la souveraineté du Monarque n'est en rien altérée ni diminuée pour la présence des états[10]''.

Si Bodin s'en était tenu là, il serait resté dans les limites de sa théorie de la souveraineté. Mais, au livre VI, chapitre IV, il va beaucoup plus loin, puisqu'il affirme que le droit de souveraineté n'est pleinement assuré que dans la monarchie. ,,Le principal point de la République, dit-il, qui est le droit de souveraineté, ne peut être ni subsister, à proprement parler, sinon en la Monarchie, car nul ne peut être souverain en une République qu'un seul: s'ils sont deux, ou trois, ou plusieurs, pas un n'est souverain, d'autant que pas un seul ne peut donner ni recevoir loi de son compagnon: et combien

---

[8] ,,On a voulu dire et publier par écrit que l'Etat de France était aussi composé des trois Républiques, et que le Parlement de Paris tenait une forme d'Aristocratie, les trois états tenaient la Démocratie, et le Roi représentait l'Etat royal: qui est une opinion non seulement absurde ,mais capitale. Car c'est crime de lèse-majesté de faire les sujets compagnons du Prince souverain'' (*République*, II, 1, p. 192).

[9] *République*, I, 8, p. 100-101.

[10] *Ibid.*, p. 103.

qu'on imagine un corps de plusieurs seigneurs, ou d'un peuple tenir la souveraineté, si est-ce qu'elle n'a point de vrai sujet ni d'appui, s'il n'y a un chef avec puissance souveraine, pour unir les uns avec les autres: ce que ne peut faire un simple Magistrat sans puissance souveraine[11]". Si ,,nul ne peut être souverain en une République qu'un seul", la souveraineté véritable est la souveraineté des rois. Dans les autres formes de République, il n'y a plus, à proprement parler, de souveraineté. Ici, le zèle monarchique de Bodin lui fait oublier les principes dont il était parti et le caractère général de sa théorie de la souveraineté.

2. Si l'on aborde maintenant la seconde notion – celle de propriété –, on constate qu'elle a pour conséquence politique de refuser au souverain le droit de lever des impôts sur les sujets sans leur consentement: ,,Les autres rois n'ont pas plus de puissance que le Roi d'Angleterre, parce qu'il n'est en la puissance de Prince du monde, de lever impôts à son plaisir sur le peuple, non plus que prendre le bien d'autrui, comme Philippe de Commines remontra sagement aux états tenus à Tours, ainsi que nous lisons en ses *Mémoires*[12]".

On s'étonne de ce principe alors que la souveraineté, selon Bodin, est le droit de donner loi aux sujets sans leur consentement: ,,Le point principal de la majesté souveraine et puissance absolue, dit-il, gît principalement à donner loi aux sujets en général sans leur consentement[13]". Pour la législation le consentement est exclu, pour les impôts il devient indispensable pour que ceux-ci ne soient pas une spoliation ou un abus de pouvoir.

Mais, dans la pratique, Bodin ne s'en tient pas au principe qu'il a tout d'abord formulé en invoquant le droit de la propriété privée. Au contraire, ce principe va comporter des atténuations ou des exceptions telles que le droit de lever des taxes, primitivement exclu de la souveraineté, va y être finalement réintégré. A l'époque de Bodin, le consentement des sujets était censé acquis par un vote favorable des états du peuple: ,,S'il est besoin de lever deniers, assembler des forces, maintenir l'Etat contre les ennemis, cela ne peut faire, que par les états du peuple, et de chacune province, ville et communaute[14]". Bodin concède toutefois qu'en cas de nécessité urgente, le roi peut lever des taxes sans les consulter: ,,toutefois, si la nécessité est urgente, en ce cas le Prince ne doit pas attendre l'assemblée des états ni le consentement du peuple, duquel le salut dépend de la prévoyance et diligence d'un sage Prince[15]". Bodin ajoute ailleurs que quand la nécessité presse de pourvoire à

---

[11] *République*, p. 706.
[12] *République*, I, 8, p. 102.
[13] *Ibid.*, p. 103.
[14] *République*, III, 7, p. 367.
[15] *République*, I, 8, p. 102.

la République, „alors les charges et impositions sur les sujets sont très justes, car il n'y a rien de plus juste que ce qui est nécessaire[16]". Enfin dans un dernier texte, le droit de lever des impôts figure parmi les marques de souveraineté: „Quant au droit de mettre sur les sujets tailles et impôts, ou bien en excepter quelques-uns, cela dépend aussi de la puissance de donner la loi et les privilèges: non pas que la République ne puisse être sans tailles, comme le Président le Maistre écrit que les tailles ne sont imposées que depuis le Roi Saint Louis en ce royaume; mais s'il est besoin de les imposer, ou les ôter, il ne peut se faire que par celui qui a la puissance souveraine[17]". On voit par là combien Bodin s'est finalement écarté du principe dont il était parti ou qu'il en a du moins singulièrement atténué la rigueur.

II

La pensée politique de Montesquieu comprend essentiellement deux théories: celle des gouvernements et celle de la distribution des pouvoirs.

1. C'est surtout dans la première que les préoccupations pratiques l'emportent sur le souci de rigueur théorique.

On sait que dans l'*Esprit des lois* le despotisme ne se présente plus comme une simple corruption ou déviation de la monarchie, mais qu'il constitue une forme distincte de gouvernement. Or, le despotisme que l'auteur oppose si radicalement à la monarchie, ce n'est pas seulement le „despotisme oriental", c'est aussi l'absolutisme français. Dans les *Lettres persanes* (Lettre 37), Montesquieu formulait, par la plume d'Usbek et sous forme de boutade, ce jugement sur Louis XIV: „On lui a souvent entendu dire que, de tous les gouvernements du monde, celui des Turcs ou celui de notre auguste sultan lui plairait le mieux, tant il fait de cas de la politique orientale". Dans l'*Esprit des lois* (V, 10), il s'en prend à Richelieu: „Quand cet homme, dit-il, n'aurait pas eu le despotisme dans le coeur, il l'aurait eu dans la tête". Par le biais de sa théorie des trois gouvernements, Montesquieu a voulu surtout montrer que, sous l'impulsion de Richelieu et sous le règne de Louis XIV, la monarchie s'est non seulement écartée de la constitution du royaume, mais aussi de la vraie nature du gouvernement monarchique, gouvernement modéré par excellence.

2. La seconde théorie ne se réduit pas à l'étude de la constitution d'An-

---

[16] *République*, VI, 2, p. 644.

[17] *République*, I, 10, p. 179. Dans le même chapitre, figure parmi les marques de souveraineté comprises sous la puissance de donner et casser la loi, le droit d'„imposer ou exempter les sujets de charges et subsides" (p. 163). Ailleurs (II, 1, p. 195), Bodin considère comme une „marque de souveraineté" le droit de „disposer des deniers", d'ordonner „des impositions et des tailles".

gleterre, puisque Montesquieu consacre plusieurs chapitres à exposer la distribution des pouvoirs dans le gouvernement de Rome. Il ne faudrait pas en conclure pour autant qu'il n'y a que ces deux exemples de la distribution des pouvoirs, l'un emprunté à la Rome antique, l'autre à l'Angleterre moderne. Car, dans le chapitre qui suit celui sur la constitution d'Angleterre (chapitre VII), Montesquieu, faisant allusion à la monarchie française, prend soin de souligner que les pouvoirs y sont également distribués de telle manière que la liberté politique ne se trouve pas sacrifiée: „Les monarchies que nous connaissons n'ont pas, comme celle dont nous venons de parler, la liberté pour leur objet direct; elles ne tendent qu'à la gloire des citoyens, de l'Etat et du prince. Mais de cette gloire il résulte un esprit de liberté qui, dans ces Etats, peut faire d'aussi grandes choses, et peut-être contribuer autant au bonheur que la liberté même. – Les trois pouvoirs n'y sont point distribués et fondus sur le modèle de la constitution dont nous avons parlé. Ils ont chacun une distrobution particulière, selon laquelle ils approchent plus ou moins de la liberté politique; et s'ils n'en approchaient pas, la monarchie dégénérerait en despotisme".

Ce qui préoccupe Montesquieu, c'est le problème de la monarchie et plus spécialement celui de la monarchie française. Aussi prend-il soin au livre XI de donner deux précisions importantes.

La première est que les Anciens, en particulier Aristote, n'avaient pas une „idée bien claire de la monarchie": „Les anciens ne connaissaient point le gouvernement fondé sur un corps de noblesse, et encore moins le gouvernement fondé sur un corps législatif formé par les représentants d'une nation. . . Les anciens, qui ne connaissaient pas la distribution des trois pouvoirs dans le gouvernement d'un seul, ne pouvaient se faire une idée juste de la monarche" (chapitre VIII et IX).

La seconde indication concerne l'origine du gouvernement monarchique en France ou du „gouvernement gothique". Selon Montesquieu, ce gouvernement remonte aux Germains décrits par Tacite. C'était primitivement un gouvernement „mêlé de l'aristocratie et de la monarchie". C'était aussi „un bon gouvernement qui avait en soi la capacité de devenir meilleur". Montesquieu conclut ce chapitre (ch. VIII) par cette formule brillante: „Il est admirable que la corruption du gouvernement d'un peuple conquérant ait formé la meilleure espèce de gouvernement que les hommes aient pu imaginer".

On voit par là que finalement le livre XI, consacré à la liberté politique, nous ramène au problème posé dès le début de l'*Esprit des lois* sous la forme de la distinction entre un gouvernement authentiquement monarchique et le despotisme. Ce que Montesquieu veut montrer, comme il le dit clairement dans un fragment de ses *Pensées*[18], c'est que la liberté politique n'est liée à aucune forme de gouvernement, qu'elle „concerne les monarchies modérées comme les républiques et n'est pas plus éloignée du trone que d'un sénat". Seul, le despotisme la détruit. C'est pourquoi Montesquieu tire, dans l'*Esprit des lois* (VIII, 8), cette conclusion: „L'inconvénient n'est pas lorsque l'Etat passe d'un gouvernement modéré à un governement modéré, comme de la république à la monarchie, ou de la monarchie à la république; mais quand il tombe et se précipite du gouvernement modéré au despotisme".

III

On serait tenté d'opposer Bodin à Montesquieu en faisant du premier le théoricien et du second l'adversaire de l'absolutisme. Mais il faut bien re-connaître, comme l'ont rappelé naguère McIlwain[19] et plus récemment Ralph Giesey[20], que Bodin ne s'est pas considéré lui-même comme un ab-solutiste au sens moderne du mot. Il suffit pour s'en convaincre de lire l'Epître dédicatoire placée en tête de la troisième édition de la *République* (1578): „Je m'étonne, écrit Bodin, qu'on ait pu me reprocher d'avoir attribué au pouvoir d'un seul plus qu'il ne convenait de la faire à un citoyen coura-geux. Car, tant au livre I, chapitre 8 de ma *République* que souvent ailleurs, j'ai été le premier de tous – à une époque où il était périlleux de le faire – à réfuter les opinions de ceux qui, écrivant de l'extension des droits fiscaux et des prérogatives royales, ont attribué aux rois une puissance illimitée, supérieure aux lois divines et naturelles. Y a-t-il rien de plus favorable au peuple, que ce que j'ai osé écrire, à savoir qu'il n'est pas permis même aux rois d'imposer des tributs sans le consentement le plus large des citoyens? Ou quelle importance ne faut-il pas donner à cette autre affirmation, que les princes sont plus strictement tenus de respecter les lois divines et naturelles que ne le sont ceux qui sont soumis à leur autorité? et qu'ils sont liés par leurs pactes ou contrats comme le sont les autres citoyens? Car il ne faut pas

---

[18] *O. C.* Nagel, n⁰ 884 (t. II, p. 254) ou *O. C.* Pléiade, n⁰ 631 (t. I, p. 1152).

[19] „Bodin's is a more moderate and a more medieval political conception than the theories of monarchy which thus replaces it... It was natural perhaps that Bodin's followers of the seventeenth century, such as Loyseau, de l'Hommeau, and Lebret, should emphasize the evident absolutist tendencies of his thought to the exclusion of some more liberal elements drawn from medieval precedent; but there is less excuse for any view so one-sided in a modern historian than in a publicist of the time of Henry IV or Louis XIII. The more liberal part of Bodin's conception of kingship are a heritage of the middle ages; the development of the absolute monarchy into an arbitrary one is a modern achievement" R. McIlwain, (*The Growth of Political Thought in the West*, New York, 1932, p. 388).

[20] Dans la communication déjà citée, Ralph E. Giesey souligne que la „puissance ab-solue" du souverain se ramène chez Bodin à la formule traditionnelle „*princeps legibus solutus*".

oublier que presque tous les maîtres de la science juridique ont enseigné le contraire".

S'il rejette les Etats mixtes et la conception de Claude de Seyssel, qui faisait de la France un Etat mixte, Bodin n'en reste pas moins partisan d'une monarchie tempérée ou limitée. C'est sur ce point que Montesquieu le rejoint à près de deux siècles de distance.

Le souci de souligner le caractère modéré de la monarchie se manifeste chez Bodin par la distinction qu'il établit entre trois types de monarchie, par sa conception de la monarchie royale ou légitime qu'il oppose aux monarchies seigneuriale et tyrannique: „La monarchie royale ou légitime est celle où les sujets obéissent aux lois du monarque, et le monarque aux lois de nature, demeurant la liberté naturelle et propriété des biens aux sujets. La monarchie seigneuriale est celle où le prince est fait seigneur des biens et des personnes par le droit des armes, et de bonne guerre, gouvernant ses sujets comme le père de famille ses esclaves. La monarchie tyrannique est où le monarque, méprisant les lois de nature, abuse des personnes libres comme d'esclaves, et des biens des sujets comme des siens[21]".

C'est le même objectif que vise Montesquieu en faisant du despotisme une forme de gouvernement radicalement distincte de la monarchie, car dans le premier les sujets ne peuvent disposer librement ni de leur personne ni de leurs biens. Tandis que la monarchie est compatible avec la liberté des citoyens, le despotisme ne l'est plus, et cela, parce que le prince despotique gouverne sans lois, par sa volonté et ses caprices.

On ne peut parler de monarchie tempérée sans prescrire des limites à la souveraineté du roi. C'est à quoi s'emploie Jean Bodin en montrant que si le roi est „absous de la puissance des lois civiles", qu'il peut abroger ou modifier à son gré, il n'en est pas moins tenu de respecter les lois de nature et de Dieu[22]". Certes cette limite peut nous paraître plus théorique que pratique, mais il ne fait pas oublier que, selon Bodin, la loi naturelle impose au roi ou au prince souverain, comme à tous les particuliers, l'obligation de remplir ses

---

[21] *République*, II, 2, p. 200.

[22] „Vrai est que ces docteurs ne disent point que c'est de puissance absolue, car si nous disons que celui qui a puissance absolue, qui n'est point sujet aux lois, il ne se trouvera Prince au monde souverain, vu que tous les Princes de la terre sont sujets aux lois de Dieu et de nature, et à plusieurs lois humaines communes à tous les peuples" (*République*, I, 8, p. 95). Le texte latin est encore plus explicite: „Quid autem sit absoluta, vel potius soluta lege potestas, nemo definit. Nam si *legibus omnibus solutam* definimus, nullus omnino princeps jura majestatis habere comperitur, cum omnes teneat lex divina, lex item naturae, tum etiam lex omnium gentium communis, quae a naturae legibus ac divinis divisas habet rationes" (Ed. latine de 1591, p. 132). Comme le remarque Ralph E. Giesey dans la communication mentionnée plus haut, le prince souverain est, selon Bodin, à la fois *legibus solutus* et *legibus tentus* ou *alligatus*, à la fois „absous de la puissance des lois civiles" et „sujet aux lois de Dieu et de nature".

engagements en matière de pactes ou de contrats et celle de respecter la propriété privée de ses sujets.

Montesquieu est manifestement plus attentif que Bodin à ce qui limite effectivement la volonté du roi, c'est-à-dire les pouvoirs intermédiaires subordonnés. Pour lui, le pouvoir intermédiaire le plus essentiel à la monarchie est la noblesse et, à ses yeux, la monarchie française est un ,,gouvernement fondé sur un corps de noblesse''. Bodin, ,,legatus plebis'' aux états de Blois, s'attache surtout à rappeler le rôle et les prérogatives des états généraux que Montesquieu passe sous silence, sans doute parce qu'il ne croit pas à l'éventualité de leur résurrection. Mais Montesquieu attache la même importance que Bodin – et c'est sans doute la partie faible des deux doctrines – aux lois fondamentales, sans en préciser la nature. En tous cas, pour faire de la monarchie française une monarchie tempérée, les deux écrivains se réclament de la constitution du royaume et leur conception de la monarchie est liée à un certain constitutionalisme[23].

S'il y a entre eux des différences cela tient aux circonstances historiques. Bodin écrit les *Six Livres de la République* à une époque où le pouvoir royal n'était pas encore affermi, tandis que Montesquieu compose l'*Esprit des lois* après plus d'un siècle d'absolutisme. Mais ils ont le même souci de tempérer la monarchie française sans l'affaiblir, c'est-à-dire de garantir aux citoyens, dans le cadre d'un gouvernement monarchique, comme le disait Bodin, ,,la liberté naturelle et la propriété de leurs biens''[24].

[23] McIlwain remarque justement que Bodin ne fait pas de différence entre la monarchie anglaise et la monarchie française: ,,For Bodin, England and France were essentially alike both were ,,royal monarchies'' and ,,absolute'', and neither was ,,despotic'' or ,,seignorial' (*The Growth of Political Thought in the West*, p. 386).

[24] *République*, II, 2, p. 200.

IRING FETSCHER

IMMANUEL KANTS BÜRGERLICHER REFORMISMUS

Im Zusammenhang mit ihrer radikalen Kritik des bürgerlichen Erbes der Gegenwart, haben Sprecher der „neuen Linken" auch Immanuel Kant verurteilt und ihn des „ostpreussischen Provinzialismus" geziehen. Der Vorwurf hält einer Nachprüfung nicht stand. Vielmehr erweist sich der politische Denker Kant als ein höchst „listiger" bürgerlicher Reformist, der durchaus auf der Höhe des Bewusstseins seiner Zeit stand. Den Terminus „bürgerlicher Reformismus" führe ich hier ein, um damit eine politische Haltung zu kennzeichnen, die – ähnlich wie der sozialdemokratische Reformismus seit den neunziger Jahren des 19. Jahrhunderts – durch allmähliche Reformen – nicht durch plötzliche und gewaltsame Revolution – das für richtig und notwendig gehaltene (politische) Ziel herbeiführen möchte. Im Unterschied zum „proletarischen" oder „sozialistischen" Reformismus ist das Ziel des bürgerlichen Reformismus lediglich ein politisches: die Herstellung einer Demokratie [– Kant spricht noch von „Republik"], in der Rechtsgleichheit und Sicherheit der Individuen garantiert sind. Wie die sozialistischen Reformisten die Herbeiführung des sozialistischen „Zieles" oder doch die allmähliche Annäherung an es von den politischen Kräften der bürgerlichen Gesellschaft, im Rahmen der bürgerlichen Verfassungswelt erwarteten, so erwartete der „bürgerliche Reformist" die Realisierung der Republik (republikanischer Verhältnisse) von den politischen Kräften der vorbürgerlichen Gesellschaft, in erster Linie von den Fürsten. In beiden Fällen vertrauten die Reformisten (bewusst oder unbewusst) der Kraft ihrer Argumente und ihrer moralischen Erwägungen. Die „von unten zu den Thronen aufsteigende Aufklärung", so meinte Kant, werde die Fürsten zur Einführung von republikanischen Verfassungen veranlassen. Die Erkenntnis der Notlage des Proletariats und dessen von der Sozialdemokratie vorgetragene Klagen – so meinten Bernstein und seine Anhänger – würden bourgeoise Politiker gemeinsam mit sozialistischen Reformisten zu tiefgreifenden Sozialreformen veranlassen, an deren Ende wenn nicht die sozialistische Gesellschaft so doch eine Annäherung an sie stehen würde. Die Frage ob die Hoffnungen der bürgerlichen wie der sozialistischen Reformisten getrogen oder sich erfüllt haben, lässt sich nicht eindeutig beantworten. Was als „Erfüllung" bezeichnet werden kann, war in beiden Fällen mit Mängeln und Schattenseiten behaftet, die es fraglich erscheinen lassen, ob die Erfüllung als voller „Erfolg" angesehen werden kann. Niemand aber wird im Ernst bestreiten können, dass Fortschritte erzielt wurden, ja dass die wesentlichen sozialen Fortschritte im 19. Jahrhundert nur auf diesem Wege zustande kamen und dass auch im 20. Jahrhundert die entwickelten kapitalistischen Länder nur reformistisch verändert wurden.

Der Vergleich könnte aber geeignet sein, Kant bei den revolutionären Sozialisten mehr als berechtigt zu diskreditieren. Was seinen „Reformismus" vom sozialdemokratischen unterscheidet, ist nämlich vor allem die Stärke bzw. *Schwäche der Klassenkräfte*, auf die sich die Hoffnung einer radikalen Strukturreform seinerzeit in Deutschland richten konnte. Von einem starken, selbstbewussten, zu politischer Aktion fähigen Bürgertum konnte damals in Deutschland keine Rede sein. Immanuel Kant, der die englischen Verhältnisse aus Gesprächen und Berichten kannte, wusste, dass es in Preussen und den anderen deutschen Ländern kaum irgendwo vergleichbare Ansätze zur Bildung einer ihrer politischen Möglichkeiten bewussten bürgerlichen Oberschicht gab. Die progressivsten Kräfte Deutschlands waren ökonomisch von den Fürsten und dem Adel abhängige Beamte, Schriftsteller, Pfarrer, Juristen. Das deutsche Bürgertum war vorwiegend *Bildungs*bürgertum. Diese Schicht konnte zwar relativ kühne Gedankensysteme entwerfen und proklamieren, aber es fehlte ihr sowohl die Möglichkeit als auch der Wille zu selbständiger politischer Aktion. Ein Appell zu revolutionärer Erhebung wäre daher seinerzeit im schlechten Sinne des Wortes „utopisch" gewesen. Es gab kein mögliches revolutionäres Subjekt, weil das Bürgertum ökonomisch und sozial zu schwach und das Kleinbürgertum zu ängstlich und servil war. Die Transformation der Gesellschaft in Richtung auf die in Frankreich durch die bürgerliche Revolution proklamierten Freiheiten konnte daher in Deutschland nur bis zur „Reform des Bewusstseins", der Aufklärung in politischer Absicht gelangen. Diese kontinuierliche Aufklärung hatte einige Chancen – wenn nicht bis zu den Thronen – so doch bis zu den Beratern der Kronen aufzusteigen. Im 18. Jahrhundert waren vermutlich die politisch progressivsten Kräfte in den Bürokratien Preussens (nach 1806 vollends) und Österreichs konzentriert. Der Kantsche bürgerliche Reformismus ist also sehr viel „realistischer" sowohl was die Ausschliessung revolutionärer Veränderungen angeht als auch, was die Möglichkeit erfolgreicher Aufklärung an „hohen Orten" betrifft. Endlich konnte Kant annehmen, dass deutsche

Fürsten aus schierem staatlichen Egoismus heraus an einer Befriedigung
bürgerlicher Reformwünsche und der daraus notwendig resultierenden
Konsolidierung und Stärkung ihrer eigenen Macht interessiert sein würden.
Die feudale Rechtsungleichheit und Unterdrückung stellte ja so eindeutig
ein Hemmnis für die dringend notwendige Beschleunigung der wirtschaftlichen Entwicklung dar, dass bereits merkantilistisch denkende Monarchen
zumindest einige bürgerliche Prinzipien eingeführt hatten, ja dass sie notwendig die Macht des Adels zurückdrängen mussten, um die eigne zu festi-
gen. Der Kantsche bürgerliche Reformismus geht – wie mir scheint – von
einer nüchternen und realistischen Einschätzung der Lage aus. Dass Kant
zugleich unter den Bedingungen einer noch existierenden Zensur in religiösen und politischen Angelegenheiten mit List dennoch seine Verteidigung
der Französischen Revolution und des Republikanismus verbreitet hat, zeigt
seinen Mut und sein Geschick. Um Kants politische Haltung zu verdeutlichen wird es sinnvoll sein, zunächst seine Beurteilung der Französischen
Revolution und in einem zweiten Teil seine Vorschläge zur Reform der Verhältnisse in Deutschland (bzw. Preussen) zu behandeln. Beide Fragen stehen
natürlich in einem engen inneren Verhältnis zueinander. Die Französische
Revolution hat Kant – nach der vorausgehenden Beeinflussung durch einen
revolutionär interpretierten Rousseau – zur Überzeugung von der Überlegenheit der republikanischen Verfassung gebracht. Die Art und Weise ihrer
Durchführung, die in ihrem Verlauf auftretenden Gewalttaten, veranlassten
ihn aber, für Deutschland andere Wege der Transformation zu suchen. Es kann
sein, dass ihm die objektive Unrealisierbarkeit einer Revolution französischen Typs im damaligen Preussen gar nicht direkt bewusst wurde. Ideolo-
giekritisch könnte man sagen, dass ihm diese Unmöglichkeit nur indirekt, in
Gestalt moralischer Abscheu vor der Gewalt der französischen Revolutionäre bewusst geworden sei.

I. KANTS EINSTELLUNG GEGENÜBER DER FRANZÖSISCHEN REVOLUTION

Wenn man bedenkt, wie wenig historische und politische Ereignisse sonst in
Kants Schriften auftauchen, so staunt man doppelt über die Häufigkeit und
die fast durchgängig positive Färbung seiner Bezugnahmen auf die Französische Revolution.

R. B. Jachmann berichtet in seiner 1804 veröffentlichten Biographie
Kants, dass dieser im englisch-amerikanischen Krieg eindeutig für die
Nordamerikaner eingetreten sei. Er berichtet: „Kant nahm sich der Ame-
rikaner an, verfocht mit Wärme ihre gerechte Sache und liess sich mit

einiger Bitterkeit über das Benehmen der Engländer aus. Auf einmal springt ganz voll Wut ein Mann aus der Gesellschaft auf, erklärt seine ganze Nation und sich selbst durch seine Äusserung für beleidigt und verlangt in der grössten Hitze eine Genugtuung durch einen blutigen Zweikampf. Kant liess sich durch den Zorn des Mannes nicht im mindesten aus seiner Fassung bringen, sondern setzte sein Gespräch fort und fing an, seine politischen Grundsätze und Meinungen und den Gesichtspunkt, aus welchem jeder Mensch als Weltbürger, seinem Patriotismus unbeschadet, dergleichen Weltbegebenheiten beurteilen müsse, mit einer solchen hinreissenden Beredsamkeit zu schildern, dass Green – dies war der Engländer – ganz voll Erstaunen ihm freundschaftlich die Hand reichte, den hohen Ideen Kants beipflichtete ihn wegen seiner Hitze um Verzeihung bat, ihn am Abende bis an seine Wohnung begleitete und ihn zu einem freundschaftlichen Besuch einlud"[1]. Diese sicher verbürgte Begebenheit kann dazu beitragen, das Bild des provinziellen und politisch beschränkten Denkers Kant zu korrigieren. Es gab sicher damals in Deutschland nicht viel Gelehrte, die in die Gefahr gerieten, für die Unabhängigkeit der nordamerikanischen Kolonien sich schlagen zu müssen. Die von Jachmann berichtete Anekdote ist – soweit ich feststellen konnte – der einzige Hinweis auf Kants Haltung gegenüber der amerikanischen Revolution. Umso zahlreicher sind seine Bezugnahmen auf die französische.

Die erste gedruckte Erwähnung der Französischen Revolution findet sich schon 1790 in einer Anmerkung zu § 65 der „Kritik der Urteilskraft". Er begrüsst dort den Sprachgebrach „Organisation", der „bei der neuerlich unternommenen gänzlichen Umbildung eins grossen Volks" „häufig für die Errichtung der Magistraturen usw. und selbst das ganzen Staatskörpers" „sehr schicklich" benutzt worden sei. „Denn jedes Glied solle. . . in einem solchen Ganzen nicht bloss Mittel, sondern zugleich auch Zweck und, indem es zu der Möglichkeit des Ganzen mitwirke, durch die Idee des Ganzen wiederum seiner Stelle und Funktion nach bestimmt sein"[2]. Die Umschreibung, die Kant hier für die Französische Revolution gebraucht, geht sicher aus taktischen Rücksichten hervor. Auch wenn keine direkte Stellungnahme vorliegt, so ist der Ton doch eindeutig zustimmend. Die Bezeichnung Organisation wird als „schicklich" angesehen und der Hinweis auf die Beziehungen der verschiedenen Staats-Glieder und Institutionen aufeinander die auf diese Weise nicht in Mittel – Zweck-Relationen einseitiger Art bestehen könnten, enthält eine verhüllte Kritik an Staaten, deren Bürger

[1] Zit. nach *Immanuel Kant, sein Leben in Darstellungen von Zeitgenossen*, die Biographien von L. E. Borowski, R. B. Jachmann und A. Ch. Wasianski, Berlin o.J. S. 153.
[2] Kant, *Kritik der Urteilskraft*, Leipzig, 1913 (Ed. Meiner) S. 238 Fussnote zu § 65.

„für die feudale Oberschicht" da sein sollen und in denen keine solche funktionale Wechselseitigkeit der Beziehungen besteht.

Sehr viel deutlicher tritt Kants Sympathie für die Französische Revolution in der Schrift „die Religion innerhalb der Grenzen der blossen Vernunft" (1793) hervor, die bekanntlich Anlass zu einer strengen Landesväterlichen Ermahnung des siebzigjährigen Philosophen wurde. Hier wendet er sich gegen einen Einwand, den übrigens sogar Schiller in seinen Briefen über die ästhetische Erziehung erhoben hat und der bis in unsere Tage oft wiederholt worden ist: „Ich gestehe, dass ich mich in den Ausdruck, dessen sich auch wohl kluge Männer bedienen, nicht wohl finden kann: ein gewisses Volk (was in der Bearbeitung seiner gesetzlichen Freiheit begriffen ist) ist zur Freiheit nicht reif; die *Leibeigenen* eines Gutseigentümers sind zur Freiheit noch nicht reif; und so auch, die Menschen überhaupt sind zur Glaubensfreiheit noch nicht reif. *Nach einer solchen Voraussetzung aber wird die Freiheit nie eintreten*; denn *man kann zu dieser nicht reifen, wenn man nicht zuvor in Freiheit gesetzt worden ist.* . . Die ersten Versuche werden freilich roh, gemeiniglich auch mit einem beschwerlichenen und gefährlicheren Zustand verbunden sein, als da man noch unter den Befehlen und der Vorsorge Anderer stand; allein man reift für die Vernunft nie anders, als durch eigene Versuche (welche machen zu dürfen, man frei sein muss)."[3] Auf diese durchaus prinzipielle Erklärung folgt – was für politische Äusserungen Kants in dieser Zeit charakteristisch war – eine vorsichtige Einschränkung: „Ich habe nichts dawider, dass die, welche die Gewalt in Händen haben, durch Zeitumstände genötigt, die Entschlagung von diesen drei Fesseln noch weit, sehr weit aufschieben. Aber es zum *Grundsatz* zu machen, dass denen, die ihnen einmal unterworfen sind, überhaupt die Freiheit nicht tauge, und man berechtigt sei, sie jederzeit davon zu entfernen, ist ein Eingriff in die Regalien der Gottheit selbst, die den Menschen zur Freiheit schuf. Bequemer ist es freilich im Staat, Hause und Kirche zu herrschen, wenn man einen solchen Grundsatz durchzusetzen vermag. Aber auch gerechter?" (a.a.O.). Man sieht – kaum ausgesprochen wird die vorsichtige Einschränkung wieder durch den verstärkten Hinweis auf die absolute Unzulässigkeit des Prinzips, dass der verbreiteten Maxime, „das Volk sei für die Freiheit noch nicht reif" zugrundeliegt, wieder aufgehoben. Kant will denen „die Gewalt in Händen haben" keine Vorschriften darüber machen, was sie *tun* sollen, wohl aber verbietet er ihnen als Philosoph die Verkündigung von *Grundsätzen*, die dem Begriff des von Gott zur Freiheit geschaffenen Menschen widersprechen. Im „Streit der Fakultäten" (1798) kommt Kant auf diese These – unter etwas

---

[3] Kant, *die Religion innerhalb der Grenzen der blossen Vernunft*, Berlin, 1869, S 226, Anmerkung zu Viertes Stück, 2. Teil, § 4.

anderer Beleuchtung – noch einmal zurück. „Man muss, sagen unsere Politiker, die *Menschen nehmen, wie sie sind*, nicht wie der Welt unkundige Pedanten oder gutmütige Phantasten träumen, dass sie sein sollten. *Das wie sie sind sollte heissen: wozu wir sie* durch ungerechten Zwang, durch verräterische, der Regierung in die Hand gegebene Anschläge *gemacht haben*, nämlich halsstarrig und *zur Empörung geneigt*; wo dann freilich, wenn sie ihre Zügel ein wenig sinken lässt, sich traurige Folgen ereignen, *welche die Prophezeiung jener vermeintlich klugen Staatsmänner wahrmachen*".[4] Die „Unreife" für die Freiheit ist also in aller Regel keine natürliche, sondern eine von den Machthabenden selbst *erzeugte*. Es ist daher reinster Zynismus, wenn die gleichen Machthaber sich auf die Natur der Menschen, „wie sie ist" berufen. Sie erzeugen durch die ständige Entmündigung und Unterdrückung selbst die (scheinbare) Rechtfertigung ihrer Herrschaft. Die Erfüllung der Prophezeiung jener „vermeintlich klugen Staatsmänner" erfolgte u.a. in der terroristischen Phase der Französischen Revolution. Der Terreur desavouiert daher in Kants Augen nicht die Revolution als solche (auch wenn er *jede* Revolution für illegitim hält), sondern er diskreditiert die vorausgegangene königliche und Adelsherrschaft.

König *Friedrich Wilhelm II.* von Preussen nahm Kants Religions-Schrift zum Anlass in einem eigenhändigen Schreiben an den Kultusminister *Wöllner* auf einige „der gefährlichsten Neologen und Aufklärer" hinzuweisen. „Mit Kants schädlichen Schriften" fügt er hinzu „muss es auch nicht länger fortgehen. Diesem Unwesen muss gesteuert werden, eher werden wir nicht wieder gute Freunde"[5]. Auf diese Mahnung hin entwarf der Minister dann jene „allerhöchste Kabinettsordre", die vom König und Wöllner unterzeichnet am 1.10. 1794 an Kant geschickt wurde. In dem Schreiben erklärt der König u.a.: „Da ihr selbst einsehen müsst, wie unverantwortlich Ihr dadurch gegen Eure Pflicht als Lehrer der Jugend und gegen Unsere Euch sehr wohl bekannte landesväterliche Absichten handelt... verlangen wir ehesten Eure gewissenhafte Verantwortung und gewärtigen Uns von Euch, bei Vermeidung Unserer Höchsten Ungnade, dass Ihr Euch künftighin nichts dergleichen werdet zu Schulden kommen lassen, sondern vielmehr, Eurer Pflicht gemäss, Euer Ansehen und Eure Talente dazu anwenden, dass Unsere ländesväterliche Intention je mehr und mehr erreicht werde; *widrigenfalls Ihr Euch bei fortgesetzter Renitenz unfehlbar unangenehmer Verfügungen zu gewärtigen habt*"[5] .Die Nachricht von Kants halber Ungnade verbreitete

---

[4] Kant, *Kleinere Schriften zur Logik und Metaphysik*, 3. Abteilung 2. Aufl., Leipzig, 1905, S 125 (Streit der Fakultäten, 2. Abschnitt, Erneuerte Frage, 2.)

[5] Den Brief Friedrich Wilhelms II und Wöllners hat Kant in seiner Vorrede zum „Streit der Fakultäten" 1798 zusammen mit seiner „alleruntertänigsten Antwort" abgedruckt. Vgl. auch Karl Vorländer, *Immanuel Kants Leben*, Leipzig, 1911, S. 183 f.

sich rasch in ganz Deutschland und brachte ihm – wie das in solchen Fällen zu geschehen pflegt – die Sympathie aller progressiver Intellektueller ein. Joachim Heinrich Campe bot ihm ein Asyl in Braunschweig an. Kant war vermutlich nie populärer. Aber der listenreiche Greis zog es vor, sich vorläufig zu unterwerfen. In einem Brief an den König versprach er sogar, künftig über religiöse (und natürlich auch politische) Gegenstände nichts mehr zu publizieren. Das war weit mehr als der König von ihm verlangt hatte. Aber Kant sagte sich wohl, solange es ihm nicht erlaubt wäre, über diese Gegenstände offen zu schreiben, verzichte er besser ganz auf Publikation. Durch die Form seiner Unterzeichnung „als Eurer Majestät getreuester Untertan" hielt er sich zugleich die Möglichkeit offen, bei Ableben Friedrich Wilhelms II. die alte Freiheit zurückzuerlangen. Ebenso „jesuitisch" wie diese Erwägung ist die Bemerkung, die man auf einem Zettel in Kants Nachlass fand: „Widerruf und Verleugnung seiner inneren Überzeugungen ist niederträchtig, aber Schweigen in einem Falle wie der gegenwärtige ist *Untertanenpflicht*, und wenn alles, was man sagt, wahr sein muss, so ist es darum noch nicht Pflicht, alle Wahrheit öffentlich zu sagen".

Als 1798 der „Streit der Fakultäten" erschien, war Friedrich Wilhelm II. gestorben und Kant war wieder frei, theologische und politische Fragen unzensiert zu diskutieren. Jetzt publizierte er auch seine nachdrücklichste und positivste Stellungnahme zur Französischen Revolution. Die verbreitete Zustimmung zu dieser Umwälzung von Seiten unbeteiligter Zuschauer in anderen Ländern gilt ihm jetzt als Indiz für eine „moralische Tendenz des Menschengeschlechtes". Diese „allgemeine und doch uneigennützige Teilnehmung" ist seiner Überzeugung nach umso höher zu veranschlagen, als sie „selbst mit Gefahr, diese Parteilichkeit könne ihnen sehr nachteilig werden", dennoch laut wird. Eine solche Teilnehmung „dem Wunsche nach" ohne Rücksicht auf die damit verbundene persönliche Gefahr, verweise auf „eine moralische Anlage im Menschengeschlecht". „Diese moralische einfliessende Ursache ist zweifach: erstens die des Rechts, dass *ein Volk von anderen Mächten nicht gehindert werden müsse, sich eine bürgerliche Verfassung zu geben, wie sie ihm selbst gut zu sein dünkt*."[6] Damit wird einmal das Recht des Französischen Volkes, sich eine republikanische Verfassung zu geben, unterstrichen. Ein höheres historisches Recht, das der im übrigen von Kant festgehaltenen Illegitimität der Revolution widerspricht. Zum andren verurteilt Kant damit ausdrücklich die *konterrevolutionäre Intervention*, die gerade eben unter österreichischer und preussischer Führung (1797) mit einer Niederlage geendet hatte. Im zweiten Koalitionskrieg gegen Frank-

[6] Kant, „Der Streit der Fakultäten", in *Kleinere Schriften zur Logik und Metaphysik*, 2. Aufl. 4. Abtlg., S. 132.

reich, der unter britischer Führung zustandekam, blieb Preussen dann neutral (1799-1802), aber weniger aus Einsicht als aus Schwäche. Kant bleibt aber nicht bei diesem ersten formalen Prinzip der Selbstbestimmung stehen, sondern fügt hinzu, ,,dass diejenige Verfassung eines Volkes allein *an sich rechtlich und moralisch* gut sei, welche ihrer Natur nach *so beschaffen ist, den Angriffskrieg nach Grundsätzen zu meiden*, welche *keine andere als die republikanische Verfassung*, wenigstens ihrer Idee nach sein kann". Die Begründung für die Friedensgarantie der republikanischen Verfassung hat Kant in der Schrift ,,zum ewigen Frieden" (1795, 1796) gegeben: ,,Wenn (wie es in dieser Verfassung nicht anders sein kann) die Beistimmung der Staatsbürger dazu erfordert wird, um zu beschliessen, ob Krieg sein solle oder nicht, so ist nichts natürlicher, als dass, da sie alle Drangsale des Krieges über sich selbst beschliessen müssten (als da sind: selbst zu fechten; die Kosten des Krieges aus ihrer eignen Habe herzugeben; die Verwüstung, die er hinter sich lässt, kümmerlich zu verbessern; zum Übermass des Übels endlich noch eine den Frieden selbst verbitternde nie. . . zu tilgende Schuldenlast selbst zu übernehmen), sie sich sehr bedenken werden, ein so schlimmes Spiel anzufangen: dahingegen in einer Verfassung, wo der Untertan nicht Staatsbürger, diese also nicht republikanisch ist, es die unbedenklichste Sache von der Welt ist, weil das *Oberhaupt nicht Staatsgenosse, sondern Staatseigentümer* ist, an seinen Tafeln, Jagden, Lustschlössern, Hoffesten u.dgl. durch den Krieg nicht das Mindeste einbüsst, diesen also wie eine Art Lustpartie. . . beschliessen. . . kann".[7] Der Enthusiasmus für die Französische Revolution und ,,die Teilnehmung dem Wunsche nach", von der Kant in ,,Streit der Fakultäten" sprach, wirkte sich seiner Überzeugung nach auch auf die Streitkräfte Frankreichs aus. Jedenfalls meint er, durch Geldbelohnungen konnten die Gegner der Revolutionierenden "nicht zu dem Eifer und der Seelengrösse gespannt werden" wie die Soldaten der Revolutionsheere. Eine Fussnote sucht aber auch hier etwa aufkommende Bedenken eines konservativen Patrioten zu zerstreuen. ,,Es ist aber hiermit nicht gemeint, erklärt Kant, dass ein Volk, welches eine monarchische Konstitution hat, sich damit das Recht anmasse, ja auch nur in sich geheim den Wunsch hege, sie abgeändert zu wissen; denn seine vielleicht sehr verbreitete Lage in Europe kann ihm jene Verfassung als die einzige anempfehlen, bei der es sich zwischen mächtigen Nachbarn erhalten kann."[8] Die hier angedeutete Rechtfertigung der preussischen Monarchie ist – vermutlich ohne bewussten Rückgriff auf Kant – im 19. und 20. Jahrhundert zu einem weitver-

---

[7] Kant, ,,Zum ewigen Frieden", in *Kleinere geschichtsphilosophische Schriften*, Leipzig 1912, S. 126.
[8] a.a.O., S. 132.

breiteten Topos konservativer Demokratiegegner geworden. Man kann sich allerdings fragen, ob sie Kant im Ernst selbst geglaubt hat. Wenn man an den auf der gegenüberliegenden Seite(!) stehenden Hinweis auf die überlegene Kampfmoral der republikanischen Streitkräfte denkt, scheint das Argument, die Monarchie sei für ein geographisch exponiertes Land unentbehrlich, weit weniger plausibel. Die anschliessende These Kants, die Sicherheit des eignen Landes werde durch die Republikanisierung seiner Nachbarn erhöht und aus diesem Grunde sei es durchaus patriotisch gegen die konterrevolutionäre Intervention in Frankreich zu „murren", vermag ebenso wenig zu überzeugen. Es dürfte sich um eine offene Schutzbehauptung handeln. Im übrigen macht sich Kant hier zugleich zum Anwalt der deutschen Sympathisanten mit der Französischen Revolution gegen deren „verleumderische Sykophanten". Diese hätten „um sich wichtig zu machen, diese unschuldige Kannegiesserei für Neuerungssucht, Jakobinerei und Rottierung, die dem Staat Gefahr drohe, auszugeben gesucht". Dazu läge jedoch – zumal in einem so weit vom Schauplatz der Revolution entfernten Lande – nicht der geringste Anlass vor. Damit hat Kant die „Teilnehmung dem Wunsche" nach (vermutlich bewusst) allzusehr verharmlost. Die „List beim Schreiben der Wahrheit "spielt dabei sicher eine erhebliche Rolle.

Aus den zitierten und andren Äusserungen Kants geht eindeutig hervor, dass er die Französische Revolution – zumal ihre erste Phase – begrüsste, auch wenn er sie für „illegitim" hielt und den Terror verurteilte. Legitim war es, wenn ein Volk sich eine republikanische Verfassung gab, illegitim war es, wenn konterrevolutionäre Mächte es daran zu hindern suchten. In dieser Hinsicht ist Kant vollkommen klar und unmissverständlich. Auch die französische Bevölkerung ist gegenüber der neuen Verfassung zu Gehorsam verpflichtet. Es gibt kein Recht der „Legitimisten" auf Rückkehr oder auf Rückgängigmachung des Umsturzes. In diesen Fragen hat Kants Rechtspositivismus eine progressive Funktion, weil er zur Sicherung der revolutionären Resultate beiträgt. Für das vorrevolutionäre Deutschland (bzw. die deutschen Staaten) führt das gleiche Prinzip zur Ablehnung einer (notwendig gewaltsamen) Revolution. Da aber gleichzeitig Kant die republikanische Verfassung als moralisch überlegen und allein im höheren Sinne legitim ansieht, kann er nur hoffen, dass es gelingt, auf evolutionärem Wege (durch Reformen) in den deutschen Staaten republikanische Verfassungen einzuführen. Es wird sich zeigen, dass er durch solche Reformen zumindest alle bleibenden Errungenschaften der Französischen Revolution in Deutschland heimisch zu machen hoffte.

2. KANTS REPUBLIK-IDEAL UND SEINE REFORMPLÄNE FÜR DEUTSCHLAND (bzw. PREUSSEN)

a. Die soziale Basis der Republik

Kant machte – wie alle Demokratie-Theoretiker des 18. Jahrhunderts – die Verfügung über Eigentum an Arbeitsmitteln zur Voraussetzung für das Staatsbürgertum. Niemand konnte Citoyen werden ohne Bourgeois zu sein. In seiner Schrift „über den Gemeinspruch: das mag in der Theorie richtig sein, taugt aber nicht für die Praxis" (1793) erklärt er: „die dazu (zum Staatsbürgertum) erforderliche Qualität ist, ausser der natürlichen (dass es kein Kind, kein Weib, sei) die einzige: dass er *sein eigener Herr* (sui iuris) sei, *mithin irgendein Eigentum habe* (wozu auch jede Kunst, Handwerk oder schöne Kunst oder Wissenschaft gezählt werden kann), welches ihn ernährt; d.i. dass er in den Fällen, wo er von anderen erwerben muss, um zu leben, *nur durch Veräusserung dessen, was sein* ist, erwerbe, nicht durch Bewilligung, die er anderen gibt, von seinen Kräften Gebrauch zu machen."[9] Ökonomisch ausgedrückt heisst das, Citoyen kann nur sein, wer Waren produziert und diese auf den Markt bringt (oder jemand, der von seinen eignen Erzeugnissen subsistieren kann), nicht, wer seine Arbeitskraft als einzige Ware zu Markt bringen muss. Wie schon vor ihm Rousseau schliesst Kant ausdrücklich die Lohnempfänger von der Qualität der Citoyens aus. Sie können nicht frei über sich selbst verfügen und dürfen daher auch nicht zur Vereinigung der Freien in der Republik zugelassen werden. In einer Fussnote unterstreicht Kant das Gesagte und präzisiert weiter: „Derjenige, welcher ein opus verfertigt, kann es durch *Veräusserung* an einen anderen bringen... Die *praestatio operae* aber ist keine Veräusserung. Der Hausbediente, der Ladendiener, der Taglöhner, selbst der Friseur sind bloss operarii, nicht artifices (im weiteren Sinne des Worts), und *nicht Staatsglieder*, mithin auch nicht Bürger (d.i. Citoyens I.F.) zu sein qualifiziert..." (a.a.O.). Kant vermag den Unterschied von Warenproduzent und Lohnabhängigem nicht exakt zu bestimmen, und vermengt ihn mit dem Unterschied zwischen dem Hersteller von materiellen Produkten (z.B. dem Perückenmacher) und dem Erbringer von Dienstleistungen (dem Friseur). Diese Verwechselung ist zweifellos eine Folge der Tatsache, dass die Mehrheit der Lohnabhängigen zumindest in Preussen damals noch Hausdienste und ähnliche Funktionen gehabt haben dürften. Dass ein mit eignen (wenn auch

---

[9] Kant, „Über den Gemeinspruch...," in *Kleinere geschichtsphilosophische Schriften*, Leipzig 1913. S. 92-93. Vgl. auch die ausführlichere Stelle in der *Metaphysik der Sitten* § 46.

geringwertigen) Betriebsmitteln und eventuell zusätzlichen Lohnarbeitern arbeitender Friseur durchaus zu den ,,warenproduzierenden" Handwerkern gezählt werden kann, leuchtete Kant auf Grund des eigentümlichen Charakters der Ware ,,Dienstleistung" nicht ein. Diese warenförmige und damit ,,ablösbare" Dienstleistung war offenbar für ihn nur ein Sonderfall der damals typischen nicht-warenförmigen Dienstleistung im Rahmen häuslicher Funktionen. ,,Der Gewerbetreibende *verkehrt*. . . sein Eigentum mit dem anderen (opus), der (Dienstleistungen Erbringende, d.i. der Lohnempfänger IF.). . . den *Gebrauch seiner Kräfte, den er einem anderen bewilligt* (operam)." (a.a.O.). In dieser Bewilligung zum Gebrauch der eignen Kräfte erblickt Kant die entscheidende Differenz, die es unmöglich macht, den Dienstleistenden die Eigenschaft von Citoyens zuzubilligen. Er selbst meint übrigens ,,ich gestehe es, es ist etwas schwer, die Erfordernis zu bestimmen, um auf den Stand eines *Menschen, der sein eigener Herr* ist, Anspruch machen zu können" (a.a.O.). Zum Verständnis des zitierten Satzes er ,,verkehrt sein Eigentum mit dem anderen (opus)" sollte man das Wort ,,Verkehrt" in ,,tauscht aus" verwandeln. Es handelt sich also um *Warenzirkulation*. Aktive Teilnahme an ihr ist Voraussetzung für die Zulassung zum vollen Staatsbürgerrecht.

Kant war sich der Tatsache bewusst, dass in den zeitgenössischen Gesellschaften zahlreiche Menschen leben, die nicht ,,ihre eignen Herren" sind. Ihr Ausschluss von der Republik erschien ihm zwar logisch notwendig, aber er war keineswegs mit den sozialen Verhältnissen zufrieden, die jene massenhafte Unselbständigkeit zur Folge hatten. Dass es namentlich im Agrarsektor der preussischen Wirtschaft eine ganz erhebliche Disproportion zwischen Selbständigen und Abhängigen gab, hat er ausdrücklich kritisiert. Wer immer ausreichendes Eigentum besitzt, um ,,selbständig" genannt zu werden, hat Recht auf eine Stimme. Die Grösse des Eigentums (über den erforderlichen Minimalbetrag hinaus) spielt also nach Kant keine Rolle. Damit war schon im Voraus das spätere preussische Dreiklassenwahlrecht verurteilt. Vor allem aber musste die ungleiche Verteilung des Landeigentums kritisiert werden, weil sie den Ausschluss einer grossen Anzahl von Personen von ausreichendem agrarischem Besitz zur Folge hatte. In der Schrift ,,über den Gemeinspruch" wird der Grundsatz der Gleichheit (der Eigentümer untereinander) betont und die Frage gestellt, ,,wie es doch mit Recht zugegangen sein möge, dass jemand mehr Land zu eigen bekommen hat, als er mit seinen Händen selbst benutzen konnte (denn die Erwerbung durch Kriegsbemächtigung ist keine erste Erwerbung); und wie es zuging, dass viele Menschen, die sonst insgesamt einen beständigen Besitzstand hätten erwerben können, *dadurch dahin gebracht sind, jenem bloss zu dienen, um leben zu können?*"[10] Ohne die Frage beantworten zu können, fügt Kant zur Verdeutlichung hinzu: „Der *grosse Gutsbesitzer vernichtet* nämlich soviel *kleinere Eigentümer mit ihren Stimmen, als seinen Platz einnehmen könnten*" (a.a.O.). Als reformerische Rechtsforderung deutet Kant in diesem Zusammenhang zwar nicht ausdrücklich eine Bodenreform an, zumindest aber die Aufhebung des Fideikommisses und die Zulassung bürgerlichen Grundbesitzes. Auf diese Weise würde die Erbteilung zur Vermehrung der selbständigen Grundbesitzer führen und die unternehmerische Tüchtigkeit *bürgerlicher* Landwirte den privilegiert gewesenen Adel bald verdrängt haben. Seine wirtschaftsliberale, optimistische Überzeugung von dem egalisierenden Effekt freien Wettbewerbs drückt sich in der Forderung aus, „dass es bloss von dem *Vermögen*, dem *Fleiss* und dem *Glück* jedes Gliedes des gemeinsamen Wesens abhängig gelassen werden muss, *dass jeder einmal einen Teil davon. . . erwerben. . . kann*" (a.a.O.). Mit der Aufhebung privilegierter Stände, so darf man Kant interpretieren, ist zumindest die *Chance* für jeden eröffnet, selbst Eigentum zu erwerben und damit zum Citoyen sich zu qualifizieren. Wenn Kant auch den Grossbesitz nicht als illegitim erklärt, so optiert er doch prinzipiell für eine möglichst gleichmässige Besitzverteilung. Offenbar steht als unausgesprochenes Gesellschaftsideal auch bei Kant eine Gesellschaft von selbständigen kleinen Warenproduzenten (ohne Lohnarbeit) im Hintergrund. Ein Gesellschaftsideal, das in Rousseaus politischen Arbeiten deutlich ausgesprochen wird. In einem bemerkenswerten Nachlassfragment heisst es bei Kant: „Der Mensch mag künsteln so viel er will, so kann er die Natur nicht nötigen, andere Gesetze einzuschlagen. Er *muss entweder selbst arbeiten oder Andere für ihn*; und diese Arbeit wird Anderen so viel von ihrer Glückseligkeit rauben als er seine eigene über das Mittelmass steigern will"[11] Lohnarbeit stellt also eine Beeinträchtigung des Glücks der Arbeitenden zugunsten des Arbeitgebers oder Unternehmers dar. Kant dachte freilich auch in diesem Falle vermutlich mehr an den persönliche Dienstleistungen erbringenden Diener als an den warenproduzierenden Lohnarbeiter. Der Diener erhöht die Bequemlichkeit des Herrn und wird zugleich in der eignen Glücksmöglichkeit beeinträchtigt. Offenbar geht Kant von diesem Modell aus und überträgt es auf die Lohnabhängigen (oder Erbuntertänigen) ausserhalb des Haushalts.

Zusammenfassend lässt sich sagen, dass Kant zwar das fungierende Privateigentum zur Voraussetzung der Eigenschaft des Citoyen macht, zugleich aber für eine gleichmässigere Besitzverteilung (namentlich auf dem Lande)

---

[10] Kant, *Über den Gemeinspruch*, a.a.O., S. 93.
[11] Kant, „Fragmente aus dem Nachlasse", in *vermischte Schriften und Briefwechsel*, Berlin 1873 S 319.

eintritt und ganz entschieden privilegierte Besitzklassen (wie den Landadel) ablehnt.[12] Darüber hinaus klingen gelegentlich kleinbürgerlich-egalitäre Töne an.

b. Die republikanische Verfassung

Kant sucht in der Metaphysik der Sitten die Notwendigkeit des Eintritts der im Naturzustand gedachten Individuen in einen staatlichen Rechtszustand abzuleiten. Er geht dabei von einer Auffassung des isolierten Individuums aus, die ihrerseits der psychologische Reflex sozioökonomischer Entwicklungen ist. Das von Kant als selbstverständlich und allgemeinverbindlich unterstellte menschliche Individuum entsteht im Zusammenhang der Entwicklung warenproduzierender Marktwirtschaft. Die Naturrechtskonstruktionen der Neuzeit gehen – in zunehmendem Masse je mehr wir uns der Gegenwart nähern – von der Annahme isolierter Individuen im ,,Naturzustand" aus, deren gegenseitiger (Interessen) Antagonismus zu Konflikten führt und daher nach staatlicher Regelung zum Zweck der Sicherung ihrer friedlichen Koexistenz verlangt. Kant verweist hier mit Recht auf Thomas Hobbes. In seiner Konstruktion bedeutet das: ,,aus dem Privatrecht im natürlichen Zustande geht. . . das *Postulat des öffentlichen Rechts hervor*: du sollst, im Verhältnisse eines *unvermeidlichen Nebeneinanderseins* mit allen anderen, aus jenem (dem Naturzustand IF) heraus in einen *rechtlichen Zustand*, d.i. den einer austeilenden Gerechtigkeit *übergehen*. Der Grund davon lässt sich analytisch aus dem Begriff des Rechts im äusseren Verhältnis im Gegensatz der Gewalt (violentia) entwickeln". ,,*Niemand* ist *verbunden, sich des Eingriffs in den Besitz des anderen zu enthalten, wenn dieser ihm nicht gleichmässig auch Sicherheit gibt, er werde ebendieselbe Enthaltsamkeit gegen ihn beobachten*"[13] Im Naturzustand, d.h. bei Fehlen einer alle zwingenden staatlichen Macht (oder Rechtsgewalt) kann es eine derartige Sicherheit nicht geben. Wenn auch der Naturzustand kein ständiger *Krieg* ist, so ist er – nach Kant – dennoch ein ständiger Kriegszustand, d.h. es gibt keine Garantie gegen den aktuellen Ausbruch von Gewalt. Jeder droht jedem ,,schon seiner Natur nach", durch die blosse freie Existenz und das natürliche Recht, Richter in eigner Sache zu sein. In diesem Zustand ,,ist niemand des Seinen wider Gewalttätigkeit sicher". Da gesichertes Eigentum aber zur Entfaltung der Person notwendig ist (wesensmässig zur Person gehört, wie Kant

---

[12] In unmittelbarer Nachbarschaft findet sich das berühmte Bekenntnis zu Rousseau: ,,Rousseau hat mich zurecht gebracht. . . ich lernte die Menschen ehren und würde mich viel unnützer finden als die gemeinen Arbeiter, wenn ich nicht glaubte, dass diese Betrachtung allen übrigen einen Wert geben könnte, die *Rechte der Menschheit herzustellen*" (a.a.O., S. 322).

[13] Kant, *Metaphysik der Sitten*, § 42.

deduziert) kann aus der Bedrohtheit des Eigentums im Naturzustand die Pflicht zum Eintritt in den „rechtlichen Zustand" gefolgert werden.

Dem angenommenen Staatszweck entspricht die Verfassung, die Kant in der „Metaphysik der Sitten" skizziert. „*Ein Staat* ist die Vereinigung einer Menge von Menschen *unter Rechtsgesetzen*".[14] Die wichtigste Aufgabe des Staates ist es, durch Schaffung einer erzwingbaren und allgemeinverbindlichen Rechtsordnung die friedliche Koexistenz der freien Eigentümer zu ermöglichen. Der Begriff des Rechts selbst ist zwar weithin formal, doch schliesst er z.B. Sonderrechte für bestimmte Personengruppen (Privilegien) dem Begriffe nach aus. Das Recht ist formal und universal (generell). Die vom Staat zu stiftende Rechtsordnung soll diesem Begriff des Rechtes entsprechen.

„Ein jeder Staat enthält *drei Gewalten* in sich, d.i. den allgemein *vereinigten Willen in dreifacher Person* (trias politica)" (a.a.O.). In dieser Formel sucht Kant die Rousseausche Idee der die Einheit des Gemeinwesen bewirkenden „volonté générale" mit dem Gedanken der Gewaltenteilung logisch zu kombinieren. Die drei Gewalten sind „die Herrschergewalt (Souveräntität) in der des *Gesetzgebers*, die vollziehende Gewalt in der des Regierers (*zufolge dem Gesetz*), und die rechtsprechende Gewalt (als Zuerkennung des Seinen eines jeden nach dem Gesetz) in der Person des Richters (potestas legislatoria, rectoria et iudicaria), gleich den drei Sätzen in einem praktischen Vernunftschluss: dem Obersatz, der das *Gesetz jenes Willens*, dem Untersatz, der das *Gebot des Verfahrens* nach dem Gesetz, d.i. das der Subsumtion unter denselben, und dem Schlusssatz, der den Rechtsspruch (die Sentenz) enthält, was im vorkommenden Falle Rechtens ist" (a.a.O. § 45). Damit ist zugleich die Souveränität des Gesetzgebers (im Sinne Rousseaus) und die Ausrichtung des gesamten Staates auf die Verwirklichung des Rechts (im Sinne der liberalen bürgerlichen Auffassung vom Rechtsstaat) als staatskonstituierend postuliert.

„Die gesetzgebende Gewalt kann *nur dem vereinigten Willen des Volkes* zukommen" (§ 46). Da die gesetzgebende Gewalt auch die „Herrschergewalt" oder „Souveränität" genannt werden kann, bedeutet das die Postulierung der *Volkssouveränität*. Unter Volk wird freilich – wie wir schon wissen – nur die Gesamtheit der Citoyens verstanden, die auch im „Volk selbständig." sind, d.h. über eignes Betriebsvermögen (Grundbesitz, Handwerksbetriebe uws.) verfügen. Die gleiche These formuliert Kant im „philosophischen Entwurf zum ewigen Frieden" lapidar wie folgt: „die bürgerliche Verfassung in jedem Staate *soll republikanisch sein*"[15]. Eine Republik ist ein

---

[14] a.a.O., § 45, S. 135.
[15] Kant, „Zum ewigen Frieden", in *Kl. Schriften usw.*, S. 126.

Staat, dessen Gesetzgebung durch die vereinigten Staatsbürger ausgeübt wird. „Die erstlich nach Prinzipien der *Freiheit* der Glieder einer Gesellschaft (als Menschen), zweitens nach Grundsätzen der *Abhängigkeit aller von einer einzigen gemeinsamen Gesetzgebung* (als Untertanen), und drittens die nach dem Gesetz der *Gleichheit* derselben (als Staatsbürger) gestiftete Verfassung, die einzige, welche aus der *Idee des urpsprünglichen Vertrages* hervorgeht, *auf der alle rechtliche Gesetzgebung* eines Volks *gegründet sein muss, ist die republikanische* „(a.a.O.). Der Gesellschaftsvertrag, durch den die im Naturzustand isoliert gedachten Individuen sich zu einem Staat verbinden, erscheint bei Kant als eine regulative Idee. Er ist weder ein historisches Faktum noch auch eine Entstehungshypothese, sondern ein Hilfsmittel, das erlaubt, Verfassungen und Staaten kritisch zu beurteilen. Bei jedem Gesetz, jeder Institution muss man nur die Frage stellen, ob sie als aus dem gemeinsamen Willen der Staatsbürger hervorgegangen gedacht werden können. Die republikanische Verfassung ist für Kant „diejenige, welche allen Arten der bürgerlichen Konstitution ursprünglich zum Grunde liegt" (a.a.O.). Sie allein ist mit dem Begriff der individuellen Freiheit vereinbar und ein Abgehen von ihr, stellt daher notwendig eine Verletzung dieser essentialen menschlichen Qualität dar. In einer Auseinandersetzung mit Justus Möser, der nachzuweisen versucht hatte, dass ein Volk sehr wohl sich erbliche Oberherren erwählen und dabei sogar „klug" handeln könne, verweist Kant noch einmal mit Nachdruck darauf, dass es nicht um „Glückseligkeit", sondern um Freiheit und Recht gehe: „Nach dem Prinzip der Eudämonie (der Glückseligkeitslehre), worin keine Notwendigkeit und Allgemeingültigkeit angetroffen wird, (indem es jedem einzelnen überlassen bleibt zu bestimmen, was er nach seiner Neigung zur Glückseligkeit zählen will) wird das Volk allerdings eine solche erbliche Gouvernementsverfassung wählen dürfen; nach dem eleutheronomischen aber . . .wird es keinen subalternen äusseren Gesetzgeber statuieren; weil es sich hierbei als selbst gesetzgebend und diesen Gesetzen zugleich untertan betrachten, und die Praxis sich daher (in Sachen der reinen Vernunft) schlechterdings nach der Theorie richten muss[16]. Es ist unrecht so zu dekretieren, es mag auch noch so gebräuchlich und sogar in vielen Fällen dem Staat nützlich sein; welches letztere doch niemals gewiss ist" (a.a.O.).

Aktive Staatsbürger können nur die Besitzenden sein, aber auch die übrigen in einem Staatsgebiet lebenden Personen sind damit nicht rechtlos. Sie haben zwar als „passive Teile des Staates" keinen Anspruch darauf, „den Staat selbst zu behandeln und zu organisieren", wohl aber darauf dass

---

[16] Kant, „Über die Buchmacherei, zwei Briefe an Herrn Friedrich Nicolai", in *Kleinere Schriften zur Geschichtsphilosophie, Ethik und Politik*, Leipzig, 1913, S. 211.

„welcherlei die positiven Gesetze. . ., auch sein möchten, sie doch den natürlichen der *Freiheit und* der dieser angemessenen *Gleichheit aller im Volk, sich nämlich aus diesem passiven Zustande* zu dem aktiven emporarbeiten zu können, nicht zuwider sein müssen".[17] Anders gesagt, der faktische Ausschluss der Besitzlosen von der aktiven Staatsbürgerschaft darf kein ihrer Person wesenhaft anhängender Makel sein. Sie müssen (wenigstens rechtlich) befugt sein, durch Eigentumserwerb selbst in die Klasse der Aktivbürger aufzusteigen. Eine Pflicht des Staates ihnen dabei aktiv behilflich zu sein, hat Kant freilich nicht konstatiert. Sie erschien ihm vermutlich angesichts seiner wirtschaftsliberalen Vorstellungen auch als unnötig, wenn man von der allerdings von Kant gewünschten Aufhebung der Privilegien des adligen Grossgrundbesitzes einmal absieht.

Die „drei Gewalten im Staate" sind nach Kant einmal einander „beigeordnet", d.h. sie ergänzen einander „zur Vollständigkeit der Staatsverfassung", zugleich aber auch „untergeordnet", was zur Folge hat, dass eine nicht „zugleich die Funktion der anderen. . . usurpieren kann. . ."[18] Für die Begründung der Notwendigkeit dieser Trennung der Gewalten, führt Kant ein Argument an, das sich schon bei J. J. Rousseau findet (und bei ihm meist übersehen wurde): „Der Beherrscher des Volks (der Gesetzgeber) kann . . .nicht zugleich der Regent sein; denn dieser steht unter dem Gesetz und wird durch dasselbe, folglich von einem anderen, *dem Souverän,* verpflichtet. Jener (der Souverän, d.h. das Volk, IF) kann diesem auch seine Gewalt nehmen, ihn absetzen oder seine Verwaltung reformieren. . ."[19] Der Souverän (der Gesetzgeber) kann aber den Regierer (Regenten) nicht strafen, weil das ein zwingender Akt der ausführenden Gewalt ist und damit die höchste Zwangsgewalt im Staate (eben der Regent) selbst gezwungen würde, „welches sich widerspricht". Ebensowenig können der Souverän oder der Regent Recht sprechen, sondern „nur Richter als Magistrate einsetzen". Die dritte Gewalt als solche geht aber weder aus der ersten noch aus der zweiten hervor, sondern wird unmittelbar aus dem Volk selbst abgeleitet: „*das Volk richtet sich selbst* durch diejenigen seiner Mitbürger, welche durch freie Wahl als Repräsentanten desselben, und zwar für jeden Akt besonders, dazu ernannt werden" (a.a.O.). Oder: Es kann „nur das Volk durch seine von ihm selbst abgeordneten Stellvertreter (die Jury) über jeden in demselben, obwohl nur mittelbar, richten" (a.a.O.).

---

[17] Kant, *Metaphysik der Sitten,* § 46, Leipzig, 1907, S. 138.
[18] a.a.O., § 48, S. 139.
[19] a.a.O., § 49, S. 140.

c. Die Gehorsamsverpflichtung des Untertans und Forderung einer Reform durch Aufklärung

Unmittelbar auf seine prinzipiellen Ausführungen zum Staatsrecht lässt Kant eine „allgemeine Anmerkung" folgen, in der er die Benutzung des Vertragsgedankens zur Rechtfertigung einer Revolution als rechtswidrig hinstellt. „Der Ursprung der obersten Gewalt ist für *das Volk*, das unter derselben steht, in praktischer Absicht *unerforschlich*, d.i. der Untertan *soll nicht* über diesen Ursprung, als ein noch in Ansehung des ihr (2) schuldigen Gehorsams zu bezweifelndes Recht (ius controversum), *werktätig vernünfteln*".[20] Für die Gehorsamsverpflichtung gegenüber dem aktuellen Souverän eines Staates spielt es keine Rolle, auf welche Weise dieser zu seiner Position gekommen ist, ob ein förmlicher Unterwerfungsvertrag (pactum subjectionis civilis) oder die Gewalt eines Eroberers am Anfang stand und erst später daraus – infolge des geleisteten Gehorsams – eine legitime Verfassungsordnung entstand, ist für die Unbedingtheit der gegenwärtigen Gehorsamsverpflichtung irrelevant. Das Volk, das allemal schon unter einem existierenden und gültigen Gesetz steht, darf sich diesem rechtens nicht entziehen. Die Formel „alle Obrigkeit stammt von Gott" möchte Kant daher als eine metaphorische Umschreibung der Tatsache, der Gehorsamsverpflichtung gegenüber der obersten Staatsgewalt (mag diese beschaffen sein wie sie wolle) verstanden wissen. „Hieraus folgt nun der Satz: *der Herrscher im Staat hat gegen den Untertan lauter Rechte und keine (Zwangs-)Pflichten.* Ferner, wenn das Organ des Herrschers, *der Regent*, auch den Gesetzen zuwider verführe, z.B. mit Auflagen, Rekrutierungen u. dgl. wider das Gesetz der Gleichheit in Verteilung der Staatslasten, so *darf* der Untertan dieser *Ungerechtigkeit* zwar *Beschwerden* (gravamina), aber *keinen Widerstand* entgegensetzen" (a.a.O.). Ein solcher Widerstand könne aber auch nicht ausdrücklich durch die Verfassung zugestanden werden[21], denn in diesem Falle, müsste es eine Institution (ein Organ) geben, das zu solchem Widerstand befugt ist und dann wäre der eigentliche Souverän diese Institution. Die Argumentation, deren sich Kant hier bedient erinnert deutlich an Thomas Hobbes,[22]: „der welcher die Staatsgewalt einschränken soll, muss

---

[20] a.a.O., Allgemeine Anmerkung A., S. 142.

[21] Vgl. jedoch den in der Literatur umstrittenen Widerstands-Artikel der *Hessischen Verfassung* (Art. 147): „Widerstand gegen verfassungswidrig ausgeübte öffentliche Gewalt ist jedermanns Pflicht".

[22] Thomas Hobbes, *Leviathan*, Kap. 18. ed. I. Fetscher, Neuwied 1966. Wenn. . . einer oder einige behaupten, der Souverän habe den bei seiner Einsetzung geschlossenen Vertrag gebrochen, und andere. . . einen solchen Vertragsbruch bestreiten, so gibt es in diesem Falle *keinen Richter* zur Entscheidung des Streitfalles. Deshalb läuft dies wieder auf das

doch mehr oder wenigstens gleiche Macht haben als derjenige, welcher eingeschränkt wird; und als ein rechtmässiger Gebieter, der den Untertanen
befőhle, sich zu widei setzen, *muss er sie auch schützen können* und in jedem
vorkommenden Falle rechtskräftig urteilen, mithin *öffentlich den Widerstand
befehligen können*. Alsdann ist aber nicht jener, sondern dieser der oberste
Befehlshaber, welches sich widerspricht".[23] „Wider das gesetzgebende
Oberhaupt des Staats gibt es also keinen rechmässigen Widerstand des
Volks; denn nur durch Unterwerfung unter seinen allgemein gesetzgebenden
Willen ist ein rechtlicher Zustand möglich; also *kein Recht des Aufstands*
(*seditio*), noch weniger des *Aufruhrs* (*rebellio*), am allerwenigsten gegen ihn
als einzelne Person (Monarch), unter dem Vorwande des Missbrauchs seiner
Gewalt (tyrannis), Vergreifung an seiner Person, ja an seinem Leben"
...„Der geringste Versuch hierzu ist *Hochverrat* (proditio eminens)..."
(a.a.O.). Der Widerstand des Volkes gegen die höchste (gesetzgebende)
Gewalt kann „niemals anders als gesetzwidrig, ja als die ganze gesetzliche
Verfassung zernichtend gedacht werden" (a.a.O.). Gäbe es ein Widerstandsrecht – in bestimmten Fällen – dann müsste im Streit zwischen dem legalen
Souverän und dem Widerstand leistenden Volk ein Rechtspruch möglich
sein, für den es aber keinen Richter gibt, da es ausser den beiden Parteien
keine Instanz dafür gibt und da es unzulässig ist, dass die erste (Widerstand
leistende Gewalt) Richter in eigner Sache wird.

Wenn für Kant selbst Widerstand gegen eine tyrannische oberste Gewalt
unerlaubt ist, womit cr sich in Gegensatz zu einer alten Tradition des Naturrechts stellt, dann natürlich erst Recht die Revolution: „Eine Veränderung
der (fehlerhaften) Staatsverfassung, die wohl bisweilen nötig sein mag, –
kann also *nur* vom Souverän selbst *durch Reform*, aber *nicht vom Volk*, mithin durch Revolution verrichtet werden".[24] Aber diese Verurteilung der
Revolution wird durch zwei konkrete Bemerkungen über die französische
Revolution wieder gemildert, die Kant in der gleichen Schrift macht. Einmal
betont er, dass „wenn eine Revolution einmal gelungen und eine neue Verfassung gegründet sei", die Untertanen nicht das Recht haben, unter Berufung auf „die Unrechtmässigkeit des Beginnens und der Vollführung derselben" sich zu „weigern, derjenigen Obrigkeit ehrlich zu gehorchen, die *ietzt*
die Gewalt hat".[25] Zum andren vertrat Kant die Auffassung, dass zumindest

---

Schwert hinaus... im Gegensatz zu der Absicht, die sie (die Vertragschliessenden) bei der
Einsetzung verfolgten... (S. 137). Vgl. VI, S. 154.

[23] Kant, *Metaphysik der Sitten*, a.a.O., S. 143.

[24] a.a.O., S. 146.

[25] a.a.O., S. 147. Vgl. auch Hobbes' Auffassung, dass mit der Entstehung einer neuen
souveränen Gewalt (durch Eroberung oder Revolution) die Gehorsamsverpflichtung der
von dieser Gewalt effektiv geschützten Bürger auf diese neue Gewalt übergeht. *Leviathan*

der Beginn – die erste Phase – der Französischen Revolution eigentlich keine Revolution durchs Volk, sondern eine vom König (unbewusst) eingeleitete Verfassungsreform war. Die Einberufung der Ständeversammlung durch Ludwig XVI. beurteilt Kant wie folgt: „Es war . . .ein grosser Fehltritt der Urteilskraft eines mächtigen Beherrschers unserer Zeit, sich aus der Verlegenheit wegen grosser Staatsschulden dadurch helfen zu wollen, dass er es dem Volk übertrug, diese Last nach dessen eigenem Gutbefinden selbst zu übernehmen und zu verteilen; *da es denn natürlicherweise nicht allein* die gesetzgebende Gewalt *in Ansehung der Besteuerung der Untertanen, sondern auch in Ansehung der Regierung in die Hände bekam;* nämlich zu verhindern, dass diese nicht durch Verschwendung oder Krieg neue Schulden machte, mithin die Herrschergewalt des Monarchen gänzlich verschwand (nicht bloss suspendiert wurde) und aufs Volk überging, dessen gesetzgebendem Willen nun das Mein und Dein jedes Untertans unterworfen wurde".[26] Die Unrechtmässigkeit der Französischen Revolution beginnt daher nach Kant offenbar erst mit der *Verurteilung* des Königs, die er ausdrücklich als besonders scheussliches Verbrechen charakteristiert.[27]

Diese positivere Einstellung zur Frühphase der Französischen Revolution hat vermutlich auch den Abbé Sieyès veranlasst, Verbindung mit Kant zu suchen und diesen sogar zur Mitarbeit aufzufordern, was Kant allerdings als unvereinbar mit seiner preussischen Untertanenpflicht abgelehnt hat.[28]

Die wichtigsten Reformgesetze der Französischen Revolution tauchen im

„Rückblick und Schluss", a.a.O., S. 536 f.

[26] Kant, *Metaphysik der Sitten*, § 52 a.a.O., S. 171.

[27] „Unter allen Greueln einer Staatsumwälzung durch Aufruhr ist selbst die Ermordung des Monarchen noch nicht das Ärgste; denn noch kann man sich vorstellen, sie geschehe vom Volk aus Furcht, er könne, wenn er am Leben bleibt, sich wieder ermannen und jenes die verdienten Strafe fühlen lassen, und solle also nicht eine Verfügung der Strafgerechtigkeit, sondern bloss der Selbsterhaltung sein. *Die formale Hinrichtung* ist es, was die mit der Idee des Menschenrechts erfüllte Seele mit einem Schaudern ergreift, das man wiederholentlich fühlt, so bald und so oft man sich diesen Auftritt denkt, wie das Schicksal Karls I. oder Ludwigs XVI.. . Es wird als Verbrechen, was ewig bleibt und nie ausgetilgt werden kann (crimen immortale, inexpiable), angesehen. . ." (*Metaphysik der Sitten*, Allg. Anmerkung, a.a.O., S. 145, Fussnote).

[28] In den neunziger Jahren des 18. Jahrhunderts kursierten im progressiven Deutschland Gerüchte, Kant sei vom Abbé Sieyès gebeten worden, das französische „Konstitutions-Gesetz zu untersuchen, das Unnütze wegzustreichen und das Bessere anzugeben" (Brief von Johann Plücker an Kant, 15.3. 1796). Andere behaupteten sogar, man habe ihn „als Gesetzgeber, als Stifter der Ruhe und des Friedens nach Frankreich gerufen und habe dazu von seinem König die Erlaubnis erhalten" (M. Reuss an Kant, 29.3. 1796). Verbürgt ist freilich lediglich ein Briefwechsel Kants mit dem Chef de Bureau im Comité de Salut Public Théremin, der sich um Herstellung eines Kontakts zwischen Sieyès und Kant bemühte. Immerhin erregte Kants Philosophie in der Zeit des Directoire Aufmerksamkeit in Frankreich und Wilhelm von Humboldt wurde aufgefordert, im Institut (1797/98) einen Bericht über das neue philosophische „System" zu geben. Vgl. Vorländer, a.a.O., S. 174 f.

übrigen unter den Bestimmungen auf, die in den weiteren Anmerkungen zur Rechtslehre als legitim aufgeführt werden. Ich nenne nur die bekanntesten:

1. Der privilegierte *Grundbesitz des Adels und der Kirche* wird als widerrechtlich verurteilt. „Der Staat kann sie zu aller Zeit aufheben, nur unter der Bedingung, die Überlebenden zu entschädigen. Der Ritterorden..., der Orden der Geistlichkeit, die *Kirche* genannt, können nie durch diese Vorrechte (des Grundbesitzes IF), womit sie begünstigt worden, *ein auf Nachfolger übertragbares Eigentum* am Boden, sondern *nur die einstweilige Benutzung desselben erwerben...*"[29] Es sei daher unbedenklich, „die *Komtureien* auf der einen, die *Kirchengüter* auf der anderen Seite" „aufzuheben", sobald die öffentliche Meinung aufgehört habe sie für notwendig zu halten. Eine Klage gegen solche Enteignung sei aber nicht zulässig, da „der Grund ...des bisherigen Besitzes ...nur in der Volksmeinung" gelegen habe und daher mit deren Änderung dahin geschwunden sei.

2. *Der Adel* soll aufgehoben werden, weil er der Idee einer rechtlichen Verfassung widerspricht. „Die Frage ist... ob der Souverän einen *Adelstand*, als einen *erblichen Mittelstand* zwischen ihm und den übrigen Staatsbürgern, *zu gründen berechtigt sei*. ...D.h. ob es dem Rechte des Volks gemäss sei, einen Stand von Personen über sich zu haben, die zwar selbst Untertanen, aber doch in Ansehung des Volks *geborene Befehlshaber* (wenigstens privilegierte) sind. Die Beantwortung derselben geht... aus dem Prinzip hervor: ‚*Was das Volk* (die ganze Masse der Untertanen) *nicht über sich selbst* und seine Genossen beschliessen kann, das kann auch der Souverän nicht über das Volk beschliessen'. Nun ist aber ein angeerbter Adel ein Rang, der *vor dem Verdienst* vorher geht und dieses auch mit keinem Grunde hoffen lässt, ein Gedankending *ohne alle Realität*... Weil nun von keinem Menschen angenommen werden kann, er werde seine Freiheit wegwerfen, *so ist es unmöglich, dass der allgemeine Volkswille* zu einem solchen grundlosen Prärogativ zusammenstimme, mithin kann der Souverän es auch nicht geltend machen..[30].

3. Die *Leibeigenschaft* soll *aufgehoben werden*. Der gedachte Vertrag, durch den eine Person zum Leibeignen geworden ist, wäre illegal. Denn „durch einen Vertrag kann sich niemand zu einer solchen Abhängigkeit verbinden, dadurch er aufhört, eine Person zu sein". In dieser These ist wieder die typische unbewusste Petitio principii des bürgerlichen Naturrechts enthalten. Da in dem Begriff der Person bereits das Resultat der bürgerlichen Eigentums- und Gesellschaftsordnung enthalten ist, nimmt es nicht wunder, dass mit diesem Begriff Rechtsverhältnisse, die einer andren Wirtschafts-

---

[29] Kant, *Metaphysik der Sitten*, Allg. Anmerkung B., a.a.O., S. 150.
[30] a.a.O., S. 156.

und Sozialordnung entstammen, unvereinbar sind. Verträge können nur
zwischen Personen geschlossen werden, die als formal unabhänige Verfüger
über Waren miteinander in Beziehung treten. An dieser Stelle taucht in
Kants Argumentation ganz präzise der Unterschied zwischen der Leibeigenschaft und der Lohnarbeit auf. Kant beweist nämlich, dass der *unbeschränkte*
Verkauf eigner Dienste (die Veräusserung für unbestimmte Dienste) den
Herrn dazu befugen würde" die Kräfte seines Untertans nach Belieben zu
benutzen, so könne er sie (in diesem Falle IF) auch (*wie mit den Negern auf
den Zuckerinseln der Fall ist*), erschöpfen bis zum Tode oder der Verzweif-
lung..." Rechtens kann daher allein der Verkauf einer zeitlich begrenzten
Dienstleistung – also die Lohnarbeit – sein: „Er kann sich also nur zu der
Qualität und dem Grade nach bestimmten Arbeiten verdingen".[31] Formen
solcher Verdingung, die Kant für rechtens hält sind der Taglohn und die
Pachtzahlung in Form von Arbeit für den Gutsherrn. Dagegen wird die
„Gutsuntertanenschaft" abgelehnt.

Damit sind wesentliche Errungenschaften der Französischen Revolution
bezeichnet. Es kann nicht daran gezweifelt werden, dass sich Kant die
Übernahme dieser Errungenschaften in Preussen (und Deutschland insgesamt) wünschte. Gleichwohl lehnte er, wie wir gehört haben, die Revolution ab. Wir müssen daher abschliessend untersuchen, wie er sich die (allmähliche) reformerische Annäherung an den republikanischen Staat und
die bürgerliche Gesellschaft vorgestellt hat.

Nachdem Kant die Illegalität jeder revolutionären Veränderung der bestehenden Verfassung (sei diese nun geschrieben oder auf Gewohnheitsrecht
beruhend) aufgewiesen hat, gelangt er gleichwohl zu der fordenden These:
„Es muss aber dem Souverän doch möglich sein, die bestehende Staatsverfassung zu ändern, *wenn sie mit der Idee des ursprünglichen Vertrags nicht
wohl vereinbar ist...*"[32] Eine solche Veränderung sollte nicht die „Staatsformen" betreffen, da es nicht auf „der freien Wahl und dem Belieben des
Souveräns" beruhen dürfe, welcher Verfassung das Volk unterworfen werden
soll. Es wäre ja denkbar, dass sogar eine Demokratie einzuführen dem Volk
gegenüber unrecht wäre, weil es „diese Verfassung verabscheuen könnte".
Da das „Volk" abgesehen von der existierenden Verfassung politisch inexis-
tent ist, kann Kant auch nicht daran denken, der Gesamtheit der Bürger
(dem Volk) die freie Bestimmung der Verfassung zu überlassen. Aus der
Idee des Sozialvertrages, die aber als regulative Idee der existierenden Verfassung zugrundegelegt werden muss, folgt die „Verbindlichkeit der konsti-
tuierenden Gewalt, die *Regierungsart* jener Idee angemessen zu machen und

[31] a.a.O., S. 157.
[32] a.a.O., S. 169 (§ 52).

so sie. . . *allmählich und kontinuierlich* dahin zu verändern, *dass sie mit der einzig rechtmässigen Verfassung, nämlich der einer reinen Republik, ihrer Wirkung nach zusammenstimme. . .*" (a.a.O.). Kant verlangt also z.B. keineswegs eine Aufhebung der Monarchie, wohl aber ihre Reform, die darauf abzielt, die Regierungsart (die Gesetzgebung wie die Regierung) so zu verändern, dass sie „der Wirkung nach" der republikanischen entspricht. Für die Gesetzgebung heisst das etwa, dass „was das Volk (die ganze Masse der Untertanen) nicht über sich selbst und seine Genossen beschliessen kann, der Souverän auch nicht über das Volk beschliessen kann". Für die Regierungstätigkeit gilt, dass sie im Rahmen der allgemeinen Gesetze sich zu halten hat. „Dies ist die einzige bleibende Staatsverfassung, wo *das Gesetz selbstherrschend ist*". Im Unterschied zu Rousseau fordert Kant nicht die faktische Gesetzgebung durch das ganze Volk (die Gesamtheit der Aktivbürger), sondern nur eine Gesetzgebung, die so erfolgt „als ob" sie das Volk selbst beschlossen haben würde, oder – neukantianisch ausgedrückt – die rationaler Weise dem Volk als Autor zugerechnet werden kann. An Stelle des realen Volkes treten in Kants „wahrer Republik" seine *Repräsentanten*: „Alle wahre Republik ist und kann nichts anderes sein als ein *repräsentatives System* des Volks, um im Namen des Volks. . . vermittelst ihrer Abgeordneten (Deputierten) ihre Recht zu besorgen" (a.a.O.).[33]

Kant setzt seine Hoffnung auf Verwirklichung von „Regierungsarten", die wenigstens der Wirkung nach mit der republikanischen Verfassung zusammenstimmen einmal auf die „allmählich bis zu den Thronen aufsteigende *Aufklärung*"[34] and zum anderen auf den *internationalen Wettbewerb der Staaten*, der die rückständigen zur Imitation der fortgeschrittenen Verfassung zwingt. Um durch Aufklärung auf eine Annäherung der bestehenden Verhältnisse an die „wahre Republik" hinwirken zu können, muss es dem Staatsbürger erlaubt sein, Akte der Gesetzgebung und der Regierung zu

[33] In der Schrift „zum ewigen Frieden" wird der *repräsentative* Charakter der Kantschen Republik noch nachdrücklicher hervorgehoben: „Alle Regierungsform nämlich, die nicht repräsentativ ist, ist eigentlich eine *Unform*, weil der Gesetzgeber in ein und derselben Person *zugleich Vollstrecker seines Willens*. . . sein kann." (*Kleinere Schriften zur Geschichtsphilosophie, Ethik und Politik*, ed. Vorländer, S. 129). Weiter heisst es vom „repräsentativen System," dass allein „in ihm eine *republikanische Regierungsart* möglich", ohne es „die Verfassung sei, welche sie wolle" die Regierungsart notwendig „despotisch und gewalttätig" sein müsse. Unter einer repräsentativen Verfassung versteht Kant offenbar eine solche in der ein Einzelner (Friedrich II.) oder ein Parlament sich dem Volk gegenüber als dienend verpflichtet weiss, gleichsam es repräsentiert, auch wenn diesem nicht notwendig die Entscheidung über die Person(en) des Repräsentanten zusteht. Repräsentanten sind nicht in jedem Fall gewählte.
[34] Vgl. 3. S. „Idee zu einer allgemeinen Geschichte in weltbürgerlicher Absicht" (1785) in: *Kleinere Schriften zur Geschichtsphilosophie, Ethik und Politik*, ed. Vorländer, Leipzig, 1913., S. 17.

kritisieren. Zwar soll der Untertan „annehmen können, sein Oberherr *wolle* ihm nicht unrecht tun", dass der Oberherr aber auch „*nicht einmal irren oder einer Sache unkundig sein könne,* anzunehmen *würde ihn als mit himmlischen Eingebungen begnadigt* und über die Menschheit erhaben *vorstellen*"[35] Eine solche Vorstellung ist aber absurd oder zumindest unbeweisbar und riskant. Die hypothetische Fehlbarkeit des Oberherrn legitimiert den Untertan zur Freiheit der Kritik. Er muss wenigstens *sagen* dürfen, wenn er glaubt, dass dem gemeinen Wesen von Seiten des Oberherrn Unrecht zugefügt worden ist. Ganz im Sinne der späteren Argumentation von J. S. Mill nimmt Kant hier ein mittelbare Interesse des Oberherrn selbst an solcher Freiheit der Kritik an und unterstellt aus diesem Grunde, dass die Freiheit zur Kritik mit dessen „Vergünstigung" eingeführt wird. „Also ist die *Freiheit der Feder* – in den Schranken der Hochachtung und Liebe für die Verfassung. . . *das einzige Palladium der Volksrechte*" (a.a.O.). Wollte man dem Volk „diese Freiheit auch absprechen", wie das Thomas Hobbes tut, dann nehme man ihm „allen Anspruch auf Recht in Ansehung des obersten Befehlshabers". Dem Oberbefehlshaber aber entziehe man mit dem Verbot der freien Kritik „alle Kenntnis von dem, was, wenn er es wüsste, er selbst abändern würde". Auf diese Weise setze man dessen Willen mit sich selbst in Widerspruch. Als leitende Absicht des den allgemeinen Volkswillen repräsentierenden Oberbefehlshabers wird dabei die Bewirkung des Gemeinwohls und die Erhaltung der Freiheit unterm Gesetz unterstellt. Werden dem Oberbefehlshaber nun durch sein eignes Verbot Informationen entzogen, die ihn zu einer adäquaten Verwirklichung seiner leitenden Absicht befähigen, würden dann schadet er sich selbst, gerät mit sich selbst in Widerspruch. Die Gegner der kritischen öffentlichen Meinung, die die Aufklärung unterdrückten wollen, suchen dem Oberhaupt Besorgnis einzuflössen, „dass durch Selbst- und Lautdenken Unruhen im Staat erregt werden" könnten. Dieses Vorgehen wird von Kant als Weckung von „Misstrauen (des Oberhaupts) gegen seine eigne Macht" und von „Hass gegen sein Volk" denunziert. Als Beurteilungskriterium für (königliche) Gesetze wird auch in diesem Zusammenhang wieder die bereits mehrfach zitierte Formel gebracht: „was ein Volk über sich selbst nicht beschliessen kann, das kann der Gesetzgeber auch nicht über das Volk beschliessen". Was mit dieser Formel nicht vereinbar sei, von dem dürfe ein Volk annehmen, dass es „mit ihrem besten Willen von der höchsten Gesetzgebung nicht verordnet" sein könne. In einem solchen Fall (Kant bringt das Beispiel eines Religionsgesetzes, das eine bestimmte Konfession für alle Zeiten in einem Staate festlegt) könne das „Gesetz nicht als der *eigentliche Wille des Monarchen*" angesehen werden und man dürfe ihm

[35] „Über den Gemeinspruch. . .", a.a.O., S. 102.

„Gegenvorstellungen" machen. Bei aller Freiheit der Kritik soll diese aber nie bis zum „wörtlichen oder tätlichen Widerstand" fortgehen[36]. Wo aber die freie Kritik unterbunden werde, da müssten notwendig „geheime Gesellschaften" entstehen, die wiederum wegfallen könnten, „wenn diese Freiheit begünstigt wird". Den durch allmähliche Aufklärung bewirkten Fortschritt in Richtung auf die republikanische Verfassung stellt sich Kant offenbar so vor, dass zunächst die „Regierungsart ihrer Wirkung nach" der republikanischen entspricht und später erst die Republik selbst (d.h. die Gesetzgebung durch die Aktivbürger) verwirklicht werden kann: „Ein Staat kann sich auch schon republikanisch regieren, wenn er gleich noch der vorliegenden Konstitution nach despotische Herrschermacht besitzt; bis allmählich das Volk des Einflusses der blossen *Idee der Autorität des Gesetzes* (gleich als ob es physische Gewalt besässe) fähig wird und sonach *zur eigenen Gesetzgebung* (welche ursprünglich auf Recht gegründet ist) *tüchtig befunden wird*".[37] Dieser vorsichtige Reformismus Kants scheint im Widerspruch zu seiner Ablehnung der Rede von der „Unreife des Volks zur Freiheit" zu stehen, von der wir anfangs gehört haben. Da die eben zitierte Äusserung im Jahre 1795 erfolgt und die beiden scharfen Zurückweisungen der Rede von der „Unreife des Volks für die Freiheit" 1793 und 1798 kann der Widerspruch auf keinen Fall durch eine Meinungsänderung Kants erklärt werden. Die von Kant als jederzeit realisierbar bezeichnete Freiheit ist also vermutlich die Beseitigung der Leibeigenschaft und die Gewährung von Meinungsfreiheit nicht notwendig schon die Einführung einer republikanischen Verfassung.

Kants Hoffnung auf den zum Fortschritt der Staatsverfassungen führenden *internationalen Wettbewerb* kommt am deutlichsten in seiner Schrift „Idee zu einer allgemeinen Geschichte in weltbürgerlicher Absicht" zum Ausdruck. In dieser 1785 veröffentlichten Arbeit denkt er vermutlich eher an England (und die Niederlande?) wenn er von dem Fortschritt zu grösserer Gerechtigkeit und Freiheit spricht. Der Grundgedanke der Kantschen Geschichtsphilosophie ist der typisch liberale, von Adam Smith auf die Wirtschaft angewandte: dass nämlich der Antagonismus der Individuen zur Bildung einer rechtsstaatlichen Zwangsordnung und der der untereinander im „status belli" befindlichen Staaten in gleicher Weise zu einem „allgemeinen Völkerbund" führen müsse. Der zur Konkurrenz gebändigte Antagonismus wird als Motor historischen Fortschritts präsentiert: „Jetzt sind die Staaten schon in einem so künstlichen Verhältnisse gegeneinander, dass keiner in der inneren Kultur nachlassen kann, ohne gegen die anderen an

---

[36] a.a.O., S. 103.
[37] *Zum Ewigen Frieden*, a.a.O., S. 154.

Macht und Einfluss zu verlieren; also ist, wo nicht der Fortschritt, dennoch die Erhaltung dieses Zwecks der Natur, selbst durch die *ehrsüchtigen Absichten* derselben ziemlich gesichert. Ferner: *bürgerliche Freiheit* kann jetzt auch *nicht* sehr wohl *ange*tastet werden, *ohne den Nachteil davon in allen Gewerben* vornehmlich dem Handel, dadurch aber auch die *Abnahme der Kräfte des Stats* im äusseren Verhältnisse zu fühlen".[38] Das entspricht ziemlich genau den Argumenten, mit denen die englische politische Klasse 1688 auf eine Herstellung „holländischer Verhältnisse" in England drängte. Die Einschränkung der Freiheit im Inneren schwächt den Staat in seinen internationalen Beziehungen, aus diesem Grunde könne „das menschliche Geschlecht sogar von der selbstsüchtigen Vergrösserungsabsicht seiner Beherrscher" „ein grosses Gut. . . ziehen". Wie in der Theorie von Adam Smith die Vorteile der Konsumenten letztlich aus dem egoistischen Wettbewerb der warenproduzierenden Unternehmer resultieren, so hier die politischen Vorteile der Staatsbürger aus dem politischen Wettbewerb der Staatsoberhäupter (Monarchen).

Kants politische Konzeption ist als „bürgerlicher Reformismus" beschrieben worden. Aus unserem Überblick wurde deutlich, dass sämtliche Konstituentien des Reformismus bei Kant vorhanden sind:

1. Der Fortschrittsglaube, basierend auf einer aus der liberalen Wirtschaftstheorie auf das innen- und aussenpolitische Kräftespiel übertragenen Geschichtsphilosophie.

2. Der Glaube an die Beeinflussbarkeit der „Herrschenden" durch rationale Aufklärung und an die „moralische Anlage im Menschengeschlecht" (die z.B. in der allgemeinen Anteilnahme an der Französischen Revolution zum Ausdruck komme).

3. Die Ablehnung jeder Form einer gewalttätigen Veränderung der bestehenden Verfassungen und die Überzeugung, dass die – in Frankreich auf revolutionärem Wege erzielten – Resultate in Deutschland besser und reibungsloser durch eine „Reform von oben" erreicht werden könnten.

4. Die Uberzeugung, dass die Menschen und ihre politischen Organisationsformen zwar perfektibel sind, aber keineswegs vollständig und prinzipiell verwandelt werden können. „Der Mensch ist ein Tier, das, wenn es unter anderen seiner Gattung lebt, einen Herrn nötig hat. . ."[39] Herrschaftsfreie Gesellschaften erscheinen Kant als undenkbar, weil eine friedliche Koexistenz von Egoisten nur unter Zwangsregeln, die diesen Egoismus in Schranken halten, denkbar ist und dieser Egoismus für Kant unaufhebbar bleibt. Eine perfekte Moralisierung erscheint ihm ebenso undenkbar wie eine Auf-

---

[38] „Idee zu einer allgemeinen Geschichte. . .", a.a.O., S. 16 f.
[39] a.a.O., S. 11.

hebung von Verhältnissen unter denen „Pflicht und Neigung" (wie in allen Kant bekannten Gesellschaften) zueinander in Konflikt stehen.

Kant stellt diesen bürgerlichen Reformismus, der für das Bürgertum – nicht nur in seiner deutschen Spielart – wahrscheinlich weit charakteristischer ist als der Revolutionarismus in klassischer Reinheit idealtypisch dar. Es ist gewiss kein Zufall, dass sich zahlreiche Reformisten-Revisionisten zu Kant und zum Neukantianismus hingezogen fühlten. Es wäre aber ungerecht und irreführend, wenn man Kant die Verwechselung einer bürgerlichen Reform der bereits oekonomisch verbürgerlichten Monarchien mit der sozialistischen Transformation der bürgerlichen Halb-Demokratie des Wilhelminischen Deutschland anlasten wollte, der neukantianische Revisionisten erlegen sind.

Dolf Sternberger

DIE ERFINDUNG DER „REPRÄSENTATIVEN DEMOKRATIE"

EINE UNTERSUCHUNG VON THOMAS PAINES VERFASSUNGS-IDEEN

I

„The democracy of the modern world is generally representative democracy."

Der Satz steht in einem Handbuch, in der „Encyclopaedia of the Social Sciences"[1], und er findet sich in dieser oder jener Abwandlung in vielen Handbüchern. Sein Inhalt ist uns mehr als geläufig. Ebendeswegen wollen wir ihn in Frage stellen.

Gibt es wirklich so etwas wie „repräsentative Demokratie"? Ist ein repräsentatives Verfassungssystem als solches auch ein demokratisches? Kann es das sein?

In dem Ausdruck „repräsentative Demokratie" wird vorausgesetzt, es sei das Volk, welches sich in der „Repräsentation" oder in den repräsentativen Organen darstelle. Kein anderer Gegenstand der Repräsentation tritt je in solchen allgemeinen Bestimmungen vor Augen als allein das Volk. Diese inhärente Voraussetzung wollen wir das *Volks-Axiom* nennen.

In dem Ausdruck „repräsentative Demokratie" wird ferner angedeutet oder eigentlich als selbstverständlich angenommen, dass zwischen dem Volk und demjenigen Organ, worin es sich repräsentiert, Identität des Willens herrsche oder sich herstelle. Anders könnte dieses System nicht „Demokratie" heissen, obwohl es doch ein „repräsentatives" System ist. Der Satz aus der Encyclopaedia of the Social Sciences tut noch ein übriges, indem er die „repräsentative Demokratie", als traute er diesem Namen nicht so ganz, noch einmal ausdrücklich unter die „Demokratien" subsumiert: „Die Demokratie der modernen Welt ist die repräsentative Demokratie". Die Attribution ist logisch nur möglich, wenn ein repräsentatives System gleichwohl demokratisch, und wenn ein demokratisches System gleichwohl repräsentativ sein kann, und das heisst, wenn zwischen dem repräsentativen

[1] Ausgabe von 1934, Artikel „Representation", Sp. 312.

und dem demokratischen Bestandteil Identität besteht oder doch erwartet werden kann. Dieses Element des heute vorherrschenden Verständnisses von „Repräsentation" wollen wir die *Identitätsfiktion* nennen. Ein drittes charakteristisches Element liegt in dem Wörtchen „modern" unseres Handbuchsatzes. Die repräsentative Demokratie sei die Demokratie der modernen Welt: das lässt durchblicken, dass in der alten Welt eine andere, nämlich nicht-repräsentative Art von Demokratie gegolten habe. Im Grunde wird schon mit dem blossen Ausdruck „repräsentative Demokratie" dieses teils ähnliche, teils unähnliche Gegenstück immer dunkel mitgedacht, also die „direkte" oder „unmittelbare" oder „einfache" Demokratie des griechischen Altertums. Sie treten stets gemeinsam auf, diese ungleichen und doch auch gleichen Begriffs-Zwillinge, der eine der Antike, der andere der Moderne zugeordnet. Dieses Element des heute gängigen Verständnisses von Repräsentation wollen wir den *Modernitäts-Topos* nennen.

Vielfach erscheint diese spezifische Vorstellung von der Modernität der „repräsentativen" (oder auch „parlamentarischen" oder, dürrer, der „indirekten") Demokratie verschwistert mit der Idee, es handle sich da um eine absichtsvolle, ingeniöse Vorkehrung, die zu dem Zweck erdacht oder geradezu erfunden wurde, „Demokratie" in volkreichen und ausgedehnten Gemeinwesen, in Grossstaaten oder, wie es sonderbarerweise auch heisst, in „Flächenstaaten" möglich und praktikabel zu machen. Auch unser Handbuch-Artikel spricht dies aus, nicht in dem angeführten Satz, aber an anderer Stelle[2]: Das moderne System politischer Repräsentation sei ein Kunstgriff („a device"), die Kontrolle des Volkes über die Regierungspolitik einigermassen praktikabel zu machen in Gemeinschaften, die für direkte Demokratie zu ausgedehnt seien. Andere Autoren sprechen im selben Sinn von der „Technik" der Repräsentation. Vorkehrung, Erfindung, Kunstgriff, Technik – wie auch immer: derartige Kennzeichnungen kommen darin überein, dass repräsentative Einrichtungen als rational konstruierte Werkzeuge zum demokratischen Zweck erscheinen. So wollen wir dieses Element den *Rationalitäts-Topos* nennen.

Überall versteht es sich in diesen Definitionen und Charakterisierungen, dass das Volk den demokratischen Zweck der Repräsentation dadurch verfolgt und erreicht, dass es die Mitglieder der repräsentativen Körperschaft wählt. Im grossen Brockhaus (von 1956) heisst es, Repräsentation bedeute „die Verkörperung des Gesamtvolkes durch ein Repräsentativ-Organ, besonders durch eine *gewählte* Volksvertretung." Der Ausdruck „Organ" gemahnt an die Allgemeine Staatslehre von Georg Jellinek. Seine Definition

---

[2] a.a.O., Sp. 310.

ist natürlich komplizierter und eigentümlicher, als man es in den Lexiken und Handbüchern findet, aber sie enthält doch dieselben Elemente. „Repräsentative Organe sind... sekundäre Organe, Organe eines anderen, primären Organs. Dieses primäre Organ hat, soweit die Zuständigkeit des sekundären Organs reicht, an dessen Willen seinen eigenen Willen und keinen Willen ausser diesem. Das primäre Organ hat nur so weit unmittelbare Willensäusserungen vorzunehmen, als sie ihm besonders vorbehalten sind. Der regelmässige Fall dieses Vorbehalts bezieht sich auf die Bestellung der sekundären Organe durch Wahl.''[3] Obwohl hier ein so hoher Grad von Allgemeinheit angestrebt ist, dass politische Repräsentation des Volkes nur noch als Sonderfall eines abstrakten rechtlichen Organverhältnisses erscheinen soll, kehrt selbst in dieser rechtsdogmatisch geprägten Formel – höchst überraschend – als einzige konkrete und politische Figur die Bestellung durch Wahl wieder. Ausserdem enthält der Passus auch die Identitätsfiktion, und zwar mit deutlicher Zuspitzung auf die Identität des Willens, dargetan im Stil einer unausweichlichen juristischen Notwendigkeit. Somit lässt sich im *Wahl-Axiom* ein letztes Merkmal des heute vorherrschenden Verständnisses von Repräsentation erkennen. Alle fünf Elemente – das Volks-Axiom und das Wahl-Axiom, der Topos der Modernität und derjenige der Rationalität wie schliesslich die Doktrin oder Fiktion der Identität des Willens – sind in dem Begriff der „repräsentativen Demokratie'' enthalten und mitgedacht, diesem Begriff, der uns so sehr geläufig ist, und den wir ebendeswegen in Frage stellen wollen oder müssen. In einer historischen Theorie der Repräsentation würde kein einziges dieser Motive seinen Platz und Rang behalten können. Sie haben allesamt keinen historischen, sondern einen dogmatischen Charakter. Wohl aber lässt sich der historische Ursprung und Auftritt dieser dogmatischen Figuration kenntlich machen. Er liegt in der Epoche der Amerikanischen und der Französischen Revolution; zum wenigsten ist der heute vorherrschende Begriff von Repräsentation in ebendiesem zeitlichen Milieu derart ausgeprägt worden, dass er seither massgeblich geblieben ist.[4]

Zu dieser historischen Untersuchung möchte ich hier einen Beitrag leisten. Man wird also in der nachfolgenden Erörterung noch keine Antwort auf die systematische Frage hören, ob es so etwas wie „repräsentative Demokratie'' wirklich gebe und geben könne. Indem aber, wie ich hoffe, die eigentümlichen, ja kuriosen historischen Gesichtszüge dieser Idee hervortreten, mag

---

[3] Jellinek, *Allgemeine Staatslehre*, 1911, S. 566.
[4] Die Repräsentationsideen und Entwürfe der Levellers aus der Zeit der puritanischen Revolution des 17. Jahrhunderts bilden eine Art Vorspiel, sie wirkten gleichsam unterirdisch fort. Von ihnen handelt die Heidelberger Dissertation von Martien Gralher, die voraussichtlich 1972 in Druck erscheinen wird.

auch die Spur merklich werden, auf der wir eine solche systematische Antwort finden können.

II

In der Geschichte wenn nicht des ersten, so doch des folgenreichsten Auftritts der dogmatischen Idee von der „repräsentativen Demokratie" spielt ein vergleichsweise unbedeutender Geist eine bedeutende Rolle: Thomas Paine. Sein Lebensgang und seine publizistische Aktivität umgreift zwei Kontinente und zwei Revolutionen, die amerikanische und die französische. An jener hat er, wiewohl Engländer von Herkunft, als Schriftsteller und als Politiker persönlich mitgewirkt, diese hat er literarisch verteidigt. Er hat es sich zugetraut, wider den mächtigsten Kritiker der französischen Revolution in seinem Heimatlande, wider Edmund Burke in die Schranken zu treten. Die „Rights of Man" von Thomas Paine – ihr erster Teil erschien 1791, der zweite 1792 – waren als Erwiderung auf Burkes „Reflections on the French Revolution" konzipiert.[5] Er streitet dort dem grossen Apologeten der englischen Verfassungstradition rund und nett das Recht ab, sich auf eine „constitution" zu berufen. Wovon Burke spreche, das sei nicht die Verfassung, sondern die tatsächliche Regierung oder Regierungsweise („form of Government"), und eine Verfassung hätten die Engländer überhaupt nicht vorzuweisen. Sein Lehrsatz über den Unterschied zwischen Verfassung und Regierung lautet:

„A Constitution is a thing antecedent to a Government, and a Government is only the creature of a Constitution."[6] Man vernimmt hier den charakteristischen Ton des naiv selbstbewussten dogmatischen Verstandes, und Paine hat sich zeitlebens in der Rolle des Mister „Common Sense" (das war sein Titel und Pseudonym in den frühen amerikanischen Publikationen), des vergnügten klaren Kopfes gefühlt, geübt und auch gefallen; alle seine Darlegungen sind von einer offenbar niemals irritierten Zuversicht in die „natürliche Logik" und allgemeine Einsichtigkeit seiner Grundsätze und Distinktionen erfüllt.

Durchaus in der Nähe der amerikanischen Verfassungsväter – wie sie sich zumal in den „Federalist Papers" ausgesprochen haben – begreift Paine die „Constitution" nicht als konkretes historisches Gebilde, sondern als Schrift und Vorschrift, nicht als System von Verträgen und Konventionen lebendiger „Gewalten", sondern als allgemeines Gesetz, welches die gesamte Ge-

---

[5] Burkes Position habe ich zu analysieren versucht in der Abhandlung „Der Begriff der Repräsentation im Streit zwischen Burke und Paine", *Politische Vierteljahresschrift* 8. Jg. 1967, S. 526-543. Der gegenwärtige Beitrag ergänzt das Bild nach der anderen Seite.

[6] *Rights of Man*, Ausgabe der Everyman's Library, § 48.

sellschaft sich selber gebe, und wodurch die Art und Weise des Regierens ein
für allemal festgesetzt werde. Sein Staat ist der Verfassungsstaat – „constitutional
government arising out of society", diejenige Regierung also, der die
Gesellschaft selber mittels einer geschriebenen Verfassung den Weg vor-
schreibt und auch die Zügel anlegt. Ebendiese geschriebene Verfassung ist
das Band, welches dienen soll, die Regierung an das Volk zu knüpfen. „A
Constitution is the act of the people in their original character of sovereignty.
A Government is a creature of the Constitution; it is produced and brought
into existence by it. A Constitution defines and limits the Government it
creates."[7] Der neue Verfassungsstaat sollte ein unmittelbar gesellschaftlicher
Staat sein und aus einem originären, nichts als das Volk selber voraus-
setzenden Gründungsakt hervorgehen. Er sollte keine „einfache Demokratie" sein, aber er sollte dasselbe und sogar noch mehr erreichen als die einfache, nämlich die athenische Demokratie. Das Wundermittel hierzu hiess:
Repräsentation.

III

Paine hat das repräsentative System, wie er es sich vorstellte, auch das
„rationale" System genannt,[8] und er hat gemeint, alle Menschen verstünden
es.[9] Die sonderbare Ansicht von der Einfachheit und Durchsichtigkeit einer
solchen Staatseinrichtung, die er so beharrlich festhielt, enthüllt sich in
ihren Gründen vielleicht nirgends deutlicher als an jener Stelle der „Rights
of Man", an der er zu einem bildlichen Symbol seine Zuflucht nimmt, um die
Sache ganz und gar begreiflich zu machen. Dieses Bild ist ein geometrisches.
„Eine Nation ist nicht ein Körper, dessen Gestalt durch den menschlichen
Körper dargestellt werden könnte; sie gleicht vielmehr einem Körper, der in
einem Kreis enthalten ist, mit einem gemeinsamen Mittelpunkt, worin sich
alle Radien treffen; und dieser Mittelpunkt wird durch Repräsentation gebildet."[10] Auf den ersten Blick haben wir es etwas schwer, diesen metaphorischen Gedanken in unserer eigenen Anschauung oder Imagination nachzuvollziehen. Wie kann ein Körper („body") in einem Kreis („circle") enthalten sein! Die Körperlichkeit des „Körpers", eben noch intensiviert von
der Erinnerung an die menschliche Gestalt, will sich so gar nicht in die zwei-
dimensionale Figur des Kreises fügen. Sowohl das dreidimensionale Volu-

---

[7] So hat Paine die Elemente seiner einfachen Staatslehre in dem späten Aufsatz „Constitutions, Governments and Charters" (1805) zusammengefasst. *Writings*, ed. Conway,
IV, S. 467.
[8] *Rights of Man* II, S. 180. Da haben wir den Topos der Rationalität in flagranti und in
aller Buchstäblichkeit.
[9] ebd. p. 178.
[10] ebd. S. 178.

men als auch die organische Lebendigkeit des „Körpers" widerstrebt fühlbar
der Einsperrung in die abstrakte euklidische Figur des Zirkels mit seinem
Zentrum und seinen Radien. Man meint geradezu einen Schmerz oder doch
ein tiefes Unbehagen zu empfinden wie beim Anblick einer gewaltsamen
Operation. Und es ist in der Tat eine gewaltsame Operation, mit der hier die
altererbte – mittelalterliche und antike – metaphorische Analogie der Gesellschaft mit der menschlichen Gestalt ausdrücklich verabschiedet und
durch die so radikal andersartige Metapher der geometrischen Figur ersetzt wird. Es ist, als werde der „Körper" zur Fläche plattgedrückt, seine
lebendige Gliederung ausgetrocknet.

Das Wesentliche an der Kreisfigur, wie sie hier beschrieben wird, ist aber
nun offenbar das Verhältnis zwischen ihrem Umfang und ihrem Mittelpunkt.
Der Umfang stellt die gesamte Nation, der Mittelpunkt die Repräsentation
dar. Auch dies ist nicht ganz leicht nachzuvollziehen. Besonders macht es
Schwierigkeiten, dass wir die Institution einer repräsentativen Körperschaft
in dem Bilde eines blossen ausdehnungslosen Punktes wiederfinden sollen.
Aber eben hier liegt die Pointe des Gleichnisses. Man mag es für gewaltsam,
für künstlich, ausgedacht oder schlechthin für verunglückt halten – in ihm
steckt doch, wie mir scheint, das ganze Geheimnis von Paine's Repräsenta-
tions-Idee, auch das Geheimnis ihrer Geheimnislosigkeit, ihrer „Rationalität". Das Repräsentationsverhältnis spielt sich in einer einzigen, in einer
und derselben Ebene ab, es gibt keine Niveau-Differenz zwischen dem Ge-
sellschaftskörper und dem Repräsentativkörper, zwischen dem Staatsvolk
und seinem „zentralen" Staatsorgan: es ist als ein „geometrisches" Verhältnis vorgestellt. Es gibt auch keine Spannung zwischen dem repräsentierenden
und dem repräsentierten Element – so wenig, wie es eben zwischen dem
Mittelpunkt und der Peripherie eines Kreises eine Spannung geben kann.
Die Beziehung zwischen dem Mittelpunkt und der Peripherie macht das
unverrückbare Wesen dieser Kreisfigur aus, beide können gegeneinander
nicht verschoben werden, es sei denn um den Preis des Untergangs der
Kreisfigur selber. Ebenso unverrückbar, ebenso starr denkt sich Paine offenbar das Verhältnis der Nation zu ihrer Repräsentation. Die Anschauung der
zahllosen Radien, die in jenem Zentrum zusammenlaufen, verschärft noch
diesen Eindruck der zwangsläufig starren, unveränderlichen, auch unbeweg-
lichen Beziehung: So soll die Wahl das Repräsentativ-Organ an die Nation
binden.

In einem jener New Yorker Zeitungsartikel, die in den Jahren 1787 und
1788 die Grundgedanken der amerikanischen Unionsverfassung erläuterten
und verteidigten, und die nachmals unter dem Namen „The Federalist'
vereinigt wurden und bleibenden Ruhm erwarben, ist James *Madison* den

Zweifeln entgegengetreten, dass ein so grosses Gebiet wie das der dreizehn Staaten „republikanisch"[11] regiert werden könne. Und hier gibt es eine Stelle, die in mehrfacher Hinsicht merkwürdig ist, die „das grosse Prinzip der Repräsentation" preist als das einzige und einzigartige Mittel, Volksregierung („popular government") in einem grossen Lande möglich zu machen. Die Stelle wirft ein Licht auf Paines geometrische Metapher, indem sie sie in einem einzelnen Worte gleichsam vorwegnimmt: durch das Mittel der Repräsentation, heisst es dort, könne der Wille auch des ausgedehntesten politischen Körpers „konzentriert" werden – „the will of the largest political body may be concentred".[12] Das Verb „concentre" (wohl zu unterscheiden von dem heute weit gebräuchlicheren „concentrate") wird in den Wörterbüchern deutsch am genauesten wiedergegeben als „in einen Mittelpunkt bringen". Hier haben wir zum wenigsten das eine Hauptelement des Paineschen Zirkelbildes, nämlich den Mittelpunkt, das Zentrum, und es ist der Wille des politischen „Körpers", der – eben im Wege der Repräsentation als eines Verfahrens – aus seiner räumlichen Zerstreutheit in diesen Mittelpunkt versammelt und vereinigt wird. Die beiden anderen Elemente des Bildes, die Peripherie und die Radien, sind in der Formulierung Madisons nicht ausdrücklich vorgegeben, doch waren sie leicht zu ergänzen, wenn man nur die Pendanterie aufbrachte, jenes Vorstellungsfragment zu vervollständigen, die Andeutung auszuarbeiten.[13] Die Wendung Madisons, der zweifellos dieselbe

---

[11] Madison trifft eine scharfe Unterscheidung zwischen „Republik" und „Demokratie": „. . .in a democracy the people meet and exercise the government in person; in a republic, they assemble and administer it by their representatives and agents." (Ausgabe Everyman's Library, S. 62). Das Interesse an solcher Distinktion ist aus der „föderalistischen" Parteistrategie erwachsen: Madison will diejenigen überzeugen, welche der Union widerstreben und es darum für unmöglich erklären, ein so gewaltig ausgedehntes Gebiet „demokratisch" zu regieren. Deren Argumentation, sagt er, beruhe auf einer Verwechslung der Begriffe. Gleichwohl liegt auch seiner „Republic" ersichtlich das Volks-Axiom zugrunde, und ihr Verfassungsprinzip gleicht durchaus dem „representative government", wie Paine es verstand. In einer instruktiven Berliner Dissertation über den „Republikanismus" (Berlin, 1968) hat Willi Paul *Adams* nachgewiesen, dass die Begriffe „Republik" und „Demokratie" sowohl um 1776 als auch zur Zeit des Bundesverfassungskonvents im grossen und ganzen synonym gebraucht worden sind, und zwar sowohl von Befürwortern als auch von Gegnern des „popular government". (a.a.O., S. 183-204.)

Nach meinem Eindruck ist die eigentliche verfassungspolitische Antithese diejenige zwischen „mixed" und „unmixed" (oder „simple") government. Natürlich steht Paine auf der Seite der „ungemischten" Verfassung und begreift sein repräsentatives Prinzip als ein solches ungemischtes. Für eine gemischte Verfassung spricht sich weit mehr der konservative John *Adams* aus als etwa die Autoren der „Federalist'-Aufsätze.

[12] *The Federalist* Nr. XIV vom 30. November 1787, Ausgabe in Everyman's Library, S. 63.

[13] Dasselbe Kernstück oder Keim-Element der geometrischen Metapher findet sich übrigens auch bei Paine selbst, und zwar an einer früheren Stelle der *Rights of Man*, in

bildliche Vorstellung zugrundeliegt, kommt mit dem Gedanken Paines daher auch in dem entscheidenden Zug überein, dass der „konzentrische" Wille der ganze Wille und der Wille des ganzen Körpers sei, dass also – mit einem Wort – zwischen dem nationalen Gesamtkörper und dem Repräsentativkörper insoweit *Identität* herrsche. In dieser Darlegung, die historisch am Anfang des „modernen", nämlich mit allgemeinen Wahlen verbundenen Repräsentations-Verständnisses steht, bildet das Prinzip der Repräsentation gerade nicht – wie Carl Schmitt in einer suggestiven und wirkungsvollen Unterscheidung seiner „Verfassungslehre" als allgemeingültig statuiert hat – das Gegenteil des Prinzips der „Identität", sondern vielmehr wird „Repräsentation" als diejenige grosse „Entdeckung" vorgestellt und mit Enthusiasmus ergriffen, die gerade Identität des Gesamtwillens trotz der Ausdehnung des Landes und der Menge der Bürger möglich mache. Im Zentrum ist der Wille der ganzen Kreisgestalt vereint – das ist offenbar der Sinn der geometrischen Metapher, die Madison in einem einzigen Worte, Paine in einem ausgeführten Bilde ausspricht.[14]

IV

Eine „Entdeckung" („discovery") nennt Madison in der Tat dieses Verfahren, und eben indem er es für eine Entdeckung erklärt, macht er den Verfahrens-Charakter der Sache erst recht merklich. Es kommt hier ein entschieden technologischer Zug zum Vorschein, welcher der Repräsentationsvorstellung der Epoche überhaupt eigen ist und auch bei Paine – wie sogleich zu zeigen sein wird – in der kuriosesten Weise wiederkehrt. Noch pointierter tritt dies in einem anderen metaphorischen Element desselben Satzes hervor,

deren Erstem Teil (S. 134): Das republikanische System, heisst es da, wie es in Amerika und in Frankreich errichtet sei, „operates to embrace the whole of a Nation; and the knowledge necessary to the interest of all the parts, is to be found in the centre, which the parts by representation form. . ." Im Unterschied zu dem ausgeführten Gleichnis ist hier – wie bei Madison – noch eine gewisse Tätigkeit und Dynamik im Spiel: die Teile „bilden" ein Zentrum, sie tun das auf dem Wege oder mit dem Mittel der Repräsentation, und auf diese Weise erst wird es möglich, „das Ganze einer Nation zu umfassen". – Ebenso später im Zweiten Teil (S. 177): Regierung sollte eigentlich nichts weiter sein als „some common centre, in which all the parts of society unite".

[14] In einem polemischen Zusammenhang begegnet die Kreisfigur als politische Metapher in John *Adams' Defence of the American Constitutions* (von 1787). Er tritt hier *Turgots* Kritik an den amerikanischen Verfassungen entgegen (welche diesem nämlich zu sehr der englischen nacharteten) und macht sich an einer höchst interessanten Stelle über dessen rousseauistische Wendung lustig, man müsse alle Gewalt „into one center" verlegen, in die Nation. Adams kann und mag nicht verstehen, wie „die Nation" – zum Beispiel die halbe Million Seelen von Virginia – als ein „Zentrum" der Regierung figurieren könne: „The center will be the circle, and the circle the center." (*The works of John Adams*, Boston, 1851, vol. IV, S. 301.) Ganz im Gegensatz zu Paine ist hier die Meinung, dass der politische Um-

aus dem ich zuvor zitiert habe. Hier ist sein vollständiger Wortlaut: „If Europe has the merit of discovering this great mechanical power in government, by the simple agency of which the will of the largest political body may be concentred, and its force directed to any object which the public good requires, America can claim the merit of making the discovery the basis of unmixed and extensive republics." Repräsentation als Verfahren der Bildung eines „konzentrischen" Willens wird hier also der Wirksamkeit einer „mechanischen Kraft" verglichen oder aus solcher Wirksamkeit erklärt – ganz, als werde mit der Wahl einer repräsentativen Körperschaft eine Art Kraftmaschine, eine Art von Triebwerk in Gang gesetzt, dessen Leistung ebendarin bestehe, den verstreuten und weithin verteilten Willen der gesamten Staatsgesellschaft auf einen Punkt zu versammeln. Das geht über das geometrische Gleichnis weit hinaus, macht aber dieses zugleich noch besser verständlich.

Wiewohl Thomas Paine, soweit ich seine Schriften studiert habe, diese technologische – möglicherweise von der Erfindung der Dampfmaschine inspirierte – Vorstellung von der Repräsentations–„Methode" mechanischer Kraftübertragung nicht in der Drastik übernommen hat, wie sie Madison hier entwickelt, so klingt sie doch vielfach bei ihm an, wenn er das „rationale" System der repräsentativen Regierung erläutert. In jedem Falle ist auch in Paine der Topos der „discovery", der Entdeckung oder sogar Erfindung grundlegend. „The representative system is the invention of the modern world", heisst es zum Beispiel in der „Dissertation on first principles of government" von 1795.[15] (Der Satz enthält zugleich jenen anderen charakteristischen Topos, denjenigen der *Modernität* dieser „Erfindung" oder „Methode"; hiervon wird noch näher zu reden sein.) Einen Beleg besonderer Art mag man auch in jenem Memorandum über die „Konstruktion eiserner Brücken" finden, das Paine 1803 beim amerikanischen Kongress deponierte, und dessen Hauptzweck darin bestand, seine eigenen Verdienste als Brücken-Ingenieur, namentlich sein behauptetes Urheberrecht an einer gewissen frühen englischen Eisenbrücke von hoher Spannweite aktenkundig zu machen. Es ist ein Stück Autobiographie. Die ausführliche Schilderung seiner Versuche und Modellbauten wird unterbrochen – wie diese technologische Tätigkeit damals selbst unterbrochen wurde – von einem ganz knappen Bericht über die Kontroverse mit Edmund Burke, welcher nämlich eben-

---

fang und der politische Mittelpunkt gerade nicht und niemals zu einer mit sich selbst identischen einfachen Figur sich zusammenfügen, dass dieses ganze Gleichnis also letzten Endes unbrauchbar sei. – Turgots französischer Singular „la nation" ging dem englischen Sprachsinn Adams' gar nicht ein, er hatte immer die Menge der „people" vor Augen.

[15] *Writings*, ed. Conway, Bd. III, S. 258.

damals „seinen Angriff auf die französische Revolution und das System repräsentativer Regierung veröffentlicht" hatte. „The publication of this
work. . . drew me. . . from my bridge operations, and my time became
employed in defending a *system* then established and *operating* in America,
and which I wished to see peaceably adopted in Europe."[16] Obwohl das
Interesse erkennbar ist, die Unterbrechung der technischen Arbeit – sie war
offenbar schuld, dass nachmals, als wirklich in derselben Gegend eine
solche Brücke gebaut wurde, sein Beitrag nicht gewürdigt und auch nicht
vergütet wurde – aus einem bedeutenden und gerade den Amerikanern
schmeichelnden Motiv zu erklären, so bleibt doch die Leichtigkeit auffällig,
mit der der Autor in dieser Erzählung von der Brücken-Operation zur
„Operation" der repräsentativen Regierung und von dem System eiserner
Konstruktion zu dem „System" der Repräsentation und seiner Verteidigung
überwechselt – beinahe als seien beide Beschäftigungen zuletzt von einerlei,
nämlich von technischer Art.

Paines getreuer Biograph und Herausgeber M. D. *Conway* hat seinen
Helden mit dem Worte gekennzeichnet: „His genius is from the first that of
an inventor."[17] Ob die Bemerkung sein „Genie" trifft, wage ich nicht zu
beurteilen; in jedem Fall trifft sie seine Denkweise und sein Selbstbewusst-
sein. Ein Erfinder war übrigens auch Paines berühmter Gönner und Freund
Benjamin *Franklin*; er war ein naturwissenschaftlicher Experimentator,
bevor er ein Staatsmann wurde, und die Nachwelt, wenigstens die europäische, hat besser im Gedächtnis bewahrt, dass sie ihm die Erfindung des
Blitzableiters zu danken hat, als dass er die aufständischen amerikanischen
Kolonien als Gesandter in Paris erfolgreich vertreten hat. Es ist durchaus
möglich, dass Paine auch durch sein Vorbild angefeuert worden ist, der
Neuerung und dem Fortschritt auf beiderlei Art zu dienen, in der technischen Konstruktion wie in der politischen. Indessen kommt dieses technologische oder naturwissenschaftliche Motiv und Modell von „Repräsentation"
durchaus nicht auf die Rechnung zufälliger biographischer Umstände.
Vielmehr ist es weithin dem „verfassungspolitischen" Denken der Neuerer
eigentümlich, besonders demjenigen der amerikanischen Verfassungsväter
und Staatsgründer, auch der „föderalistisch" Gesinnten, soweit sie jedenfalls
das Ideal einer „ungemischten" Verfassung verfolgten und das repräsentative
System als ein „ungemischtes" auffassten. Madison habe ich schon angeführt. Nicht weniger deutlich hat *Hamilton* sich ausgesprochen: „The
science of politics. . . like most other sciences, has received great improve-

---

[16] *Writings,* ed. Conway, Bd. IV, S. 447.
[17] In der Einleitung zu seiner Ausgabe: *Writings* I, S. VIII. Die Ausgabe ist 1902 erschienen.

ment."[18] Die „politische Wissenschaft" wird hier ganz eindeutig und ohne
jede methodische Bedenklichkeit unter die „sciences" gerechnet, das heisst
die „Naturwissenschaften", wenn wir unseren deutschen Ausdruck hier-
hersetzen dürfen, obgleich er mit seiner differentiellen Beifügung, die noch
andere Arten von Wissenschaft logisch zulässt, eigentlich den Sinn der
authentischen Formulierung verdunkelt, den er zu erläutern bestimmt ist.
In diesem amerikanischen Sprachgebrauch des 18. Jahrhunderts gibt es nur
eine einzige Art von Wissenschaft, eben „sciences"; andere geistige Bemühungen haben andere Namen, nicht den der „Wissenschaften." Wissenschaften aber sind in jedem Fall methodische Mittel zur Beherrschung der
„Natur", auch der gesellschaftlichen. Die „politische Wissenschaft" in
Hamiltons Wendung und Meinung hat es nicht mit Beschreibungen und
nicht mit Ideen zu tun, sondern mit den methodischen Mitteln oder mit der
Technik, das Problem der gesellschaftlichen Selbstregierung zweckmässig,
sparsam und wirksam zu lösen. Sie ist insofern, ihrem Wesen nach, von der
Angewandten Physik nicht unterschieden. Ganz ebenso, wie man gelernt hat,
den Dampf in einen Kessel zu sperren und mittels Kolben und Zylindern
als eine Antriebskraft zu nutzen, in eine Antriebskraft allererst zu verwandeln, wie sie in der ganzen Menschheitsgeschichte nicht bekannt gewesen
war, allen „natürlichen" Kräften unerhört überlegen[19] –, ganz ebenso sollte
und würde man nun lernen, Volksregierung („popular government", und
das heisst: Demokratie) auch in grossen, weiträumigen und volkreichen
Staaten zu ermöglichen dank der neuen, umwälzenden Entdeckung („discovery") des Verfahrens der „Repräsentation". „The science of politics. . .
like most other sciences, has received great improvement."[20]

[18] *Federalist*, Everyman's Ausgabe, S. 37.
[19] Die erste „doppelt wirkende", das heisst den Kolben in beiden Richtungen durch
Dampf bewegende Dampfmaschine hat James Watt im Jahre 1774 entworfen (und dem
Unterhaus vorgelegt), 1782 ausgeführt; seit 1776 produzierte die Fabrik von Boulton bei
Birmingham, mit dem Watt sich verbunden hatte, Dampfmaschinen für Pumpwerke, seit
1782 für Baumwollspinnereien. Diese umwälzende Neuerung stand also zu der Zeit der
Gründung der Union und der Abfassung der Federalist-Papers jedermann frisch vor Augen.
Es ist aber nicht minder wahrscheinlich, dass Hamilton und andere Amerikaner bei den
„improvements" physikalischer Art auch an die Wirksamkeit ihres Landsmannes und
Gefährten Benjamin Franklin dachten. Dessen berühmteste und wohl auch genialste
Erfindung, die des Blitzableiters, geht schon auf das Jahr 1760 zurück. Zudem ist der
Blitzableiter in Philadelphia zuhause, der Stadt des Kontinentalkongresses und des
Verfassungskonvents; dort waren, wie berichtet wird, in den achtziger Jahren bereits alle
öffentlichen und viele private Gebäude mit Blitzableitern ausgestattet.
[20] „The representation of the people in the legislature by deputies of their own election"
stellt indessen nur eine jener Neuerungen dar, die – nach Hamilton – den Alten nicht oder
nur unvollkommen bekannt waren; weiterhin zählt er die Verteilung der Gewalt unter je
verschiedene Organe („departments"), die Einführung legislativer Gegengewichte („balances and checks") und die Lebenslänglichkeit des Richteramtes auf. – Sehr ähnlich führt

Wie sehr das Bewusstsein von der absoluten Neuigkeit des Repräsentations–„Verfahrens" demjenigen technologischer „Entdeckungen" gleicht,
zeigt auf das schärfste eine Bemerkung von Thomas *Jefferson*, die er im Zusammenhang einer Erörterung der antiken Demokratie und der ihr zugehörigen Theorie (oder „science") gemacht hat: „The introduction of this
new principle of representative democracy has rendered useless almost everything written before on the structure of government; and, in great measure,
relieves our regret, if the political writings of Aristotle, or of any other ancient, have been lost, or are unfaithfully rendered or explained to us."[21]
Dass die Einführung des neuen Prinzips fast alles „nutzlos" gemacht habe,
was zuvor über Regierungswesen geschrieben worden sei – dieser ebenso
enthusiastische wie zuletzt barbarische Gedanke war nur möglich durch
Übertragung des technologischen „Fortschritts", zumal in seinem frisch
erfahrenen Verlauf sprunghafter Neuerung, auf die Geschichte des menschlichen Denkens überhaupt, hier des politischen. Das „neue Prinzip", als ein
absolut neues aufgefasst, lässt alle – oder doch „fast alle" – bisherige
politische Theorie mit einem Nu veralten derart, dass ihre Geschichte zer-
fällt zu einem Haufen welker Blätter, welche nur noch ein antiquarisches
Interesse beanspruchen können. Man wird bei der Lektüre dieser Sätze
gleichsam unmittelbarer Zeuge des Versinkens der humanistischen Bildung:
noch ist eben das Bedauern vernehmlich, dass die politischen Schriften des
Aristoteles nur bruchstückhaft überliefert sind, und schon triumphiert die
tröstliche Erkenntnis, dass sie ja ohnedies „nutzlos" geworden seien, nämlich radikal überholt von der umwälzenden neuen „Entdeckung" der
„repräsentativen Demokratie". Ein solches Urteil über die politische Theorie
und ihre Geschichte erwächst, wie hier mit Händen zu greifen ist, aus der
entschieden pragmatischen oder eben technologischen Denkweise, dass es
auch bei politischen „Prinzipien" auf die Anwendbarkeit ankomme, oder
mit anderen Worten: dass ein Verfassungssystem herstellbar sei nach Art
einer Kraftmaschine.

Übrigens treffen wir an dieser Stelle nun auch auf den buchstäblichen Terminus, dessen Beschaffenheit in der gegenwärtigen Abhandlung untersucht
werden sollte: „Repräsentative Demokratie". Er ist Jefferson offenbar be-

---

John Adams die Neuerungen an, die „seit der Einrichtung Lykurgs" entdeckt worden
seien: „Representations, instead of collections, of the people; a total separation of the
executive from the legislative power, and of the judicial from both; and a balance in the
legislature, by three independent, equal branches". Eben auf diese komme es für Amerika
an. (*Works of John Adams*, 1851, vol. IV, p. 284.)

[21] Jefferson, *Writings*. Ich verdanke dieses bedeutsame Zitat der schönen Darstellung
von Ferdinand A. *Hermens* in *The Representative Republic* (1958), S. 523.

reits geläufig, findet sich auch schon in früheren Äusserungen Alexander Hamiltons.[22] Eine genauere Nachforschung über seinen Ursprung bleibt noch zu leisten. Tom Paine hat sich um Aristoteles noch viel weniger Sorgen gemacht. Während Jefferson die ältere Regierungs-Wissenschaft mit leisem Bedauern als überholt versinken sieht, versichert jener, dass man eben jetzt überhaupt erst zu erkennen beginne, wie eine Regierung einzurichten sei. Die Stelle steht im Zusammenhang seiner Erörterung, ob man mit zwei Kammern besser fahre oder mit einer einzigen. „Der Fall ist der, dass die Menschheit (infolge der langdauernden Tyrannei angemasster Gewalt) so wenig Gelegenheiten gehabt hat, auf die Formen und Grundsätze der Regierung die nötigen Proben zu machen – um nämlich die besten zu entdecken –, that Government is but now beginning to be known, und noch fehlt in vielem die Erfahrung, Einzelheiten festzulegen."[23] Hier hören wir die Sprache des „Erfinders" und Experimentators. Man müsse die verfassungsrechtlichen Vorkehrungen im Experiment ausprobieren, bis die beste Lösung gefunden sei. Eines Tages, so meint man herauszuhören, wird alles getestet sein, dann wird sich die patentierte Verfassung auf der ganzen Erde anwenden lassen. Das ungeheure Experimentierfeld der Geschichte liegt hier im tiefen Schatten der Missachtung, und die Versuchsanordnungen, Erprobungen, Abwandlungen, Verbesserungen und schliesslichen Festlegungen der besten Verfahrensweisen werden, so scheint es, keiner Geschichte mehr unterworfen sein. „The machinery of government goes easily on", wenn nur Vernunft („Reason") in einem Lande genugsam verbreitet sein wird.[24] Es ist wie ein Vorschein politischer Technokratie.

---

[22] z.B. *Works of A.H.*, ed. H. Cabot Lodge, IX, 71; es handelt sich um eine Briefstelle von 1777, gleichfalls zitiert bei Hermens, a.a.O., p. 153.
   In einer Studie über das Vorkommen und die Bedeutung der Vokabel „Demokratie", die allerdings auf das Jahrzehnt von 1789 bis 1799 beschränkt ist, findet sich unter den Belegen der Ausdruck „repräsentative Demokratie" leider nur ein einziges Mal, und diese Quelle ist wesentlich später als die oben angeführten: es ist die Verfassung der Helvetischen Republik von 1798, die in ihrem Artikel II erklärt, dass ihre Regierung „für alle Zeiten" eine repräsentative Demokratie sein solle. Aus demselben Jahr stammen holländische Forderungen nach „einer demokratischen repräsentativen Verfassung". Noch deutlicher treten die beiden Attribute auseinander in der Wendung, mit der Hérault-Séchelles dem Konvent die sogenannte jakobinische Verfassung vorlegte (1793): er nannte sie „repräsentativ und demokratisch". – Vgl. R. R. Palmer, „*Notes on the use of the word ‚Democracy*' 1789-1799"; *Pol. Sc. Qu.* vol LXVIII, S. 219, 217, 214.
[23] *Rights of Man*, S. 199.
[24] *Rights of Man*, S. 130. Die Bemerkung hat im vollen Wortlaut ihre Pointe freilich darin, dass nicht nur bei ausgebreiteter Vernunft, sondern auch bei ausgebreiteter „Ignoranz" die Regierungs-Maschinerie glatt zu laufen pflege – in diesem Falle deswegen, „weil die Ignoranz sich jeglichem Diktat zu unterwerfen bereit ist".

V.

Um aber auf Paines Kreis-Metapher zurückzukommen, so suggeriert sie nicht allein Spannungslosigkeit, sondern vollkommene und unaufhebbare Harmonie. Die Radien stellen offenbar die Willensrichtungen des Volkes als der allgemeinen Wählerschaft dar, die im Zentrum zusammenlaufen. Dieses Zentrum hat keinen eigenen Willen, es ist nichts als ein Treffpunkt des nationalen Willens. Die Wahl der Repräsentanten gleicht in solcher Vorstellung einer automatischen Willensübertragung. Darin mag auch der Grund für den auffälligen Umstand liegen, dass die Wahl in der fundamentalen Dichotomie gar nicht ausdrücklich in Erscheinung tritt, worin Paine alle Regierungsarten wo nicht der Geschichte, so doch seiner Epoche unterbringt: Er unterscheidet „hereditary government" und „representative government", jenes ist zu verwerfen, dieses einzuführen. Logisch wäre ja eher die Entgegensetzung von „hereditary" und „elective" zu erwarten, und diese hat in der Geschichte des politischen Denkens eine grosse Rolle gespielt, zumal in der antithetischen Vergleichung der Erbmonarchie und der Wahlmonarchie. Paine aber gilt nicht die Wahl, sondern eben die Repräsentation als die grosse neue Erfindung, welche alle überlieferten Systembegriffe und Typologien einschliesslich der aristotelischen, seinem enthusiastischen Urteil zufolge, in den Schatten stellt.

Nur ganz gelegentlich wird die Wahl als Merkmal des repräsentativen Systems eigens kenntlich gemacht: „...government by election and representation or, as it may be concisely expressed, representative government, in contra-distinction to hereditary government".[25] Die Wahl tritt offenbar deswegen terminologisch nicht oder wenig hervor, weil sie im Repräsentationsbegriff mit Selbstverständlichkeit mitgedacht wird. Die Wahl wird einer ausdrücklichen terminologischen Hervorhebung kaum für wert gehalten, jedenfalls nicht als dasjenige Hauptmerkmal des erwünschten, modernen, eigentlich einzig legitimen Regierungssystems kenntlich gemacht, das es doch wirklich war oder zu werden im Begriff stand und das es übrigens bis zum heutigen Tage geblieben ist. Die Wahl als eigentümlicher Willens*akt* bleibt, so müssen wir schliessen, zuletzt deswegen im Schatten, weil eben die Willens*übertragung* als ein geradezu automatischer Vorgang vorgestellt wird, und weil eben in der Gewähr dieses Automatismus die unvergleichliche Überlegenheit des „repräsentativen" Systems erblickt wird. Geht es mit rechten Dingen, nämlich gemäss einer recht konstruierten Verfassung zu, so kann es zwischen der wählenden Nation und der regierenden

---

[25] „Dissertation on first principles of government" (1795), *Writings*, ed. Conway III, S. 264.

Repräsentation so wenig eine Differenz, gar einen Konflikt geben wie eben zwischen der Peripherie und dem Zentrum der Kreisfigur. In diesem Bilde kommt die Identitäts-Doktrin in der Tat in ihrer Simplizität wie in ihrer Künstlichkeit höchst eindrücklich zum Vorschein.

Wo immer es sich freilich darum handelt, praktische Vorkehrungen, verfassungsgesetzliche Vorschläge zu entwerfen, hat auch Paine sich nicht auf den Automatismus der Identität verlassen mögen. Stets kommt hier das alte, aus dem eisernen Vorrat der puritanischen Rebellen, zumal der Levellers, herrührende Postulat der alljährlichen Neuwahl ins Spiel. „Let the assemblies be annual", hatte er schon im „Common Sense" (1776) gefordert[26]. Die kurze Frist des Mandats und die häufige Wiederkehr der Wahlen sollte hindern, dass die Repräsentanten sich von dem Sinn und Willen der repräsentierten „people at large" entfernten, gar emanzipierten, dass die Identität zerrissen, zuletzt also der „demokratische" Charakter solcher Repräsentation aufgehoben, ja verkehrt würde.[27] Die Autoren der „Federalist-Papers" dachten nicht viel anders. Madison hat grosse Mühe daran gewendet (in No. LII und LIII), die Gedankenbarrière zu heben, welche in dem offenbar weitverbreiteten und tiefsitzenden „Sprichwort" bestand, „that where annual elections end, tyranny begins"[28]; dabei führte er nicht mehr im Schilde, als die Lebensdauer des Repräsentantenhauses der Union auf eine zweijährige Periode zu fixieren. John Adams, der übrigens in den

---

[26] *Writings*, ed. Conway, Bd. I, S. 97.

[27] Die Massregel der Annuität ist uralt, das berühmteste Exempel bietet die Magistratur der römischen Republik. Das einjährige Rektorat der deutschen Universitäten und das einjährige Dekanat der Fakultäten lebt noch heute, scheint aber in den letzten Zügen zu liegen. Stets ist es das vitale Interesse einer Gesellschaft gleichrangiger Prätendenten, hier der Professoren, dort der patrizischen Familienhäupter, welches diese Vorkehrung schafft, um zu verhüten, dass einer aus ihrer Mitte eine dauerndere und somit auch potenziell stärkere Stellung gewinne. Die amerikanischen Verfassungen wandten sie ebensowohl auf „exekutive" Ämter wie auf legislative Mandate an. „Demokratisch" kann sie nur in dem Masse heissen, als die sich konstituierende Gesellschaft der Gleichen sich bis zur Allgemeinheit der männlichen Bürger eines gewissen Alters und eines gewissen Vermögens erweitert, und als die Inhaber dieser Qualifikationen, also die tatsächlichen Wähler, insgesamt sich als „das Volk' verstanden und geltend machten.

[28] Everyman's Ausgabe, S. 272. Madison führt den Spruch als „a current observation" an, fast als ein Sprichwort. Paine hat ihn (*Writings* Bd. IV., S. 460) Benjamin Franklin zugeschrieben.

Hamilton andererseits war vom Glauben an automatische Identität so weit entfernt, dass er sogar die Möglichkeit des Verrats der Repräsentanten an ihren „constituents" erörtert und für diesen Fall das ursprüngliche Widerstandsrecht aufruft – ganz ebenso, wie es vordem als letzte Reserve gegen tyrannische Fürsten gerechtfertigt wurde. (*The Federalist* No. XXVIII, a.a.O., S. 135.) Und Madison zitiert (No. XLVIII, S. 254), indem er die wechselseitige Kontrolle der gesonderten Gewalten fordert, den Satz aus Jeffersons „Notes on the State of Virginia", dass es auch einen „elective despotism" gebe, aber dies „was not the government we fought for".

„Thoughts on Government" (1776, nur wenig später als Paines „Common Sense") dieselbe Maxime in einem leicht variierten Wortlaut anführt, hat in der gleichen Schrift die Identitäts-Doktrin – freilich, wie es dem Staatsmann gemäss ist, nicht in Gestalt eines Axioms, sondern in derjenigen eines Postulates mit einem einprägsamen Gleichnis ausgesprochen: Die repräsentative Versammlung „should be in miniature an exact portrait of the people at large".[29] Und er fügt hinzu: „sie sollte denken, fühlen, argumentieren und handeln wie jene", nämlich wie die Wählerschaft, wie das „Volk". Das Gleichnis vom Miniaturporträt kann wohl dem bekannteren von der Landkarte – welche die reale Landschaft in kleinerem Massstab wiederhole – an die Seite gestellt werden, das seinerseits auf Mirabeau zurückgeht. Beide variieren das Motiv der Identitätsfiktion, enthalten indessen ein intentionales Element – das Porträt muss immerhin gemalt, die Landkarte gezeichnet werden! –, während Paine mit seiner Kreisfigur das Verhältnis von Volk und legislativer Körperschaft wie ein prästabiliertes erscheinen lässt, das sich gleichsam jeweils von selbst herstelle. Paine ging so weit, den Abgeordneten auch hinsichtlich des Sachverstands jede hervorgehobene Qualität zu verweigern: „Die nicht in der Repräsentation sitzen, wissen genau so viel von der Natur der Angelegenheiten wie diejenigen, die darin sind."[30] Und er war so konsequent, aber auch so vernagelt, nicht allein Herrschaft, sondern auch Führung aus diesem seinem System zu verbannen: Der Bürger nehme hier nicht „die sklavische Gewohnheit" an „of following what in other governments are called Leaders."[31] Die Autoren des „Federalist" dachten in diesem Punkte anders.[32]

VI

Wenn Paine von einem „rationalen" Verfassungssystem spricht und das repräsentative eben als ein „rationales" oder sogar als das rationale System schlechthin herausstreicht, so meint der Ausdruck, wie wohl deutlich wurde, in erster Linie die Zweckmässigkeit, nämlich die vollkommene konstruktive Eignung zur Herstellung von „popular government", von Demokratie. „Rational" heisst dasjenige Verfahren, das, ohne Rückgriff und Rücksicht auf irgendein Herkommen, Brauch und Tradition, einzig aus vernünftiger Erkenntnis, daher auch für jedermann durchsichtig, die politische Gesell-

---

[29] *The political writings of John Adams*, a.a.O., S. 86.
[30] *Rights of Man*, S. 181.
[31] ebd., S. 181.
[32] In der Tat haben – mit der Ausnahme von South Carolina – alle Staaten in ihren ersten Verfassungen für die Repräsentantenhäuser eine einjährige Wahlperiode festgelegt. Allerdings scheint die Wiederwahl von Repräsentanten rechtlich in den meisten Staaten kaum beschränkt gewesen zu sein. Vgl. W. P. Adams, *Republikanismus*, a.a.O., S. 423 434.

schaft zu regulieren, den Stoff der politischen Probleme zu beherrschen gestattet. „Rational" kann immer nur ein Verfahren heissen, niemals ein
Gebilde, nur eine „Techne", nicht eine „Morphe". Daher eben Verfassung
hier in der Tat durchgängig als ein Verfahrens-System und gerade nicht als
eine Gestalt, nicht als jener lebende Körper verstanden werden konnte,
welchen Edmund Burke bei ebendemselben Namen („constitution") genannt hat.

„Rational" heisst also so viel wie zweckmässig, zudem verständlich und
durchsichtig, jedermann begreiflich. Es heisst natürlich auch verständig und
vernünftig, und das „rationale System" tritt als das vernünftige dem durchaus unvernünftigen der erblichen Thronfolge gegenüber. „Monarchy is a
folly", [33] Monarchie ist Narrheit, Unsinn. „Monarchy is all a bubble", ein
Quark, ein Schwindel, und „a mere court artifice to procure money" [34], eine
blosse Machenschaft des Hofes, Geld zu beschaffen. Das sind freilich kaum
mehr als Schimpfreden, zudem wenig geistreiche. Die zuletzt angeführte
Kennzeichnung fällt mehr unter den Gemeinplatz einer trivialen Spielart
von Aufklärung, welche hergebrachte Herrschaftsübung, zumeist vor allem
die der Kirche, aus absichtsvollem Volksbetrug und künstlicher Intrige herleiten möchte. An anderen Stellen gibt der leichtsinnige Empörer indessen
auch Gründe an, inwiefern die „erbliche Regierung" unvernünftig sei. Ich
finde deren zwei: erstens sei es unvernünftig, „einen Thronerben mit acht-
zehn Jahren zum Regierungsoberhaupt zu machen, ohne seine Talente zu
kennen" [35]; zweitens könne ein „rationales" System nie zu „einer so unge-
heuerlichen Ausgabenrechnung" führen, „wie sie dieser Betrug (der Monarchie) zulässt". Hier tritt eine weitere Nebenbedeutung von „rational" hervor: es kann auch soviel wie „rationell", „ökonomisch" und „sparsam"
heissen. Die „Wissenschaft" von rationaler Politik, Verfassung und Regierung stellt sich daher zum guten Teil als ökonomische Finanzwissenschaft
dar, und Paine hat im Zweiten Teil der „Rights of Man", zumal im fünften
Kapitel, ein Beispiel seiner Art von Haushalts-Analyse und Haushalts-
Ökonomie gegeben. Die Hauptrichtung seines Angriffs gegen die erbliche
Monarchie in dieser Hinsicht betrifft die Kosten der Hofhaltung, die
Zivilliste: Eine Million Pfund Sterling jährlich aus Steuermitteln „für die
Unterhaltung eines Individuums" auszugeben, gilt ihm für schlechthin
„unmenschlich". [36] In seinem repräsentativen System – und er hat die frühe
amerikanische Praxis vor Augen – sollen alle politischen Ämter als bürger-

---

[33] *Rights of Man*, a.a.O., S. 179.
[34] ebda, S. 180.
[35] ebd., S. 180.
[36] ebd., S. 204.

liche Ehrenämter verwaltet, es sollen daher für diesen Zweck nur die Unkosten ersetzt werden. Insoweit fusst die „Rationalität" des neuen Systems im letzten Grunde auf dem Ethos der bürgerlichen Tugend, und das ist gewiss etwas anderes und etwas mehr als blosse Verständigkeit.

VII

Was frisch entdeckt oder gar erfunden wird, ist notwendig etwas Neues. Von dem Pathos der Neuheit oder Modernität des repräsentativen Systems sind Paines Schriften in der Tat ganz durchdrungen. Und insofern ihn dabei die Überzeugung leitet, dieses Neue sei auch das Bessere, ja das Gute, können wir sein Werk als ein hervorragendes Zeugnis des beginnenden Modernismus ansehen. Diese Gesinnung ist uns Heutigen mehr als vertraut, man kann ihrer leicht überdrüssig werden. Nichts destoweniger ist sie selber ein historisches Gewächs, und wir treffen hier auf einen charakteristischen Autor der Epoche, in der sie zuerst auftrat. Keineswegs geht das Pathos der Neuheit durchweg oder gar zwangsläufig mit demjenigen der Revolution einher; vielmehr haben die grossen neuzeitlichen Revolutionen, die englische des siebzehnten, die amerikanische des achtzehnten Jahrhunderts, in je eigentümlicher Weise auch altes Recht zu restaurieren gestrebt oder gemeint, und selbst die französische von 1789 führte – unerachtet des rationalen Grundzuges ihrer Naturrechts-Ideen – Elemente wo nicht der Wiederherstellung, so doch der Nachahmung eines edlen Verfassungsvorbildes mit sich, nämlich des altrömischen. (Einzig die bolschewistische Revolution des zwanzigsten Jahrhunderts scheint ganz vom – dialektisch verstandenen – Fortschritt beflügelt, will alle Geschichte übertreffen, die „Neue Zeit" und die „Neue Welt" her!aufführen.)

Ein ganzes Kapitel der „Rights of Man" (das dritte des zweiten Teils) ist der Unterscheidung und Entgegensetzung der „alten" und der „neuen" Regierungsweise gewidmet. Als die alte und hergebrachte gilt hier die monarchische, die erbliche, die kriegerische, auch die national beschränkte, diejenige, welche die Untertanen durch Besteuerung aussaugt, und diejenige, welche letztlich auf nichts als die Ausdehnung der eigenen Macht und Herrschaft bedacht ist. Die neue ist die „repräsentative". Sie wird in allem als das gerade Gegenbild der vorigen beschrieben oder entworfen, sie bewirke Frieden, Wohlstand, universale menschliche Gesellschaft, brauche nur ein Minimum an Steuern und besorge das gemeine Wohl. Kurz, die alte ist die böse, die neue die gute. Licht und Dunkel sind unzweideutig verteilt, historische Skrupel und Abwägungen werden nicht zugelassen – selbst der Abbé Sieyès muss sich einen Nasenstüber gefallen lassen, weil er sich noch

mit der Vergleichung von Wahl- und Erbmonarchie abgegeben hat –, und
die Modernität scheint auf der ganzen Linie zu triumphieren. Die in dieser
Hinsicht einzig interessante Stelle ist die, wo der Autor in seiner forschen
Unbedenklichkeit für einen kurzen Augenblick innehält und sich fragt, ob
nicht dieses „neue" System, genau besehen, doch das urälteste sei, da es
doch auf die ursprünglichen Menschenrechte gegründet sei („the original
inherent Rights of Man".[37] Hier kommt das Naturrechts-Motiv – genauer:
das der Historizität des natürlichen Menschenrechts –, welches doch immerhin den Titel von Paines berühmter Schrift eingegeben hat (den Titel freilich
mehr als den eigentlichen Gegenstand!), dem revolutionären Modernismus
in die Quere. Sehr rasch aber setzt er sich über diesen Zweifel auch wieder
hinweg: Da Tyrannei und Schwert viele vergangene Jahrhunderte lang die
Ausübung dieser Rechte ausser Kraft gesetzt hätten, so sei es „dem Zweck
der Unterscheidung dienlicher", wenn man das rechte System das neue
nenne, als wenn man die Gründe seines Alters in Anspruch nehme. „The
purpose of distinction" – das ist zuletzt kein philosophisches, sondern ein
rhetorisches, ja ein propagandistisches Argument, und diese Darlegung erscheint gerade deswegen bemerkenswert, weil – im Gegensatz zu aller
früheren Beweisführung aus dem wie immer verschütteten „alten" Recht,
aus der Anfänglichkeit der Schöpfung oder der menschlichen Natur – jetzt
der „Neuheit" als solcher, und sei sie auch nur eine Benennung, ein wer-
bender, pathetischer Effekt beigemessen wird und beigemessen werden kann.

Diese recht beiläufige Erwägung lässt noch im flüchtig vorüberhuschenden
Naturrechtsmotiv erkennen, wie wenig Paine an der Identität oder der
Identifizierbarkeit des „repräsentativen" und des „demokratischen" Prinzips
gezweifelt, oder wie simpel und geradezu er das „repräsentative" System mit
den natürlichen und uranfänglichen Menschenrechten in Zusammenhang
gebracht hat. Denn es kann ja nicht der auf Repräsentation oder Delegation
gegründeten Verfassung nachgesagt werden, sie sei „most ancient in principle", sondern allenfalls konnte dies nur von dem Prinzip gelten, dass
jedermann an der gemeinsamen Regierung teilzuhaben einen Anspruch
habe. Paradoxerweise tritt auf diese Weise das Wahlrecht beinahe in den
Rang eines Naturrechts ein. Das Wahlrecht hat Paine freilich, wie schon bemerkt, weder nach Art noch nach Ausbreitung noch nach seiner Wirkungs-
weise irgend sonderlicher Aufmerksamkeit gewürdigt, er hat es mit dem
Erfordernis der „equal representation" so ziemlich genug sein lassen.

Wichtiger noch als jene eher rhetorische Distinktion der „alten" und der
„neuen" im Sinne der erblichen und der repräsentativen oder der monar-
chisch-aristokratischen und der republikanischen Regierungsart – wichtiger

---

[37] ebd. S. 166.

ist eine zweite Bedeutung der Neuheit und Modernität des repräsentativen Systems: modern ist es nämlich nicht nur im Vergleich mit den „tyrannischen" oder jedenfalls herrschaftlichen Verhältnissen des Mittelalters, sondern auch im Vergleich mit den demokratischen Verhältnissen der Antike, mit der athenischen Demokratie. Diese nämlich ist ihm die grosse Ausnahme von dem sonstigen Universalgemälde der miserablen „alten" Regierungen. „We see more to admire, and less to condemn, in that great, extraordinary people than in anything which history affords."[38] Dort, sagt Paine, kam die Masse der Leute zusammen und gab sich Gesetze. „Simple democracy was no other than the common hall of the ancients".[39] Und doch fehlte dieser Demokratie etwas: die Idee der Repräsentation. Dass sie auf diese „Methode" nicht verfielen, dass dieses Verfahren schlechterdings „nicht bekannt" war – dieser Mangel sei es, der zum Untergang der Demokratien des Altertums geführt habe. Denn mit wachsender Bevölkerung und zunehmendem Territorium wurde die „einfache" Demokratie untunlich, impraktikabel, und infolgedessen seien diese Staaten auf irgendeine Weise der Monarchie zum Opfer gefallen. Von neuem tritt uns in diesem so ganz ahistorischen Gedankengang der Topos der „Rationalität" in aller Drastik entgegen. Es war und ist, heisst das, nur dieser technische oder instrumentale „Trick" gleichsam, den man hätte finden müssen, und all das jahrhundertelange Unglück wäre zu vermeiden gewesen! Ich übertreibe nicht, denn Paine hat sich wirklich so hoch verschworen und so weit verstiegen, den ganzen Lauf der seitherigen Geschichte als einen einzigen Irrgang hypothetisch aufzuheben: „Had the system of representation been then understood, as it now is, there is no reason to believe that those forms of Government now called monarchical or aristocratical would ever have taken place." Mit anderen Worten: Hätten die Alten schon die Repräsentation „entdeckt" (welche Entdeckung indessen der Moderne vorbehalten blieb), so hätte die Menschheit bei der Demokratie bleiben können.[40] Ja, selbst abgesehen von grossen Reichen, auch in kleinen Gebieten – sagt Paine – sei Repräsentation der „einfachen" Demokratie überlegen. „Athens, by representation, would have outrivalled her own Democracy."[41]

Aber es hat nun einmal nicht sein sollen. Diesen Fortschritt oder eigent-

---

[38] ebd. S. 173.

[39] ebd. S. 173. Die Vorstellung des „allgemeinen Saales" scheint freilich mehr germanisch oder sogar spezifisch englisch als gerade hellenisch zu sein.

[40] Übrigens ist auch diese sonderbare Ätiologie des Untergangs der antiken Demokratie oder Republik ihrerseits zu einem Topos geworden, dem man bis in die jüngste Zeit in gelehrten Zusammenhängen begegnen konnte; es wäre lehrreich, seiner Wanderung einmal nachzuforschen.

[41] ebd., S. 177.

lich Fortsprung hat erst die Moderne gemacht. Nicht Athen, sondern Amerika. Paine hat diese beiden Namen wirklich miteinander in Vergleich gesetzt. Seine Naivität nimmt hier etwas Grossartiges an, die blosse Unbedenklichkeit wächst zur Kühnheit auf. „What Athens was in miniature, America will be in magnitude."

Der Enthusiasmus, ja die Prahlerei mit der ungeheuren Leistungskraft dieser modernen Verfassungs-Maschinerie, der Repräsentation, ihrer Leistungskraft hinsichtlich der ausgedehnten Gebiete und Bevölkerungen, welche sie zu „konzentrieren", zu einigen, zu verdauen imstande sei, lässt doch auch den Stolz der amerikanischen Staatsgründer widerscheinen, darauf nämlich, dass sie die althergebrachte, eingewurzelte Konnotation von Reich und König (regnum, royaume, realm) widerlegt haben, dass sie ohne einen Monarchen ausgekommen sind.[42]

VIII

Indem Paine das winzige Athen und das riesige Amerika (der Union der dreizehn Kolonien) mit Bezug auf ihre politische Beschaffenheit einander gleichsetzt, werden wir vollends gewahr, mit welchem Grade von Selbstverständlichkeit hier die „Demokratie" als eine und dieselbe aufgefasst ist. Dank der Repräsentation, so ist die Meinung, kann auch das grosse Amerika eine Demokratie sein. Der Unterschied scheint sich auf den zwischen einer Mikro-Demokratie und einer Makro-Demokratie zu reduzieren.

Aber da ist – mit Hinsicht auf die antiken Verfassungsverhältnisse – noch das Beiwörtchen „simple". Athen hatte „einfache" Demokratie. Was für eine hat Amerika? „Simple Democracy was society governing itself without the aid of secondary means."[43] Diese neue, moderne, grossstaatliche Demokratie verdient diesen Namen zwar nicht weniger als die antike, aber sie gelangt zu diesem Ziel durch die Anwendung „sekundärer Hilfsmittel". Die Differenz zwischen dem einfach-demokratischen und dem repräsentativen System wird also von Paine ins Instrumentale verlegt, auf die technische Methode reduziert. Sein bildhafter Begriff ist derjenige der Aufpfropfung.

---

[42] Diese Empfindung spricht aus den Schlusssätzen des XIV. Federalist-Artikels, worin Madisons Stil sich zu ungewöhnlichem rhetorischem Pathos erhebt: „But why is the experiment of an extended republic to be rejected, merely because it may comprise what is new?" (Hier bezieht sich das Motiv der „Neuheit" weniger auf die Repräsentation als auf die Bildung eines republikanischen – nicht-fürstlichen – Grossstaates!) Und die Antwort: „Happily for America, happily, we trust, for the whole human race, they (nämlich: the leaders of the Revolution) pursued a new and more noble course, They accomplished a revolution which has no parallel in the annals of human society. They reared the fabrics of governments which have no model on the face of the globe. . . etcetera." (a.a.O., S. 66.)

[43] Ebd., S. 176.

Das amerikanische Regierungssystem beruhe auf „representation ingrafted upon Democracy".[44] Aber dieses neue Verfahren – der Okulation und Veredelung – dient doch dem einen alten Zweck: Demokratie, Volksregierung möglich zu machen, nun eben auch für Länder mit „jedem beliebigen Umfang des Gebiets und der Bevölkerung". Nicht das Ergebnis, nicht die Verfassungsgestalt ist als neuartig gedacht, sondern lediglich die Verfahrensweise. „Repräsentation" ist ganz und gar instrumental oder funktionell vorgestellt. Nach Art und Wesen hingegen soll das moderne vom antiken, das neue vom alten System gerade nicht unterschieden sein. Das repräsentative System tritt hier nicht als ein Ding von eigener Art und eigentümlicher innerer Beschaffenheit hervor, sondern als eine andere Spielart, eine veredelte Form, ja eine überlegene Methode von Demokratie.

Auch solcher Rationalismus hat seine Mythen. Schon im „Common Sense" hat Thomas Paine die Legende konstruiert, wie aus der „einfachen" die „veredelte" Demokratie entstanden sei. Er stellt uns dort eine Art von gesellschaftlicher Robinsonade vor, eine Kolonie isolierter Emigranten. Sie halten sich nicht lange bei dem sonst so mühsam imaginierten Naturzustand auf vielmehr: „society will be their first thought." Alsbald bilden sie eine „form of government", einen Staat. Sie versammeln sich unter einem grossen Baum, um die öffentlichen Angelegenheiten gemeinsam zu erörtern. „In this first parliament every man by natural right will have a seat".[45] Indem aber die Kolonie wächst, die Siedlungen sich ausbreiten und voneinander entfernen, wird es „zu unbequem", sich weiterhin bei jeder Gelegenheit zusammenzufinden, und so kommen sie überein „to leave the legislative part to be managed by a select number chosen from the whole body, who are supposed to have the same concerns at stake which those have who appointed them, and who will act in the same manner as the whole body would act were they present".[46] Hier haben wir schon die Identitätsfiktion in reiner Ausprägung – und in doppelter Richtung, nämlich sowohl auf das Interesse als auch auf die Art des Handelns bezogen. (Das Postulat der häufigen Neuwahlen folgt sogleich, auch in diesem Text.) Vor allem aber erscheint die Stelle deswegen bedeutsam, weil hier die geistige Leistung der Entdeckung oder Erfindung des repräsentativen Verfahrens fast auf Null zusammengeschrumpft ist, dieses vielmehr mit natürlicher Konsequenz aus den Umständen und dem Bedürfnis des sozial Zweckmässigen hervorgeht und sozusagen noch unmittelbar, wenn auch erst als zweite Phase, der Gründungs-

[44] Ebd., S. 177.
[45] *Writings*, ed. Conway, Bd. 1, S. 70. Es ist bemerkenswert, dass Paine seine legendäre Urversammlung als „parliament" bezeichnet: insoweit folgt er doch – für einen Moment – der englischen Tradition.
[46] *Writings*, Bd. 1, S.

epoche des „Gesellschaftsvertrages" zugerechnet wird. In dieser Weise
hätte – will das heissen – die Geschichte der Regierung oder Verfassung
eigentlich verlaufen sollen. Hier ist jene hypothetische Entwicklung im
Schema positiv ausgezogen, die in den „Rights of Man", von einem Seufzer
der Vergeblichkeit begleitet, nur als verfehlte Möglichkeit am Rande auftauchte. Die erdachten Kolonisten hatten – ohne gross nachzudenken – eben
den Einfall, auf welchen die historischen Athener unglücklicherweise nicht
verfallen sind: Repräsentation.

Weder in „Common Sense" noch in den „Rights of Man" hat Paine dem
Rätsel nachgesonnen, warum dieser (vermeintliche) Einfall den wirklichen
Alten nicht gekommen sei, da er doch seinen legendären Staatsgründern so
natürlich war und sich von selbst nahelegte. Ebensowenig erschien es ihm
irgend verwunderlich, dass dasjenige „repräsentative" System, welches er in
der historischen Wirklichkeit dicht vor Augen hatte, nämlich das englische
Parlament, durchaus nicht „neu", vielmehr einige Jahrhunderte alt und mit
Monarchie und Aristokratie zusammen an einem und demselben Stamm
herangewachsen war. In Wahrheit war nicht die „Repräsentation" das geschichtlich Neue, sondern der Auftritt einer menschenrechtlichen Gesellschaft bürgerlicher Individuen oder – französisch gesprochen – der Auftritt
der „Nation" und ihres Souveränitätsanspruches, und diese war es, die sich
die überlieferte Gestalt der „repräsentativen" Reichsversammlung gleichsam
zunutze und zu eigen gemacht hat. Aber dieser Gedanke oder diese Wahrnehmung gehört schon in den Zusammenhang einer historischen Theorie der
Repräsentation, und ich weiss wohl, dass es unhistorisch und „unkritisch"
wäre, dem armen Paine vorzuhalten, was ihm nicht in den Sinn hat kommen
können – so wie er seinerseits den armen Athenern vorgehalten hat, was
ihnen nicht in den Sinn hat kommen können. Dennoch müssen wir aus der
gebotenen „Immanenz" unserer Untersuchung für Augenblicke auch
herausspringen dürfen, da anders die Eigentümlichkeiten jener dogmatischen
Theorie der Repräsentation kaum deutlich sichtbar und begreifbar werden,
welche von Paine und einigen seiner Zeit- und Gesinnungsgenossen ihren
Ausgang genommen hat. Eine historische Theorie wird Paines Metapher von
der „Aufpfropfung" genau umkehren: Nicht die Repräsentation ist auf die
Demokratie, sondern die Demokratie ist auf die Repräsentation aufge-
pfropft worden. Ob aber aus diesem Prozess eine „repräsentative Demokratie" als eine ungemischte Verfassung hervorgehen konnte und hervorgegangen sei, das muss denn freilich in hohem Grade zweifelhaft werden.

IX

So sehr war Paine von der demokratischen Rationalität des Repräsentationsverfahrens, von seiner natürlichen Logik und allgemeinen Einsichtigkeit durchdrungen, dass ihm selbst dasjenige historische Vorbild, welches er doch zuhause unmittelbar vor Augen hatte, darüber aus dem Sinn geraten zu sein scheint. Zwar hat er das englische House of Commons in seinen ersten verfassungspolitischen Auslassungen im „Common Sense" (von 1776) noch als ein vergleichsweise „neues" Element der englischen Verfassung gegen ihre alten, ja überalterten Teile, nämlich „die Überbleibsel monarchischer und aristokratischer Tyrannei" herausgestrichen; späterhin aber überwiegt so sehr die Polemik nicht allein gegen König und Lords, sondern auch gegen den verderbten Zustand der Repräsentation im Unterhaus und vor allem gegen die gesamte Komposition der Verfassung oder – mit anderen Worten – gegen die „gemischte" Verfassung als solche, dass selbst jener schwache Versuch einer historischen Anknüpfung in Vergessenheit gerät. Paines Behandlung der englischen „constitution" und ihrer repräsentativen „Teile" ist vor allem interessant als ein Zeugnis seiner Fähigkeit, die geschichtliche Wahrnehmung teils zu verdrängen, teils hinwegzudisputieren zugunsten seiner dogmatischen Ansicht von der rationalen Evidenz des repräsentativen Prinzips. Auch er kann zwar nicht ganz leugnen, dass es „Repräsentation" in der Wirklichkeit (des englischen Verfassungslebens) schon längst gibt; aber diese Wirklichkeit erscheint ihm zuletzt doch nur als eine verdorbene und vor allem mit ganz feindlichen Prinzipien vermischte Spielart, ja Abart der eigentlichen und einzig vernünftigen Repräsentation. Die Konstruktion überstrahlt auch noch die bescheidenen Ansätze von Deskription, die er unternommen hat, und das historische Phänomen des britischen Parlaments bleibt am Ende in die dunkle Rumpelkammer der obsoleten Einrichtungen verbannt. Die radikalen und die revolutionären Gesinnungen waren auf seiner Seite, und so mag es sich erklären, dass sein dogmatischer Repräsentationsbegriff in gewissen Zügen bis zum heutigen Tage vorherrschend geblieben ist.

Der erste Vorwurf, den Paine im „Common Sense" gegen die „so vielgerühmte Verfassung Endlands" erhebt, ist der ihrer Komplexität. Nur in widerwilligem Ton unterzieht er sich der Aufgabe, sie zu analysieren. Immerhin, er tut es. Und er tut einen recht originellen Griff: Wie ein Chirurg zertrennt er die drei grossen Gewalten von King, Lords und Commons und führt seinen Schnitt entlang der Grenzlinie, die zwischen dem oberen und dem unteren Hause des Parlaments verläuft. König und Lords gelten ihm für „niedrige Überbleibsel" alter Tyranneien, der monarchischen und der aristokratischen, die Commons jedoch für „neues republikanisches Material". „The new Republican materials, in the persons of the Commons, on whose virtue depends the freedom of England."[47] Der Ausdruck ist bemerkenswert. Auch die Commons, heisst das, sind nicht als solche gut, nicht einmal in ihrer isolierten Gestalt, sondern nur als „Material", als Baustoff nämlich für eine Republik, und in dieser Perspektive erscheinen sie auch als „neu", also als nützlich für die Zukunft, so wie man alte Steine von einem Abbruch wiederverwendet für ein neues Gebäude. Wie er die Argumente abtut, welche gerade die „Mischung", also die Komposition der drei Elemente oder Faktoren begründen oder erläutern, ist eine andere Frage; Im Augenblick geht es nur darum, sein Verhältnis zur englischen Verfassungsüberlieferung selbst näher zu betrachten. Es zeigt sich, dass er in dieser Hinsicht – wahrscheinlich unbewusst – an eine hergebrachte Interpretation anknüpft, welche nämlich die drei Gewalten nach aristotelischen Begriffen als eine Komposition von Monarchie, Aristokratie und Demokratie deutete,[48] dass er aber die beiden ersten Elemente verwirft, um nur das dritte als ein Bruchstück zu besserer Verwendung aufzubewahren. Er nennt es freilich nicht „demokratisch", sondern „republikanisch", aber das macht nicht viel Unterschied. Übrigens bleibt auch diese relative, zudem ärgerlich vorgebrachte Billigung eines abgesonderten Teils der englischen Verfassung ohne Folgen; im weiteren wendet er sich vorwiegend der Monarchie und ihrer Kritik zu, und am Ende dieses Abschnittes ist er so weit, die Beschäftigung mit der englischen Verfassung überhaupt als unnütz, ja verderblich zu verwerfen. „Wie ein Mann, der sich an eine Prostituierte gehängt hat, untüchtig wird, eine Ehefrau zu wählen oder nur zu beurteilen, so muss uns die Voreingenommenheit zugunsten einer verkommenen Verfassung ausserstand setzen, eine gute zu erkennen."[49] Das sind heftige Worte; in ihnen spricht sich eine Art absichtlicher Selbstverblendung aus.

Die „Rights of Man" fügen, was Paines Verhältnis zur englischen Verfassung betrifft, nur ein paar Nuancen hinzu. Bei Gelegenheit einer flüchtigen Erörterung des Regentschafts-Streites zwischen Pitt und Fox fällt ein Wort wider die Lehre von der „supremacy of parliament". Die Formulierung ist spitz, trifft aber die fragliche Doktrin recht gut: „Mr. Pitt... absorbs the rights of the nation into the organ, and makes the organ into a Nation, and

---

[47] *Writings*, Conway, Bd. 1, S. 72.
[48] So schon John *Aylmer*, ein Autor der frühen elisabethanischen Zeit in „Harborough for All Faithfull and Trewe Subjects" von 1559. (Zitiert bei Ch. H. *McIlwain, Constitutionalism, ancient and modern*, Rev. ed., Ithaca, 1958, S. 103 f.) So auch noch Blackstone und Edmund Burke. Sir Ernest *Barker* hat diese antikisierende Interpretation geradezu als einen Gemeinplatz des 18. Jahrhunderts bezeichnet (*Essays on Government* a.a.O., S. 143).
[49] a.a.O., S. 75.

the Nation itself into a cypher".[50] Dass hier ein grosses Problem aller
Repräsentation verborgen liegt, hat unser rascher Besserwisser nicht bemerkt, ja sogar unversehens verdunkelt mit seinem vergleichenden Blick
auf die französische Nationalversammlung, welche nämlich ihre Ent-
schlüsse „in right of the Nation" fasse. In Wahrheit ist der Unterschied
bestenfalls hauchdünn, und an anderer Stelle hat Paine selbst im Hinblick
auf die Assemblée Nationale eine „Absorption der Nation in ihr Organ"
propagiert, sogar im enthusiastischen Tone: „The present National Assembly
of France is, strictly speaking, the personal social compact".[51] Und tatsächlich hat die Nationalversammlung in ihrer Mehrheit nach dem Ball-
hausschwur und zumal nach der Selbstverlängerung ihres Mandats (19.
April 1790) einen durchaus autonomen, um nicht zu sagen souveränen
Charakter angenommen. „On confond toujours la nation avec ceux qui la
représentent" – der Satz war kritisch gemeint und entstammt dem Schosse
der Nationalversammlung selbst.[52] Das ist ziemlich genau derselbe Vorwurf, den Paine hier gegen Mr. Pitt und das House of Commons erhebt.
Sein Dogma von der Identität der Nation und ihrer „Delegierten" machte
ihn blind gegen das reelle Spannungsverhältnis zwischen Repräsentanten
und Repräsentierten, und er war parteiisch genug, die Deklarationen von
Versailles für bare Münze zu nehmen. Mit einer gewissen Übertreibung
könnte man sagen, dass die traditionelle englische Rechtsfiktion von der
Präsenz des Volkes (der „Nation") im Parlament sich von der französischen
(und Paine'schen) Identitätslehre nur durch den Blickwinkel unterscheide:
dort ist es der parlamentarische, hier der demokratische; dort identifiziert
man das Volk mit dem Parlament, hier das Parlament mit dem Volk. Aber
dies nur beiläufig. Das Phänomen, das uns hier beschäftigt – Paines gewaltsame Abwendung von der historisch vorfindlichen „Repräsentation" im
Interesse seiner „rationalen" Neu-Konstruktion von Repräsentation als
eines demokratischen Vehikels –, findet jedenfalls auch an dieser Stelle eine
drastische Illustration.

„By the event of the Revolution we were put in a condition of thinking
originally".[53] Durch das Ereignis der (amerikanischen) Revolution wurden
wir in die Lage versetzt, ursprünglich zu denken, schreibt Paine in einer
späten Schrift, einem Appell an die Bürger von Pennsylvanien, wenn sie
einen neuen Verfassungskonvent beriefen, zu dem ursprünglichen System
von 1776 zurückzukehren, das wesentlich unter dem Einfluss von Paines

---

[50] *Rights of Man*, a.a.O., S. 118 f.
[51] Ebd., S. 49.
[52] Zitat bei Karl Loewenstein, *Volk und Parlament nach der Staatstheorie der französischen Nationalversammlung von 1789*, München, 1922, S. 302, Fussnote 70.
[53] *Writings*, Conway, Bd. 4, S. 463. Die Schrift ist vom August 1805 datiert.

„radikaler" Publizistik entworfen worden war. Ursprünglich, original zu
denken, das heisst hier: unabhängig von historischen Mustern, gleichsam
aus reiner Vernunft. Was ihn, Paine, an der ersten pennsylvanischen Verfassung begeisterte, war vor allem der Umstand, dass sie nur eine einzige
Kammer vorgesehen hatte.[54] Wenn König und Lords abgeschafft wären, wie
es „Common Sense" damals doch imaginiert hatte, so blieben eben die
Commons übrig, jedenfalls eine einzige Kammer, ein einziger „Stand". „We
have but one Order in America, and that of the highest degree, the Order of
Sovereignty, and of this Order every citizen is a member in his own personal
right", Ein einziger Stand gleicher Bürger, daraus folgt – so ist die Meinung –
auch eine einzige Gesetzgebende Kammer, und ebendiese Konsequenz habe
damals die Revolutions-Verfassung gezogen.[55] Das stärkste Lob, das er ihr
spenden kann, ist in dem Satze ausgesprochen: „The Pennsylvania Convention of 1776 copied nothing from the English government." Aber die gel-
tende pennsylvanische Verfassung – die 1790, nach der Gründung der
Union und auch nach dem Muster der Unionsverfassung errichtet worden
war – bestehe aus lauter Nachahmung: der Senat kopiere das Haus der
Lords, und der Gouverneur habe ein Veto-Recht wie der König von England. Und er rückt den Pennsylvaniern mit finsterer Hartnäckigkeit mehr-
mals vor Augen, dass diese Einrichtungen samt und sonders von der nor-
mannischen Eroberung herrührten, also Erzeugnisse der Gewalt und der
Unterdrückung seien.

Freilich hatte die Verfassung von 1776 auch nicht nur jene „unicameral

[54] Alfred *De Grazia* führt in seinem schönen Buch *Public and Republic* New York, 1951,
das pennsylvanische Einkammer-System auf Franklin zurück: „His (sc. Franklin's) ingenuity, not only mechanical but political as well, produced novelties such as the unicameral legislature of Pennsylvania." (S. 102.) – Merkwürdigerweise ist hingegen in dem
einschlägigen Kapitel bei J. R. *Pole* „Political Representation in England and the origins
of the American Republic" (1966) – Franklin als Verfassungsautor nicht erwähnt, während Paine mit Nachdruck als „die wahrscheinlich bedeutendste einzelne Kraft" beschrieben wird, welche die radikale, egalitär gesinnte Gruppe durch energischen Verstand aktiv
geeint habe. Franklin war ein Führer der alten Quäker-Partei, sein Name erscheint daher
auch nicht unter Paines Partei-Freunden, welche hier als die eigentlichen Initiatoren der
Verfassung von 1776 figurieren (S. 269). Paine selber beschwört Franklins Bild bei der
Schilderung der Verfassung von 1776, ohne allerdings einzelne Verdienste anzuführen
(Bd. 4, S. 462). Vermutlich geht die Überlieferung, die Franklin speziell die „Neuerung"
des Einkammersystems zuschreibt, auf die Biographie des Enkels William Temple *Franklin*
wurde (z.B. in meiner deutschen Ausgabe von Binzer, Kiel, 1829), und worin der Nachruf
des Herzogs von *La Rochefoucauld* (1790) wiedergegeben ist, der eben dieses Verdienst
hervorhebt. Noch irritierender aber ist die Angabe Poles (S. 271), wonach gerade die
Einkammer-Legislative keine Neuerung, sondern die fortgeführte „zentrale Einrichtung
der Kolonialverfassung Pennsylvaniens" darstelle. Dieselbe Angabe macht Malcolm R.
Eiseler in *Franklin's Political Theories* (New York 1928) p. 59: das Einkammersystem
habe seit 1701 gegolten.

[55] *Writings*, Bd. 4, S. 463. Das folgende Zitat ebd. S. 462.

legislature", sondern ausserdem einen Präsidenten und einen „Council", und in dieser Dreigliedrigkeit lässt sich gewiss eine Übersetzung der Kolonial-Regierung (mit dem königlichen Gouverneur und seinem aus einheimischen Notabeln zusammengesetzten Council) in die Begriffe der Unabhängigkeit, mittelbar zuletzt auch noch ein schattenhaftes und in den Konturen etwas verschobenes Abbild der drei grossen Verfassungsglieder Englands wiedererkennen. Natürlich war der Präsident gewählt, ebenso wie es die zwölf Mitglieder des Council waren, diese von den Wählern der Counties, jener von der Gesetzgebenden Versammlung im Verein mit dem Council, also gewissermassen doch von den vereinigten „Häusern des Parlaments". Wiederum hatten allerdings Präsident und Rat keine Stimme in der „Legislative", sie waren vielmehr als rein „exekutive" Organe gedacht. Diese Vorkehrung wich gewiss in entschiedener Weise vom englischen Schema ab; indessen kann man selbst in diesem Punkt daran erinnern, dass die Lehre von der Gewaltenteilung und also die Begriffe von legislativen und exekutiven Funktionen einmal gerade aus der tatsächlichen englischen Regierungsgliederung abgelesen oder in sie hineingelesen worden waren, schon von John Locke, ausdrücklich von Montesquieu. Paine's Satz, der Konvent von 1776 habe „nichts von der englischen Regierungsweise kopiert", sei vielmehr aus dem „originalen" Denken der Revolution hervorgegangen, lässt sich nur aus seinem widergeschichtlichen Erfindersinn verstehen, der einfach nicht wahrhaben mochte, dass sein „neues" und „rationales" System irgendetwas irgendwoher übernommen haben könnte, gar noch von England.

In diesem Punkt steht der Engländer Tom Paine in Amerika wo nicht allein, so doch am äussersten Ende einer Skala der Attitüden, die von seiner kalten Verblendung über die generöse Anerkennung bis zur Bewunderung der englischen Verfassungstradition reicht. Madison räumte ohne Zögern ein, dass das „moderne", das heisst nach-antike Europa das „grosse Prinzip der Repräsentation" entdeckt habe: „If Europe has the merit of discovering this great mechanical power in government,. . . America can claim the merit of making the discovery the basis of unmixed and extensive republics."[56] Er hat dabei nicht allein das englische Parlament, sondern auch die kontinentalen Reichsversammlungen vor Augen, erwähnt sogar den alten, noch tagenden deutschen Reichstag. Zu schweigen von John Adams, der seine „Defence of the Constitutions of Government of the United States of America" geschrieben hat, um Turgots Vorwurf zu bekämpfen, diese Verfassungen ahmten sämtlich die englische nach, und der all seine Gelehrsamkeit und tiefe historische Bildung aufgewendet hat, um nachzuweisen, nicht allein, dass die „reine" und „einfache" Demokratie in grossen Staaten un-

---

[56] *Federalist* No. XIV, a.a.O., S. 62 f.

möglich und zudem vom Übel, sondern auch, dass die „gemischte" Verfassung Englands der Nachahmung durchaus wert sei, wenn auch nicht um der Nachahmung, sondern um ihrer Vernünftigkeit willen.[57]

X

John Adams ist, soviel ich bisher wahrgenommen habe, unter den Verfassungsdenkern und Verfassungsmachern der Epoche einer der wenigen, die an der ehrwürdigen Idee der „gemischten Verfassung" festgehalten haben, und wohl der einzige, der im System der geteilten Gewalten, wie es die Amerikaner auf den Spuren von Locke und Montesquieu einführten, unerachtet ihres entschieden „republikanischen" Geistes und der durchgängigen Legitimation durch bürgerliche Wahlen eine Wiederherstellung, ja Bekräftigung dieser Idee der gemischten Verfassung erkannt hat. An diesem Punkte der gegenwärtigen Abhandlung ist die Versuchung gross, dem fundamentalen Gegensatz nachzuforschen, der sich hier auftut: dem Gegensatz zwischen dem Prinzip der gemischten und demjenigen der ungemischten oder reinen Verfassung, zumal der „ungemischten Republik", wie Madison schrieb, oder eben der „repräsentativen Demokratie" nach Thomas Paines Begriffen. Paine hielt nichts von „Mixed Government", das sei ein unvollkommenes Allerweltsding, welches die auseinanderstrebenden Teile durch Korruption zusammenkitte und –löte, damit sie als ein Ganzes zu agieren imstande seien.[58] Und er hatte schon im „Common Sense" verkündet, dass er seine Verfassungsidee von einem Natur-Prinzip herleite, das von keiner Kunst umgestürzt werden könne: „. . .that the more simple any thing is, the less liable it is to be disordered, and the easier repaired when disordered."[59] Vielleicht liegt hier das letzte und entscheidende Merkmal der Vorstellung von der „repräsentativen Demokratie", die uns hier beschäftigt, und vielleicht ist es ebendieses, das am meisten zu ihrem Siegeszug und zu ihrer langdauernden Wirksamkeit beigetragen hat: das Volks-Axiom und das Wahl-Axiom, die Identitäts-Fiktion, der Topos der Rationalität und der Topos der Modernität werden am Ende überboten, auch zusammengefasst von der Fiktion der Einfachheit oder Reinheit dieses Systems.

Denn es ist eine Fiktion – und zwar eine Fiktion nicht im Sinne einer bewussten und daher legitimen Annahme – wie man etwa von der althergebrachten englischen Rechtsfiktion der Anwesenheit aller Reichsglieder in

---

[57] *The Works of John Adams*, Boston, 1851, Bd. 4, S. 300 et *passim*, namentlich auch S. 358: „. . .that the Americans ought to be applauded instead of censured, for imitating it as far as they have done".

[58] *Rights of Man*, a.a.O., S. 131.

[59] *Writings* Bd. 1, S. 71 f.

der Parlamentsversammlung urteilen kann –, sondern eine Fiktion im Sinne einer Erdichtung, ja einer Täuschung, vor allem einer dogmatischen Selbsttäuschung. „Repräsentative Demokratie" ist in Wahrheit kein einfaches, sondern ein zusammengesetztes Ding. Zusammengesetzt nämlich aus „Repräsentation" und „Demokratie" oder besser, aus einer regierenden Körperschaft und einer wählenden Bürgerschaft, und diese beiden Elemente oder Faktoren sind so wenig identisch miteinander, dass vielmehr ihre wechselseitige Spannung, ihr potentieller Konflikt und wiederum die stetige Möglichkeit ihrer Angleichung im öffentlichen Dialog das vitale Geheimnis des Systems ausmacht. John Adams hat, wie zuvor bemerkt, im Zusammenspiel der drei grossen Gewalten von Präsident, Senat und Repräsentantenhaus das Urbild der „gemischten Verfassung"wiedererkannt, obgleich der Monarch wie die Aristokratie daraus verschwunden waren, und alle Amtsinhaber und Mandatare – gemäss der gesellschaftlichen Selbsteinschätzung Amerikas – von einerlei Rang und Stand waren oder doch zu sein schienen und glaubten.[60] Aber noch war ihm verborgen, dass eben mit der Einführung der Wahl aller dieser Amtsträger und zumal der „repräsentativen" Versammlungen, mit der Übereignung des Wahlrechtes an die Person[61] (statt an die Korporation) und vollends mit dem Wachstum dieser neuen, vom allgemeinen Menschenrecht produzierten und inspirierten Wählerschaften auch eine neue und mächtige Verfassungsgewalt zu den drei grossen konstituierten (und getrennten) Gewalten hinzugetreten, oder dass, mit anderen Worten, die „gemischte Verfassung" um ein weiteres, nun in der Tat spezifisch modernes Ingrediens bereichert worden war: das „Volk".

Weit entfernt, das Verfassungssystem zu entmischen, zu purifizieren und zu vereinfachen, wie es die demokratische Doktrin von der einen und einzigen Quelle aller Staatsgewalt doch behauptet, hat der so geartete Auftritt des „Volkes" es vielmehr unvermeidlich kompliziert. Die Zusammensetzung von Repräsentation und Demokratie oder – weniger begrifflich und mehr politisch gesprochen – das lebendige Widerspiel und Zusammenwirken von Parlament und Wählerschaft bildet an sich selbst, auch wenn wir das Repräsentationsverhältnis ganz isoliert betrachten, ein Phänomen von der Art der „gemischten Verfassung". Wir Heutigen, die wir überall in den „repräsentativen" Versammlungen besonders organisierte Gruppen am Werke sehen, eine Mehrzahl von streitenden und kooperierenden Parteien nämlich, die

---

[60] „In America, there are different orders of offices, but not of men." (*The Works of John Adams*, Bd. 4, S. 380.)

[61] Dies hat Paine klassisch ausgesprochen: „Personal rights, of which the right of voting for representatives is one, are a species of property of the most sacred kind." (First principles of government, 1795, *Writings*, Bd. 3, S. 265).

insgesamt eine „classe politica"[62] oder eine „pars principans"[63] eigentümlicher Art bilden, könnten und sollten von der Fiktion der Einfachheit wie von derjenigen der Identität uns vollends zu lösen imstande sein.

Doch kann ich in dieses bedeutende Thema hier nicht mehr eintreten: ich muss und möchte es bei dem Hinweis bewenden lassen, dass mir eine Wiederbelebung der so ganz versunkenen Lehre von der gemischten Verfassung fruchtbar, ja nötig erscheint, und dass dieses klassische Theorem, wie ich überzeugt bin, uns zu einer tieferen Erkenntnis derjenigen Gebilde helfen kann, welche Thomas Paine und seine gleichzeitigen und späteren Gesinnungsgenossen für einfache Werkzeuge der Demokratie ansahen und auf eine ingeniöse Erfindung zurückführten. Der Begriff der „repräsentativen Demokratie" selbst freilich ist in der Tat eine Erfindung. Die ihn aufbrachten, haben zumeist von der Geschichte weggesehen, ja sich gegen die Geschichte verblendet, aber das erfundene Dogma hat nichtsdestoweniger seinerseits Geschichte gemacht.

---

[62] Der Ausdruck stammt von Gaetano *Mosca*.
[63] Das ist der Ausdruck des *Marsilius* von Padua, welcher hier durchaus und von neuem verwendbar erscheint.

HANS MAIER

ZUR NEUEREN GESCHICHTE DES DEMOKRATIEBEGRIFFS

I. 16.–18. JAHRHUNDERT

In den neuzeitlichen Jahrhunderten bis zur Französischen Revolution bleibt Demokratie, ähnlich wie Aristokratie, zunächst im wesentlichen ein Wort der Gelehrtensprache.[1,2] Nach wie vor ist der „locus classicus" für Demokratie der aristotelische Traktat über die Staatsformen[3], der in der politischen Wissenschaft behandelt wird; daneben tritt seit Conring[4] und Pufendorf[5] die „natürliche Rechtsgelehrsamkeit", das philosophische Staatsrecht als Ort von Untersuchungen über Art und Rechtscharakter demokratischer Regierungsformen. Soweit die Zeugnisse eine Entwicklung erkennen lassen – eine systematisch vergleichende Sammlung der Belege fehlt –, hält sich die Diskussion über Demokratie bis zum 18. Jahrhundert ganz im Rahmen gelehrter Erörterungen; in der Sprache der Urkunden und offiziellen politischen Dokumente tritt Demokratie in dieser Zeit nicht auf,[6] und zur Bezeichnung faktisch vorhandener Verfassungs- und Regierungsformen wird sie nur vereinzelt verwendet. Erst in der Literatur der Aufklärung im 18. Jahrhundert rückt der Begriff aus der rein gelehrten Verwendung durch die politische Theorie heraus und wird häufiger sowohl in historischer Betrachtung auf die „Vergangenheit" wie in aktuell-politischer auf die

---

[1] R. P. Palmer, „Notes on the use of the word ‚Democracy' 1789-1799," in: „Political Science Quarterly" LXVIII, June 1953, 203-226 (204).

[2] Auch die Amerikaner kannten zu Beginn ihrer Geschichte „democracy" nur als gelehrtes Wort. G. H. Blanke, „Der amerikanische Demokratiebegriff in wortgeschichtlicher Beleuchtung," in: „Jb. f. Amerikastudien" 1 (1956), S. 41-52, S. 41.

[3] Politica III, 7, 8.

[4] H. Conring, „De politia," Helmst. 1680; „de democratia" 1781.

[5] S. Pufendorf, „De jure Naturae et Gentium libri octo," Londae, 1673, 1. VII, cap. 5, § 4.

[6] Auch hier ist die Möglichkeit nicht auszuschliessen, dass nachträglich doch die eine oder andere Stelle gefunden werden könnte; doch dürfte die oben gemachte Feststellung hierdurch nicht wesentlich verändert werden.

„Gegenwart" des europäischen Staatslebens bezogen, teilweise in Rivalität
zu dem altüberlieferten Begriff der Republik. Doch bleibt auch diese Erweiterung des Sprachgebrauchs noch überwiegend auf die politische Literatur beschränkt. Bis zum Ende des 18. Jahrhunderts überwiegt im Anschluss
an Aristoteles die Skepsis gegenüber der Realisierbarkeit zumindest der
„reinen", „absoluten" Demokratie; dem demokratischen Prinzip wird allenfalls in Rahmen der gemischten Verfassung eine Stelle eingeräumt, und die
Anwendung des Begriffs auf das europäische Verfassungsleben beschränkt
sich im wesentlichen auf die Republiken Holland und Schweizer Eidge-
nossenschaft, sowie auf einzelne deutsche Stadtrepubliken und Landschaften
(wie etwa Dithmarschen), die im überwiegend monarchischen Europa des 18.
Jahrhunderts noch eine Aussenseiterrolle spielen.

1. Die Umschreibung des Begriffs in den Wörterbüchern und in der
politisch-wissenschaftlichen Literatur lässt erkennen, dass der Schwerpunkt
der Bedeutung vom 17. zum 18. Jahrhundert noch ganz im aristotelischen
Sinne in der Bezeichnung der „Staatsform" liegt.[7] Dabei wird sowohl die
positive Bedeutung tradiert (Demokratie als gute Staatsform, mit politia
gleichgesetzt) (a) als auch die negative Bedeutung (Demokratie als Entartungsform) (b); daneben sind theoretische Weiterbildungen und Differen-
zierungen des Begriffs zu verzeichnen (c).

a) Nach Pufendorf gehört die Demokratie zu den „civitatis regularis tres
formae;" in ihr ist „summum imperium . . . penes concilium ex universis
Patribus familiae constans."[8] Ähnlich definiert Alstedius in der Linie der

---

[7] Ausser den weiter unten angeführten Autoren haben folgende Gelehrte in den Bahnen
der Aristotelestradition die Demokratie als eine der drei bekannten Regierungsformen
dargestellt:
Johannes Althusius, „Politica," Herborn,[3] 1614 Caput 39 § 21, § 60.
Philipp Clüverius, „Germaniae antiquae libri tres," Lugduni Batavorum, 1631 Cap.
XXXVIII, XXXIX, XLI.
Mathias Bernegger, Ex C. „Cornelii Taciti Germania et Agricola Questiones." Argentorati,
1640 Quaestio LV (Verfasser Laurentius Kegetius).
Johann Friedrich Horn, „Politicorum pars architectonica de civitate," Frankfurt/M.,
1672 S. 17.
      Johann Heinrich Boecler, „Institutiones politicae," Argentorati, 1674, Cap VI „De
Democratia"
      Ulrich Huber, „De jure civitatis," Franeguerae, 1684 Lib. I, Cap. XXXIX „De Demo-
cratia"
      Julius Bernhard von Rohr, „Einleitung zur Staatsklugheit, oder Vorstellung, wie
Regenten. . .zu. . . herrschen pflegen," Leipzig, 1718, S. 250.
      Nicolaus Hieronymus Gundling, „. . .Politic. . .," Frankfurt und Leipzig, 1733, Cap. V,
§ 7 „Von der Demokratie; Christian Wolff, Philosophia practica universalis," 1738 Cap.
IX, § 2073 ff.
[8] S. Pufendorf, „De officio hominis et civis juxta legem naturalem libri duo," Francof.
ad Moenum, 1709, cap. VIII, § 3.

Herborner aristotelischen Schulphilosophie[9] Demokratie als „polyarchie, in qua summa potestas est penes populum. Unde status popularis dicitur."[10] Die Möglichkeit einer Wahrnehmung der Regierungsgeschäfte durch die Mehrheit der Bürger räumt Besold ein: „Democratias summum reipublicae jus penes populum constitutum habet: ita ut civibus universis aut eorum maxumae parti, jus sit imperandi.[11] Doch ist die Ermächtigung durch die Gesamtheit der Bürger (Hausväter) für das demokratische Regiment unentbehrlich, wie sowohl Besold als auch Myler ab Ehrenbach in seiner Hyparchologie darlegen:. . ." „ut Magistratus ab ipso populo constituatur, atque ab eodem auctoritatem sumat.[12] Nam olim Romae, durante adhuc Democratico Imperio, Magistratum constitutio, ad purum Populi favorem pertinebat, adeo ut lex Valeria. . . Caput ejus jusserit, qui Imperium nisi a Populo haberet."[13]

Ein ähnliches Bild ergeben die zahlreichen deutschen Belege vom 16. zum 18. Jahrhundert. Hier wird Demokratie verstanden als „herrschung und regierung des gemeinen volcks" (1561),[14] „Alleinherrschender Stand" (1645),[15] „eine ordentliche Form der Republic, da die höchste Gewalt dem gantzen Volcke zukommt" (1726),[16] „Regiment des ganzen Volkes" (1755),[17] „eine Regierungsform, worinnen das höchste Regiment von dem ganzen Volke geführet wird" (1766),[18] „eine Regierungsform, da das unabhängige Volk zu befehlen hat" (1780,[19] „diejenige Art von Regierungsformen, in welcher das ganze Volk an der Regierung des Staats Antheil hat" (1791),[20]

[9] Vgl. P. Petersen, „Geschichte der aristotelischen Philosophie im protestantischen Deutschland," Leipzig, 1921, S. 166 ff., 184 ff.; H. Maier, „Ältere deutsche Staatslehre und westliche Tradition," Tübingen, 1966, S. 12.

[10] J. H. Alstedius, „Compendium philosophicum," Herbornae, 1626, S. 1303.

[11] Ch. Besold, „Discursus Politici," disc. 3 „De democratia," in „Operis politici," editio nova, Argentorati, 1641, III, 38.

[12] a.a.O., 38.

[13] Myler ab Ehrenbach, „Hyparchologia," Stutgardiae, 1678, S. 27 sq.

[14] J. Maaler, „Die teutsche spraach," Zürich, 1561, S. 219.

[15] Ph. von Zesen, „Adriatische Rosamund," Amsterdam, 1645, S. 177.

[16] J. G. Walch, „Philosophisches Lexikon," Leipzig, 1726, S. 483; die gleiche Definition bei Hübner-Zincken, „Curieuses u. reales Natur-, Kunst-, Berg-, Gewerck- und Handlungs – lexicon," Leipzig, 1755, 603, ebenso in den weiteren Auflagen von 1776, 639 und 1792, 635.

[17] „Wohlmeinender Unterricht für alle diejenigen, welche Zeitungen lesen," Leipzig, 1755, Anhang, S. 19.

[18] Ch. F. Krackherr, „Bequemes, nützliches, nothwendiges und für jedermann dienliches Handlexicon," Nürnberg, 1766, S. 116.

[19] „Kleine Encyclopaedie oder Lehrbuch aller Elementarkenntnisse." Aus dem Französischen von J. S. Halle, Berlin-Leipzig, 1780, II, S. 430 (Zusatz des Übersetzers).

[20] J. F. Roth, „Gemeinnütziges Lexikon für Leser aller Klassen besonders für Unstudirte," Nürnberg, 1791, S. 190.

„kurz Volksregierung, Volksherrschung" (1792),[21] oder, wie Schlözer 1793 die aristotelische Tradition des Ausgangs von der Zahl der Herrschenden noch einaml prägnant zusammenfasst: „Nur einer hat die Herrschaft, – Monarchie. Oder ein Ausschuss, – Aristokratie. Oder die bei jeder Herrscher Handlung besonders erforschte Mehrheit, – Demokratie."[22]

Auch in der übrigen europäischen Literatur ist der Reflex der aristotelischen Staatsformenlehre zu erkennen: so bei Temple[23], Locke[24], Montesquieu.[25] Im Dictionnaire français-allemand von 1675 ist unter démocratie angegeben: „Gouvernement populaire, Regierung des gemeinen Volcks, Démocratie, démocratique, etat démocratique, ein Stand der von dem gemeinen Volck regiret wird. Status democraticus."[26] Im angelsächsischen Bereich tritt frühzeitig die Tendenz hervor, Demokratie weniger als selbständige Staatsform denn als Element einer gemischten Staatsform zu betrachten, so in den Verfassungsschriften von Blackstone und De Lolme und bei John Adams, der 1775 die Frage stellt: „Is not the democracy as essential to the English Constitution as the monarchy or aristocracy?"[27]

b) Demokratie als Entartungsform positiv verstandener Volksherrschaft ist belegt bei Micraelius (1653): „Democratia est forma reipublicae a pura politia aberrans in qua sumuntur, qui praesint, non ex una virtute, sed ex habita potissimum ratione libertatis."[28] Ähnlich bei Baumeister (1758): Democratia est status, quo plebs, utilitati suae tantum intenta, negligit salutem et tranquillitatem reipublicae."[29] Negative Akzentuierung des Begriffs und Zweifel an der Realisierbarkeit der Demokratie ausserhalb kleinster politischer Ordnungen überwiegen noch bei Montesquieu, Rous-

---

[21] H. Kuppermann, „Juristisches Wörterbuch zur Verbesserung des Aktenstils und Einführung einer reinen deutschen Schreibart," Leipzig, 1792, S. 150.

[22] A. L. von Schlözer; „StatsGelartheit" I. Teil, Göttingen, 1793, S. 112.

[23] W. Temple definiert Demokratie als „one of the three forms of government; that in which the sovereign power is neither lodged in one man, nor in the nobles, but in the collective body of the people. While many of the servants, by industry and virtue, arrive at riches and esteem, then the nature of the government inclines to a democracy." Zitiert nach S. Johnson, „A dictionary of the English Language," London, 1755, I Stichwort Democracy.

[24] J. Locke: „The majority having the whole power of the community, may employ all that power in making laws, and executing those laws; and there the form of the government is a perfect democracy." Zitiert nach Johnson, a.a.O.

[25] Montesquieu: „Lorsque, dans la république, le peuple en corps a la souveraine puissance, c'est une Démocratie. De l'Esprit des Lois, II, 2."

[26] „Nouveau Dictionnaire et aleman – francais qu'accompagné le latin, Basle,[2] 1675.

[27] „Sources and Documents illustrating the American Revolution," 1764-1788. . . ed. S. E. Norison, Oxford, 1951, S. 127.

[28] Micraelius, „Lexicon philosophicum," Jena, 1653, S. 306 sq.

[29] F. Ch. Baumeister, „Philosophia definitiva hoc est Definitiones Philosophieae ex systemate Lib. Bav. a Wolf," Wittenberg, 1758, 198, Nr. 1202.

seau, Wieland und Kant: „La démocratie et l'aristocratie ne sont point des Etats libres par leur nature. La liberté politique ne se trouve que dans les gouvernements modérés; elle n'y est que lorsqu'on n'abuse pas du pouvoir. . ."[30] Der Contrat social verneint die Möglichkeit einer Demokratie im strengen Sinn des Wortes: „A prendre le terme dans la rigueur de l'acception, il n'a jamais existé de véritable démocratie, et il n'en existera jamais. Il est contre l'ordre naturel que le grand nombre gouverne et que le petit soit gouverné. On ne peut imaginer que le peuple reste incessament assemblé pour vaquer aux affaires publiques, et l'on voit aisément qu'il ne sauroit établir pour cela des commissions, sans que la forme de l'administration change." Nach Rousseaus berühmtem Wort ist die Demokratie eine Staatsform für Götter: „S'il y avoit un peuple de dieux, il se gouverneroit démocratiquement. Un gouvernement si parfait ne convient pas à des hommes."[31] Auch Wieland bezweifelt, ob eine vollendete Demokratie zu verwirklichen sei. „Nicht einmal unter einem kleinen Volke" könne sie sich erhalten.[32]

Für Kant dagegen ist, unabhängig von der Realisierungsmöglichkeit, die reine Demokratie, bei der alle Mitglieder der bürgerlichen Gesellschaft die Herrschergewalt besitzen, ein „Despotism", „weil sie eine exekutive Gewalt gründet, da alle über und allenfalls auch wider Einen (der also nicht miteinstimmt), mithin alle, die doch nicht alle sind, beschliessen; welches ein Widerspruch des allgemeinen Willen mit sich selbst und mit der Freiheit ist." Die traditionell – als forma imperii – verstandene Demokratie kann dem Individuum nicht den rechtsstaatlichen Schutz gewähren, den der von Kant erstrebte „Republikanism" – als forma regiminis – bietet. Anders als in der Monarchie und in der Aristokratie ist in der Demokratie eine repräsentative Regierungsart, die „Absonderung der ausführenden Gewalt von der gesetzgebenden, unmöglich, weil alles da Herr sein will."[33]

c) Die zwischen beiden Überlieferungsreihen liegenden Versuche einer Fortbildung der Theorie knüpfen an die Gleichung Demokratie = Politie und die von hierher nahegelegte Gleichsetzung des Demokratischen mit dem Republikanischen an. So rückt schon Besold den Demokratiebegriff in die Nähe der Respublica: „Ac dicitur alias Democratia, speciatim & absolute Respublica: eo quod inibi omnia maxume publica, hoc est, populica seu communia existant universique cives, aequa inter se ratione, Jus publicum sint partiti."[34] Für Wehner (1665) ist Demokratie die Staatsform „so das

---

[30] „De L'Esprit des Lois," XI, 4.
[31] J. J. Rousseau, „Du contrat social," III, 4.
[32] C. M. Wieland, „Sendschreiben an Ehlers," 1792, Ak. Ausg. Bd. 15, S. 423.
[33] I. Kant, „Zum ewigen Frieden," Königsberg, 1795, Erster Definitivartikel.
[34] a.a.O., S. 39.

Regiment bey allen Ständen und dessen Gliedern zugleich stehet – die gantze
Gemein und der Pöfel mit zu gebieten hat – doch zu gemeiner Wolfahrt gerichte."[35] Innerhalb dieses weiteren Demokratiebegriffs werden vom 18.
Jahrhundert an spezifische Sonderformen unterschieden, so bei Walch (1726)
die democratia pura „wo das Volk unter einander die Macht hat," die democratia temperata regie „wo einer unter dem Volck ein sonderliches Ansehen und Vorzug hat; seine Macht aber mehr auf Rathen, als Befehlen
gehet, dergleichen Democratien ehmahls bey den alten Teutschen, ingleichen
in vielen griechischen Städten waren," die democratia temperata aristo-
cratice „welches wieder auf unterschiedene Art geschicht, da nemlich gewisse
Collegia und Zusammenkünffte die Sache im Nahmen des Volckes ver-
walten, indem in einigen Democratien gewisse Zünffte und Gesellschafften
sind; in andern hingegen nicht, wie die Schweitz von beyden ein Exempel
seyn kan, schliesslich die democratia urbica und die democratia per vicos
sparsa."[36,37] D'Argenson unterscheidet in seinen 1764 erschienenen, aber bereits in den Dreissigerjahren unter der Hand verbreiteten[38] „Considérations"
eine „fausse & légitime Démocratie: La fausse Démocratie tombe bientôt
dans l'Anarchie, c'est le gouvernement; tel de la multitude; tel est un peuple
révolté; alors le peuple insolent méprise les loix & la raison; son despotisme
tyrannique se remarque par la violence de ses mouvements & par l'in-
certitude de ses délibérations. Dans la véritable Démocratie on agit par
députés, & ces députés sont autorisés par l'élection, la mission des élus du
peuple; & l'autorité qui les appuye, constitue la puissance publique: leur
devoir est de stipuler pour l'intérêt du plus grand nombre des citoyens, pour
leur éviter les plus grands maux & leur procurer les plus grands bien."[39] In
der 1778 ff. erschienenen Deutschen Encyclopädie wird die „unvermischte"
oder „wahre" Demokratie von der mit dem Repräsentativsystem verbundenen unterschieden: „Zu einer wahren Democratie wird erfordert, dass das
ganze Volk an der gesetzgebenden Gewalt Antheil nehme. . . Ein jeder Haus-
vater wenigstens muss hierbey das Recht haben, mit zu sprechen. Wenn
aber wegen der allzugrossen Volksmenge und den durch die Abstimmung
einer jeden einzelnen Person entstehenden Weitläufigkeiten, oder allenfalls

[35] P. W. Wehner, „Metamorphosis Rerum Publicarum. Von Veränderung/Undergang/
Verwandelung und Perioden der Regimenten/und deren Ursachen," ed. Frankfurt, 1665,
S. 2.

[36] „Jene ist, da die höchste Gewalt diejenigen haben, so in der Stadt wohnen; diese aber
ist bei den Dörffern, da keine Städte sind" (Walch, „Philosophisches Lexikon," S. 484).

[37] Walch, a.a.O., Art. Democratie, S. 483 ff.

[38] Palmer, a.a.O., S. 205.

[39] „Considérations sur le Gouvernement ancien et présent de la France," par Mr. le
Marquis d'Argenson, Yverdon, 1764, S. 6 f.

aus andern Ursachen, nur gewisse Personen sind, die die übrigen vertretten oder repräsentiren, so ist es keine ganz reine Democratie mehr; jedoch kommt sie derselben ziemlich nahe, wenn das Volk vorher diese seine Repräsentanten jedesmal selbst erwählt. Wofern diese Repräsentanten nicht anderst stimmen dürfen, als das, und wie es ihnen aufgetragen worden, so ist es eine völlige Democratie, indem es einerley ist, ob jemand seine Stimme selbst, oder durch einen andern giebt. Haben aber gewisse Personen das Recht, Repräsentanten vorzustellen, ohne dazu erwählt zu werden, so ist es insofern keine Democratie mehr, sondern eine Aristocratie."[40] In seinem „Naturrecht" von 1796 sieht Fichte in der „Demokratie, im engeren Sinn des Worts," das heisst in der, „die eine Repräsentation hat", eine mögliche „rechtmässige Verfassung." Diese rechtmässige Demokratie heisst entweder „reine" oder „gemischte", je nachdem, ob alle oder nur einige obrigkeitliche Personen vom Volke gewählt werden.[41]

2. Wann erstmalig der Begriff Demokratie – über den geschilderten politisch-theoretischen Sprachgebrauch hinaus auf konkrete Verfassungen der Zeit angewendet wurde, bedürfte einer näheren Untersuchung. Einer der in der frühen Neuzeit seltenen Belege für die Verwendung des Begriffs Demokratie zur Bezeichnung konkreter Herrschaftsverhältnisse findet sich in Luthers Tischreden, wo die Herrschaft in der Schweiz und in Dithmarschen als Beispiel für die Demokratie genannt werden.[42] Schon 1647 wird eine der Keimzellen der amerikanischen Demokratie, das von Roger Williams gegründete Gemeinwesen, in den „Colonial Records of Rhode Island" als „demokratisch" charakterisiert: „It is agreed. . . that the forme of Government established in Providence Plantations is Democraticall; that is to say, a Government held by ye free and voluntarie consent of all, or the greater partse of the free inhabitants."[43]

Etwa von den dreissiger Jahren des 18. Jahrhunderts an wird es gebräuchlich, von Staaten wie Holland und der Schweiz als „Demokratien" zu

[40] „Deutsche Encyclopädie oder Allgemeines Real-Wörterbuch aller Künste und Wissenschaften von einer Gesellschaft Gelehrter," Frankfurt a.M., 1778-1804, VII (1783), S. 73.
[41] J. G. Fichte, „Grundlage des Naturrechts nach Prinzipien der Wissenschaftslehre," Hamburg, 1966, § 16, S. 160.
[42] Martin Luther, „Werke. Kritische Gesamtausgabe, Tischreden" Bd. 4, Weimar, 1916, S. 4342 (7. Februar 1539). „Politicus magistratus habet multos species: Monarchiae, alsda ist regnum Galliae, Angliae, Portugaliae, Bohemiae, Ungariae, Poloniae. Aristocratia est magistratus civilis, ut Germaniae, democratia, ubi plures regunt, als in Schweitzen und Dytmars, Oligarchia als in Erfurdt." In der deutschen Nachschrift lautet der Zusatz zu Demokratie: „wo der gemeine Mann regiert". Vgl. dazu Werner Elert, „Morphologie des Luthertums" 2. Aufl. München, 1958, Bd. 2, S. 326.
[43] Blanke, a.a.O., 41 f.; dort Zitat aus: Dictionary of Americanisms on Historical Principles, Chicago 1951.

sprechen,[44] wobei freilich die Bezeichnung Republiken noch sehr viel häufiger verwendet wird und bis zum Ende des 18.Jahrhunderts vorherrschend bleibt. D'Argenson bezeichnet in seinen Considérations die Schweiz als eine „pure démocratie," ebenso gehört Holland zu den demokratisch regierten Staaten, und in den Fürstenstaaten des Deutschen Reiches findet man „différents degrés de Démocratie."[45] In den deutschen Lexika und der gelehrten Literatur der ersten Hälfte des 18.Jahrhunderts kommt diese Exemplifikation des Demokratiebegriffs auf die Gegenwart noch nicht vor;[46] erst Scheidemantel führt „Sparta, Athen, die mehresten Städte in den vereinigten Niederlanden, Genf und viele Schweizercantons als Beispiele an."[47] Als Muster für ein demokratisches Stimmrecht, „wo eine jede Mannsperson von 16 Jahren ihre Stimme hat," nennt die Deutsche Encyclopädie (1783) die Schweizer Kantone Uri, Schwyz, Unterwalden, Zug, Glarus, Appenzell, das Bündner- und Walliserland.[48] Pütter spricht in seiner Staatsverfassung (1787) von der „mehr oder minder eingeschränkten oder unbeschränkten oder democratischen Verfassung" der deutschen Reichsstädte.[49] Athen und Sparta sowie das republikanische Rom werden gleichfalls als historische Beispiele einer demokratischen Regierungsform angeführt,[50] jedoch im allgemeinen noch nicht die altgermanischen und altdeutschen Verfassungszustände, die erst im 19.Jahrhundert – im Zuge der doppelten Erweiterung des Begriffs der „alten deutschen" Freiheit" und der Demokratie – in die historische Geneaologie der demokratischen Verfassungen einbezogen werden.[51] Immerhin ist es symptomatisch und wirft ein Licht auf die Vorbereitung des bürgerlichen Geschichtsbildes im 18.Jahrhundert, wenn die Einwohnerschaft von Köln 1788 gegen die Toleranzgesetzgebung Josephs II. unter Berufung auf die demokratische Verfassung der Stadt protestiert,[52] und wenn die Aachener Bürger in den Revolutionskriegen gegenüber den französischen Neuerungen darauf beharren, stets eine demokratische Verfassung besessen zu haben.[53]

[44] Auch der Plural tritt erst um diese Zeit auf.
[45] d'Argenson, a.a.O., S. 7, 10, 47 ff. 79.
[46] Ausnahme die Bemerkung von Walch über die „Democratien . . .bey den alten Teutschen" (siehe oben Anm. 33).
[47] H. G. Scheidemantel, „Repertorium des Teutschen Staats- und Lehnrechtes," Leipzig, 1782-95, I, S. 662.
[48] „Deutsche Encyclopädie, a.a.O., S. 73.
[49] J. St. Pütter, „Historische Entwicklung der heutigen Staatsverfassung des Teutschen Reiches," Göttingen, 1786/87, III, 262.
[50] So bei Scheidemantel und in der „Deutschen Encyclopädie.
[51] Auch hier vgl. wieder als Ausnahme Walch, a.a.O., S. 484.
[52] J. Hansen, „Quellen zur Geschichte des Rheinlandes im Zeitalter der französischen Revolution," 1780-1801, Bonn, 1931-38, I, S. 260.
[53] Hansen, a.a.O. II, S. 68, 676; III, S. 313.

3a) Die auffälligste Erweiterung des Demokratiebegriffs vor 1789 findet sich – in der Literatur des 18.Jahrhunderts völlig vereinzelt dastehend – in den schon mehrfach erwähnten Considérations des Marquis d'Argenson. Hier stossen wir auf ein neues Verständnis von Demokratie, das nicht mehr von der Herrschafts- und Verfassungsordnung ausgeht, sondern vom gesellschaftlich-sozialen Bereich. Tocquevilles Betrachtungsweise vorwegnehmend, sieht d'Argenson die französische Geschichte unter dem Gesichtspunkt des „progrès de la Démocratie," wobei das Königtum als Schrittmacher der Entwicklung gewürdigt wird: seine Autorität hat die Feudalgewalten zurückgedrängt und das Vorrecht des Adels zerbrochen „ce qui nous prouve, quoiqu'on en dise, que la Démocratie est autant amie de la Monarchie que l'Aristocratie en est ennemie."[54] Mit zunehmender Pazifizierung Europas wird der Adel auch seine militärische Führerrolle einbüssen, wie er bereits das Verwaltungsprivileg an die bürgerlichen Schichten verloren hat; Demokratie und Königtum werden gemeinsam zur Herrschaft aufsteigen. Die „Dispositions à étendre la Démocratie en France"[55] sehen eine Reihe liberaler Reformen – ungefähr in der Linie der Politik der Reformminister – vor, die auf die déstruction de la Noblesse," die Befestigung der materiellen Prosperität des Landes und die Sicherung der Monarchie gerichtet sind. Der Begriff der Demokratie wird bei d'Argenson – vom verfassungspolitischen Verständnis gelöst – zur geschichtsphilosophischen Chiffre für bürgerlichen Aufstiegswillen und Verlangen nach sozialer Gleichheit schlechthin.[56] Seine royalistische Tönung[57] wirkt noch in der späteren, aus den Anfängen der Revolution stammenden Formel der „Démocratie royale"[58] nach.

[54] d'Argenson, a.a.O., S. 110f.

[55] Ebd. S. 138ff.

[56] Vgl. die treffende Kennzeichnung bei Palmer, a.a.O., S. 205: „We may note, too, in d'Argenson, the tendency to think of democracy as equality rather than as selfgovernment (opposing it to ‚aristocracy', rather than to ‚monarchy'), and the emancipation from the traditional idea that democracy could be realized only in tiny and virtuous societies."

[57] Vgl. d'Argensons „Plan du Gouvernement proposé pour la France", a.a.O., S. 159 ff., Art. VI: „Cette Démocratie nullement dangereuse à la Monarchie."

[58] Der Baron von Wimpfen plädierte am 28. Juli 1789 für einen Verfassungsartikel folgenden Inhalts: „Le Gouvernement français est une Démocratie royale." Mirabeau bemerkt zu dieser Wortprägung im Courier de Provence (no. 34, 7) folgendes: „Le Baron de Wimpfen, en réunissant deux mots si éloignés jusqu'à présent l'un de l'autre, exprimoit une grande vérité; c'est que la Démocratie s'allie naturellement avec la Monarchie; c'est qu'il n'existe aucune opposition entre leurs intérêts, puisque le voeu du Roi soit assez fort pour s'opposer à l'introduction d'une aristocratie, qui tend toujours à l'indépendance et dont la puissance ne s'exercege jamais qu'aux dépens du Prince et du Peuple." Im Gegensatz hierzu charakterisiert Johann von Türkheim (Bericht an die Gemeinde von Strassburg, in: „Französische Staatsanzeigen," 1789, 2. Heft, S. 125 u. 131) die Démocratie royale als Versuch, den König völlig zu entmachten, ihn zu einem rein dekorativen Verfassungselement zu degradieren und Nationalversammlung und Strasse zu autorisierten Machtträgern zu erheben.

3b) Die Entwicklungslinie einer in mancher Hinsicht verwandten Ausweitung des Demokratiebegriffs nimmt von Kants Unterscheidung der
Demokratie – als forma imperii – und vom Republikanism" – als forma regiminis – ihren Ausgang.[59] Seit Kant kann eine Monarchie „republikanisch"
sein. Die Kantische Umwertung des Republikanischen und die damit
korrelierende Abwertung der als Staatsform verstandenen Demokratie wird
von Schlegel[60] wieder aufgehoben: der Kantische Republikanismus wird als
eigentlich demokratisch erkannt. Damit deutet sich – als Konsequenz aus
Kants Unterscheidung von Staatsform und Regierungsart – die Wende zum
modernen Demokratiebegriff an, welcher die Forderung nach individuellen
Freiheitsrechten, nach rechtsstaatlicher Sicherung und nach einer Repräsentativverfassung mit Gewaltenteilung in sich begreift, ohne der Monarchie
entgegengesetzt zu sein. So schreibt Hardenberg in seiner Rigaer Denk-
schrift, vom 12. September 1807 –: „Demokratische Grundsätze in einer
monarchischen Regierung: dieses scheint mir die angemessene Form für
den gegenwärtigen Zeitgeist."

II. Das Zeitalter der Französischen Revolution

Die Jahre 1780-1800 sind für das moderne Verständnis von Demokratie von
entscheidender Bedeutung. Die heutigen Wortbedeutungen sind in wesentlichen in dieser Zeit entwickelt und verbreitet worden.

Vor allem in zwei Richtungen verändert sich der Sprachgebrauch. Einmal
wird Demokratie jetzt aus einem Wort der Gelehrtensprache endgültig zu
einem allgemein verwendeten (obgleich jahrzehntelang heftig umkämpften)
„politischen Begriff," der ebenso der Selbstdarstellung bestimmter Partei-
richtungen wie der Kennzeichnung von Verfassungsinstitutionen dient,

---

[59] Kant, „Zum ewigen Frieden," Erster Definitivartikel.
    [60] F. Schlegel, „Versuch über den Begriff des Republikanismus veranlasst durch die
Kantische Schrift zum ewigen Frieden," 1796 (Kritische Friedrich Schlegel-Ausgabe, ed.
E. Behler, Bd. 7, iiff). Nach Schlegel „scheint der von Kant gegebene Begriff der Demokratie der Ochlokratie angemessen zu sein (19)." Anders als Kant sieht Schlegel keinen
Widerspruch zwischen Republikanismus und Demokratie: „Die Gleichheit und Freiheit
erfordert, dass der allgemeine Wille der Grund aller besondern politischen Tätigkeiten
sei... Dies ist aber eben der Charakter des Republikanismus." (15) Da der „absolut allgemeine Wille" nicht vorkommen kann, muss man einen „empirischen Willen" als Surrogat durch eine „Fiktion" gelten lassen. (16) „Die einzig gültige politische Fiktion ist die
auf das Gesetz der Gleichheit gegründete: Der Wille der Mehrheit soll als Surrogat des allgemeinen Willens gelten. Der Republikanismus ist also notwendig demokratisch, und das
unerwiesene Paradoxon, dass der Demokratismus despotisch sei, kann nicht richtig sein."
(17).
    [61] „Die Reorganisation des Preussischen Staates unter Stein und Hardenberg," Erster
Teil: Allgemeine Verwaltungs- und Behördenreform, ed. G. Winter, Bd. I, S. 306.

vereinzelt auch schon in Staatsurkunden auftaucht. Mit dieser Verbreiterung des Sprachgebrauchs geht Hand in Hand eine Erweiterung des Inhalts derart, dass Demokratie jetzt immer mehr über ihren ursprünglichen verfassungspolitischen Sinn, die Kennzeichnung der Staatsform, hinauswächst und allgemeinere soziale und geschichtsphilosophische Gehalte in sich aufnimmt – ein Vorgang, der besonders im Entstehen neuer Wortverbindungen (christliche Demokratie, Sozial-Demokratie) deutlich wird.[61]

1. Ein Vorspiel zu der mit der Revolution einsetzenden Politisierung des Begriffs bildet das Auftauchen des Wortes „Demokrat" (= Anhänger der demokratischen Regierungsform) und seines Gegenbegriffs „Aristokrat" in den achziger Jahren des 18.Jahrhunderts. Die ersten Belege für Demokrat, Demokraten stammen aus den Niederlanden.[62] So bezeichnet der Rotterdamer Patrizier van Hogendorp die gegnerischen Parteien der Revolutionsbewegung von 1784-87 als „Aristokraten" und „Demokraten"[63] .Im belgischen Aufstand von 1789 nennen sich die Führer der revolutionären Partei „braves Démocrates" und „bons" Démocrates[64]. Als Selbstbezeichnung radikaler revolutionärer Gruppen tritt das Wort dann in Frankreich während der Revolution auf, wobei seine Verbreitung freilich gegenüber anderen stärker bevorzugten Worten – Patriot, Jakobiner, Sansculotte – deutlich zurückbleibt.[65] Breitere Ausstrahlung und europäisches Echo findet der Begriff erst als Schelt- und Schimpfwort, das die Revolutionsgegner – ihrerseits von den Revolutionären als „Aristokraten" gebrandmarkt – gegen die pro-revolutionären Kräfte ins Feld führen. Vor allem in Deutschland wird das Drama der französischen Revolution als Kampf zwischen „Aristokraten" und „Demokraten" empfunden.[66]

Nach den vorliegenden Zeugnissen ist es unwahrscheinlich, dass wie man im 19.Jahrhundert gelegentlich vermutet hat[67] – dieser Sprachgebrauch aus

---

[62] Palmer, a.a.O., S. 205 f.

[63] G. K. van Hogendorn, „Brieven en Gedenkschriften," Im Haag, 1866-1903, Bd.,2 S. 55 u. 60 f.

[64] S. Tassier, „Les démocrates belges de 1789. Etude sur le Vonckisme et la Révolution brabançonne, „Brüssel 1930, in: „Mémoires de l'Académie royale de Belgique, Classe des Lettres," 2. ser., Bd. 28; vgl. Palmer a.a.O., S. 206 mit Anm. 3.

[65] F. Brunot, „Histoire de la langue française," Paris, 1905 ff. Bd 9, S. 652.

[66] Vgl. G. P. Gooch, „Germany and the Erench Revolution," London, 1920; A. Stern, „Der Einfluss der französischen Revolution auf das deutsche Geistesleben," Stuttgart, 1928.

[67] So etwa L. Bucher, „Über politische Kunstausdrücke," in: „Deutsche Revue," 1888, Bd. 2, S. 71: „Ähnliche Notizen macht der Royalist Präsident Henault in seiner Geschichte Frankreichs. Er erwähnt z.B. zu Anfang des Jahres 1789, dass damals der Klub, das Wort und die Sache, aus England eingeführt worden seien und dass man in den Klubs zum ersten Male die Bezeichnung Demokraten und Aristokraten angewandt habe, beziehungsweise auf den dritten Stand und die beiden anderen Stände."

den angelsächsischen Ländern übernommen wurde. Weder der Begriff „Aristokrat" noch der Begriff „Demokrat" ist im englischen Sprachbereich vor 1789 bezeugt. „No ‚democrats' fought in the American Revolution; and the age of Aristocracy, as long as it was unchallenged, heard nothing of 'aristocrats'.[68] Vielmehr behalten Demokratie und demokratisch gerade im englischen Sprachraum noch lange ihre deutlich pejorative Note; sie werden nur widerwillig aus Frankreich rezipiert. Aufschlussreich ist eine Bemerkung im britischen Annual Register von 1790:" „The democrates" (French spelling) „have already stripped the nobility of all power.[69]" Wordsworth bemerkt in einem Brief von 1794: „I am that odious class of men called democrats."[70] In den Vereinigten Staaten werden „Demokraten" noch 1796 von Cobett in deutlich abwehrender, denunziatorischer Absicht mit „Jakobinern" gleichgesetzt.[71] Die ablehnende Haltung gegenüber Demokratie und Demokraten dauert noch bis ins 19.Jahrhundert hinein;[72] eine positivere Auffassung setzt sich – trotz vereinzelter sympathisierender Äusserungen Jeffersons[73] erst mit der „Jacksonian Democracy" nach 1828 und mit der späteren Entstehung einer Partei der „Demokraten" durch.[74]

Dagegen schwankt in den von den Revolutionskriegen erfassten europäischen Ländern der Sprachgebrauch zwischen Zustimmung und leidenschaftlicher Ablehnung, je nach der politischen Haltung derer, die ihn verwenden. Den positivsten Klang hat das Wort nach wie vor in Holland,[75] aber auch in Deutschland, wo der Begriff Demokrat bereits 1777 bezeugt ist,[76] überwiegt trotz der späteren Ausschreitungen der Revolution in

[68] Palmer, a.a.O., S. 205.

[69] Palmer, a.a.O., S. 210.

[70] „Letters of the Wordsworth Family from 1787 to 1855," ed. by W. Knight, London, 1907, Bd. I, S. 66.

[71] In einem Pamphlet mit dem Titel History of the American Jacobins Commonly Denominated, das er unter dem Pseudonym Peter Porcupine 1696 in Philadelphia veröffentlichte; vgl. Palmer a.a.O., S. 208 f. mit Anm. 9.

[72] Blanke, a.a.O., S. 43 f.

[73] Hierzu: E. P. Link, „Democratic-Republican Societies 1780-1800," New York, 1942, und Palmer, a.a.O., S. 224 f.

[74] Palmer a.a.O., S. 225: „The term went out of American popular usage after 1800. . ., not to be revived until the founding of the Democratic party a generation later."

[75] Einzelheiten bei Palmer a.a.O., S. 217. Im Holland gehen „Demokraten" und „demokratisch" auch frühzeitig in die offiziöse politische Sprache ein, weit stärker als in Frankreich; so nennt sich eine wichtige Amsterdamer Zeitung der Revolutionszeit „De Democraten." Im Januar 1798 wird im holländischen Parlament eine Petition für eine demokratische Repräsentativverfassung eingebracht; ein Verfassungsausschuss erklärt dem französischen Gesandten, dass die Niederländer „ein größeres Mass an Demokratie vertrügen als die Franzosen".

[76] F. S. Meidinger, „Gedanken über die gewöhnlichsten Regierungsformen Demokratie, Aristokratie und Monarchie," s. l. 1777: "Keine Epoche, die die Triebfedern aller Handlungen der Demokraten untersucht. . . (28)."

Frankreich die Verwendung im günstigen Sinn. Zunächst tritt das französische Wort démocrate[77] in Deutschland als Schelte des Republikaners auf: „die Demokraten, die dermalen in Frankreich den Meister spielen."[78] 1792 setzen die ersten Verdeutschungsversuche ein. Campe übersetzt Demokrat mit „Volksfreund oder Freund der Volksregierung" und setzt erläuternd hinzu: „Denn der Demokrat will nicht gerade selbst herrschen, er will nur, dass das Volk durch seine Stellvertreter herrsche. Jenes will der Demagog."[79] Für Adelung 1793 ist der Demokrat einer, der die demokratische „Verfassung begünstigt, derselben ergeben ist."[80] Ausführlich äussert sich Campe in seinem Verdeutschungsbuch (1813) über den Begriff: „Dies Wort bedeutet 1) „den Bürger eines Staates, worin das Volk durch seine Stellvertreter sich selbst Gesetze gibt und sich selbst regiert; und in so fern kann man es durch Freibürger verdeutschen, wofür andere, aber ohne Glück, auch Freiländer (wie Niederländer) versucht haben. 2) Einer, der freibürgerliche Gesinnungen hegt; und da ist es ein freibürgerlich Gesinnter, ein Volksfreund, Volksgesinnter, ein Freiheitsfreund. In den letztverflossenen Jahren haben die Freunde der Alleinherrschaft und des Adels das Wort Democrat zu einem Schimpfwort gemacht, womit man, wie Voss (im Musenalmanache 1794) sagt, jeden belegt, ‚der nicht alles Hergebrachte für unvergesserlich hielt'. Allein dieser unnatürliche Sprachgebrauch wird mit den Umständen, die ihn veranlasst haben, vorübergehen."[81] Schelling muss sich 1796 den Verdacht, „ob ich Demokrat, Aufklärer, Illuminat u.s.w. seie," gefallen lassen.[82] Von „Ultra-Demokraten" und „Ultra-Aristokraten" spricht von Aretin 1809.[83] Bezeichnend ist, dass in Deutschland – anders als in Frankreich – neben der vorherrschenden Bedeutung des „freiheitlich Gesinnten" auch noch der objektive Sinn des „in einer Demokratie Lebenden", des „Freibürgers" oder „Freiländers" fortexistiert; in diesem Sinne gibt nach Oertel in seinem Fremdwörterbuch (1830) die Erläuterung: 1) „eig. Volksherrscher, 2. Freibürger, Bürger eines Staates, in welchem das Volk durch seine Stellvertreter sich selbst regiert und seine Stimme durch ganze Gemeinheiten

---

[77] Zuerst bei dem Genfer F. Bonivard 1550 als Rückbildung aus dem Französischen; siehe; Kluge, „Etym. Wörterbuch,"[18] 1960, S. 126.

[78] „Teutscher Merkur" 1789, 4/56.

[79] Campe „Zweiter Versuch deutscher Sprachbereicherungen," Braunschweig, 1792, 56 f.

[80] Adelung, „Grammatisch kritisches Wörterbuch der hochdeutschen Mundart," Leipzig,[2] 1793, Bd. i, Sp. 1444.

[81] Campe, „Wörterbuch zur Erklärung und Verdeutschung der unserer Sprache aufgedrungenen fremden Ausdrücke," Braunschweig, 1813, S. 253.

[82] Schelling schreibt in einem Brief an Hegel von einer Hofmeisterstelle, die man ihm nicht ohne weiteres geben will. „Briefe von und an Hegel," ed. J. Hoffmeister, Bd. 1, Hamburg, 1952, S. 35.

[83] J. Ch. v. Aretin, „Die Pläne Napoleons und seiner Gegner," München, 1809, S. 3.

gibt, 3) Freibürgerlichgesinnter, Freiheitsfreund, Volksfreund."[84]

2. Ebenso neu ist, dass Demokratie und demokratisch jetzt nicht mehr nur auf die Staatsform bezogen werden, sondern als Ausdruck sozialer und politischer Kräfte erscheinen. Dieser Sprachgebrauch ist bereits vorbereitet bei d'Argenson;[85] er breitet sich während der Französichen Revolution aus und wird im 19. Jahrhundert allgemein. So spricht man in Deutschland in der Revolutionszeit von „aristokratischen" und „demokratischen" Ständen[86]; der Ausdruck „demokratische Partei" taucht 1790 in den Niederlanden auf;[87] Castlereagh bemerkt 1798-1800 als Sekretär des Lord Lieutenant „of Ireland," dass „the general democratic power of the State is increasing daily by the general wealth and prosperity" und dass „the Catholics form the greater part of the democracy."[88] Der Presbyterianer Wolfe Tone spricht von einer democracy of new men in Ireland[89]. Baron Eckstein, einer der Vorkämpfer der Restauration in Frankreich, spricht in seiner Schrift über den inneren Zustand Frankreichs seit der Restauration von einer „demokratischen Fraktion im Volk, welche das Königtum abschaffen will."[90] In der französischen Revolutionshistorie wird es seit Mignet, Lamartine und Michelet üblich, „la démocratie" personal, als Bezeichnung der unteren Volksschichten und der Demokratieanhänger, zu verstehen, ein Sprachgebrauch, der höchstwahrscheinlich bis in die Revolutionszeit zurückgeht.

3. Die in den Neubildungen und Bedeutungserweiterungen sichtbar werdende Veränderung des Begriffs der Demokratie zeigt sich deutlich im Sprachgebrauch der Französischen Revolution. Hier tritt bei einzelnen Schriftstellern ein emphatischer Demokratiebegriff auf, der eines festeren verfassungspolitischen Umrisses entbehrt. Nach Fauchet, der die alte Wiclifsche Definition der Demokratie wiederaufnimmt – „tout pour le peuple, tout par le peuple, tout au peuple"[91] – sind die Gesetze der Demo-

---

[84] Oertel, „Gemeinnütziges Fremdwörterbuch zur Erklärung und Verdeutschung der in unserer Sprache vorkommenden fremden Wörter und Ausdrücke," Ansbach, 1830, S. 228; ähnlich früher Heinsius, „Volkstümliches Wörterbuch der Deutschen Sprache," Hannover, 1818, Bd. 1, S. 742: „Demokrat, ein Volksfreund, Freibürger; Demokratie, Volksherrschaft; Demokratisch, volksherrisch, freibürgerlich; Demokratisieren, zum Freibürger machen."

[85] Siehe unten Anm. 339.

[86] J. Hansen, „Quellen zur Geschichte des Rheinlandes im Zeitalter der französischen Revolution 1780-1801," Bonn 1931-38, Bd. 2, S. 579.

[87] Palmer, a.a.O., S. 210.

[88] „Memoirs and Correspondence of Viscount Castlereagh, second Marquess of Londonderry," ed. by his brother, London, 1848-53, Bd. 2, S. 140.

[89] Palmer, a.a.O., S. 211.

[90] Baron von Eckstein, „Über den inneren Zustand Frankreichs seit der Restauration, Allgemeine Politische Annalen," hrsg. von F. Murhard, Bd. 7, 1822, S. 110 f.

[91] Cl. Fauchet, „Sermon sur l'accord de la Religion et de la liberté prononcé le 4 février

kratie von Gott selbst den Menschen gegeben worden; die Demokratie ist demnach die von Gott sanktionierte Regierungsform. Christus starb „pour la démocratie de l'univers."[92] Der konstitutionelle Bischof Gégoire spricht von der „alliance si naturelle du christianisme et de la démocratie."[93] „Démocratie fraternelle, démocratie chrétienne" sind Begriffe dieser Zeit.[94] Freilich hat dieser emphatische Demokratiebegriff in den ersten Jahren der Revolution keine unmittelbar politische Bedeutung; er spielt z.B. in den Debatten um das allgemeine Wahlrecht 1790 noch keine Rolle.[95] Erst mit der Jakobinerherrschaft und dem Konventsregime dringt er in die politische Öffentlichkeit vor. So rühmt Herault-Séchelles den Verfassungsentwurf des Konvents als „repräsentativ und demokratisch"[96] (während der Entwurf selbst das Wort Demokratie nicht enthält); Robespierre entwickelt in seiner Rede vom 5. Februar 1794 einen Begriff der Demokratie, der praktisch synonym ist mit Republik; Demokratie kann nach ihm sowohl direkt-demokratische wie repräsentative Elemente umfassen; entscheidend ist nicht die verfassungsmässige Ausgestaltung, sondern der Geist, die „Seele" der gleichbedeutend ist mit „vertu publique " und „amour d'égalité."[97] Obwohl das Wort auch unter dem Konvent keine Alleinherrschaft erringt, wird es für den Geist der Zeit symptomatisch; Constantin Stamati datiert z.B. einige seiner Briefe aus dem Jahre 1793 „im zweiten Jahr nach der Demokratie."[98] Der Nachhall dieses neuen Demokratiebegriffs ist am stärksten im revolutionären Italien zwischen 1796 und 1800. Man spricht von „governo democratico, educazione democratica, Risorgimento della democrazia oppressa, democratizzare il Popolo," ja ein Theaterstück proklamiert die „Demokratisierung des Himmels."[99] Der Bischof von Imola – später Papst

---

1791," S. 6. Der Zusammenhang der religiösen Schwärmergruppen der Revolution mit dem englischen Spiritualismus bedürfte einer genaueren Untersuchung; einige Hinweise in meiner Schrift Revolution und Kirche, Freiburg,[2] 1965, 113ff., 137.

[92] Fauchet, „Sermon" a.a.O., S. 6 ff.

[93] Lettre Pastorale vom 12. März 1795, abgedruckt bei A. Gazier, „Etudes sur l'histoire religieuse de la Révolution française," Parisk 1887, S. 370 ff.

[94] H. Maier, a.a.O., S. 119, 303 ff. Der Begriff "démocratie chrétienne" ist erstmals von dem konstitutionellen Bischof von Lyon, Lamourette, am 21. November 1791 in der Legislativversammlung gebraucht worden. Fauchet spricht an anderer Stelle (im Hinblick auf Rousseau) von „la plus complète démocratie de l'amour et de la vertu" (in der „Zeitschrift La Bouche de Fer" v. 17. Jan. 1791).,

[95] Palmer, a.a.O., S. 214.

[96] Bezeichnenderweise wird diese Gleichsetzung am frühesten in Holland und Deutschland rezipiert: vgl. etwa Campe, „Verdeutschungsbuch," 1813, S. 253; "Democratie können wir bald durch Volksherrschaft, bald durch Bürgerreich bald durch Freistaat verdeutschen. Die Begriffe Democratie und Republic fliessen ineinander."

[97] „Discours et rapports de Robespierre," ed. C. Vellay, Paris, 1908, S. 324 ff.

[98] Palmer, a.a.O., S. 213, Anm. 23.

[99] Palmer, a.a.O., S. 220 ff.

Pius VII. – ermahnt Weihnachten 1797 seine Gläubigen, gute Christen zu
sein, sich brüderlich zu zeigen: „dann werdet Ihr auch die besten Demokraten sein."[100]

Stärker traditionalistisch bestimmt bleibt der Demokratiebegriff in der
deutschen Literatur, wenn auch die Erweiterung zur repräsentativen Demokratie und die Verschmelzung mit dem Begriff der Republik bei einigen
Schriftstellern Anklang findet. Überwiegend halten aber die Theoretiker
noch daran fest, dass zur Demokratie die Ausübung der Souveränität durch
das Gesamtvolk gehöre. So Eberhard (1793): Wenn die Vereinigung der
bürgerlichen Gesellschaft zustande gekommen ist: „so muss sie sich nun
entschliessen, ob sie die oberste Herrschaft selbst ausüben, oder ob sie ihre
Ausübung Andern übertragen will... Wenn sie beschliesst, dass der ganze
politische Körper die Ausübung der Souveränität beybehalten soll: so ist
ihre Regierungsform oder Staatsverfassung eine Demokratie."[101] Posse
(1794): „Nehmen nicht alle einzelnen Mitglieder eines Staats an der Verwaltung desselben unmittelbaren Antheil, so fällt das Characteristische der
Demokratie weg und es entsteht entweder Aristocratie oder Monarchie."[102]

Aus den Vorgängen in Frankreich zieht das Conversations-Lexicon von
1796 den Schluss, „dass eine ganz reine Demokratie eigentlich gar nicht
stattfinden kann; weil es nie an verschlagenen Köpfen fehlen wird, die das
Volk nach ihrem Willen lenken und oft gar tyrannisieren. Die Constitution
von 1793, welche in Frankreich eine reine Demokratie einführen sollte, war
doch so beschaffen, dass sie unmöglich lange bestehen konnte, ob sie gleich
von den Grundsätzen einer eigentlichen Demokratie noch sehr weit entfernt war."[103] Ähnlich heisst es bei Wagner (1804):... „wenn die Idee der
Democratie sich unmittelbar selbst zu regiren, herrlich scheint, so muss sie
doch notwendig durch jede Darstellung zu Grunde gehen; denn ein Volk,
das sich selbst zu regieren vermöchte, bedarf kein Forum und keine Comi-
tien; sein Privatleben wird selbst ein öffentliches seyn... Die Democratie
aber, indem sie selbst ihr gemeines Wesen jedem blos giebt, der etwas Kraft
haben möchte, es zu gouverniren... die Democratie muss betrogen werden,
um eine Regierung zu haben, denn der Demagog darf nie als Herrscher er-

---

[100] A. Dufourcq, „Le régime jacobin en Italie: étude sur la République romaine 1798-
99," Paris, 1900, S. 30; vgl. dazu K. Buchheim, „Über christliche Demokratie," in:
„Hochland" 53 (1960/61), S. 407 ff.

[101] J. A. Eberhard, „Über Staatsverfassungen und deren Verbesserungen," Berlin, 1973,
S. 47.

[102] A. F. H. Posse," Über das Staatseigentum an den deutschen Reichslanden und das
Staatsrepräsentationsrecht der deutschen Landstände," Rostock und Leipzig, 1794, S. 159.

[103] „Conversations-Lexicon mit vorzüglicher Rücksicht auf die gegenwärtigen Zeiten,"
Leipzig, 1796, Bd. 1, S. 351.

scheinen; dagegen aber erregt die Democratie durch die Hoffnung zu herrschen jedes Talent Einzelner und vergönnt jedem das freieste Leben."[104]

Als Fazit kann festgehalten werden, dass es der Revolution nicht wirklich gelingt, die traditionelle Reserve gegenüber der reinen oder absoluten Demokratie wegzuräumen; sie hat sie im Gegenteil durch das Scheitern ihrer – zu Unrecht als radikaldemokratisch aufgefassten – Verfassungsexperimente erheblich verstärkt. So bleibt nach der napoleonischen Zeit der Begriff der Demokratie im eigentlich verfassungspolitischen Kernbereich nach wie vor umstritten. Am stärksten ist die Ablehnung im englischen Sprachraum, wo das Wort zunächst nur bei Paine und Fox, in geringem Umfang bei Jefferson und später bei Jackson in einer positiven Bedeutung auftritt;[105,106] aber auch im kontinentaleuropäischen Sprachgebrauch der Restaurationszeit wird Demokratie, Democratism[107] zu einem meist abwehrend gebrauchten Schimpf- und Scheltwort. Erst 1848/49 erhält das Wort dann breitere und z.T. auch positivere Bedeutung.[108] Bleibendes Ergebnis der mit der Revolution beginnenden Periode ist aber, dass der Begriff Demokratie seine Fixierung auf den verfassungs-politischen Bereich und die Ebene der Staatsform verliert und eine historische und ideologische Ausweitung erfährt. Mit dieser Bedeutungsausweitung hängt auch die Entstehung des Begriffs „demokratisieren" zusammen, der bereits 1813 in Campes Verdeutschungsbuch auftritt und dort folgendermassen umschrieben wird: 1) „Freibürgerliche Gesinnungen äussern, an den Tag legen, zu erkennen geben, auskramen, freibürgern; 2) freibürgerliche Gesinnungen einflössen."[109] Demokratie ist

---

[104] J. J. Wagner, „Über die Trennung der legislativen und executiven Staatsgewalt," München, 1804, S. 23 f.

[105] Palmer, a.a.O., S. 208 f., 223 ff.

[106] Blanke, a.a.O., S. 43 ff.

[107] Die Warnung vor einem „débordement du démocratisme français" bereits in einer Proklamation Friedrich Wilhelms III von 1794; siehe Zajazck, „Histoire de la Révolution de Pologne en 1794 par un témoin oculaire," Paris, 1797, S. 248; vgl. Palmer, a.a.O., S. 211. In Deutschland wird „Demokratismus" 1796 von F. Schlegel verwendet „(Versuch über den Begriff des Republikanismus, a.a.O., S. 19): „Wenn es hier der Ort wäre, so würde es nicht schwer sein, zu erklären, warum bei den Alten die Ochlokratie immer in Tyrannei überging, und bis zur höchsten Evidenz zu beweisen, dass sie bei den Modernen in Demokratismus übergehen muss..." Der Herausgeber der 1800 in Regensburg erschienenen „Materialien zu einem Landtag in Baiern" kennzeichnet die Reaktion auf den „Entwurf zu einer neuen Erklärung der Landesfreyheit in Baiern" von Utzschneider wie folgt: "Man beschuldigt Herrn von Utzschneider des Democratisme." Ohne polemischen Unterton ist das Wort gebraucht bei Kaltschmidt, „Kurzgefasstes vollständiges stamm- und sinnverwandtschaftliches Gesamt-Wörterbuch der deutschen Sprache," Leipzig, 1834: „Demokratismus, Freibürgersinn, die Anhänglichkeit an Volksherrschaft."

[108] Hierzu allgemein F. Edding, „Vom Ursprung des Demokratismus in Deutschland – Die Verfassungsideen der demokratischen Parteien in der Paulskirche," Düsseldorf, 1936.

[109] Bei Kaltschmidt (1834) heisst demokratisieren: freibürgerliche Gesinnungen aussprechen (163).

zum Tendenz- und Bewegungsbegriff geworden, ein verändertes Verständnis bricht sich zunächst im Vormärz langsam Bahn, um sich dann nach 1850 in immer rascherem Gefälle durchzusetzen.

III. Das 19. Jahrhundert

Die theoretische Diskussion ist im 19.Jahrhundert dadurch gekennzeichnet, dass Demokratie seit der Französischen Revolution auch in Europa als mögliche Gestaltungsform grosser Staaten, mithin als eine die Gegenwart unmittelbar bestimmende politische Macht empfunden wird. Sie ist nicht mehr nur ein literarischer Schulbegriff, nicht nur eine Staatsform, die höchstens in unbedeutenden Randzonen abseits der „grossen Mächte" realisiert ist (USA, Schweiz, Niederlande), sondern sie erscheint als eine zentrale geschichtliche Bewegung, die das Leben der Völker immer stärker in ihren Bann zieht. Was die von Steger herausgegebenen „Ergänzungsblätter" 1849 für Deutschland formulieren, trifft daher im Kern die gesamten literarischen und politischen Erörterungen des Jahrhunderts über Demokratie: „Eine Gesellschaftsform, häufig als Muster angepriesen, ist plötzlich unter uns zur Wahrheit geworden. Die theoretische Erörterung sieht sich jetzt einem Wesen von Fleisch und Bein gegenüber, die Demokratie hat den Schritt aus dem Buch in das Leben hinein gethan. Wir müssten nicht Menschen sein, wenn nicht das plötzliche Erscheinen eines so unvermutheten Ga-Gastes uns einigermassen verwirren sollte."[110]

1. Die zunehmende Orientierung der Demokratietheorie an der demokratischen Praxis, wie sie sich in den europäischen Revolutionen des 19.Jahrhunderts und in dem jetzt in den Vordergrund tretenden Verfassungsmodell der Vereinigten Staaten[111] entfaltet, bewirkt zunächst eine Verschiebung innerhalb des engeren verfassungspolitischen Verständnisses der Demokratie: diese wird jetzt immer weniger als eine von anderen klar abgegrenzte Staatsform verstanden, der als Alternative Monarchie oder Aristokratie gegenüberstehen, sie gilt vielmehr als ein den modernen Verfassungen im

[110] Fr. Steger, (Hrsg.), „Ergänzungsblätter zu allen Conversationslexiken," Leipzig, 1849, Nr. 207, Bd. 4, Heft, 4. S. 801.

[111] Seit ungefähr den späten Zwanzigerjahren wird in der deutschen Literatur Nordamerika als Beispiel für eine Demokratie herangezogen, so z.B. bei Krug, „Allgemeines Handwörterbuch der philosophischen Wissenschaften," Leipzig, 1827, 1. S. 486, später bei Binder (Hrsg.), „Allgemeine Realencyclopädie," Regensburg, 1847, 3, S. 326 f.; Pierer, „Universal-Lexikon der Gegenwart und Vergangenheit," Altenburg,³ 1850, 4, S. 651, bemerkt: „Die Demokratie kann in ihrer Reinheit nur unter einem Volke bestehen, wo Einfalt der Sitten und Achtung für Tugend herrscht. Jetzt sind die nordamerikanischen Freistaaten die einzige wirklich bestehende Demokratie." Vgl. auch E.G. Franz, „Das Amerikabild der deutschen Revolution von 1848-1849," Heidelberg, 1958.

ganzen inhärierendes politisches Element, das sich je nach sozialer Verfassung und historischer Situation mit aristokratischen und monarchischen Elementen verbinden kann. Dementsprechend fliessen aus dem Demokratiebegriff zunächst (a) die Fixierung auf „reine" oder „direkte" Demokratie, (b) die Bindung an kleine Staaten und einfache Gesellschaftsformen, (c) schliesslich sogar der Gegensatz zu aristokratischen und monarchischen Ordnungen aus. Wir gehen dieser Entwicklung – die sich ebenso im angelsächsischen und romanischen Sprachraum bemerkbar macht – im folgenden hauptsächlich an Hand deutscher Quellen nach.

(a) Während noch in der Revolutionszeit die Theorie in Deutschland überwiegend dazu neigt, Demokratie mit direkter Demokratie gleichzusetzen und alle Beschränkung unmittelbarer Volksherrschaft als Übergang zu Aristokratie oder Monarchie zu verstehen, beginnt man im Vormärz unter dem Einfluss französischer Theoretiker von dieser Haltung abzuweichen. Es entwickelt sich der Gedanke einer „beschränkten oder repräsentativen Demokratie."[112] Nach Pölitz unterscheidet sich diese von der Aristokratie dadurch, dass die „Volksvertreter kein besonderes Standesinteresse geltend machen können, sondern nur das allgemeine Interesse des Volkes selbst; dass also die Repräsentanten nicht im Charakter von Bevollmächtigten, sondern im Charakter von Stellvertretern handeln; dass sie durch Wahl ernannt werden, und dass die Zahl der Volksvertreter nicht nach Ständen, sondern nach der Gesamtzahl des Volkes statistisch festgesetzt wird."[113] Obwohl dieser Gedanke nicht unangefochten bleibt,[114] ist doch die Unterscheidung von reiner (direkter) und repräsentativer (gemässigter) Demokratie ein bleibendes Ergebnis der im Vormärz geführten Diskussion; sie begegnet bei Blum[115] Meyer,[116] Brockhaus[117] und Bluntschli-Brater, wo die „Repräsentativdemokratie eine aristokratisch-ermässigte, d.h. eine veredelte Demokratie"[118] genannt wird. Es ist bezeichnend, dass die Theorie jetzt nicht

---

[112] K. H. L. Pölitz, „Staatswissenschaft im Lichte unserer Zeit," Leipzig, 1823, Bd. 1, S. 440 ff. Begriff und Gedanke sind älter und gehen bis in die Französische Revolution zurück.

[113] Pölitz, a.a.O., S. 441 f.

[114] So stellt z.B. das „Conversationslexicon" von Meyer, Hildburghausen 1841 ff., in seinem Demokratieartikel fest, die repräsentative Demokratie sei in Gefahr, „entweder die Aristokratie aus sich selbst heraus zu gebären oder in Anarchie unterzugehen (a.a.O., S. 135)."

[115] R. Blum, „Volksthümliches Handbuch der Staatswissenschaften und Politik," Leipzig, 1852, II. Abt., Art. „Volksherrschaft," Sp. 392 ff.

[116] Siehe Anm. 114.

[117] Brockhaus, „Allgemeine deutsche Real-Encyclopädie für gebildete Stände," 10. verm. und verb. Aufl., Leipzig, 1851-55, Bd. 4, Art. Demokratie, Sp. 648 f.

[118] J. C. Bluntschli und K. Brater (Hrsg.), „Deutsches Staatswörterbuch," Stuttgart-Leipzig, 1857-70, Ed. 2, Art. Demokratie, Sp. 696 ff.

mehr – wie noch im 18.Jahrhundert – Repräsentativdemokratien als echte oder verschleierte Aristokratien kennzeichnet, sondern bemüht ist, ein breites Feld demokratischer Ordnung in repräsentativen Formen einerseits von der „absoluten Demokratie"[119] andererseits von der Aristokratie im eigentlichen Sinne abzugrenzen – ein deutliches Zeichen der veränderten historischen Situation, in der Demokratie nicht mehr nur in den Formen des angelsächsischen town-government oder der Schweizer Landsgemeinde auftritt, sondern auch die Verfassungsformen grosser Staaten beeinflusst und umbildet.

(b) Dem entspricht es, dass in der Theorie die demokratische Regierungsform jetzt nicht mehr auf kleine, einfache und gesellschaftliche homogene Staatsgebilde beschränkt wird. Hatte noch Schlözer von der Demokratie gemeint, sie könne bestehen „bei einem kleinen unverdorbenen uncultivirten Volke, das keine andere Gemeindegeschäfte betreibt, als zu denen blos schlichter Menschenverstand gehört, während bei einem grossen verfeinerten, d.i. verdorbenen Volke die Demokratie die despotischste aller Regierungsformen sei."[120] so beginnen sich auch in diesem Punkt die Anschauungen in Vormärz allmählich zu wandeln. Entscheidend ist vor allem das amerikanische Beispiel, das jetzt – nach der Tocqueville-Übersetzung F. A. Rüders von 1836 – immer stärker zum Mittelpunkt theoretischer Reflexion über demokratische Regierungsformen wird.[121] So bemerkt der Brockhaus von 1838: „Die Demokratie als eigentliche Volksherrschaft hat ihr Feld in Amerika; sie wird es dort gewiss noch lange behaupten, und sich in den verschiedenen Gestaltungen, deren sie fähig ist, nicht allein weiter auslaufen, sondern auch sehr bedeutend, und je mehr die europäischen Sprachen... dort Boden und Wurzel gewinnen, desto bedeutender auf das alte Europa zurückwirken. Denn was man auch dagegen sagen möge, für die materialen Interessen der Völker ist in Amerika der freieste Raum und ein unerschöpflicher Stoff gegeben, und es gibt noch zur Zeit kein Land auf Erden, in welchem ein jeder so leicht eine angemessene Arbeit, wenn er will und kann und keiner Arbeit sich schämt, und einen so reichlichen, weder mit dem Grundherrn, noch mit den Fabrikherrn, noch auch mit dem Staate zu theilenden Lohn findet. Dieses ist ein Ton, welcher mit unendlicher Gewalt in das Herz des arbeitsmüden Europas dringt und noch lange eine Völkerwanderung unterhalten wird, welche zwar nicht so geschlossen und stromweise, aber auch desto beharrlicher und in ihren Folgen dauerhafter ist, als die

[119] Der Ausdruck bei Bluntschli-Brater, a.a.O., und bei Brockhaus a.a.O., S. 51.
[120] A. L. Schlözer, „Staatsgelartheit, Teil 1, gemeines Statsrecht und Statsverfassungslehre," Göttingen, 1793, 128 f.
[121] Vgl. E. Fraenkel, „Amerika im Spiegel des deutschen politischen Denkens," Köln-Opladen, 1959, und Franz, „Amerikabild," a.a.O.

Wanderung mancher ältern Völker."[122] Die Vereinigten Staaten – in geringerem Masse auch England – werden in der Theorie zum Musterfall der ermässigten oder repräsentativen Demokratie, auf die sich nach dem Scheitern der französischen Revolution die Hoffnungen der liberalen Kräfte richten:... „es ist gerade ein Vorzug dieser Regierungsform, dass vermöge ihrer der Volkswille nicht in seinem ersten und unmittelbarsten, oftmals leidenschaftlichen und unklarem Erguss, sondern erst geläutert, gemässigt und abgeklärt durch eine Reihe von Mittelstufen und Organen zur Verwirklichung gelangt... Die absolute Demokratie äussert sich namentlich dann in ihren Wirkungen höchst gefährlich, wenn, was nur zu leicht geschieht, die Macht, die unbeschränkt und ohne Gegengewicht in der Hand einer Volksversammlung liegt, von dieser oder deren Führern gemisbraucht wird, um rückhaltlos in alle Verhältnisse einzugreifen und eine Allmacht des Staates zu begründen, welche mit der persönlichen Freiheit der Einzelnen im schneidendsten Widerspruch steht. Gerade dadurch zeichnet sich die repräsentative Demokratie, wie sie namentlich in den Vereinigten Staaten organisiert ist, aufs vorteilhafteste aus, dass dort der Grundsatz möglichster Selbstregierung des Volkes in allen seinen Verhältnissen, also möglichste Beschränkung der Staatsgewalt auf das Notwendigste, mit äusserster Strenge und Sorgfalt überall festgehalten wird."[123]

(c) Die Verlagerung der theoretischen Diskussion von der absoluten auf die repräsentative, der kleinräumig-primitiven auf die grossflächige, kulturell entwickelte Demokratie flacht schliesslich auch den verfassungspolitischen Gegensatz zur Aristokratie, vor allem aber zur Monarchie ab: je mehr Demokratie als Element und Ingrediens verfassungsstaatlicher Ordnung schlechthin (und nicht so sehr als eine spezifische, von anderen unterschiedene Staatsform) begriffen wird, desto weniger wird sie in einem absoluten Gegensatz zu jenen Regierungsformen gesehen. Zwar wirkt die revolutionäre Entgegensetzung von Aristokratie und Demokratie auch im 19.Jahrhundert noch fort: so fasst z.B. Bülau die Demokratie als Gegensatz des „aristokratischen Prinzips;"[124] auch Meyer sieht einen Gegensatz zwischen beiden Regierungsformen: „hier Gleichheit der Rechten und Pflichten, dort Privilegien und Vorrechte; zwischen beiden allein kann nur Kampf bestehen und zwar Kampf bis zur Vernichtung des Gegners."[125] Aber schon das Conversationslexikon der Gegenwart (1838) relativiert den Gegensatz durch den Hinweis, dass sich in ganz Europa mit Ausnahme Englands die Aristokratie als Stand

---

[122] (Brockhaus), „Conversations-Lexicon in 4 Bänden," Leipzig, 1838-41, Bd. 1, Art. Demokratie, 914.
[123] Brockhaus, „Allgemeine deutsche Realencyclopädie..." a.a.O., 689.
[124] Bülau, a.a.O., S. 288.
[125] Meyer, a.a.O., S. 136.

im Niedergang befinde, die Demokratie also nur noch die Monarchie als wirksamen Gegenspieler habe. „Aristokratische Tendenzen der Art werden freilich in unserer Zeit keinen dauerhaften Erfolg mehr haben können; sie werden selbst von denen verworfen, welche, obgleich dem Stande angehörig, doch eignen Werth und Verdienst genug besitzen, um den falschen Schimmer der blossen Geburt entbehren zu können."[126] Der Verfasser plädiert für den echten (nicht standesgebundenen) Aristokratismus, der mit wahrem Liberalismus eins sei: „Denn wenn der letzte seinem Wesen nach nicht in einer leeren Negation des Positiven und in einem verwerflichen Ankämpfen gegen das Bestehende, sondern in dem unermüdeten Ringen nach Wahrheit und Recht, in einem Kampfe für rechtliche und sittliche Ordnung bestehen soll, so kann er keinem andern und besseren Vorkämpfer haben, als die Aristokraten in dem edelsten Sinne des Worts. Wahrer Liberalismus steht daher allerdings dem unechten Aristokratismus entgegen, den eigentlichen bestimmten Gegensatz gegen den letzten bildet aber der Geist der gemeinen Volkslehre und die Schätzung der Menschen in allen Verhältnissen nach ihrem wahren inneren Werthe." Bemerkenswert ist auch der folgende Satz, einer der frühesten Belege für die Gegenüberstellung von Liberalismus und Demokratie, die in Deutschland erst sehr viel später üblich wird: „Wenn der Liberalismus sich noch mehr von den Schlacken demokratischer Tendenzen gereinigt haben wird, welche ihn in den letzten Jahrzehnten verunstaltet haben, so wird man immer allgemeiner einsehen, dass die Monarchie in der falschen Aristokratie auch nur falsche Freunde und heimliche Gegner besass, hingegen ihre muthvollsten und treuesten Vertheidiger, wenn es deren bedarf, in dem Vereine der echten Aristokratie und des wahren Liberalismus zu suchen hat."[127] Ähnlich konstatiert Steger 1849 den Ausgang der alten Aristokratie: „In keinem der jetzigen Staaten besteht eine ungemischte Aristokratie, in allen haben sich die höheren Stände vereinigt und bilden nun gegen aussen kompakte Masse von Bevorrechteten. Der Adel, der Beamtenstand, die Grundbesitzer und Kaufleute sind die Bevorzugten. Diese Veränderung ist das Werk der konstitutionellen Monarchie."[128] Da aber die Revolution erwiesen hat, dass die reine Demokratie als Staatsform unbrauchbar ist, empfiehlt es sich, diese Staatsform mit der Aristokratie zu kombinieren. „Auf dem Weg des Zweikammersystems lässt sich die Aristokratie und die Demokratie neben einander konstituieren, beide gleichberechtigt, die eine Kontrolle für die andere. Man nehme aber auch die

[126] Brockhaus, (siehe Anm. 122), Bd. 1, Leipzig, 1838, Art. „Aristokratismus und seine Gegensätze," 219 ff.
[127] a.a.O., S. 222.
[128] Steger, a.a.O., S. 801.

richtige Aristokratie und die wahre Demokratie. Die Aristokratie der
frühern Zeit war der Adel, die Demokratie der Mittelstand. Dieser Zustand
ist ein überwundener. Der Adel als Stand hat seine Rechte verloren, der
Mittelstand ist nicht mehr Demokratie. Erkennen die Regierungen diese
Wahrheit, so lassen sie den Adel fallen, machen aus der frühern Demokratie
die jetzige Aristokratie und räumen der neuern Demokratie den ihr gebüh-
renden Platz ein. Was giebt in dieser Zeit Anspruch auf eine aristokratische
Stellung? Intelligenz und Geld. Diese beiden Kräfte konstituire man zu-
sammen, aber nur nicht die letzte ohne die erste, denn das heisse in den
Fehler der ersten Konstitutionen zurückfallen. In der ersten Kammer
würden mithin Repräsentanten Platz nehmen des grossen Besitzers, der
Kaufleute, Fabrikanten und reichen Gewerbetreibenden, der Gelehrten,
Ärzte, Advokaten, Geistlichen, Schullehrer und Beamten. Die zweite
Kammer müsste durch allgemeines Wahlrecht gebildet werden. Eine solche
Vertheilung würde sich segensreich auswirken."[129] Von Anfang an ist man
sich auch der Möglichkeiten eines Bundes zwischen den demokratischen
Kräften und einer aufgeklärten Monarchie bewusst. So bemerkt Hartleben
in seinem Geschäfts-Lexikon für die deutschen Landstände (1824): „Noch
streitet aber zum Glück in diesem politischen Kriege die Demokratie nicht
gegen die Monarchie, sondern nur gegen die Anmassungen der Aristokratie.
Wir dürfen daher hoffen, dass Billigkeit von beiden Seiten eintreten werde,
und was das constitutionelle Deutschland insbesondere betrifft, so haben sich
fast in allen dessen Theilen die Regenten überzeugt, dass die Stände voll
Liebe, Treue und Anhänglichkeit nicht das monarchische Prinzip zu unter-
graben suchen, sondern vielmehr nur der ministeriellen Willkür oder Miss-
griffen entgegentreten."[130] Der Demokratieartikel des Hübnerschen Zei-
tungs- und Conversationslexikons versucht sogar eine Brücke zwischen den
Staatsgrundsätzen der Heiligen Allianz und der Demokratie zu schlagen derart, dass Demokratie ganz unbestimmt als Herrschaft allgemeiner Interessen
der Staatsfamilie oder ihrer Mehrheit, „selbst wenn diese ohne politische
Rechte befinden sollte," bestimmt wird. „Natürlich scheint ohne Gefahr
auch in der Monarchie dieses Interesse vorherrschen zu können, und dieses
Können, wenn die Monarchie sich nicht dabei gefährdet glaubt, haben die
Gesetze der weisesten Allianz nicht abgeändert; denn man huldigt dem
Grundsatz des Nationalinteresses, welches zwischen dem Erbmonarchen
und seinem Volke stets gemeinschaftlich ist."[131] Hegel dagegen wehrt sich

[129] a.a.O., S. 803.
[130] Th. Hartleben, „Geschäfts-Lexicon für die deutschen Landstände," Leipzig, 1824,
Bd. 1, Art. Demokratie, S. 236 ff. (237 f).
[131] J. Hübner u. F. A. Rüder, „Zeitungs- und Conversational Lexicon," bearb. von
F. A. Rüder, 31. Aufl. Leipzig, 1824 ff., Bd. 1, Art. Demokratie, 346 ff.

gegen die Amalgamierung der Begriffe Monarchie und Demokratie. Anfang der Zwanzigerjahre schreibt er in der Rechtsphilosophie, es sei nicht
passend, wenn in neuerer Zeit soviel von demokratischen, aristokratischen
Elemente in der Monarchie gesprochen worden ist; denn diese dabei gemeinten Bestimmungen, eben insofern sie in der Monarchie stattfinden, sind
nicht mehr Demokratisches und Aristokratisches."[132] Unbeschwert von
solchen begrifflichen Bedenken fasst der Artikel von Steger 1849 für die
Zukunft als erstrebenswertestes Ziel eine ,,demokratische Monarchie" ins
Auge; gelingt es nicht, die Monarchie zu demokratisieren, so wird "die
Demokratie... dem Sozialismus in die Arme getrieben."[133] Hier wie auch
bei Robert Blum[134] wird Friedrich Wilhelms IV. Wort von der ,,Monarchie
auf der breitesten demokratischen Grundlage" als Losung der Zeit zitiert;
und noch der Brockhaus von 1851-55 kann feststellen, dass ,,die Demokratie
ihre Angriffe zunächst mehr gegen das aristokratische als gegen das monarchische Prinzip" richtete und dass früher ,,die Monarchie in der Demokratie
ihre natürlichen Verbündeten gegen die Aristokratie suchte und fand."[135]
Zu Ende der Fünfzigerjahre fasst Bluntschli die Debatte über das Verhältnis
der Monarchie zu den demokratischen Strömungen in der Maxime zusammen, nicht die Unterdrückung, sondern die richtige Organisierung und
Beachtung der demokratischen Elemente sei die politische Aufgabe im
monarchischen Europa. ,,Indem die Monarchie das demokratische Element
in seiner natürlichen Berechtigung ruhig anerkennt, findet sie selbst in ihm
die sicherste Stütze und hat zugleich die Macht, der Überspannung und
Ausschreitung dieses Elements durch die organischen Ordnungen zu
wehren."[136] Somit erscheint die repräsentative, mit dem Königtum eng verbundene Demokratie als Schlusspunkt einer theoretischen Auseinandersetzung, die von der Absoluten Demokratie und ihrem unüberwindlichen
Gegensatz zu Aristokratie und Monarchie ausging. Die Veränderung der
klassischen Theorie ist evident: was dort als Signum aristokratischer Ordnungen galt, wird jetzt als ,,repräsentative Demokratie" einem erweiterten
Demokratiebegriff eingeordnet; ja es wird schliesslich zum vorherrschenden
Grundtypus überhaupt.

[132] Nach Hegel sind die drei traditionellen Verfassungsformen in der konstitutionellen
Monarchie zu Momenten herabgesetzt; der Monarch ist einer; mit der Regierungsgewalt
treten einige und mit der gesetzgebenden Gewalt tritt die Vielheit überhaupt ein. Aber ,,solche bloss quantitative Unterschiede sind... nur oberflächlich und geben nicht den Begriff
der Sache an". – G. W. F. Hegel, ,,Grundlinien der Philosophie des Rechts," ed. Hoffmeister, Hamburg⁴ 1955, § 273, S. 236.
[133] Steger, a.a.O., S. 808.
[134] Blum, a.a.O., S. 394.
[135] Brockhaus, ,,Allgemeine deutsche Realencyclopädie..." a.a.O., S. 688.
[136] Bluntschli-Brater, Art. ,,Demokratie" (Bluntschli), S. 696 ff. (712).

Massgebend für die Erweichung des älteren Begriffs ist ohne Zweifel die Konfrontation mit der modernen, auf grosse Staaten ausgedehnten und zugleich vom alten Stigma politischer Instabilität befreiten Demokratie: „Die Demokratie kann mit Ordnung und Kraft im Staate bestehen, wie die Geschichte Griechenlands und Roms berichtet, und die nordamerikanischen Staaten es in einem neueren Beispiel nachweisen. Sie darf somit nicht mit der Anarchie verwechselt werden."[137] Demgemäss ist neben dem Konzept der repräsentativen Demokratie als theoretisches Hauptergebnis eine durchgängige höhere Bewertung der Demokratie überhaupt zu verzeichnen – Vorspiel und Vorbereitung der uneingeschränkt positiven Bedeutung, die das Wort im 20. Jahrhundert in scharfem Gegensatz zur älteren Lehre gewinnt. Nur ausserhalb des liberalen Bürgertums, bei den konservativen Zeitgegnern[138] und den sozialistischen Utopisten bleibt Demokratie weiterhin – bald mit negativem, bald mit positivem Akzent – von der Radikalität und Schärfe der klassischen Theorie geprägt.

2. Eine zweite Entwicklungslinie führt – ausserhalb des engeren verfassungspolitischen Bereichs – zu einem sozialen und geistigen Demokratiebegriff und zur Lehre vom „demokratischen Prinzip."[139] Hierunter wird, in loser Anknüpfung an die aristotelische politia-Lehre, verstanden „die ohne weitere positive Einsetzung schon unmittelbar aus dem Vereinigungsact hervorgehende Verfassung (Rotteck)."[140] Der Grundgedanke ist bereits bei

---

[137] Hartleben, a.a.O., S. 236.

[138] Der Wortführer der konservativen preussischen Militärpartei, Oberstleutnant von Griesheim, liess nach dem Einmarsch Wrangels in Berlin Ende November 1848 eine anonyme Flugschrift „Gegen Demokraten helffen nur Soldaten" erscheinen; der Titel wurde zum Schlagwort, auch Friedrich Wilhelm IV. bediente sich des Satzes. – Vgl. E. R. Huber, „Deutsche Verfassungsgeschichte seit" 1789, Bd. 2, Stuttgart, 1960, S. 733.

[139] Das Wort wohl erstmals bei J. Görres 1814 (nach Kluge, „Etymologisches Wörterbuch,"[18] 1960, S. 126); ähnliche Bildungen aus der gleichen Zeit sind „demokratische Gesinnung" (J. v. Hendrich, „Einige entfernte Gründe für Ständische Verfassung," Leipzig, 1816) und „demokratischer Geist", das erstmals bei J. Weitzel, „Hat Deutschland eine Revolution zu fürchten"?, Wiesbaden, 1819, auftritt, wo es heisst:" „Ich sagte oben, die Stimmung der Zeit sey wesentlich demokratisch: in den aufgeklärten Ländern aber ist es besonders. Das Wort wird den nicht schrecken, der die Sache kennt. Freiheit und Gleichheit, dieser so verschriene Ruf . . .ist das Losungswort der Gegenwart, das, wo auch nicht allenthalben laut und öffentlich ausgesprochen, doch in den Herzen der Völker wiederhallt; Freiheit, die Befugniss, nur dem Gesetz zu gehorchen, Gleichheit, die allgemeine Verpflichtung, einem und demselben Gesetze unterthan zu seyn, . . .Dass dieser demokratische Geist wesentlich monarchisch ist, bedarf kaum einer Erwähnung (a.a.O., S. 102 f.).

[140] „Das Staats-Lexikon, Encyklopädie der sämmtlichen Staatswissenschaften für alle Stände," hrsg. von C. von Rotteck und C. Welcker, neue verb. und verm. Auflage, 3. Bd. (1846), Art. „Demokratisches Princip; demokratisches Element und Interesse" (Rotteck) S. 712 ff. (715). Ohne vom „demokratischen Prinzip" zu sprechen, formuliert Marx denselben Gedanken in seiner „Kritik des Hegelschen Staatsrechts" von 1843: „Die Demokratie

Hartleben ausgedrückt, wo ein engerer politischer und ein weiterer Demokratiebegriff unterschieden werden: „Die Demokratie ist nur in einer Republik und in solchen Staaten möglich, wo es keine erblichen Würden gibt. Indessen enthält jeder wohlgeordnete Staat, dessen Bürger politische Freiheit, d.i. einen gesetzmässig anerkannten Antheil an Entscheidung über die öffentlichen Angelegenheiten geniessen, ein demokratisches Prinzip in sich, welches einzig in der unumschränkten Willkürherrschaft fehlt."[141] Idee und Gestalt dieses demokratischen Prinzips hat Rotteck in „sechs Sätzen", die von der konstitutionellen Bewegung immer wieder zitiert werden, näher entfaltet. Sie seien hier wiedergegeben.

1. „Demokratie ist in jeder Gesellschaft, also auch in jener des Staates, von selbst vorhanden... Sie ist nichts anderes als die durch das natürliche Organ ausgeübte Herrschaft des gesellschaftlichen Gesamtwillens." Demgemäss liegt die Demokratie als ein von der Volksgesamtheit konstituierter Rechtsboden allen anderen Staatsformen, besonders der Monarchie und Aristokratie, zugrunde. „Ja es lässt sich die rechtliche Errichtung einer Aristokratie oder Monarchie theoretisch gar nicht anders denken als mittels Annahme einer derselben vorausgegangenen Demokratie, d.h. eines von der Volksgesammtheit, als dem ursprünglichen Inhaber der Gewalt, gefassten Beschlusses oder erlassenen Gesetzes, vermöge welches dieselbe die ihr naturgemäss zustehende Gewalt an eines jener künstlichen Organe übertrug... 2. Die Monarchische und die aristokratische Form" sind „positive, zufällige Einsetzungen." Die Demokratie, die „Idee der rechtlichen Herrschaft des Gesammtwillens," gehört dagegen zum „Wesen des Staates." Ohne Demokratie gibt es keinen Staat, allenfalls ein ganz anderes Verhältnis (etwa das zwischen Herren und Knechten...). Als eigentliches, ursprüngliches und allgemeines Gestaltungsprinzip tritt die Demokratie in ihr Recht ein, wo die monarchischen und aristokratischen Ordnungen nicht positiv eingesetzt oder wo sie zerfallen sind. 3. Im besonderen ist die Verwirklichung des demokratischen Prinzips „eine unerlässliche Forderung an den Rechtsstaat." Soll der Rechtsstaat bestehen, so bedarf es frei gewählter Volksvertretungen und einer freien Presse überall dort, „wo nicht die Kleinheit der Gesellschaft die tagtägliche Versammlung sämmtlicher Gesellschaftsmit-

---

ist die Wahrheit der Monarchie, die Monarchie ist nicht die Wahrheit der Demokratie... Die Demokratie ist die Verfassungsgattung. Die Monarchie ist eine Art, und zwar eine schlechte Art...Das Christentum ist die Religion katexochen, das Wesen der Religion, der deifizierte Mensch als eine besondere Religion." So ist die Demokratie das Wesen aller Staatsverfassung, der sozialisierte Mensch, als eine besondre Staatsverfassung... Die Demokratie verhält sich zu allen übrigen Staatsformen als ihrem alten Testament. K. Marx, „Frühe Schriften," Bd. 1, ed. H. J. Lieber u. P. Furth, Darmstadt, 1962, S. 292 f.
  [141] Hartleben, a.a.O., S. 236.

glieder erlaubt. Doch strebt das demokratische Prinzip mehr nach dem Wesen als nach der Form, d.h. nach einer die Herrschaft des wahren Gesammtwillens thunlichst verbürgenden Personification mehr als nach streng allgemeinem Stimmrecht... 4. Darum erlaubt, ja fordert dieses Princip nicht nur die Ausschliessung aller natürlich Unvollbürtigen vom Stimmrecht, sondern es widerstreitet auch nicht der naturgemäss nach der Verschiedenheit des Talentes, der moralischen Kraft, des Vermögens usw. sich richtenden factischen Ungleichheit des politischen Einflusses... Es zieht ferner einen durch weise geregelte freie Wahl gebildeten Volksausschuss der allgemeinen Stimmgebung vor und ehrt nicht nur die schon vernunftsrechtlich bestehenden oder giltig ins Dasein tretenden Ungleichheiten der rechtlichen Zustände (nach Rechtsfähigkeit, Besitzthum und gegenseitigen Verpflichtungen), sondern es verträgt sich selbst mit der aus Gründen des allgemeinen Wohles... geschehenden positiven Statuirung noch weiterer Ungleichheiten... 5. Das demokratische Prinzip, durch seine energische Erhebung wider das aristokratische, hat die französische Revolution hervorgebracht, und der zwischen beiden Prinzipien auf Tod und Leben geführte Streit ist bis auf den heutigen Tag der Erklärungsgrund aller Haupterscheinungen auf dem welthistorischen Schauplatz geblieben. Als Schutzherren der Aristokratie" sind die Throne angegriffen worden, „als Verbündete des demokratischen Prinzips hätten" sie nichts zu fürchten gehabt. „Der Strom der Revolution" wird „das Princip der Bevorrechtung" unweigerlich hinwegspülen": Widerstand ist vergeblich und führt zu Unheil. 6. „Das demokratische Princip ist also durchaus nicht zu verwechseln mit dem republikanischen. Dieses nehmlich geht allernächst und ganz eigentlich auf die Staatsform, d.h. auf die Personification der Staatsgewalt; jenes geht auf das Wesen des Rechts, d.h. auf die Rechtsgleichheit (wohlbemerkt: nicht unbedingte und materielle Gleichheit, sondern blos formelle und factisch bedingte," aus der Gleichheit der „angebornen Rechte" und der „Erwerbsrechte" kann sehr wohl eine „Ungleichheit an erworbenen Rechten" hervorgehen)... „Für die jetzigen Völker Europas" gibt Rotteck dem „monarchisch-demokratischen Princip" – gegenüber dem labilen „republikanisch-demokratischen" den Vorzug, weil es ohne Umsturz zu verwirklichen ist und weil es eine dauernde demokratische Entwicklung verspricht. Nur wenn die „Befreundung des monarchischen mit dem demokratischen Princip" nicht gelingt, könnten sich die enttäuschten Anhänger des „constitutionell-monarchischen Systems" in „Freunde der Republik" umwandeln, nur eine solche schmerzliche Enttäuschung könnte die Demokraten ihrer Anhänglichkeit an die Monarchie berauben. „Denn wahrlich Robespierre's Schreckensherrschaft war nicht im Sinn des demokratischen, d.h. des der Rechtsge-

währung für Alle zugewandten Princips, das mit dem Jacobinismus ebenso
wenig gemein hat als mit dem chinesischen Absolutismus."[142] Bezeichnend
an diesem Text, der aufs genaueste die Erwartungen und Ansprüche des
liberalen Bürgertums an die künftige demokratische Entwicklung umschreibt, ist nicht nur die betont freundliche Haltung gegenüber der Monarchie, die Hand in Hand geht mit der Abwehr der jakobinischen Radikalde-
mokratie – aufschlussreich ist auch die vorsichtige Zurückhaltung in der
Präzisierung der verfassungspolitischen Ziele der demokratischen Bewegung.
Das demokratische Prinzip verlangt keineswegs die volle Realisierung der
politischen Demokratie als Staatsform; es kann sich ebensowohl in einer
konstitutionellen Monarchie erfüllen, ja es ist letztlich unabhängig vom jeweiligen verfassungspolitischen ambiente überhaupt. Ebenso wie das aristokratische und das monarchische Prinzip – deren propagandistische Gegen-
formel es ist – bleibt das demokratische Prinzip in einer Schwebelage zwischen der politischen Realität der Zeit und der Idealität reiner vernunftbe-
stimmter Forderung; und ebenso wie jene hilft es mit, die alten aristotelischen
Staatsformen ihrer politischen Konkretheit zu entkleiden, sie umzuwandeln
in Tendenzen, Prinzipien und Bewegungen, die mannigfache geschichtliche
Mischungen miteinander einzugehen in der Lage sind.

Es entspricht dieser Situation, wenn schliesslich der politische Begriff der
Demokratie vor dem sozialen oder ideellen ganz zurücktritt. In Deutschland
ist dieser Zustand bereits Ende der dreissiger Jahre erreicht. So verzeichnet
der Brockhaus von 1838-41 in seiner Begriffsbestimmung zwar noch den
politischen Begriff, ,,die eigentliche Demokratie als Form der Verfassung und
Verwaltung des Staats, in welcher das ganze Volk, ohne Unterschied der
Stände und nur mit Ausschluss der Frauen, Sklaven und anderen Unfreien,
die Regierung selbst führt, und nach einer Mehrheit der Stimmen, in deren
Formirung und Aufsammlung auch wieder bedeutende Verschiedenheiten
vorkommen können, unmittelbar in höchster Instanz alle Zweige der Ho-
heitsrechte ausübt." Aber daneben stehen – zunehmend wichtiger werdend –
zwei andere Begriffsbestimmungen, die den Schwerpunkt des Artikels
bilden; ,,Demokratie als Macht der materialen Interessen und Bedürfnisse
der Volksmasse oder des grösseren Theiles des Volkes, welche sich überall,
unter jeder Verfassung geltend macht, weil das Volk überall Nahrung und...
einen angemessenen und vollen Lohn verlangt, womit Gewerbefreiheit, Möglichkeit des Erwerbens und Rechtssicherheit, welche ohne Rechtsgleichheit
garnicht gedacht werden kann, zusammenhängen"; und Demokratie als
,,Macht der höhern geistigen oder moralischen Interessen, welche in sitt-
licher Erhebung der Völker, Gerechtigkeit, Wahrheit und uneigennützigem

[142] a.a.O., (siehe Anm. 140), S. 715-18.

Wirken zum Wohl des Ganzen bestehen, und sie als höchste Aufgabe des Staatslebens betrachten lassen."[143]

2b) „Die Macht der materialen Interessen", die soziale Frage mit ihrer ungeahnten Sprengkraft, verhindert, dass die Entwicklungsgeschichte des Demokratiebegriffs in der problemlosen Verzahnung demokratischer Hoffnungen und bürgerlich-liberaler Interessen – wie bei Rotteck – zu ihrem Ende kommt. Der Brockhaus von 1838 weist auf die Scheidelinie hin, die im demokratischen Lager im Vormärz erkennbar wird: Man treffe auf den Gedanken, dass „nicht blos die politische, sondern auch die sociale Grundlage des bisherigen Gesellschaftszustandes eine Umwandelung erfahren, dass die besitzende Classe (die Bourgeoisie) nicht blos der politischen Vorrechte, die sie bisher genossen, sondern auch der materiellen Basis dieses Vorrechts, ihres Besitzes, zu Gunsten der besitzlosen Classe (des eigentlichen Volkes) ganz oder zum Theil entkleidet, dass also nicht nur eine vollständige politische, sondern auch eine materielle und sociale Gleichheit aller Classen der Gesellschaft hergestellt werden müsse. In diesem Sinne hat man von einer social-demokratischen Staatsordnung, einer demokratischen und sozialen Republik, als dem nothwendigen Zielpunkte der Entwicklung des demokratischen Princips, gesprochen. In diesem Punkte also scheidet sich die demokratische Partei (oder, wie man heutzutage allerdings sprachlich nicht richtig häufig sagen hört, die Demokratie) in eine rein demokratische, welche nur die politischen Consequenzen des demokratischen Princips: das allgemeine Stimmrecht und die absolute Gleichheit aller staatsbürgerlichen Rechte anerkennt und geltend macht, und eine social-demokratische, welche diese politischen Errungenschaften nur als Mittel zur Erringung allgemeiner socialer Gleichheit unter den Menschen ansieht."[144] Die „Historische Tatsache" der „sozialen Demokratie" in der zweiten Republik in Frankreich bringt Lorenz von Stein mit der Frage nach Verfassung und Verwaltung in Zusammenhang, es scheint ihm gewiss, „dass es von jetzt an weder eine reine Demokratie, noch einen reinen Sozialismus mehr geben wird; und damit ist denn endlich der Schwerpunkt des Staatenlebens und der Staatstätigkeit verrückt, und aus der Verfassungsfrage in die Verwaltungsfrage hinübergetragen."[145] Für die Entwicklung der deutschen Sozialdemokratie wird der Kern der Steinschen Prophezeiung gültig bleiben; anders der revolutionäre Marxismus, der in der reinen Demokratie nur eine Vorstufe sieht, die bekämpft und überwunden werden muss, sobald sie erreicht ist.[146]

[143] Brockhaus (a.a.O., S. 913).
[144] Brockhaus, a.a.O., S. 687.
[145] L. v. Stein, „Geschichte der sozialen Bewegung in Frankreich von 1789 bis auf unsere Tage," Darmstadt, 1959, Bd. 3, S. 405 f., vgl. auch S. 177 f.
[146] Vgl. hierzu A. Rosenberg, „Demokratie und Sozialismus," Frankfurt a Main, 1962.

3. Es ist unabweisliches Bedürfnis des 19.Jahrhunderts, die so – nämlich als Tendenz, Prinzip, geschichtliche Bewegung - verstandene Demokratie in den Gang der europäischen Geschichte einzuordnen, den modernen demokratischen Ideen gewissermassen „die Nativität zu stellen". Dies geschieht aber jetzt in grundsätzlich neuer und anderer Weise als in der Zeit vor der Revolution. Wenn damals über Elemente und Ursprung demokratischer Regierungsformen reflektiert wurde, so im wesentlichen in der Gefolgschaft traditioneller Kreislauflehren – nämlich in der Weise, dass man die sozialen und geistigen Entwicklungstendenzen zu beschreiben versuchte, die zu einem „Umschlag" (aus der Aristokratie oder Monarchie, bzw. deren Entartungsformen) in die Demokratie führen konnten, und demnach Verhaltensmassregeln für die Regierenden entwarf. Das 19. Jahrhundert löst sich sowohl von der pragmatischen Absicht wie von der zyklischen Orientierung solcher Untersuchungen – die Demokratie ist für die meisten Theoretiker nicht mehr ein Verfassungszustand, der andere Formen zur Voraussetzung hat und eines Tages von anderen abgelöst werden wird, sondern ein Endpunkt der Geschichte, auf den die „historische Tendenz" seit Jahrhunderten alle Bewegungskräfte hingespannt hat. Dementsprechend sucht man jetzt nach einer generellen, alle Umstände berücksichtigenden Erklärung des Phänomens. Sie bietet sich historisch in dreifacher Richtung (um nur die wichtigsten Erklärungsversuche zu nennen) an: (a) von der antiken Vorgeschichte der Demokratie her; (b) aus der Idee der „altgermanischen Freiheit"; (c) aus dem (angelsächsischen) Protestantismus.

(a) Nur gering ist in Deutschland die Zahl derer, die das historische Vorbild der modernen Demokratie in den antiken demokratischen Gemeinwesen sehen. Das revolutionäre „Ainsi faisaient les Romains" als politischer Antrieb und historisches Vergleichsmass findet in dem dynastenreichen, republikanischen Veränderungen abgeneigten Deutschland des Vormärz und der folgenden Zeit kein Gegenstück. Die humanistische Komponente der modernen demokratisch-republikanischen Gestaltungsversuche ist zwar gegenwärtig; aber aus der seit Niebuhr auf streng quellenkritischer Grundlage arbeitenden Althistorie ergibt sich ein wesentlich skeptischerer, von Idealisierungen freierer Blick auf die Wirklichkeit der antiken Demokratie als im Frankreich und Deutschland der Revolutionszeit. So wird fast allgemein darauf hingewiesen, dass die antike Demokratie keine absolute Gleich-

---

Um 1848 sind Demokraten und Kommunisten Weggefährten und Kampfgenossen, 1884 sieht Engels in der reinen Demokratie einen möglichen zukünftigen Schutzwall der „Gesamtreaktion", 1923 verteidigt sich der Hamburger Kommunistenführer Urbahn vor Gericht mit den Worten: „Die Massen werden mit uns sagen: Lieber im Feuer der Revolution verbrennen, als auf dem Misthaufen der Demokratie verrecken. S. 10 ff."

berechtigung aller Staatsbürger oder gar aller Menschen hinsichtlich ihrer politischen Rechte gekannt habe: „Weder die gänzliche Rechtlosigkeit des grösseren Theils der Bevölkerung, der Sklaven, noch die Unterschiede, welche die Gesetzgebung auch unter den eigentlichen Staatsbürgern in Bezug auf ihre Theilnahme an der Herrschaft aufstellte (z.B. die Ausschliessung der untersten Classe von den Staatsämtern nach der Solonischen Verfassung), wurden als unverträglich mit dem Wesen der Demokratie betrachtet, wenn schon in letzterer Hinsicht allerdings die wachsende Macht des demokratischen Princips in der allmäligen Austilgung dieser Ungleichheiten, der Übertragung der öffentlichen Gewalt auf die ganze Masse des Volkes ohne Unterschied, und somit also in der Erhebung der an Zahl stärksten untersten Classe über die andern sich geltend machte."[147]

(b) Stärker ist das Motiv der „alten deutschen Freiheit", in der man besonders im Kreis der verfassungsgeschichtlich interessierten deutschen Liberalen eine Art von Urbild der modernen Demokratie zu schon meint. Elemente dieses Geschichtsbildes sind: „die fast völlige Gleichheit aller freien Männer" bei den germanischen Völkerschaften und „eine wahrhafte Selbstregierung dieser Freien" – ein Zustand, der modern-liberal als Abwesenheit herrschaftlichen Zwanges und als Bindung der Handlungen der Regierenden an die Zustimmung der Volksversammlung gedeutet wird. Dieser „Zustand allgemeiner Freiheit und Gleichheit" wird aber nach dieser Anschauung bereits im frühen und hohen Mittelalter durch die Ausbildung des Lehnrechtes verlassen, der grössere Teil der anfänglich Gleichberechtigten gerät jetzt in Abhängigkeit von einer Minderheit, an deren Spitze der Monarch als oberster Lehnsherr steht. „Die demokratische Gleichheit verwandelt sich also in eine monarchisch-aristokratische Gliederung." Nur in einzelnen Gebieten Europas, so in den Schweizer Urkantonen, erhält sich die alte demokratische Verfassung, „und diese kleinen Demokratien traten dann auch bald gänzlich aus dem Verband des grossen Feudalreichs heraus und wurden unabhängige Republiken." In den grossen Feudalstaaten entwickelt sich dagegen allmählich eine demokratische Bewegung von unten, hervortretend in den Städten, dem Handelsverkehr, der Industrie; sie ergreift allmählich auch die in feudaler Abhängigkeit befindlichen niederen Stände, zuletzt das Bauerntum. „So war denn allmälig ein Theil nach dem andern jenes im Mittelalter von dem herrschenden Stande so verachtungsvoll zurückgestossenen und unterdrückten Volkes aus diesem Zustande der Unfreiheit und Zurücksetzung herausgetreten und zu einer mehr oder weniger vollständigen Gleichheit mit dem früher allein berechtigten Stande gelangt." Damit ist aber die Entwicklung noch nicht abgeschlossen; denn da sich

---

[147] Brockhaus, „Allgemeine deutsche Realencyclopädie. . ." a.a.O., S. 685.

innerhalb der von der Französischen Revolution geschaffenen „Gesellschaft der Gleichen" wiederum eine neue Aristokratie des Geldes und Besitzes bildet, wirkt das demokratische Prinzip weiter: „Von diesem Gesichtspunkt aus ist es, dass man das allgemeine Stimmrecht und die Herrschaft der Kopfzahl mit Beseitigung jeder ausschliessenden Bedingung, wie Vermögen, Grundbesitz, Census usw., als ein notwendiges Postulat und eine selbstverständliche Consequenz des demokratischen Princips proclamirt hat."[148]

(c) Endlich ist des wirksamsten Topos unter den historischen Ableitungen der Demokratie im 19.Jahrhundert zu gedenken: der Verbindung der demokratischen Regierungsform mit dem Geist und der Geschichte der protestantischen Religion. Schon im Vormärz da und dort geäussert (vor allem polemisch bei den katholischen Traditionalisten Frankreichs), ist der Gedanke durch Tocquevilles Amerikabuch (1835/40) populär geworden, in dem freilich neben dem spezifisch protestantischen Erbteil auch die Bedeutung der allgemein christlichen Tradition betont wird (unendlicher Wert der Einzelseele und damit der Individualität, Gleichheit aller Menschen vor Gott etc.). In Deutschland verbindet sich diese Lehre meist mit der Betonung der germanischen Traditionseinflüsse. Als Kronzeuge sei Gervinus zitiert, der diese Lehre in seiner „Einleitung in die Geschichte des 19.Jahrhunderts" (1853) breit ausgeführt hat; hiernach „war den germanischen Völkern der grosse Beruf zugefallen, nachdem sie auf dem religiösen Boden Geist und Gesinnung erregt hatten, auch die ersten Freiheitlichen Ordnungen in Kirche und Staat zu begründen... Der Geist der Genossenschaft" des Mittelalters habe sich in der Neuzeit in den „Geist des Individuums"umgebildet, „der die Saat demokratischer Freiheit gestreut hat." Auf allen Lebensgebieten zeige „die deutsche Volksnatur" das Verlangen nach Bildung und freier Regung der Kräfte; darauf aber „beruht alle demokratische Ordnung und alle Möglichkeit ihres Bestandes; diese grosse Lehre haben die germanischen Stämme der damaligen romanischen, wie der heutigen slawischen Welt gegenüber den neueren Zeiten gegeben. . ."[149] Die germanisch-protestantischen Staats- und Kirchenbildungen antizipieren also die „demokratischen Consequenzen" der Neuzeit; vor allem im Calvinismus treten demokratische Elemente hervor, und in England entfalten sich die „demokratischen Staatsideen" im Gefolge des Puritanismus und Presbyterianismus. Aber der eigentliche Entfaltungsort der modernen Demokratie wird Nordamerika. In der Neuen Welt erreicht der weltgeschichtliche Gegensatz ger-

---

[148] a.a.O., S. 685 ff. Zur Rückprojektion zeitgenössischer Verfassungsforderungen in die deutsche Verfassungsgeschichte vgl. E.-W. Böckenförde, „Die deutsche verfassungsgeschichtliche Forschung im 19. Jahrhundert," Berlin, 1961, S. 74 ff., 99 ff., 134 ff.

[149] G. G. Gervinus, „Einleitung in die Geschichte des neunzehnten Jahrhunderts," Leipzig, 1853, S. 41 f.

manisch-protestantischer und romanisch-katholischer Bildung noch einmal seinen Höhepunkt: „In die ungeheueren Räume der spanischen und portugiesischen Colonien lagerte sich das ganze Mittelalter mit all seiner ursprünglichen Barbarei und Herabwürdigung des Menschen hinein; die spanische Despotie trug sich mit aller religiöser Engherzigkeit hierin über; eine fertige Hierarchie mit allem äusseren Pompe und inneren Roheit, ein erobernder Feudaladel voll Habgier und Unmenschlichkeit kam in ihrem Gefolge... Ganz das Gegenteil von allem diesem geschah im Norden. Es waren vorzugsweise germanische Einwanderer, die sich hier seit dem 17.Jahrhundert zusammenfinden... Es waren vorzugsweise Protestanten und zwar der reinsten Farbe, Puritaner und Quäker in Überzahl. Hierher kamen keine Vicekönige mit monarchischen Einrichtungen; republikanischer Geist durchdrang vielmehr die Pflanzer, nicht allein die, die ohne königliche Genehmigung eingewandert waren, sondern auch die mit Freibriefen und Gouverneuren kamen... Feudalität und todte Hand, das ganze Mittelalter bliebe dahinten, die Neuzeit mit aller geistigen Regsamkeit, mit allem gewerblichem Fleisse, mit der Gleichberechtigung Aller sprang hier ins Leben... Die rein sächsische, rein demokratische Verfassung der Vereinigten Staaten ist ganz das Gegenbild der sächsisch-normännischen Verfassung in England geworden... Nicht die geschickte Bewältigung verschiedenartiger Elemente ist der Ruhm der amerikanischen Verfassung, sondern die vollendete Folgerichtigkeit in der Ausführung eines einzigen Prinzips: der Freiheit, dem Rechte, nur dem Gesetze zu gehorchen, und der Gleichheit, der allgemeinen Pflicht, einem und demselben Gesetze zu gehorchen." So hat die Logik der Verfassung und der politische Erfolg des neuen Gemeinwesens „diesen Staat und diese Verfassung zu dem Vorbilde gemacht, wohin die durchschnittliche Einsicht, die Unzufriedenheit und der Freisinn in allen Nationen strebt; seine 1776 erklärten Rechte sind das Glaubensbekenntnis des Liberalismus in aller Welt geworden." Auch für die 1789 neuerwachte demokratische Bewegung des alten Kontinents bleiben sie der Leitstern: der Zug der Freiheit, der sich seit der Reformation „wesentlich in dem nördlichen Striche der germanischen Völker bewegt bis nach Amerika, wo er seine natürliche Grenze fand," geht jetzt von Westen nach Osten zurück: in Frankreich „war der erste Landungsplatz," die Julirevolution schaffte der Freiheit in Frankreich, Spanien, Belgien und England Raum, im Jahre 1848 dringt die Freiheitsbewegung bis zu den „stärksten Burgen des Erhaltungsprinzips, bis zum Niemen und Dniester" vor, und dieser „östliche Siegeszug der Freiheit, das scheint alle Geschichte mit Zuverlässigkeit zu verkünden, wird vollendet werden."[150]

Gervinus' parteiisches Gemälde des neueren Laufs der Demokratie ist

[150] a.a.O., S. 89, 93, 96 f., 176.

nicht ohne Anfechtung und Widerspruch geblieben. U.a. hat der katholische
Staatsrechtler Heinrich Zoepfl in seiner Schrift „Die Demokratie in Deutschland" (1853) die Aufstellungen des berühmten Literaturhistorikers im einzelnen zu widerlegen versucht.[151] Gleichwohl bleibt die Schrift bedeutsam,
weil sie ein sonst kaum je in dieser Deutlichkeit geäussertes Vor-Urteil des
liberalen Deutschland mit aller Offenheit ans Licht hebt: die Überzeugung
nämlich, dass sich in den modernen demokratischen Bewegungen letzte
Konsequenzen der Reformation (die ihrerseits als germanische Geistestat
aufgefasst wird) zu Wort melden und dass daher Entfaltung und künftiges
Schicksal der Demokratie wesentlich von der Leitung und Zügelung durch
die protestantischen Kräfte abhänge.

4. Am Ende der das ganze 19.Jahrhundert erfüllenden Reflexion über
Demokratie wächst – wie immer sich die Waage zwischen Befürwortern und
Gegnern dieser Staatsform neigt – die Erkenntnis, dass antike und moderne
Demokratie, überlieferter Begriff und gegenwärtige Wirklichkeit der demokratischen Regierungsform voneinander durch eine tiefe Kluft getrennt
sind. „Die moderne Demokratie," bemerkt Bluntschli 1857, „ist... eine
wesentlich andere als die althellenische... Gerade die specifischen Merkmale
der alten Demokratie, die Loosämter und die Volksversammlungen, sind
von der neuen Demokratie verworfen, welche die Ämter durch Wahl be-
setzt, und statt der rohen Volksversammlung durch Wahl erlesene Repräsentativkörper will. In diesen beiden wichtigsten Beziehungen ist das demokratische Princip durch den aristokratischen Vorzug je der einsichtigeren und
tauglicheren Männer modificirt worden. Die alte Demokratie war eine unmittelbare, die moderne ist eine repräsentative... Wir reichen daher mit den
Vorstellungen und Überlieferungen der Alten nicht aus, wenn wir die
moderne Repräsentativdemokratie erkennen und von andern Staatsformen
unterscheiden wollen."[152]

Einen Grund für die Schwierigkeiten der Anwendung der antiken Theorie
auf die moderne Demokratie offenbart Wagener: „Das Ziel, welches sie
(sc. die moderne Demokratie) erreichen will, ist ihr freilich gemein mit der
alten (wenn wir diese nach der Bezeichnung des Aristoteles auffassen), nämlich Freiheit, verbunden mit Gleichheit; aber es ist jetzt von Philosophen als
Postulat der Vernunft, als Ergebnis eines rechts- und staatsphilosophischen
Systems aufgestellt, nachdem es im Alterthume von den Philosophen als
Ausartung (παρέκβασις) einer geregelten Verfassung, als Gegenstand ver-

---

[151] „Die Demokratie in Deutschland. Ein Beitrag zur wissenschaftlichen Würdigung
von: G. G. Gervinus, „Einleitung in die Geschichte des neunzehnten Jahrhunderts," von
H. Zoepfl, Stuttgart, 1853.
[152] Bluntschli-Brater, a.a.O., S. 689 f.

derblichen Strebens des Pöbels und der Demagogen dargestellt worden ist. Die alte Demokratie machte sich praktisch (wogegen die jetzige aus der Theorie in die Praxis überging); daher nahmen die Alten es mit dem Begriffe dieser Staatsform nicht sehr genau; sie (wenigstens Aristoteles) schlossen sich an die mannigfaltigen geschichtlichen Erscheinungen an, wie es die Anwendung auf das Leben fordert."[153]

Es zeigt sich freilich an der Entwicklung der Theorie im 19.Jahrhundert, dass auch hier begriffliche Abstraktion und blosse tradierende Übernahme vor der Neuheit und Eigenart der geschichtlichen Realität rasch sich auflösen; und schon von der Jahrhundertmitte an schreitet die Entwicklung des Demokratiebegriffs, gelöst vom antiken Konzept, ja schliesslich von der verfassungspolitischen Konkretisierung des Wortes überhaupt, in eine neue Richtung vorwärts, an deren Ende dann im 20.Jahrhundert Demokratie als propagandistisch-optimistische Formel politischer Weltbefreiung und -erlösung (in Wilsons to make the world safe for democracy[154]) nach aussen, nach innen die gesellschaftlich-ökonomische „Fundamentaldemokratisierung" (K. Mannheim) auftauchen.[155]

[153] H. Wagener, „Staats- und Gesellschaftslexikon," Berlin, 1859-67, Bd. 6, Art. Demokratie, S. 107 f.

[154] In seiner Message to Congress vom 2. April 1917 erklärte Wilson: „The world must be made safe for democracy." In: H. S. Commager (ed.) „Documents of American History," New York, 1948, Bd. S. 310 f 11; Zit. nach Blanke, a.a.O., S. 51.

[155] Eine gekürzte Fassung dieses Beitrags wird, zusammen mit Arbeiten von Chr. Meier (Antike) und H. Reimann (Mittelalter), in dem von O. Brunner, W. Conze und R. Koselleck herausgegebenen „Wörterbuch der politisch-historischen Begriffe," 1972 erscheinen.

Judith N. Shklar

HEGEL'S PHENOMENOLOGY: PATHS TO REVOLUTION

We are so used to revolutions that we accept them as normal occurrences. It is therefore difficult to remember what an immense shock the French Revolution was, not only to those who were immediately affected, but to those Europeans who merely observed its course from a distance. No writer can remind us more forcefully than Hegel of how shaking an impact these events had. Fifteen years after its outbreak Hegel saw nothing less than the end and fulfillment of the European spirit in the French Revolution. If there was to be a future, his own age, an "age of transition", could not know it.[1] Politically it was a vacuum. Europe was in an indefinable condition about which nothing could be said. Its only immediate achievement, German philosophy, had explicated the moral implication of the Revolution. As such it was a spiritual completion, and Hegel found it wanting in many respects. It was purely a triumph of intellectual fulfillment, not a sign of new possibilities. The real philosophical reward for having seen the disintegration of Europe's religious and secular spirit was to understand its meaning. It was the historical equivalent of being at the end of time.

The great question for Hegel, given the enormity of the phenomena which he was considering, was: what had happened? No mere recital of the sequence of occurrences could do justice to such a query. To grasp the full impact of the Revolution demanded an understanding of the implicit ends toward which the European spirit had been laboring since the rise of Christianity. Because the Revolution was the end, it also revealed the character and form of the entire spiritual voyage, both in its secular and religious phases.

The most significant aspect of the post-classical spirit is its "self-estrangement", its loss of "wholeness and immediacy".[2] Its religious aspirations are a

*In the following notes B. refers to *Hegel's Phenomenology of Mind*, translated by J. B. Baillie (London, 1949) and H. to *Phänomenologie des Geistes* edited by Johannes Hoffmeister, Hamburg, 1952.
[1]B. 75; H. 15.
[2]B. 509-511; H. 347-349.

flight to the "beyond", and its cultural values exist apart from and opposed to this faith. This self-divided spirit is thus inherently unstable. What then is "spirit"? A long section of the *Phenomenology* is devoted to "Geist", or spirit, and though it is a complex notion, it is not a vague one. Above all, it has nothing to do with the word spiritual that appears so often in the vocabulary of religious piety. Its ancestor is rather the "ésprit général" that Montesquieu described in his great book on the subject. Climate, religion, laws, maxims of government, the examples of the past, mores, and manners, all together form a general spirit that governs men in society.[3] Climate, was of no interest at all to Hegel, who saw Europe, and only Europe, as a single entity. Spirit, however, for him also, was that ensemble of beliefs, values, attitudes and habits of mind that form the traditions and projects of men who share an historical past and a common future.

Spirit is „die sittliche Wirklichkeit", the prevailing ethos of an era.[4] For the individual this is the sum of the social values that he internalizes and that mould his moral personality. As such they are his own. Seen as an historical whole, this ethos is not only the source of and the aim directing the conduct of the members of society, but also their creation. It is the product of the activities of "each and all" of them. Social values must thus always be seen in movement, as the ends that people recognize and pursue, and as propositions that they learn, refine, develop and perpetuate.[5] The individual "stages" and "forms" of this process can be isolated and analyzed in abstraction. However, they must then be taken only as "moments" of a morphogenetic whole. Moreover, each "moment" can be recognized in its entirety only when it has reached its end and aim, that is, retrospectively.[6]

In analyzing the general spirit, Hegel, unlike Montesquieu, dwelt little on institutions, regimes and laws. Rather he looked to the most highly articulated, the intellectually most explicit expressions of the shared ethos: literature and the ideas that inform it. Sophocles' *Antigone* is the mirror of the "beautiful ethical life" of the polis, Diderot's *Rameau's Nephew* that of European culture in decay. Speculative philosophy is the highest form of literate self-consciousness. It arose out of sense-certainty, perception and understanding to reach critical analysis of these, and to the final awareness that reason is the human faculty, that by categorizing, renders intelligible, through its own activity, all the objects of our understanding. Its final stage is reached with the knowledge that reason is not merely the property of indivi-

---

[3] *De l'Esprit des Lois*, XIX, 4.
[4] B. 458; H. 314.
[5] B. 458-459; H. 314-315.
[6] B. 459; H. 315.

dual minds, but a collective manifestation. Reason is the history of ratiocination. As the highest possible form of self-consciousness, it is not just part
of mankind's collective spirit, it is its definition. It is "das wirkliche sittliche
Wesen."[7] Reason, as the full knowledge of its own social development, is
the retrospective integration of all its previous moments into a single,
comprehensive whole.[8]

Speculative reason emerges first after the decline of the one and only
genuine realization of public values. The Greek polis was the only example of
"the ethical life of a people". It had been only intuitively known by its
participants and its social spirit could be known abstractly only when it had
disappeared among the atomized inhabitants of the Roman legal order.[9] No
comparable state of public fulfillment was possible in the Christian world.
Here a harsh secular culture knows only economic and political values, while
its religion is a flight from reality. Rationalism eventually reintegrates the
two spheres and returns human aspirations to their proper historical world.[10]
However, the world regained is also lost in the French Revolution. A new
morality, in which men attend solely to their own consciences, follows. It is
the metaphysical distillation of anarchism. A "qualitative leap" out of this
spiritual vacuum may be expected, but it cannot be predicted.[11] What is
known, and absolutely, is the now completed past, the cumulative experience
of European society as it is moulded by memory. The spirit, or ethical being,
that is known is, thus, the creation of the mnemonic faculty, a synthetic memory.

The notion of a general spirit is not the only link between Montesquieu and
Hegel. For both, there was no historical distinction more drastic than that
between antiquity and modernity, between the integrity of the classical world
and the dissipation of Christendom. Europeans, Montesquieu observed,
received three different educations, from their fathers, their teachers and the
world. The last overturns all that the first two teach. "This is to some degree
due to the contradiction among us between the obligations imposed by
religion and the world – *a thing unknown among the ancients*."[12] That is what
Hegel meant by the self-estranged spirit. For him also, as for Montesquieu,
"the world" was primarily the arena of politics. Like Montesquieu's radical
disciples, Hegel also knew that "everything depended on politics."[13]

---

[7]B. 459-460; H. 315. I find this phrase untranslatable but would render it as "the true,
active character of a community".

[8]B. 88-89, 90-91, 105-106, 800-802, 807-808; H. 26, 27-28, 39, 558-560, 563-564.

[9]B. 460; H. 315-316.

[10]B. 461; H. 316.

[11]B. 75-77; H. 15-17.

[12] *Esprit*, IV, 2. My italics.

[13] Jean-Jacques Rousseau, *Confessions*, IX.

"Bildung", the social forming of men, is a political enterprise. Secular culture is the process in which men engage all their ideal and tangible social interests, and Hegel viewed it in wholly political terms.

"Bildung" had for Hegel both a general and a specific meaning. His idea of the true ends of "Bildung" was a severely neo-classical one. That is not surprising. The very assumption that culture is a social phenomenon, and not just the cultivation of discrete personalities, is remote from the romantic identification of education and self-expression. Hegel, naturally, began with the whole before he turned to its parts.

European culture ("Bildung"), seen as the general spirit of a society and an age is, for Hegel, a teleological process. It is the development of a collective ethos toward the completion of all its inherent potentialities and thus to self-consciousness.[14] This self-awareness, which forms the entire life of a cultural whole is, to be sure, not shared by all its members, but only by those capable of illuminating insight. From the individual's point of view, culture is a personal task, the absorbing of the inherited and prevailing general spirit of his time and place.[15] It is his social education. The creation of a culture is the combined work of individuals acting and reflecting, one generation after another. However, to any specific individual at any given moment, culture is something "out there", to which he must adapt himself and which he must absorb as best he can. And here Hegel indulged in one of his most characteristic outbursts against his contemporaries, the romantics. Their notion of education as the asocial creation of an original personality and as the pursuit of individuality was not culture in any sense, according to Hegel. By nature we are all equally commonplace, uninteresting and, ultimately, undifferentiated. There is nothing individual at all in being a "sort", and "original". Good breeding is decidedly not a matter of nursing and exhibiting one's purely personal characteristics. On the contrary, it is the repression of one's spontaneous nature. It is self-control and the moulding of oneself in accordance with a generally shared and valued model of social conduct. It is, above all, the acceptance of social reality. True individuality arises from the way general values are expressed by people of different capacities and endowments.[16] This neo-classical ideal of education places Hegel firmly in the centuries preceding his own. The higher realism of classical antiquity, "seeing things as they are", was the end of education for him as it had been for the men of the Enlightenment and their predecessors. Nothing was more remote from romantic "individuality".

[14] B. 90; H. 27.
[15] B. 89; H. 26-27.
[16] B. 514-517; H. 351-353.

The classical disparagement of personal self-expression as the aim of education does not imply any disregard of or hostility to the differences and varieties that obtain among men. The study of "moeurs" so popular in the eighteenth century, for instance, had been wholly devoted to a delighted recognition of the extraordinary number of ways in which men and societies lived. Hegel also saw that Europe was a richly diverse society, composed of many "spiritual masses", or what we call social groups.[17] There is, to begin with, the distinction between laymen and clerics. The older division between the family and the community remains, although without the significance that it had in the polis. The "native indwelling spirit" of an ethical people no longer animates either one. For religious belief has fled to the "beyond", away from the household and from the state.[18] Within the secular realm, the world of culture, there is, finally, the tension between the political ethos of the aristocracy and the economic one of the men of wealth. Aristocratic values dominate this order, but their inner contradictions give it a dynamic character, especially when challenged by economic man and his aspirations.

The core of aristocratic culture is the belief that service to the state is "good" and that the pursuit of wealth is "base" and "bad". This ethos, clearly of Platonic origin, appears on the surface appropriate to men wholly dedicated to the public service. There is, however, in this notion of service, a wholly self-centered core. For the ultimate end of such a life is self-edification, the formation of a perfect individual freed from all cupidity.[19] State service is thus a means to a personal end. In feudal actuality the pursuit of personal "honor" really came to define the end of state service. Fundamentally the European aristocracy is, therefore, anarchic in its impulses and in its innermost cultural ideal. The "haughty vassal" serves the state because that is the source of his "honor". He does not submit to his lord upon whom he presses his "counsel". He serves his own idea of the state.[20]

Economic man is incapable of engendering a cultural ethos. In this he is clearly inferior to aristocratic man, who does embody a specific educative ideal. The world of wealth is culturally impotent because it does not require any specific sort of breeding. Anyone can somehow or other become wealthy. It does not demand a specific style of conduct or the subjection of oneself to public values. Wealth is purely instrumental. It provides power and it is the basis of all independence, but it cannot inspire educative norms.[21] Nevertheless, it is by no means without social worth. As an individual, economic

[17]B. 518; H. 353-354.
[18]B. 519; H. 354.
[19]B. 519-520; H. 353-354, 358.
[20]B. 527-528; H. 360-361.
[21]B. 538-539; H. 367.

man may only work to enrich himself, but the results of his labors benefit society as a whole. Moreover, though he may not realize it, he is part of a co-operative network, the general economy, and, as such, an eminently social being.[22]

Aristocratic man is both dishonest and mistaken in his contempt for wealth. Secretly he yearns for the wealth he despises and he is blind to the selfless contribution, the communal function of economic activity.[23] The man of wealth also tends to be one-sided in his views. He appreciates his own realm of activity and calls it "good", but sees the state as only an oppressor, an alien constraining force. He recognizes the repressive, but not the educative functions of political culture. For him it is all negative.[24]

Above these two, the aristocrat and the man of wealth, stands the true nobleman. He is an obviously Aristotelian figure. Unlike the Platonic aristocrat, he has no disdain for wealth, but is grateful for all that it does for the common good. His service to the state is, moreover, not a matter of self-perfection, but a genuine devotion to the public realm. He appreciates the political functions of the aristocracy and truly fulfills its cultural ideal. This noble consciousness is the only one that grasps the whole. For it recognizes the state not as a means to an end, but as "the truth", as the object of social virtue. In this consciousness alone the ends of culture are fully realized.[25] It does not find its identity in rejecting its opposite. That is the way of both the aristocrat and the man of wealth, whose self-consciousness is negative, an expression of mutual hostility, in each case. Each is the conscious denial of the other. The true noble consciousness is inclusive. It is a sense of obligation to the state and to those who create the material basis of culture. This true nobility is the "heroism of service" fully realized.[26] It is the source of real state authority.

Such nobility does not, in fact, mark the spirit of the European aristocrat. Though state service, especially in its military form, is his educative ideal, he obeys the "authoritative power of the state" with "secret malice", he "hates the ruler" and sees government as a chain. He is "ever ready to burst out in rebellion".[27] As long as his power is not curbed, the emergence of the state as an independent power is impossible. However, very gradually the implication of the cultural ideal of service to the state did find an institutional ex-

[22]B. 520; H. 355.
[23]B. 525; H. 359.
[24]B. 522-523; H. 357.
[25]B. 524-525, 526-528; H. 358-361.
[26]B. 527; H. 360.
[27]B. 525; H. 359.

pression, but in the feudal scheme there is no real self-conscious state power.[28] There is no real "governmental control" and, all "the clap-trap about what is universally the best", and the service to the common good and so on, is just so much verbiage which serves as "a substitute for action to bring it about".[29] Even when the aristocracy is ready to die in its military function, it does so with considerable inner reserve. In spite of its overt pretensions, it does not really sacrifice its individuality to the state.[30]

The contribution of Montesquieu to these pages of the *Phenomenology* is evidently considerable. Hegel's debt to Montesquieu's discussion of honor as the principle, the living spirit of feudal monarchy, is clear on every line. Since, unlike Hegel, Montesquieu did not yet have to account for the dissolution of the *ancien régime*, he was far less concerned with the anarchic tendencies of honor. That is the great difference between them, and one that also colors their respective views of the function of commerce. Montesquieu had been willing to grant Plato's complaint that commerce destroys the "purest morals", but like Hegel, he was quite ready to settle for less than personal perfection. It was enough that commerce bring peace, that it reform the manners of the barbarians and widen men's horizons. It was "the cure for the most destructive prejudices."[31] The pursuit of wealth was a thoroughly stabilizing force in political society. Montesquieu believed that there had even been a general decrease in Machiavellism and an end to coups d'état since the demands of commercial life had been recognized.[32] Hegel's hindsight was less placid. He agreed with all that Montesquieu had said on behalf of the social value of economic activity, but he also saw its political feebleness. The response of the aristocracy to the claims of wealth had been one of destructive fury. It has not been tamed, and the rise of commercial attitudes only helped to enflame its always abundant anger and pride.

The next step in the development of European culture is the transformation of feudal lords into courtiers. For Hegel, as for Montesquieu, this marks the dissolution of the aristocratic ethos. However, Hegel's account of this process of spiritual disintegration is quite different. Indeed it is one of his most original compositions. The inner struggle between the feudal principle of honor and the classical principle of state service becomes overt. What had been implicit becomes explicit. The contradiction within aristocratic culture becomes an open confrontation in which both sides must speak. Now language in general, and political discourse especially, is inherently communal

[28] B. 527-528; H. 360-361.
[29] B. 528-529; H. 361.
[30] B. 529; H. 361-362.
[31] *Esprit*, XX, 1, 6.
[32] *Ibid.*, XXI, 20.

and forces the speaker to submit himself to the standards of those whom he addresses. In speaking, even if only to defend his claims, the aristocrat performs a public act and obeys the rules of the general order. "[It] is the power of utterance, *qua* utterance, which, just in speaking, performs what has to be performed."[33] The aristocrat loses his supreme autonomy in expressing himself in words. They generalize his particularity. In short, he literally talks himself to political death.

The authority inherent in a shared language is not the only spiritual force that works against the spirit of feudal autonomy. In the course of this verbal combat between honor and public virtue, the "spiritual substance", the social ethos, emerges as an independent value within consciousness. Both of the extreme sides acknowledge the primacy of this ethos, at least verbally.[34] For however inadequately, each side does claim to be the "general good". And in pursuit of this identical aspiration each is driven to an awareness of its own partiality, and so to defeat. The claim to self-sufficiency and honor must give way to the self-proclaimed aristocratic ideal of obedience to the public good, to the state. The call to state serivce, however, also remains an empty aspiration, since there is no state with an identifiable will and power of decision to be served. Europe's aristocratic political culture had nothing comparable to the classical state model that Hegel had extracted from Plato and Aristotle. The general good is just a rhetorical abstraction, even for those who define themselves as its servants. Nevertheless, the spoken commitment to serve the public good inherently favors the unitary sovereign state and undermines the autonomy of the aristocracy. However, what emerges out of the inner dissolution of the entire aristocratic spirit is not the classical public good. That remains a form of speech. The real beneficiary of the process is the unlimited monarch. He, to be sure, does give a voice and a personality to the notion of state authority, but in a deeply defective way. For he is the product of the aristocratic spirit in decay, not of a revived republican ethos.

The real creator of the unlimited monarchy is again language. "The silent heroism of service turns into the language of flattery."[35] The aristocrat makes himself into a courtier and as such he identifies the state with the person of the prince. It is the language of flattery that "puts one individual self-consciousness at its pinnacle". For by addressing him as they do, and by choosing to stand around his throne as ornaments, the courtiers make kings men apart from the rest of humanity. Flattery and its culture turn the phrase

[33]B. 530; H. 362-363.
[34]B. 531-532; H. 363-364.
[35]B. 533; H. 364.

"l'Etat c'est Moi" into an actuality and not a fantasy. The sun king is the expression of that lack of public solidarity inherent in aristocratic individualism. In him the power of the state and honor are now united, (aufgehoben).[36] He is the embodiment of all the aspirations of this culture, its wealth and its power. And yet, he is nothing but a particular individual. Hegel did not repeat Montesquieu's marvellous litany of invectives against courtiers, but he also recognized the cultural unity of courtly manners and royal despotism. Honor had become servility.

The aristocrat does not sacrifice his independence without return. In exchange for his flattery he receives political power from the king. He becomes the active agent of the royal state.[37] He makes state power effective. His self-respect is, however, completely eroded. That happens not because he is now a servant of the state; he had fancied that role all along. His identity collapses because he is now the *paid* servant of the state. He is now just another wealth-seeker, in no way different from the "base", despised economic man. In terms of his own values he is now simply ignoble. Since he had defined himself as the very opposite of the man of wealth, he can see his new situation as nothing other than the triumph of the "bad". His nobility is now only a title, a meaningless legal distinction, a mere name. The honor that he still receives as a gift from the monarch has no value under such circumstances. His state of mind, in short, is one of "thoroughgoing discordance".[38] The rebellious impulses which had never been far from the surface burst forth painfully, for they are now mixed with self-contempt. The aristocratic consciousness revolts against its situation in a frenzy of rage.[39]

Economic man for his part now realizes that he need no longer be quite so subservient to the aristocracy. He knows that wealth gives independence. Indeed there is no reason why he should not display some arrogance toward the man of rank, since he has more of what they both want. Many a nobleman is, in fact, hopelessly in debt to him. He therefore imagines that in feeding these aristocrats, the differences between him and them have been eliminated. And he fails to see the hot rage in the heart of his clients. One thinks at once of M. Jourdain. He may still cringe before the count, but he does try to seduce the marquise during the supper he offers them. His family's contempt for his antics shows a pride in their station that is not unmixed with disdain for the courtiers. The count accepts the hospitality of the Bourgeois Gentilhomme only in order to fleece him, but it is an infuriating

[36]B. 533-534; H. 365-366.
[37]B. 534-535; H. 366.
[38]B. 535; H. 366.
[39]B. 536-538; H. 367-369.

humiliation for him to be the guest of M. Jourdain. His honor is hardly restored by gulling his host. That is particularly evident in the peculiar "baseness" of the flattery which he heaps upon the wealthy bourgeois. The latter is in any case also a victim of the decay of aristocratic values. Wealth cannot create social standards, and although the old values inhibited him, their lapse does him no good. M. Jourdain and his like cannot count on the honor of counts. The latter no longer observe their social obligations. Decadence, in short, engulfs both political and economic man.

The language of flattery is only a very partial expression of the prevailing spirit. The perfected speech of a culture that "plays the game of self-dissolution with itself" is that of wit, of "ésprit".[40] For nothing now means what it had once meant. What formerly was called good is now said to be bad, while what had been bad is now "the highest form of free consciousness". Everything is upside down and appearance and reality bear no resemblance to each other. Every moment judges every other, and everyone feels free to criticize as he pleases. No distinctions remain. Such a spiritual situation can only give rise to witticisms. The congealed sneer on the face of that prince of professional spongers, *Rameau's Nephew*, mirrors the complete and perfect truth about this culture. And it is "pure" culture, freed from the constraints of the social institutions of wealth and power.[41] The spirit of liberated individuals fully aware of themselves as men without determinate relationships has now come into its own.

Hegel saw very clearly that the helter-skelter utterances of Diderot's mad musician were not really incoherent, and that his jeers expressed an unusually penetrating vision. It was Diderot's own. For, as Hegel noticed, the defender of good, sound morals is reduced to monosyllables. Where the Nephew scorns military duty, social responsibility, public esteem, friendship and family as illusions and "vanity", the "I" of the dialogue is silenced. "I" can only produce specific examples of moral conduct to contradict the Nephew's account of general selfishness and anarchism. The feebleness of the good soul's replies is just there: he has nothing to offer but isolated instances of virtue. It is the shameless bohemian who has truth, candor and frankness at his disposal. For he is the voice of the nihilistic spirit. And nihilism is the truth and final aim of Europe's aristocratic culture, now at its very end and pinnacle. For only now has the spirit of complete unfettered individualism, which was implicit in aristocratic "Bildung" all along, come fully into its own.

A Diogenes (Rousseau) might choose to retreat into solitude in the face of

[40]B. 542-543; H. 372-373.
[41]B. 541; H. 371.

so much amoral egotism. However, that is only another form of selfishness, a vanity no less vain and self-oriented than the sociability of the degenerate Nephew. To escape from society is only another way of expressing the spirit of all-pervasive disintegration. Certainly a whole society cannot be expected to return to a primitive condition. Such a demand is, however, not without significance. For it is really not a call to go back to nature, but to rise to a higher level of social consciousness. And the Nephew also, in scorning himself, his own greed and vanity, no less than the universal scramble for wealth and power, has transcended the culture he so faithfully represents. In the midst of vanity and meaningless usages he comes to know the real aim of individuality: to seek one's own values.[42]

That aristocratic culture should complete its cycle in the spirit of entirely unrestrained self-assertion and rebellion against all restrictive institutions, whether economic or political, was, for Hegel, the ultimate moment of a teleological process. Now the individualistic impulse of aristocratic culture had reached its culmination. Moreover, the inherent instability of secular values also had become clear. For this culture had always lacked "the indwelling spirit" of the ethical world.[43] Unlike the Greek polis it had never been "the individual which is a world."[44] Its spiritual life had been self-divided, discordant and disintegrative because its religious aspirations had turned away from the world of history as a mere vanity and fled to a "beyond". The second route to the French Revolution emerges from the destruction of that "household arrangement" which let the human spirit inhabit two spheres simultaneously.[45] The Enlightenment brings Europe's consciousness back to its true home, but the psychic consequences of this return journey are revolutionary. If the disintegration of aristocratic values is the cultural setting for the French Revolution, disoriented religious energies give it its active force.

Christianity as part of the European spirit was, in Hegel's view, a flight

---

[42]B. 547-548; H. 375-376. Hegel's immediate appreciation of Diderot's masterpiece does him much honor. The work first appeared in Goethe's translation in 1805, just as Hegel was preparing the *Phenomenology*. According to Goethe absolutely nobody in Germany would read Diderot's work, because the spirit of fervid nationalism made them hostile to everything French. Clearly Goethe had at least one distinguished reader and Diderot a perceptive admirer in Hegel who never wavered in his admiration for France and for French literary culture. It may be worth noting that he did not follow Goethe's interpretation of the dialogue. Goethe saw it as a psychological portrait of a well-known Parisian character, Hegel as the picture of a general spiritual phenomenon. These two approaches remain the two main lines of interpretation even now. See Goethe, *Nachträgliches zu Rameau's Neffe*, *Werke*, 45, I. Weimar, 1900, p. 221-238.

[43]B. 519; H. 354.

[44]B. 460; H. 315.

[45]B. 512; H. 349-350.

from reality.[46] It was an effort to escape from self-consciousness to some supersensible "other". Belief is pure thinking which can thus find its object only in imaginative representations. And these are nothing but the real world, perfected and "lifted into the universality of pure consciousness".[47] The Christian cannot shake off he world of history which is an inherent part of his being, however hard he may try to withdraw from sense-experience and action. In retrospect, Christianity must be seen, moreover, as Lessing had already pictured it, as part of the necessary historical education of humanity. The three persons of the Trinity are thus, first a God who is analogous to the state-power of the secular order, then a self-sacrificing figure who leads a life for others during the passage to the third and final stage, a return to the original unity.[48] Hegel, like Lessing, believed that the human spirit was bound to overcome revealed religion and to reach perfect self-knowledge.[49]

The ultimate realities of Christianity are merely a projection, which the mind draws "out of the flux of the actual world."[50] However, such thinking does not suffice to realize the unity of the believing consciousness with its God. To that end Christianity requires service, prayer and obedience. Such a path to God has practical consequences. It forces the faithful back into the secular realm which they see as "a soulless form of existence" which must be overcome.[51] But this process also never reaches its goal. It is a journey without an end, for the "other" remains remote. The Christian is doomed to be a part of the very historical life which he so vainly tries to transcend.

The primary aim of "pure insight", and of the Enlightenment generally, is simply to deny all this.[52] Rationalism knows that self-conscious reason *is* truth, the source of all judgments and all values.[53] To be sure, men are recognized for what they are, differing in ability, character and nature, and engaged in confusing, irrational, selfish struggles. These expressions of individuality, however, are not what defines man's fundamental consciousness of himself, nor his highest possible achievements. It is to these that the Enlightenment calls all men: "be for yourselves what you are all essentially in yourselves – rational."[54] It was a call in which Hegel joined. For although he had a far deeper appreciation of the historical role of revealed religion

[46]B. 513; H. 530.
[47]B. 553-554; H. 379.
[48]B. 554-555; H. 380; G. E. Lessing, *Die Erziehung des Menschengeschlechtes, passim.*
[49]B. 797-799; H. 556.
[50]B. 555; H. 380.
[51]B. 555-556; H. 380-381.
[52]B. 553; H. 379.
[53]B. 557; H. 382.
[54]B. 556; H. 383.

than had the men of the Enlightenment, he was glad enough to see the end of the "unhappy consciousness", and its interminable quest. He was, of course, not convinced by all the Enlightenment's arguments. Above all, the *philosophes* had insisted that the majority of the faithful were victims of priestcraft and despotism, while Hegel recognized that faith could not be foisted upon men. They create their own beliefs, as they must, out of the deepest inner necessity. The power of religion arises from within, and there can be no talk of lying and delusion here.[55] It is an important point, but it is no defense of traditional religion. It is only a criticism of its most fervent enemies.

The struggle between faith and rationalism is a relatively simple one. Hegel saw it as a contest with the public mind as the stake. There is none of the complex interaction here that marks the conflict between honor and state-service, for instance. The Enlightenment, moreover, holds all the trumps. To men, suffocating in the futility of a culture wholly given to the pursuit of personal selfishness, the Enlightenment offers a sense of rational purpose. The scattered witticisms of the scoffers are recognized as only a trivial part of the universal human faculty of judgment. To rely on one's own knowledge is not a vain game, but the expression of mankind's rational powers. The emptiness of nihilism is exposed, and the underlying universal value of individual reasoning and opinion remains. That is how rationalism "resolves the confusion of this world". Through Enlightenment "individual light is resolved into universal insight".[56] In its efforts to liberate the public mind from clerical despotism the Enlightenment also succeeds with ease. It does not address itself directly to the alleged oppressors and deceivers. It turns immediately to that passive public that consumes, rather than creates, opinion.[57] Indeed, the Enlightenment wholly identifies itself with this public, which is now asked only to forget old beliefs, not to adopt new ones. For the Enlightenment speaks on behalf of and to common sense. And indeed common sense finds nothing easier than to shake off Christianity like an outworn skin.[58]

Hegel noticed with some spite that the strategy with which the Enlightenment had undermined Christianity was just like the clever machinations that the Nephew had ascribed to Jesuit missionaries abroad.[59] And in fact some of the *philosophes* had also been surprised by their own successes. When d'Alembert saw how quickly the Jesuits had been dispersed he wondered why

[55]B. 562, 569-570; H. 385-386, 392.
[56]B. 560; H. 384-385.
[57]B. 562-563; H. 385-387.
[58]B. 563-565; H. 387-388.
[59]B. 564-565; H. 388.

anyone had ever feared them so.[60] As for the similarity between the tactics of Jesuits and *philosophes*, Rousseau had already noticed it with bitter contempt.[61]

Hegel was also not uncritical in reviewing the career of the Enlightenment. Like its archenemy it had been dogmatic. It had overlooked the credal element in its own position. For "the principle that knowledge and the object of knowledge are identical" is also a projection of self-consciousness. The Enlightenment is simply "not very enlightened about itself", especially when it insists that reason, and only reason, is true.[62] If religion claims to be true, reason must accuse it of lying. For faith neither is, nor can claim to be, reason. It is trust. In its turn the party of religion accuses reason of lying and of malicious slander. In this state of mutual hostility the two parties evidently display some considerable likeness.[63]

The Enlightenment can go far by merely showing a natural skepticism to those who forget that wooden crosses, wine and bread are not the ends of worship, but symbols. Again those who seek absurd historical proofs for the truth of religion, and for the prevalence of miracles are easily exposed.[64] For here it is only dealing with superstition at its crudest. However, Hegel remembered other moments in this intellectual struggle which had a greater significance. He reminds one, even if only indirectly, of Voltaire's encounter with Pascal. After all, more than any other writer, Voltaire brought "human right" to bear against faith. And that, Hegel thought, was the heart of the matter.[65] Pascal's religion was already a response to rationalism, especially to Montaigne's skepticism. "The unknowable absolute Being", as Hegel noted, is a God who has been subjected to rationalist interrogation.[66] And Pascal's God was not only hidden from human discernment, he was also presented to the calculating intelligence as a safe bet. It is as much one's first interest as it is one's first duty to care about one's immortality. If there is a life after death, one is the gainer in having chosen faith. If there is none, one has lost nothing. It is a self-serving wager.[67] And this, as Hegel repeated with considerable emphasis, is one of the reminders that reason brings to faith. It forces the self-sacrificing believer to remember that he is, after all, pursuing his own end and his personal interests in adhering to the program of

[60] *Sur la Destruction des Jésuites en France, Oeuvres Complètes de d'Alembert*, Genève, 1967, II, pp. 48-49.

[61] *Rousseau Juge de Jean-Jacques, Oeuvres Complètes*, Paris, 1959, I, pp. 967-968.

[62]B. 565-566, 582; H. 389, 401.

[63]B. 566-568; H. 389-391.

[64]B. 571-573, 584-585; H. 393-395; 403-404.

[65]B. 581; H. 400.

[66]B. 512; H. 349-350.

[67] *Pensées, Oeuvres Complètes* edited by Jacques Chevallier, Paris, 1954, pp. 335, 451.

eternal salvation. It was one of the many ways in which reason makes faith understand itself.

The other reminder that reason serves on faith is also evident in Pascal. It is that faith is not reason, but its opposite, folly. And indeed, Pascal did reaffirm Tertullian's "credo quia absurdum" without flinching.[68] To Voltaire, this provided the opening for a new attack. First of all, Pascal's bet was not in Voltaire's eyes a very good one. For to renounce the pleasures of the earth was not to lose nothing. And if there is no eternal bliss, it is senseless to pursue a contemplative or ascetic life.[69] Instead we ought to seek our own well-being and comfort and those of our fellow men – here and now.[70] Secondly, the obscurity of faith was no recommendation in Voltaire's eyes. Absurdity and incomprehensibility bore more resemblance to lies than to the truth, he remarked. The roads to understanding can be found around us, not in desperate obscurity.[71] To such reasoning, self-sacrifice is not merely "purposeless as well as wrong"; it is also devious. For these demonstrative gestures do not prove a selfless desire to shake off worldly entanglements.[72] In this Hegel thought the Enlightenment wrong. He did not share the Voltairean suspicion that this was really an "impure intention", that is, just another, and a self-interested way of ordering the actual world, rather than a real effort to escape from it.[73] Nevertheless, the accusation again reminds faith of what it is. It forces the faithful to recognize that they have been living a double existence, one uncritically submissive to the "beyond", and another "in the world of sense" where they must speak and act accordingly. Until the Enlightenment shook it, faith simply "manages to conduct a household of its own" in each one of these spheres. When it is asked to account for its worldly conduct, it has no answer to offer to the Enlightenment and its gospel of utility.[74] For utility is the truth of its terrestrial existence also.

"Religion exhaustively summed up in the conception of profitableness – all this is for belief utterly and simply revolting."[75] Nevertheless, this truth of the Enlightenment, even if it be only a human one, is beyond rejection, because in their earthly dealings the faithful, like all human beings, perform utilitarian calculations. Whatever religion, "sentimentality" and "specula-

[68] *Ibid.*, p. 588.
[69] *Lettres Philosophiques* edited by Gustave Lanson and A. M. Rousseau, Paris, 1964, II, pp. 205-207.
[70] *Ibid.*, II, pp. 196-197.
[71] *Ibid.*, II, pp. 202, 213, 187-188.
[72] B. 585-587; H. 404-405.
[73] B. 574-575; H. 395-396.
[74] B. 581-582, 587-588; H. 401, 405-406.
[75] B. 580; H. 400.

tion" may manage to say against it, utility is the truth of the historical world.[76] Moreover, neither faith, which is a projection of individual consciousness, nor any other spiritual phenomenon can be divorced from the living self that thinks and acts and shares the historical experience of other men.[77]

The "positive outcome" of the Enlightenment, after it has won its battle against mere superstition, is to establish the principle of utility as the law of this world. The pursuit of self-interest is also that of the common good. The world and all things in it exist to serve man, and men are meant to be useful to themselves and to each other. Everything finds its place in this vision of mutual utility.[78] Men are again reconciled to themselves and to their world. "Heaven is transplanted to the earth below."[79] That is the achievement of the Enlightenment. To be sure, the men of reason failed to understand fully what faith really was, and they did not, Hegel claimed, recognize their own affinity to the believing spirit. Nevertheless, the return of man to reality was a genuine triumph in his eyes. It was, also, in itself, not an invitation to revolution, though it prepared the way. It did so, not by bringing the divided spirit back to unity, but by leaving two inflammable possibilities in its wake: the unsatisfied yearning of the ex-Christian, and a notion of utility that proved to be infinitely less objective than its first proponents had thought.

As Hegel approached the death agony of the European spirit, the final revolutionary moment, he had already examined all the disintegrative characteristics of this ageing world. However, he did not present the Revolution as an inevitable necessity. The psychological drama of the divided consciousness, both in its secular and religious aspects, precluded that. To retrospective reason the denouement of the tragedy is clear. That does not, however, make it necessary to present it as a single march to an inevitable, specific terminus. Such a procedure is more in keeping with a positivism which was entirely alien to Hegel's thought. In the *Phenomenology* he offered neither a mindless recital of who said what in chronological sequence, nor a chain of intellectual causes and effects. Because of the intimate relation between effective causality and the attribution of responsibility there is always a strong moral urge to show who produced a given outcome and who was thus to blame. However, Hegel was perfectly serious in his resolve to avoid reducing philosophy to edification.[80] He did not propose to give out

[76]B. 594-595; H. 411.
[77]B. 583; H. 402.
[78]B. 578-580; H. 399-400.
[79]B. 598; H. 413.
[80]B. 73-74; H. 14-15.

grades for good and evil notions. His whole design was to show the whole spiritual quest for certain knowledge as a single, ordered whole, that is, as a changing nexus of interrelated phenomena. The Revolution is thus not "caused" by this or that specific ideological configuration or preceding state of mind. Its freedom and terror were merely the counterparts in actuality of an attendant state of mind. All were related parts of a single moment: the end of European history, recognizable as such only as one looked back. It is an entirely consistent exposition of the theory of the organic development of spiritual forms.

In order to render the spirit in revolutionary turmoil intelligible in retrospect, Hegel avoided the use of metaphors drawn from other realms of experience. There is again an obvious moral motive for speaking of states of mind in terms drawn from the common experiences of mankind: physical motion, pain and labor. The consequence of such evocations is to confuse consciously expressed thoughts and purposive speech with non-conscious and uncommunicated experiences. Often enough, moreover, it also adopts an imagery that makes thought and language appear like shadows of something "behind" or "under" them, that is somehow felt to be more real, because it seems more tangible. Hegel tried to deal with the phenomena of the human spirit in their own terms. Our spiritual past is *res dicta*. That is its whole substance, and Hegel recognized the spoken word, language, communication, as a system with its own characteristics and developmental patterns. The rationality of their perpetual change was to be found in an immanent teleology. Hegel saw spiritual history as a development in which original principles gradually unfold all their possibilities. Their aim is full explicitness, and this gives form to this entire process. It is not a unilinear progress. The course of change consists of a series of conflicts between opposed intellectual attitudes, each of which is incomplete and which reveals its deficiencies as it confronts its challenge. When every insufficiency of both becomes evident, the opposing positions dissolve in mutual recognition, amalgamate and so emerge as a new state of awareness.

Hegel's account of the changes in collective consciousness may also be seen as a psychology of intellectual attitudes. The rage of the dishonored nobleman, the Nephew's egomania, the "unhappy consciousness" of the Christian and that fear of death that finally halts the Revolution, all these are psychological manifestations. They are responses to, no less than constituent elements of, a spiritual situation. That also gives these general states of mind their dynamism. In fact, Hegel thought of his phenomenology as a substitute for the observational psychology of his time. Lockean sensationalism and its various materialist and environmentalist offshoots were one aspect of Enlightenment thought that he utterly rejected. It seemed to him static and constrictive, incapable of doing justice to either the universal or the unique aspects of the human mind. The listing, measuring and classifying of individual faculties in order to frame statistical laws seemed to Hegel a trivial enterprise. It dwells on what is least significant about men's individuality, instead of concentrating on "the essential nature of individuality. . . the universal element of mind".[81] Nor does it do justice to the creative capacities of individuals. "The individual can be something else than is in his original, internal nature", and especially his physiological structure.[82] Men are all their experiences, deeds and possibilities combined. To see such a being as the product of an environment is to ignore everything that is peculiarly his own. Everyone makes something else out of the situation which all share. The environmentalist must always have a "double gallery of portraits". One set of pictures would show what the environment made of men, and the other what each one made of the environment that he integrated into his self. Real persons are indissoluble ensembles, however, "the cycle of [their] own actions". Men are their own creators, actualities and potentialities at any moment, and not the subjects of external necessities.[83]

Retrospective teleology alone can encompass both the purely personal and the general, the possible and the realized aspects of human consciousness. For it alone contemplates completed lives, and can see the interaction between what minds reflect and create as they confront each other in time. The purpose of such a phenomenology is not to establish laws in order to predict probable behavior. It is designed only to bring order to our chaotic memory and to illuminate the articulate choices that were and were not made. This allows for both, the possible and the actual in history. It recognizes individuals and the general spirit which they expressed and actually chose to promote and mould.

The difficulties of Hegel's view are not in the teleological character of retrospective reason. An order is always imposed when one recreates the past. There is not other way of presenting the phenomena of purposive change. The trouble with Hegel's vision is its dramatic quality. Change is seen always as a sort of duel between two antagonists within consciousness. There are never more. Faith against reason, honor against wealth, pairs such as these do not exhaust the variety of European spiritual life. This selectivity was certainly not random. Hegel was utterly enthralled by the Revolution, and he structured the process of spiritual growth to cast into relief those

[81] B. 333; H. 225.
[82] B. 364; H. 248.
[83] B. 334-336; H. 225-227.

features that sprang into open conflict at that final and all-illuminating moment. The implicit anarchy of the beginning, with its escapist faith and aristocratic culture, becomes explicit in the end, after a series of increasingly disintegrative conflicts. That does not render the Revolution, in its specific form, inevitable. Hegel gives one a sense of its explosive, sudden character. There is, above all, a great feeling for the "might have beens", of the Enlightenment and even of the Revolution, for lost opportunities, for ends that could have been new beginnings, but were not. Even though in retrospect the actual always finds its necessary place, Hegel never speaks of specific occurrences as necessities. That is, of course, entirely consistent with his psychology. The phenomena of individual minds are intelligible as expressions of a general spirit they collectively create, but they are not impelled by external "forces". The revolutionary spirit can thus be explained and traced without ignoring its unrealized possibilities in the midst of its actualized ones.

The turn to the Revolution begins when the idea of utility is upset. In the context of a nihilistic culture and of unsatisfied religious yearnings this proves explosive. It is not just that the vision of the world as composed of creations, each of which exists to be of service to another creation, is inadequate to reality. It is that this discovery is made in a spiritual situation where longing is a general psychological affliction. That disposition of "sheer longing" is a real stain upon the Enlightenment's victory over faith.[84] It is also a febrile state of mind. For when utility is revealed to lack the objectivity it had claimed, the combination of uncertainty, yearning and cultural disintegration proves overwhelming. That is why this is a spiritual change unlike any other. In this "purely metaphysical", asocial state the individual is thrown back entirely upon his own resources, his own will.[85] It is a state of void in which there is only self-awareness. Nothing else is real any longer. That is a "new mode of conscious life – absolute freedom".[86]

The condition of absolute freedom marks the utter and disastrous collapse of the world view of the Enlightenment, in both its deistic and materialist forms.[87] For both of these had assumed a stable objective order. Utility however is not a description of actuality. It is an aspiration. It is an aim to be pursued.[88] The arrangements of this world are never sufficiently useful, they must always seem to require effort to be made more truly so. Utility turns out to be a call for action. Hegel was nothing if not perceptive. In the early

[84] B. 588-589; H. 406.
[85] B. 512; H. 350.
[86] B. 599; H. 414.
[87] B. 608; H. 421.
[88] B. 599-600; H. 414-415.

phase of the Revolution the notion of social utility certainly did inspire many people with profoundly religious hopes and expectations for social regeneration. It was the master idea of a Barnave no less than of a Robespierre. Every institution, every law, every proposal was justified in terms of social utility. Even the rights of man, which to us might seem to be limited by the demands of social utility, were not seen as anything but an expression of individual interests that contributed to the greater good of the whole. Siéyès explained them in just such a way.[89] Clearly Hegel had followed the debates of those years carefully. For he saw not only the overwhelming impact of the ideology of social utility, but also its crusading dynamism. He also knew why it proved so corrosive. For who defines the useful? All revolutionaries appealed to it, but each one had his own idea of what and who was really useful. There is no longer any God to settle the quarrel. The "empty *être suprême*" now "hovers there merely as an exhalation of stale gas".[90] It guarantees nothing.

What remains is a Rousseauian anarchy of wills. Each individual not only decides for himself what is useful for him, but also what is generally useful. Each will regards itself as a perfect expression of the general will, which alone is valid, but which cannot be found except in the union of all wills. That precludes compromise and submission. Indeed the two seem identical now. For each one speaks for all, not only for himself. To accept the decision of another person is, thus, to betray the general will of which one's own is an inseparable part. Unless all agree, there is no general will, for each one regards his own will as the general will also. Since agreement is impossible, given the multiplicity of actual wills, only anarchy is conceivable. Anything else is a limitation upon one's will. For this consciousness "the world is absolutely its own will and this will is universal will".[91]

No power is able to offer any resistance to anarchic freedom. Tacit consent through representation is clearly unacceptable. This is "a mere symbol of willing". The "concrete actual will" of "each and every personality" must do and do consciously anything that is done on behalf of all. Nothing less than complete democracy can do. All social classes and spheres are confining and so collapse. The individual will that is the general will can only "realize itself in a work which is a work of the whole".[92] Now "its purpose is universal purpose, its language universal law, its work universal achievement".[93]

The will is however subjective for all these pretensions and each individual

[89] These remarks owe much to Jean Belin, *La Logique d'Une Idée Force: L'Idée d'Utilité Sociale Pendant La Révolution Française (1789-1792)*. Paris, 1939.
[90] B. 602; H. 416.
[91] B. 600; H. 415.
[92] B. 601; H. 415.
[93] B. 601-602; H. 416.

sees that. For him the general laws of the state are thus just assertions of individual, subjective will. And each individual is, in turn, a little sovereign. The revolutionaries *might* have settled down to a constitutional order, with a separation of powers and a pluralistic order based, not on heredity, but on choice. They would then have created a differentiated but free society. However, in *any* order, even in a free one, each person must play a determinate role, and thus ceases to be in reality universal self-consciousness.[94] That had in essence been Condorcet's objection to the constitution of the United States. It was based, he complained, on the theory of balanced powers and the identity of interests, rather than on the equality of rights.[95] The "idea of submission to self-imposed laws" would still be a cheating of self-consciousness that wants to achieve a general, not a particular task. Only actual legislating, and not by proxy, will do.[96] However, even legislation, as a perpetual activity, fails. For any decision, any deed, puts an "individual consciousness in the forefront". At most each participant has only a small share in the act. Then someone must execute it and that is an imposition. Law excludes someone eventually, and ceases to so be universal.

The only possible action of completely universal participation is "negative action". "It is merely the rage and fury of destruction."[97] Rousseau had, of course, recognized the difficulty clearly enough, though not its possible implications. Any government must of necessity be a departure from equality and so from the general will. Anarchy being impossible "among men as they are", he decided, with profound resignation, that the political corruption of the general will was inevitable.[98] Hegel, unlike many subsequent interpreters of the *Social Contract*, recognized its anarchistic character fully. The general will was not an external instrument of domination, but an invitation to pure democracy. What Rousseau held to be impossible proved to be so in actuality. However, the possibilities of negation were still hidden from even Rousseau's political imagination, while Hegel had ample opportunity to observe them.

The only possible union of wills which excludes no one is the act of protest. All can join in turning against all actual or suspected usurpers of the general will, and that means any potential government. No government can claim to be more than a mere faction, since all are necessarily exclusive. No government is general. And there is no external standard according to which the legitimacy or illegitimacy of any government, or of its opponents, can be

[94]B. 603; H. 417.
[95] *Esquisse d'un Tableau Historique des Progrès de l'Esprit Humain, Oeuvres*, Paris, 1847, VI, 198-202.
[96]B. 603-604; H. 417.
[97]B. 604; H. 418.
[98] See the author's *Men and Citizens*, Cambridge, 1969, pp. 204-212.

measured. To be either government or opposition is a crime against the general will. Without legitimacy there can be no laws, and so no judgments based on law. Suspicion is tantamount to guilt. Intention is equivalent to commission of crime. In all cases there is only one available response: to remove the obstacle to the reign of the general will. Death becomes the real lord and master, and killing the most casual and obvious political act.[99] The state of absolute freedom is now recognized for what it is, exactly what Hobbes had said it was, a condition of universal fear of violent death. The individuals who come to this realization "submit to negation and distinction once more, arrange themselves under the spheres" again, and return to their specific functions and places, and so "to substantial reality".[100] The Revolution is over. It achieved nothing. It was the occasion of "no universal works of language", no laws, and "no deeds and works of active freedom".[101] It is all notably reminiscent of that Corcyraean revolution which Thucydides had made the paradigm of those upheavals in which "death rages in every shape".[102]

Out of this tumult and horror "the ethical world and the real world of spiritual culture" *would* have arisen. That is, a return to the Greek polis *might* have occurred. "But that is not the form the final result assumed." Hegel did *not* say that such a rejuvenation had simply been impossible. He said only that it did not come about. Nothing substantial was left in the world of culture, only "disaster and ruin", "nothing that gives a filling".[103] These quiet remarks carry a burden of deep regret. This was for Hegel the real failure of the Revolution. Violence *might* have been creative, but it was not. Hellas was not reborn. Europe *might* have been refreshed and returned to its origins, to the source of all its spiritual creativity, but it was not. Democracy did not reach its true form in the ethical state of a free people. Everything was dissipated in a war of all against all in the terror of unrestrained freedom. When that passed, all hope and all spirit had been exhausted.

What follows the Revolution is not political. Absolute freedom becomes a philosophical category as it leaves the arena of the actual world. It survives as "knowledge and volition". In the new Kantian morality individual and universal will are reconciled in the realm of a new self-awareness. However, neither Kant, nor his heirs, himself among them, had in Hegel's view, recreated the ethical order. The new morality was an attitude, a view of the

[99] B. 606-607; H. 419-420.
[100] B. 607; H. 420.
[101] B. 602-603; H. 416-417.
[102] *The Peloponnesian War*, III, s. 81.
[103] B. 607-608; H. 420-421.

world. It was not "character", as the ethos of Antigone and her people had been.[104] Morality added immeasurably to man's understanding, but it was a matter of pure knowledge. It was not the spirit that animates a free society.

The French Revolution clearly tested Hegel's powers of resignation severely. After the Napoleonic era, he became politically more sanguine. The prospects for a Montesquieuan constitutionalism appeared to be better than they had in 1806. The Revolution, correspondingly, seemed a more local, but also a more inevitable, disaster to him. "Revolution without a Reformation", he decided, was not feasible.[105] That is why nothing liberal could prosper in Catholic countries. That is, to be sure, a thought not remote from the spirit of Voltaire. Moreover, Hegel never doubted that the *ancien régime* had been just as dreadful as the *philosophes* and the revolutionaries had said it was.[106] It deserved to be destroyed. There is no hint of Burkean nostalgia in any of Hegel's reflections on the French Revolution. Nor is there any of Burke's patriotic self-satisfaction. The Germans, Hegel noted contemptuously, had even less reason to feel proud of themselves than had the French. They had stood by "passively" from beginning to end while history just rolled over them.[107]

Passivity was, indeed, one of the many faults that Hegel found in Kantian morality. In the *Phenomenology* he is certainly resigned to it, but hardly without complaint. The transformation of the idea of a general will into a metaphysical principle was an intellectual necessity. And it was better than a call for political anarchy, certainly. It constituted an epistemological advance, but it was in no sense an alternative to the living spirit of an ethical society. Knowledge was, for Hegel, a consolation for the failure of that great "might have been", for the political void that the Revolution had left in its wake. The end of European culture presented speculative philosophy with its greatest opportunity. One could now retrospectively know the whole history of knowing, and with perfect certainty. But this feat of remembrance takes place on the field of skulls.[108] To possess the past one had to relinquish all thoughts of a possible future.

---

[104]B. 608-610, 613-614; H. 421-424.

[105] *The Philosophy of History* edited by C. J. Friedrich, New York, 1956, p. 453.

[106] *Lectures on the History of Philosophy* translated by E. S. Haldane, London, 1892, III, pp. 388-390.

[107] *Ibid.*, p. 391.

[108]B. 807-808; H. 563-564.

PAUL SIGMUND

NATURAL LAW TODAY

Why discuss natural law, it may be asked, when the belief in the validity of this approach to ethical and political problems has suffered a marked decline, at least since the end of the eighteenth century? Why should the student of political thought be particularly interested in a discredited theory of political or moral obligation at a time when representatives of the last bastion of natural-law thinking, the Roman Catholic Church, have begun to question their church's excessive reliance on the natural-law approach.[1]

Funeral orations have been pronounced over the natural law before, and yet somehow it has managed to survive and to reappear in unexpected places. After World War II some observers discerned a revival of interest in natural law, but as Carl J. Friedrich has said, "To speak of a revival of natural law is not quite accurate since natural law had never quite disappeared from European and American legal thought."[2] In recent years we have seen the emergence of a whole school of teachers of political theory and related subjects, working under the influence of Professor Leo Strauss of the University of Chicago, for whom "natural right" is of central importance.[3] In 1955 Walter Lippmann published *The Public Philosophy*, a plea for a return to a form of natural law. On a less theoretical level, the political programs of present-day Christian Democratic parties in France, Italy, Germany, and Latin America are drawn in part from the natural-law theories which appear in the papal social encyclicals.

In addition, if there is any value in approaching political thought from an

[1] See, for example, Gregory Baum, "Remarks on Natural Law," *The Critic*, April-May 1965, vol. XXIII, no. 5, pp. 49-50; Charles E. Curran, "Absolute norms in moral Theology" in Gene Outka and Paul Ramsey (ed.), *Norm and Context in Christian Ethics*, New York, 1968, ch. 5.

[2] Carl J. Friedrich, *The Philosophy of Law in Historical Perspective*, Chicago, 1958, p. 178. See the literature cited there and in Guenter Lewy "Resistance to Tyranny: Treason, Right, or Duty" *Western Political Quarterly*, XII, 3 (Sept. 1960), pp. 581.

[3] See Leo Strauss, *Natural Right and History*, University of Chicago, Chicago, 1953, and Leo Strauss and Joseph Cropsey, *History of Political Philosophy*, Chicago, 1963.

historical point of view, the theory of natural law has played an important role in the history of Western political theory since the time of the Greeks. It has provided a convenient basis for discussions of human nature (a crucial element in many political theories), of the nature of politics and society, and of the goals of man and the community. In an earlier day when the distinction was less clear between scientific, empirically-based observation and moral imperatives, nature provided a standard both to describe what is and to prescribe what ought to be in politics and society. Even when their terminology is no longer used, the vivid and persuasive models of political life put forward by natural-law theorists such as Aquinas, Grotius, or Locke continue to provide insights which must be taken into account by the contemporary political philosopher. Aquinas' description of the nature of law, Grotius' model of international society, and Locke's defense of the property right and the constitutionally limited state are classic statements both of political analysis and of political evaluation. The ends and limits of government, the basis for deciding whether a war is just or unjust, and the grounds for the assertion of human equality are other perennial political issues that have a central relationship to the natural law tradition. They have in common the basic impulse that originally led to the development of the theory of natural law – the desire to find a standard outside of politics by which to judge the moral worth of political decisions and legal enactments.

Most theories of natural law assert that in some sense there exists in nature and/or human nature a set of knowable ethical standards, independent of human volition, universal in application, unchangeable in their ultimate content, and morally obligatory on mankind – which can provide (among other things) a basis for evaluating existing legal and political structures.

Not all theories which contain an appeal to nature or human nature are natural law theories, but only those which attempt to derive universal moral or legal imperatives, norms, or prescriptions from those sources. Natural law should also be distinguished from scientific or empirical "laws of nature" although at times the two terms have been confused. Natural law as it is discussed by political theorists is a moral, legal, or political prescription designed to produce certain kinds of human conduct – not an observed regularity in the physical universe or in human action.[4]

Natural law theories should also be distinguished from those based on

---

[4] For an example of an attempt to relate the "laws" of biology to human conduct, see Konrad Lorenz in *Life*, vol. 68, no. 1 (Feb. 20, 1970), "The tragedy and magnificence of *homo sapiens* rise from the same smoky truth that we alone among animal species refuse to acknowledge natural law."

custom, tradition, religious authority or revelation, hedonism, utility (at least some versions), historical inevitability, racial elitism, intuitionism, emotivism, and the voluntarism of existentialist and some recent democratic writers. Natural law writers have often combined their theories with one or more of the above justifications, but conceptually natural law forms a distinct approach to the problem of political and legal obligation.

To assert that there are universal and permanent standards for conduct which can be derived from nature is not to say what those standards are nor how they are to be derived or applied. Thus, within the common tradition which makes this assertion, there are a variety of definitions of nature and different contents ascribed to the natural law. Natural law has been used to defend slavery and freedom, hierarchy and equality, revolution and reaction. In times of social change and criticism of existing political and legal institutions, the appeal to "nature" has provided a standard for the evaluation of governmental and social arrangements in a reactionary, conservative, liberal, or revolutionary direction. In the disputed areas of international relations, property, slavery, resistance and revolution, and the development of new political institutions, it has been the source of a wide variety of norms and criticisms in Western political thought. Yet there is a common core to the natural law tradition which involves more than an appeal to nature and, more commonly human nature, as the source of objective standards for ethics, politics, and law. On the whole and with important exceptions, natural law writers look for *purposes* in the world, whether God's, man's, or nature's. Natural law thinking places considerable emphasis on *reason*, as man's distinguishing characteristic, the source of his uniqueness and value, and the basis for the reconciliation of conflict in his social relations. While modern dynamic theories of natural law (e.g. Stammler, Maritain, Niebuhr) attempt to take into account the diversity of the moral insights of men, most natural law theories have aimed at achieving or working for a set of moral principles on which rational men can come to *agreement*.[5] In an apparently disordered world, natural law theory assumes that a harmonious *order* can be achieved by reason rather than imposed by arbitrary will.

Most natural law theories have also attempted to defend some notion of human *equality* and criticized artificial or ascriptive differences among men.

[5] On natural law as an "ideology of agreement" see Judith N. Shklar, *Legalism*, Cambridge, Mass., 1964, Part I. Rudolf Stammler, *Theory of Justice*, New York, 1925, contains his theory of "natural law with a changing content." Jacques Maritain's theory is best expressed in *Man and the State*, Chicago, 1951, while Reinhold Niebuhr's revised version of natural law (based on the "law of love") appears in "Christian Faith and Natural law" in George W. Forell (ed.) *Christian Social Teaching*, Garden City, N.Y., 1966, pp. 393-402.

In the modern period, natural law has given increasing attention to man's capacity for *free choice* as the basis for moral and legal practices and institutions, and in recent years his need for *participation in the community* has been recognized as a moral demand of human nature.

While the natural law theory still exerts an influence on moral theologians (especially, although not exclusively, those in the Roman Catholic Church) and on writers on international law and relations, the appeal to nature is not now frequently made in the English-speaking world – at least not in explicit terms. While earlier attacks on natural law were unsuccessful there has been a marked decline in the acceptance of the theory since the eighteenth century. The classical critics of natural law such as the Sophists who referred to the diversity of human moral and legal codes, the Christian fideists who doubted the capacities of man's reason to attain moral truth, and the early modern theorists of sovereignty who argued for a single and incontrovertible source of law and justice in the nation state were not able to undermine men's faith in the ultimate rationality, objectivity, and intelligibility of the moral basis of civilized life. But the pluralism of modern society, our awareness of the important changes in our moral standards over time and space, and the obvious ethnocentrism and inadequacy of the eighteenth-century attempts to develop a systematic code based on nature have led us to look elsewhere for our philosophic models. Natural law is considered either too rigid to apply to all cases and places, or too vague to provide a useful or intelligible standard. As the Danish philosopher, Alf Ross, puts the latter criticism, "Like a harlot, natural law is at the disposal of everyone. The ideology does not exist that cannot be defended by an appeal to the law of nature."[6]

From the point of view of modern philosophy, the most telling objection to natural law is still that of Hume in Book III, Part I of the *Treatise of Human Nature*. Rephrased now as the "naturalistic fallacy" of G. E. Moore, it asserts that it is logically and epistemologically impossible to derive a statement of value from a statement of fact. To base one's values on nature appears to do just this – to derive an ethical judgment from some natural fact about man or the universe. The identification of natural law with the observed regularities of the physical and social sciences also introduces an element of confusion if the term is to be used for moral discourse. Psychologists, sociologists, and anthropologists may speculate about what is constant in human nature, but aside from occasional implicit moral statements in the psychiatrists' prescriptions about mental health or personal integration, they do not use their observations as a source of ethical ideals.

[6] Alf Ross, *On Law and Justice*, Berkeley, Calif., 1959, p. 261.

Nature is many things to modern man, but it is not a guide to moral conduct. Occasionally the term "unnatural" is used to stigmatize certain types of unorthodox sexual conduct, but even this usage is becoming rare in this age of tolerance of sexual variety.

When natural law is utilized for moral purposes today it is so ambiguous, misleading, and controversial, as to be nearly useless as a meaningful way of discussing ethics and politics. So much time is spent in indicating what is *not* meant by the expression, and in tracing its history, or denouncing its opponents, that little is left to show what can be achieved by the use of natural law reasoning.[7] It seems to have become more of a barrier than an aid to communication on moral and political problems.

But what is there that can replace the appeal to natural law as a source of norms to evaluate and criticize existing institutions and practices? Is there a modern equivalent to the natural law tradition which can be relevant to contemporary ethical and political theory?

References to human nature as a source of norms may, for good reasons, have fallen into disuse, but we still speak of "human rights" and "human dignity" and we condemn monstrous acts such as those of the Nazis as "inhuman" or "crimes against humanity". The belief in human equality and freedom as universally applicable human aspirations continues to be an operative assumption of liberal theory.[8] As in the natural law theories of the past, normative implications are still derived from an ideal conception of what it means to be human.

A possible way to express this continuing truth while bypassing some of the philosophical problems associated with natural law terminology would be to formulate our analysis in terms of "human needs and potentialities". Recognizing that an appeal to justice and morality beyond a given law and practice is inevitable and necessary, this formulation could be used to develop standards and principles which are related to human nature without making the ontological claims that most natural law theorists make. An attempt to specify these needs and potentialities somewhat more concretely may produce a result which is remarkably similar to what the natural law theorists have been saying all along.

On the level of human needs man needs to live in society with his fellows to survive and to do so there must be some kind of regulation of sexual

---

[7] For examples of the three tendencies see John Courtney Murray, *We Hold These Truths*, New York, 1960, Part III; Scott Buchanan, *Rediscovering Natural Law*, Santa Barbara, Calif., 1962; and Leo Strauss, *Natural Right and History*, Chicago, 1953.

[8] Cf. John Chapman "Natural Rights and Justice in Liberalism" in D. D. Raphael (ed.); *Political Theory and the Rights of Man*, Bloomington, Ind., 1967, pp. 27-42.

conduct, property, and human life and safety.[9] It is more difficult to make a brief enumeration of human potentialities which should be recognized. Equality of consideration seems to be demanded if every man's potentialities are to be developed[10]. Man's capacities for rational free choice will be recognized by any society that is concerned with developing the full potential of all of its citizens and the conditions for the responsible exercise of freedom in the way of education, economic opportunity, and social welfare will be fostered in its institutions. The human need and potential for responsible participation in the community is also increasingly evident in the contemporary world, when industrialization and urbanization have focussed attention on the problems of anomie and alienation. Christian theorists and some secular writers (e.g. Herbert Marcuse and Erich Fromm) would add a response to the human need and potential for love as one of the moral requirements of a developed and perfected society.

Security, equality, freedom, and – more difficult of accomplishment – community and love – these are some of the human needs and potentialities by which social, political, and economic institutions may be evaluated. The use of these goals as standards preserves something of the attempt of natural law theory to develop universal and objective norms related to human nature, but avoids the "essentialism" implied by the older formulation. Like natural law theory it operates on the assumption that there are certain purposive goals in man that demand fulfillment. It gives a more prominent place to the recognition of human freedom than did the natural law theorists (except for Kant), but it assumes that this freedom will be used rationally – thus preserving the older emphasis on rationality. As in the case of natural law thinking it seeks to achieve agreement among rational men on the requirements of civilized life in society, and assumes that some kind of consensus on basic principles is possible.

It must be admitted that this formula – human needs and potentialities – is subject to some of the same criticisms as the natural law theory. The accusation that it is either too vague or too rigid can also be applied to it. It too attempts to move from fact to value – although without the essentialist metaphysics of many of the natural law theorists. It is better able to adjust to the recognition of new needs, capacities, and moral insights than the more static formulation of the natural law writers, but by basing its moral claims

[9] Cf. H. L. A. Hart's "minimum content of natural law" in *The Concept of Law*, Oxford, 1961, ch. 9.

[10] John Rawls, "Distributive Justice", in Peter Laslett and W. G. Runciman (eds.), *Philosophy, Politics and Society*, 3rd. series, London, 1967, pp. 58-82, has added the requirement that where inequalities exist they must be justified by their contribution to the good of all the individuals in the society.

on aspects of man's conduct that may be perceived as universal human potentialities it lays itself open to considerable controversy. This is particularly true if any attempt is made to set these requirements and aspirations in the form of laws. For then we are involved in conflicts between moral principles and must develop a hierarchy of values among them. Yet if it is claimed that these needs and potentialities are universal among men and reciprocally binding they must be expressed as moral or legal principles – although (unlike earlier natural law theories) such generalizations will be tentative in character and subject to revision in the light of new evidence on how best to achieve human fulfillment.

A number of modern writers on philosophy and law have developed theories which resemble the one just outlined. T. H. Green, the English liberal idealist philosopher, specifically alluded to a modern equivalent of natural law when he proposed his standard for the evaluation of political institutions. "The value, then, of institutions of civil life lies in their operation as giving reality to (human) capacities of will and reason. . . They enable (man) to realize his reason, i.e. his idea of self-perfection, by action as a member of a social organization in which each contributes to the well-being of all the rest. So far as they do in fact thus operate they are morally justified and may be said to correspond to the law of nature, the *jus naturae*, according to the only sense in which that phrase can be intelligibly used." The contemporary philosopher, Frederick Olafson, also speaks of a "new and restricted version of natural law theory" which "expresses the only set of reciprocally applicable priorities that most people are really prepared to live by. . . Its authority is simply that of the unwillingness or practical inability of the human beings who use a certain concept of human nature to accept. . . the implications for conduct of the abandonment of that concept."[11]

The idea of the reciprocal application of common goals is given greater content in Carl Friedrich's attempt to derive an argument for democracy from certain permanent characteristics of human nature. In *Man and His Government*, Friedrich begins with "the basic given of all political experience: the community." He then enumerates four characteristics of man in community – "pliability and adaptability, having and sharing of purposes, experiencing oneself as self, and communicating with each other through language". While noting that "all these traits are in a sense comprised in the old idea of reason" Friedrich is careful to distinguish his theory calling for

---

[11] "Essence and Concept in Natural Law Theory," in Sidney Hook (ed.), *Law and Philosophy*, New York, 1964, p. 239. Green's statement appears in his *Lectures on the Principles of Political Obligation*, London, 1882, reprinted 1959, pp. 32-33.

involvement of all on the basic value choices of the community from what he considers elitist rationalism of earlier theories.[12]

The closest analogue to our theory in contemporary writing on jurisprudence is Thomas E. Davitt's attempt to ground obligation on "certain basic drives which dynamically express what is fundamentally necessary to man's self-development." There are also resemblances with Lon Fuller's conclusion that "one central indisputable principle of what may be called substantive natural law – Natural Law with capital letters – (is) the injunction: open up, maintain, and preserve the integrity of the channels of communication by which men convey to one another what they perceive, feel, and desire. . ."[13]

Similar arguments are made by Marxist writers concerned with human alienation. For what is man alienated from but his true self, the potentiality and need for which is suppressed by the real or supposed requirements of the capitalist system? Writing from a socialist standpoint, C. B. McPherson, for instance, specifically refers to "the essence of man" as understood by "the western tradition" derived from Plato, Aristotle, and "Christian natural law" to argue for a change in the economic system. Sidney Hook, elsewhere a critic of natural law, has attacked the theory of alienation as "foreign to Marx's concept of man" and "obscurantist legerdemain", but he recognizes that if Marx indeed did espouse such a theory "this would entail the acceptance of a natural law morality", the "standard of the unalienated self."[14]

Contemporary movements of protest against various aspects of modern industrial civilization also proceed from certain assumptions about the requirements of human nature. Martin Luther King appealed to a higher law in his struggle for equal rights for black people. The hippies' search for community and love, the attack by the New Left and the young on the quality of contemporary life, the demands of the female liberation movement that the needs and potentialities of women be recognized – all reflect a belief that society should be restructured in a way that is more in keeping with the moral requirements of human nature.

Others are not as optimistic about the possibility of achieving harmony between human nature and modern civilization. Sigmund Freud in *Civilization and Its Discontents* maintained that alienation and conflict are the human

[12] Carl Joachim Friedrich, *Man and His Government*, New York, 1963, pp. 38-40 and ff.

[13] Lon Fuller, *The Morality of Law*, New Haven, 1964, p. 186. Davitt's statement is the basic argument of his monograph, *The Basic Values in Law*, vol. 58, part 5 (1968) of *The Transactions of the American Philosophical Society*, Philadelphia, 1968, p. 24.

[14] Sidney Hook, *From Hegel to Marx*, paperback edition, Ann Arbor, Mich., 1962, pp. 6-7. McPherson's statements appear in "The Maximization of Democracy" in Peter Laslett and W. G. Runciman (eds.), *Philosophy, Politics, and Society* (3rd series) Oxford, 1967, pp. 85, 89.

condition, and no restructuring of society or morality can remedy this situation. Here he differs from the writers mentioned above and from the natural law theorists of the past, the underlying assumption of whose theory is that a harmonious order in human society can be found, that man's needs and potentialities are not destined to be frustrated. Perhaps this is a utopian ideal but it is one that has attracted man throughout the ages – and one of the reasons for the continuing attraction of natural law thinking. And now that economic progress makes it appear that the more elemental needs of mankind can be satisfied, is it too much to hope that he higher potentialities of his nature can achieve fulfillment? Today when the demands are increasing domestically and internationally for something more than mere lip service to the ideals which the natural law theorists did so much to develop we can perhaps look forward to the day when the "natural" human need and potentiality for the responsible exercise of freedom in community may be a reality as well as an ideal for the mass of mankind – when, in the words of Teilhard de Chardin, "the inevitable 'totalization' of humanity will take place in such a way as not to destroy but to enhance in each one of us, I will not say, independence, but – what is quite a different thing – the incommunicable uniqueness of the being within us."[15]

---

[15] Pierre Teilhard de Chardin, "Some Reflections on the Rights of Man," in UNESCO (ed.), *Human Rights*, New York, 1949, p. 106.

MARTIN SELIGER

HERBERT MARCUSE'S ONE-DIMENSIONALITY – THE OLD STYLE OF THE NEW LEFT

I. INTRODUCTORY

When *One-Dimensional Man* first appeared in 1964 it did not cause much of a stir*. Only when student unrest broke out did the book become a bestseller, while other, earlier, publications by Marcuse were re-edited as paperbacks. The growing pressure for the reform of Academy coalesced with – as much as it was the result of – the upsurge of radical opposition to "the system" in general and to specific policies in the international arena in particular. Insofar as the militant left-wing minorities among the students succeeded in the instigation of the more violent manifestations of the student revolt in the West, the demands of reform became more radical. But this was no indication of an overriding concern of the ring-leaders with academic reforms, particularly in America.[1]

In this atmosphere Marcuse became, in the eyes of the public, "the Karl Marx of the students". The connection between Marcuse's rising fame and the rising tide of student revolt was not accidental, but neither was it an indication of the acquaintance of the militants with his writings nor of their acceptance of his spiritual leadership. Though he appeared with left-wing militants at public meetings during his stay at the Freie Universität in Berlin, in 1967, the alliance between them did not last long. Marcuse's authority, like that of Adorno, Horkheimer and Habermas, did not withstand the revolt against authorities. They were – and remained – academics who were not prepared to see their revolutionary theories about "total change" applied to Academy itself. In this they were at one with communist professors in "the French Revolution of 1968". Indeed, during the student

---

* This essay is a revised version of the one previously published in: *Molad* (Hebrew), Vol. II (XXV), 10 [June 1969].

[1] R. Nisbet, "Who Killed the Student Revolution?," *Encounter*, Vol. XXXIV, February 1970, pp. 10-18.

unrest at Columbia University Professor Marcuse "stayed disapprovingly away from an insurrection wholly consonant with his view of a correct and vital democratic process".[2]

In the West the leaders of the militants continued to use slogans and *formulae* which seemed to be culled from Marcuse's writings. He himself and his views were given the widest possible publicity in the mass media, in contrast to the boycott and rejection of his views as a revisionist non-Marxist in the communist countries of Europe.[3] Indeed, the publicity Marcuse received in the West is in itself a striking disproof of his central argument of the "totalitarian" and "one-dimensional" manipulation of public opinion by the immensely powerful apparatus of capitalist (or welfarist) domination and repression.

The ideologies of Marcuse and of the militants coalesce in their rejection of the existing order on generally Marxist grounds. In the orientations of the multiple *groupuscules* different variations of Marxist doctrines intermingle with communalist and anarchist slogans which recall the thinking of Fourier, Kropotkin and Bakhunin. Anybody familiar with Marx's struggle against Bakhunin will appreciate the historical irony of such eclecticism. Its variations combine threads of revolutionary thinking and aspirations conceived in an already remote past with the oft-admitted lack of any precise knowledge about the future order which is to replace the one to be destroyed. The ideologues of the militants choose men like Fidel Castro, Che Guevara, Mao-Tse Tung and Ho-Chi-Min as their new idols, as sources of inspiration and emulation for new tactics in the revolutionary struggle. There is no agreement on whether to accept the Cuban, Chinese or any other example as the blueprint of the new, but still Marxian, classless society. In the unspecified commitment to this idea lies the common denominator of the new militants and Marcuse, although he is much more specific in this respect than the militants because he is faithful to the ideals of the traditional radical Left.

In this essay I propose first of all to show that the main philosophical presuppositions of Marcuse's theory make sense only in the light of a pre-

---

[2] Diana Trilling, *Cambridge Review*, as quoted by M. Cranston, "Herbert Marcuse," *Encounter*, Vol. XXXII, March 1969, p. 46, note 10. For a perceptive, and by no means unsympathetic, assessment of the problematical relationship between Marcuse and the students as well as the New Left in general see P. Breines, "Marcuse and the New Left in America," in J. Habermas, (ed.), *Antworten an Herbert Marcuse*, Frankfurt, 1968, pp. 134-151.

[3] See e.g., R. Steigerwald, "Ein Apostel des 'dritten' Weges (Zur Kritik der Theorien Herbert Marcuses)," *Probleme des Friedens und des Sozialismus*, Prag, 1969, Vol. XII, pp. 1095-1103. This is a mixture of misrepresentation and cogent appraisals characteristic of those who, willingly or unwillingly, labour under the pressure of toeing the Moscow-dicdated Party line.

conceived ideological purpose. Similar conclusions will emerge from the subsequent examination of the criteria by which he condemns "the system" and in the correspondence between the contents of his argumentation and its style in regard to both his condemnation of the existing advanced industrial welfare societies and his outline of the utopia which is the objective of "total change". The same blend of ideological consistency and philosophical inconsistency (extending also to the values he professes) will finally be shown in the conception of the ways and means he accepts for the realization of the utopia – to the extent that it can be realized.

This qualification is important, for to-day Marcuse seems no longer to believe in the inevitable breakdown of "the system". He concludes *One-Dimensional Man* with Walter Benjamin's words: "It is only for the sake of those without hope that hope is given to us."[4] Marcuse has always regarded politics as the decisive focus of "the critical dialectical conception", and quite early on he defined radical Marxists as those who remained faithful to Lenin's view of "the absolute priority of politics over economics".[5] Thus, if on Marcuse's showing the all-powerful machinery of domination can through mass-manipulation and indoctrination assure the consent of the majority to its "enslavement", there is little room for being optimistic about the possibility of liberation. By the same token, political struggle is the sole means to achieve this aim.

II. The Terms of Condemnation

1. *The Philosophical Thesis: Ideological Purpose and One-Dimensionality*
Marcuse has never altered his view that the change from private to public ownership of the means of production and distribution is the necessary condition for a free and egalitarian society. There has, however, been a spell of optimism in his view of the possibility of effecting the transition to the new order more or less gradually and peacefully.

In *Eros and Civilization*,[6] as distinct from *Reason and Revolution* and *One-Dimensional Man*, dialectical argumentation did not mar the unequivocal rejection of Freud's view that only through the limitations imposed by "the

---

[4] *One-Dimensional Man, Studies in the Ideology of Advanced Industrial Societies*, London, 1964, p. 257. Henceforth quoted as: *ODM*.

[5] *Reason and Revolution, Hegel and the Rise of Social Theory*, London, New York, Toronto, 1941, p. 401. Cp. also, p. 318. This book will be referred to as: *RR*. For Marcuse's adherence to this view in *ODM*, see pp. 43, 52, 158.

[6] *Eros and Civilization*, Sphere Books, London, 1969; first published in 1955. The reader will find a succinct appraisal of the main thesis of the book in Cranston's article (see note 2 above), pp. 41-44. See also Breines, *op. cit.*

reality principle" upon "the pleasure principle", i.e., through the restraint of our instincts at the cost of human happiness, can one achieve that discipline which alone promises social progress. In his "Political Foreword 1966" to the re-edited *Eros and Civilization,* Marcuse renounced the belief that the productive potential of modern industrial society might perhaps enable its structural change without requiring sacrifices in the spirit of what appeared to Marcuse as Freud's pessimism. Such hopes could no longer be entertained because the existing system had become so powerful that it could ward off the liberating change. Marcuse thus rapidly reverted to the basic attitude expressed in his earlier work, and with this attitude, as revealed mainly in his two major works – *Reason and Revolution* and *One-Dimensional Man* – I shall concern myself here.

In Marcuse's later work his dialectics have become more forced because on the one hand the Marxist verdict has to be applied to societies under bourgeois or social democratic governments in which social norms have changed, the living standards have risen and social welfare has expanded. On the other hand, the terrorism attendant upon the attempts to realize communism and the persisting gap between the material achievements in Communist and Western societies have likewise further reduced the never preponderant willingness of the working classes to espouse the cause which according to the orthodox Marxist dispensation historical necessity had ordained to be theirs. But even in his earlier work, Marcuse did not permit inconvenient facts to interfere with the presupositions of his analysis and vision, but rather adapted the facts to his presuppositions.

When Stalin and Hitler were allies, he explained Marx's theory of revolution as follows: "The totalitarian character of the revolution is made necessary by the totalitarian character of the capitalist relations of production."[7] This amounts to an exculpation of communist methods when they neared their lowest moral ebb. Even in 1935[8], Marcuse did not merely equate the liberal regimes with regimes of oppression. He presented fascism as the logical outgrowth and natural consummation of liberal principles. He deliberately confused the historical sequence of events, the overthrow of liberal democracies by the fascists, with ideological continuity. Unperturbed by any sense of historical discrimination or intellectual impropriety, the radical Leftist quoted by way of proof the words which Gentile wrote to

---

[7] *RR,* p. 288. Cf. also, p. 320: "The economic process of capitalism exercises a totalitarian influence over all theory and practice."

[8] H. Marcuse, "Der Kampf gegen den Liberalismus in der totalitären Staatsauffassung," *Zeitschrift für Sozialforschung,* Vol. 3, Paris, 1935, now also in English in: *Negations,* Penguin Press, 1968.

Mussolini: "A genuine liberal. . . must enrol in the legion of your followers".[9]

At the time when England stood alone in the fight against Hitler and when the first communist state was the ally of the most powerful fascist state, Marcuse cooly declared in *Reason and Revolution* that Marxism and not liberalism was the true adversary of fascism, and that, after liberalism had by inner necessity turned authoritarian, and in its advanced stage inevitably into fascism, the true values of liberalism had found their safe abode in Marxism.[10] To be sure, this argumentation betrays "a startling unawareness of the true nature of the exterior world."[11] But this is a courteous understatement. It does not take into account that Marcuse's "dialectical" distortion of facts did not lead him so far astray as to seek refuge in the country of the totalitarian revolution but, in contrast to his ideological theory, made him choose as the lesser evil a country subjected to capitalism's totalitarian relation of production.

His demand for total change is still directed against Western societies. The philosophical thesis which he developed more than thirty years ago was from the outset conceived to buttress the condemnation of liberal society. It lends itself to being used for this purpose irrespective of whether that society is in the throes of economic and political crisis, is locked in a life and death struggle with fascism, or is prospering. For the thrust of the thesis is to disqualify any philosophy or theory which does not advocate total change. The purchase of his basic philosophical position is as simple as that.

Because authentic philosophical judgment is transcendent, truly rational philosophy is negating philosophy. True philosophy cannot be restricted to the transcendent dimension; it must be predicated on the given reality and issue in its negation. Thus arises the demand for the "qualitative change" which is the "total change" of the reality with which philosophy deals. In *Reason and Revolution* Marcuse highlights at length and with considerable acumen those aspects of Hegel's system which answer the requirements of negating philosophy. Taking the part for the whole, Marcuse asserts that the fundamental standards of Hegel's philosophical system, like those of German idealism in general, conflicted with the prevailing reality.[12] Marcuse reaffirms this view of true philosophy in *One-Dimensional Man*. Here the nature of "negative thinking" is illustrated in the criticism of "positive thinking", which is "one-dimensional" thought.[13] In Marcuse's view, the latter pervades all advanced modern industrial societies. In order to afford

[9] See Cranston, *op. cit.*, p. 40.
[10] *RR*, pp. 390, 393-4, 397-8.
[11] Cranston, *op. cit.*
[12] *RR*, pp. vii, 26 ff., 325 ff.
[13] *ODM*, Chapters 5-7.

the most telling demonstration, he concentrates on the most advanced industrial society, the United States of America.

Considering the basic proposition, it is immediately evident that, if truly
rational is identical with negating philosophy, true philosophy must be revolutionary. In this way revolutionism becomes the criterion of true rationalism. Indeed, purporting to follow Marx, Marcuse asserts that "the
correct theory is the consciousness of a practice that aims at changing the
world."[14] The identification of rational with revolutionary thought is a
philosophical enormity, if not down right nonsense. For what is ineluctably
involved is that no ratiocination is proper unless it aims at the total negation
of a given order and thus provides the rationale for its destruction. Clearly, it
is impossible to show that nothing which exists conforms with reason, yet if
some things do, we cannot request "total change" in the name of reason. If
the standards of rational judgements are unchangeable – and Marcuse re-
jects relativism – and negation by reference to these standards gives rise to a
rational order, then philosophical thinking must either cease or become
entirely "positive", that is, entirely uncritical. This involves presuming the
possibility of a fully rational order, which is a pipe-dream; or, if the order
which follows upon the realization of negative thinking is not flawless, then
in part the reason of yesterday becomes the unreason of to-day.

Marcuse himself invalidates his thesis and occasionally also qualifies it,
but he always reverts to it as a matter of principle. He admits that the modern
pacesetters of true philosophy – the German idealist philosophers and Hegel
– quickly reconciled themselves to the Prussian reality and thus contravened
the core of their philosophies. Yet Marcuse adduces historical circumstances
and comparisons to exculpate what he himself calls Hegel's betrayal of "his
highest philosophical ideas".[15] The self-contradiction is evident. It is either
the nature of true philosophy to transcend historical reality with the aim of
contributing towards its radical change – in which case historical circumstances can offer no excuse for not doing so, or else a philosophy which
comes to terms with the given reality cannot be called a negating philosophy
in the first place. And if there is a rational justification for accepting some
things which exist, the task of philosophy cannot be wholly negating. Marcuse does not face these quandaries; he tries to have it both ways. Yet
although his basic philosophical proposition breaks down under the weight

---

[14] *RR*, p. 321.
[15] *Ibid.*, p. 218. On this and the attempt to explain the ideological motives involved in
Marcuse's apologia for Hegel's political views, see my ' Revolution and Political Philosophy – Locke and Marcuse," in M. Elliott-Bateman (ed.), *The Fourth Dimension of Warfare; Part two: Violence and Politics*, Manchester University Press, forthcoming.

of his own argumentation, they are nevertheless consistent ideologically if not philosophically.

It would be unfair to conclude that there is nothing valuable in Marcuse's often forceful and brilliant disquisitions. He makes cogent points in his criticism of the self-confinement of modern positivism within the given reality, of the "therapeutic" empiricism of sociology, of analytic and linguistic philosophy and of the deprecating tolerance accorded to transcendent and normative philosophy.[16] To be sure, in following Hegel and German idealists, it can be argued that without relying on the categories of unity and universality we cannot co-ordinate and comprehend a multiplicity of facts, the contradictions of existence and the possibilities of refashioning it.[17] To disqualify the dimension of fact-transcending standards of evaluation and valuation would divest both philosophy and social theory of any relevant cognitive as well as of any practical social function. One could perhaps suggest that a major reason for the turn the students' revolt has taken is the smug pragmatism and rigid empiricism which in the last generation has predominated in the social sciences. We cannot do without the analysis and quantification of factual evidence, nor without empirical theories. Attempts to solve problems of the real world require something more, and this cannot be left exclusively to the improvisations and intuitions of more or less enlightened ideologues and politicians. The point, however, is not that what Marcuse has to say on such important matters is not always new or as exhaustive as possible. The claim that facts must be appraised in their existential context is traceable further back than to the German idealists, and the same insight underlies the more recent empirical theory and is, for instance, the object of conceptual refinement in "systems analysis". The point here is that Marcuse's basic philosophical proposition is nothing but a pseudo-philosophical cover for a preconceived ideological purpose which is impervious to both facts and unprejudiced philosophical criticism.

Marcuse contradicts his occasional admissions that not everything that exists must be condemned by reason. If he consistently abided by this qualification, he ought to amend the proposition that true is negating philosophy. Yet this would have impaired its ideological function, which is to impugn any "reformist" thought. In point of fact, only in his rejection of reformism does he adhere most uncompromisingly to the principle of negation as the touchstone of true philosophy and correct theory. In *Reason and Revolution* he assails Saint-Simon and Comte because their theory is „apologetic and

[16] Thus for instance in *RR*, p. 157, 340 *passim* and *ODM*, pp. 107 and *passim*, 183, 172 ff. 184 respectively.
[17] *RR*, pp. 18, 37 ff., 124-7 and *ODM*, p. 203 *passim*.

justificatory", for "though it will not reject the need for correction and improvement, it will exclude any move to overthrow or negate" the existing order in its totality.[18] Sismondi does not fare much better although he provided "the first thoroughgoing immanent critique of capitalism."[19] Marcuse argues the old case for sweeping as against creeping change. This is also the cardinal reason for the abuse he heaps on modern positivism in *One-Dimensional Man*.

From all that has been said so far it follows, therefore, that notwithstanding his violent protests against the "one-dimensional man", Marcuse does not really argue for the restoration of two-dimensionality. The prevalent one-dimensionality which he unceasingly castigates consists in the acceptance of the basic features in the structure of existing society. Over and against this, he praises the by-gone times when affirmation went together with negation and negation with affirmation.[20] If we do not want to accuse Marcuse again of illogicality, then we must accuse him again of ideological obfuscation. For it is obviously illogical to accuse people like Sismondi, Saint Simon, Comte and modern reformers, who demand changes, of the intention of leaving reality untouched. The thinking of those same people is not exclusively "positive" merely because they do not demand total change and are not exclusively concerned with "negative" thinking. If, according to Marcuse, change has to be total; if opposition which has less far-reaching objectives is sham and if partial negation is affirmation in disguise – then he is evidently not pleading for the resuscitation of two-dimensional thought but for its replacement by the one-dimensionality of negation. It is also difficult, as I have already pointed out, to envisage a return to two-dimensionality after the liberation of man, if liberation is to be complete and reason, as Marcuse like Marx supposes, to reign supreme. Wisely, Marcuse keeps silent on this point.

Concerning the self-invalidation of Marcuse's extravagant fundamental thesis, it is also worthwhile to consider at this juncture of our discussion that, while the commitment to revolution is anchored in the dimension of philosophical transcendence in order to safeguard the quest for total change against any dilution, Marcuse's delineation of the basic structure of the future society does not vindicate the call for *total* change, as we shall show later. Like many addicts of radical revolutionism, Marcuse seems to take it

---

[18] *RR*, p. 341. For further examples of the application of the same criterion, see *ODM*, p. 104 and also pp. 104 ff., 193 and Chapter 7. In *RR* already not only capitalism but reformism, too, are totalitarian. *Vide*: "The idea of order, so basic to Comte's positivism, has a totalitarian content in its social as well as methodological meaning" (p. 348).

[19] *RR*, p. 338.

[20] *ODM*, pp. 123 ff.

for granted that the concept "revolution" applies to one set of strictly definable phenomena. But radical structural change can be the result of
a prolonged evolutionary process like, for instance, the changes attendant
upon the "Industrial Revolution"[21] and the changes in the living conditions
and the bargaining position of the working classes from the beginning of that
"revolution" to our days. The question is, therefore, by which criterion we
define a chain of events as a revolution – the contents of the change, the
time it takes and/or the use of violence? Indeed, can we go by one of these
criteria only and are evolution and revolution not opposites that supplement
each other?[22] Marcuse's refusal to make due allowance for this interplay and
particularly for the structural changes which have been achieved and might
be achieved through parliamentary procedures constitutes the link between
his intellectual exertions and the "mindless activism" which is "a new left-
wing variety of anti-intellectualism."[23] For there exists also another New
Left which subjects the shortcomings of the welfare state to sharp criticism.
In the name of equality, for instance, it fights against the widening gap between incomes which accompanies the general rise in living standards. These
critics do not argue for "smashing the system" but for quick and incisive
reform. They also do not juxtapose parliamentary and extra-parliamentary
opposition, but combine both. It is not surprising that this kind of pragmatic
New Left should be found in England and that it is not really new.

Marcuse does not deny the material progress brought about by welfarism,
nor that the majority is opposed to what he and like-minded revolutionaries
preach. He tries to brandish these phenomena as the hall-mark of the new
and most dangerous servitude.

2. The Method: Inflation of Facts, Inversion of Meaning and Imputation of Conspiracy

a. The General Imputation

Marcuse inverts the meaning of concepts in order to be able to criticise the
advanced liberal industrial society in terms used for criticising communist
societies. He speaks, therefore, of "domination in the guise of affluence and
liberty"[24] and maintains that "the new totalitarianism manifests itself in a

[21] See, C. J. Friedrich (ed.), *Revolution*, Nomos VIII, New York, 1966, in his "Introductory Note", p. 4 and C. J. Friedrich, *Man and His Government*, New York – San
Francisco – Toronto – London, 1963, Chapter 34 for an exhaustive treatment of the problem
raised here. For my discussion of some of the aspects of the problem, see the essay mentioned in note 15 above.
[22] Cp. H. Sée, *Évolution et Révolution*, Paris, 1929.
[23] T. B. Bottomore, *Critics of Society, Radical Thought in North America*, London,
1967, p. 131.
[24] *ODM*, p. 18.

harmonizing pluralism" which "flattens out" all contradiction of the establishment.[25] Notwithstanding the absence of terror, the existence of civil liberties, of political and economic pluralism, the Western political universe is closed on all its levels – in philosophy, art, social and political organization.[26]

Tocqueville and John Stuart Mill were aware that the democratic process might give rise to a new kind of tyranny. Tocqueville was above all anxious about the strengthening of governmental centralism and its egalitarian consequences. Mill stressed the dangers of conformism and "class legislation". But, unlike Marcuse, neither Mill nor Toqueville advocated the temporary suspension of the majority principle, nor did they dismiss the possibility of strengthening institutionally and otherwise the forces that tended to countervail the threats inherent in democracy to the freedom of the individual.

It is thus no novelty to point out that oppression is not prevented by adherence to the rules of the liberal-democratic game. The more the mechanisms of oppression are hidden behind those rules, the more efficient oppression of vital exercises of freedom might become. Yet once one attributes oppression, or anything else, to forces working in secret or which are not *prima facie* considered as means of oppression, there is no limit to what one can maintain on such grounds. This is Marcuse's way of dealing with the "deadly subtleties" of the new totalitarianism. If we are to believe him, it is fatal to reject dialectical logic, for this means that "the logic of domination" has taken its place; that the noun governs "the sentence in an authoritarian and totalitarian fashion" so that the language of operationalism excludes any meaning that transcends the immediately given facts.[27] No doubt these are subtleties. But do they really reflect and serve social manipulation and repression? Here Marcuse seems to follow Karl Mannheim who insistently repeated – and, like Marcuse, often took repetition for proof – that ideology reflects itself in epistemology and logic, that is, in the categories of thought themselves. It sounds sophisticated to assert a connection between the "logic of domination" in syntax and politics and such assertions certainly appeal to some younger, and not so young, intellectuals who experience what Freud called "discontent in civilization" ("das Unbehagen der Kultur"). The uneasiness is real enough but the analysis of its nature and its sources is not well served by the logically and empirically unproved linkage between arbitrarily selected and interpreted phenomena. This method is crowned by Marcuse's

---

[25] *Ibid.*, pp. 18, 61.
[26] *Ibid.*, p. 84 and *passim*.
[27] *Ibid.*, pp. 138, 87, 86, and the contexts in which these statements appear.

deliberate confusion of the coexistence of opposites with their identification.

He speaks of "the terrifying harmony of freedom and oppression, productivity and destruction, growth and regression".[28] It is as logical and legitimate to hold that rationality becomes irrational when the increase of productivity is used for, and invigorated by, the production of means of destruction, as it is to ascertain that growth in one sphere is accompanied by regression in another. Many demand decisive shifts in the order of priorities in prevalent social and economic policies and deplore the enormous waste of expenditure on keeping up the arms race. But it does not follow that the system as a whole and the criteria which determine the prevalent order of priorities are irrational, much as we might wish them to be changed. This would be to attribute irrationality to anybody who does not share our beliefs and who does not evaluate the national and international situation as we do. What is considered in these instances as rational or irrational depends upon evaluative and valuative presuppositions; but not everything does. Freedom does not attest oppression, even if the tolerance and freedom of expression and behaviour granted to dissenters and non-conformists had no other aim than to keep them within the system. Tolerance of the hippies and other nonconformists might be clever tactics, but they are not for this reason "totalitarian" tactics. They would be, if "hippiness" were forced upon the hippies as a means to reconcile them to the system. But this is not the case. Hence, whatever the motives, the fact is that "the system" permits "various experiments of living" (Mill's terms) in the spirit of tolerance and the right of personal freedom. The range of both determines whether or not they serve totalitarian purposes. True, the consent of the majority to limitations of liberties – and without such limitations no known order can exist – creates a kind of harmony between oppression and freedom. Yet to decry this kind of harmony as "terrifying" needs better-founded arguments than Marcuse has to offer.

b. *Repressive Freedom and Enforced Tolerance*

Marcuse's attempt to adapt the concepts of both tolerance and freedom to the purpose of justifying total change is a corollary of his fundamental philosophical thesis of the negating character of true rationality – and it is as self-defeating as the latter. As a first step we are required to assent that human freedom is not measured by the range of choices but by what can be chosen, and what we can choose is standardized for us.[29] Even if this were true to the extent Marcuse says it is (has the "apparatus of domination"

[28] *Ibid.*, p. 124.
[29] *Ibid.*, p. 7.

standardized hippiness for us?), what follows is that the range of choice, of freedom that is, is limited and not that freedom is disguised oppression. The fact that, to-day, "the smashing of the system" is neither a legal nor a real possibility, as far as majority consent is concerned, impels Marcuse to explain this impossibility as being the result of oppression because freedom as defined by what we can choose means for him only the negation of what existing society accepts and tolerates, just as the total negation of the given reality is the exclusive criterion of true rationality.

The concept of freedom is thus obfuscated and a fallacy parades as a subtlety. Marcuse starts with the premise that the refusal to heed social taboos is to act freely. From there he proceeds to the view that the liberalization of sexuality is a repressive mode of desublimation[30], for sublimation is to liberate oneself at one's risk from the prohibitions of society. The underlying assumption is, then, that the lifting of taboos entails the elimination of the exercise of real freedom. We are faced with the absurd equation: nonprohibition = unfreedom, for according to the logical implications of Marcuse's argument freedom becomes repressive the moment society permits that which was once prohibited or stigmatized, even if there remain choices between alternatives, between doing or not doing what society no longer censures. Only if the removal of a taboo or of a legal prohibition were turned into an obligation to do that which was hitherto forbidden or stigmatized, could we say that the abrogation of a prohibition in fact means oppression. If so, the content of a taboo would have been replaced by its obverse. This is not the case, however, as the example which Marcuse himself adduces shows; ". . .the possession of suitable mistresses – once the prerogative of kings, princes, and lords – facilitates the career of even the less exalted ranks in the business community."[31]

I do not feel competent to judge whether the new permissiveness for wives and husbands to attract other wives and husbands, to have a mistress or a lover, turns the sublimation formerly inherent in adultery into de-sublimation. However, I feel on safe ground in submitting that the freedom of adultery can be considered as repression (or as a means of social control) only if a husband who remains faithful to his wife thus exposed himself to social censure and jeopardized his professional advancement. Marcuse does not reach this conclusion and he does not make the slightest attempt to base his assertion about the helpfulness of adultery on any empirical research. He simply stretches the generally observable fact of increasing sexual permissiveness beyond its logical and empirical significance and in the process lays

---

[30] *Ibid.*, p. 72.
[31] *Ibid.*, p. 74.

himself open to the charge of implicitly identifying non-prohibition with unfreedom. Such an implication is unwarranted by any of the intricacies which characterize the philosophical discussion of freedom. Conceptions of freedom can perhaps go beyond, but not directly contrary to, its definition as the absence of restraint or constraint exercised upon us by others.[32]

A decision is clearly not unfree when it is conventional. Often there is more than one convention to go by and many have become controversial in modern societies. There is, thus, not only a choice between adhering to or breaking conventions but also between different ones that apply to the same instances of behaviour. And conventions refer not only to what is to be done but also to what is to be left undone, which again leaves choices open for what one wants to do. When permissiveness increases, the consciousness of asserting one's freedom might become less intense because it meets with fewer challenges. It perhaps needs less courage to choose between permitted alternatives (although this is by no means a foregone conclusion), while the glory of breaking conventions diminishes to the extent that infringements, too, are often tolerated or entail consequences which are not as serious as they used to be, that is, which one can incur at the cost of quite bearable inconveniences. None of this obviates that freedom is the obverse of prohibition, and that non-prohibition does not preclude free choice. The same applies when freedom of expression and of action is calculated to preserve identification with a regime that ensures more civil liberties and greater affluence than any advanced communist society.

The new order which Marcuse envisions bears the imprint of the Marxian ideal and yet its realization in Soviet Russia is recognized by Marcuse to be totalitarian, though by objective necessity. He therefore tries to depict Western advanced industrial society in terms of Huxley's *Brave New World* and Orwell's *1984*. Both in order to turn the tables on the liberal democratic establishment of the American type and to justify its total change, Marcuse stigmatizes the tolerance in the West as "enforced tolerance".[33] For the same reasons he argues that the liberal no less than the communist establishment speaks "in synonyms and tautologies" in order to befuddle the minds of the ruled, and that both enforce "the unification of opposites" in ideology and practice, although the one uses terror while the other employs more subtle though no less "deadly" methods. In order to disparage the freedom and tolerance enjoyed in the West, Marcuse himself engages freely in Orwellian "Newspeak", i.e., in the paradoxical equation of opposites ("The

[32] F. E. Oppenheim, *Dimensions of Freedom*, New York, 1961.
[33] *ODM*, p. 226.

prevalent mode of freedom is servitude, and the prevalent form of equality is imposed inequality").[34] But what he aims at is clear enough.

Just as he sees freedom reveal itself in negation alone, he regards tolerance as applicable only to those who negate the given reality. There is no difference in this respect between his earlier and later writings. In *Reason and Revolution* (1941), he maintained that the proponents of the Enlightenment fought for tolerance because the clergy and the feudal nobility used intolerance to preserve their domination.[35] The implication is that this tolerance did not extend to the propagation of all views. Marcuse criticized the "new" and "formal" tolerance because it permitted the forces of "reaction and regression" to voice their opinion. He found fault with scientific relativism which grew out of early positivism because it was easily reconcilable with reverence for established authority.[36] Even at that time, Marcuse's attitude towards tolerance was like that of Luther, Calvin and *Pravda*. The reformers were as little prepared to grant freedom of belief as was *Pravda*, which at the time of the Czechoslovakian crisis declared that freedom does not include the freedom to criticize socialism.

As is his habit, Marcuse inflates a truth when he says that tolerance in the West is "enforced". For one thing, historically, tolerance began by being enforced by governments for reasons of *raison d'état*. For another, tolerance, like law, needs governmental sanctions in order to persist, as well as the pressure of enlightened public opinion to prevent governments from offending against it. Only in this way can tolerance be sustained against the intrinsically intolerant forces in society which exploit tolerance as a means to fight the system until and unless they are in a position to enforce utopia and oppress all opposition to it. Like freedom, tolerance can therefore never be unlimited; nor can intolerance be absolute. "There is a 'level of tolerance' beyond which even the most ruthless autocrat dare not venture, except at his peril."[37] If tolerance were not limited, the tolerance of intolerance would go under before the intolerance of tolerance, as witnessed in the advent of Nazism and in the heyday of extremist student revolt. Marcuse's dialectical confusion of tolerance and intolerance is his alibi for advocating intolerance as a means to realizing utopia.

c. The Mass Media in the Service of the Conspiracy against Liberation

Marcuse, like others before him, has nevertheless made it incumbent upon

---

[34] *Ibid.*, p. 88.
[35] *RR*, p. 355.
[36] *Ibid.*, pp. 356, 335.
[37] Friedrich, *Man and His Government*, p. 207.

us to probe the question whether the realms of freedom and tolerance in the West are not much more limited than they appear to be. Do not the mass media largely influence our opinions in private and public matters and make us willing tools of the manipulators of the welfare society? In affirming this, Marcuse relies on two interlocking assumptions. First, since only universal categories permit us to make sense of isolated facts, we must accept the reification of society.[38] Second, advanced technology makes it possible for "society" to ensure consent to its over-all aim: the domination of man by man.

The reification of society serves Marcuse to treat it as an action-unit which consistently pursues a detailed and all-comprising strategy for the preservation of quite specific interests. Such a manner of discourse is meaningful if the reference is to the plurality of formally and informally established interest groups, that is, if they can be shown to exist and the articulation of their tendencies can be demonstrated and, if thus identified, such interest groups can be shown to subscribe to an over-all aim that determines their specific actions and articulated concerns. In a very broad sense it is true that most interest groups in the West share a common purpose inasmuch as they do not aim directly and consciously at the destruction of the system. Their actions, however, might nevertheless tend to be dysfunctional to the working of the system. Marcuse, like Marx before him, assumes that one class and the groups within it or allied with it makes the state subservient to a narrow interest such as the maximal exploitation of one class by another and that this interest clearly determines every policy in any given situation.[39] The implication is that what is in reality a variety of interests lends itself to a largely uniform interpretation and can, therefore, be served by substantially uncontroversial policies.

In the real world of politics there is no such unity of purpose, much as the various groups interested in the preservation of the capitalist-cum-welfare structure might want it. This largely common purpose is not uniformly interpreted, nor does, as Marcuse will have it, a conspirational direction of the masses by "society" assure uniformity under the appearances of diversity. Rather, interests clash and policies follow each other which are the result of compromises but also of divergent principles like the nationalization and denationalization of steel, the introduction or prevention of medicare. These policies, therefore, often do not add up to a consistent policy orientation but reflect a "disjointed incrementalism".[40] Marcuse knows, of course, of the

[38] *ODM*, p. 191.

[39] For criticism on these lines of the reification of a class, see my forthcoming *Ideology and Politics*, George Allen & Unwin, London.

[40] D. Braybrooke and C. D. Lindblom, *A Strategy of Decision, Policy Evaluation as a Social Process*, Glencoe – London, 1963, pp. 61 *passim*.

countervailing influences, of the spread of stockholdings, the separation of management from ownership – but all this makes no difference; the pluralist components cancel each other out and do not, therefore, affect the persistently and consistently pursued purpose of capitalist production: "the domination of man by man".[41] The co-ordination of strategies designed for the prevention of liberation is assured by "the streamlined technical apparatus – set up as a separate power over and above the individuals".[42] Marcuse does not waste any time in disclosing the composition and institutionalized varieties of these "vested bureaucracies".[34] The obvious intention is that the term "apparatus" should evoke an association with the clearly definable organizational and institutional character of the "apparatus" in Soviet Russia. On this largely unspecified basis, it is comparatively easy to proceed according to "the theory of conspiracy" and propound that the conspiracy in the West is no less efficient because it creates appearances which in truth are the opposite of what they purport to be. For, "the prevailing mode of freedom is servitude"; it has its "repressive ideology of freedom" and supplies men with "repressive satisfaction".[44]

Also, when appearances and facts do coincide, they can still be interpreted in terms of the universal conspiracy against liberation. Marcuse charges the two super-powers with insanity in view of their weighing the pros and cons of plans that involve the death of five, ten, twenty million perople or more. He argues, however, as if their brinkmanship is not the result of their unwillingness to allow the scales of power to tilt in favour of the other, or of their inability to see a way for eliminating from their contest the threat of a global disaster. He attributes to them the calculated intention to perpetuate this threat as a means to prevent the liberation of man. For once condemning East and West impartially, he declares: "The Enemy is the common denominator of all doing and undoing. And the Enemy is not identical with actual communism or actual capitalism – he is, in both cases, the real spectre of liberation."[45]

Marcuse's application of the theory of the conspirational direction of society is tied to the assumption that we are powerless against the methods of the anonymous apparatus which prefers the risk of total destruction to the spectre of total liberation. Technology permeates the innermost recesses of personal life in order to sap any resistance to "the system". To show how

---

[41] *ODM*, pp. 32, 50.
[42] *ODM*, p. 48.
[43] *Ibid.*, pp. 47, 44.
[44] *Ibid.*, pp. 88, 40, 7.
[45] *Ibid.*, p. 52.

this affects even the use of instinctual energy, Marcuse cites the example of a working woman who has sexual day-dreams that are caused by the rhythm of the machine she attends to. According to Marcuse, this means that technology controls (sic!) satisfaction and invades the bedroom.[46] Surely, one might rather infer that the invasion is in the opposite direction and that the relative easiness of the work permits the woman to engage in day-dreaming. Psychoanalysts inform me that there is no harm in day-dreaming so long as it does not become excessive and a substitute for sexual activity. Moreover, that the machine enables or even stimulates day-dreaming is a far cry from controlling sexual satisfaction.

The perpetuation of the illusion that servitude is freedom is, however, fostered more directly but hardly less efficiently through the media of mass communication. To believe Marcuse, things have come to such a pass that "in describing to each other our loves and hatreds, sentiments and resentments, we must choose the terms of our advertisements, movies, politicians and bestsellers" (Marcuse's included?) and that we live in "a universe of manipulated contradictions".[47] In the spirit of this hysterical overstatement he concludes that the mere suspension of television and other mass media might prove more powerful in bringing about the disintegration of the capitalist system than its inner contradictions.[48]

Marcuse wrote this before *his* books had become bestsellers, before he himself, the militant student leaders and the war in Vietnam, which provided the background of the revolutionary upsurge, had received the widest publicity on the screens of television and in newspapers. As his appearance in public and his printed words testify, all this has not changed his view of the "one-dimensionality" of mass-indoctrination and manipulation. As long as the system persists, the fall of de Gaulle, for instance, despite the fact that television and radio were predominantly geared to his cause, does not serve as counter-proof to the one-way impact Marcuse ascribes to the mass media. For the same reason he would also not attribute any significance to the fact that the British Labour Party has more than once come to power without ever having had full control of a single daily newspaper. Thus in *One-Dimensional Man*, he pays no heed to the results of empirical research on the

---

[46] *Ibid.*, pp. 26-7. Marcuse takes the example cited in the text from Sartre who asserts that, although under the influence of machines the woman "would recall the bedroom,. . . it was the machine in her (sic!) which was dreaming of caresses. . ." (note 10, p. 27) On this Marcuse bases his conclusion that "the machine process in the technological universe breaks the innermost privacy of freedom and joins sexuality and labour in one unconscious, rhythmic automation – a process which parallels the assimilation of jobs" (p. 27).
[47] *Ibid.*, p. 194.
[48] *Ibid.*, p. 246.

actual influence mass media exercise upon public opinion,[49] nor to the integration of these results in the whole complex of the relationships between "Man and his Government".[50] The conclusion drawn from empirical studies has been summarized as follows: "Political influence depends as much upon the strength of the attitudes and opinions of the audience as it does upon the skill and resources of the political leader or the newspaper or other source."[51] For anybody not blinded by partisanship or sensationalism it is readily evident that polls of mass opinion attempt to gauge the preferences of the public no less than advertisements try to guide them; that the terms of our advertisements, movies and tellies are as much a copy as a source of the terms used by the wider public; that the expenditure of millions on the advertisement of consumer goods has often not been vindicated by their sale; that competition over the sale of the same kind of goods, over the votes of the masses is part of the possibility to voice independent and dissenting opinions and provide the public with real though not unlimited choices.

Since it follows from the indictment of existing society that the majority is not free and rational, they cannot be counted upon for legitimating the transition to utopia. The ideological style of the indictment takes its cue from the ways and means which the revolutionary Left has always condoned for the transformation of capitalist society. The consistency of Marcuse's ideological style reflects itself, therefore, in the justification of the transitional betrayal of its super-democratic fundamentals and is in this respect in accord with its philosophical foundation. For the prototypical proponent of negating philosophy, Hegel, too, stands in need of the justification of a betrayal: his reconciliation in his political philosophy with the Prussaian reality.[52] Indeed, not only do Marcuse's terms of the transition to utopia offend against the ideals it is to embody but this embodiment itself, as depicted by Marcuse, does not represent a change as total as both the indictment of existing society and the identification of true with negating philosophy warrant. This is why "the unity of opposites" reverberates in his conception of utopia as well. Here, as in his indictment of "the system" Marcuse at once blurs and magnifies distinctions between what exists and what is to be, though not quite to the same extent.

---

[49] See, e.g., V. O. Key, Jr., *Public Opinion and American Democracy*, New York, 1961, Chapters 15-6. Marcuse also ignores the role of those who mediate between the mass media and the members of the public as shown in E. Katz and P. F. Lazarsfeld, *Personal Influence*, New York, 1955.
[50] See Friedrich's monumental work bearing this name, especially Chapters 11 and 13.
[51] R. A. Lane and D. O. Sears, *Public Opinion*, Englewood Cliffs, 2nd print., 1965, p. 53.
[52] See above, note 15.

III. "Aufhebung" and Utopia

1. *Exclusiveness and Immunity*

Marcuse's commitment to the socialist ideal led him in *Reason and Revolution* to reject reformist positivism and to preferring Hegel to Saint-Simon, Comte and Sismondi. With the same revolutionary fervour and the same adherence to what I have explained elsewhere as the law of the inverse ratio between ideological proximity and enmity,[53] he denounces in *One-Dimensional Man* the Welfare State as an in-between, "a historical freak between organized capitalism and socialism, servitude and freedom. . . a pleasant juncture of totalitarianism and happiness, manipulation and democracy, heteronomy and autonomy".[54] Although the Soviet system, too, is an "in-between" and deserves criticism,[55] even "Stalinist reconstruction" remains in Marcuse's view tied to Leninism as a particular interpretation of Marx's teachings. The same attenuation of the critique of Soviet Russia pervades *One-Dimensional Man* and exceeds anything said in favour of the American system. The criticism of both regimes provides the same cover for Marcuse's preference of one of them as the praise of philosophical two-dimensionality provides for his adherence to negating one-dimensionality. If there is two-dimensionality in Marcuse's conception, it consists in the negation of what exists in the West and in the affirmation of one alternative to it.

In the spirit of negating philosophy, Marcuse explains that we can conceive the new order only by way of negation.[56] But this is sufficient for determining the outlines of the communist utopia. As proof that the utopian vision is grounded in reality and is in fact non-utopian, he adduces the enormous power "the system" has mobilized against utopian thought. It is an obvious *non-sequitur* to conclude from the opposition to total change that the objective of change is non-utopian. The defenders of a system might take less seriously those whose ideals they think are unreal than those who demand changes which are recognized as being realizable and likely to receive the support of the majority. Resistance to change might also be stronger the more utopian the proposed alternative, especially if the more or less calculated outbreaks of violence give substance to the shrill demand for destroying the existing order. But strong measures indicate only that the threat of destruction is taken seriously, not that the utopia is realizable. No doubt, Marcuse practises

---

[53] See my essay referred to in note 15 above.

[54] *ODM*, pp. 52-3.

[55] For Marcuse's detailed treatment of the subject, see his *Soviet Marxism, A Critical Analysis*, London, 1958.

[56] *ODM*, p. 4.

the division of labour between protest that sharpens the senses and critique which assists comprehension.[57] Not only is his analysis open to serious objections, as I have tried to show, but there is something essentially wrong with the underlying notion that "the negation of the negation" affords the knowledge of the foundations of the incontestably right solution.

Let us suppose that doubts about the efficiency and/or justice of the prevailing order rest on a correct factual analysis, and that, according to the moral norms we believe in, we decide on changing the social order. The analysis is the necessary but not the sufficient condition of a solution. Even if, for example, the high differentiation of incomes and relative deprivation could in the last analysis be related to the institution of the private ownership of the means of production and distribution, it does not follow that the abolition of this institution would assure the greatest equality of the greatest number and the elimination of deprivation we are aiming at. "The negation of negation" in regard to social relations provides the impetus for finding a solution but it does not, as in algebra, provide the incontestable positive answer. In human relations the negation provides the opening for the search of alternatives. Marcuse merely pretends to admitting alternatives.

He concedes that the pluralist West has so far succeeded much better than the monolythic East in delivering the material goods and raising living standards. He even goes so far as to say that "the present world is mobilized" against its pacification and that "the priority of the means over the end could be broken only if pacification is achieved – and capitalism and communism continue to compete without military force, on a global scale and through global institutions".[58] He also appears to leave open whether there might not exist more than one alternative to the present stage of advanced technological society.[59] However, the only real alternative he does not contradict is that in the developing countries there might perhaps be different ways of attaining the goal to which there is no alternative: the Marxian ideal.

In elaboration of his already mentioned view[60] that facts do not make sense except within their existential context, Marcuse stipulates that on this basis both the "realized" and the "arrested" possibilities of a given reality can be identified and that we can choose between "the historical alternatives".[61] Such a choice is fateful because it gives rise to a structure which on its part again assumes conditioning power which only a revolution can overcome.[62]

[57] Habermas, *op. cit.*, in his introduction (Zum Geleit), p. 14.
[58] *ODM*, pp. 54, 53.
[59] *Ibid.*, p. 222.
[60] See above, text to note 17.
[61] *ODM*, pp. 210, 216-7.
[62] *Ibid.*, pp. 219-223.

With this conclusion ideological dogmatism re-enters the argument and obviates its sensible qualifications of determinism. For in enumerating "some criteria for the truth value of different historical projects", he restricts them to "the actuality or possibility of a qualitatively different historical practice which might destroy the existing institutional framework". He thus excludes a reformist project of change and explicitly predicates "the criteria for objective historical choice", that is, for *the* rational choice, on one category of projects: solely those which would attempt total change.[63] In other words, the choice boils down to choosing or rejecting the total destruction of the existing institutions and to all intents and purposes this involves the acceptance or rejection of the communist alternative. He mentions no other alternative but points in this context merely to unspecified variations of that alternative.[64]

Marcuse holds fast to the axiom that the root of all evil is the separation between the control over the means of production and "the immediate producers". This insight is the consummation in Marx's social theory of negating philosophy. Although Marcuse agrees that the separation exists to-date in both Soviet Russia and the United States, the former has the advantage that the separation is not "the motor of the productive process itself". Thanks to "the socialist base of production", the separation is not "built into this process as is the division between capital and labour, derived from private ownership of the means of production".[65] For Marcuse the nationalization of the means of production and distribution remains the necessary condition of liberation although it does not "automatically" liberate, as according to Marcuse himself, the example of the Soviet Union shows.[66] Indeed, communist nationalization has neither prevented the separation between the means of production and the immediate producers, nor the persistence of inequality and totalitarianism founded on at times more, and at times less, obtruding terror. Nevertheless, Marcuse has remained unshaken in his belief that the essentially formal, legalistic, change from private to public ownership must be the prelude to the next stage of the revolution in which "the State, the Party, the Plan" will disappear. He dogmatically adheres to the causal relationship between private ownership over the means of production and distribution and the domination of man over man according to partial interests. Motivations, like the striving for power, he dismisses out of hand.[67]

[63] *Ibid.*, p. 219, 220.
[64] *Ibid.*, p. 222.
[65] *Ibid.*, p. 43. See also, *Soviet Marxism*, pp. 109 *passim*.
[66] *ODM*, p. 42.
[67] *Ibid.*, pp. 44-5.

The main reasons why the effected change of ownership has not produced liberation are the dangers that threaten the country of the revolution from without and its original backwardness. Even if due allowance were made by Marcuse for the fact that more than half a century has proved insufficient to make up for that backwardness, this would not shake his belief in Marxism. He has remained faithful to the dogma of "the absolutism of truth [which] completes the philosophical heritage of the Marxian theory". That "theory will preserve the truth even if revolutionary practice deviates from its proper path. Practice follows the truth, not *vice versa*".[68] For more than five decades practice has obviously persisted in its stubborn refusal to follow the truth, as Marcuse's own critique of Soviet Russia implies. We are also not enlightened as to why such defiance of the absolutism of truth invites different conclusions in respect of other true principles. After they had been contradicted by "the concrete form of liberal society", "the abstract principles of liberalism" had to be safeguarded by another set of truths, i.e. by Marxism.[69] In good logic another ideology than Marxist communism ought to preserve the truths of Marxian principles since, on Marcuse's own showing, communist societies are repressive and thereby conflict with Marxian principles. But by ideological *fiat* the law of succession stops with Marxism. The change of ownership, the basic principle of Marxism, which has already taken effect, but has so far quite persistently coexisted with oppression, remains the lever of "the most radical and complete revolution of history", which will turn the "dimension of necessity", economic relations, into the dimension of self-determination.[70]

2. Renewal and Residues

How complete is The Revolution going to be? The necessities of life will be distributed regardless of performance; working hours will be reduced to a minimum and education will aim at the exchangeability of functions.[71] These are the traditional principles of the Marxian utopia. Marcuse's earlier work reveals a somewhat different evaluation of the fate of the division of labour from that to be found in his later work. As a result, the new order re-approximates to the old.

In *Reason and Revolution*, Marcuse cites Marx's view that "the abolition of the proletariat amounts to the abolition of labour as such".[72] Marcuse explains that this and similar "amazing formulations" in Marx's earliest

---

[68] *RR*, p. 322.
[69] *Ibid.*, pp. 397, 398.
[70] *ODM*, p. 44.
[71] *Loc. cit.*
[72] *RR*, p. 292.

writings all contain the Hegelian term *Aufhebung* – meaning also the restoration of "a content to its true form". Hence, as Marcuse explains, evidently
accepting what he attributes to Marx, the latter had in mind a "future mode
of labour" so different from the prevailing one that the term labour was no
longer applicable to it.[73] In this respect Marcuse makes no distinction between the young and the mature Marx, for he concludes that "the correct
[i.e., Marx's] theory... has demonstrated the tendencies that make for the
attainment of a rational order" and that "the final aim of the new social
practice has been formulated: the abolition of labour, the employment of
the socialized means of production for the free development of all individuals.
The rest is the task of man's own liberated activity."[74] In *One-Dimensional
Man* "the rest" seems to be dwarfed and consequently the nature of utopia is
shrouded in equivocation.

Here, too, Marcuse juxtaposes freedom and toil, but labour, though vastly
reduced in quantity, remains labour as we know it. In point of fact, we are
now admonished that Marx's conception "rigidly precludes all romantic
interpretation of 'the abolition of labour'."[75] In other words, the division of
labour will persist and with it the inequality of functions. As Marcuse
sensibly argues, though in contrast to his earlier interpretation of Marx, the
two principles answer genuine social needs and technical requirements, and
take into account physical and mental differences.[76] It would, therefore, be
wasteful to forego the centralized administration of vital branches of production and distribution.[77] Marcuse ought thus not to assume that the socialization transforms "the dimension of necessity" fully (perhaps even decisively)
into "the dimension of self-determination". Indeed, he restricts the self-
determination of the immediate producers, the essential aim of The Revolution, to "the decisions which involve the production and distribution of
the economic surplus,"[78] that is, to what exceeds the satisfaction of vital
needs for which centralized and professional administration remains re-

[73] *Ibid.*, p. 293.
[74] *Ibid.*, pp. 321-2.
[75] *ODM*, p. 240. Marcuse is obviously at fault in not making clear that his earlier and
later interpretations of Marx reflect the latter's own prevarications and that only the
'romantic' stance remains constant. It is probably right to say that for Marx and Engels
the identification of occupational specialization and slavery was almost an obsession (R.
C. Tucker, *Philosophy and Myth in Karl Marx*, Cambridge, 1961, p. 189), despite the (fact
in their futurology they could not avoid making the kind of concessions which Marcuse
develops here and which can be found in the unfinished third volume of *Capital* (ed. by
F. Engels, Chicago, 1903, pp. 954-5).
[76] *Ibid.*, p. 44.
[77] Ibid., p. 251.
[78] *Ibid.*, p. 252.

sponsible. In effect, not only is change thus far from being "total", but self-determination thus restricted depends upon the administrators. For "central control is rational *if* it establishes the preconditions for meaningful self-determination".[79] What comes dangerously near to question begging is not assuaged by the supplementary statement that "self-determination will be real to the extent to which the masses have been dissolved into individuals liberated from all propaganda, indoctrination, and manipulation, capable of knowing and comprehending the facts and of evaluating the alternatives".[80] True, "the combination of centralized authority and direct democracy [which of the existing communist regimes does not claim to be just that?] is subject to infinite variations". Marcuse does not say *how* any of the variations will guarantee self-determination or how the combination of centralism and direct democracy can be said to do away with "super-imposed administration", for he does not show how – as distinct from implying that – its election is possible without propaganda, manipulation and indoctrination and on the part of masses dissolved into individuals at that. Is such a dissolution not the precondition for removing any countervailing forces out of the way of the centralized authority (*vide* Tocqueville)?

Such questions are all the more pertinent, and the change from known liberal welfare democracies to unknown utopia looks the more like a change to known communist regimes, since Marcuse stresses the prevalence of science in politics. "The more the rationality of technology, freed from its exploitative features, determines social production, the more it will become dependent on political direction – on the collective effort to attain a pacified existence, with the goals which the free individuals may set for themselves".[81] It would be interesting to know how, in the absence of State, Party and Plan, all this can be brought about. The coexistence of centralized authority and direct democracy presupposes the existence of the state, and, on Marcuse's own showing, the socialization in the Soviet Union of the means of production has not eliminated the domination of man by man. Possibly, Marcuse still shares the Marxist vision of an unknown form of political organization just as in his earlier work he shared the young Marx's vision of an unknown form of labour. Given his unquestionable belief in the ideals he professes, it might be tactical wisdom, though scarcely intellectual honesty, to crown his slanted criticism of "the system" and its uncompromising condemnation with oracular declamations about the prevalence of orientations which in his view would above all ensure the use of the already existing technicological

[79] *Ibid.*, p. 251, My italics.
[80] *Ibid.*, p. 252.
[81] *Ibid.*, p. 235.

and economic conditions for the maintenance of the new order. It is his consistent adherence to the prime importance of ideas and ideals as well as to the centrality of politics which makes his cavalier attitude towards the details of the new political organization all the more inexcusable, though ideologically not illogical. To detail the institutional mechanisms that would assure freedom in utopia might not only issue in the reproduction of basic mechanisms of the condemned order; it might also give rise to the question of how to ensure the suspension of their temporary suspension. What Marcuse and the young system smashers and their admirers (and promoters) have in common is that they proceed according to the old Jewish saying "Let's act and then listen", or as Napoleon put it, "on s'engage puis on voit".

3. *Romanticism, Aristocratism and the Classical Ideal*

If in essential points Marcuse's communist utopia does not differ from the organization obtaining in known advanced technological society, it also bears the imprint of classical ideals and romanticism.

"In the long run, we shall all be dead", said Lord Keynes. Ernest Gellner takes the view that "in the long run. . . we shall all be affluent," and if this does not mean to move from the realm of necessity to that of freedom but from "the politics of terror to the politics of mass bribery", this will be about enough.[82] Marcuse's ideal could be summarized in effect as "in the long run we shall all be aristocrats". Slaves freed Greek citizens from toil. Automation will do the same for all of us. It will allow all to be guided by the classical ideal and to lead a life "as much as possible free from toil, dependence and ugliness".[83] The focus of the new form of existence is "free time". This is not simply leisure but time that leaves man free to develop "the art of living" (Whitehead) and pursue trans-utilitarian ends.[84] According to Aristotle, too, "the good life" and particularly the concern with transcendent truth requires "free time".[85] On the face of it, Marcuse attributes less weight than Artistotle to the impact of differential rationality. The inevitable intrusion of the differentiation of functions from the fields of technology and science into the region of politics links the Marcusian with the Aristotelian ideal, or rather with the latter's possible state: the *politeia*, a mixture of democracy and aristocracy – or meritocracy, as we would say nowadays. Since apart from "free time" it needs also talent to be a philosopher or to take an interest in the trans-utilitarian concerns of the art of

---

[82] E. Gellner, *Thought and Change*, London 1964, p. 118.
[83] *ODM*, p. 126.
[84] *Ibid.*, p. 231.
[85] Aristotle, *Metaphysics*, Book I, 982 b.

living, there remains an unbridgable divide between the plebs and their betters. How Marcuse feels about this cleft seems to have found a not wholly accidental expression in his suggestion that Venice be closed to popular tourism.[86] This accords not only with his romanticism, but, as we shall see presently, with his political aristocratism ("educational dictatorship"), if we understand by aristocratic government, as Bodin did, the rule imposed by a minority upon the majority, whoever the minority might be.

In *One-Dimensional Man*, Marcuse explicitly defends romanticism.[87] He repeatedly recalls with nostalgia those liberties, virtues and values of the past that have not withstood the pressures of industrial society. He stands by his genuine concern, voiced in *Eros and Civilization*, with the challenge "the reality principle" provides for the liberation through sublimation of "the pleasure principle". But the examples he adduces of how technology adversely affects the use of instinctual energy go, at best, only half way to supporting his assertions. I have already drawn attention to the questionable demonstration of the invasion of the bedroom by the machine and of the social significance of sexual permissiveness.[88] Marcuse is no more convincing when he deplores the evanescence of "the romantic pre-technical world" which with all its misery had left the environment to serve as "a medium of libidinal experience" inasmuch as one could obtain pleasure from it as from "an extended zone of the body".[89] Thus, love-making in a meadow involved "self-transcendence of libido" and, therefore, "a process of non-repressive sublimation". To do the same in an automobile blocks this process because "the striving to extend the field of erotic gratification" causes libido to become "less 'polymorphous'" and "localized sexuality... is intensified". While in this way "the technological reality limits *the scope of sublimation*", it also reduces the need for sublimation. By way of the dialectical unification of opposites, permissiveness comes in again in order to be paired with repression:"...greater liberty involves a contraction rather than an extension and development of instinctual needs" and works, therefore, "*for* rather than *against* the status quo of general repression".[90] We are back at the underlying proposition: the more liberty society grants, the more repressive society becomes. As far as the influence of the environment on love-making is concerned, I must leave it to the psychoanalysts to judge whether or not

[86] Cp. Cranston, *loc. cit.*, p. 50.
[87] *ODM*, p. 60, Cp. also pp. 62, 249.
[88] See above, text following notes 31 and 46.
[89] *ODM*, p. 73.
[90] *Ibid.*, p. 74.

what Marcuse asserts in their professional jargon presents a real problem. Should this be the case, a relatively simple solution suggests itself: to drive to a meadow.

Marcuse's romanticism is part as much of his criticism of existing society as of what the realization of utopia requires. I question neither the sincerity nor the sensibility of his demands to halt the "moronization" attendant upon the spread of luxury and affluence, and one cannot but strongly support the plea to defend nature against further inroads. The demand to avoid over-development is, however, evidently tied up with the implicit awareness of the shortcomings of production under near-nationalization. From this, it would seem, stems the view that the world-wide distribution of goods imposes upon the new order the need to contain the rise of living standards and reduce the growth of population. Such measures are anything but harmful. "The standard of living attained in the most advanced industrial areas is not a suitable model of development if the aim is pacification. In view of what this standard has made of Man and Nature, the question must again be asked whether it is worth the sacrifices and victims made in its defence".[91] Marcuse to-day advocates a policy with which he reproached the Nazis.[92] He now defends Malthusianism on the ground that "the drive for more 'living space' operates not only in international aggressiveness but also *within* the nation".[93] He maintains that "here, expansion has in all forms of teamwork, community life and fun, invaded the inner space of privacy and practically eliminated the possibility of that isolation in which the individual, thrown back on himself alone, can think and question and find".

It is difficult to see an immediate connection between this "expansion" and the growth of population. Its stagnation or reduction has no necessary bearing upon the intensity of community life, the rationality of teamwork and the forms of fun. Privacy in a modern society, whether over-populated or underpopulated, has to be achieved over and against the inevitability (and why not desirability?) of community life and teamwork. The true dialectical relationship consists, as Kant epitomized it, in "unsocial sociability" (*ungesellige Geselligkeit*), in the challenge one's sociability provides for asserting one's privacy. It is quite characteristic of the Marcusean texture of argumentation and admixture of aristocratic romanticism, atomizing individualism and socialism, that he should argue for the democratization of the

---

[91] *Ibid.*, p. 242.

[92] In *Reason and Revolution*, Marcuse had said: "Today, when all the technical potentialities for an abundant life are at hand, the National Socialists 'consider the decline of the standard of living inevitable' and indulge in panegyrics on impoverishment" (p. 415).

[93] *ODM*, p. 244.

"feudal origins and limitations" of culture "through the abolition of mass democracy".[94]

Marcuse's ideal is opposed to Plato's "healthy state" insofar as the comprehensive individualist-anarchist democratization of the "good life" is concerned. But Plato's criticism of the "luxurious state" and part of the consequences he drew reverberate in Marcuse's theory. To the godfathership of Aristotle must be added that of Plato, especially in view of the fact that, like the latter, Marcuse is unperturbed by the prospect that his prescription for salvation is unacceptable to the majority. For the transition he openly embraces Plato's aristocratic principle of leadership. He has prepared the way for doing so. The ideological style of the condemnation of "the system" and the justification of utopia entail the style of action for the instalment of the good life. Ideology is action-oriented thought, and if in the Marxist conception theory and praxis are one, then it is not so much because they are the same, but because they condition each other.

IV. THE WAY TO UTOPIA: CONSISTENCY IN INCONSISTENCY

While Marcuse pretends to derive the fundamental features of the new order from the negation of the given reality, the opposite would seem to be no less true, namely that his preconceived ideal conditions the nature of his negation. On this interplay rests his ideological consistency. Such consistency is generally more psychological than logical,[95] although with a philosopher it ought to be the other way about. As we have seen, Marcuse's ideological consistency offends against philosophical consistency when he alternately adheres to the notion of negating philosophy and acknowledges that, in being conditioned by the old order, the new order contains by way of Hegelian *Aufhebung*, elements of the former, though imbuing them as it were with a changed function. It would also appear at first sight that in admitting some continuity his criteria for the rational choice between "realized" and "arrested" alternatives do not support his ideological rejection of the right of the majority to have a say in that choice. This again is testimony to ideological consistency within philosophical – or simply logical – inconsistency.

The criteria of the "higher rationality" of "the transcendent project" are:[96] A) the preservation and improvement of the productive achievements of civilization; B) the comprehensive definition of the established structure;

[94] *Ibid.*
[95] M. Rokeach, *The Open and the Closed Mind, Investigations into the Nature of Belief Systems and Personality Systems*, New York, 1960.
[96] *ODM*, p. 220.

C) an increased chance for "the pacification of existence, within the framework of a greater chance for the free development of human needs and
faculties". Criterion B is based on a claim which presupposes total comprehension and this is, as I suggested earlier, an ideological claim with a low
degree of verifiability. Criterion C is, as Marcuse himself says, a value judgment. It is doubtful whether it is reconcilable with his Neo-Malthusianism
and his negative attitude towards the further rise of living standards.

Only the first criterion admits of unequivocal empirical verification and
falsification. In substance, Marcuse precisely contravenes this criterion, but
he does this on grounds of ideological consistency. Despite his equation of
Western freedom with servitude, he acknowledges that it is better to enjoy
the personal freedoms of the West than to do without them under present-
day communist rule. The principle of majority decision as practised in the
West is indubitably one of these freedoms and an achievement on the way to
self-determination. But Marcuse denies the majority the right to choose the
historically rational alternative(s).[97] To justify this, he has in *One-Dimensional Man* and subsequent writings exaggerated the influence of indoctrination and manipulation out of all proportion. This is his alibi for reverting in
point of fact to the pre-Lockean posture according to which it was the
privilege of the enlightened few to decide in the light of transcendent rational
values – natural law – what is good for the less rational. In order to foreclose
the objection that to adopt this traditional standpoint is a reversal and
forestall the accusation of contradicting his first criterion, Marcuse denounces the present stage of the political institutionalization of liberty and
equality in the West as regress. It would be regression "to liberate the imagination so that it can be given all its means of expression" so long as the
majority "are possessed by the images of domination and death".[98] Evidently, by the preservation of the "productive achievements of civilization" the
advocate of the transcendent values of freedom and equality means only
the material and organizational achievements of that civilization. Ideological
consistency is preserved at the cost of declaring the so far most progressive
realization of freedom to be counterproductive. On the grounds of backwardness and degeneration the vindication of the dictatorship of the enlightened few is aligned with the apologia for the Soviet dictatorship. On the
same grounds Marcuse also invokes the support of Rousseau and Plato for
the idea of "educational dictatorship".[99]

I disagree with J. L. Talmon about Rousseau's commitment to this idea.

[97] *Ibid.*, pp. 6, 9 ff.
[98] *Ibid.*, p. 250.
[99] *Ibid.*, pp. 39-40.

However, what Talmon has revealed about the contradictions within the patterns of thought and action of "totalitarian democracy" and "political messianism"[100] is strikingly reflected in Marcuse's betrayal of the transcendent values of freedom and equality.[101] The same tendency reveals itself in his understanding for the "betrayal" by Hegel, and implicitly also by Lenin, of professed ideals.[102] Talmon analyzes and highlights what the "dialectics" of Marcuse's argumentation exemplify: the tragic conflict in the radical Left between their vision of maximal freedom and equality for all and the constant refusal of the majority – long before television and the perfection of the mass media – to subscribe to that vision. Both the majority and the radical Left, which Marcuse represents, have persisted in their respective attitude, whether the situation of the masses was bad or considerably improved.[103] The justification of the dictatorship of the proletariat in "special conditions" amounts, therefore, to the justification of dictatorship in all conditions. As early as 1918 Kautsky spoke out against this dictatorship because it meant justifying autocracy in the name of a class and preventing any self-determination within that class or even on the part of the masses of its party.[104] Marx himself, and even more so Engels in his later years, did not make light of universal suffrage as a means to attain the goal of a socialist society, although this did not amount to a commitment to democratic values on Marx's part.[105] Nevertheless, if, as Avineri has asserted recently, Marx revealed a certain undoctrinaire attitude about the possibility of gradualism in developed countries, one seeks such an attitude in vain in Marcuse's *Reason and Revolution* (1941), in *One-Dimensional Man* (1964) and in his more recent writings and utterances. The permanent failure of the revolutionary Left to receive majority support has meant that the commitment to the same ideal has continued to be accompanied by the commitment to its undemocratic realization whether that Left has joined forces with the CP or

[100] J. L. Talmon, *The Origins of Totalitarian Democracy*, London, 1952 *and Political Messianism, The Romantic Phase*, London, 1960.

[101] A. MacIntyre, *Marcuse*, Fontana/Collins, London, 1970, concludes his study with the words: ". . .Marcuse has produced a theory that, like so many of its predecessors, invokes the great names of freedom and reason while betraying their substance at every important point" (p. 92).

[102] See above, note 15.

[103] Just as to-day the conditions of the affluent society require the "educational dictatorship", so in 1941 did the view of the widening gap between the impoverishment of the worker and the wealth he produces (*RR*, p. 274) provide "the final basis for the universal character of the communist revolution" (p. 291).

[104] K. Kautsky, *The Dictatorship of the Proletariat*, first edition in German in 1918; paperback ed., Ann Arbor, 1964.

[105] S. Avineri, *The Social and Political Thought of Karl Marx*, Cambridge, 1968, pp. 216-8.

moved along its fringes. Both commitments have prevented Marcuse from making any significant contribution towards the ideological renewal of the radical Left.

His writings present a challenge in virtue of the uncompromising character of his protest, his mastery of philosophical terminology and his polemical virtuosity. The exaggeration and paradoxicality of his "dialectical" equation of opposites appeal to intellectuals who suffer from establishment weariness and who are unable or unwilling to tackle with patience, responsibility and circumspection the problems posed by the diminishing opportunity for genuine alternatives, individual initiative and self-realization within the set patterns of "the politics of consensus", growing automation and computerized administration and science. Some progressive intellectuals are frustrated insofar as intellectual honesty permits them no more than to criticise the priorities according to which the fruits of technicological advance are used and redistributed. What Marcuse has to offer is the call for a breakthrough to which even the majority of progressive intellectuals are not prepared to subscribe, to say nothing of the working classes. Marcuse knows this and is, therefore, far from optimistic about the realizability of total change. His critical analysis is the less helpful for discriminating reorientation since his treatment of the structural and ideological approximation between East and West is not only highly fragmentary but geared to the ideological purpose of identifying the threats to individuality inherent in the liberal welfare society with those attendant upon "educational dictatorship".

Indeed, however one judges his contribution towards the elucidation of details of Hegel's philosophy and the confrontation between phenomenology, existentialism and Marxism,[106] it must be held against a proponent of "critical theory" that he fails to apply it in respect of two cardinal issues. In the first place, established communist reality makes it incumbent on such theory to address itself to the elaboration of institutional mechanisms for the containment in the new order of centralized authority and still more so to the indication of institutional safegurads against the *soi-disant* transitional containment of the majority by the minority to become as permanent as it has become in communist regimes. Marcuse has, quite deliberately, refused

---

[106] Cp. for instance, Habermas, *op. cit.*, in his introduction and especially the contribution by A. Schmidt, "Existential-Ontologie und historischer Materialismus bei Herbert Marcuse", *ibid.*, pp. 17-49, who like MacIntyre stresses Marcuse's deviations from Marxian tenets. However, unlike MacIntyre, with whose evaluation I find myself in far-going agreement, Schmidt takes an on the whole appreciative view of Marcuse's achievments. Nevertheless, Schmidt (like other contributors to Habermas' volume) seems to me to proceed from a position which is nearer to that underlying Steigerwald's negative judgment (see above, note 3) than that which informs MacIntyre's unsparing critique.

to go beyond declamatory generalities (which might have been justified in Marx's time) in reference to the first subject and, as regards the second, even to ponder possible safeguards against the self-perpetuation of "educational dictatorship". This twofold refusal characteristically attests how far Marcuse's ideological dogmatism impedes the critical and prescriptive confrontation of theory and reality on issues where that confrontation is most needed. This failure is only one more indication of the presumptuousness of the claim of Marcuse's variety of "critical theory" to consummate and surpass traditional and modern philosophical as well as empirical theories of government.

In the same line lies his refusal even so much as to broach the question whether in the light of more than half a century's experience the substitution of the private by the public ownership of the means of production and distribution is really the necessary condition of liberation. Much of what Marcuse himself says about the communist and non-communist experience ought to have led him to pay some heed to Benedetto Croce's view that "the absolutists of private enterprise are no less utopian than the absolutists of communism" and that "claims to demonstrate the intrinsic and continual goodness of the one or the other organization are arbitrary".[107]

---

[107] B. Croce, *History as the Story of Liberty*, London, 1941, p. 244.

RAYMOND ARON

REMARQUES SUR LE NOUVEL AGE IDEOLOGIQUE

La Chouette de Minerve s'élève au crépuscule. Le débat sur „la fin des idéologies" s'achève: un livre qui rassemble les pièces principales du dossier,[1] les textes les plus marquants sur le sujet, vient de paraître. Un autre débat commence sur „le nouvel âge idéologique".

L'auteur du recueil, dans sa préface, indique, en passant, que les interlocuteurs ne donnaient pas toujours le même sens au mot „idéologie". Cette remarque me servira de point de départ. Si l'on prend le terme d'idéologie en un certain sens, l'idée même de la fin des idéologies perd toute vraisemblance.

Je n'essaierai pas d'énumérer les diverses acceptions du concept d'idéologie. En simplifiant, je distinguerai deux pôles extrêmes entre lesquels se situent les diverses acceptions, d'usage courant. J'avais donné au concept d'idéologie un sens précis et fort: je le définissais comme „la mise en forme systématique d'une interprétation du monde historique ou social", interprétation qui permet à l'idéologue tout à la fois de comprendre la société à laquelle il appartient et de choisir, en toute lucidité, les objectifs de son action. Le marxisme-léninisme me servait de référence ou de modèle.

A l'autre pôle, on appelle idéologies toutes les œuvres de l'esprit, du moins toutes celles qui s'expriment sous forme de propositions et peuvent passer pour composées d'idées. On n'appellera pas idéologie le Parthénon ou la Joconde mais on appellera idéologie la *Prière sur l'Acropole* ou les variations sur le mystérieux sourire.

La définition forte[2] – *système global d'interprétation historico-politique* – présente un inconvénient: quel degré de systématisation exigera-t-on pour reconnaître à des idées, des valeurs ou des principes le caractère d'une idéologie? En fait, les idéologies rationalistes ou libérales n'ont jamais atteint à la même systématisation, au même caractère global que le marxisme

---

[1] Chaim J. Waxman, *The End of the Ideology Debate*, New York, 1968.
[2] Celle que j'avais adoptée.

(ou le marxisme-léninisme). La pensée conservatrice, critique des ambitions du rationalisme abstrait, se fait gloire d'agir empiriquement, selon la méthode des essais et des erreurs, sans se donner à l'avance l'image de la société future ou de la société bonne. Or, en un sens, le refus de l'idéologie – refus du système et de la transformation révolutionnaire – n'apparaît-il pas tout aussi idéologique que le mode de penser auquel il s'oppose? Rejeter toute interprétation systématique du monde historico-politique ou bien affirmer la vérité totale d'une interprétation: ces deux attitudes, opposées mais comparables, n'ont-elles pas assez en commun pour appeler le même qualificatif?

La définition faible, à l'autre pôle, présente un inconvénient. Elle ne laisse presque rien en dehors du domaine idéologique (alors que la définition forte restreint exagérément le domaine). Baptisera-t-on idéologie les philosophies de Platon, d'Aristote, de Descartes ou de Kant? En ce cas, quelles idées, échappent à l'accusation ou au soupçon d'idéologie?

Diverses issues apparaissent. 1) Ou bien l'idéologie se définit par rapport à un autre terme: elle s'oppose, par exemple, à la science ou à la vérité; 2) ou bien toute idée devient idéologique dès lors qu'elle exprime une volonté ou un intérêt; 3) ou enfin, dès lors qu'elle se formule en des termes ou sous une forme adaptés aux exigences de l'action. La définition intermédiaire (2), l'idée se dégrade en idéologie quand elle exprime une volonté ou un intérêt, rattache la première à la troisième: l'idée n'appartient plus à la science lorsqu'elle sert l'action.

Malgré tout, ces trois définitions ne s'impliquent pas rigoureusement: l'idée mise au service de l'action ne garde pas le caractère désintéressé et, pour ainsi dire, détaché de la science sans pour autant contredire nécessairement la vérité. L'idée qui exprime une volonté ou un intérêt ne fausse pas nécessairement le vrai. Une cause, quelle qu'elle soit, ne manque jamais d'arguments valables. Selon la définition (3), l'idéologie, l'idée mise au service de l'action, demeure, logiquement, neutre, en tant que telle ni vraie ni fausse. Ces trois définitions, malgré ces réserves découlent plus ou moins l'une de l'autre. Au service de l'action, les idées se transforment en affirmations de valeurs en quête de justification (dérivations selon le vocabulaire de Pareto); elles expriment donc, inévitablement, des intérêts et, comme les intérêts s'opposent, elles expriment des intérêts particuliers (d'une classe ou d'une nation). Si toutes les idées, y compris celles des philosophes, émanent non de la raison pure, contemplative, scientifique, mais d'une pensée volontariste, d'une volonté de puissance, d'une perception orientée ou déformée, le perspectivisme, celui de Nietzsche ou celui de Mannheim, devient l'aboutissement fatal. L'homme pense idéologiquement parce que des forces non rationnelles asservissent la raison, la mettent au service de la vie ou du combat.

Le débat sur la fin des idéologies – débat surtout américain – portait, me semble-t-il, sur plusieurs thèmes, plus ou moins confondus, faute du choix d'une définition du mot. Le premier thème, celui que j'avais suggéré dans la conclusion de *L'opium des Intellectuels* concernait l'épuisement possible des *systèmes idéologiques*. A supposer que l'interprétation marxiste-léniniste perde son ascendant, à la faveur des transformations des sociétés de type occidental (ou capitaliste) et à cause de l'embourgeoisement des régimes qui se disent socialistes, il ne subsistera plus de système de remplacement. En Europe du moins, la nation ne bénéficie plus d'un rayonnement qui lui permette de se substituer à la classe. En matière de gestion de l'économie, Etat et entreprises privées, planification et marché se combinent autant qu'ils s'opposent: la transfiguration d'une technique de gestion ou d'un statut de propriété en bien absolu ou mal radical se fait plus malaisé.

A partir de ce premier thème se dégageait un deuxième: si nul des interlocuteurs sociaux ne voit le monde à travers un système conceptuel totalisant, si tous les interlocuteurs cherchent des solutions raisonnables à des problèmes multiples et divers, en fonction de valeurs ou d'objectifs, largement acceptés, la politique s'écarterait de l'idéologie pour se rapprocher du pragmatisme. L'opposition entre politique idéologique et politique pragmatique ne va pas sans quelque équivoque: la politique la plus pragmatique s'inspire toujours, en dernière analyse, de valeurs, d'idéaux ou de principes. L'opposition comporte donc plusieurs dimensions: réformes contre révolution, solutions partielles, techniquement elaborées, contre solution globale, installation confiante ou résignée dans le régime établi ou recherche d'une utopie.

Du même coup, certains partisans de la thèse de la fin des idéologies annonçaient ou semblaient annoncer une période relativement tranquille, durant laquelle les conflits sociaux se dérouleraient à l'intérieur d'un cadre institutionnel, respecté et accepté par la masse, sans risque de révolution. Progrès social sans révolution politique, pour reprendre l'expression de Marx à la fin de *Misère de la philosophie*.

Le passage d'un de ces thèmes à l'autre se fait presque insensiblement. Mais, en fait, l'erreur consistait surtout à ne pas les distinguer. L'absence d'un système idéologique de remplacement n'autorisait pas à prévoir une politique pragmatique ou le maintien du consensus. A n'en pas douter, à la fin des années 60, les sociologues discutent de la crise de la société industrielle, du nouvel âge idéologique, et „la fin des idéologies" passe pour l'idéologie typique des années 50, entre l'apaisement de la guerre froide et l'autocritique de la société occidentale. Je souscris personnellement à ce diagnostic historique: la popularité de l'expression „fin des idéologies" marque les quelques années entre 1955 (ou 1956, le discours de Khrouchtchev au XXe Contgès) et 1965 (date de l'envoi d'un corps expéditionnaire américain au Vietnam). Avant même 1965, les signes avant-coureurs de conflits passionnés ne manquaient pas, aux Etats-Unis et en Europe occidentale.

Il n'en demeure pas moins légitime de s'interroger sur le premier thème du débat: un nouveau système idéologique a-t-il surgi qui succède au marxisme-léninisme ou se substitue à lui? Au cas où ce nouveau système n'existerait pas, quelles idéologies en tiennent lieu? Deux autres questions se dégageraient de la réponse négative donné à la première: pourquoi les conflits prennent-ils une violence, une intensité plus grande depuis quelques années? Le réformisme cède-t-il de nouveau à la Révolution?

I

La *Nouvelle Gauche* se divise en écoles, groupes, partis ou sectes multiples. En France, elle comporte deux tendances idéologiques; l'une trotskyste, l'autre libertaire (pour employer une expression vague) ou "marcusienne" (pour employer une expression trop précise). Mais ces deux tendances ont en commun avec toutes les autres tendances de la Nouvelle gauche en France l'emploi des concepts ou des idées marxistes. En bref, la première constatation, paradoxale en apparence mais peu contestable, au moins pour ce qui concerne l'Europe, c'est que le marxisme, et même le marxisme-léninisme, a surmonté la crise qui a suivi la dénonciation de Staline par les marxistes-léninistes eux-mêmes. La gauche n'a pas trouvé un système idéologique inédit, elle a tantôt repris le système marxiste-léniniste et maintenu, en dépit de tout, sa foi dans l'Union soviétique, tantôt repris le système marxiste-leniniste mais retenu la critique trotskyste de l'Union soviétique, tantôt, enfin, elle souscrit à la critique marxiste-léniniste des régimes capitalistes mais elle critique, avec la même rigueur, le régime soviétique, indulgente parfois à l'égard du régime cubain ou du régime maoïste.

En ce sens, je continue à croire valable la thèse que je formulais – avec d'ailleurs un point d'interrogation – dans la conclusion de *L'Opium des intellectuels*: le marxisme, ou le marxisme-léninisme, demeure toujours, en 1969 comme en 1955, le dernier système idéologique de l'Occident, le dernier système d'interprétation globale. Il met en lumière, l'origine du mal (l'appropriation privée des instruments de production), les hommes ou les groupes maudits (les capitalistes ou „le capitalisme", sujet historique), les hommes ou les groupes ou les classes destinés par l'histoire au rôle ou à la fonction de rédemption ou de salut.

Les écoles ou tendances de la Nouvelle gauche s'inspirent toutes du marxisme-léninisme. Mais chacune des écoles laisse tomber ou remet en question un des éléments du système. Les trotskystes dénoncent la dégénérescence bureaucratique de l'Etat soviétique, sans qu'aucun d'eux ait jamais démontré, de manière convaincante, la compatibilité entre une planification autoritaire et détaillée de l'économie d'un côté, les libertés personnelles et politiques de l'autre, ni même la compatibilité entre le pouvoir révolutionnaire d'une classe, représentée par un parti d'un côté, les libertés personnelles et politiques de l'autre.

Certes, les marxistes expliquent volontiers par le retard économique de l'Union soviétique, par les nécessitées de l'accumulation primitive, les formes extrêmes ou pathologiques du stalinisme. Le parti, dans l'Union soviétique post-stalinienne, n'en garde pas moins son „rôle dirigeant" et ne tolère pas que la libéralisation compromette la discipline de la presse. Dans la mesure où ils recommandent la décentralisation administrative, le recours partiel aux mécanismes du marché, la propriété collective des instruments de production constitue la cause unique de la supériorité intrinsèque de l'économie soviétique sur l'économie capitaliste. Pour transfigurer les „*corporations*" ou conglomérats américains, en principe de mal et les mêmes entreprises, dirigés par les fondés de pouvoir de l'Etat, en principe de salut, il faut, en vérité, le regard du prophète.

Les idéologues les plus populaires, en France ou en Allemagne, n'appartiennent pas au trotskysme pur et simple, au trotskysme que j'appellerai traditionnel. Ils ont pour modèle Marcuse. Ils combinent avec la critique socio-économique appliquée au capitalisme une critique socio-culturelle de toutes les sociétés industrielles avancées. Ils reviennent à un mode de penser très caractéristique de la République de Weimar: la pseudo-marxisme. Ils dénoncent la répression-refoulement par les normes sociales intériorisées, la manipulation par la publicité, la propagande, les moyens de communication, en même temps que l'exploitation, sans pour autant définir avec précision ce terme, héritage du marxisme de Marx.

Hostiles au soviétisme et au capitalisme, les idéologues de la Nouvelle Gauche préfèrent tantôt l'un et tantôt l'autre. Dans *l'Homme unidimensionnel*, Marcuse reconnaissait aux régimes de l'Occident le mérite de respecter les droits de l'homme et les libertés personnelles. Redevenu plus marxiste en même temps que ses jeunes disciples, il semble pencher dans l'autre sens: les régimes soviétiques n'ont besoin que d'une révolution politique, les sociétés occidentales d'une mutation qualitative et totale. Il ne trace même pas une esquisse de l'ordre qui succèderait à la mutation qualitative, il suggère vaguement l'autogestion; il ne précise pas le mode de régulation, la part de la planification et du marché.

La critique socio-culturelle dérive de Marx (l'aliénation, le règne de l'argent), de Freud (refoulement), de Rousseau, (les consommations inutiles et ostentatoires, la nostalgie de la vie plus simple), enfin des analyses courantes de la société moderne (persuasion clandestine, gaspillage, pollution de l'atmosphère, etc.). Pour une part, elle marque un retour aux sources morales du socialisme prémarxiste, pour une autre part, elle traduit l'insatisfaction que suscite le progrès économique.

Avant l'explosion de ces dernières années, j'étais frappé par le contraste entre la multiplicité des maux que ressentaient les hommes et que dénonçaient les observateurs, d'une part, et l'impossibilité apparente d'une nouveau système de l'autre. En fait, ni les trotskystes ni les marcusiens n'ont élaboré un nouveau système. Mais ils créent l'illusion d'un système par la conjonction de la critique socio-économique, d'inspiration marxiste, et de la critique socio-culturelle, d'inspiration rousseauiste en même temps que freudo-marxiste; la négation du réel sans image, même utopique, de l'avenir permet de dissimuler la faiblesse de l'imagination, l'incapacité de concevoir un régime radicalement autre que l'un ou l'autre des régimes existants. Quant à l'acteur historique, chargé du salut, Marcuse, après en avoir longtemps déploré l'absence, croit l'avoir trouvé dans la jeunesse contestataire.

Au sens où j'avais pris le concept d'idéologie, nous assistons plutôt à une répétition qu'à une invention; trotskysme ou freudo-marxisme datent de quarante ans. Ils offrent aux marxistes déçus par la réalité soviétique un refuge, ils ouvrent une voie intermédiaire entre l'abandon de la foi et l'adhésion au marxisme-léninisme tel que le prêchent les hommes de l'appareil en Union soviétique.

Le trotskysme, avec ou sans Trotsky, la IVe Internationale ne rassemble que les „groupuscules", en marge de l'histoire universelle. En ira-t-il autrement demain? Mao ou Castro, par leur exemple ou par leur propagande, vont-ils renouveler, rajeunir, ranimer le léninisme qui, en Union soviétique, s'est dégradé en stalinisme, avec ou sans Staline, en bureaucratie autoritaire, en idéocratie conservatrice? J'incline provisoirement à une réponse négative; En Italie, en France où le parti communiste, d'organisation stalinienne, dévoué à Moscou garde ses troupes et sa force, c'est pour lui que les groupuscules, trotskystes ou maôistes, travaillent inévitablement. Ils le contraignent parfois à se montrer plus „militant", plus impatient. Pour ne pas se laisser déborder sur leur gauche, les communistes orthodoxes doivent à la fois éliminer par tous les moyens (fût-ce les pires) les groupuscules maôistes et donner la preuve d'une volonté révolutionnaire. En mai 1968, au cas où le Pouvoir légal se serait effondré, le P.C. et non la nouvelle gauche aurait pu rétablir *un* ordre. En Italie, les troubles estudiantins et ouvriers obligeront peut-être la démocratie chrétienne et les socialistes à une ouverture en direction des communistes; ces derniers participeront peut-être, dans quelques années, à un gouvernement de coalition. De même, en France, la majorité sur laquelle s'appuient l'U.D.R. à l'Assemblée nationale a le sentiment d'une opposition redoutable, dans le rue ou les usines. Même si cette opposition tient au mécontentement des masses et à l'action des minorités, c'est le parti communiste, et lui seul, qui apparaît le négociateur possible ,,au niveau le plus élevé'', c'est lui auquel les ministres demandent éventuellement une coopération en vue de rétablir la discipline.

Cette analyse, valable pour la France et l'Italie, l'est-elle au même degré pour les pays sans parti communiste ou avec parti communiste faible? En Allemagne occidentale, l'opposition extraparlementaire n'a pas empêché une participation exceptionnellement élevée aux récentes élections, une avance du parti socialiste, elle a pu contribuer à l'alliance entre socialistes et libéraux, des intellectuels influencés par la nouvelle gauche ayant déterminé le choix du F.D.P. en faveur de la minicoalition avec les socialistes. Dans les petites démocraties apparemment stabilisées, la Suède par exemple, l'état d'esprit se manifestera de manière semblable: le parti socialiste a choisi pour chef un jeune, ,,un enfant terrible'', qui mettra sur les rails un nouveau ,,train de réformes'', tout en affichant son anti-américanisme par le soutien officiel donné au gouvernement de Hanoï. Glissement à gauche de la majorité gouvernementale, réformes universitaires apparaissent comme les conséquences probables de l'action menée par la Nouvelle Gauche, par les intellectuels et par les étudiants.

Dans l'abstrait, on aurait dû et on doit encore craindre une autre conséquence de cette action: contre le désordre dans la rue ou dans les Universités, le mot d'ordre ,,loi et ordre'' aurait mobilisé les masses. Pour l'instant, cette réaction ne s'est produite ni en République fédérale ni en France et en Italie. (D'une réaction de cet ordre, les élections françaises de juin 1968 offrent, à la rigueur, un exemple.) Le sociologue donnera des raisons multiples de la faiblesse de la ,,réaction''; absence de parti fasciste, prospérité économique, nature des troubles (étudiants et intellectuels n'inspirent pas une ,,grande peur''), résistance des partis de la gauche modérée, en République fédérale allemande ou dans les petits pays de démocratie stabilisée. En bref, jusqu'à présent, la Nouvelle gauche travaille soit pour les communistes (France ou Italie) soit pour les socialistes (Republique fédérale), autrement dit pour des frères ennemis, pour des révolutionnaires embourgeoisés ou des réformistes sans idéal révolutionnaire.

L'analyse politique, au moins à court terme, confirme l'analyse idéologique: pas plus que la Nouvelle Gauche ne renouvelle la discussion idéologique, elle ne modifie fondamentalement le jeu des partis. Elle ne représente une menace sérieuse qu'en Italie et peut-être en France, dans la mesure où les régimes plus vulnérables devraient recourir à l'aide du parti communiste ou à des mesures violentes pour gouverner.

Aux Etats-Unis, le diagnostic demeure réservé pour deux raisons principales. Guerre du Vietnam, situation de la minorité noire, en dehors de tout système idéologique, provoquent des débats passionnés et des tensions extrêmes. D'autre part, qu'il s'agisse du nombre des intellectuels et des étudiants, de l'importance des universités dans la vie nationale, les Etats-Unis dépassent ou devancent largement les pays d'Europe. Les Etats-Unis n'ont pas de grand parti communiste, pas non plus de grand parti socialiste. Alors que la Nouvelle Gauche, en Europe, semble provisoirement entraîner les partis gouvernementaux vers la gauche, aux Etats-Unis Richard Nixon doit, pour une part, son élection à la dissociation de la coalition démocrate, à la réaction contre le gauchisme.

Cependant, Outre-Atlantique comme en Europe, la Nouvelle Gauche n'a pu encore s'insérer dans la compétition organisée pour l'exercice du pouvoir. Tout se passe comme si la politique des partis se séparait des batailles sociales ou idéologiques. La Nouvelle Gauche américaine ou, du moins, l'aile extrêmiste, dénonce les deux principaux partis comme également représentatifs de l'*establishment*, de l'ordre établi. L'opposition extra-parlementaire fait de même en Allemagne à l'égard de la grande coalition, en France le Gauchisme dénonce la ,,cooperation compétitive" entre parti communiste et Gaullistes. Or, nous l'avons dit, le système idéologique de la Nouvelle Gauche, qu'il s'agisse du trotskysme ou du freudo-marxisme, anime, depuis quarante ans, l'action de groupuscules. S'agit-il d'un nouvel âge idéologique ou bien, pour des causes à chercher, l'opinion prend-elle soudain au tragique des idéologies ou des groupuscules qui existaient déjà, dans l'ombre, et sur lesquels se braquent soudain les feux de la publicité? Les évènements, la conjoncture historico-sociale donnent-ils soudain une signification actuelle à une opposition radicale, ignorée ou méprisée hier?

II

La première question nous a conduit à la deuxième. Il n'y a pas, à proprement parler de nouveaux systèmes idéologiques: le trotskysme ou le freudomarxisme de Francfort remontent le premier au début des années 30, à la formation d'une secte marxiste-léniniste en exil, qui accuse l'Eglise établie d'infidélité au message de salut, l'autre aux années 20 et à la conjonction de Hegel, de Marx et de Freud, à l'unité fictive des deux révolutions, sexuelle et politico-sociale. Les révolutionnaires qui firent effectivement des révolutions, Cromwell, Robespierre ou Lénine, professaient de tout autres idées morales:

purs ou puritains, ils n'incluaient pas dans la liberté la libération des instincts. Mao, lui aussi, enseigne, semble-t-il, la maîtrise, non la libération des pulsions. Peut-être, le freudo-marxisme, adapté à l'humeur des Cubains, a-t-il trouvé dans des Caraïbes sa patrie d'élection.

Quoi qu'il en soit, avec ou sans système idéologique, le climat intellectuel et politique a changé à travers tout le monde occidental. Le *consensus* a disparu: la Révolution revient à l'ordre du jour. Les troubles sociaux se multiplient; une fraction des jeunes générations, surtout parmi les étudiants, rejette les valeurs de *l'establishment*, de la classe politique dirigeante. Crise de la société industrielle ou crise de civilisation? Pourquoi cette mutation soudaine? Les livres et articles, déjà innombrables, consacrés à la révolte de la jeunesse, donnent des réponses qui se distribuent en quelques catégories.

1. *Explication historique*

Durant les années de la guerre froide, les démocraties occidentales éprouvaient, à tort ou à raison, le sentiment d'être menacées. Le défi marxiste-léniniste créait le consensus ou, du moins, affaiblissait la tendance spontanée à la contestation, inévitable en tout régime démocratique. Aux Etats-Unis, la guerre du Vietnam a donné à la remise en question de la *conventional wisdom*, un caractère pathétique. Les historiens ont révisé l'interprétation de la guerre froide comme les sociologues, sans justifier le régime soviétique, sont devenus critiques, et critiques impitoyables, de la civilisation américaine.

La fin de la guerre froide et la fin de la décolonisation ont, ensemble, créé, en Europe occidentale, une conjoncture différente de celle des Etats-Unis mais, à certains égards, comparable. Les étudiants américains possédaient au moins une cible: *l'establishment*, responsable de la guerre du Vietnam. En France, le Général de Gaulle condamnait cette guerre avec une brutalité qui ne le cédait en rien à celle des contestataires. Le gouvernement de Bonn apportait officiellement son soutien aux Etats-Unis, du bout des lèvres. Le Vietnam offrait aux jeunes Européens, de Stockholm jusqu'à Paris en passant par Berlin, un objet d'indignation. Ils en auraient trouvé un autre si celui-ci leur avait manqué. En fait, ni les jeunes Allemands ni les jeunes Français ni les jeunes Italiens ne trouvent où se prendre. L'idée européenne se meurt. Aucun des pays d'Europe occidentale ne parvient à nourrir d'ambition nationale. Le grand refus tient lieu de grande espérance.

2. *Explication sociologique*

La situation historique – fin de la guerre froide et fin de la décolonisation – coincide-t-elle avec une conjoncture sociale, aussi favorable aux conflits que celle des années 1950 à un accord apparent? Question difficile, à laquelle il n'existe probablement pas de réponse, valable pour l'ensemble de l'Occident. Si l'on se réfère aux données économiques, au taux de croissance, les années 1960-69 s'opposent aux années 1949-59. Depuis l'arrivée de J. F. Kennedy à la Maison Blanche, le progrès économique et technique s'est *accéléré*. Au Japon, le progrès ne s'est pas ralenti et le niveau de vie s'est élevé plus vite au cours des dix dernières années qu'au cours des dix années antérieures. En Europe occidentale, le même contraste n'apparaît pas: le progrès s'est ralenti en France depuis 1963. La République fédérale allemande, l'Italie ont connu au moins une récession ou une crise monétaire. Malgré tout, ni d'un côté ni de l'autre ont ne peut mettre au compte de la stagnation ou du ralentissement de la croissance le climat de critique ou d'autocritique, la violence des conflits.

Faut-il adopter l'autre solution et incriminer la croissance elle-même, génératrice de tensions, d'inégalité dans la répartition des bénéfices, de disparité, incessamment renouvelée entre les aspirations et les satisfactions?

Cette explication, malheureusement, n'explique rien parce qu'elle explique tout. Elle s'applique aux années 50 aussi bien qu'aux années 60. Elle ne présente donc d'intérêt qu'à la condition d'être complétée par une analyse plus précise: au cours des dix dernières années, la croissance a-t-elle créé des causes de tensions, de conflits, d'insatisfaction, qualitativement ou quantitativement autres?

En ce qui concerne les Etats-Unis, certains observateurs reprennent l'idée célèbre de Tocqueville. C'est l'amélioration de la condition des Noirs qui rendrait compte de la violence accrue des revendications et des méthodes d'action. Harvard et Princeton, tant que ces fameuses universités ne recevaient pas d'étudiants noirs ou quelques uns seulement, demeuraient à l'abri des militants du *black power*. Ces derniers, qui refusent l'intégration à la société américaine, qui invitent leurs frères de race à prendre conscience d'eux-mêmes et de leur être original avant d'exiger et d'obtenir l'égalité individuelle, franchissent une étape sur la voie de la protestation et de la reconnaissance. Ni l'égalité formelle devant la loi ni l'assimilation aux autres et à leurs valeurs ne suffisent plus: ils se veulent membres d'une communauté originale – comme les Juifs ou les Irlandais, plus même que les Juifs et les Irlandais – avant d'être admis, à titre individuel, dans la société américaine. On ne manque pas de chiffres globaux pour illustrer les progrès économiques et sociaux de la minorité noire. La thèse de Tocqueville – les hommes se révoltent lorsqu'ils prennent conscience de l'injustice dont ils souffrent et que la perspective d'en triompher s'ouvre devant eux – vaut pour les Noirs des Etats-Unis, à condition d'ajouter deux autres données: la crise des villes, l'abandon du centre par la bourgeoisie blanche, la segrégation résidentielle d'une part, la confusion progressive, dans l'idéologie et dans les revendications, entre l'égalité des chances et l'égalité des accomplissements (et, par suite, des conditions de vie).

Si nous laissons de côté le cas de la minorité noire, les changements entre *la décennie du consensus* et la *décennie des conflits* n'apparaissent pas avec évidence. Il ne suffit pas de substituer le concept de *société post-industrielle* au concept de *société industrielle* pour rendre intelligible la mutation. La plupart des accusations lancées contre la société dite post-industrielle de 1969, portaient déjà sur la société dite industrielle d'il y a dix ans. Bien plus, il y a dix ans, aux Etats-Unis, s'achevait une décennie de croissance ralentie. En 1969 s'achève la décennie la plus glorieuse de l'histoire économique des Etats-Unis.

Les critiques d'aujourd'hui se distribuent, me semble-t-il, en quelques grandes catégories.

a) *Coût naturel ou physique du progrès techno-économique*: pollution de l'atmosphère, destruction des beautés naturelles, dévastation du milieu, etc. Manifestement, il s'agit non d'une nouveauté mais d'une prise de conscience. Il me parait probable que la technique pourra guérir ou atténuer certains de ces maux.

b) *Coût social de la croissance économique*. En gros, je distinguerai deux chefs d'accusation. Au cours des années 50, dans un climat de relatif optimisme, les commentateurs mettaient l'accent sur les tendances conjointes à l'élévation du niveau de vie et à la diminution des inégalités, à l'élargissement du „gâteau" et à sa répartition moins inéquitable. Sur le long terme, pour les régimes de type occidental, cette proposition reste vraie. Elle l'est incontestablement pour les pays gouvernés par des gouvernements socialistes (Scandinavie). Elle l'est également pour la Grande-Bretagne si l'on confronte des dates suffisamment éloignées l'une de l'autre. Elle devient contestable et probablement fausse si l'on se borne à comparer la progression du revenu réel des classes sociales au cours d'une période de dix ans. Le revenu réel des ouvriers progresse parfois plus lentement que celui des employés, celui des salariés plus lentement que celui des détenteurs du capital ou des bénéficiaires de revenus mixtes. Enfin et surtout, les sociétés industrialisées recréent, semble-t-il, en permanence un sous-prolétariat. Aux Etats-Unis, l'hétérogénéité raciale. la minorité noire, l'afflux des Porto-Ricains favorisent la persistance ou le renouvellement incessant de ce sous-prolétariat. En Europe occidentale, les travailleurs étrangers en constituent l'équivalent, encore qu'ils bénéficient de la législation sociale des pays d'accueil et d'un niveau de vie supérieur à celui de leur pays d'origine (encore faut-il que les conditions de logement ne soient pas aussi déplorables qu'en France).

De manière encore plus générale, on dira que toute société compétitive (et une société qui se soumet aux règles de marché accepte implicitement les règles d'une compétition) implique succès et échec, triomphes et ruines, elle laisse sur le chemin des ,,laissés pour compte", les ,,pauvres" que, depuis une douzaine d'années, les observateurs ont découvert au sein du pays le plus riche du monde et qui dressent, par leur malheur impuissant, un constat de carence contre la société dans laquelle ils vivent mais à laquelle ils n'appartiennent pas. Les mesures sociales ou fiscales, aujourd'hui envisagées et peut-être effectives demain, n'élimineront pas le scandale moral des ,,laissés pour compte". Même si le principe de l'égalité des chances était respecté – et il ne peut pas l'être –, il n'en résulterait pas une égalité de conditions. Tout se passe comme si les Occidentaux s'interrogeaient sur la valeur relative de deux principes, en théorie contradictoires, de l'égalité des chances et de l'égalité des conditions.

A la persistance ou à l'aggravation de l'injustice sociale, les sociologues ajoutent le ,,déracinement" qu'entraîne pour beaucoup la croissance elle-même. Renouvellement des machines, des organisations, des produits implique transfert des hommes d'un emploi à un autre, vieillissement prématuré des qualifications et des spécialistes. La croissance ne va pas sans mobilité et obsolescence: les hommes subissent les contraintes du système et finissent par s'interroger sur le rapport entre coût et profit.

c) *Economie monétaire de croissance et condition humaine.* La pensée socialiste, depuis le début du XXè siècle, a, de temps à autre, repris les arguments de l'antichrématistique (règne de l'argent), elle a conservé depuis Marx le thème de l'aliénation – alinéation *économique* (soumission aux détenteurs des moyens de production), *technique* (asservissement à l'appareil production), *social* (chacun subit la condition que la hasard de la croissance lui impose). Cette critique socio-culturelle oscille entre la dénonciation journalistique du gaspillage, de la persuasion clandestine, des assoiffés de prestige et l'analyse hégéliano-marxiste tantôt du seul régime capitaliste (G. Lukács), tantôt de toutes les sociétés industrielles avancées. Cette critique socio-culturelle ne vaut ni plus ni moins en 1969 qu'en 1959. Cette revue rapide des thèmes idéologiques suggère une théorie comme celle de Scheler: les idées ou idéologies existent en permanence, disponibles pour ainsi dire dans l'empyrée, et les facteurs matériels, les situations sociales paralysent ou favorisent leur épanouissement, en canalisent l'expression. Dans le cas présent, cette théorie justifierait partiellement l'explication historique ou, du moins, imposerait l'usage combiné de l'explication historique et de l'explication sociologique.

La conjoncture ancienne (celle de la guerre froide ou même celle que dominait le souvenir de la grande dépression) refoulait ou dévalorisait l'épanouissement du pessimisme social ou culturel. Les thèmes de ce pessimisme se trouvaient déjà, dispersés, à travers les livres des marxistes ou des non marxistes, d'Ellul ou de Marcuse, mais le sentiment des problèmes aux trois quarts résolus (chômage), de la menace extérieure empêchait la diffusion ou le succès de l'acte d'accusation socio-culturelle. L'arrivée d'une nouvelle génération indifférente aux problèmes d'hier, révoltée par la guerre du Vietnam, en quête de causes qui lui appartiennent en propre, ouvre les vannes: les jeunes s'emparent des thèmes idéologiques, disponibles mais auparavant réservés à des sectes marginales. D'un coup, le climat devient radicalement autre sans pour autant qu'une idée originale ait été inventée. La gloire subite d'Herbert Marcuse prend une valeur symbolique. Un penseur marxiste, naguère connu des seuls initiés, devient en quelques années une célébrité mondiale parce qu'il trouve des disciples et plus encore parce qu'il traduit en un vocabulaire abstrait et abstrus un malaise répandu.

Les facteurs matériels qui favorisent le succès de la critique socio-culturelle n'ont peut-être pas un caractère strictement historique. Comme je l'ai suggéré ailleurs, les thèmes actuels suivent logiquement des thèmes de la période antérieure. A partir d'un certain niveau de vie ou d'un certain volume de richesse, les hommes s'intéressent à une réduction de la durée du travail ou à une amélioration des conditions de vie plus qu'à un supplément de salaire. Les philosophes s'interrogent sur qualité de l'existence, sur la finalité de la production, ils cessent d'être obsédés par les taux de croissance... De même, la participation à la gestion, sinon l'autogestion, font l'objet de revendications qui marquent une étape nouvelle de la modérnité.

Faut-il aller plus loin et discerner dans les troubles actuels la naissance d'un nouveau type de société, la société post-industrielle? Qu'il s'agisse des Noirs ou du Vietnam, on ne saurait incriminer la mutation sociale. La révolte des étudiants, des intellectuels annonce-t-elle des conflits originaux, les ,,détenteurs du savoir'' réclamant une part accrue de ,,pouvoir'' à l'intérieur des entreprises ou de la société tout entière? Il se peut, bien que j'aperçoive d'abord la crise d'une génération en même temps que la crise d'une démocratisation universitaire. La contestation semble ébranler les entreprises mal gérées, où l'autorité demeure paternaliste, concentrée, traditionnelle, non les entreprises de style et de structure moderne.

Non que les sociétés modernes, aux Etats-Unis ou en Europe occidentale, ne récèlent des causes multiples de conflits. Les passions actuelles font apparaître dérisoire l'idée du consensus. Mais, en dépit de ces passions, on cherche vainement des contradictions que les observateurs auraient ignorées il y a dix ans. La Nouvelle Gauche n'apporte pas de système idéologique qui promette d'un coup, au nom du passé compris et de l'avenir voulu, une solution globale. Ce que les observateurs n'avaient pas prévu, c'est que la négation radicale sans image utopique deviendrait à ce point populaire et que tant d'intellectuels rallieraient le camp des rebelles. Tant qu'à risquer une hypothèse, la formule de ,,crise de civilisation'' me paraît plus vraisemblable que ,,crise de la société post-industrielle''. La révolte contre la civilisation rationnelle n'annonce pas nécessairement une Révolution.

III

Dans aucun des pays industriellement les plus avancés, qu'il s'agisse des Etats-Unis, de l'Allemagne fédérale ou du Japon, la classe ouvrière et les syndicats (ou partis) qui prétendent la représenter ne participent activement à la contestation de la société industrielle. Le diagnostic de Marcuse – la classe ouvrière a perdu et la conscience de son aliénation et la volonté de changer sa condition –, les évènements des années 60 ne le refutent pas. Ils obligent peut-être à le nuancer: en Italie et en France, la classe ouvrière demeure sensible aux mots d'ordre du marxisme, le parti communiste domine les organisations syndicales. Dès lors les gauchistes, même s'ils ne constituent que des groupuscules, mettent en cause la politique réformiste: pour garder leurs troupes, les communistes, français ou italiens, doivent retrouver le style des conquérants, affirmer la lutte de classes non en paroles mais en action. Peut-être le conservatisme social, qui a résisté à la croissance économique, porte-t-il aussi une part de responsabilité dans la violence des grèves en France et en Italie.

Tout se passe comme si l'histoire se déroulait en cycles; à la phase de relatif apaisement succède une phase de critique passionnée. Mais la surprise porte sur la passion plutôt que sur la critique. Si nous laissons de côté la condition des Noirs et la guerre du Vietnam – celle-ci accidentelle par rapport à la structure sociale, celle-là en voie d'amélioration – la critique ou l'autocritique de la société industrielle reprend des griefs classiques ou prolonge des revendications dont la radicalité seule représente une novation. Même en Suède, l'inégalité que le règne des social-démocrates n'a pas supprimée, dans la distribution des revenus, dans la distribution de la propriété, devant l'accession à la culture fait scandale. A fortifiori, l'égalitarisme anime-t-il plus que jamais les accusateurs de la société industrielle, aux Etats-Unis ou en France: tout se passe comme si les hommes, découvrant, grâce aux sociologues, l'impossibilité de l'égalité des chances, revendiquaient avec d'autant plus d'ardeur l'égalisation des résultats de la compétition. Puisque les Noirs n'ont, en moyenne, pas moins d'aptitudes que les Blancs, ils ont droit à un pourcentage comparable des emplois les mieux rémunérés, les plus prestigieux.

L'égalitarisme se combine, à l'heure présente, avec le refus des hiérarchies d'organisation et d'autorité. Le refus peut passer pour une autre expression de la philosophie ou de la nostalgie égalitaire à condition d'ajouter qu'il s'exprime parfois en une aspiration à la communauté et qu'il concerne moins la quantité de biens offerte à chacun que les relations des personnes. Classe dirigeante (ou *establishment*), bureaucratie, technocrates (gestionnaires, qualifiés ou non, des grandes entreprises), servent de cible à la contestation comme si, par delà le demi-siècle marxiste lui-même, le socialisme libertaire reprenait son élan et répondait à l'humeur du temps. Mais, du même coup, les chances de victoire proprement politique tendent à disparaître: les sociétés ne tolèrent et ne réalisent partiellement les revendications libertaires qu'à la condition de jouir de la stabilité et de s'offrir le luxe de libéralisme. Que celui-ci soit menacé par la violence, et la réaction contre les libertaires deviendra irrésistible. Les libéraux payeront le prix en même temps que les libertaires.

Bien que la crise actuelle nous apparaisse comme un moment de la dialectique de la modernité – les hommes revendiquent des formes nouvelles d'égalité ou d'autonomie au-delà des résultats acquis –, elle doit ses particularités au rôle de la jeunesse estudiantine et des prêtres en révolte contre les traditions et la hiérarchie de l'Eglise catholique. Ces prêtres s'inspirent de l'esprit évangélique (condamnation des richesses, des compromissions avec le pouvoir, rejet de l'autorité) mais ils glissent parfois vers l'athéisme (interprétation horizontale). L'athéisme évangélique conduit logiquement à la théologie de la violence et rejoint, en un langage différent, le marxisme-léninisme. Certains étudiants, les moins politisés, les moins enclins au trotskysme, semblent parfois trouver dans les teach-in, sit-in, occupation de bâtiments, suppression de la vie quotidienne et des études régulières, une expérience communautaire non sans affinité avec une expérience quasi religieuse.

Etudiants et prêtres provoqueront des changements, plus ou moins profonds, des vieilles institutions, d'origine médiévale en Europe, institutions de légitimité traditionnelle, qu'ébranle le mouvement des idées et des mœurs. Que les péripéties actuelles annoncent un effondrement ou une mutation de l'Eglise catholique, que les jeunes entrent demain dans la société qu'ils récusent ou qu'ils s'obstinent nombreux dans une existence marginale, je me garderai d'en décider. Sur la place de l'Eglise dans une civilisation plus que jamais rebelle au sacré et au transcendant, sur les conséquences d'une démocratisation académique, imparfaite aux yeux des perfectionnistes et manifestement source d'anxiété pour tous, l'observateur a le droit de s'abstenir de prévisions.

Ce qui me frappe, ce qui me paraît le centre du débat et la cause de jugements contradictoires, c'est le contraste entre les enjeux limités de la concurrence entre les partis et l'enjeu illimité des revendications des contestataires. Que le Président des Etats-Unis appartienne à un parti ou à un autre, que le Chancelier s'appelle Kiesinger ou Brandt, tous les électeurs, avec joie ou amertume, attendront plutôt la continuité que les novations. Ailleurs, celles-ci se produiront sans même que change le parti au pouvoir. Là seulement où existe un parti communiste, la crise sociale peut aboutir à un bouleversement politique. Que faut-il en conclure? Selon une thèse, l'*establishment* tout entier, les deux partis aux Etats-Unis et en République fédérale, le jeu parlementaire ne reflètent plus l'état de la société. La superstructure politique anachronique ne s'accorde plus avec l'infrastructure sociale. Selon la thèse opposée, l'opposition a le mérite de dénoncer les maux réels de la société mais elle formule son acte d'accusation en un tel langage, elle lui donne un caractère à ce point total qu'elle s'interdit la participation aux joutes électorales et l'ascension au pouvoir. Elle se donne pour tâche, consciemment ou inconsciemment, de réveiller les endormis, d'inquiéter les satisfaits, de mettre en question les évidences, de poser les questions ultimes auxquelles par définition les hommes politiques ne donnent pas réponse.

J'incline vers cette dernière thèse et, puisqu'il s'agit d'une alternative historique non encore tranchée, je m'efforce de rendre cette interprétation une *self fulfilling prophecy*. L'effet ultime de la contestation libertaire dépend pour une part, de la résistance des libéraux et de l'efficacité des reformistes.

R. TAYLOR COLE

AMERICAN STUDIES IN WESTERN CONTINENTAL EUROPEAN UNIVERSITIES

This Festschrift is designed to honor a distinguished political scientist whose contributions have been recognized on the world scene. Professor Carl J. Friedrich's current presidency of the International Political Science Association, following his presidency of the American Political Science Association, gives evidence of this recognition. He has made numerous scholarly contributions, which deserve special tribute, and has played many professional "roles." One of these roles has been to serve over the years as a channel of communication between the academic communities in the universities in the United States and Western Europe, and particularly Germany. He has functioned in this capacity since his first visit to the United States as an emissary for cultural exchange in the 1920's. Many of Professor Friedrich's activities in later years have evidenced this dual capacity, as witness his major involvement in American Military Government as an adviser in occupied Germany to General Lucius Clay during the early post-World-War-II years,[1] and his subsequent professional activity after 1956 as a joint professor at Harvard University and Heidelberg University.

Either of the two faces of Professor Friedrich's career would merit our serious attention. On the one hand, some of his European heritage was transmitted to American students. The author of this article was first introduced by him to Alfred Weber's writings in cultural sociology and to Max Weber's theories of bureaucracy in 1929-1930[2] at Harvard University before the Webers were well known in American social science circles. On the other hand, the American influences in his many writings have been transmitted over the years to European academic circles. These influences are conspicuous in his earlier *The New Belief in the Common Man* (1942), the several

---

[1] See Carl J. Friedrich (ed.), *American Experiences in Military Government in World War II*, New York, 1948.

[2] See Carl J. Friedrich and Taylor Cole, *Responsible Bureaucracy; A Study of the Swiss Civil Service*, Cambridge, Mass., 1932.

editions of his *Constitutional Government and Democracy* (1st ed., 1939, 4th ed., 1968), *The Impact of American Constitutionalism Abroad* (1967), his seminal *Man and His Government; An Empirical Theory of Politics* (1963), and *Trends of Federalism in Theory and Practice* (1968).

In the light of this setting, and of Professor Friedrich's contribution in this field, it is appropriate to examine the development of American Studies in western continental European universities, with particular attention to the current scene. This survey begins with a matter of definition and an examination of purposes, follows with an account of joint activities of American Studies specialists, a survey of the development of American Studies in special areas and selected countries, and a glance at internal university changes, and concludes with a general appraisal.[3]

I

As in the case of many area studies programs, such as European Studies and Asian Studies, there has been considerable difference of opinion as to the scope and content of American Studies. During the past 20 years, distinctions have been drawn by students in the field between American Studies, American civilization, American culture, and American sub-cultures.[4] There are those in the "movement" who have viewed American Studies as a grand synthesis or interdisciplinary combination of literature, history, law, and the social sciences centered on problems marked by their "Americanness"; as a new discipline with its own focus and distinctive methodology; as an area study; as an administrative umbrella under which disciplinary specialists, particularly in American literature and history, can pursue their research and teaching in the subject matter of these fields; and as a field for philosophic inquiry with an emphasis on the philosophic beginnings and changes which have occurred in the United States in the subsequent periods. The differences in point of view find less vocal reflection at the present time than they did a decade ago. Today, there would be a wide acceptance, especially in Europe,

[3] This paper borrows heavily from those descriptive sections of a joint report prepared by the author in 1969 for the Ford Foundation on American Studies abroad.
[4] Some of these viewpoints are found in Edwin T. Bowden (ed.), *American Studies: Problems, Promises, and Possibilities*, Austin, 1958; Joseph J. Kwiat and Mary C. Turpie (eds.), *Studies in American Culture*, Minneapolis, 1960; Robert E. Spiller and Eric Larrabee (eds.), *American Perspectives*, Cambridge, Mass., 1961; Marshall W. Fishwick (ed.), *American Studies in Transition*, Philadelphia, 1964; and Howard Mumford Jones, "American Studies in Higher Education," in Clarence Gohdes (ed.), *Essays on American Literature in Honor of Jay B. Hubbell*, Durham, 1967, pp. 3-20. The leading account of American Studies abroad is Sigmund Skard, *American Studies in Europe*, 2 vols., Philadelphia, 1958; see also his "The American Studies Movement – Problems and Prospects," in *U.S.A. in Focus*, Bergen, 1966.

of Sigmund Skard's definition of American Studies as "the study of the Civilization, past and present, of the United States of America, principally the study of those aspects that are fundamental to all national civilizations: human and cultural geography, political, economic, social, religious, and intellectual developments, laws and institutions, language, literature, and the arts," with special importance "attributed to literature."[5]

The purposes of American Studies must be interpreted in the light of the objectives of all American international cultural programs.[6] These include keeping American educational and research activity within the international main currents through collaboration in a common search for truth, the furtherance of international understanding through discourse and communication at the intellectual level, an increased awareness of the factors which condition individual and group action in the international community, and the training of individuals who with their understanding of foreign cultures can "broaden the base of national decision making" and thus add to the predictability of national actions. At the maximum, these objectives incorporate a faith that persons with deep insights in foreign cultures will be concerned to help in "humanizing" international relations toward the goal of a more prosperous, stable, and cooperative world community. At the minimum, these programs, as Francis A. Young has succinctly observed, not only are justifiable in seeking to make the "world a better place in which to live" but are indispensable in constructing one "in which it will be possible to live at all."

The beginnings of American Studies abroad can be traced far back in the history of the United States and a number of European countries. Some European recognition was accorded American Studies during the second half of the nineteenth century.[7] In 1870, the University of Strasbourg created the first chair for an American subject to be established in Europe; in 1910, the University of Berlin set up the first American Institute. Sporadic developments occurred between that time and the end of World War I on both sides of the Atlantic with a limited residue. The most recent and concentrated

---

[5] *American Studies in Europe*, Vol. I, p. 8.

[6] Note especially Charles Frankel, *The Neglected Aspect of Foreign Affairs: American Educational and Cultural Policy Abroad*, Washington, D. C., 1966. Among many other pertinent studies dealing with American foreign cultural affairs, mention might be made of Walter Johnson, *American Studies Abroad*, A Report of the U. S. Advisory Commission on International Educational and Cultural Affairs, July, 1963, headed by John W. Gardner; and Walter Johnson and Francis J. Colligan, *The Fulbright Program: A History*, Chicago, 1965.

[7] Sigmund Skard, "The American Studies Movement – Problems and Prospects," in *U.S.A. in Focus, op. cit.*, pp. 147 ff.

emphasis was first experienced in the 1930's. During this period in the United States, as Robert E. Spiller has explained,[8] there was a movement to "bring together study and research in the history, institutions, literature, art, and other aspects of American culture in an effort toward the definition and better understanding of our national character."

The post-World-War-II period provided an added ferment which generated both governmental and private efforts. The development of American Studies during this postwar period in the United States evolved at three levels, the informational, the exchange, and the self-help ones. The information phase finds expression in the work and activities of the United States Information Agency which has been engaged in the dissemination of materials, data, ideas, and attitudes to foreign audiences. The emphasis here has been upon the viewpoints and outlooks of official agencies. The Exchange of Persons Program represents the second level. It has been marked in particular by the Fulbright Program under Public Law 584 of 1946, the Smith-Mundt Act of 1948, the exchange of teachers under Public Law 480, and other legislation. Under the Fulbright-Hays Act of 1961, the status of Professor of American Studies was specifically recognized. Subsequently, there was created under the Committee on International Exchange of Persons an American Studies Advisory Subcommittee which began the publication of the quarterly *American Studies News*.[9] Private foundations, including the Carnegie, Rockefeller, and Ford Foundations, and the Commonwealth Fund, took steps to encourage the interest and facilitate the work of foreign scholars in American subjects through grants for study in the United States. The third stage has been marked by the continuation of these informational and exchange activities, but has been characterized primarily by its self-help features, namely, the establishment of chairs, institutes, special libraries, and professional associations in American Studies to which the foreign countries have made the chief or the sole contributions. The complexity of these developments in this last stage may be judged by any glance at the major sources of support, both American and European, for American Studies abroad in European universities. On the American side, the most important sources have been the Fulbright program and the American Council of Learned Societies program in American Studies.

---

[8] *Annals*, Vol. 366, July, 1966, pp. 1-13, at p. 10.

[9] The drastic cut in appropriations for the Fulbright program for fiscal 1969 may result in a reduction of American professors, teachers, and students going abroad by as much as 60 per cent. The fields most directly related to American Studies have been particularly affected. See Francis A. Young, "Educational Exchange and the National Interest," *ACLS Newsletter*, Vol. 20, March, 1969, pp. 1-18.

II

Preceded in point of time in most cases by the American Studies Association in the United States, which was founded in 1950, a growing number of associations of American Studies have been organized around the world. The oldest of these in continuous operation and the one with the broadest geographical range has been the European Association of American Studies (EAAS) which was established in 1954. Governed by an active co-opting group of senior American Studies specialists, the EAAS has served as a European umbrella for American Studies. As time has passed, a number of national and regional associations have appeared on the scene. The British Association (BAAS) was founded in 1955 and German, Italian, and Scandinavian (comprising the five Scandinavian countries) associations followed. Within the more recent period, a French Association of American Studies and, in 1969, a Belgian Association of American Studies have been created. These associations, and especially the older ones, have a continuing record of noteworthy activities in the form of periodic meetings, publications, and discussion groups. They function in an independent but cooperative capacity with the EAAS. American literature specialists play a leading role in most, though not all, of these associations, but an effort is being made to broaden their scope of activities. The relationship between the EAAS and the national associations is a subject for continued discussion. The activity of these associations indicates the strength which has been generated by American Studies specialists in the last decade. It does not, of course, take account of the growth of other professional associations with American interests, especially those in the social sciences.

A number of publications have been either sponsored by or associated with the emergence of these associations. Some of these publications have been influenced by the *American Quarterly*, the journal of the American Studies Association, started in 1949. The most important and newsworthy items which appear in these publications have been faithfully reported in the *American Studies News*, published by the U. S. Committee on the International Exchange of Persons of the Conference Board, and occasional items are included in the *Newsletter* of the American Council of Learned Societies. The oldest and perhaps the best known of the European journals is the annual *Studi Americani*, which has been edited from its beginning in 1955 by Agostino Lombardo and Giorgio Melchiori of the University of Rome. The more recently established British *Journal of American Studies*, which replaced the *Bulletin* of the BAAS in 1967 and which appears twice a year, has benefited from vigorous and critical editorship. *American Studies in Scandinavia* was started in 1968 and represents in its two annual issues a modest but respectable beginning. The annual German *Jahrbuch fuer Amerikastudien* contains scholarly contributions including some of the papers presented at the annual meetings of the German Association for American Studies. Other European journals or publications with varying degrees of American Studies orientation include: *Americana Norvegica, English Studies, Études Anglaises, Hungarian Studies in English,* and *Zeitschrift fuer Anglistik und Amerikanistik.* In addition, there are a number of information bulletins, including the *Newsletters* of the EAAS and the BAAS, and the *Mitteilungsblatt* of the German Association for American Studies. Again, as in the case of the associations, the growth in number and variety must be noted.

The extent and quality of European libraries have a bearing on the effectiveness of American Studies. The major libraries in continental Europe specifically concerned with American Studies are (1) the John F. Kennedy Library in Berlin, (2) the Nelson Gay Library at the American Center in Rome, and (3) the American Library in Paris. In size, they range from the 20,000 volumes of the Nelson Gay Library, to the 40,000 volumes of the John F. Kennedy Library, to the 150,000 volumes of the American Library in Paris. All of these libraries, when supplemented by other materials available in the cities where they are located, serve useful purposes as study centers. The most "professional" of these libraries for research purposes is the John F. Kennedy Library. However, none of these plays the role of a truly national library in American Studies.

Union catalogues in American Studies are in their infancy. However, one is virtually complete for all of the libraries in the Rome area that will eventually include the materials in Florence, with cards available to the Johns Hopkins Bologna Center in Bologna; a union catalogue is being compiled for the German Federal Republic by the John F. Kennedy Institute, which took over the task begun at the University of Cologne; and some beginnings have been made in Scandinavia. General union catalogues by author do exist in the national libraries of several countries, but these serve only a limited purpose. "In the field of American Studies," says Pierre Michel, the Director of the American Studies Centre of the Royal Library of Belgium in Brussels, "there is a lack of co-operation between European libraries, and even when there is co-operation, the absence of standardization in procedures makes it difficult and sometimes impossible to locate and obtain materials on loan."

The ineffectiveness of inter-library loan arrangements and the absence of a union catalogue of American Studies materials in Europe furnish a backdrop for proposals to set up a European library for American Studies. The arguments for such a library are the greater accessibility of materials, lower costs for research, the research advantages for American Studies of a major library in a *European* rather than an American location, and the possibilities of securing European financial support for this enterprise. Criticism of such proposals stress costs, relationships to other libraries, and the purposes in regard to research on American subjects requiring work in the United States.

A variety of conferences and seminars have been sponsored in the past 7-10 years by the leading centers and institutes concerned with American Studies throughout Europe. There has been especial activity in Germany and Scandinavia. Three important seminars have been convened by the Institute of American Studies in Florence and the study seminars in American literature are arranged regularly at the *Centro di Studi Americani* in Rome. An unusual conference was held at Ditchley Park, Oxfordshire, on April 18-21, 1969, and was attended by representatives from western and eastern European countries. Its purpose was to exchange information on the state of American Studies generally and on library materials in particular, and to discuss means of further cooperation throughout Europe. It adopted a number of resolutions dealing with surveys of research materials, the preparation of national union catalogues, the feasibility of establishing a European library for American Studies, and cooperation on library matters with eastern European countries. The significance of such conferences is to underline the degree of cross-national interests which have been generated in European countries in American Studies.

III

In appraising the trends in the evolution of American Studies on the continental European scene, two features deserve introductory attention. The English language is now at least the second foreign language in nearly every western European country, both in the universities and in the secondary schools. The interest in various aspects of American Studies is growing in differing degrees in all countries, even on the part of those who are highly critical of American policies. This interest is greatest in the traditional fields of literature, and to a lesser extent in history. Emerging areas of attention in American Studies include methodological developments in the social sciences in the United States, the teaching of business administration, and research and teaching in American law.

The debate over the meaning of American Studies, which followed in the wake of that in the United States, still finds lingering reflections in the European countries.[10] An earlier faith in a new "discipline," in the integrated

[10] See the summary for Europe in Sigmund Skard, "The American Studies Movement – Problems and Prospects," *op. cit.*, esp. pp. 164 ff.

study of "American culture," or even in the cross-departmental study of "American civilization" finds little residue today, with due allowance for new enthusiasms here and there. In actual practice, however, American Studies today means to most European scholars literature, history, and possibly some incidental borrowings from the social sciences, geography, and law. The internal organizational rigidities of most universities, state-regulated qualifications and specification of prerequisites for entry into the teaching profession, traditional attitudes toward established disciplines within the universities, skepticism about the meaning and goals of interdisciplinary studies, the strength of models in the United States, the roles of certain key personages in associations of American Studies, and the opportunity to teach a tangible and accessible body of American material in American literature in English-speaking courses, have all contributed to this result. Despite lip service to the contrary, the social sciences have not in the past weighed heavily in discussions of American Studies *as such*, whether they be in associations for American Studies and professional conferences or in the universities. Some change in emphasis affecting the social sciences may be in the offing.

There is no continental European country where American Studies have penetrated the universities as widely as in Great Britain. Southern Europe, in particular, has witnessed only modest currents of change. Portugal, Spain, and Greece have experienced dictatorial regimes, with heavy military overtones and varying degrees of university involvement. Ministries of Education exercise a high degree of control from above; real income is low by European standards; teaching personnel and facilities are inadequate to meet student pressures; university developments have been kept within traditional channels. The environment has generally been inhospitable for curriculum innovation or change in university organization and operation, where American Studies are involved. A detailed report on American Studies in Spanish universities made in 1966 indicated that there had been a substantial increase in the use of American materials in the Faculties of Arts and Sciences, Law, and Political and Economic Science at the University of Madrid, and in other universities. The number of individuals who are preparing the equivalent of M.A. theses, some albeit of uncertain quality, has been increasing. In addition, there have been a few other signs of official encouragement. However, these developments do not open the door widely to fundamental change in the low estate of American Studies in Spain.

Central Europe is far more highly developed than the South, particularly in American literature. American literature is well developed in northern Italy, Germany, and France, and less so in Switzerland and Austria. American history generally lags behind in these countries. In Italy, for example, there were in 1969 six *chairs* among a large number of "lectureships" in American literature and none in American history, at least by that title, though specialists in American history offer instruction at the Universities of Florence and Genoa.[11] In France, there were around 40 "lectureships" (including *chairs*) in American literature; there was only one recently created *chair* in American history. The social sciences and law have been less involved in an organized and formal way, though special areas and centers of activity in each of these countries could be mentioned by way of exception. The establishment in 1965 of the Committee for Social and Political Sciences (COSPOS) in Italy has provided a genuine opportunity for joint American-Italian training in selected demonstration projects by sociologists, economists, political scientists, psychologists, and anthropologists and has resulted in the creation of four training centers permitting an effective exchange between American and Italian social scientists engaged in field work in Italy. Swiss social scientists, such as Professors Jacques Freymond at the Graduate Institute of International Affairs in Geneva and Max Silberschmidt at the University of Zurich have contributed some stature to Geneva and Zurich as Swiss centers with social science interests in American Studies. In Austria, the Salzburg Seminar in American Studies has been undergoing some change in its orientation, but it remains a highly developed and respected seminar where American Studies continue to receive substantial emphasis. But, to repeat, American Studies developments in central Europe lie primarily in the fields of American literature and, secondarily, in American history.

Because *formal* American Studies have a deeper tradition in Germany than in any other of the central European countries,[12] some special attention to it may be justified. In 1948, steps were taken, with financial support from the U.S. Military Government, to select 80 advanced students from Germany to be brought to six leading American universities for one year of study after World War II. The period which followed was one of revived enthusiasm for American institutions, American methods, and American educational contributions. The peak period of American influence, marked by strong financial support for American Studies in German educational institutions by governmental agencies and private foundations, was in the 1950's. One result was the encouragement for the creation of a number of chairs in American Studies. This was also the decade of the return of a number of

[11] *American Studies News*, Vol. 7, Autumn-Winter, 1968-69, p. 2. There are *chairs* in American law in Naples and American government in Florence.
[12] Sigmund Skard, *American Studies in Europe*, Vol. I, p. 326.

distinguished professors to German universities – Arnold Bergstraesser, Ferdinand Hermens, Ernst Fraenkel, and Eric Voegelin to name a few with special interest in political science and civil affairs. Fritz Morstein Marx returned at a later date. Carl Friedrich arranged in 1956, as mentioned, to divide his professional responsibilities between Harvard and Heidelberg Universities.

For the current period, Professor Rudolf Haas of the University of Hamburg has made available recent data on American Studies, defined essentially as American literature and linguistics. In 1969, there were 29 German universities and Institutes of Technology with 75 chairs of English and/or American Studies. Seventeen of these chairs are held by specialists in American Studies. Out of 572 lectures, courses, and seminars offered in these departments in the winter semester of 1968-69, some 114 were given on American topics. There were around 60 theses for *Habilitation* in the field of English Studies, of which 15 were on American themes. Of 22 Ph. D. dissertations completed in the winter semester of 1967-68, nine were on American subjects; and of 355 dissertations in "Anglistics and Americanistics" in progress in 1968-69, 79 were on American topics. The large number of theses, articles, and books, recently published or in preparation, are listed in a recent issue of the *Newsletter of the German Association for American Studies*.[13] In keeping with the trends in other western European countries, these listings will indicate that more attention is directed to the 20th century and to the contemporary period than to previous centuries.

In interpreting these statistics, it must be repeated that in Germany, as in a large majority of continental European countries, most offerings dealing with the United States are usually given in institutes or faculties of English. It is not surprising, therefore, that there are only three chairs filled by persons who are specialists in American history (chairs designated as "Modern History" in Berlin and Cologne, and as "Overseas History" in Hamburg). There are also two chairs in American law, one in government, etc. But the great majority of the chairs are in American literature and linguistics.

The largest and best special library for American Studies is the John F. Kennedy Institute Library in Berlin, with its 40,000 volumes and more than 4,000 microfilm reels. Its coverage in the social sciences is noteworthy; it has particular strength in 19th century American literature. The library of the America Institute in Munich is smaller but is one of the better ones in the social sciences. The seminar and special libraries at the Universities of Tuebingen, Mainz, Frankfurt, Heidelberg, Cologne, Freiburg, and Erlangen, usually comprising from 10,000-20,000 volumes of American materials, have

---

[13] No. 16, 1969, pp. 39-60.

varying strengths in American literature, history, and the social sciences. The general libraries, together with other special collections, in the libraries of one million volumes or over contain a substantial percentage of the best American writings of the recent period.[14] A union catalogue of American Studies in Germany was started at the University of Cologne and later transferred to the John F. Kennedy Institute. On current acquisitions, it is rather complete, but its coverage for earlier years is more uncertain.

On the whole, German political scientists, to select them for special mention, have not concerned themselves with American topics; their focus is still largely on Europe. However, several major exceptions must be noted. The researches of Professor Winfried Steffani at the University of Hamburg have dealt particularly with the comparative study of legislatures, including the United States Congress. At the Otto Suhr Institute in Berlin, those most actively interested in American topics following the retirement of Professor Ernst Fraenkel, the author of *Amerika im Spiegel des deutschen politischen Denkens* (Cologne, 1959) and Otto Stammer are Professors Dieter Grosser and Richard Loewenthal. At Marburg, Professor Ernst-Otto Czempiel has written on American foreign policies; at Cologne, Professor Ferdinand Hermens continues his interest in the American electoral system; at Tuebingen Professor Klaus von Beyme's work in comparative politics and political theory has permitted special attention to the American political scene.[15] In Karlsruhe, Professor Gerhard Leibholz of Goettingen has reflected his knowledge of the American political scene in his work as a member of the Federal Constitutional Court and in his writings. Professor Fritz Morstein Marx at Speyer continued, until his recent death, his interest in American administrative developments. The impact of American writings on scientific and behavioral methods on German political science has been limited, though there have been several collections of writings by American political scientists which have appeared.[16] In addition, there have been writings on

---

[14] A sample survey of German and American library holdings in 10 German libraries (8 of which had around one million volumes) indicated that a substantial majority of 18 American books, published by American political scientists between 1959-64 and considered to be significant according to certain specified criteria, was to be found in these libraries. While this survey does not indicate the use of these books, it does evidence their wide availability. Arnold J. Heidenheimer and Peter W. Nixdorff, " 'Import' Interest in American and German Political Science as Reflected in Library Holdings," *Journal of Politics*, Vol. 29, Feb., 1967, pp. 167-173.

[15] Cf. Klaus von Beyme: *Das präsidentielle Regierungssystem der Vereinigten Staaten in der Lehre der Herrschaftsformen*, Karlsruhe, 1967.

[16] I.e., Robert H. Schmidt (ed.), *Methoden der Politologie*, Darmstadt, 1967; Ekkehart Krippendorff (ed.), *Political Science: Amerikanische Beitraege zur Politikwissenschaft*, Tübingen, 1966.

American group theory,[17] on American "legal realism,"[18] on communications research,[19] etc. In general there has been much greater "methodological interaction" between United States and German sociologists than political scientists,[20] with the names of Professors Ralf Dahrendorf formerly of Konstanz and now in Brussels, F. Tenbruck of Tuebingen, and René Koenig and Erwin Scheuch of Cologne among those who might be particularly mentioned.[21]

The current emphasis in Germany, during a period of change, continues to be upon American literature, which has reached something of a period of quiet development after the rapid upswing of the 1950's. It may be that the chief developments in the period ahead will come in other fields.

The two Low Countries have exhibited little activity in the past but have begun to show limited signs of response, chiefly in American literature in Belgium. In The Netherlands, while courses in American literature and history are offered, the social sciences and law have been in the vanguard of American Studies. The American Institute at the University of Amsterdam was established in 1947 as a center for those interested in the United States "either as an economist, as a geographer, a student of literature, history, or sociology." The library with its 15,000 volumes offers both facilities and materials for an effective workshop in the social sciences. The joint Columbia-Amsterdam-Leyden Universities "Summer Program in American Law" attracts annually to Amsterdam and Leyden, which alternately serve as host institutions, around 60 participants with legal backgrounds to study selected aspects of American law. The participants, who regularly include representatives from a number of countries in eastern Europe, are given an opportunity to get a brief overview of American legal developments, an introduction to American methods of teaching law, and insights into customs and life in the United States. The purposes of this program are somewhat similar to those of the annual joint summer seminar in Naples on "Recent Developments in

---

[17] I.e., Wolfgang Hirsch-Weber, *Politik als Interessenkonflikt*, Stuttgart, 1969.

[18] I.e., Gerhard Caper, *Juristischer Realismus und politische Theorie im amerikanischen Rechtsdenken*, Munich, 1967.

[19] Franz Ronneberger, "Kybernetik und Politikwissenschaft," *Politische Vierteljahresschrift*, Vol. 7, pp. 252-276 (1966).

[20] "Darüber kann kein Zweifel bestehen: Die empirische Soziologie Westdeutschlands verdankt der amerikanischen Sozialforschung Entscheidendes, und sie ist sich dieses Umstandes wohl auch dankbar bewusst." Helmut Schelsky, *Ortsbestimmung der deutschen Soziologie*, Düsseldorf-Cologne, 1959, pp. 52 ff.

[21] See Ralf Dahrendorf, *Die angewandte Aufklärung, Gesellschaft und Soziologie in Amerika*, Munich, 1963; Heinz Hartmann (ed.), *Moderne amerikanische Soziologie, Neuere Beiträge zur soziologischen Theorie*, Stuttgart, 1967.

American Law for Jurists Who Have Studied Law", conducted by the Law
Faculty of the University of Naples and the New York University School
of Law.

In the Scandinavian countries,[22] Denmark has lagged behind her two
neighbors immediately to the north in all respects in the encouragement of
American Studies but exhibits some current evidence of change, especially in
history and the social sciences. Finland is limited both by resources and her
geopolitical position to a modest level of growth. Norway has taken a
conspicuous lead in its own attention to American literature, and, in the
person of Sigmund Skard, has played a leading role generally in promoting
American Studies throughout Europe. Sweden has experienced some development in several fields, not only in literature and history but also in the
social sciences. The nature of Swedish involvement and the ramifications of
American relationships may be indicated by reference to a study made in
1969 by Sune Akerman, Editor of *American Studies in Scandinavia*,[23] on the
extent to which studies and research on the United States are conducted at
the university level. The statistical compilation indicated a substantial
growth in the amount of university attention which has been centered on
American society.

IV

The internal developments affecting the universities in Europe obviously
have a bearing on the future of American Studies. Influenced by many
pressures which have been generated during the period since World War II,
the universities in most of the western European countries, and particularly
in Italy, West Germany, and France, were being subjected in 1969 to the
most critical re-examinations. Fundamental changes in most aspects of
university organization, administration, participation, teaching, and research
were under way. Two observations about these university changes can be
made as having some significance for American Studies.

First, American university organization and internal arrangements
("idealized" too frequently by uninformed observers) are often pointed to for
precedent for widely discussed "presidential" systems, unified budgets,
"departmental" organization, internal democratization of faculties, informal teaching methods, liberal admissions, and student participation in
Europe. Some reflection was seen in the debates on the numerous reorganizations being considered in the spring of 1969 (such as the Sullo proposal in

[22] On American Studies in the Scandinavian countries of Norway, Sweden, and Denmark in 1963, see Johnson, *op. cit.*, pp. 28-32.
[23] "American Studies at Swedish Universities 1969," in *American Studies in Scandinavia*,
No. 3, Summer, 1969, pp. 23-27.

Italy,[24] the Faure proposals and the Provisional Law of November 12, 1968, in France,[25] the various university reform laws violently debated in German states,[26] the linguistic adjustments in universities in Belgium, etc.). These proposed reorganizations point to a break with traditional patterns in many ways, not only in the internal organization of the universities but also in the basic relations of the university to the government of the country. Whatever be the overall "costs" of some of these changes, and especially those which are abruptly made, they can remove certain of the persistent institutional barriers to the development of American Studies in at least some of the European countries.

Second, student activism has reached a high peak in Italy, West Germany, and France. On the extreme left, with its shifting and disunited internal leadership, the movement has passed from its earlier reform orientation (i.e., German student orientation in the early 1960's) to a position which views the universities as controllable instruments for revolutionary change. In this setting "anti-Americanism" is feeding on anti-Viet Nam, anti-racialist, anti-capitalist, anti-military, anti-"bigness," anti-empiricist, and anti-establishment attitudes. Despite this situation, and perhaps in part because of it, interest in studying in the United States has not been reduced. In addition, there have been few instances where courses, institutes, and seminars in American Studies have been singled out for special discriminatory action by study groups during periods of confrontation or violence in the universities. At the same time, there have been numerous attacks on American govern-

[24] For a discussion of the proposed "Sullo Law," pressed by Minister of Education Sullo in the spring of 1969 as a member of the then existing tenuous coalition government headed by Rumor, see *Corriere della Sera*, Feb. 26, 1969, p. 5.

[25] Law No 68-978 of Nov. 12, 1968, on the "Orientation of Higher Education," *Journal officiel de la Republique Française*, Nov. 13, 1968, pp. 10579 ff. For the position of former Minister of Education Edgar Faure, see his *Philosophie d'une Réforme*, Paris, 1969. Among the flood of books following the events of May, 1968, reference might be made to Raymond Aron, *La Revolution Introuvable*, Paris, 1968, and Alain Touraine, *Le Mouvement de Mai ou le Communisme Utopique*, Paris, 1968, ch. 7.

[26] Innumerable reform proposals have come from the Permanent Conference of Ministers of Education, the West German Conference of Rectors, the Science Council, the Justice Ministers' Conference, the Association of Law Faculties, the National Committee for Scientific Research, the League of Assistants, various faculty and student organizations, and the political parties. A convenient collection of documents, containing a number of these proposals, is Hans-Adolf Jacobsen and Hans Dollinger, *Die deutschen Studenten, der Kampf um die Hochschulreform*, Munich, 1968. On new state laws, see the summary of the law of Hamburg in *Die Welt*, April 5, 1969, p. 6; on Baden-Württemberg, see Kultusministerium, *Das Hochschulgesetz: eine Chance fuer die Hochschulreform*, Stuttgart, 1968. For a recent list of "explanatory writings," dealing in part with university organization, see "Bücher zur Studentenrevolte, eine kurze Übersicht," *Frankfurter Allgemeine Zeitung*, Mar. 25, 1969, p. 15; Erwin H. Scheuch (ed.), *Die Widertäufer der Wohlstandsgesellschaft*, Cologne, 1968.

mental and quasi-governmental operations such as America Houses and Libraries. The possible implications for American Studies abroad in case of the acceleration of student activism marked by particular anti-American overtones are obvious ones.

V

There are evident reasons why American literature and, to a lesser extent, history have been at the core of American Studies in Europe, and why in some countries "American literature" and "American Studies" are considered to be almost synonymous. Some of the reasons for this priority have been presented. However, time has produced changes, and the present tendency is to enlarge the coverage of American Studies, notably in the direction of American history, but also law, and particularly the social sciences. It is true, of course, that there is no distinctive and unique American methodology in the social sciences. However, the nature and significance of some American methodological contributions, the particular emphasis which is placed upon certain techniques and approaches, the utilization of types of available data and equipment, the presence of key personages with special skills and "know how" help explain the growing emphasis on the social sciences in the expansion of the scope of American Studies.

It is obvious that there has been a great increase in the interest and participation in most European countries in study and research in the field of American Studies since World War II. The number of courses offered, books and theses written, degrees conferred, students involved, teaching posts and chairs created, and library materials available can be quantified and are impressive. Increases to varying extents are noticeable in most countries with exceptions, and particularly in southern Europe. More important, it is also clear that these developments have been incorporated into and accepted as part of the "system" in many of the universities in central and northern Europe. This incorporation has been realized under conditions where the stimulus from the United States has been reduced to a limited degree and the national initiative, interest, and responsibility have been correspondingly increased. Indeed, one noticeable development has been the desire and willingness to utilize local resources exclusively for new and expanded programs. There is also some modest evidence of a demand for research in American Studies prepared in a European environment and viewed from a European perspective.

Any general appraisal of American Studies abroad at the university level must take into account the occasional criticisms levelled at programs, professors, writings, and types of support. Some of these deal with substantive, some with organizational, and some with personnel matters. There is the occasional criticism which is still directed at the concept of American Studies, when viewed as an area program, an interdisciplinary undertaking, or a discipline with its own methodology; at programs, particularly when supported by United States government agencies, as providing channels for official propaganda; at alleged outside efforts to bring financial pressures to bear on university decisions through financial inducements to establish programs or professorships in American Studies; at the low quality of individual professors or researchers, American and foreign, who profess to be specialists in American Studies, and, at the same time, at the failure of European universities to make effective use of highly qualified specialists; at American Studies programs as furnishing "soft" alternatives to existing "hard" disciplinary requirements; at American Studies programs as providing an attraction to professors and students whose sole interest is in biased analyses of American social and political ills; at favoritism which affects countries, institutions, and individuals in the allocation of foreign assistance; at the inadequacy and, particularly, uncertainty of outside financial support for ongoing activities (i.e., the consequences for American Studies in the abrupt action by the United States Congress in slashing Fulbright program appropriations for fiscal 1969); and at the absence or unavailability of necessary materials and library resources for adequate instruction and research. These and other criticisms, with varying amounts of justification and occasional degrees of inconsistency, can be heard in European universities today. But, to repeat, these are only occasionally heard. Basically, the substantial and continuing development of American Studies in European universities rests upon internal acceptance, increasing interest, and widespread endorsement for the future.

Our own appraisal of the overall contribution of American Studies in European universities must represent largely a subjective evaluation. We can provide statistics on specialists and writings in European countries, but it is not possible to quantify the impact of research on the American novel or in American history on the level of international discourse. There is no way of "proving" that study of the *Federalist Papers* will be more conducive to the creation of an international humanitarian outlook or cultural understanding than wide reading on federalism in Germany. It is not possible to show that international cooperation has been furthered more by specialization in American Studies than by work in other fields. But, at the worst, we can suggest, regarding the programs in American Studies abroad, that if there is not greater tolerance, there is more understanding; if there is not greater appreciation, there are more threads of communication and channels for cooperation; if there is not greater friendship, there is higher predictability. At the best, we can hope, to borrow some words from Charles Frankel, that "the pursuit of truth, the sharing of cultural achievements, and the effort to bring together the knowledge, collective experience, and imagination of mankind to improve the human condition"[27] have all been furthered. Such an expectation rests upon the assumption, as formulated by Professor Friedrich, that "mankind is moving into a panhuman phase in which all human experience will have to be examined and brought to bear upon universal problems of government and politics. For while they have their cultural and local dimension, they may contain a general core common to all mankind."[28]

[27] *Op. cit.,* p. 112.
[28] *Man and His Government, op. cit.,* p. 19.

NICHOLAS WAHL

THE CONSTITUTIONAL IDEAS OF MICHEL DEBRÉ

I

The institutions of the Fifth Republic are so closely associated with the ideas and style of Charles de Gaulle that the contribution of others is often overlooked. Yet the strictly constitutional innovations of the 1958 regime were largely the work of the General's advisors, none of whom had greater influence than Michel Debré. Recognition of this came with Debré's nomination as Minister of Justice in June 1958 and his assignment to the job of drafting the new constitution. To this task he brought over ten years of intense and detailed criticism of existing French political institutions. His activity in the wartime underground, his counsel as a member of de Gaulle's post-Liberation staff, his leadership role in the Gaullist movement, and his speeches in the parliament of the Fourth Republic were all stages in the refinement of his constitutional ideas. But above all, Debré based his work as a "founding father" upon a fully developed model of French government that had its origins in his prewar reflections and that was matured during long debates with his Resistance comrades.

On August 27, 1958 Michel Debré, as Minister of Justice, but also as chief architect of the new French constitution, addressed the General Assembly of the *Conseil d'Etat*, called to deliberate upon the draft submitted by his government. After presenting what was essentially a commentary and rationale of the draft, he began his concluding remarks by saying: *Cette réforme constitutionelle est la dernière chance donnée aux hommes et aux partis qui pensent que la France peut à la fois demeurer une des fortes nations du monde et une démocratie.*[1] Exactly fifteen years before Debré had introduced his first program for constitutional reform by setting the problem of French political institutions in similar terms: grandeur by democratic reform, but democratic reform *for* grandeur. In his part of *Refaire la France*, which he

---

[1] The speech was reprinted for distribution during the referendum campaign as: Michel Debré, *La Nouvelle Constitution*, Tours, Imprimerie Nouvelle, n.d. (1958). The quotation is on page 23.

wrote with Emmanuel Monick in 1943, Debré began by noting that many Frenchmen felt that partisans of grandeur should simply impose their political will upon the country, while other Frenchmen felt that only a long, slow effort of reforming the mores would lead to political reconstruction.[2] The latter, he implied, were willing to retain traditional republican institutions, placing their faith in gradual economic and social change as the key to institutional reform. In 1943 Debré rejected both courses as being the horns of a false dilemma and he offered, instead, the choice of *une forme virile et disciplinée de démocratie capable de rendre au peuple français le sens de son devoir*[3] and based upon *institutions étroitement adaptées à la grande œuvre que le pays doit accomplir*.[4] For Debré there was never any question that all constitutional reform had to reply to the question: *quelles sont les institutions qui permettent le mieux de rendre à la France sa place dans le monde?*[5]

Debré replied to this question in 1943 by presenting a reform program that drastically revised, yet essentially maintained, the basic features of the constitutional laws of 1875. The first and clearly central institution for Debré, however, was the new President of the Republic. Of the major western democracies only the Third Republic had no chief of state worthy of the name, and hence she alone had no constitutional way of limiting the "excesses" of parliament.[6] As a consequence the French government lost its prime source of strength against the parliamentary challenge and, becoming a meeting of majority delegates, it soon was transformed into a *régime d'Assemblée*. Moreover, such an insignificant President could hardly serve as the symbol of unity which in time of need would be able to call citizens to the help of the *patrie*.

The election of the President by direct universal sufffrage seemed to Debré in 1943 to mean that *nos enfants seraient gouvernés par un général à la manière des pronunciamientos*. Thus it was clear to him that *la France n'a donc pas le choix. Son chef de l'Etat ne peut être qu'un monarque.*[7] And since hereditary monarchy was no longer possible in France, the only hope for French democracy was a *monarque républicain*,[8] chosen by a special electoral college composed of members of parliament, the representatives of professional organizations, local government officials and perhaps the delegates

---

[2] Jacquier-Bruère (pseudonymn for Michel Debré and Emmanuel Monick), *Refaire la France: l'Effort d'une Génération*, Paris, 1945, p. 108.

[3] *Ibid.*, p. 111.

[4] *Ibid.*, p. 109.

[5] *Ibid.*, p. 114.

[6] *Ibid.*, p. 118.

[7] *Ibid.*, p. 120.

[8] *Ibid.*, p. 122.

of the universities and the judiciary. This *premier sage de la République* would have to stay in office during a term that approximated the average life of hereditary monarchs[9] – a dozen years or so, after which he would retire on pension and would be available for advice, although ineligible for reelection. The details of the republican monarch's powers were not provided in this first sketch, although Debré did indicate later in the book that the President would have the unlimited right to dissolve the lower house and alone would name the Prime Minister. In summarizing, he described the Presidency of the Republic as the keystone of the new institutions, assuring the stability and the permanence of state power.[10] In 1958 Debré again described the role of this republican monarch as pre-eminent in the new regime and in all drafts of the new constitution first place was given to the Presidency.

The second institution to which he turned in 1943 was the government which, as he was to repeat continually for the next fifteen years, was the condition of liberty as well as that of order.[11] He urged a reduction in the number of ministries, assuring the government's stability by the power of dissolution and the replacement of interpellations by an annual "program debate" in parliament followed by a single vote of confidence. In describing the mechanism of this restricted confidence procedure, Debré sought as his goal one government in any one legislature and a form of parliamentarism in which, as he put it, the government governs and the parliament simply watches and controls.[12] In order to assure parliament's restriction to this vital, but limited, function, the future Minister of Justice urged a constitutional definition of the *domaine de la loi*, beyond which all policy matters were subject to the regulatory powers of the executive. This *domaine* was to include civil rights, constitutional matters, treaties and major economic and social questions, and, true to its basic control function, parliament could reserve at least a right to discuss all other matters. On this question as well there has been little change in Debré's thought and indeed in discussions of the future of parliamentary government in France, soon after the new constitution was drafted, Debré was quick to repeat what he wrote in 1943: parliamentary government in France will survive only if a rigid separation of powers obliges the executive only to govern and the parliament only to control the former's actions.[13]

After commenting on the direction administrative reform should take,

[9] *Ibid.*, p. 123.
[10] *Ibid.*, p. 124.
[11] *Ibid.*, p. 125. Cf. his more complete discussion in: Michel Debré, *La République et son Pouvoir*, Paris, 1950, pp. 31 ff.
[12] *Ibid.*, p. 133.
[13] Expressed in a discussion with the author, August 29, 1958.

Debré turned – in fourth place – to parliament which in the past, he claimed, had had the arrogance to believe that during its term in office it embodied the nation. The failure of prewar parliament was due to its bad habit of trying to deal with every problem itself, its weakness in the face of special interests, and its division into many party groupings dedicated to personal ambitions. Unable to vote a budget on time, much the less to dominate a national crisis, parliament had a tendency to abdicate suddenly *en faveur du premier venu des apprentis dictateurs*.[14] Yet parliament, he agreed, was necessary in order to legitimize state power, defend individual liberties and the general interest, and to produce political leadership. The constitution must therefore allow parliament to fulfill these functions and nothing more. To this end Debré ennumerated the characteristics of his ideal parliament. It would be bicameral, with 450 to 500 members in the lower house, elected for a five- or six-year term, and 200 to 250 members in a Senate, elected for nine years. The deputies would be elected by a single ballot list system, since the double ballot was *un mécanisme inventé par Louis Napoléon contre la République et qui est à l'origine de bas calculs et de honteux marchandages*.[15] The Senate must remain a political body because transforming it into a chamber of economic and social representation would be a serious error. However, while retaining indirect elections for the Senate, greater representation for the big cities should be provided and certain "national personalities" should be named by parliament to thirty of the seats.

There should be two sessions of parliament a year, according to Debré, each no longer than three months. And because permanent parliamentary commissions tend to annihilate *le pouvoir – et voilà qui les condamnent*, there should be very few of them, with special and temporary commissions doing most of the work.[16] Since the French parliament tends to paralysis over the budget, provision must be made for automatic adoption of the government's proposals after a certain time has elapsed. In addition to defining the *domaine* of parliamentary law-making power and limiting normal confidence procedure to a single yearly debate, Debré's suggestions for reforming the legislative branch included an embryonic process of judicial control over legislative acts in the area of civil rights. While rejecting the institution of a Supreme Court on the American model, Debré – preoccupied by the classic liberal reformer's fear of a "passionate assembly" – urged creation of a special court made up of judges, parliamentarians, and presided over by the Minister of Justice. France needed a parliament, Debré argued, but one that

[14] Jacquier-Bruère, *op. cit.*, p. 146.
[15] *Ibid.*, p. 150.
[16] *Ibid.*, p. 151.

was wisely elected, *honorablement composé, fonctionnant avec régularité, intervenant avec mesure. Hier la France craignait et méprisait son Parlement. Demain il lui suffirait d'accepter quelques réformes sévères mais nullement impossibles pour y trouver la base nationale de son relèvement.*[17]

While he was completing this essay on France's future institutions, Debré began working for the *Comité Général d'Etudes* (C.G.E.), the clandestine study organization of the *Conseil National de la Résistance* and the principal source of advice on post-Liberation plans for de Gaulle's French Committee of National Liberation in Algiers.[18] Both his current interests and his professional skills led him to responsibility for the constitutional reform plans that the C.G.E. was preparing to send to de Gaulle. Originally Paul Bastid, François de Menthon, both of the original committee, and P. H. Teitgen, who joined them before the committee moved to Paris in April 1943, had been in charge of this work. After Debré joined the committee in Paris, he was put in charge of co-ordinating and drafting constitutional reform plans. The attitude of the Committee as a whole toward constitutional problems was unique in Resistance thought.

Although its composition was varied as to organizations and opinions represented, it was one of the very few central organs of the Resistance which had no communist member and only one socialist, Robert Lacoste. Moreover, among the ten full members the heavy concentration of professors (4), high civil servants (3), and representatives of nationalist or technocratic Resistance movements like the *Organisation Civile et Militaire* and *Ceux de la Résistance*, gave the committee an outlook that was closer to that of General de Gaulle and his Algiers government than that of the majority of the leaders in the highly ideological internal resistance. Even the representatives of the sole avowedly political movement represented on the C.G.E. came from the most conservative of the clandestine organizations, *Combat* (de Menthon, Teitgen, and Courtin).

Apparently in 1943-44 the C.G.E. was seriously considering four major alternatives for the post-Liberation regime. It was impressed, on the one hand, with what seemed to be a widespread opinion in favor of presidential or at least authoritarian parliamentarism – the latter being urged by the nationalist, technocratic, and military resistance movements of the north zone with which the C.G.E. had frequent contacts. The alternative of returning to a somewhat changed version of the Third Republic's 1875 laws, urged by the Radicals and by Paul Bastid on the C.G.E., was soon rejected,

[17] *Ibid.*, p. 156.
[18] On the work of the C.G.E. see: René Hostache, *Le Conseil National de la Résistance: Les institutions de la clandestinité*, Paris, 1958, pp. 221 ff.

as were ultimately both the *régime d'assemblée* and presidential government. The C.G.E. undoubtedly feared the political consequences of a *régime d'assemblée* in a post-Liberation France having a powerful Communist Party. However, they were also sensitive to the usual left-wing objections to presidential government in the French context. They thus decided to recommend to General de Gaulle yet another attempt at organizing classical parliamentary government, using the 1875 laws as the basic structure on which to build.[19]

Having come to similar conclusions on his own, Debré became *rapporteur* for the actual draft constitution. In April 1944 he published an article in the sixth number of the underground *Cahiers Politiques*, the organ of the C.G.E., which restated the program he first elaborated in 1943 and which he published clandestinely in January 1944. The draft constitution adopted by the C.G.E. and transmitted to Algiers undoubtedly owes much to Michel Debré and thus the resemblance to his own program, as well as to the constitution of 1958, is not surprising. It demonstrates a consistency and a continuity in political analysis rare among French politicians, but easy to understand if one remembers that Debré, as a student of law and political science and later as an *auditeur* at the *Conseil d'Etat*, had been maturing his constitutional ideas since the mid-thirties. The book and article of 1943-44 were products of a fully developed critique of the Third Republic, while the C.G.E. draft constitution became the actual model for the future institutions suggested by the critique.

Every one of the important innovations of the 1958 constitution, therefore, can be found in more or less similar form in the C.G.E. draft except for the provisions concerning overseas territories. It is interesting to note that neither Debré's wartime writings nor the published plans of the C.G.E. address themselves to this constitutional problem. And it must be said that, true to their decision to retain the general architecture of the 1875 laws, the C.G.E. draft is organized essentially under the two traditional titles: *De l'organisation des pouvoirs publics* and *Attributions et rapports des pouvoirs publics*. Although Debré did not publish his own detailed draft, his personal prescription for reform during the war is organized much more along lines of the 1958 constitution. The C.G.E. draft follows Debré, and not the 1875 laws, by presenting first the articles relating to the President of the Republic. Like the 1958 document, it provides for a President elected by a college larger than parliament, though considerably smaller than the one provided in 1958. Only cities with over 100,000 inhabitants had the right to name

---

[19] "Le Project de Constitution du Comité Général d'Etudes", in: *Les Cahiers Politiques*, No. 14, October 1945, p. 2.

presidential electors in the C.G.E. draft. Presumably the smaller cities and the rural communes were to be represented by their delegates chosen by the *conseils généraux*. The total electoral college was not to exceed 1300 and it seems probable that rural areas would have been as over-represented as they were according to Article 6 of the 1958 constitution.

The C.G.E. overruled Debré's suggestion for a term of a dozen years for the President and it chose the traditional seven-year term as presently provided. However, the C.G.E. draft, unlike the 1958 constitution, renders ineligible as candidates for the Presidency members of former reigning families. During a vacancy in the office the C.G.E. provided that the Council of Ministers assume the powers of the President, and not the Senate, as in Article 7 of the 1958 constitution. In the 1875 tradition, the C.G.E.'s President is the effective chief of the executive: he names the Prime Minister and the ministers directly, and he has legislative initiative, a wide *pouvoir réglementaire*. The C.G.E. gives the power of dissolution to the President of the Republic (as in 1875), though reflecting Third Republic suspicions of the process, it limits the President's use of the power by requiring a countersignature and creating a special committee to watch over public liberties during the parliamentary vacuum. On the other hand, the C.G.E.'s President, like that of 1958, is alone responsible for naming the Prime Minister and is alone responsible for nominations to high civilian and military posts, acts requiring neither the investiture nor the approval in the *Conseil des Ministres*, as specified by the 1946 constitution.

In short, the C.G.E. draft makes the President the real chief of government and a stronger one than under the Third Republic. But it does not go as far as does the 1958 constitution in making the President the keystone of the regime, above the legislative, the executive and the judiciary. To this end, the Fifth Republic's President has the power to ask for a referendum on important constitutional or international questions (Article 11) and has emergency powers under Article 16, both logical developments from Debré's wartime idea of a republican monarch as well as General de Gaulle's personal experiences of 1940. This is probably the major personal contribution of General de Gaulle to the 1958 document: redefining the reinforced Presidency as arbiter, guide, and symbol of unity above everyday politics.

The area of greatest similarity between the two documents are the provisions assuring governmental stability, cohesion, and continuity. Thus there is the same effort made to constitutionalize parliamentary and legislative rules of procedure and to define the domain of parliamentary lawmaking in order to separate executive and legislative powers, strengthening the former at the expense of the latter. To the same end, the C.G.E. draft insisted on

retaining bicameralism, although most of the political Resistance was uni-
cameralist. However, it did not go as far as does the 1958 constitution in
tacitly making the Senate a potential ally of the executive against the lower
house, especially in budgetary matters.[20] But in general, the C.G.E. draft
follows Debré's ideas and, although in less detail, the C.G.E. plan does
specify the same *domaine de la loi* as does Article 34 of the 1958 constitution.
However, it permits temporary extension beyond this domain by parliamentary initiative, while in 1958 it is specifically forbidden to parliament and,
indeed, it is the executive alone which has the temporary right to regulate
matters that normally are reserved to parliament. Here, too, there was
evolution in Debré's thinking.

The C.G.E. draft also prohibits private members' bills (*propositions de loi*)
tending to augment government expenses, though it does not explicitly
forbid proposals to reduce revenue as does the present Article 40. But the
C.G.E. draft similarly imposes a strict regulation of the confidence vote procedure, tending to eliminate the traditional parliamentary right of inter-
pellation. It provides for an annual general policy debate opened by the
government and followed by a confidence vote. Only the government can
provoke further confidence votes, save in the case when two thirds of the
lower house present a written request for such a vote. Certainly this disposition is, at first glance, even stricter than Article 49 of the 1958 constitution
which provides for a censure motion on the proposition of one tenth of the
members – though admittedly chances of passage are limited by the requirement of counting only the affirmative votes. Indeed, Debré's wartime proposition on this point required the signatures of only one third of the members
to provoke a confidence vote and it were apparently other members of the
C.G.E. who insisted on making it even more difficult.

The C.G.E. draft is also more extreme than Debré's concerning permanent
parliamentary committees. While Debré had said that there should be
"few", the C.G.E. document specified there should be none at all, while in
the 1958 constitution six were permitted. Budgetary procedure was consti-
tutionalized by the C.G.E. as it was in the 1958 provisions. Thus if the
government's budget was not voted by December 31, it was simply considered adopted. However the C.G.E. allowed roughly ninety days or the
whole fall session of parliament while the 1958 constitution limited the
whole procedure to sixty days in Article 47. It might also be mentioned that
the C.G.E. draft curtailed parliament's annual sitting to two sessions of

[20] The Government's use of the Senate against the National Assembly is specifically
foreseen by Debré in his commentary on the new constitution before the Conseil d'Etat.
Cf. Debré, *La Nouvelle Constitution, op. cit.*, p. 2.

three months each and sharply reduced the numbers in both chambers, following Debré's 1943 formula. In this too the C.G.E. and Debré were precursors of the general constitutional settlement of 1958, including the organic laws.

A number of minor provisions reveal further parallels. All major votes were required to be public and personal by the C.G.E., thus practically eliminating proxy voting. Although there was no blanket provision for incompatibility of being both a deputy and a minister (as in Article 23 of the 1958 draft), Article 24 of the C.G.E. constitution provides that such an incompatibility can be established by simple law. And although the committee did not retain Debré's proposal for a special civil rights court, empowered to review legislation (a partial fore-runner of the 1958 constitution's *Conseil Constitutionnel*), it did provide for a special committee composed of parliamentarians, high civil servants, and magistrates which would, like the *Conseil Constitutionnel*, withdraw from parliament the delicate function of validating the election of its members. Debré's preoccupations with individual liberties, reflected in his suggestions for a special civil liberties court, was also shared by the C.G.E. It thus reserved the first title of its constitution to a careful ennumeration of the "Rights of the Citizen", the very first of which reads as follows:

Nul homme ne peut être accusé, arrêté ni détenu que dans les cas déterminés par la loi et selon les formes qu'elle a prescrites. Nul ne peut être puni qu'en vertu d'une loi établie et promulguée antérieurement au délit, et légalement appliquée.[21]

It is of importance to note that while the 1958 constitution eliminates the traditional list of civic and human rights, the only such guarantee it specifically constitutionalizes, apparently on Debré's personal and last minute suggestion, is under title eight, the Judicial authority. It is the right of freedom from arbitrary arrest and reads as follows:

Nul ne peut être arbitrairement détenu. L'autorité judiciaire, gardienne de la liberté individuelle, assure le respect de ce principe dans les conditions prévues par la loi.

II

Nothing that Michel Debré was to write during the postwar Fourth Republic, nothing that General de Gaulle or the Gaullist movements were to suggest between 1946 and 1958, essentially departed from the outlines of the constitutional pattern described by Debré and the C.G.E. during the war. Since Debré remained a high civil servant after the General's departure in January

[21] "Le Project de Constitution du Comité Général d'Etudes", *op. cit.*, p. 7.

1946, he chose to do most of his writing under one of his wartime pseudo-nyms, *Fontevrault*.[22] Between November 1945 and October 1946 he published a series of *chroniques constitutionelles* in the former C.G.E. journal, *Les Cahiers Politiques*. They were originally prepared as notes for General de Gaulle and he continued to send them to the General after the latter's return to private life. Almost immediately Debré introduced the critique of the *régime des partis*, a system based on a coalition of highly organized parties whose self-interested leaders were sacrificing the national interest to their personal or group interests.[23] For Debré every innovation of the constitu-tional drafts of 1946 was devised in order to further the particular and party interest against the state and the national interest. He denounced *Tripartisme* as a form of totalitarian democracy and on January 2, 1946, commenting on the work of the constitutional drafting committee, he wondered why, instead of an improved version of the 1875 laws, they were engaged in producing a document that institutionalized all of those laws.[24]

Later in the spring he criticized the automatic dissolution procedure being discussed and predicted that it would remain inoperative, as he also predicted that *Tripartisme* would soon disappear and that proportional representation would be unable to produce stable governing majorities. The apparent confidence Debré later displayed in the correctness of his long established analysis stems in part from having had this sort of prediction proven correct. In May 1946 after the first constitutional draft was rejected, Debré reiterated his neo-liberal dream of *une constitution qui garantisse à la fois les libertés humaines et un gouvernement fort et cohérent*.[25] And he was pleased to note that many Radicals and *républicains de gauche* voted against the draft, proving, in his mind, that *le libéralisme est desormais moins l'anticléricalisme que l'opposition au communisme dans sa forme Stalinienne dictatoriale. L'Evolution est d'ailleurs explicable: c'est le principe fondamental de la liberté humaine qui dirige cette catégorie d'esprits républicains*.[26] Small wonder, then, that Debré should have found it easy to present himself as a Radical candidate at the November 1946 elections.

Throughout the summer Debré's attacks on the drafting and on the

---

[22] The name of a historic town in the Maine-et-Loire, near the Debré family's country house.

[23] Fontevrault, "Retour à la Démocratie: Apparence ou Réalité?" in *Les Cahiers Politiques*, No. 16, December 1945.

[24] Fontevrault, "Vers une crise constitutionnelle", in *Les Cahiers Politiques*, No. 17, January 1946.

[25] Fontevrault, "Après le verdict négatif", in *Les Cahiers Politiques*, No. 21, June 1946, p. 60.

[26] *Ibid.*, p. 66.

electoral law grew more and more bitter and his hopes for a good constitution dimmed as he kept repeating the formula he had presented in *Refaire la
France*. Finally, on September 10, 1946, commenting on the Assembly's
second draft, he styled it an extreme form of assembly regime.[27] He especially
denounced the provision that took from the President of the Republic the
exclusive right to nominate high civil and military officers, and complained
that no effort had been made to create a control over the constitutionality of
laws. Then allowing himself a moment of allegory, he described the distinctly
anglo-saxon model he hoped France would one day adopt:

*La France vit. Peut-être fait-elle un rêve? Des institutions valables rappelant celles
de 1875, mais avec quelques qualités en plus. Un Président de la Rébuplique respecté
par la nation et arbitre des partis, une majorité cohérente faisant une bonne politique
au gouvernement et de bonnes lois au parlement, une opposition respectée, maintenant
le pouvoir en éveil. Nos véritables problêmes, celui de notre économie vieillie, de notre
société malade, de notre empire menacé, enfin étudiés, discutés, résolus. C'est peut-
être un rêve, mais il suffirait qu'il fut réalisé pour que bien des choses aillent mieux
chez nous et que cette chronique fut optimiste.*[28]

   But, in fact, Debré was less influenced by the example of Westminster than
by the declining years of the Third Republic and, especially, the commentaries
upon this decline made by certain "maverick" French constitutional
lawyers. He has admitted that his serious thinking about reform began after
reading a speech made in 1936 by Professor René Capitant who, like Debré,
was to become one of de Gaulle's constitutional advisors during and after
the war.[29] Capitant's speech described the contribution to French constitutional theory made by his teacher at the University of Strasbourg, Raymond Carré de Malberg.[30] The latter's theory differed broadly from the
prevailing orthodox views of Professors Duguit, Esmein, and Hauriou.
Under German influence, Carré de Malberg was especially interested in the
concept of the state for, as Capitant explains in the speech, a classical
conservative liberty implied for Carré de Malberg the existence of a strong
state. Capitant went on to say that Carré de Malberg, unlike his contemporary colleagues, wanted to account for the concrete practices of French

[27] Fontevrault, "Deux ans de liberté, oú la Libération malemployée", in *Les Cahiers
Politiques*, No. 24, October 1946, p. 67.
[28] *Ibid.*, p. 68.
[29] Interview with the author, Paris, August 29, 1958.
[30] The theory is set forth in his monumental *Théorie Générale de l'Etat*, Paris, 1920. For
Capitant's commentary on Carré de Malberg see: René Capitant, "Régimes Parlementaires", in: *Mélanges R. Carré de Malberg*. Paris, 1933; and "Discours prononcé par M.
René Capitant, Professeur de Droit à la Faculté de Droit et des Sciences Politiques, sur
l'œuvre juridique de Raymond Carré de Malberg", in: *Annales de l'Université de Strasbourg, 1936*, Strasbourg, 1937.

parliamentarism and not their theoretical justifications. He therefore came to the conclusion that the traditional views held by his fellow professors of law – that French parliamentarism was a dualist regime with separation of powers, the executive balancing the legislative – was obviously pure myth. It was explainable, he argued, by the slavish French acceptance of Montesquieu's definition of parliamentary government as characterizing the Third Republic at a time when it no longer described reality. For Carré de Malberg the separation of powers applied only to the limited monarchy of the early nineteenth century, since with the rise of genuine ministerial responsibility and the extension of the suffrage, the true executive became the ministry which was fashioned by the parliament. Hence the original executive, the King, soon lost all power, and from a "dualist" regime there evolved a "monist" regime with parliament fully dominant.

This, Carré de Malberg pointed out, combined with a second error in French constitutional development: the false interpretation of Rousseau during the French revolution which allowed a representative assembly to take the place of popular sovereignty or, as Capitant claimed, the acceptance of Sieyès' view that *le peuple parle et agit par ses représentants*. The net result of these two deviations was that parliamentary law became the highest law and, given the great centralization of French government, there was created an anti-liberal political system with permanent danger for individual liberties. Moreover there was no way to guarantee such liberties by a tradition of a higher natural law above both legislature and executive, such as existed in England.

Thus for Carré de Malberg a concern for public liberties was not at all inconsistent with his parallel concern for reviving a strong executive. Both depended on limiting the abusive power of the French parliament and toward the end of his life he urged adoption of the referendum as a means of reestablishing popular sovereignty in the place usurped by parliamentary sovereignty while also urging some sort of normative control over parliamentary law making[31]. The cautious steps taken in these directions by the 1958 constitution reflect these concerns through the intermediary of Michel Debré.

However, the essential "spirit" of the constitutional ideas of both Debré and Carré de Malberg have had a short life in the constitutional experience of the Fifth Republic. Debré, as many others of his outlook and generation, remained suspicious of mass democracy and, in particular, critical of the

[31] René Capitant, *Pour une constitution fédérale*, Paris, 1946.

direct election of the President by universal suffrage.[32] While enshrining a strong state, Debré's constitutional ideas were basically within the classical parliamentary tradition of restraint upon governmental powers. For de Gaulle, however, constitutions were pragmatic devices meant to serve certain broad policy ends. In late 1962, when circumstances had changed and de Gaulle's attention was fixed upon foreign policy, he used the referendum to revise the constitution along more presidential lines. By then Michel Debré was no longer in his government and a new era of institutional history had opened.

[32] In discussions with the author between August 1958 and January 1959, Debré repeatedly rejected the direct election of the President as a future possibility.

II

PROBLEMS OF PRESENT POLITICAL THEORY
PROBLEME DER POLITISCHEN THEORIE
DER GEGENWART

BERNARD CRICK

ON THEORY AND PRACTICE

My chair at Sheffield was called "Political Theory and Institutions". I often wonder whether the men who named it thought that they were creating two jobs or one. What was meant to be the force of that "and"? I suspect that they thought, not very precisely, that there were indeed two positions, but that they wished, as a good English compromise, to keep them close together, at least to stop them getting too far apart. They probably did not wish for a "mere theorist" or for a menu too theoretical however scholarly, therefore "*and* Institutions" which would seem something practical, not simply descriptive.

For the British institutional school have rarely had any complicated doubts about having authority to say how institutions should be reformed – usually in the best Burkean manner, of course, of "reform in order to preserve". Long before debates about "*wert-freiheit*" and "commitment" engulfed us, most British students of politics simply assumed that either one was studying the history of political ideas – which gave one some sort of loose authority to talk about morals; or else one was studying modern or contemporary institutions – which gave one some sort of loose authority to talk about what politicians should be doing or how they should be doing it.

As a student of Laski, I never had any doubt that one should go beyond all this insular empiricism and be *committed*, but somehow after his death, when the magic of his manner and the intoxication of his matter ceased, many of us read his books, the morning after the night before, and were left, if not high and dry, at least a little sobered to find how arbitrary, or even absent, was the philosophical connection between his theory and the particular practice advocated. I count myself lucky to have then encountered the stimulating teaching of Carl Friedrich at Harvard before returning to the very changed, high and dry atmosphere of L.S.E. under Oakeshott. The connections between ideas and institutions and between theory and practice became more difficult to state with precision and certainty; but if intoxication vanished, Friedrich's teaching certainly did not induce total abstinence.

Like the Athenians rather than the Spartans in Plato's dialogue of *The Laws,* wine was to be mixed with water according to the occasion, not forsaken or fled. After working with Friedrich and the remarkable gathering of talent that was at Harvard in the 1950s, the blood has remained warm with the sensation that in some proper sense our academic subject has a valid prescriptive voice towards the world. In Harvard there were certainly two distinct jobs still, but the connection between them was felt to be close, a relationship both logically and socially unavoidable. Recently some of the Fellows of an Oxford College gratuitously debated whether I was really a theory or an institutions man – I found this very odd and repulsive, philosophically, I hasten to add, quite as much as temperamentally. It pleased me to remember that when Friedrich once gave a lecture at Oxford, the same question was asked. So much the worse for them and the better for us.

This essay is mainly an attempt to sort out some of many different usages of "theory and practice". It will fall into three parts. Firstly, I want to suggest that "political thought" or "political theory", as the most generalised category is commonly expressed (and expressed using the two terms quite synonymously) can best be handled by adopting three consistent usages: *political opinion, political theory* (in a strict sense) and *political philosophy;* and by differentiating *political doctrine* from political theory. Secondly, I want to identify and to analyse critically the six most common usages of "political practice". For all of these usages, both of thought-and-theory and of practice, are commonly confused. By doing this I will not claim that certain perennial philosophical difficulties and differences are resolved or removed, but only that their range can be much lessened and the real issues made to stand out more clearly from the usual swamp of verbal differences. And thirdly, I want to indicate from the above what then seem to be the residual and valid possible relationships of "theory and practice". Only two views I will have to reject out of hand for the purposes of this essay: that there are no inferences from any valid sense of theory to any possible sense of practice, or that all such inferences are somehow a part of the destruction of any possible "true theory"; and that there is or could be a body of true theory such that a general programme of immediate social action can be deduced from it.

VALID USAGES OF "POLITICAL THOUGHT"

I would distinguish in this essay[1] more sharply than we often do between three levels of writing about political activity, initially simply to sharpen some ordinary usages without resort to the invention of yet another arcane or pseudo-technical vocabulary: political opinion, political theory and political philosophy – often confusingly lumped together as "thought" or "theory". By *political opinion*[2] I mean the ordinary opinions that people hold, their immediate demands, assumptions and conditioned reflections about day-to-day public affairs – often called "public opinion", or what Walter Bagehot called "the political conversation of mankind", that is, attitudes and actions which can be studied as given data within an accepted or settled social context. I mean by *political theory* attempts to explain the attitudes and actions arising from ordinary political life and to generalise about them in a particular context; thus political theory is basically concerned with the relationships between concepts and circumstances. And I mean by *political philosophy* attempts to resolve or to understand conflicts between political theories which might appear equally acceptable in given circumstances; it can take two forms (not necessarily incompatible): a philosophical analysis of the terms and concepts of political theory; or (though many cannot come this far) an attempt to establish ethical criteria to judge between the desirability of different theories (so it arises when disputes need to be "clarified" – some say – or "resolved" – say others – when the "can be" of disputants is broadly agreed and only the residual and ultimate "ought to be" remains.

I intend these three distinctions therefore to refer to levels of discourse, not to logically distinct statements; or if one could define them precisely

[1] This is only an essay, very literally, for any full account of the relationship of political theory to political practice would have to be a treatise on the dominance of all modern politics by the vocabulary and concepts of the Graeco-Romano-European tradition. (For I admit to finding no evidence that even if there are distinctive forms of politics in the contemporary "Third World" that they are or even can be sensibly expressed in an alternative vocabulary. "Western" political thought, like "Western" science – a term less often used – is a product with particular cultural roots but with a universal human relevance). So in an essay and not a treatise, I ask pardon for reasons of space and time for not giving footnotes to authorities, even those who obviously influence what I will now argue. The first section of this essay follows closely but revises heavily part of a short review article, "Philosophy, Theory and Thought" which appeared in *Political Studies*, February 1967, pp. 49-55 (by kind permission of the editor and the publishers). And some of my distinctions on "practice" I took from a thoughtful, unpublished paper to a seminar-discussion on this same theme of Sheffield students given by my colleague Jitendra Mohan, but I am sure he would have great reservations about the use I make of them.

[2] In my "Philosophy, Theory and Thought" *ibid*. I in fact called this first category of *political opinion*, "political thought"; but I now think that this usage is confusing.

enough to be logically distinct categories, then their application to understanding or explaining events would always be imperfect. But they are, I think, genuinely distinct levels of abstraction (though each arises from the other). Political opinion is the immediate and the concrete; political theories are concepts as to how social and political order adheres, develops and decays; political philosophy is the most abstract expression and the most general – political philosophy must, indeed, be philosophy. (But this is not an hierarchy of political importance. If, for instance, Marx is not in this light, strictly a political philosopher, indeed he is anti-political, then he is, in part at least, a political theorist; and this is no reason for not studying him – as at Oakeshott's L.S.E. under the conventional and misleading rubric, "The History of Political Thought".)

Let me put the matter too crudely to be fully defensible except as a ladder to be kicked away once over the wall; fact and opinion, generalization and explanation, and the ethical and/or analytical – these correspond to my three levels. In terms of syllabus there are ideally three distinct types of discourse: political opinion as a history and sociology of viewpoints, outlooks and events; the study of political theories, again both historical and sociological; and political philosophy as philosophy. This classification I hold to be more useful than the common distinction, in a multitude of forms, between *political science* (seen as description and/or explanation) and *political ideas* (seen as "normative") or sometimes a tripartite distinction between science, description (i.e. "Institutional stuff") and prescription. For each of the levels I would distinguish can be (and are) the objects either of objective reporting or of prescriptive involvement: there can be either a philosophic or a pragmatic conceptualisation of any of the three levels, but there is no firm boundary between these two conceptualisations and in practice one is impressed by how commonly they are combined, however naively. Certainly to talk of a study of "political ideas" is to risk an unnoticed confusion between ideas as concepts and ideas as value-judgements, rather than a deliberate, explicit and critical fusion.

What however, of the descriptive study of political institutions – the bread-and-butter of our trade, the stable product of so many of our more learned colleagues who patronise our odd interests, and vice versa: all those thick books on how institutions work or on politics seen through the eyes of Public Law.

I incline to regard them all as bad political theory. This may sound too sweeping. But they are likely to be imperfect forms of knowledge so long as their theoretical preconceptions are not made explicit, or even if suppressed or assumed, are not rendered coherent by an usually intense intuitive knowledge of the whole of the system of which they form a part. I am just making the old familiar point: pure description is impossible. Has not the novel taught us that? The world of relevant facts is infinite: some criteria of selectivity are always at work. And these presuppositions will commonly be, unless the study is based on premeditated, explicit and closely defined criteria, themselves political often in the most flagrantly partizan sense. (The most interesting and neglected task of political theory is, surely, discovering the presuppositions of actors in political events and of the authors of famous descriptive books who claim to be purely practical or purely empirical: the theories of the untheoretical, the ideas or concepts of those who claim to have "no time" for ideas, and these are often the most interesting and the most dangerous ideas).

The belief that there is a separate study of institutions has been unfortunate in several ways. It leads authors and even actors in events to take too narrow a view of the context in which they move. This narrowness in England has usually taken a quite specific form, an inversion which is truly *un vice anglais:* to write about a government department or some aspect of Parliament as if these things are self-sufficient and can be kept apart from politics. (Often such authors hold a specific political doctrine implicitly: they believe that the more decisions are made by a bureaucracy and the less by parties and politicians, the better for stability – a view known for short as "Public Administration"). And people can come to think of institutions as "bricks and mortar" cemented by legal definitions, rather than as the institutionalization of concepts about how certain aspects of government work best in particular circumstances. Institutions, social anthropologists would suggest, are to be seen as "behaviour-patterns" – but behaviour in specifically political cultures has then to be understood (following Malinowski in his great and neglected *Freedom and Civilization*) as the adaptation of human groups to changing circumstances: a compound of new ideas and habitual adjustments, of free actions and conditioned reactions.

Hence it solves nothing at this point – to digress slightly – to leap from the "institutional approach" (because too narrow and uncritical) to the *"behavioural approach."* For the behavioral approach (perhaps best put in its American spelling) is, at best, either truism or tautology. Yes, everything is related to everything else; but neither to equal effect nor to equal importance. And, at worst, it is a democratic doctrine whose nativist fervour is only matched by its disdain for history and ignorance of foreign scholarship. Behaviorism (in so far as it is not simply an intellectual mistake, a belated analogy from long discredited biological theories) arises from the inadequacy of the old, uncritical institutional school. Suddenly everything becomes horizontal, flows of related process and activity, "affect and effect", in-put and out-put", etc. rather than the vertical pillars of prescription, checks and balances, rational career structure and clear legal distinctions etc. of the old school. But may I be very simple-minded-Schweik-Parsifal in the Laputa of the computers? Obviously politics must be looked at in both ways at once: that is why it is so very difficult.

Neither account alone is adequate. Everything is related to everything else (as the Hegelians, the Marxists and the modern American social scientists agree), but some significant patterns or semi-permanent diversions of behaviour are created by the arbitrary (when looked at unhistorically) blockages of institutions. The behavioural approach has cut itself off, by concentrating too much on "how" questions and too little on "why" questions, from the most obvious range of explanations of how these patternings, blockages or – to use another language – "arrests of experience" occur: history. The most ordinary explanation, after all, of why something works the way it does is that something analogous occurred in the past as part of a series of preconditions, not as the statistical correlations that can be established between the something and however long a list of "social in-dicators" in the present (which correlations, in any case only establish new relationships: they explain nothing).

Put it another way. We need to remind ourselves that to talk about a "social system" is logically either an *hypothesis* – which then needs either to be empirically verified or at least, following Karl Popper, to be open to empirical refutation, if it is not a closed web of definitions; or else it is a *tautology* – as in Talcott Parsons' general theory and his specific reduction of all politics to the social (involving as it does the destruction of any area for freedom of choice determined by reason: the deepest heritage of European political culture and one of the greatest cultural inventions of Man). Is it true that everything interacts and conditions everything else – a system? Perhaps, but then a truism: no inferences can be drawn from it until not merely are the different effects measured but also their relative importance evaluated morally or in terms of preconceived purposes; otherwise the trivial and the important are indistinguishable. Some political situations are, of course, more systematic than others; but only if one assumes or defines a context, virtually a closed system: so no inferences can be drawn from it, or more strictly, they can only be drawn in the most speculative and hypothetical way. But talk of social and political systems usually turns out to be tautolo-gous: we simply assume by definition that there is such a system and then provide a strait–jacket of subsidiary definitions – as in economic theory. But as in economic theory, we are then wrong to complain that political factors spoil economic rationality. We should then either correct the model or, more often, simply remember that it is a model: its very perfection renders it imperfect, though often of a limited use, as a predictive tool. Political theories seen purely as models of political behaviour are thus always subject to "arbitrary" correction (in terms of the model, if not in terms of history or practice) by changes in political thought or opinion, and they always assume or beg questions of political philosophy.

Each of my levels – to return to the main theme – can be studied historically, and to some extent must be if explanations are to be offered. The failure of the social sciences in the United States and Britain to use historical evidence sufficiently has actually led to a strange neglect of what was once (in the tradition that ran from Aristotle through Machiavelli to Montesquieu) the central problem of the study of politics: the conditions under which types of government rise and fall. A whole tradition of political theory (in Aristotle's sense) and of republican theory (in Machiavelli and Montesquieu's sense) has been lost, and with it a wealth of experience about the conditions for freedom long antedating anything that can usefully be called democratic government – with which it is now so often and grossly confused. So there is now much speculation (much construction of conceptual-frameworks, I mean) about the conditions for democracy, indeed about "the emerging democracies" (the African or Asian autocracies); but very little real work is done on the general problem of the conditions for types of regime and their political stability which draws on the evidences of the past with the methods of a comparative and historical sociology. The most obvious explanation for this is, of course, the sheer ignorance of history (in the most ordinary sense) shown by some of the prophets and practitioners of the behavioral approach. (But if this is getting *ad hominem*, one must add in fairness, that it is matched by an unwillingness of most historians and institutionalists to generalise and to explain rather than simply, they believe, to describe).

What do we commonly find? We find courses in the "History of Political Thought", meaning political philosophy, which are then so abstract and analytical that one becomes doubtful whether there really is a history, rather than just a few masters scattered here and there at odd points of time. And they are also so diffuse, that they have to be anchored to the "texts" of these few masters: they cannot attempt to follow the modulations of politicians' thinking from opinion, through the theoretical to – on rare but discernible occasions, as in the English Civil War, American War of Independence, and the Napoleonic Wars – the philosophical. So we rarely find books or lectures on, strictly speaking, the history of political theory, what obviously is an historical subject and now to be sharpened by modern sociological concepts: an account of the growth of a body of knowledge about the conditions in which various types of regime prove stable or not. On the contrary, we more often find an ill-focussed enterprise giving us a rather blurred vision of the purely philosophical aspects of certain writers. (To stress theories about stability in Aristotle is not to ignore or supplant the philosophical problems of ethics and justice: it is simply a different level of problem, and is at the moment the one more likely to be neglected by those who call themselves "political theorists".) Some elementary classificatory work is attempted in "comparative government", but then all classifications are really theories anyway, if they have any explanatory value – which they all too rarely do). But seldom is due weight given to the most obvious preoccupation of even the great texts, Aristotle, Machiavelli, Hobbes and Hegel, with the basic problem of (in my strict sense) political theory: political stability, or if that sounds too static, the conditions of the rise and fall of regimes. Political philosophers, quite properly, neglect this – they are concerned either with the analysis of concepts and/or with "political justice". The theories remain neglected so that every year some wise-fool rediscovers, for example, that Machiavelli had "very modern" ideas about the positive role of social conflict as a factor in the strength of republics (an argument well known to Harrington and to most republican theorists of "mixed-government" in the seventeenth century).

Thus our books and syllabuses continue to ignore the central Western tradition of theory about politics and republics in favour of ridiculously anachronistic concepts of democracy. Although I have doubts that "constitutionalism" (as Charles MacIlwain and C. J. Friedrich have used the concept) is a general, as some think, rather than a perhaps too specific half-way house between legal and political explanations, yet its pedagogic use did avoid this fracturing of ideas and institutions. And we may now smile at the confidence with which Henry Sidgwick used his secondary authorities and the simplicity of his method, but such a book as his *The Development of European Policy*[3] did ask the right questions and did carry the ideas and institutions together, indeed, more profoundly, he saw them as the same thing. Certainly, it is an intellectualist fallacy to think that we can understand a society simply by understanding the concepts it uses (as a few anthropologists and a few intellectual historians seem to claim); but we do

---

[3] Published posthumously in London, 1903. The first two notes in the analytic table of contents state: "The purpose of this book is to treat the History of Political Societies or States from the point of view of Inductive Political Science." And "It is concerned with the development as well as the classification of forms of polity."

understand it if we follow, as Professor Ernest Gellner well argues, the *working of these concepts* (what looking backwards with historical knowledge, but not forward teleologically, we may then properly call their "function").

One further explanation, since I am claiming that my proposed classification would mak it easier to handle the largely meaningless dispute between "science" and "evaluation." Each category can exist in either mode and the co-mingling of them in practice is unavoidable. I find it an odd way to kill time, which is so terribly short, for so many English philosophers to approach politics simply through "the texts" – which they then rummage either in order to expose triumphantly (if not surprisingly) implicit "value judgements" or else in order to find verbal contradictions in the assumed system. Such enterprises should, at the best, be the beginning of something more interesting and important, not the end. But rarely if ever does such a philosopher, wandering in politics without history, discuss the positive theories of order asserted by Hobbes, Locke, Rousseau, J. S. Mill (the usual hunting grounds) and whether they are, in principle even, verifiable or refutable. And, equally oddly, rarely do "histories of political ideas" tell us anything about the dominant concepts of the rulers and politicians of an age, only about those of certified "political philosophers", or by occasionally giving a bit of contextual top dressing to this barren or far too personal soil. Anthropologists attempt to study the dominant concepts or the total value-system of a whole culture, but only a very few historians of political ideas go beyond the certified texts.

Now plainly a political theory states that something is the case. But equally plainly there are *political doctrines* which state that something ought to be the case. But these are not antithetical things; they are modulations of each other. One *can* hold a political theory without espousing it as a doctrine, but only if one maintains that it fits uniquely and exclusively some particular society or circumstance. Often a little sociology of politics seems to suggest that for each society there is a unique form of regime and pattern of conduct in public life; but a little more political sociology will probably suggest that such circumstances are extremely rare. In practice it is likely that the theorist will get drawn, both intellectually and personally, into asserting why one theory is *better* than another in a situation in which both or (why be Platonic or Marxist?) several may work – work in the simple but important sense of appearing to assure the survival of the society.[4] Political theories consider the relationships between concepts and circumstances; political doctrines assert a connection between thought and policy.

[4] And this possibility of alternatives is the ground on which a vindication of the compatibility of freedom and planning would begin.

So the difference between theories and doctrines is important but is not absolute. This makes it foolish to try to regulate the study of doctrines (which are then loosely and perjoratively called "ideologies") to some inferior status. One cannot live with a theory without hoping that it will not merely work, but work for the best; and no doctrine, which has any relevance to government at all, will not claim, however crudely and vaguely, to be capable of implementation. Take various formulations of old friends like conservatism, socialism and liberalism. Each of these is, in quite ordinary terms, a social theory before ever it can be taken seriously as a political doctrine. They could not be asserted as doctrines if they could not be plausibly argued as theories: as true (or partly true) theories of how particular societies or society in general works. Each may assert that it is the only possible way in which a society may work (paradoxically liberals often say this). But we know that the evidence is almost always against them. Since I, personally, hold socialist doctrines, the saddest thing for me to see is that plainly conservatism can work, after a fashion; and that as a theory it can explain more about *some* social phenomena than socialism (though the contrary is also true). However as a holder of socialist doctrines I then argue (in the appropriate place) reasons both for thinking that society would work better if. . . (if ever tried etc.) and for believing that the theory implicit in my doctrine leads me to consult a wider range of relevant factors. An argument between a holder of conservative and of socialist doctrines will be mutually inconclusive and may descend to the level of political opinion, simply swapping opinions in the form of political rhetoric; but it may also, though with more difficulty, ascend to philosophy. Granted that both may work well enough (theory) in some manner compatible with order and a reasonably predictable stability, yet which should we rationally wish to work best? The discussion may not move the particular advocates, but someone might be listening. (Otherwise it is just a case of 'I am a philosoper' you are a theorist and he is a doctrinaire").[5] Now it is not, I agree with Oakeshott, the special business of a political philosopher to offer advice to politicians or to presume to make peoples' minds up for them. For one thing, the minds are almost always made up already. But it is part of our business to follow truths and their implications, whether we see them as theories or doctrines, and to debate (if we care to be understood or if we notice criticism at all) on a level above both political opinion and political theory (as contingency and relativity). After all, we may be overheard; and politics in the western tradition has been

[5] A doctrinaire, as distinct from any holder of a doctrine, is someone who cannot see the genuine theoretical element in other doctrines. This is why, quite simply, he is likely to make big mistakes.

essentially a public activity, however limited at times have been both the public and the sense of what is public. We will not change opinions, but we may refine and civilize the manner in which they are held and thus provide an essential part of the conditions for intellectual and practical synthesis.

Now one final point on the terminology of "theory". I see *ideology* as a particular type of doctrine: nominally a theory which claims universal validity, because of a belief that all ideas derive from circumstance, but which then also holds that this truth is deliberately obscured by ruling elites, so that the only theory has to be asserted in the form of propaganda to the masses. This is a very special and peculiar modern sense, but an actual one whose lineage can be traced from Marx's attack on the autonomy of philosophy in the *German Ideology*. Such claims for universal validity (that race explains everything, or that control of the factors of production explains everything) marks it off from the *study* of ideology, of how *far* ideas can be understood as a product of circumstances: an interesting matter. But otherwise "doctrine" is the far more accurate word than "ideology" in all those dreary contexts where people speak of "the decline of ideology" or of the (silly or harsh) "ideology" of this or that party or group. Few of these groups have in fact, ideologies; most neo-Marxism, or "student Marxism" is, in fact, if our nerves are strong enough to see, anti-ideological:[6] and as for the alleged "end of ideology", we are in the midst of a vivid revival of political theory – good, bad and indifferent.[7]

Thus I have argued that *political theory* should form the hard centre of our study. A study, on the one hand, of relatively low-level theories that seek to explain how particular institutions work (having in mind the impossibility or the deception of any "purely descriptive" approach); but, on the other hand,

[6] Their writings exhibit a much more concrete sense of being oppressed by a total system (a very undiscriminating, crude and misleading flattery, incidentally) than of any clear, comprehensive ideological alternative. And their positive assertions (if one looks at what they say about the nature of the world, rather than their narcissistic preoccupation with Marxism) tend to be highly particular, peculiar, individual, romantic (in good and bad senses) but concerned with freedom and undeniably free. They furnish an odd testimony to the apparent discontinuity of things, that the world is, after all, full of contradictions, and necessarily so, rather than to "the system" or to imminent and total better ones.

[7] If by the "end of ideology" is meant the declining plausibility of comprehensive accounts of world history, yes indeed. But those like Daniel Bell and his friends who popularised the phrase plainly meant also the decline of doctrinal conflict. This now appears to be ludicrously untrue. Indeed precisely as people lose faith in total descriptions, they also lose faith in "mere practicality" or "empiricism" as the modest-grand alternative; and they have to turn, almost perforce, to defining middle-term objectives in broad contexts, which can be justified in some universal terms: theory and doctrine. Or else, more subtly, they become more self-aware of the implicit moral assumptions on which all accounts of "practice" and "pure practicality" build.

of theories of a higher degree of generality and abstraction that seek to explain the rise and fall of political systems and the conditions associated with them. *Political philosophy* is a rather precious activity attempted too often, in the form of books and treatises, even though we are necessarily involved in philosophic discussion at some level, however well or badly, technically or ordinarily, whenever doctrines and theories conflict (in political argument a positive answer to "could it work?" however tentative, must lead on to "should it work"; but it is pointless to continue if the answer is negative). Political opinions are all common, uncritical and unreflective activities (but even the study of these will involve some simple theories about what is important). None of these can exist without the others, but – the practical point to be made – most theoretical enterprises do not begin with philosophical issues of values: those who assert this are usually philosophers whose knowledge of politics is limited entirely to a peculiar way of reading certain traditional texts, so as to exaggerate their ethical content and to play down their empirical content. The academic philosopher is the judge if a case arises, but he is ill-equipped either to begin an action or to marshal the evidence and act as examining magistrate. He should be honoured for claiming an ultimate jurisdiction, irrespective of the fact that he cannot enforce it; but he should not attempt to claim an original jurisdiction.

Common Usages of "Political Practice"

To assert that theory and doctrine necessarily involve each other, although they may and should properly be stressed seperately for the different purposes of generalisation and explanation and of recommendation and persuasion, may seem to some to have begged the question. But the very nature of political activity must beg the question. For the very concept of politics, whether in its broadest sense of the study and carrying on of any type of government or in its more specific sense of carrying on government in a specifically political manner, assumes that there are different interests, whether material, ideal or commonly both, which have to be commanded (governmentally) or conciliated (politically). Hence justifications are always demanded and are always given, even if in the thinly disguised and empirically dubious form that, objectively, there are no real alternatives (which means that, in fact, there are conceivable alternatives – the argument then becomes whether these are, in the short, middle or long term, practicable).

As I have argued elsewhere:

Politics thus rests upon a sociological generalisation and an ethical commitment. The sociological generalisation is that territory organised under a government is normally "an aggregate" of many members' [Aristotle], that established, advanced or civilised societies contain a diversity of interests – whether moral, social or economic. The ethical commitment is that there are limits beyond which a government should not go in maintaining or creating order. No fixed limits can, of course, be demonstrated. They are all relative to time and place, but the *principle* of limitations is general and the empirical distinction is usually clear between systems which strive to limit power and those which strive after total power.[8]

The limitations are always partly human, material or physical, but they also always arise out of the need to justify power: the impossiblity of pure coercion sustaining order through time. Thus also:

Political theory is itself political. If a political system is fundamentally a descriptive recognition of diversity plus an ethical recognition that this should be normal, then a political doctrine will display the same characteristics (a political doctrine is simply a more partial and specific, hence less general, theory).[9]

Theory-and-doctrine plainly involve practice: they both arise from practice, provide the concepts by which alone we can define and delimit a particular practice, and any specific theory-and-doctrine has inferences for practice. To be any more precise depends on what one means by practice. I can identify six main usages with relevance to government and politics. (I am aware that the English word "practice" is not used so widely in either German or French, for instance – other words are used; but the same distinctions are still made).

i. How things are done, or custom

"It is the practice in America to address people by their first name, irrespective of length or depth of acquaintance." "Whatsoever is believed or practised" (Preface to the translation of the English Bible, 1611). "Some things are of faith, but some practices are of time and circumstance" (Hooker). All these senses describe some rule or rules that must be accepted *if* a particular activity is to be pursued at all. But no further justification is

---

[8] See my *In Defence of Politics*, Revised Pelican Edition, London, 1964, p. 170. Before the modern era, power may sensibly be viewed as total (as by Wittfogel), but only in the restricted sense of power as something immune from challenge. But only in the modern era have people attempted to use power in a total manner to achieve, in the other vital sense of power (often confused with the first), some premeditated effect, in this case a total or fully comprehensive effect or change. I do not think that in fact this is possible, but I would defend both Friedrich and Arendt strongly against the critics of their "totalitarian hypothesis" by arguing that it has been *attempted*, may be still in China, and could be again. But before modern technology and technological ways of thought, power which sought to be unchallengeable had to limit its sphere of alleged competence serverely. (See my "The Elementary Types of Government" *Government and Opposition*, Winter 1968, pp. 000-000).

[9] *In Defence of Politics*, p. 118.

offered or is relevant. If you don't want to travel on that road, then you must go somewhere else. Such practices may be necessary to a particular activity, or it may just be necessary that there are some established practices whatever they are – as in playing a game; but none of them have or need intrinsic justification. Plainly it is as fallacious and self-defeating to denounce all such practices in general ("down with custom, convention and all institutions") as it is to argue that there is nothing in politics and the good life but learning and accepting social practices ("Manners Maketh Man", as is the motto of an English Public School).

ii. A tradition of behaviour

"Whatever you intend to change, you will discover that in practice things work out differently – and much the same'" The sense of practice in (*i*) above, *custom*, calls for no justification, but these second senses do; and the justification is the basic one that it is impossible, or extraordinarily difficult, to do things otherwise when considered in the whole social context; it is more humane to go along with what has worked, after a fashion, than to risk changing, still less to want to change, the whole social fabric – Edmund Burke's "the present good" rather than "the speculative better".

(Proust's Swann is the perfect man of practice as "how things are done", but he never seeks to justify; indeed he is both pained and lost, all that he stands for is defeated already, when he is asked to formulate anything as serious and pompous as a tradition of behaviour). And in this second sense there is an important subsidiary and prescriptive sense: the superiority of someone who repeatedly and continuously does something (particularly governing) – the practitioner – over the student, the commentator and the moralist. This is the conservative version of the alleged superiority of practice over theory, as in Burke's forthright cry "Give me the farmer rather than the metaphysician" and in his advocacy of prescription, sentiment and feeling before reason. And thus tradition is held to be more concrete than reason: those dreadful things in France were done in the name of "A Constitution, that at the time of writing had not so much as a practical existence" (Burke, *The Regicide Peace*). But the converse is equally clear: Rousseau's identification of all practice with moral corruption, and the cry for the judgements of innocence unsullied by long experience (a cry which has recently been revived). Tradition can be thus invoked both as self-justifying and as self-evidently oppressive and immoral. Certainly it is fallacious to believe that a particular practice can be determined by rational first principles (what Oakeshott well calls "rationalism"); but it is equally fallacious to believe that theory is determined by practice (to turn rationalism upside-down is also a poor way to study the complex interplay of theory and tradition).

iii. Action

"We must act before the vision fails". "Blessed are the men that keep their word and practice thy commands" (*Psalms*, CXIX, I. ii.) But if these still maintain some kind of balance between thought or action, they can lead easily to the proverbial, "actions speak louder than words", or to Dr. Faust's wilful translation of the first verse of the Gospel of St. John the Divine. Here is, I suspect, one of the most frequent forms of the common theory and practice debate and the one that leads to the famous formulation, "I agree with you in theory but not in practice (which may be simply an objection about practicality – see below, but is more often the philistine acceptance of a radical disjunction between theory and practice.) But it is doubtful, I will argue later, whether *specific* actions necessarily follow even from doctrines – and certainly not from theories – as distinct from *some* actions (that is, there will always be alternative means to achieve any doctrine). Thus some of these senses of practice as action are a little empty, as in philosophical pragmatism. (Sure, "truth is what works", but many different things can work; or, more subtly, "all thoughts involve consequences", all ideas involve action, but some of these consequences and actions are intended, some unintended, some good and some bad: higher criteria must be invoked). However, specific actions, like specific events, can refute theories, but they can neither prove a specific theory nor replace theorising in general. Actions are thus specific, ultimately random, whereas a tradition of behaviour is general. A specific subsidiary sense is politically important: quite apart from full-blooded anarchist demands that *any* action (violence even, or particularly) will clarify or expose a situation bemused by rationalisations,[10] there is the gentler: "You may do this on occasion, but you must not make a practice of it." Action may thus, it is held, occasionally fall outside a tradition of behaviour without destroying it – indeed particular and exceptional acts "*pour raison d'état*" can be invoked by the traditionalist.

iv. Policy

"*Queen.* 'Banish us both and send the King with me'. *Northumberland.* 'That were some love but little policy'." (Shakespeare, *Richard II*). "Luther understood that the Emperor, and diverse Princes, would practice the decree of Worms" (Dau's translation of Sleidane's *Commentaries*). "If the

---

[10] Or the flabby liberal desire to be active and busy however vague the intentions or uncertain the result.

Party has come to hold an agreed policy on many issues of the day, it will long resist the radical demand to have a programme" (Duke of Devonshire, 1885). Policy is what has to be done deliberately and consistently in order to preserve some State or interest within it. Thus practice as *action* (iii above) can be specific and *contingent*, but policy is either a known general rule or the attempt to achieve, by a variety of different means perhaps, some public benefit or result. Policy can stop far short of *planning*, being both less comprehensive and explicit, but it has a rational and deliberate intent to it, an almost explicitly secular flavour of man the maker and shaper of society;[11] and this can make those who see practice as a tradition of behaviour suspect both the concept of policy as overreaching and the practices of politicans as something occasionally necessary, but base – again, specific actions but neither a rule nor a code of conduct. Traditions of behaviour are, however, always relevant to policy; but policy claims to be able either to effect them, or to discover diversities amid the alleged unified tradition that need managing politically. Thus "policy" and "politics" were words both of great threat and promise in the sixteenth century when the idea of a self-contained realm of political activity arose or was revived. Strictly speaking, theory can lead to *policy*, but political *action* is either simply any implementation of policy or else it is a specific rejection of theory in specific circumstances ("If it were done when 'tis done, than 'twere well it were done quickly" – Lady Macbeth). Otherwise action appears as a general refutation of both theory and established practices ("When the rifle knocks man dead, Something drops from eyes long blind", as the poet Yeats said, or as could have been said by any Fascist or Anarchist about the primacy of action over theory). Violence can flow from policy (and policy used to have a bad name for justifying exceptional acts of violence), but no amount of action *per se* can constitute policy.

A modern subsidiary sense, established by Lasswell, is that of "the policy sciences". But this is, one suspects, a derivative of *ideology* more than theory. For if theory cannot be separated from doctrine, then it is never sensible to say "Politicians determine the ends and we social scientists determine the means". This separation is so crazy, both logically and morally, so much less even plausible in the social sciences than in the natural sciences, that one must assume that those who say things like this are more deeply involved in the ends than they either care to admit or have the critical insight to recognise. Are they knaves or fools? Perhaps there are a few who are simply

---

[11] "Oh what a world of profit and delight, of power, of honour and omnipotence is promised to the studious artisan" (Marlowe's *Dr. Faustus*).

naively happy that their knowledge is being put to use for their country.[12] But scepticism about "the policy sciences" formulation does not involve scepticism that theory leads to policy but, on the contrary, only denials that that is its only role (for also to explain as well as to prescribe); and, above all, a denial that theory can be derived from policy, or is the servant of policy.

v. Praxis

"His great achievement was always to assert the unity of theory and practice" (Engels' *Funeral Oration on Marx*). Perhaps it is an odd surprise to Germans that the German usage "Praxis" is always used by American, English and French Marxists (in preference to the English and French "practice" – which has been surrendered to conservatives); and is used simply to beg the whole question: every body of theory or doctrine ("ideology" in the Marxist sense) being seen as the reflection of a practical present or a specific set of systematic and exploitive social relationships etc. "*Praxis*" is intoned, like some mysterious element, to explain any possible relationship between ideas and institutions, between theory and policy.[13] Such pseudo-technicalities do not, of course, explain anything: they only restate the problem: the solution is purely verbal. And it can become comically close to the English and German conservative usage of a "tradition of behaviour" as a description masking as both an explanation and a justification. The only difference is that tradition demands that nothing important shall be changed, because everything hangs together; and *praxis* demands that everything important must be changed, because everything hangs together.

It is in contrast to this pseudo-meaning of "*praxis*" that we can modestly be sure that political theory is always concerned with limited and tentative explanations – but our "limited" always means more. We eliminate more errors, we can narrow the field of acceptable and possible alternatives, so in these negative senses are still left with possible truths. And we can be modestly sure, also, that political doctrines are always concerned with limited changes – and that limited changes are possible, all things do not affect each other equally. This may sound a very conservative utterance to an

---

[12] Neither of these "policy science" views would be those, I am sure, of Dr. Henry Kissinger, for instance. He is an authentic theorist, but a wrong one.

[13] There was once upon a time an English Professor of Politics who used to use the word "subtle" with an equally grim frequency to explain relationships between things which he could not understand, but was apparently impressed by (e.g. compare and contrast "the subtle relationship between liberalism and capitalism" with "liberalism and capitalism find their essential relationship in *praxis*" – which I overheard in a discussion with Lukac's disciples.)

ideologist, but political conservatives are always having to rediscover that
the limits of possible and deliberate change are greater than they had thought-
there is no particular reason why we should wait for them, but they catch up
if we do. So there is a sixth sense of practice, quite simply:

vi. What is possible or practicable

Here is the famous "good in theory, but will it work in practice?" "In the
present temper of popular opinion, Sir, your policy is impractical." Or what
leads one to say "in practice one can go far beyond policy and statecraft,
even beyond programmes, into planning without coming near to totalitarianism". A distinction is drawn between the possible and the actual, or
between the ideal (or the ideal type) and the possible. Doctrine, perhaps even
based on philosophy through theory, may define some objectives or criteria
for conduct, but analogies based on other theories may make one want to
say that the doctrine is not yet fully practicable, but potentially so. Thus
practice is here a kind of mediation between the ideal and the actual (now I
am almost tempted to call this *"praxis"*, or simply the Aristotelian "best
possible" or *"political* ethics", if one assumes, as I do, that there is always a
clash between different kinds of equally important justice).

The proverbial "practice what you preach" is here often used as the basis
for the most worrying and effective accusations of "hypocrisy". "Why don't
you put it into practice, rather than invoking "practice as an excuse?" Well,
often people are hypocritical – doctrines are only given lip-service. But
sometimes it is the fault of the doctrine to couch itself in terms either impossible to realise, or intolerant of realisation by any other than single given
set of means which are treated as part of the doctrine itself (a foolish way to
deal with the future and with changing events). And sometimes, also, it has
to be seen, by the very factors of practice in (ii), (iii) and (iv) above, tradition,
action and policy, that while not to try to practice what you preach is, indeed, hypocrisy, yet to succeed fully is simply very unlikely, to fall short is
human. To use this as a general excuse, is a form of super-hypocrisy; but to
fail to accept its descriptive truth is obtuse and is usually cruel in consequence – cruel not merely to the backsliders, if the anti-hypocrites are in
power, but cruel to the anti-hypocritical reformer who must then, for fear
of being accused of compromise (practice as the mediation between the
ideal and the actual), set himself goals quite impossible of realisation so that
in failure his sincerity shines forth (Failure now, for so many, supplants
success as "the bitch godess"). Thus the practical is the whole range of what
is politically possible (whether desirable or not), whether or not arising
from or seen in terms of political theory; whereas policy purports both to be

immediately probable and to be consistent (either in means or ends), and thus rests heavily, if often unconsciously, on theory through doctrine.[14]

POSSIBLE RELATIONSHIPS

So now we can narrow the field. The first sense above, *custom*, is simply my level of political opinion. By itself it raises no theoretical problems at all, it is simply the datum on which both theory and doctrine build: it cannot itself explain, generalise or prescribe generally – unless we are naive majoritarian democrats who consider that public opinion polling can discover what ought to be done. But the moment we start generalising about political opinion and seek to explain a specific set of attitudes, customs or practices and how changes take place in them, then we are involved in theory. Such datum need to be established, however, they cannot be assumed. The political philosopher can often be tendentious as well as tiresome when he assumes so many "hypothetical examples" instead of using real instances; and certainly the political theorist is useless without the historian and the sociologist. But methodologies of research are themselves either forms of theory, or else so theoretically naive and unconscious that they are often simply political doctrines in fancy dress or ideology in disguise.[15] The second, *a tradition of behaviour*, cannot replace theory, its concepts themselves need explicating in terms of a theory at least logically independent of, even if culturally linked to, the tradition in question. And even as regards doctrine, it is usually simply not true that a single tradition expresses or monopolises anything we may call a society – certainly not advanced societies (different traditions commonly pertain, for instance, to different classes). But tradition is always the major limiting factor in relation to "putting ideas into practice" in either of the main relevant senses of practice as policy or simply as practicability. Most of the work of political theorists, in fact, consists in explicating traditions of behaviour and this cannot be by-passed without being unconsciously trapped by traditions, usually the very traditions we may seek to turn our backs upon or even erase. All I seek to show is that tradition cannot replace, subsume or determine theory. While it is true that theories usually

[14] There are, of course, things which are technically possible, but politically impractical in any time span worth considering: these I would call "scientistic" or "scientism" – a kind of utopianism; but there is another kind of utopianism or visionary thinking which is moral and does not claim to be either technically or politically practical, and so is not to be criticised or despised on those grounds, but which is simply and sometimes grandly – like Sir Thomas More's *Utopia* or William Morris's *News From No-where* – a reminder of the perpetual gap between the "is" and the "ought", thus valuable for this.

[15] See further the section called "Method as Doctrine" of my *In Defence of Politics*, Pelican edition, pp. 190-98.

arise from a modification of the established ideas of a tradition, it is perfectly possible and does happen, infrequently but influentially, for relevant theories to arise outside tradition: innovation, invention and even importation *can* occur. Certainly the doctrines arising from the theories then become severely limited or changed in practice, they are not as they were elsewhere or in the original plan, proposal or pamphlet; but the original tradition is also modified in a way that otherwise would not have happened.[16] (Similarly it is unnecessary to believe as a general rule that political theory only arises from political problems or crises, or that, *per contra*, if theory only arises independently from pure contemplation, then problems are actually created if doctrine is deduced from theory. Either can happen and does happen. "Ideas influence action", but every case is unique).

The third sense above, *action*, has a distinct meaning either as an irrational rebuttal of all reason and theory, or as an unreflective and uncoordinated involvement in things ("better to do something than nothing"). Otherwise it is simply the *specific* means, on the level of political opinion, by which we may validly seek to put theoretically plausible doctrines into practice – and thus better called "policy". But it is a rash kind of doctrine that is doctrinaire about the means – except in the most immediate and limited contexts: theory should have taught it that the achieving of premeditated effects, or the putting of principles into "practice", cannot be limited to one set of predetermined means.[17]

---

[16] Thus the denial of the importance of theory in a revolutionary situation, as compared to tradition or circumstance (thinking of the debates on Marxism and Russia and of Naziism and Germany) is more sensibly and temperately put as the denial both that specific doctrines are necessarily entailed in specific theories (although in practice they are modified by them) and that the new practices follow directly from the doctrines (although in practice they are modified by them). The situation is always complex, many factors are involved, but the theoretical framework can still be of vital, if never of exclusive importance, a necessary if never a sufficient condition for what in fact happened (and if not, perhaps, as direct causes at all, then at least indirect causes as the explanation of the concepts that the new rulers use to interpret changing conditions).

Similarly much of the debate about the importation or transference of institutions to the "third world" is confused in the same way. The claim that institutions can be transferred entirely with the same doctrines and practical consequences is as absurd and false as the belief that all such transfer is imposed and then utterly transformed by indigenous factors, unless massive external coercion is present. Such extreme cases are not likely to be found, and every actual case will vary in the manner and proportion to which the importation is changed as it changes.

[17] For example, English and German socialists used to regard the state ownership of major industries as part of the doctrine. They are now usually wiser to see such a policy as a means, among other possible means, according to circumstances, and not as an end in itself. Other means to the ends of equality and social justice (or "liberty, equality and fraternity") may be less radical, such as fiscal planning or "state-capitalism", but they may also be more radical, such as 'workers' control" or the "*commune-isation*" of society.

The fourth sense above, the Marxist sense of *praxis*, simply states the problem useful to insist upon, perhaps, but is merely an insistence, not a solution: particularly for people who believe that there are unique solutions. It makes great play with "action", hence the "unity of thought and action", but thoroughly confuses action with *all* the possible senses of practice above (for even humble or indifferent *custom* is grimly seen as always instrumental of some particular class ideology). So we are left with the fourth and sixth senses, *policy* and *what is possible* as the most meaningful areas in which it can be sensibly asserted that theory relates to practice. Theory helps us to understand what is possible. This is the minimal but most important relevance. But different things may be *possible*; and theory is certainly not limited to what is politically probable at any given time: theory is free to explain the whole range of possibilities. For instance, I would assert categorically, though some sociologists may shudder, that there is no advanced society that cannot be governed effectively (in the simple sense of maintaining stability and a reasonably predictable order) in some manner radically different from the way it is. Everything is not possible, social limitations are severe, but the very complexity and diversity of societies and the very power and skill of governments create some range of diverse possibilities. Which *should* we adopt? However we decide such questions, or decide how to decide them, an interaction between theory and *philosophy*, at however simple a level, is necessarily involved. Justifications have to be given explicitly. Doctrine, however crudely, does just this (though the kind of justifications it gives need philosophical analysis and criticism). Theory, if it claims to be purely empirical, is then either irrelevant at this stage or, more often, has to be critically examined and rephrased to make its own moral assumptions explicit. (There will be assumptions about the nature of man, of rights and of freedom, at least). Once again, changes in theory are not necessarily a response simply to practical political problems; they can have their effect on these problems through philosophical changes of a purely logical or, at times even, theological character.

All policies, of course, purport to be practical (which is not always true), but they sometimes claim (as a consistent set of actions concerned with the

Similarly much liberal theory has been notoriously over-committed to a whole host of procedural devices and an ever-lengthening list of natural rights, as if these contingent means and formulations were necessary ends. I would even argue, in another place, that both "constitutionalism" and "the multi-party system" are simply means to freedom and responsible individualism: such ends could be pursued with a minimum of formal constitutional law and even within a one-party state (or a state in which party counts for relatively less, among other kinds of interest or pressure groups, than in many past or present accounts).

preservation of the State, for instance) to be a-moral and are frequently denounced as immoral. (The early modern usage of "policy" had an almost built-in a-moral or immoral connotation). But closer examination will show (as the whole weight of modern scholarship about Machiavelli now shows) that such apparent immorality is always, in fact, if the presuppositions are made explicit, itself some alternative or counter-morality to the established tradition of behaviour. Sometimes the advocate of policy will argue the necessity of an immoral act: he is wrong to urge "necessity", but he may on occasion be right to show that in terms of political justice things can be justified which could not be justified according to the common ideas of justice in the established tradition of behaviour. One justification may, indeed, be superior "in practice" but the other "in theory"; neither, however, refutes or abolishes the other: they both exist in very tension and co-existence of "theory and practice". Here we are at the point at which, as political theorists and political philosophers, we cannot help ourselves; we can only help others by sharpening the clarity of such dilemmas, not by pretending that we have the means to remove them.

I would thus deny that there is any valid sense of political theory such that to study it in any meaningful way does not have some implications, intended or unintended, positive or negative, either for policy or for more specific discussions about whether a particular thing is practicable or likely to stay practicable. A theory may seek simply to explain, to generalise or to understand; but the explanation or the understanding is itself incomplete if some values are not attached to it. For some effect involving values will inevitably be created, whether we like it or not, intend it or not: so we should simply be responsible for our own actions – as utterances – by constantly considering the values and assumptions involved in what we are doing and trying all the time (rarely, if ever, with complete success) to make them more explicit. For ultimately it is my knowledge and I will not have you misuse it, even if you are the rational State or even the regenerated People; but I must then make sensible steps both to limit my claims and to make explicit publicly what I consider use and misuse to be.

In politics we are necessarily concerned with a diversity of relationships which represent both interests and doctrines (even, or especially, if we wish to reduce, if never to abolish, this diversity). Any account we give of such relationships can never be final. If we give accounts at all, we must presume either that in some sense the relationships are stable and should be stable, or are changing in a reasonably predictable direction and should be changing in that direction; or else we say that the relationship is stable, but wrong, or is changing, but in the wrong direction. What we cannot do is to avoid some value-judgement upon them, especially if we see things as likely to happen that we do not want to happen. But there could be no possible sense of "not wanting things to happen that are likely to happen" which could be meaningfully understood unless put in some terms, however sketchy or relatively unlikely, of a possible alternative. Ordinarily, however, precisely because politics is about an ordering of priorities in diverse society, we always seek to rationalise moral possibilities as empirical probabilities. Even so, we do so as probabilities not certainties: *political* theories can only deal in possibilities and probabilities. But uncertainty is no excuse for silence, nor for saying that everything is either arbitrary, or a matter of will or subjective taste both for the politician and the student of politics; nor yet for saying that things are determined by causes we cannot ever fully understand (as the traditionalist says), or cannot understand until the social basis of bourgeois "false-consciousness" is removed (as the neo-Marxist says).

Politics is then unavoidably "the art of the possible", a lame, trite and vague conclusion indeed, if I did not add from what has gone before that "the possible" is not simply defined by a tradition of behaviour, but by the interplay between a tradition of behaviour and theories and doctrines (which may arise from quite outside that tradition): the interplay between things as they are, as they could be and as they should be; an interplay which constantly extends the range of what is possible, and is thus of fundamental importance in the adaptability of human societies to social, technological and moral change.

Thus we are always concerned in political thought with three dimensions: what is the case, what is thought to be the case, and what ought to be the case. Political theory, drawing from all other relevant disciplines, describes what is the case and offers tentative explanations of the different relationships involved. It also explains, describing and summarising political opinion, why what is thought to be the case may diverge from what is, in fact, the case. And these divergences can only be lessened, sometimes resolved, by considering what ought to be the case in terms of political philosophy.

"Should political studies be practical?" Yes, they cannot help at least be relevant. Political theorists must use the same concepts and values as politicians, but at different levels of abstraction and immediacy. There is not a vertical division between "facts" and "values", but a horizontal division of different degrees of abstraction and concreteness in relation to policies and possibilities. There is no fact so concrete, unless utterly trivial, that is not gathered and conceptualised for some political purpose; and there is no theory so abstract that some inferences for policy do not follow from them.

Political theory and political doctrine are different activities, prudentially they should be kept apart as much as possible, but logically they arise from each other and cannot be completely separated. Theory is relevant to practice, but does not lead directly to particular practices. Doctrines can lead directly to practice, but they are likely to be very short-lived and overly specific things, or simply dogmatic and doctrinaire, if they have no sound theoretical foundations. A doctrine is doctrinaire and likely to prove impractical less by the character of its intentions, than by whether or not it claims that its set of principles or its set of intended results must entail a unique and specific set of actions-as-means. For political theory would lead us to believe, both on empirical and moral grounds, that the means must vary according to circumstances. Ends no more determine means than means determine ends: they limit them; but both logically and in practice, there are always alternative means, except perhaps in the very simplest and least adaptable kinds of society. If I stand at a fixed point, I must either take this road or not reach Rome without great difficulty; but there are many roads to Rome and I may, for all kinds of other reasons, choose to take a more difficult or simply a longer road. It may not be very efficient, but it may be quite practicable. And the longer road may be morally preferable. Many more things can be done than should be done, but also many more things that should be done can be done, but can be done by a greater variety of means than is often supposed. In politics, there are always alternative ways of realising the same purpose.[18] And it is at least as important both to keep different doors open *and* to make use of them in societies which believe that they have a common and general purpose or "consensus" as in societies which believe that they can contain a diversity of purposes. When policies cannot be changed without undermining the authority of the doctrine, then the doctrine must have been formulated in terms over-specific and insufficiently generalised. This can be shown from political theory, but it would not be the task of political theory as such to show that, perhaps as well, the principles and intentions of the doctrine are thoroughly bad as well as unnecessarily rigid in the means – that could only be, if anything relative to a discipline, the task of political philosophy.

To put the final question which "theory and practice" raises, should the theorist be committed? To relevance, always: he cannot avoid it, but not to specific solutions especially by specific means. It is unlikely that he will have any special competence in matters of practice, although there is no real reason why the converse should be true. Such is an unprofitable debate: the impractical theorist in power wreaking havoc on normal politics is a pretty

[18] "Policy" has often had a bad name for being flexible; but it is more sensible to suspect, but not to reject *a priori*, doctrines for commonly being inflexible.

rare bird, balanced at least by the stubborn, blinkered empiricist who may comprehend practice by the most incredibly abstruse, but wholly implicit, almost metaphysical assumptions (for instance, "the gold standard", "a balanced budget", "sovereignty", "nationalism", "territorial integrity", "the rule of law", "racial character" and "class-consciousness"). It is more immediately clear that the political thinker, in terms of his vocation, needs the world than that the world needs the political thinker. He should beware of overrating his own influence, either for good or evil. But I think, in fact, the world does need him, although in a more indirect way than is often supposed (especially by those former believers in a "pure science of politics" who now stumble straight from a rediscovery of the relevance of political theory into the advocacy of its being wholly a "policy science"). The world needs him for the effect he has on the way others formulate their doctrines, policies and opinions and perceive what they choose to call political practicality, but neither as a formulater of policies himself nor for his own actions.

He has both to satisfy himself in terms of his craft and to prove himself publicly as explainer, generaliser, specific critic of other theories and as continual critic of the concepts used in doctrines, but not to set himself up as a direct assertor of doctrines or censor of political opinions.

Privately, personally, publically, he may, of course, do so, moved by the same motives as everyone else (or not, as the case may be); but then pragmatically he should take care to be clear that he is being polemical lest he discredit his profession and contaminate his own craft. He might even happen to be a particularly useful advocate, planner or practical moralist, but he should always make clear that his authority as a scholar relates to a different function (as all authority, except that of God, is relevant only to specific and definable functions). For a teacher of politics to put on a great public show of commitment may be useful if he wishes, for instance, to vindicate a particular doctrine about the role of intellectuals in society or to be applauded by some of his students rather than to try to teach them all to think critically, but it is irrelevant to the true relationship between political theory and practice. For here there is a necessary and unavoidable *critical* involvement, not a policy-making involvement: the continuous interplay between what is, the many things that are possible and what ought to be. Once the playing ceases and we *all* become committed to one truth and one way of reaching it, thus to one level of talking about, then we had better have no doubts, for we will have burned our boats preparatory to walking on the water. Theory is philosophically relevant to policy, but there is a wide and arbitrary gulf between theory and action.

"Intellect is action that takes place for humanity; and so let the man of politics be intellect", wrote Heinrich Mann in his *Zola* "and let the man of intellect act". Thomas Mann made some notes in answer to this assertion of his brother's, as part of the preparation for his *Betrachtungen eines Unpolitischen*, "No, let *not* the intellectual act... The gulf between thought and deed, fiction and reality will always be wide and open... the intellectual's task is to have an effect, not to act."[19] In this essay I have simply tried, firstly, to clarify the kind of effects that theory and practice can and should have on each other; and secondly, to defend true theory both against its reduction to or from action and its useless elevation into practical irrelevance.

---

[19] Both these passages are quoted by Heinrich Wysling, ed., in his Introduction to Thomas Mann, Heinrich Mann, *Briefwechsel 1900-1949*, Oldenburg, S. Fischer, pp. L-LI.

A. P. d'Entrèves

ON THE NOTION OF POLITICAL PHILOSOPHY

It may well seem presumptuous, if not actually redundant, to raise the question of the nature of political philosophy once again, the more so in a *Festschrift* inscribed to Carl Friedrich, a man who has devoted a large part of his activity to this very subject, and whose work is an eloquent token of its uses. Nevertheless if, as I believe, philosophy is a house with many mansions, perhaps one more contribution to the problem may not be out of place, and two lines from Goethe may offer an appropriate excuse for a personal venture –

"Im hehren Argonautenkreise
    War jeder brav nach seiner eignen Weise ... "

It is my hope and conviction that our honourand will accept my reflections as a token of admiration and of long-lasting friendship.

To begin with my first point: I do not believe that we can define political philosophy, or, more exactly, that we can tender anything more than an ostensive definition of its purpose and scope. The questions we must take our start from can only, or rather must, be raised in an historical setting. Roughly, they may sound like this: to whom, and on what grounds do we apply the name of political philosophers when we consider the vast array of writers who, both in past and present days, have concerned themselves with political problems? and supposing we know who they are, what exactly were these writers doing, or what were they intending to do? was it their purpose to only study, analyze and describe political phenomena, or did they not also intend to appraise them? Further: if it was a question of appraisal, what were the values they resorted to, and for what purpose? was it in order to offer or to recommend an ideal or perfect model of political relations – of "State" – or was it merely to indicate remedies, corrections, adjustments to existing political realities? We thus reach a final question: these values, these ideals, which inspired political thinkers of the past and which, through their influence, produced such momentous consequences (even to the point of bringing about serious upheavals or radical changes in human history), what meaning do they bear for us now, how can we, or should we, judge them?

I certainly do not claim to have listed all the questions and the perplexities which the reading of the political "classics" raises in the mind of us moderns. But I do believe that my list offers a first approach, that it marks a first step for the proper understanding of the nature, or, if one prefers to say so, of the main characters of that branch of learning which is commonly called political philosophy. To lay bare the distinguishing features of political phenomena, the criteria by means of which we single them out amidst the complex variety of social phenomena; to examine critically the methods adopted in turn by those who studied them; to assess the different explanations or justifications which were offered for their existence; to examine (last but not least) the several ideal models of a perfect society which inspired, and at times even obsessed, the minds of great thinkers (or at any rate of such thinkers who by general consent are considered to be great): these four tasks actually correspond (albeit in an inverted progression) to a classification which Professor Bobbio has recently suggested of the various ways in which political philosophy can be, and has in fact been, interpreted: viz. as a description of the perfect State, as an assessment of its foundations, as an acknowledgement of the nature or "essence" of politics, and finally and more generally as a methodology of political science.[1] According to Bobbio, a different meaning of the expression "political philosophy" corresponds to each of these different ways of conceiving it. The definitions which could be given of it are therefore not one, but many – unless, in choosing one as the sole correct one, all the other are said, or proved, to be inaccurate and wrong.

Apart from its rather disheartening conclusion, Bobbio's classification (or shall we say typology) may prove most useful, and is certainly warranted by historical evidence. The four different manners of philosophizing about politics which he so neatly distinguishes are in fact easily discernible in history and can be linked to particular authors. To begin with the first – political philosophy conceived as an enquiry *de optimo statu reipublicae* – the most fitting and stirring example is no doubt provided by Plato's *Republic*, an ideal model of State set up by means of abstract deductive reasoning, with little or no regard to the possibilities of its practical realization. In Plato's wake, most later utopian writers can be grouped under the same heading: they too set about to describe and theorize abstract models of

---

[1] N. Bobbio, *Il problema del potere. Introduzione al Corso di Scienza della politica*, Torino, 1966.

perfect societies. Though of course the modern historian can critically perceive in such models an echo of hard practical experiences, yet they all express the conviction that a final solution can be found to political problems, a solution based on the ultimate and absolute value of justice. For this reason I would be inclined to include in the same category several authors – like Cicero or Thomas Aquinas – who appear no doubt far less radical than Plato or the Utopians (inasmuch as they recognize the possible conflict between theory and practice), but who nevertheless firmly believe that there is an *ordo iustitiae*, which alone can provide a solid foundation to the social and political system. And I would even go so far as to suggest that we consider as eligible for the company a number of other writers who would certainly have rejected indignantly the charge of being utopians, and yet did believe that they knew the meaning of history and the goal that can be attained in order to free mankind from the bondage of exploitation and oppression: such as the Marxists when they speak of the "ascent of man from the kingdom of necessity to the kingdom of freedom", or, to take an even more recent example, such as the many present-day advocates of a radical or "global" indictment of western society. If the theorists of the perfect State were convinced to possess an unfailing standard of absolute value, our contemporary challengers seem to believe they possess a no less unfailing standard of non-value, by which to condemn without appeal the existing order of things, while leaving the new order undefined, which will make an end to the failures of the present. Needless to add that this last remark is here made merely for the sake of paradox: professor Bobbio has coined an even more paradoxical term – "Utopias turned upside down" – to describe the mood that is today prevailing among the younger generation. However, it may be safely said that, except for a few strenuous though belated defenders of the "great tradition", most people would hesitate nowadays to subscribe without ado to professor Strauss' dictum, that "political philosophy is the attempt truly to know both the nature of political things and the right, or the good, political order".[2]

Bobbio's second category is in fact less ambitious, but much wider and more complex than the first. Under its heading those writers can be grouped who, rather than proposing models of ideal States, have set themselves the task of determining the grounds of political relations, the reasons for the bonds that they entail: in short, to assess the *raison d'être* of the State and the motives that account for its power being obeyed or disobeyed. The object of the quest is here no longer the right, or the good, political order, but

---

[2] L. Strauss, "What is Political Philosophy?", in 19 *Journal of Politics*, 1957; reprinted in *What is Political Philosophy*, ed. by L. Strauss, The Free Press, 1959.

what is now called, by a name which has recently come back in favour, its "legitimation". The concern for this problem does indeed link together many authors, both ancient and modern, notwithstanding the many different solutions which have been tendered of it: solutions which Max Weber, as is well known, tried to classify in his rightly celebrated typology of the three forms of legitimacy, traditional, charismatic and rational. From this viewpoint however it does not very much matter whether the principle of legitimacy was found in a divine institution or in human contrivance, in respect for the past or in grounds of utility, in dynastic succession or in consent. What matters is the resort to a principle, or to a body of principles (to a particular "ideology", as the word now goes), in order to justify, to exact or to refuse the submission due to the holder or the holders of power. In this sense, both Filmer's patriarchal theory, and Hobbes', Locke's and Rousseau's use of the social contract may be called ideologies: though Rousseau was probably the first to be clearly aware of it, when he sharply distinguished, at the very beginning of his major political work, between the factual existence of power and its legitimation. It may however be asked whether such theories, inasmuch as they refer to precise value premisses, should not be considered simply as a subspecies of those concerning the good or ideal State: both are after all ideologies, with the only difference that the latter were developed in greater detail. There is, however, a subtle, but important, difference. Theories of legitimation allow of a much greater width of interpretation and application than Utopias do. They usually confine themselves to laying down the conditions which power must respect in order to be, or to deserve to be, accepted as valid. They leave the manner undefined in which such conditions can, in fact, be realized: the variety and number of political systems which are, in our days, justified in the name of the "democratic principle" is an apt illustration of such flexibility. Nor are examples lacking of situations where quite different pinciples of legitimacy survive side by side: such was the case of the formula "by the Grace of God and the Will of the Nation" which, until quite recently, was used in Italy to legitimize constitutional monarchy. Political philosophy thus appears, on this level, as nothing else than ideology, or more exactly a theory of ideology. In this very name a definition is contained, and also, for many a verdict.

We can now turn to the third possible notion of political theory, the one which, according to Bobbio, is concerned with the task of determining the general concept of politics. The quest is here for an assessment of the distinctive characters of political phenomena, of the criteria by means of which these phenomena are focussed and singled out among all other social phenomena. Italians cannot fail at this point to be reminded of a famous essay by Benedetto Croce, an essay in which the Neapolitan philosopher put forward the view that political philosophy proper marks its beginnings with the "discovery of the autonomy of politics".[3] Autonomy here means recognition of the unique and unmistakable features of political activity, and of the laws that govern it: these laws are said to be different from, and at times even opposed to, the rules of morals. According to Croce, this great discovery was made by Machiavelli. Croce's theory has had a great influence on Italian thought, implying as it does a full rehabilitation of Machiavelli's most controversial tenets. Yet, with all due respect to the memory of a noble teacher, the time has come (even in Italy) for emphasizing the limits and, to call things by their proper name, the partiality of Croce's peculiar presentation of political philosophy. For indeed Croce's theory leads to a curious distortion of history. Having come into the world only as late as Machiavelli, political philosophy is said to be carried on by the theorists of *raison d'état* and by Vico; Rousseau, because of his abstract reasoning, does not deserve the name of political philosopher, nor, on that count, does Hegel. Such views can hardly be taken seriously. Surely, if Aristotle and Aquinas, Bodin and John Stuart Mill (to take names at random) did contribute their part to political philosophy, we are bound to include in their company a large number of authors who were far remote from the machiavellian approach and who admitted or frankly proclaimed that politics cannot be sharply separated from all other aspects of practical experience, let alone from morality. They too must have had a notion, however dim and confused, of what politics are, if they set themselves the task of describing and encompassing their proper field of action. Two points, however, are worth noting: that whenever we approach a political thinker, we should not avoid asking ourselves what was *his* notion of politics; and that not even Machiavelli's stark realistic views can escape the suspicion of ideological bias: since to maintain that force is the constituent, and at the same time the legitimizing, element of the State, is itself an ideology, and by no means an entirely original one. To quote the obvious precedents would be here out of place; rather, I think it might be of interest to notice that such modern political writers as Mosca and Pareto have been called "machiavellians". And rightly so, since for them the essence of politics consisted in the dominance of a minority over a majority, that is, in a relation of force. In still more recent days, a theory has been advanced according to which the basic "category" of politics is to be found in the antinomy of friend and enemy (*Freund/Feind*), in the group solidarity which is brought about by the challenge or the menace

---

[3] B. Croce, *Elementi di politica*, II. *Per la storia della filosofia politica*, Bari, 1925; reprinted in *Etica e Politica*, 4th ed., Bari, 1956.

of an opponent. This theory was put forward some thirty years ago by a nazi writer (Carl Schmitt). It has been recently revived by two political philosophers, one French (Julien Freund), the other Italian (Sergio Cotta). Here again the task of political philosophy is seen as consisting in determining the "essence" of politics, and that essence is brought back, ultimately, to an expression of force.[4]

The fourth and last way of conceiving political philosophy, as we have seen, is according to Bobbio that of reducing it to a pure methodology of political science: as an assessment, that is, of political discourse – be it the discourse of modern scientists or that of the political theorists of the past. According to this view, which is certainly the most sophisticated and up-to-date, political philosophy appears as a sort of second degree inquiry, setting itself the task of "classifying and analyzing the terms, statements and arguments" of all such writers, past and present, who have made politics the subject of their study and of their discussions. In this sense, political philosophy can be presented, according to Bobbio, as a "metascience", that is as a critical revision of the procedures resorted to by the empirical science of politics; more generally, according to Quinton, its work should begin by ascertaining the "components" of traditional political theory, in order to prove its methodological "impurity".[5] For indeed it is not difficult to show that political theory, as it has been usually interpreted and practised, is a mixture of different and mostly heterogeneous elements, viz. a) conceptual assumptions not always critically grounded; b) descriptive accounts of political institutions and activities pretending to be "factual" or "ethically neutral"; and c) directions concerning the ends that political activity pursues or should pursue, ends which in turn are used as standards to sift and to judge existing political realities. It would seem that, within these narrow precincts, political philosophy could still hope to be granted a lease of life by modern philosophers. But clearly, the price for it is to declare the other three approaches groundless or redundant: the two first ones as deserving to be brushed aside as mere ideological exercises; the third being destined to be absorbed into linguistic analysis and in the task now assigned to political philosophy – this task being precisely that of first ascertaining what is meant by politics, and of determining the field where empirical research can be profitably pursued. The influence of the "antimetaphysical" bias of modern philosophy on such views needs hardly be emphasized.

---

[4] C. Schmitt, *Der Begriff des Politischen*, 4th ed., Berlin, 1963. J. Freund, *L'essence du politique*, Paris, 1965.

[5] A. Quinton, Introduction to the vol. *Political Philosophy*, ed. by A. Quinton, Oxford Readings in Philosophy, 1967.

I shall now try to draw a few conclusions from this brief survey. Personally, I have no doubts that it is from the stand which we have last examined that we must take our start. This does not mean, in my view, that we should accept all its implications, but rather that we should, as it were, work our passage back to the earlier approaches, in order to find out whether it may not be possible to reach a more charitable and positive assessment of the traditional ways of conceiving political philosophy. Surely no sensible person can nowadays neglect that demand for a preliminary clarification of language which is one of the basic features of modern thought. It might be the case, however, that the analysis of political discourse should lead us to even more radical results than those which have been outlined so far: that it should indeed lead us to conclude that any discourse on politics is conditioned (or, at any rate, is still, at present, conditioned) by the vocabulary which it must needs resort to, by the very language which is at its disposal. For the time being that language (to use Quinton's expression) is still grossly "impure"; better still, we might say that it is a "pluri-dimensional" language, since it can be used for two quite different purposes: to indicate or to describe, but also (though often unintentionally) to prescribe or to recommend. The reason is, that the terms which it uses are "loaded", and carry along with them a trail of appreciation or disapproval which cannot be discarded easily. Many examples could be given of this ambivalence: such as the use which is currently made in political discourse of words like "liberty" or "equality", which refer both to a fact and to a value; or the different, and at times even opposite, meaning that can be given to a political occurrence by calling it by one name rather than by another; or finally the uncertainty which still prevails about the proper significance of such terms as "power" and "authority", and about their mutual relationship.

Seen in this perspective, political philosophy can no doubt be defined, however provisionally, as a critical operation intended to question whatever discourse (whatever inquiry or discussion) is made about politics. As such, political philosophy can and must be distinguished from political science. This distinction is perhaps, at the present moment, the most important, since "scientific" inquiry is nowadays the main, if not the sole, demand which is made in regard to social and political problems. Professor Friedrich has provided convincing proof "that political science and political philosophy are intimately tied", and "that the one cannot be usefully pursued without the other."[6] I venture to add that such ties do not always consist in co-operation and reciprocal integration, but at times also in mutual criticism and

[6] C. J. Friedrich, "Political Philosophy and the Science of Politics", in *Approaches to the Study of Politics*, ed. by R. Jones, 3d printing, Evanston, 1962.

sharp opposition. For if on one side scientific inquiry tends to invade the field which was once considered the preserve of philosophical reflexion, it may well happen that philosophical criticism, armed with the new tools of linguistic analysis, should not rest content with clarifying and refining the method and procedures of scientific research, but should actually question the very grounds and purposes of political science: that, in other words (to use an expression which is fashionable among the champions of philosophy as metascience) philosophical analysis rather than a therapeutic may have a lethal effect on the patient. This is no place for examining in detail what the intentions and scope of political science are or should be according to its contemporary practitioners. Nor is it my job here to list and discuss the many objections which can and have been moved to the three main assumptions on which political science rests its claim to be accepted as a science *pleno jure*, the assumption that is, of being empirical, non-prescriptive and ethically neutral. The main objection, in my view, is the one which I have already mentioned, viz. the ambiguity of all discourse referring to political subjects, and the inability which political science has shown so far to create an appropriate language, entirely immune (like the one used by the exact sciences) from value-connotations, "sterilized", as it were, and purely factual.

I have already given a few examples of "pluridimensional" terms recurring in political discourse. I must now add that the attempts which have so far been made by political scientists to "reduce" such terms to one single meaning have, in my opinion, been far from successful. We have recently had an interesting discussion in Italy on the possibility of giving a "neutral", scientific, and thus objectively valid, definition of political liberty.[7] Professor Oppenheim, the convinced upholder of that possibility, had come forward with a view which alone suffices to raise doubts about the merits of such reductionism. According to Oppenheim, it is meaningless to discuss whether there is more freedom in a democracy or in a dictatorship. The question is simply one of distribution or share: freedom in a dictatorship is that of one single man, in a democracy that of the greatest number. This may well be empirically true, but it overlooks the fact that freedom is a word which stirs deep emotions. Surely for a full understanding of politics the reason should be explained why this so happens. I have cited another case, also highly relevant, of the opposite significance that can be given to the same fact by using different words to describe it. The use and abuse which is made of such verbal tricks by those who in our days challenge the established order hardly needs

---

[7] Articles by U. Scarpelli, N. Bobbio, A. P. d'Entrèves and F. Oppenheim, in 55 and 56 *Rivista di Filosofia*, 1964/1965.

to be mentioned. By calling punishment "repression", and "violence" every coercive intervention on the part of public authorities, they insert a value-judgment (or, more exactly, a judgment of non-value) in what pretends to be merely a factual description. Political scientists, with their inbred suspicion of any normative connotation of social phenomena, seem quite unprepared to cope with such difficulties. It seems to be quite an effort for them to admit that there is a qualitative, and not merely a quantitative, difference between the arbitrary exercise of force, and force exerted in the name of a rule or of law.

But the most convincing and decisive proof that it is impossible for political science to do entirely away with value-judgments (or, in other words, with ideological premises) can be found at the very moment in which the field of that science is outlined, that is, in the particular meaning which, from the very beginning, its practitioners give to the word "political". What takes place here is a choice, and a choice no less arbitrary, no less dogmatic than those from which the political philosophers of the past took their start. To qualify certain phenomena as political does in fact amount to attributing them a particular relevance as compared with other phenomena: and such relevance is, by itself, a value-connotation. If no doubt the word "politics" was a legacy of Greece, in the process of time the meaning of that word was extended or narrowed down to indicate quite different experiences: significantly, *polis* was translated in the Middle Ages with *civitas vel regnum*. For a long time politics were considered as the art of "good living", and political theory as the highest among practical sciences. Machiavelli reduced politics to the expression of force, Hobbes to a "grammar of obedience", Locke to an insurance on property and life. The range and scope of things "political" has varied greatly, according to time and places. Certain aspects of social life which were once thought to have political relevance do not have it in our days: religious beliefs, for example, which are no longer a matter of concern for the modern State. Nineteenth century Liberalism considered economic relations politically irrelevant; a Marxist certainly does not consider them so. Defining politics is therefore tantamount to taking a particular stand about the ends of human activity: it amounts to setting up a scale by which to judge man's relation to man; in short, it means making a choice of values which is bound to have practical consequences and implies a particular view of the world and of man. If this is so, then could it not be asked whether modern political science, with the peculiar view of politics which it presupposes, and more especially with its avowed purpose of dealing with political problems in a certain way (i.e. of reducing "policy" to a science), is not also the result of a choice, indeed of an ideology among other ideologies? This of

course is the criticism that is levelled nowadays at western political science
by scholars of marxist leanings. Personally, I am not sure that I would
accept it in its entirety, but I do think that we ought to keep it in mind if we
want to reach an equitable settlement between political philosophy and
political science.

For indeed, if it be the case that any discourse about politics is committed
to value, surely the first task of philosophical inquiry is to find out the
reasons for this being so. What is really at stake with politics, what do men
do when they call certain things "political", what consequences follow from
such attribution, how can it be justified? To questions such as these, old
time political theories provided an answer; but how can we do them justice
if we assume that they were no better than obsolete ideologies? Let us then
face squarely this matter of ideology, that word which is nowadays so
currently used to dispose of the majestic constructions of the past.

According to a definition which has gained much credit, an ideological
statement is "a value judgment disguised as, or mistaken for, a statement of
fact".[8] Political theories of the past, based as they are for a large part on
such statements, may thus appear as nothing but pseudo-scientific present-
ations of value preferences; and the task assigned to the modern critic may
be seen as consisting in "unmasking" them, by revealing, among other
things, the petty, and at times even sordid, interests that were concealed
behind their grandiose edifice. What these theories really amounted to and
were meant for, was to defend the established order or to vindicate the need
for reform or radical change: but this they did deviously, presenting as irref-
utable truths certain premises which they believed could be warranted by
empirical evidence or by deductive reasoning. Now there can be no doubt
that if we accept such views, many among the most celebrated political
theories of the past can be easily stripped to the skin and debunked, and a
game can be played which amounts to no less than a *jeu de massacre*. Take
the aristotelian doctrine of men's "natural" inequality: who can deny that
this doctrine was most appropriate to defend the institution of slavery? And
when Aristotle goes on saying that nature itself seems to have made the
body of the slaves stronger than the average in order that they could under-
take the hardest labour, is he not clearly disguising as a judgment of fact
what was nothing else than a wicked prejudice of the ancient? Or take the
theory of the social contract, where the origin of the State is projected back
into the past and made to consist in a deliberate and conscious action on the

⁸ G. Bergmann, "Ideology", in 61 *Ethics*, 1951; reprinted in *The Metaphysics of Logical
Positivism*, New York, 1954. N. Bobbio, "Pareto e la critica delle ideologie", in 48 *Rivista
di Filosofia*, 1957; reprinted in *Saggi sulla Scienza politica in Italia*, Bari, 1969.

part of its components: were the advocates of that theory not moving from a premiss of value – the original right of man to a share in liberty and in property – and merely trying to support it by referring to a fact which, if at all, had taken place only in certain particular conditions? In cases such as these, as well as in many other that could be added, there is no denying that political theories were ideologies, in the pejorative sense in which that term is now used.

And yet, if we look at the matter more closely, an explanation such as this cannot but appear unsatisfactory. It certainly distorts both the work and the intentions of those who, of old, ventured to philosophize about politics. To begin with, I would like to point out that not all attributed to "facts" that role of final and decisive proof which is said to have been in their mind. Actually, cases can be cited of political philosophers who flatly and from the start disclaim any reference to facts as irrelevant to their purpose. Grotius, for example, in the Prolegomena to his *De Jure Belli ac Pacis*, says so quite openly: "With all truthfulness I aver that, just as the mathematicians treat their figures as abstracted from bodies, so in treating law I have withdrawn my mind from every particular fact." Rousseau, on the other hand, is even more dogmatic: "Commençons donc par écarter tous les faits", he declares at the beginning of his *Discourse on the Origins of Inequality*, "car ils ne touchent point à la question". Last, but certainly not least, in speaking of the "original contract", Kant is at pains to emphasize that it is "eigentlich aber nur die Idee desselben" (not, therefore, its historical occurrence) "nach der die Rechtsmässigkeit [des Staates] allein gedacht werden kann."

But it is not only because old time political philosophers attached to facts a different importance from the one we do, that their teaching can survive the strictures, the "unmasking", of modern critics. The point that really matters is, that what seem to us to have been (or to have pretended being) "proofs", were not really proofs at all, but "reasons". Those philosophers, in other words, did not intend to describe facts, but to recommend choices, to champion ideals or values. They knew very well (better perhaps than do some of our contemporaries) that values cannot be "proved", but may be "argued", or "taught", or "testified", by appealing not only (as we are inclined too easily to believe nowadays) to instincts, to emotions, to the irrational side of man, but to his capacity of reasoning and understanding, to the means that are given him of controlling his instincts, of mastering his emotions, so as to be able of making his choices, of passing a judgment on existing political conditions, whether to accept them, or to improve them, or, if necessary, to refuse and to change them. One example alone should suffice to make my point clearer: that of natural law – a theory which is usualy believed to consist in statements *about* human nature, while the contrary is true: since in its greatest supporters natural law was a vindication not of what man *is*, but of what *must* in man be considered and respected. As Lincoln so aptly emphasized in one of his noblest speeches, to say that men are equal by nature does not mean "to declare all men equal in all respects", nor "to assert the obvious untruth" that they are actually enjoying that equality. It means rather "to set up a standard maxim", to request that men should be treated as equal potentially, and to proclaim that the only legitimate order of society is one where factual inequalities are no cause of discrimination.

Clearly, old time political philosophies were discourses on values, not on facts. This applies both to those (far less numerous) which set up models of ideal States, as to those (far more frequent) which concerned themselves with the reasons, with the "why" of political institutions, and suggested criteria of legitimation of the existing order, or challenged its grounds in the name of new and revolutionary values. To admit the validity of such manner of philosophizing does not mean in any way to deny the possibility of that different kind of approach (the "scientific" or, if one prefers to say so, the "modern" approach) which we have at length discussed. It simply means that there are two different ways of considering, two different ways of dealing with, the problem; that, to use the trite schoolroom distinction, there are two different questions to be asked about the world that surrounds us, and that "how" is no answer to "why". Political scientists, provided they are aware of their limited horizon and of the difficulties which derive from the imperfect tools at their disposal, are perfectly entitled to choose as a subject of research that particular set of phenomena which, carved out from the wider sphere of social phenomena, are considered, for the time being, politically relevant. But they should also concede that these same phenomena can be the subject of a quite different kind of inquiry. They should recognize that the very existence of that "power" which they assume as their ultimate datum, is a problem: for power exists only in so far as there are men who obey it. And for men to obey it there must, to be sure, be some reason: fear, cowardice, sluggishness, according to one view; conviction or deliberate acceptance, according to another. Such reasons are the proper subject of political philosophy: there can be no other. Political philosophy thus appears, as it appeared to all those who throughout the centuries have practised it, as a critical inquiry on the grounds of political obligation: a problem which, notwithstanding the passage of time and the changing situations, and notwithstanding the infinite variety of answers that have been given to it, has remained substantially unchanged, and still faces us. To ignore it or to deny it amounts to closing our eyes to the evidence of fact which to the modern is the ultimate ground of conviction. For indeed from the grounds and the limits of that obligation depends a large part of our very existence: not only of our existence as citizens, but of our existence as men.

HERBERT J. SPIRO

CRITIQUE OF BEHAVIORALISM IN POLITICAL SCIENCE

I am writing neither to condemn behavioralism in political science, nor to praise or bury it. Advocates and practitioners of behavioralism are in the habit of blowing their own horn so loudly, that the addition of laudatory sounds from an outsider inclined to intone them would make for cacophony. Burial, too, seems inappropriate, since reports of the death of behavioralism[1] are, in Mark Twain's words, greatly exaggerated. A critique is an expression of reasoned judgment upon a matter, and it may involve a judgment on the matter's "value, truth, or righteousness or an appreciation of its beauty or technique". In this sense of the word, many critiques of behavioralism in political science have been offered during the past. Most if not all express judgments about the righteousness of behavioral political studies. Some view righteousness from the right, others from the left. The former have, on occasion, chided behavioralists for pretending to know more than anyone can know, and to want to do more than anyone should do, about political behavior.[3] The latter, on the other hand, have more often complained that behavioralists seek to explain phenomena that are poorly if not malignantly selected, and that their work has served apolitical, antipolitical, or at best uncritical purposes.[4]

In this critique, I do not wish to tread either of these two, often surprisingly convergent, paths from the right or the left of *politics*, but rather to arrive at a judgment of behavioralism from a position firmly grounded in the center

[1] Robert A. Dahl, "The Behavioral Approach in Political Science: Epitaph for a Monument to a Successful Protest," *American Political Science Review*, LV, December 1961, pp. 763-72.

[2] *Webster's Collegiate Dictionary*, 5th ed., Springfield, Mass., 1942, p. 241.

[3] Often from a *ius*-naturalist position; see, e.g., Herbert J. Storing, ed., *Essays on the Scientific Study of Politics*, New York, 1962.

[4] E.g., Charles A. McCoy and John Playford, eds., *Apolitical Politics: A Critique of Behavioralism*, New York, 1967.

of gravity of *political science* as the master science.[5] In my view of our ancient and honorable profession, political science has a triple task: to understand and explain the phenomena of politics, to define the goals toward which the *polis* should be moving, and to build bridges from the realm of values to the realm of facts.[6]

We know what a critique is, and I have indicated what I believe political science should be. But what is *behavioralism*? The first edition of the *Encyclopedia of the Social Sciences* does not list it. On the other hand, the Macmillan Company, publishers of the new *International Encyclopedia of the Social Sciences*, began an advertising letter mailed in October 1969 with this question:

Of the following social sciences landmarks, how many are more than thirty-three years old?
1. Project Camelot
2. Coinage of the term "behavioral sciences" in connection with Program Five of the Ford Foundation
3. Development of urban sociology
4. The application of the systems approach and operations research techniques to social science problems
5. Publication of the *American Dilemma* by Gunnar Myrdal.

As you've probably guessed, not a single one of these milestones existed thirty-three years ago.

I shall return to Bernard Berelson's article on "Behavioral Sciences" in the *IEES* in a moment. It does not offer much help in deciding whom we should classify as behavioralists. The most convenient way to settle that problem would seem to lie in restricting ourselves to those scholars who profess their commitment to behavioralism explicitly. I shall refer to them as "self-styled behavioralists" – SSB's for short. I think it would be easy to arrive at agreement on the identity of the more prominent ones among them. The list includes Heinz Eulau, the author of *The Behavioral Persuasion in Politics*,[7] Austin Ranney, the influential former Managing Editor of the *American Political Science Review*,[8] almost all those who use quantiative techniques especially for the study of voting behavior,[9] and in a pioneering way David

---

[5] See Aristotle, *Nicomachean Ethics*, Book I, 2; also Spiro, *Politics as the Master Science*, New York, 1970, *passim* and ch. 1.

[6] See my *Responsibility in Government: Theory and Practice*, New York, 1969, p. vii and *passim*.

[7] New York, 1963.

[8] See also Austin Ranney, ed., *Essays on the Behavioral Study of Politics*, Urbana, 1962.

[9] E.g., Angus Campbell, Philip E. Converse, Warren E. Miller, and Donald Stokes, *The American Voter*, New York, 1960; and Glendon Schubert, *Quantitative Analysis of Judicial Behavior*, New York, 1959.

Easton – at least until September 4, 1969.[10] The central question which I
wish to address to the work of these scholars is this: What is the value of its
contribution to political science?

I

Self-styled behavioralists make certain claims for themselves that seem
designed to highlight their distinctiveness without leading to their self-
segregation from the main body of the profession. Indeed, David Easton has
commented upon the fact that SSB's have not "hived off" from, or institutionalized their separateness within, this main body in the United States, the
American Political Science Association.[11] Easton's list of the "intellectual
foundation stones on which this movement has been constructed" is rather
modest:

1. Regularities
2. Verification
3. Techniques
4. Quantification
5. Values
6. Systematization
7. Pure science
8. Integration[12]

This "itemized list" is, in fact, so modest, that it allows us to qualify Aristotle
and some of his best successors as members, or at least as precursors, of the
"movement."[13] The possibility of qualifying many contemporary political

[10] The date of his presidential address to the American Political Science Association,
"The Post-Behavioral Revolution in Political Science," *American Political Science Review*,
LXIII, December 1969.
[11] "Furthermore, some time ago, the strength of feeling of the adherents was sufficiently
strong to stimulate discussion of separatist institutions, such as a special journal. But, unlike
the fields of psychology, psychiatry, and other sciences where splinter associations have
emerged, in spite of some talk at one time, a special subdivision of the American Political
Science Association providing institutional expression for the new approach never did hive
off. The Association has proved sufficiently flexible to adopt with the necessary speed to the
changing character of the field. Footnote: This in itself has a history which it would be
interesting to explore if we are to understand the way in which a discipline successfully
copes with changes in its intellectual objectives and methods, an adaptation that cannot by
any means be taken for granted. In this history the roles of Evron M. Kirkpatrick, executive director of the American Political Science Association, and of Pendleton Herring,
through his leadership as President of the Social Science Research Council, would loom
very large." David Easton, "The Current Meaning of 'Behavioralism' ", *Contemporary
Political Analysis*, James C. Charlesworth, ed., New York, 1967. p. 14.
[12] *Ibid.*, pp. 12f.
[13] See also the extremely eclectic list of Gabriel A. Almond and G. Bingham Powell:
"Our contribution to these themes is an eclectic one – it draws heavily on the work of

scientists not normally thought of as SSB's, together with Easton's recent apparent change of mind, tempts me to concentrate this critique upon the more eccentric SSB's – but I shall resist the temptation: While they are not men of straw, some of the more eccentric ones might be considered intellectually *satisfaktionsunfähig*.

I shall, therefore, concentrate upon the respectable SSB's and, for the sake of irony, and perhaps of irenics, ask of their work the four Aristotelian questions, about its origins, its content, its form, and its purpose.

II

Origins: There is "truth in advertising": Behavioralism in political science and the other social sciences is considerably younger than thirty-three years. It was invented and virtually patented by the Ford Foundation in the late 1940's and early 1950's, according to Bernard Berelson, a co-inventor and co-author of the Foundation's "staff paper," entitled "Program Five," and produced in 1952. Berelson writes of the behavioral sciences as "an administrative arrangement that became intellectually institutionalized." He also mentions, facetiously, that even if the term "behavioral" was coined by John Dewey, it was minted by the Ford Foundation. The features listed in the staff paper differ somewhat from Easton's much later formulation, but their general drift is similar:

1. A program of *research*
2. A scientific approach
3. Long-range ventures
4. To serve human needs
5. Interdisciplinary approach
6. Broad and complex subject matter
7. Contributions to solution of human problems.[14]

I think it no exaggeration to say that the Ford Foundation created the behavioral persuasion in politics, and not merely because it could, and can

Aristotle and others of the classic tradition of political theory, on Max Weber, Carl Friedrich, S. N. Eisenstadt, Robert Dahl, Edward Shils, David Easton, James Coleman, David Apter, and Seymour M. Lipset, as well as many others. It also draws on contemporary sociological and systems theory, on Talcott Parsons, Marion Levy, Jr., and Karl Deutsch." *Comparative Politics: A Developmental Approach*, Boston, 1966, p. 215. See also my review of this book, *Journal of Politics*, IXXX, 1967, pp. 903-905.

[14] Bernard Berelson, "Behavioral Sciences," *International Encyclopedia of the Social Sciences*, II, pp. 41-45. The remark about coinage and minting calls to mind the late Karl Llewelyn's equally facetious paraphrase of Lord Acton's famous dictum on power: "All money tends to corrupt; foundation money corrupts absolutely." See also Bernard Berelson, ed., *The Behavioral Sciences Today*, New York, 1963.

still, be very persuasive. After all, the ideas evidently came from *bona fide* scholars temporarily working for the Foundation. This is not meant to be a "conspiratorial" explanation of the origins of self-styled behavioralism. I am not yet prepared to look at its originators with the instruments provided by the sociology of knowledge, though I think that this could easily be done and might be amusing. It would certainly be an SSB thing to do. I shall reserve my judgment on origins until I get to purposes.

Content: What is self-styled behavioralism in political science? The simplest answer would be to identify it as the output of such authors as those listed in footnotes 7 through 10 above, along with others listed in Easton's and Eulau's articles in *Contemporary Political Analysis*.[15] They try to explain or predict political behavior – and so, of course, did Aristotle and most of his successors including today's scholars who are not self-styled behavioralists. (In order to turn back upon the SSB's their neat trick of labelling non-behavioralists as "traditionalists," I shall refer to the latter as members of the main body of the profession, participants in the mainstream, against or outside which the SSB's are swimming.) On the whole, the SSB's output impresses me as no more valuable than works written by mainstream scholars about the same problems with non-behavioralist or only partly behavioralist techniques. One should compare SSB studies, like those in the series edited by Gabriel A. Almond, James S. Coleman, and Lucian W. Pye,[16] with the parallel parts of, *inter alia*, Carl J. Friedrich's *Constitutional Government and Democracy*[17] or *Patterns of Government*.[18] Fortunately, the more perceptive SSB's are aware that "some segments" of politics are more "susceptible to behavioristic treatment"[19] than others. This leads them to stay away from certain types of problems which others in

---

[15] See footnote 11 above. Easton mentions Dahl, Alfred de Grazia, editor of the *American Behavioral Scientist*, Richard Snyder, Morton Kaplan, Arthur L. Burns, R. E. Quandt; Berelson, Lazarsfeld, and McPhee; S. M. Lipset and L. Lowenthal; David Truman; Gabriel A. Almond and James S. Coleman; Karl W. Deutsch. Heinz Eulau, in "Segments of Political Science Most Susceptible to Behavioristic Treatment," *op. cit.*, pp. 32-50, mentions Charles E. Merriam; Samuel J. Eldersveld and Morris Janowitz; Dahl; Herbert A. Simon and James G. March; Glendon A. Schubert; Harold D. Lasswell and Abraham Kaplan; Almond; Stuart A. Rice; Truman, Easton, Lipset; James N. Rosenau, Klaus Knorr and Sidney Verba; Campbell, Converse, Miller, and Stokes; Berelson *et al.*; Dwaine Marvick and Janowitz; John C. Wahlke, Eulau, William Buchanan and LeRoy C. Ferguson; Herbert Tingsten; Duncan MacRae, Jr.; Robert E. Lane; Edward C. Banfield; and several others. See also Mulford Q. Sibley, "The Limitations of Behavioralism," *op. cit.*, pp. 51-71, for an excellent critique.

[16] See footnote 13 above.

[17] Boston, 1967, 3rd ed.

[18] Samuel H. Beer and Adam B. Ulam, eds., New York, 1962, 2nd ed.

[19] See the title of Eulau's essay cited in footnote 15 above.

the main body of the profession have no qualms about attacking. As a result, we have the judgment of some critics of SSB that it is most likely to succeed when it deals with relatively trivial problems.

Form: Self-styled behavioralists have emphasized the distinctiveness and novelty of the methods they use. As a result, they have become more self-conscious about problems of methodology than most scholars in the mainstream of the discipline of political science. For example, most of David Easton's eight "foundation stones" of the "movement" are methodological items, though one of them is "Techniques," which Easton then discusses in a highly methodological fashion.[20] Concern with method is, of course, as old as political science itself. My organization of this material is based self-consciously upon an aspect of Aristotle's method, his theory of causes,[21] which has recently been unself-consciously revived by functionalists, many of whom are SSB's.[22] *Method* means "way after," but many SSB's mistake the road over which they are traveling for the goal of their journey. As a result, they deviate into methodologism, which I would crudely describe as "the masturbation stage of political science." This outcome can perhaps be understood as due to the SSB's difficulties of professional self-differentiation. Along with other political scientists in the mainstream, they share the goal of explaining political behavior by means of observation and generalization. Eschewal of ethical evaluation as a part of observation, Easton's fifth foundation stone,[23] would give SSB's a differentiation from their colleagues, that is insufficiently persuasive, for two reasons, one "tactical," the other "strategic": It is merely negative, and it is far from novel. Non-SSB's have for a long time distinguished between ethical evaluation and empirical explanation. Since SSB's like other political scientists want to explain political behavior, they have to emphasize what they believe to be their more accurate methods in order to differentiate themselves more clearly. In the course of these efforts toward greater self-differentiation, they have come to rely

[20] Footnote 12 above. "3. Techniques: Means for acquiring and interpreting data cannot be taken for granted. They are problematic and need to be examined self-consciously, refined, and validated so that rigorous means can be found for observing, recording, and analyzing behavior."

[21] See ch. 3, "The Importance of Method: Aristotle," in Spiro, *Politics as the Master Science, op. cit.*

[22] See, e.g., William Flanagan and Edwin Fogelman, "Functional Analysis," *Contemporary Political Analysis*, Charlesworth, ed., pp. 72-85; and Robert T. Holt, "A Proposed Functional-Structural Framework," *ibid.*, pp. 86-107.

[23] Footnote 12 above. "5. Values: Ethical evaluation and empirical explanation involve two different kinds of propositions that, for the sake of clarity, should be kept analytically distinct. However, a student of political behavior is not prohibited from asserting propositions of either kind separately or in combination as long as he does not mistake one for the other."

heavily upon quantification[24] along with other methods and techniques of other social sciences, now often referred to as "behavioral sciences." In their methodological borrowing, the SSB's have also gone beyond the social sciences to the allegedly "harder" natural sciences. For anyone who believes in the unity of science, as I do, there is nothing wrong with this. *All* good scholarship looks for regularities, verification, systematization, and so forth. In a sense, it could even be said that all good scholarship seeks to quantify, when it undertakes comparison *and* when quantification suits the subject matter.[25]

Many problems are involved in the transfer of the specialized methods of one discipline to another, and most of the SSB's are aware of them. Indeed, many SSB's are defensively self-conscious of these problems, hence their frequent methodologism. Here, I shall mention only the problems raised by human consciousness. In one respect, this need not create a qualitative difference between problems of observation for the natural and human sciences, since nonhuman phenomena also react to observation, e.g., subatomic particles to the electron microscope. Human beings, however, not only react to the act of observation when they are aware of it, as in interviews or surveys, but they can react also to the published findings and interpretations of observation, something which non-human objects of observation cannot do in the generalizable aspects of their "behavior." Human behavior that is changed in response to human awareness of generalizations based upon observation of prior human behavior should drive the social scientist, whether SSB or in the mainstream, to observe this changed behavior in order to generalize anew, so that his path follows that of an outward bound spiral, in pursuit of permanent truths which he should know he can never catch.[26] This makes the social scientist's tasks more difficult than those of the physicist, and it creates very special problems for the political scientist, at least if we think of politics as a manifestation of consciousness,

[24] Footnote 12 above. "4. Quantification; Precision in the recording of data and the statement of findings requires measurement and quantification, not for their own sake, but only where possible, relevant, and meaningful in the light of other objectives." See also the discussion of *quantity* and *quality* in Karl W. Deutsch, *The Nerves of Government: Models of Political Communication and Control*, New York, 1963, pp. 86-88.

[25] "We must be content, then, in speaking of such subjects and with such premises to indicate the truth roughly and in outline, in speaking about things which are only for the most part true and with premises of the same kind to reach conclusions that are no better. In the same spirit, therefore, should each type of statement be received; for it is the mark of an educated man to look for precision in each class of things just so far as the nature of the subject admits; it is evidently equally foolish to accept probable reasoning from a mathematician and to demand from a rhetorician scientific proofs." Aristotle, *Nicomachean Ethics*, I, 3.

[26] See Spiro, *Responsibility in Government, op. cit.*, pp. 59-62.

and particularly if we think of the development of politics as directly related to the expansion of consciousness.[27] Without human self-awareness, there can be no politics. The more politics, the more awareness. The more consciousness, the more politics. Political science has been most highly developed in those polities and those periods, which had reached the highest levels of consciousness of their existence – an assertion which, incidentally, should be susceptible to "behavioristic treatment." The United States as homeland of self-styled behavioralism has certainly reached an unprecedented level of critical self-awareness, and it may have been partly out of the desire of its citizens to know more about themselves, and to be able to rely more firmly than before upon this knowledge, that SSB was born. In a way this makes for the tragedy of the "movement." The new knowledge which sound SSB studies provide expands human consciousness and thereby contributes to the transformation of political behavior, thereby making yesterday's new knowledge old and false, that is, non-knowledge, today.

Purpose: I take it that the main scholarly purpose of the behavioralist movement was to improve our knowledge of political behavior generally, and more particularly to improve our ability to predict and explain political behavior. (I am not going to criticize institutional or careerist purposes, like those of foundation executives, here.) I think we might agree that this purpose has been accomplished in some measure during the two decades since the original staff memorandum, "Program Five." We do now seem to have some better explanations, and perhaps even superior predictions, than then, though this is, of course, very hard to judge. For instance, would we want to compare predictions about the stability of the Weimar Republic in 1930, with predictions about the stability of the United States in 1960, since the validity of predictions can only be ascertained retrospectively, after the future has already happened? And how do we evaluate the quality of competing explanations of an historical phenomenon like Hitler's rise to power: by their generality, elegance, correspondence to actors' stated intentions, capacity to help in preventing recurrence of the phenomena, or what? In any event, supposing that we are entitled to congratulate ourselves as a profession, the question still remains whether SSB's have contributed to these improvements. The problem here is similar to that of competing explanations of historical events. What caused the fall of the Weimar Republic? What caused the apparent improvement of our predictions and explanations? If we grant that SSB's have contributed some refined techniques to our professional toolkit, and even if we admit – as I am not yet prepared to do – that some SSB's have written studies of particular problems that are superior to

[27] See Spiro, *Politics as the Master Science, op. cit.*, ch. 7, "Politics and Consciousness."

other studies of the same problems, turned out by scholars in the mainstream without the use of behavioristic techniques, we would still not know that the overall impact of SSB has been toward improvement. The promotion of SSB by the foundations has required funds which *might* otherwise have gone to other branches of the discipline, where benefits might have been more widespread and more noticeable in their effects. Whether this would in fact have been true, we do not and can not know, just as we cannot know whether the billions of dollars that have been spent by the United States in Vietnam might otherwise have been spent at home and abroad for more constructive purposes. However, with Vietnam as with SSB, it seems much easier to come close toward establishing what we might call a negative causal nexus. We can be *fairly* sure about the connection between self-styled behavioralism and some developments in political science of which I for one take a negative view.

Several of these have already been mentioned in passing: SSB's tend to stay away from problems considered important by the mainstream of political science, because adequate data are not available; or they deal with these same problems in an exceedingly superficial and misleading fashion.[28] SSB's commit methodologism. And they mistake technological proficiency for scientific intelligence. This last-mentioned tendency has been particularly harmful when it has led to the "pragmatism of hardware," which consists of letting the available computer hardware (and also human "software," including interviewers, graduate students, and other expendables) define the goals of one's research. This is the reverse of normal intellectual procedure and – more than incidentally – the reverse also of normal political procedure. Normally, we recognize a problem in the form of an obstacle between ourselves and whichever goal we happen to be pursuing at the time, and then we look around for tools with the help of which we may succeed in removing the obstacle and solving the problem. Many SSB's proceed the other way around. They contemplate the machinery at hand and inquire whether there are any problems in existence which can be solved with this machinery and their other techniques. The problems "most susceptible to behavioristic treatment" have often been minor obstacles on the road to relatively unimportant goals. Sometimes the "problems" have been artificially created, perhaps to keep machinery and manpower occupied. They were not defined as obstacles on the way to stated intellectual goals. The invention of "behavioristically treatable" problems has, I think, been particularly noticeable in the 1960's in which we have witnessed great advances in computer technology. This means that I can now add a second to the first efficient cause, discussed above

[28] See, e.g., Gabriel A. Almond and Sidney Verba, *The Civic Culture*, Princeton, 1963.

and located on Madison Avenue, New York (alive and well, in a manner of speaking). Origins and purposes, like form and content, stand in dialectical relations with each other. Genuine self-styled behavioralists have trouble recognizing these dialectical relations. That is the main target of my critique.

What are the dialectics of normal intellectual *and* normal political procedures? We define our present condition. We envisage a future goal as a different condition. We seek to reach the goal, or at least to move toward it. Our definition of the present situation is shaped by the *telos* which we are pursuing at the time, just as our vision of the *telos* is shaped by our perception of the present condition. The perception of each is changed through the changing perception of the other. And the perception of both is constantly changing as we move toward the goals.[29] But the road along which we are moving, in the political process, is the equivalent of our method in the intellectual process. I charged the SSB's above with mistaking their method for their destination. This leads them to lose sight of their own and others' goals altogether and, as a result, to view the present condition undialectically. They say: "Facts speak for themselves." Facts do no such thing; "in fact," we could say that facts do not even "exist" except in our ever-changing perception of phenomena. This error leads some SSB's into varieties of vulgar determinism, including those of "political culture" or of vulgar Marxism or of other vulgarities.[30]

These shortcomings can best be explained by way of the SSB's excessive preoccupation with method and, more especially, their efforts to adopt the frequently misunderstood "methods of the natural sciences." These efforts are motivated by the assumption that the methods of the natural sciences are, by now, given; that they have reached something approaching a state of perfection and value-free immaculateness –that indeed they may have been conceived immaculately, at least by contrast to the methods of the social sciences; and that they are disembodied, free-floating, ready and waiting to be applied to social and political facts. But this is not so. The methods which the SSB's try to copy are changing so rapidly, that some SSB's find themselves in a position similar to that of Communist parties outside the Soviet Union which fail to keep up with changes in the Kremlin's party line, out on a limb.

Let me get out on a rather thin limb myself, by suggesting not only that

[29] Thomas Hobbes was obviously very much aware of the constant changeability of human goals, as revealed by his definition of power: "The power of a man, to take it universally, is his present means, to obtain some future *apparent* good." *Leviathan*, ch. 10. Italics supplied; italics from original omitted.

[30] See "Vulgar Teleologism" and "Vulgar Realism," in Spiro, *Politics as the Master Science, op. cit.*, pp. 149-151.

SSB's mechanically copy, i.e., adopt without adapting, rapidly and dialectically changing methods which they do not always understand, or of which they understand only the "way after," without understanding either their starting point or their finish line. I should like to suggest also that these copied natural science methods themselves were shaped by prevailing political belief systems, including political procedures. The suggestion is based on reasoning along the following lines: Great innovators, in philosophy, science, or technology, are generally men who have reached a high level of consciousness of the possible, that is, of politics (among other aspects of reality). Politics became rationalist before science and technology became rationalist, i.e., *before* modern science was born.[31] ("Rationalist politics" in this sense is meant to include also the politics of continental cameralism.)[32] Politics was more rationalist in England than elsewhere, before the Industrial Revolution happened in England before it happened elsewhere. Politics was rationalist in the same sense in which I wrote above of normal political (and intellectual) procedure: Politicians defined the present condition, visualized a possible future condition, devised means for moving from the present to the "future apparent good," and constantly revised perception, means, and ends, as they developed themselves, their polity, and their politics. Scientists and inventors of technology unconsciously modelled their professional behavior upon their understanding of the political process. (This interpretation seems congruent with Max Weber's thesis about *The Protestant Ethic and the Spirit of Capitalism*,[33] if we take the largest possible view of the polity, which includes an almighty God bound by universal, consistent, rational laws.)

I am repeating, in a way, what Hans Kelsen put forward in *Society and Nature*: Men's ideas of causation were originally transferred from *polis* to *physis*, and physical notions of causality have generally lagged behind political notions of causality.[34] However, man has not only projected his understanding of political causality outward into nature, but also inward into the individual. Plato spoke of the three warring elements of the *psyche*, clearly by analogy *from* (not to) the *polis* with its three classes.[35] These three classes existed and could be seen and heard and smelled. The three elements

[31] See Carl J. Friedrich, *Constitutional Government and Democracy: Theory and Practice in Europe and America*, rev. ed., Boston, 1950, pp. 8-10.

[32] Carl J. Friedrich, "The Continental Tradition of Training Administrators in Law and Jurisprudence," *Journal of Modern History*, XI, June 1939.

[33] Talcott Parsons, tr., New York, 1958.

[34] Hans Kelsen, *Society and Nature: A Sociological Inquiry*, Chicago, 1943.

[35] Plato, *Republic*, II. See also Spiro, *Politics as the Master Science: From Plato to Mao*, ch. 2, "The Problem of Analogy: Plato."

of the soul could not and cannot. Sigmund Freud also divided the individual's *psyche* up into three components, perhaps also on the model of the polity which he lived in. Yet Dahl says: "But an individual is not a political system. . ."[36] I think he is wrong, since we can conceive of the individual best as though he were a political system. We know what a political system is in its component parts or, at least, what a political system appears to be to us.[37] We do not know what the individual, in his component parts, is, since we cannot penetrate ourselves, and techniques like psychoanalysis are either limited in their scope or heavily "*polis*-morphic."

If I am right, than the SSB's assumptions about the *Wertfreiheit* of the methods they borrowed from the natural sciences contain a double irony. These methods were heavily value-laden, because they were modelled upon political procedures. With the rise of democracy, masses of individual voters were permitted to choose between competing goals, competing roads over which to travel to a single goal, or competing groups of leaders. Natural scientists, analogously, let perceived "facts," like subatomic particles, validate or invalidate competing hypotheses. But facts, hypotheses as method, and goals of research were always recognized as standing in dialectical relations with one another. This recognition was not transferred along with the methods by eager SSB's to their study of politics.

The double irony arises when these methods are applied to electoral behavior. When this is done, individual votes seem to be treated by analogy to atoms or their components, brought into relation to one another and to their goals by means of probability theory and the like. But here the student is dealing with more or less (self-)conscious, consciousness-expanding and goal-pursuing beings, whose, "electoral behavior," so called, may not be terribly relevant to the goals which they are pursuing. Yet their electoral behavior and their attitudes and opinions are being studied as though all votes were equal, in a way that goes far beyond the slogan, "one man, one vote." The method employed, so the SSB's tell us, is value-neutral. Not only is it not that, but it *may* be a secondary reflection of the precursors of the political procedure that is being studied, mediated through the methods of natural science. If this is so, self-styled behavioralism is studying itself without knowing what it is doing, thereby turning the study of politics –

[36] *Op. cit.*, footnote 1 above, p. 770.

[37] "Political systems are brought into being as direct or indirect results of more or less deliberate human actions upon nonpolitical reality (which *may*, in its various aspects, be conceived of for analytical purposes as composed of systems). Political systems reflect man's consciousness of the possible. . ." Spiro, "An Evaluation of Systems Theory," in Charlesworth, ed., *op. cit.*, footnote 11 above, p. 174.

which *is* consciousness – into the study of unconsciousness or anticonsciousness.[38]

As an overall consequence of these tendencies, SSB's take a very restricted view of the scope of the political. It is true, of course, that this scope has undergone continuous attrition, at least since St. Thomas Aquinas replaced Aristotle's *zoon politikon* with his "social and political animal." In the nineteenth century, economic man was cut out, and compartmentalized off, from political man. In our own time, the pervasive influence of Talcott Parsons, exerted upon political scientists especially through the SSB's among them, has made further contributions to the atrophy of the political, especially as a result of reification of the concept of the *boundaries* between society, economy, culture, and polity.[39] The attrition of what has been regarded as the sphere of the political seems to be a secular process, which may culminate in the reduction of the political to a minimum, in the age which, according to Philip Rieff, will be conceptually dominated by "psychological man."[40] The remarkable apparently unprecedented thing about SSB's is that they, unlike earlier *political* scientists, have actively contributed to reducing the scope of what legitimately comes under their discipline, almost as though they suffered from professional sadomasochism, a kind of academic self-loathing (possibly induced by and combined with regrets that they did not

[38] Henry S. Kariel arrives at a similar conclusion from a different angle: "A less orthodox test of such a political science is the extent of its impact on those it presumes to understand. It succeeds to the extent that it enables them to recognize more of themselves than they ordinarily recognize, that it raises their expectations, that it expands their consciousness, freeing them to be more playful and political, more active and alive." "Expanding the Political Present," *American Political Science Review*, LXIII, September 1969, p. 774.

See also the critical views of Gunnar Myrdal: "The great tradition in social science and, particularly, in economics has been for the social scientists to take a direct as well as an indirect responsibility for popular education. There is a recent trend, with which I muct register my dissatisfaction, to abandon this great tradition. Through generations even the greatest scholars – and they especially – managed to spare the time from their scientific work to speak to the people in simple terms that laymen could understand. Yet too many social scientists today are increasingly addressing only each other. This trend to false scientism, this foregoing of our responsibility for the formation of public opinion, is apt to decrease the importance of our work for making people more rational.

"Another trend works in the same direction. While a great tradition in social science was to express reasoning as clearly and succinctly as possible, the tendency in recent decades has been for social scientists to close themselves off by means of unnecessarily elaborate and strange terminology, often to the point of impairing their ability to understand one another – and perhaps occasionally even themselves." *Objectivity in Social Research*, New York, 1969.

[39] For a critique of the boundary concept, see David Easton, *A Framework for Political Analysis*, Englewood Cliffs, N. J., 1965, pp. 29, 63-65, and *passim*; also Spiro, "An Evaluation of Systems Theory," cited in footnote 37 above.

[40] Philip Rieff, *The Triumph of the Therapeutic: Uses of Faith after Freud*, New York, 1966.

become economists, sociologists, psychologists, or computer programmers to begin with rather than half-way through their careers).

As a student – though, to his credit, not a disciple – of the great master of the master science, whom we are celebrating here, I therefore conclude this critique of behavioralism in political science with a negative judgment of its value, truth, and righteousness, and a low appreciation of its beauty and technique.

Dankwart A. Rustow

AGREEMENT, DISSENT, AND DEMOCRATIC
FUNDAMENTALS*

I

"The civic dissensions of our generation have, by a curious paradox, generated an increasing emphasis upon the necessity of agreement upon fundamentals as an essential condition of a working democracy."

With these words Carl Joachim Friedrich three decades ago opened an article on "Democracy and Dissent," later republished, in a slightly revised version, as a chapter in his book *The New Belief in the Common Man.*[1] The book may well go down as Friedrich's most important contribution to political philosophy, as distinct from history of political philosophy and from an "empirical theory of politics."[2]

In pursuing the theme of his article, Friedrich thought it "highly questionable whether fundamental agreement, or the absence of dissent in matters of basic significance, is really a necessary or even desirable condition for a constitutional democracy. When one considers the frantic efforts which the totalitarian regimes are making to secure uniformity of opinion and belief, one is bound to ask whether this insistence upon agreement on fundamentals, far from being an essential condition of democracy, is not really alien to its very conception."

". . .May it not be that modern constitutional democracy is the endeavor

* I am indebted to the National Science Foundation and the City University Research Foundation for financial support, and to Sharon Zukin and Binnaz Sayari for research assistance. All errors of fact and lapses of judgment are mine alone.

[1] "Democracy and Dissent," *Political Studies*, vol. 10, no. 4 (October-December 1939), pp. 571-582. Cf. *The New Belief in the Common Man*, Brattleboro: Vermont Publishing Co., 1942, chapter V: "The Need for Dissent." pp. 151-186. The book was reprinted in 1943 and 1945 and republished, with a new prologue and epilogue as *The New Image of the Common Man*, Boston: Beacon, 1950.

[2] Cf. Carl Joachim Friedrich, *Man and His Government: An Empirical Theory of Politics*, New York: McGraw, 1968.

precisely to organize government in such a way that agreement on fundamentals need not be secured?"[3]

Friedrich's conclusion is forthright. "Constitutional democracy is possibly the only form of government which does *not* require agreement on fundamentals. As long as there is insistence upon fundamental agreement, only force remains when people disagree. The realization that 'fundamentals' are never known, demonstrably, but are matters of faith and hence unproven premises, underlies this democratic frame of mind. Free men are men who have become sufficiently mature to realize that neither they nor any leader 'knows it all.' They are ready to face the uncertainties of life unafraid. They are self-confident, but with moderation."[4]

II

That times of intense dissension, as Friedrich suggests, give rise to a clamor for agreement, has been recurrently illustrated in the American experience. "We hold these truths to be self-evident. . .," a conclave of leaders solemnly intoned at Philadelphia in 1776 – in the verbal opening salvo of the bloodiest conflict yet to be fought among English-speaking Americans. If the truth of doctrines such as human equality, the pursuit of happiness, government by consent, and the right of revolution had indeed been self-evident (or even evident *a posteriori* to King George, the parliament at Westminster, or the tens of thousands of loyalists who chose to emigrate to the Maritime Provinces of Canada), there would have been no need to protest so much – or to fight a war.

More recently, no American president has been as fond of invoking a "consensus" as Lyndon B. Johnson – whose tragedy it was to occupy the White House at a time when the course of the war in Vietnam and the state of race relations had thrown Americans into a condition of dissension unprecedented in at least thirty years.

Friedrich's reflections on democracy were the product of the previous period of grand dissension. His preface to *The New Belief* explains that the book had "been in the making for almost ten years," since the time, that is, when Hitler's seizure of power confirmed Friedrich's decision to emigrate to the United States. His article on "Democracy and Dissent" was printed in England late in 1939 and concluded an issue of *Political Studies* that opened with a cry "De Profundis" by Leonard Woolf and continued with anxious speculations on "The Fate of Western Civilization" by J. L. Hammond. Articles in earlier issues of the same volume indicate the nature and source

[3] "Democracy and Dissent," pp. 571f., 573; cf. *New Belief,* p. 156f.
[4] *New Belief,* p. 186; cf. "Democracy and Dissent," p. 582.

of the anxieties: "Social Change – Peaceful or Violent?" by Herbert Morrison; "Munich: American Opinion and Policy," by Lindsay Rogers; "Nazi Economics: How Do They Manage It?" by G. D. H. Cole; "North-Schleswig Next?" "Censorship During the Crisis" (a critical examination of the policies of the Chamberlain cabinet); "Hungary Falls Into Line"; "Greece Faces the Axis"; "Jews in Italy."

Need one continue? The Great Depression, the rise of Naziism, the outbreak of the war – all these contributed to a grave and often acrimonious debate on the crisis of democracy. In the thirties many observers of democracy were ready to call the doctor if not the coroner. In the early forties, following the outbreak of the war, the tone became more confident: Let dictators clothe their goose-stepping battalions in brown, black, or red shirts to give a spurious impression of unanimity; the strength of democracy lies in a spontaneous consensus, in agreement. Democrats, that is, may not agree on superficials, such as the size of the arms budget, the wisdom of Munich, or lend-lease; but they do agree on fundamentals, such as survival through common sacrifice. Much as we may bicker in time of peace, in time of war we do stand united. The recent version of the doctrine of consensus as the basis of democracy was in part the offering that American and British political scientists laid on the altar of national unity in World War Two.[5]

It took intellectual courage as well as clarity "to face the uncertainties" of the time without such synthetic comforts and to proclaim, in 1939 and again in 1942, that democracy is the one "form of government which does *not* require agreement on fundamentals."

III

It is not my purpose to write a history of the doctrine of fundamental agreement as the basis of democracy, or to trace the opposite notion in the writings of Carl J. Friedrich. Rather I should like to single out a few themes, from Friedrich's wartime writing and elsewhere, in and attempt to help resolve some difficulties of the continuing debate.

A search for the origins of the consensus doctrine would take one far afield. It is a recent variant of the doctrine of government by consent, which

[5] The most thoughtful wartime statement is by Ernest Barker, *Reflections on Government*, Oxford: Clarendon, 1942: "Before government by discussion can exist at all, there must be the preliminary basis of a common national tradition and a common social structure; but when it has once come into existence upon this basis it still needs for its working a mental habit of agreement upon a number of axioms which have to be generally accepted" (p. 63). Barker lists three such axioms: The "Agreement to Differ," the "Majority Principle," and the "Principle of Compromise" (pp. 63, 65, 67).

of course antedates modern democracy. Jefferson's insistence that governments derive "their just powers from the consent of the governed" merely repeated (as was proper in a document intended to align enlightened European opinion behind the rebellious colonists) what had for centuries been a commonplace. The notion that binding obligations must be voluntarily assumed underlies the contract theories of the political thinkers of the seventeenth and eighteenth centuries. A millennium earlier it underlay the enactment formula used by Charlemagne.[6] And beyond this it has roots in Greek thought and Roman and Germanic law.

Each of the contracts which seventeenth-century jurists postulated is reflected in later political theory. The governmental contract, between a people and its rulers, corresponds to the doctrine of government by consent. The social contract, just as broadly, corresponds to the doctrine of consensus as the basis of legitimacy.

A body of thought so deeply rooted will have many ramifications. In examining the theory of consensus or fundamental agreement a recurrent difficulty is to identify an authoritative or representative statement of it. Consensus, or fundamental agreement, as the basis of legitimacy or democratic stability has become a notion so widespread, so much in the air, that almost every writer, without any careful check of the texts, assumes it to have been stated earlier by someone else.

For example, in a passage which provides one of the targets of Friedrich's criticism, Harold Laski imputes the doctrine of fundamental agreement to Bagehot:

The "prerequisites," as Bagehot called them, of successful representative government are, indeed, both manifold and complex. It requires something more than intelligence and virtue. It presupposes a body of citizens who are fundamentally at one upon all the major objects of governmental activity; so fundamentally at one, it may be added, that the thought of conflict as a way of change is incapable of entering the minds of more than an insignificant portion of the nation. It requires, in the second place, a sense in the nation that no single class of any importance in the community is permanently excluded from power. . .

A third condition of successful representative government is that it should be built upon widely diffused habits of tolerance throughout the nation.[7]

---

[6] "Charles the Emperor. . . together with the bishops, abbots, counts, dukes, and all the faithful subjects of the Christian Church, and with their consent and counsel, has decreed the following. . . in order that each loyal subject, who has himself confirmed these decrees with his own hand, may do justice and in order that all his loyal subjects may desire to uphold the law." Quoted by George H. Sabine, *A History of Political Theory*, rev. edn.,New York: Holt, 1950, p. 204.

[7] Harold Laski, *Parliamentary Government in England*, New York: Viking, 1938, second printing, 1947, p. 4; for similar discussions see the same author's *Democracy in Crisis*

Now this is, to say the least, an inexact paraphrase. Bagehot indeed listed three conditions, but none of them matches those in Laski's version. The argument is best summarized in Bagehot's words (the emphases being his own):

The first prerequisite of elective government is the *mutual confidence* of the electors. . . A second and very rare condition of an elective government is a *calm* national mind – a tone of mind sufficiently stable to bear the necessary excitement of conspicuous revolutions. . . Lastly, the third condition of all elective government is what I may call *rationality*,. . . A whole people electing its rulers must be able to form a distinct conception of distant objects.[8]

It would seem that Laski's restatement owes more to a passage in Lord Balfour's introduction to Bagehot's work than to the actual text. ". . .It is evident," wrote Balfour, "that our whole political machinery pre-supposes a people so fundamentally at one that they can safely afford to bicker. . ."[9]

IV

A second difficulty arises from what I would call the shift from Ought to Is.[10] An example of a simple "ought" statement is the doctrine of consent as stated in the Declaration of Independence. It does not say that *all* governments are based on consent: it was drafted precisely to justify rebellion

---

(1933) and *The Labour Party and the Constitution* (1900). Cf. Reginald Bassett, *The Essentials of Parliamentary Democracy*, London: Macmillan, 1935, chapter V.

[8] Walter Bagehot, *The English Constitution*, 1867; World's Classics edn., with an introduction by the First Earl of Balfour, London: Oxford University Press, 1928, chapter VII: "The Prerequisites of Cabinet Government. . .," pp. 225, 227, 228.

[9] Balfour, *ibid.*, p. xxiv. As Friedrich observes ("Democracy and Dissent," p. 571), Laski cites or refers to this brief passage repeatedly, namely *Parliamentary Government*, pp. 8, 13, 65, 72, 165, 366f., as well as in other works. Three decades before Balfour's preface, the doctrine of "general agreement" on "fundamentals" had been stated by G. Lowes Dickinson, *Development of Parliamentary Government in England During the Nineteenth Century* (1895), p. 161f., in a passage quoted in turn by A. Lawrence Lowell, *Public Opinion and Popular Government*, 1913, new edn., New York: Longmans, Green, 1914, p. 42f. "Government by the majority," says Dickinson, "is a convenient means of conducting national affairs, where and in so far as there is a basis of general agreement deeper and more persistent than the variations of surface opinion; but as soon as a really fundamental point is touched, as soon as a primary instinct, whether of self-preservation or of justice, begins to be seriously and continuously outraged, the democratic convention gives way." Specifically Dickinson predicted that the propertied class would set aside the democratic rules as soon as the "extremer Socialists" should use them "to effect a social revolution."

There is a squeeze play on: both the conservatives and Laski, the Marxist, assert that, democracy brooks no basic dissent – the ones to reject dissent, the other to doom bourgeois democracy. The partial but real social revolutions effected since their day by means of the progressive income tax and the welfare state make the diagnosis less plausible today.

[10] My phrase inverts the usage of Arnold Brecht, *Political Theory*, Princeton: 1959,

against a government alleged to have forfeited its basis in consent. Rather it says that *just* governments are so based. Someone who makes an "ought" statement of this type can acknowledge that any government rests in part on force, habit, or a variety of emotions; at the same time he can proceed to develop a realistic program to enhance the consensual element in politics. Similarly a statement of human equality as an ideal can inspire policies designed to reduce the differences in economic income or political power.

But the temptation is to translate such propositions from the optative to the indicative, from Ought to Is. Not "all men *should be made* as equal as possible" but "all men *are created* equal." Not "democratic government *should seek* to obtain the widest possible agreement," but "all democracy *is based* on fundamental agreement."[11] From the lips of an eloquent speaker the Ought-Is shift can serve as an effective device of persuasion. Many a listener might dismiss the political maxims or moral rules invoked by a self-appointed assembly of rebels; but who can argue away "self-evident *truths*" or "*facts* submitted to a candid world"?

The general doctrine that democracy rests on agreement thus is typically formulated in an effort to obtain agreement among admitted democrats for particular principles on which in fact they disagree. Friedrich attributes the doctrine of "agreement upon fundamentals" to British thinkers such as Burke, Bagehot, and Balfour, who were eager to engraft aristocratic attitudes upon the voters in an increasingly democratic age.[12] Similarly, in the 1940's the consensus doctrine was invoked by those who opposed isolationism and appeasement; and in the 1960's by those committed to salvaging the New Deal coalition in the face of the mounting strains of Vietnam and the urban and racial crises. "You are a democrat," the typical argument has run; "now

p. 126, who characterizes arguments such as Jefferson's on equality as a "shift from Is to Ought" (p. 200). Brecht's is a searching study in the history of ideas, and his term accurately describes the overt content of the Declaration of Independence, which argues from the fact of equal divine creation to the imperative of unalienable rights. My focus is on the recent discussion, which is willy-nilly imbued with the Scientific Value Relativism which Brecht so eloquently advocates. But I also mean to convey that Jefferson's premise ("all men are created equal") in its theological and pseudo-factual language smuggles in the moral judgment that the conclusion ("certain unalienable rights") extracts. Brecht's term "fusion between Is and Ought" (p. 199) covers both interpretations. The complaint about the fusion and resulting confusion was first registered in Hume's *Treatise of Human Nature* (1739); see Brecht, p. 540.

[11] Just so, early nationalists celebrate the age-old existence of a nation they are hoping to help call to life. See Rustow, *A World of Nations*, Washington: Brookings, 1967, pp. 26, 40-47.

[12] "Dissent and Democracy," pp. 571, 577f.; *New Belief*, pp. 153f., 175-177. Friedrich's estimate of Bagehot appears to rely on Laski. His critique of Laski and G. D. H. Cole, in turn, relies in part on Bassett, *op. cit.*

democracy rests on fundamental agreement; therefore, surely, you will agree with me that. . .''

Of course the rhetoric may also acquire a more ominous ring as persuasion turns into coercion. Since all Americans agree with this or that proposition, let those who disagree be investigated, blacklisted, or otherwise punished for their un-American activities. As V. O. Key aptly put it, ''when men begin to assert the revealed truth about fundamentals, they seem to be on the road to the repression of dissent from their conception of the fundamentals.''[13] Or, in Friedrich's words (quoted earlier), when ''there is insistence on fundamental agreement, only force remains when people disagree.''

V

Long before it ends up menacing life or liberty, the shift from Ought to Is flies in the face of fact and good sense. Of fact, because ''ought'' statements are commonly made about conditions unfulfilled in reality: a people innocent of blasphemy, covetousness, and murder would have no need of the Ten Commandments. And of good sense, because the handiest defense for a statement contrary to fact is to torture your words or blur your logic. Not surprisingly, the more profoundly you believed in the original Ought, the more doggedly you will cling to the substitute Is.

Indeed theorists who assert the basis of government in consent or of democracy in consensus and agreement are in worse shape than the proclaimers of decalogues. Most men most of the time do not murder, steal, or commit adultery. But governments never rest merely on consent. No one asks us whether we should like to be born – let alone born under such and such a government. Nor is anyone else ready to suspend all political business till the infant gets around to giving his assent. And dissensions – campaign oratory, contested elections, parliamentary divisions – are the distinguishing mark of democracy.

Agreement may be the upshot, it is never the starting point of democracy. Nor does democracy rest on consensus, if that term is taken in its plain dictionary sense of convergent opinion or testimony of competent witnesses.[14] The daily business of any government is to settle some of the

---

[13] V. O. Key, Jr., *Public Opinion and American Democracy*, New York: Knopf, 1967, p. 41.

[14] The relevant definition in the Oxford English Dictionary is ''Agreement in opinion; the collective unanimous opinion of a number of persons. . . Also *consensus of opinion, authority, testimony*, etc.'' Among the examples given are: ''Supported by a great consensus of very weighty evidence.'' (1858) ''Sustained by a great consensus of opinion.'' (1874) ''A consensus had actually been arrived at on the main features involved.'' (1880) The word had recently become established in English usage when Lowell in 1896 took it up as a technical term.

matters on which men disagree. A people in complete and spontaneous agreement would have no more need of politics than would a republic of angels of the Mosaic Tablets. As Friedrich suggests, democracy is the one type of government that is "ready to face the uncertainties of life unafraid," that acknowledges (and in due course often resolves) the prevailing dissensions.

Those beliefs on which a democratic population agrees are likely to be remote from their consciousness. This accords with the conclusion reached by V. O. Key as he ransacked the archives of survey research for recorded instances of the Great American Consensus. Too cautious to deny the existence of such a consensus he merely voiced doubt that there was any firm evidence of it:

Trustworthy information is scarce on exactly what attitudes prevade the population. . . Such evidence as exists, though, makes it improbable that well-organized sets of political beliefs are held by large proportions of the population. . . However one defines fundamentals – rights of property, freedom, individual liberty, or what not – there can be no doubt that over the past 75 years the United States has coped with question after question that would have been unmanageable within the limits of any rigid and powerfully held consensus on substantive fundamentals. The capacity to solve highly contentious individual issues does not disprove the existence of a mass consensus on "fundamentals," but it suggests that the consensus, if it exists, has a considerable element of flexibility.[15]

Saddled with an untrue proposition, or at least one not readily amenable to empirical demonstration, what does the consensus theorist do? He can blur his definition. "The magic word 'consensus'," to quote Key once more, ". . .solves many puzzles, but only infrequently is the term given precise meaning."[16] A good example is the description that Edward Shils gives of consensus in his article in the *International Encyclopedia of the Social Sciences*. He starts out defining consensus as "a particular state of the belief system of a society," and is careful to specify that only "approximate agreement" of certain beliefs is required. But he broadens the definition at once by adding "feelings of unity" to beliefs and including "'macrosocial' consensus" as well as such consensus as may "exist between individuals in primordial or personal face-to-face relationships as in a family or friendship. . ." Consensus soon becomes anything that limits conflicts between "workers and supervisors and among workers on a shop floor, among members of different political parties, or members of different factions within a political

[15] Key, p. 41.

[16] Key, p. 27. Either out of charity, or because of the difficulty of finding an authentic statement of the consensus theory (see above), Key refers only to anonymous "political theorists." Shils' essay, written some years later, is an authoritative reflection of the American social scientists' consensus on "consensus" that Key had in mind.

party. . ." Consensus, according to Shils, includes beliefs about "the rightness and the qualifications of those in authority" and "the legitimacy of institutions. . ." Yet "Macrosocial consensus by definition [sic!] does not include such beliefs as those which refer to the right order of personal relationships, the proper objects of aesthetic experience and judgment, the origin and structure of the cosmos, and the nature and powers of divinity."[17]

At this point, consensus has evolved far beyond its dictionary meaning, a large portion of which has been defined away; and most of what Friedrich and the rest of us would call fundamentals has been excluded.

Having laid his definitional groundwork, Shils winds up with a paean on the beneficial effects of consensus that comes close to a denial of the possibility of political or ideological change:

. . .despite the strains to which it is constantly subjected, the consensus of a society has much adaptability and considerable powers of endurance. . . The disruption of society in situations of acute civil disorder consists of the active contention of violently dissensual elites for the machinery and symbols of authority and the control of the system of distribution. The persistence of the more consensual sections of the population in the beliefs they have hitherto held fosters the re-establishment of a substantial measure of consensus when the crisis passes. . .
Once civil order is restored, consensus gradually becomes re-established. It will not be exactly the same consensual pattern of belief that existed previously. The newly established elite, legitimated by effective incumbency, will both deliberately and unwittingly infiltrate some of its own beliefs into the previously operative consensus. However, the members of the new elite will, in their turn, become assimilated into the basic consensual pattern which is held by those they rule and which they too shared before coming to power.[18]

A set of beliefs, or feeling of unity, or sense of legitimacy that embraces Louis XVI, Robespierre, and Napoleon; or Nikolai II, Kerenski, and Lenin; or Wilhelm II, Scheidemann, and Hitler; or Sun Yat-Sen, Chiang Kai-shek, and Mao Tse-tung (one suspects) has become broad and elusive indeed; but luckily Professor Shils spares us such troublesome empirical details. At any rate, Shils' consensus has done its job of limiting conflict so effectively that there is little left of human history but the sound and the fury.

If vagueness is one temptation for the consensualist another is the escape into tautology. What, he is likely to ask himself, is the consensus, or agreement, on which democracy rests so securely, really *on*? Why, of course, on the very things that make democracy secure. Why does consensus legitimate a regime? Why, obviously, because it is (by Shils' definition) a belief in, or

---

[17] Edward Shils, "Consensus," *International Encyclopedia of the Social Sciences*, New York: Macmillan, 1968, III, p. 260f.
[18] *Ibid.*, III, p. 266.

feeling about, "the legitimacy of institutions." (Key, some years before the publication of Shils' article, conceded this possible defense of the consensus theory: "Whatever the characteristics of popular attitude that permit governments to operate as if a basic consensus existed, they do not seem to consist of ideas that amount to a consensus on political fundamentals unless we mean by that phrase nothing more than a popular recognition of the legitimacy of the regime."[19])

No less a writer than John Stuart Mill pioneered this tautological route. Like Bagehot a few years later, Mill discerned "three fundamental conditions" of representative government, except that according to Mill these turn out to be "1. That the people should be willing to receive it. 2. That they should be willing and able to do what is necessary for its preservation. 3. That they should be willing and able to fulfil the duties and discharge the functions which it imposes on them."[20] For representative government to do its work, it is necessary that people do whatever is necessary to make that form of government work.

VI

The first political scientist to speak of consensus, to my knowledge, was Abbott Lawrence Lowell. In his preface to *The New Belief* Friedrich recalls his book's origin as a set of lectures to the Lowell Institute in Boston and thanks the former Harvard President for his part in the invitation. Perhaps, then, it was delicacy that kept Friedrich from extending his critique of agreement upon fundamentals to its synonym, consensus.

Lowell is aware of the contractarian antecedents of his concept; indeed he describes it as his effort to convey the truth of Rousseau's General Will clothed "in more modern dress. A body of men," he goes on to explain,

are politically capable of a public opinion only so far as they are agreed upon the ends and aims of government and upon the principles by which those ends shall be attained. They must be united, also, about the means whereby the action of the government is to be determined. . .; a political community as a whole is capable of public opinion only when this is true of the great bulk of the citizens. Such an assumption was implied. . . in all theories of the Social Compact; and, indeed, it is involved in all theories that base rightful government upon the consent of the governed, for the consent required is not a universal approval by all the people of every measure enacted, but a consensus in regard to the legitimate character of the ruling authority and its right to decide the questions that arise.[21]

[19] Key, p. 50.
[20] John Stuart Mill, *Considerations on Representative Government* (1861), chapter IV, cf. chapter I, Everyman's Library edn., pp. 208, 175-184.
[21] Lowell, *Public Opinion and Popular Government, op. cit.*, p. 9. A half-century earlier, the concept of "consensus" had figured prominently in the sociology of Auguste Comte.

Lowell extolls consensus as "the foundation of political life,... of all political authority, of all law and order..." If consensus "were seriously questioned, the position of the government would be shaken,... if it were destroyed, the country would be plunged into a state of anarchy."[22] The magic qualities upon which V. O. Key was to remark thus inhered in consensus from the start; so did the tendency to tautology. Lowell first hits upon the term as he searches for the "source of political dissensions" in the countries of Europe – and finds it in "the lack of political consensus."[23] Europeans, surprisingly, dissent because they fail to consent.

Still, Lowell's concept is in better focus than later versions. Outside the consensus remain those who "are termed in France Irreconcilables,"[24] such as the monarchists under the Third Republic, the Alsatian irredentists under the Bismarck Empire, and the quarreling nationalities in Imperial Austria. Consensus, in other words, embraces all those who do not reject the state itself and its basic form of government as illegitimate.

Like later writers, Lowell thinks of consensus as a set of present beliefs and attitudes that keep partisan alignments in bounds. He is less concerned with the origins or development of consensus and seems in two minds on the matter. At one time he insists that

consensus... cannot be created artificially, but must be the result of slow growth and long tradition. Its essence lies in the fact that it is unconscious... The foundation of government is faith, not reason, and the faith of a people is not vital unless it is born with it.[25]

At other times he concedes that it can be created, though slowly and perhaps not "artificially":

Austria will never be free from danger until a majority at least of her people have reached a consensus on the rights of the several races. Now, for the creation of a consensus two things are requisite, – an unbroken continuation of the same system of government for a considerable period, and a belief that it is permanent and final.[26]

But to the first passage he appends two footnotes, of which the first illustrates how consensus can be quickly enlarged. In 1886 when "Gladstone made Home Rule a practical question in English politics," the Parnellites, long

---

[22] Lowell, *Government and Parties in Continental Europe*, Boston: Houghton Mifflin, 1896, I, p. 102.
[23] *Ibid.*, I, p. 101.
[24] *Ibid.*, I, p. 102.
[25] *Ibid.*, I, p. 103.
[26] *Ibid.*, II, p. 121.

irreconcilable, now became reconcilable. The other mentions a "curious" and "almost solitary" exception – an instance where consensus *was* artificially and rapidly created – and that none other than Lowell's favorite example of an existing consensus, the United States:

The generation that framed the Constitution looked upon that document as very imperfect, but they clung to it tenaciously as the only defense against national dismemberment, and in order to make it popular, they praised it beyond their own belief in its merits. This effort to force themselves to admire the Constitution was marvelously successful, and resulted, in the next generation, in a worship of the Constitution, of which its framers never dreamed.[27]

Like Rousseau, he was forthright enough to put into his footnotes some afterthoughts that might have derailed his whole argument.[28]

VII

The theory of democracy based on consensus or fundamental agreement, from Lowell's day to this, has been cast in one of two forms – although Lowell and others have at times been undecided between the two.

First, consensus may be defined strictly as a set of overt opinions on actual political questions. The theory then becomes a hypothesis as to the kind of opinions the citizenry must hold to make democracy work .To trace such links from opinion to politics has been the major concern of the so-called behavioral school of political science. That school was founded on the conviction of L. L. Thurstone, Charles Merriam, and their followers that Attitude could furnish "a suitable basic unit of measurement analogous to money in economics,"[29] and that responses to questionnaires could provide valid clues to Attitudes. V. O. Key's disclaimers indicate how little success the resulting "behavioral" research has had in confirming or refuting Lowell's consensus hypothesis.

The trouble was not with the method, which is well suited to trace the effects of opinion on politics, but with the assumption that this was the sole direction in which influence flowed. A generation after Thurstone social

[27] *Ibid.*, I, p. 103f.

[28] See Rousseau's famous footnote on free emigration as an implicit condition of the social contract (*Social Contract*, Book IV, chapter 2) – a qualification that opens up the entire subject of foreign relations. This subject Rousseau avoided in the *Social Contract*; he was struggling with it vainly in his commentaries on the Abbé de Saint-Pierre.

[29] Richard Jensen, "History and the Political Scientist," in Seymour Martin Lipset, ed., *Politics and the Social Sciences*, New York: Oxford, 1969, p. 5. On the difficulties of deriving significant political generalizations from attitude surveys cf. D. A. Rustow "Relevance in Social Science, or The Proper Study of Mankind," *The American Scholar*, Summer 1971, p. 491.

psychologists rediscovered the possibility of the opposite influence, of actions on beliefs.[30] And three decades after Freud's death political scientists are beginning to take seriously Lowell's offhand suggestion that crucial political processes can be "unconscious." A related difficulty stemmed from the behaviorists' preoccupation with contemporary data and hence with simultaneous correlations. This condemned their efforts to an unhistoric shallowness and led them to pay little attention to the formation of opinions, nations, states, loyalties, or institutions as a long-term process.

Second, consensus or fundamental agreement may be redefined to include a variety of emotions or habits: friendship according to Shils, faith and unconscious beliefs according to Lowell, sentiments of loyalty or traits of national character according to others. This saves psychology but endangers logic: here lurk the pitfalls of magic vagueness and tautology.

By concentrating his fire on the sharper concept of "agreement," Friedrich avoids the ambiguities of "consensus." He also resists the implausible psychology of the survey researchers. What holds a democracy together, in his view, are not the opinions of the citizens, least of all their opinions on "fundamentals,"[31] but their interaction, including their respect for workmanship and for the human experience of the "common man." Ironically, it is the "behaviorists" who imagine democracy to be based on opinions and non-behaviorists like Friedrich who seek its roots in patterns of behavior.

Friedrich's work, notably his earlier book *Constitutional Government and Politics*,[32] provides an important antidote against the non-historical orientation of much of the recent discussion on democracy. What is needed here is to convert the timeless question after the basis, requisites, or (in Mill's phrase) "fundamental conditions" of democracy into a dynamic inquiry into the process of transition to democracy, of consolidation of democracy, and perhaps of decay of democracy. Bagehot in an interesting passage dealing with legislatures, implies what elsewhere I have called the distinction between a "genetic" and a "functional" perspective:[33] "The condition of fitness are two. First you must get a good legislature; and next, you must

[30] Notably Leon Festinger, *A Theory of Cognitive Dissonance*, Stanford: Stanford University Press, 1957.

[31] "...a concept too vague, too personal, or too divine ever to do the job of politics for it," in the striking phrase of Bernard Crick, *In Defense of Politics*, rev. edn., Penguin Books, 1964, p. 24.

[32] New York: Harper, 1937, 2nd edn. 1941; rev. edn. under the title *Constitutional Government and Democracy*, Boston: Ginn, 1950.

[33] D. A. Rustow, "Transitions to Democracy: Toward A Dynamic Model," *Comparative Politics*, vol. 2, no. 3, April 1970, pp. 337-363, esp. 339-347; cf. D. A. Rustow, "Communism and Change," in Chalmers Johnson, ed., *Change in Communist Systems*, Stanford: Stanford University Press, 1970, pp. 343-358, esp. 357.

keep it good. . . .The difficulty of keeping a good legislature is evidently secondary to the difficulty of first getting it."[34] And Lowell, as we saw, had a somewhat primitive theory of the genesis of constitutionalism – a talk-your-self-into-it-before-you-known-it theory – tucked away in a footnote.

The dynamic perspective could be introduced into the discussion of consensus itself by recapturing some of the original meaning of the word that political scientists and sociologists from Lowell to Shils have tried to make us forget. A good starting point for such a recapture would be Horace Kallen's article on consensus in the older edition of the *Encyclopaedia of the Social Sciences*. ". . .The quality of agreement reached in a consensus," Kallen insists, "is quite different from the quality in other types of agreement – conformity, for example." Consensus is

the pattern of cohesion in all cooperative resolutions of conflict. . . Every consensus is a won agreement. . . The parties to the initiating conflict persumably enjoy parity. The confronted interests are alike in freedom and importance. The issue between them gets joined not by exclusion and antagonistic imposition but by reciprocal interpenetration. All are active and plastic. Each modifies the other and is modified by them. There is a circular give and take,. . . oppositions weaken. . ., agreements strengthen and spread. At the end the initial aggregation of opposed individuals has become an integrated association with organically related members; the opposed interests have molded each other with a mutually sustaining configuration where each has acquired a new character and new values and where all have brought the social process to a new level and tempo.[35]

Kallen's somewhat idealized account is a vivid reminder that consensus is sometimes the end, but never the beginning of democracy. In so far as there is evidence of basic consensus in mature democracies, Lowell and his followers are simply confusing cause and effect.

Such confusions arc bound to recur if we persist in inquiring about the "fundamentals" of democracy – and any arbitrary "operationalization" of ill-chosen terms can only aggravate the evil. But once we move from the scholastic realm of permanent essences and definition-mongering to the concrete arena of social change we can divide the problem into distinct and researchable phases. We can inquire, for example, into the social strains or international pressures that challenge an established oligarchy; investigate the circumstances that make the oligarchs yield to democracy; trace the pattern of constitutional compromise that comes to embody the new democratic rules; and analyse the political, social, and psychological processes

[34] Bagehot, pp. 231, 232.
[35] Horace M. Kallen, "Consensus," *Encyclopaedia of the Social Sciences*, New York: Macmillan, 1931, III, p. 225f.

by which rulers and citizens become accustomed to those rules.[36] On a smaller scale we can investigate the techniques dear to Kallen by which democracies resolve issues, win agreements, and gain loyalties. Meanwhile, those who would pursue their researches in any of these fields owe a debt to Carl J. Friedrich as one who, at a time of clamor for agreement and consensus, upheld democracy's fundamental and perennial Need for Dissent.

[36] One possible research program along those lines is described in Rustow, "Transitions to Democracy," pp. 350-361.

Heinz Eulau

POLITICAL SCIENCE AND EDUCATION:
THE LONG VIEW AND THE SHORT*

No political scientist can escape a fascination with education; and, for once, the current interest in research on education and the political order is not another fad or fashion in our discipline. To believe otherwise would be taking the short view indeed. If one were only to take the short view, one would deprive oneself of the sustained efforts made through the centuries by political philosophers to understand the relationship between politics and education. Not surprisingly, Carl Friedrich, wide-ranging political theorist that he is, does not make this mistake. And, interestingly, it is "Tradition and the Role of Education" that fascinates him.[1] It is an honorable and honored perspective. In taking it, Friedrich confirms his sensitivity to the relevant in politics. I cannot do other but express my appreciation.

However, if one took only the long view, the result would be stultifying because one would inevitably come to the conclusion of *toujours la même chose*. If the short view is short, the long view, paradoxically, is even shorter. I propose to tread in-between, partly because by education and inclination I have a historical bent of mind, partly because by trained incapacity I cannot ignore the shape of things as they are. Happily, history has always meant to me the study of how things have come to be what they are, so that I can elude the comfortable assumption either that the past is full of infinite wisdom or that present trends will continue indefinitely into the future. Let me begin, therefore, at the beginning. And if one is interested in politics and education, one better begin with Plato and go from there.

What makes Plato so pregnant with meaning today is the current impasse over the relationship between the educational system and the political order.

* An earlier version of this paper was prepared for the research workshop on "The Politics of Elementary and Secondary Education," sponsored by the Committee on Basic Research in Education, Division of Behavioral Sciences, National Academy of Science/ National Research Council, held September 14-19, 1970, at Stanford University.

[1] See Carl J. Friedrich, *Man and His Government: An Empirical Theory of Politics*, New York: McGraw-Hill, 1963, Chapter 33.

There are those who, because they believe that education is dominated in any case by something they call the Military-Industrial-Political Complex, would make the schools staging areas of reform or revolution. And there are those who, because they mistake their establishment views and values for universal verities, would rather throttle education or choke it to death than have it sullied by political reality. Both sides, I suggest, might find it profitable to read Plato. For Plato's *Republic*, it seems to me, represents this myopic view of the relationship between politics and education; in fact, it is *the* educational institution. There is simply no difference between the state of the Republic and its educational system. They are the same because they have the same goal – the well-being of the state. Education is not an end but the means by which human nature can be shaped in the right direction to produce the harmonious state. As the virtuous citizen can only fulfill himself in the *polis*, the state must see to it that training of the young is consonant with the welfare of the state. If the educational system is good, almost any improvement is possible in the political order.

There are two things to be derived by implication from this mini-presentation of Plato on education. First, there is the utopian scent – education can create the perfect political order. And second, because the image of the political order is perfect, at least in the beholder's mind, education can be nothing but the handmaiden of politics. Both presumptions, I daresay, are still very much with us – in whatever guise. They explain, I think, both the optimism and dogmatism of all those, whether of the Right, Center or Left, who believe that if something is wrong with the social and political order, all that is needed to rectify things is more education, better education and morally right education. But, as I said, these are only presumptions, and a presumption is, by definition, a conclusion that is not based on evidence.

Let me put it differently. I know of no political order in the real world which, even if we could agree on its being close to perfection, has been created out of or by an educational system. If anything, the relationship between politics and education, it seems to me, is the other way round. If the political order is sound, stable, legitimate, just or whatever other criterion of "goodness" one wishes to apply, education and all that is implied by education, such as the creation of new knowledge or the transmission of traditional knowledge, flourishes. If the political order is in trouble, education is in trouble. If we were to follow Plato or, for that matter, Aristotle who believed that education is prior to politics, we would have to conclude that our public troubles – the war in Vietnam, poverty in the ghettos, pollution of the life space, and so on – are due to our educational system. Of course, John Dewey and Dr. Benjamin Spock have been blamed; but I seriously doubt that we can take such scape-goating seriously. On the contrary, therefore, if we find our educational system wanting, I think we should try to look at the public order rather than, as we have done so much in education, contemplate our navels as if the outside world did not exist.

Perhaps I am over-stating the anti-classical view somewhat, but I do so only because I sense the spell of Plato and Aristotle is still so very much with us, even though it is camouflaged these days in the rhetoric of Herbert Marcuse or the aphorisms of Chairman Mao, on the Left, and the "public philosophy" of Walter Lippmann or the homilies of Max Rafferty, on the Right. But if we assume that it is the political process and the condition of political affairs that make education what it is, I think we find ourselves at the interstices of polity and educational system where political science as a theoretical science and education as an applied science can truly meet on empirical ground.

Let me state all this more formally. I think we have to think of politics, broadly conceived as including both government and societal happenings, as the independent variable and of education as the dependent variable. Now. what bothers me about most of the recent research in political science that deals with education or education-related topics like socialization or attitude formation is that it has been largely cast in the teleological model that is implicit in Plato's and Aristotle's conceptions of the polity. Let me single out as an example *The Civic Culture*, not because it is unique but because it is undoubtedly the most majestic work of this genre of research. Almond and Verba discover nine relationships between level of education as the independent variable and a variety of political perceptions, attitudes and behavioral manifestations as the dependent variables. They conclude that "educational attainment appears to have the most important demographic effect on political attitudes."[2] I have no doubt that these relationships exist. But I believe that one or another mix of all the variables subsumed under what is called political culture – whether parochial, participant, subject or civic – is nothing but one huge tautology that, like Plato's *Republic*, so completely absorbs politics into education and education into politics that explanation of the relationship between politics and education is foreclosed.

---

[2] Gabriel A. Almond and Sidney Verba, *The Civic Culture: Political Attitudes and Democracy in Five Nations*, Princeton, N. J.: Princeton University Press, 1963, p. 379. I could cite here just as well the late V. O. Key's chapter on "The Educational System" in *Public Opinion and American Democracy*, New York: Alfred A. Knopf, 1961, pp. 315-343. Key orders his variables in the same way as Almond and Verba do. But I think both his premises and inferences are different – in fact inconsistent with his data presentation. Almond and Verba, on the other hand, are highly consistent and interpret their findings within the contours of the underlying model.

What is involved is, of course, more than formal education which, Almond and Verba point out, "may not adequately substitute for time in the creation of these other components of the civic culture."[3] But in their subsequent discussion the Platonic-Aristotelian model (which is basically a teleological and practically an engineering approach) implicit in their premises and inferences is made quite explicit: "The problem, then, is to develop, along with the participation skills that schools and other socializing agencies can foster, affective commitment to the political system and a sense of political community."[4] Now, these are not the words of Plato and Aristotle but their spirit is there. The good society will emerge if, through proper socializing and educational procedures, in whatever channels and by whatever agents, the right components of the political culture are harnessed in the right direction.[5]

The belief in the omnipotence of education in shaping the political order is reflected in much of the literature on political development. "The educational preparation of at least sizeable segments of a population," writes Robert E. Ward, "is a basic factor in the modernization of political cultures."[6] I find all of these writings troublesome because the formulation of the problem strikes me as eminently circular. For, it seems to me, the introduction of a sophisticated educational system is an *act* of modernization and can, therefore, not be its cause. In many underdeveloped nations which mobilize educationally there are, indeed, effects on the political order, but not necessarily effects that are conducive to a viable politics. The over-production of high school and college graduates who cannot find meaningful employment often makes for disorder rather than order, but the resultant revolutionary regimes cannot solve the problems that brought them into being. Although an educated elite is a necessary condition of political viability it is not sufficient. If the educated elite reinforces traditional status values or special privileges and, at the same time, betrays a sense of insecurity as a result of the new education, the political process suffers. "Hence the paradox," writes Lucian Pye of Burma,

that is the common tragedy for so many underdeveloped countries: those who have been exposed to modern forms of knowledge are often precisely the ones who are

---

[3] *Ibid.*, p. 502.

[4] *Ibid.*, p. 503.

[5] It is amusing, and I think ironic, that the author of a recent text in political theory entitles one of his chapters "The Aristotelian Bridge: Aristotle, Lipset, Almond." See William T. Bluhm, *Theories of the Political System*, Englewood Cliffs, N. J.: Prentice-Hall, 1965.

[6] Robert E. Ward, "Japan: The Continuity of Modernization," in Lucian W. Pye and Sidney Verba, eds., *Political Culture and Political Development*, Princeton, N.J.: Princeton University Press, 1965, p. 29.

most anxious to obstruct the continued diffusion of the effects of that knowledge; they desperately need to hold on to what they have and avoid all risks. The lasting consequence of their formal education has thus been an inflexible and conservative cast of mind. Modernization has bred opposition to change.[7]

Not all students of development follow the Aristotelian lead. Holt and Turner, for instance, posit the primacy of government. Referring to the government's participation in modernization, they point out that "during the take-off stage, however, the government became much more involved in the enculturation process through its contribution to and regulation of education, especially at the elementary level."[8] Political development in England, for instance, took place prior to educational development.

My point in all this is merely to suggest that a model that postulates the primacy of politics in the relationship with education may be more appropriate than the classical approach, and the underdeveloped nations certainly offer a rich field for testing relevant hypotheses.

Fortunately, modern political philosophy gives us an alternate to the classical model. But this brings us quickly into the nineteenth century. Hobbes, as far as I can make out, is silent on education, and Locke, though concerned with it, significantly did not see it as a function of education to develop in citizens a sense of civic duty – quite logically, I think, because in his view ideas solely stem from one's own perceptions and can therefore not be subjected to an authority other than that of the person himself. I do not want to dwell on Kant who, insisting on man being treated as an end rather than as means, is probably Plato's most distinguished antagonist; but the American tradition was barely influenced by him. I shall turn, therefore, to John Stuart Mill's *On Liberty*.

Mill's conception of education flows from the premise that, given the great variety of opinions on questions of value, moral training must leave room for error. Although one opinion may be dominant, the expression of contrary opinions is necessary and desirable because the dominant opinion may turn out to be partial, false or even dangerous. *On Liberty* was written before universal education, which Mill favored, had been introduced. "If the government would make up its mind to require for every child a good education," he wrote, "it might save itself the trouble of providing one." Implicit in this statement is an interesting distinction between "State education" and the "enforcement of education by the State." Arguments against

---

[7] Lucian W. Pye, *Politics, Personality, and Nation Building: Burma's Search for Identity*, New Haven: Yale University Press, 1962, p. 220.

[8] Robert T. Holt and John E. Turner, *The Political Basis of Economic Development*, Princeton, N.J.: D. Van Nostrand Company, 1966, p. 270.

the former, he believed, do not apply to the latter "but to the State's taking upon itself to direct that education; which is a totally different thing." And why did Mill reject "State education?" Let me quote him, for this view is so very different from the Platonic-Aristotelian conception:

All that has been said of the importance of individuality of character, and diversity in opinions and modes of conduct, involves, as of the same unspeakable importance, diversity of education. A general State education is a mere contrivance for moulding people to be exactly like one another: and as the mould in which it casts them is that which pleases the predominant power in the government, whether this be a monarch, a priesthood, an aristocracy, or the majority of the existing generation; in proportion as it is efficient and successful, it establishes a despotism over the mind, leading by natural tendency to one over the body. [9]

I need not linger over the fact that the times have passed Mill by. Rather, I find his position remarkable for two reasons. First, if I do have to smell the scent of Utopia, I find Mill's version much more attractive and congenial than Plato's, for reasons that should be self-evident. But, second, just as the Platonic-Aristotelian conception provides the latent premises for the model of empirical research that takes education as the independent variable, so Mill provides the premises, I think, for any model that takes it as the dependent variable. Almost a hundred years after *On Liberty* was published, another eminent English political theorist and scholar, Ernest Barker, echoed Mill to the effect that "the field of education. . . is not, and never can be, a monopoly of the State." And he gives a reason: "Educational associations – of parents, of teachers, of workers, and of members of religious confessions – are all concerned in the development of educational experiments, and in offering that liberty of choice among types of school and forms of instruction which is essential to the growth of personal and individual capacity."[10]

What I want to bring out, simply, is what we all know but rarely articulate as specifically as we might; namely, that our value bias is an important criterion in the specification of what we study and how we study it. Our research designs are not neutral by nature, but by articulating and guarding against our value biases, we can at least hope to neutralize them as long as we do our research. It seems to me that there is a profound difference between a research design that takes education (or related processes, such as socialization, indoctrination, propaganda, conditioning, and so on) as the independ-

[9] John Stuart Mill, *On Liberty*, edited by R. B. McCallum, Oxford: Basil Blackwell, 1947, p. 95.
[10] Ernest Barker, *Principles of Social and Political Theory*, Oxford: At the Clarendon Press, 1951, p. 277.

ent variable and a design which takes it as the dependent variable. For if we start from the other end, I think we have a much richer area of investigation opening up before us. And this, I think, is what we mean when we speak of "politics of education" as a field of inquiry.

I do not know why the field has been neglected for so many years; why, in fact, there has never been a consistent effort to continue the research on "civic training" that Charles E. Merriam organized and directed in the late twenties. There were eight country studies and Merriam's own *The Making of Citizens*. Each study, Merriam reported, was given wide latitude, but each collaborator was enjoined "(1) that as a minimum there would be included in each volume an examination of the social bases of political cohesion and (2) that the various mechanisms of civic education would be adequately discussed."[11] Among these mechanisms, Merriam continued,

are those of the schools, the role of governmental services and officials, the place of political parties, and the function of special patriotic organizations; or, from another point of view, the use of traditions in building up civic cohesion, the place of political symbolism, the relation of language, literature, and the press, to civic education, the position occupied by locality in the construction of a political loyalty; and, finally, it is hoped that an effective analysis may be made of competing group loyalties rivaling the state either within or without.[12]

In his later *Systematic Politics*, Merriam emphasized that "the struggle for the schools is almost as significant as that for the control of the army, perhaps more important in the long run. . . We may merely note that some of the most vital of the power problems center in processes often only remotely associated with the grimmer realities of conventionalized authority.[13]

There is certainly something of the prophetic in Merriam's appraisal. We surely witness today a struggle over our educational institutions unmatched in history. Unfortunately, empirical political science has little to contribute to either an understanding of the conflict over the control of education or to possible solutions (though I suspect we may have to learn to live with unsolved problems for a long time to come). I must plead a good deal of ignorance in the matter, but as I search through my library I find only a few items that, in one way or another, meet Merriam's challenge to investigation. If one leaves out the burgeoning literature on political socialization and related topics which, I argued, is really inspired by the education-as-independent-

---

[11] Charles E. Merriam, *The Making of Citizens: A Comparative Study of Methods of Civic Training*, Chicago: University of Chicago Press, 1931, p. x.

[12] *Ibid.*, pp. x-xi.

[13] Charles E. Merriam, *Systematic Politics*, Chicago: University of Chicago Press, 1945, pp. 100-101.

variable model, I can think only of such works as *State Politics and the Public Schools*, by Masters, Salisbury and Eliot;[14] of *The Political Life of American Teachers*, by Harmon Zeigler;[15] and of the stimulating, if "soft," *The Public Vocational University: Captive Knowledge and Public Power*, by Edgar Litt.[16] And I don't think the situation in political sociology is much better. There are, undoubtedly, case studies of local situations (as in Dahl's *Who Governs?*), but a systematic, empirical body of knowledge on the politics of education does not exist.

I hope very much that political science will soon generate enough research ideas to remedy the situation. Just to be constructive, let me make some suggestions.

1. Instead of doing so much work on political socialization, we might ask how the rapid circulation of political elites in modern societies influences the educational system. How is the educational system affected by the conditions of political recruitment and turnover in personnel among those who control it? Are some of the troubles besetting the schools due to the volatility of recruitment processes?

2. How is the educational system affected by the existence of individual differences in intellectual interest and capacity, on the one hand, and government policies to provide equal opportunities for education, on the other hand? How can the educational system be "calibrated" to meet the variety of societal needs for different jobs – from janitors and unskilled workmen to Supreme Court Justices? What are the political implications of "manpower manipulation" through education?

3. Why is it that the "educational lobby" is relatively weak? Who are the "natural" allies of education in the determination of national, state or local educational policies? Would education be better off, or would it be worse off, if it were "taken out" of politics or politics were taken out of education? Why do most interest groups other than those directly involved in education not see the stakes they have in education?

4. What are the consequences of centralization and decentralization of control structures for education? Although this has been much debated, I don't think there is much reliable evidence. Cross-national comparisons are indicated.

5. What are the effects on education of the continuing efforts on the part

[14] Nicholas A. Masters, Robert H. Salisbury, and Thomas H. Eliot, *State Politics and the Public Schools: An Exploratory Analysis*, New York: Alfred A. Knopf, 1964.

[15] Harmon Zeigler, *The Political Life of American Teachers*, Englewood Cliffs, N.J.: Prentice-Hall, 1967.

[16] Edgar Litt, *The Public Vocational University: Captive Knowledge and Public Power*, New York: Holt, Rinehart and Winston, 1969.

of those who would use educational institutions to achieve their own political ends? How can education resist the encroachment of outside interests, be they rightist-oriented legislative inquiries or leftist-inspired movements? How can the school be a "laboratory of democracy?" and yet remain sufficiently autonomous not to become, as in the Soviet Union, an instrument of the garrison state?

6. In treating the school itself as a "political system," we must surely ask questions about the balance between authority and liberty that is conducive to education; in short, reconceptualizing the school as a political system cannot avoid the old controversy over "discipline." How true is the progressive notion that too much (what is "too much?") discipline makes for aggression which is the enemy of tolerance and corresponding guilt which is the enemy of political responsibility? (To judge from the current generation, presumably brought up in a relaxed manner, there is even more aggression and guilt.)

Let me leave it at that. Let me also reemphasize that my premise, throughout, has been the Millian view of the individual as the goal of all educational effort. This is, of course, a normative premise. As I see the excesses now being perpetrated on our high school and college campuses in the name of freedom I am by no means sure that this premise is viable. But, I think, it is a premise worth defending. Perhaps it is up to government to protect the schools against their own excesses; which is, I posit, a nice twist on John Stuart Mill. But such must be the view of a latter-day liberal who, unlike conservative and radical, does not see in government the source of all evil.[17]

---

[17] Which explains, perhaps, why I find much of virtue in Emile Durkheim's *Moral Education*, edited by Everett K. Wilson, New York: The Free Press, 1961.

Klaus von Beyme

„POLITISCHE KULTUR" UND „POLITISCHER STIL". ZUR REZEPTION ZWEIER BEGRIFFE AUS DEN KULTURWISSENSCHAFTEN

1. Die Entstehung der Begriffe „politische Kultur" und „politischer Stil"

Die wichtigsten Grundbegriffe der politischen Theorie wie „Staat" und „Macht" sind in der zweiten Hälfte des 20.Jahrhunderts obsolet geworden. Das institutionelle *bias*, das sie belastete, führte zu ihrer Verdrängung durch neue Integrationsbegriffe wie „System" und „Kommunikation". Der Demokratiebegriff, der seit der französischen Revolution eine fundamentale Rolle in der Theorie des repräsentativen Systems spielte, bekam neue Bedeutungsnuancen, und auch der „Konsensus – Begriff", der seine Bedeutung behielt, musste durch die Herausforderungen der Konfliktmodelle – Gruppenpluralismus, Klassenkonflikts- und Elitentheorien – durch neue Konzepte ergänzt und operationalisiert werden. Mit wachsender Kritik am institutionellen Ansatz breiteten sich zwei neue Konzepte in der politischen Theorie aus, die anderen Wissenschaften entlehnt waren, und mit dem Zusatz „politisch" versehen wurden: "Kultur" und „Stil". Der Kulturbegriff wurde durch die behavioristische Revolte in der politischen Theorie aus der Anthropologie eingeführt, und der Stilbegriff, wurde von verschiedenen Ansätzen – denen die institutionelle Deskription nicht mehr genügte – aus den Geisteswissenschaften, vor allem aus der Kunstgeschichte, in die Politikwissenschaft übernommen.

Beide Begriffe wurden erst in den 50er Jahren häufiger gebraucht. Der Begriff der politischen Kultur wurde durch Gabriel Almond[1] in die allgemeine Diskussion gebracht. Die umfangreiche begriffsanalytische Untersuchung von A. L. Kroeber und Clyde Kluckhohn[2] registriert die Wortverbindung „politische Kultur" noch nicht unter den hunderten von Kulturbegriffen, die nachgewiesen wurden, und auch der Stilbegriff wird von

---

[1] G. Almond, „Comparative political Systems," *Journal of Politics*, 1956.
[2] A. L. Kroeber, *Culture, A Critical Review of Concepts and Definitions*, New York, 1952.

älteren politischen Theoretikern kaum verwandt. Immerhin taucht der Stilbegriff in verwandten Kombinationen auf, etwa als „parlamentarischer Stil" bei Victor Aimée Huber[3]. Huber schrieb 1842: „Dass wir dabei – um doch auch unsrerseits die Einführung des gepriesenen parlamentarischen Styls zu befördern – mit dem Privatcharakter dieser Herren durchaus nichts zu schaffen haben. . . das ist klar."

Der Stilbegriff wurde in der politischen Theorie des 19. Jahrhunderts manchmal dort gebraucht, wo eine exaktere Klassifikation in den Begriffen der Staats- und Regierungsformenlehre nicht möglich erschien. Der „Parlamentarische Stil" galt als Variante des konstitutionellen Systems, und kennzeichnete ein Regime, in dem das politische Schwergewicht beim Parlament lag. Der Stil als Variante ging genetisch dem Begriff einer neuen Regierungsform (parlamentarisches Regierungssystem voraus. Man sprach im 19. Jahrhundert auf dem Kontinent gelegentlich auch vom „Koburger Regierungsstil" um die Entwicklung zum parlamentarischen Regierungssystem in Grossbritannien und Belgien als lokale und dynastische Variante bagatellisieren zu können.[4] Die Genesis des Stilbegriffs zeigt seine funktionale Bedeutung an: er tauchte immer dann auf, wenn sich ein neues politisches Phänomen nicht in die bestehenden institutionellen Begriffe einordnen liess.

Beide Begriffe waren seit langem multifunktional und keineswegs nur auf eine spezifische Wissenschaft beschränkt. Der Kulturbegriff wurde seit ca. 1750 vor allem in der deutschen Sprache gebraucht, während die romanischen Sprachen und das Englische überwiegend von „Zivilisation" sprachen. Der erste angelsächsische Anthropologe, Tylor, der den Kulturbegriff in dem Werk „Primitive Culture" zu einem Zentralbegriff einer Wissenschaft erhob, übernahm ihn von deutschen Autoren, vor allem von Klemm, aber noch lange behielten die Engländer (mehr als die Amerikaner) Skrupel, den deutschen Ausdruck zu adoptieren[5]. Gleichwohl gab es in der Literatur der politischen Klassiker funktionale Äquivalente des Begriffs „politische Kultur" seit Aristoteles sich den sozialen Grundlagen der Polis zugewandt hatte, und vor allem französische Theoretiker von Bodin über Montesquieu bis Tocqueville, die „moeurs" untersuchten, auf denen ein Gemeinwesen beruht. Bekannt ist das Kapitel in Tocquevilles Amerikabuch: „Que les lois servent plus au maintien de la république démocratique aux Etats-Unis que les causes physiques, et les moeurs plus que les lois."[6] Ein

---

[3] V. A. Huber, *Die Opposition*, Halle, 1842, S. 8.

[4] vgl. Klaus von Beyme, *Die Parlamentarischen Regierungssysteme in Europa*, München, 1970, S. 32ff.

[5] Kroeber-Kluckhohn, a.a.O., S. 287f.

[6] Alexis de Tocqueville, *De la démocratie en Amérique*, Paris, 1961 (Oeuvres complètes, Bd. 1,) S. 319.

deutscher Liberaler wie Mohl, der sich um die Zusammenarbeit von Staats-
und Gesellschaftswissenschaften verdient machte, sprach von Gesittigung"
und meinte damit etwas ziemlich ähnliches wie „politische Kultur"[7]. Der
Versuch, nicht an der formellen Verfassung hängen zu bleiben, der auch von
Institutionalisten bis hin zu Dolf Sternberger mit dem Begriff „Lebende Verfassung" gemacht wurde, war ebenfalls ein funktionales Äquivalent des
politischen Kulturbegriffs. Das Konzept der politischen Kultur hat im
Gegensatz zum Begriff politischer Stil seinen direkten Zusammenhang mit
dem allgemeineren Kulturbegriff nicht verloren. Während der Begriff politischer Stil mehr den Charakter einer analogen Bildung in einem anderen
Gebiet hat, ist die politische Kultur nach herrschender Lehre unter den
Behavioristen nur im Zusammenhang mit der allgemeinen Kultur zu erforschen. Politische Kultur verhält sich zur Kultur wie das politische System
zum sozialen System als ganzem. Aus Bequemlichkeit spricht man nicht
von „politischer Subkultur"; es wäre sprachlich korrekter. Kultur und
politische Kultur hängen eng zusammen, sind jedoch keineswegs identisch,
sondern nicht selten durch Gegensätze gekennzeichnet. Relativ egalitäre
Kulturen können hierarchische politische Kulturen als Subsysteme in sich
bergen.[8] Der Stilbegriff wird häufig auf die Rhetorik zurückgeführt, in der
verschiedene Ebenen je nach Lebenslage und sozialer Stellung des Sprechenden gewählt werden mussten vom *stilus gravis* der Aeneis über den *stilus
mediocris* der Georgiken bis zum *stilus humilis* der Bukoliken Virgils.[9] Stil
tritt an die Stelle der *genera dicendi* der älteren Rhetorik, und gelangte schon
früh in die Sprachwelt des sich ausdifferenzierenden politisch-administrativen
Systems, zuerst in der französischen Jurisprudenz, wo mit Stil eine „manière
de procéder", ein bestimmten Forderungen genügendes Prozessverfahren
bezeichnet wurde.[10] Zentrale Bedeutung gewann der Stilbegriff mehr als in
der Literaturwissenschaft in der Kunstgeschichte, die sich eine Zeit lang geradezu als Stilgeschichte verstand, und etwa von Hans Sedlmayr[11] als
„erste Kunstwissenschaft", die im formalen steckenblieb gegenüber einer
zweiten, verstehenden Kunstwissenschaft abgewertet wurde.

Noch ehe der Begriff „politischer Stil" häufiger angewandt wurde, wurde
der Stilbegriff in der Rechtswissenschaft mit schlechtem Gewissen wegen der
ästhetisierenden Betrachtungsweise des Rechts und mit ein paar Klassikerzi-

---

[7] Robert von Mohl, *Politische Schriften*, Köln Opladen, 1966, S. XIII.
[8] Heinz Eulau, „Political Culture", in: *The Behavioral Persuasion in Politics*, New York,
1966⁴, S. 79f.
[9] Jan Bialstocki, *Stil und Ikonographie*, Dresden, 1966, S. 13.
[10] Hans-Georg Gadamer, „Exkurs über, Stil'," in: *Wahrheit und Methode*, Tübingen,
1965², S. 466.
[11] H. Sedlmayr, *Kunst und Wahrheit*, Reinbek bei Hamburg, 1961, S. 36.

taten über die Parallelität von Recht und Kunst abgestützt, verwandt.[12]
Auch in die Wirtschaftswissenschaften fand der Stilbegriff Eingang. Bei
Alfred Müller-Armack[13] wurde der Stilbegriff praktisch als Typenbegriff
den älteren Lehren über Wirtschaftsstufen entgegengestellt, wie sie teils in
Anlehnung an Comtes Dreistadiengesetz, teils an Marxens Abfolge von Ge-
sellschaftsformationen in der älteren Wirtschaftsgeschichte üblich waren. Als
Vorteil des Stilbegriffs wurde angesehen, dass er Erscheinungsformen einheitlichen Gepräges zu sondern erlaubte, ohne sie auf bestimmte zeitliche
Stufen festzulegen, ohne jedoch auch das zeitliche Element völlig aus den
Typologien auszuklammern. Der Stilbegriff wurde praktisch ein Hilfsmittel
der Typenbildung, und für Begriffe verwandt, die ältere Nationalökonomen
gern mit dem Wort „Idealtypen" bezeichneten. Empirischeren Charakter
hatte der Stilbegriff schon in der Betriebswirtschaftslehre, wo einzelne Be-
triebsstile unterschieden wurden. „Politische Kultur" und „politischer Stil"
wurden zu gedanklichen Hilfsmitteln, um noch nicht institutionalisierte Verhaltensweisen zu erfassen, die der ältere institutionelle Ansatz übersehen
hatte. In der Betriebswirtschaftslehre etwa gehörten zur Betriebsstilfor-
schung zwar auch institutionelle Variablen wie Betriebsordnung und Willensbildung zugleich aber Verhaltensweisen, die weitgehend im informellen
Kommunikationsbereich zu suchen sind, wie Betriebsklima.[14]

2. BEGRIFFSWANDEL IN DER POLITIKWISSENSCHAFT

Angesichts der Unschärfe der Begriffe Kultur und Stil in der Politik und
ihrer mangelnden Operationsalisierung, könnte der Begriffshistoriker versucht sein, nach einer durch die Genesis am stärksten beglaubigten Version
der Begriffe in den Wissenschaften zu suchen, aus denen sie in die Politikwissenschaft Einzug hielten. Politologen werden jedoch hierbei enttäuscht.
Der Kulturbegriff wurde zu keiner Zeit einheitlich gebraucht. Eine Untersuchung von Kroeber und Kluckhohn[15] wies nach, dass der Kulturbegriff
vor 1940 überwiegend mit der Bedeutung auf Gruppen und soziale Einheiten
bezogen, historisches Produkt (Erbe, Tradition), Totalitäten und Verhalten
gebraucht wurde. Nach 1940 führten – vermutlich unter dem Einfluss des
Behaviorismus – die soziale Gruppenbedeutung und der Verhaltensbegriff
von Kultur. Diese Vielfalt liess sich einmal dadurch erklären, dass der
Kulturbegriff niemals auf eine Spezialdisziplin – häufig als Kulturanthropologie bezeichnet – beschränkt blieb, sondern in geschichtsphilosophischen

---

[12] Heinrich Triepel, *Vom Stil des Rechts*, Heidelberg, 1947, S. 11ff.
[13] A. Müller-Armack, *Genealogie der Wirtschaftsstile*, Stuttgart 1944, S. 16.
[14] Otto Neuloh, *Der neue Betriebsstil*, Tübingen, 1960, S. 28.
[15] Kroeber-Kluckhohn, a.a.O., S. 301.

und sozialwissenschaftlichen Werken sehr verschiedener theoretischer Provenienz gebraucht wurde. Zum anderen ist die relativ wenig entwickelte Theorie des Faches Ethnologie und Anthropologie in der Frühzeit für die fliessenden Grenzen des Kulturbegriffs verantwortlich zu machen. Gabriel Almond und Sidney Verba,[16] die den Begriff „Politische Kultur" populär machten, waren sich der Gefahr bewusst, dass sie mit seinen Vorteilen – die Übernahme der Errungenschaften der Kulturanthropologie – auch seine Zweideutigkeiten und Gefahren mit übernahmen. Die beiden Autoren nahmen eine Variante des Kulturbegriffs und spitzten sie auf die Bedürfnisse der Politikwissenschaft zu. Unter politischer Kultur wollten sie in erster Linie psychologische Orientierungen gegenüber sozialen Objekten verstehen. Der Ausdruck „psychologische Orientierung" (war psychische gemeint?) darf jedoch nicht zu der Annahme verleiten, dass die political-culture-Lehre einer der reduktionistischen Lehren aus dem Bereich der Psychologie ist. Bewusst setzte man sich von der älteren psychologischen Nationalcharakterforschung ab, und studierte die sozialvermittelten Prozesse und vor allem die politische Sozialisation. Während die ältere Nationalcharakterforschung häufig von ererbten Eigenschaften ausging, stellt dieser neue Ansatz unmissverständlich fest: „Political cultures are learned".[17]

Die Kritik dieses Ansatzes hat sich zum Teil nicht mit dieser Übernahme des Kulturbegriffs abfinden können. Benjamin Walter[18] verwarf den Begriff als allzu „amphibisch", da er ein heterogenes Sammelsurium von Dingen (Artefakten, Technologie, soziale Beziehungen, Musik und Spiel..." like the Lord High Executioner's list, the catalogue can be indefinitely extended") bezeichne. In Verbindung mit dem Systembegriff wurde Kultur als ein System der internalisierten Kognitionen, Gefühle und Wertungen der Bevölkerung verstanden, das „System jener expliziten und impliziten Leitvorstellungen, die sich auf die politischen Handlungszusammenhänge beziehen.[19] Im Gegensatz zu älteren Kompilationen von Statistiken wurde hier eine neue Methode der Datensammlung und ihrer theoretischen Verarbeitung angeboten.[20]

Weit weniger methodenbewusst waren die ersten Publizisten, die von politischem Stil sprachen. Im Gegensatz zur Rezeption des Kulturbegriffs war dies keine kontrollierte und gezielte Rezeption sondern eine punktuelle und gelegentliche, die eigentlich von der populären Literatur und den

---

[16] G. Almond-S. Verba, *The Civic Culture*, Princeton, 1963, S. 14.
[17] Lucian Pye – Sidney Verba (Hrsg.), *Political, Culture and Political Development*, Princeton, 1969. S. 556.
[18] B. Walter, Rezension in: *The Journal of Politics*, 1965, S. 206-209.
[19] Gerhard Lehmbruch, *Proporzdemokratie*, Tübingen, 1967, S. 13.
[20] Stein Rokkan, Rezension in: *APSR*, 1964, 676-679.

Politikern in Gang gesetzt und erst später Gegenstand wissenschaftlicher Untersuchung wurde.[21] Nicht Behavioristen sondern Wissenschaftler, die normativen Theorieansätzen und institutionellen approaches verpflichtet waren, neigten am meisten zum Gebrauch des Begriffes, zum Teil in der Gefahr einer ästhetisierenden Désinvolture und besserwisserischer geschmäcklerischer Kritik an bestehenden Verhaltensweisen.[22] Eine Analogie zur Verwendung des Begriffes Stil in der Kunstgeschichte, wie sie Wilhelm Hennis vermutet[23] besteht im Gegensatz zum Kulturbegriff, der von der political-culture-Schule auf eine bestimmte Bedeutung eingeengt wurde, in der vagen Rezeption der ganzen Bandbreite von Nuancen, die das Wort Stil in der Kunstgeschichte hat, nicht. Der ältere Stilbegriff, der vom "Bewusstsein des kunstvollen Hervorbringens"[24] geprägt war, gehört heute kaum zum kunsthistorischen Stilbegriff, sondern eher zu den *Modi*, die seit dem 19. Jahrhundert gewählt wurden als in London zu etwa gleicher Zeit ein neugotisches Parlament, ein neuklassisches Museum und ein Klubgebäude im Renaissancestil entstanden.[25] Aber selbst nach Ausklammerung der Aussageweisen aus dem Stilbegriff haftet diesem – im Gegensatz zum Kulturbegriff, der in der political-culture-Schule immer eindeutig auf ganze politische Systeme oder Subsysteme mit ihren kollektiven Verhaltensweisen bezogen ist – etwas vages an, da Stil vom Individualstil bis zum Nationalstil viele Bezugsgruppen haben kann. Heinrich Wölfflin[26] hat neben dem persönlichen Stil, den Stil der Schule, des Landes und sogar der Rasse als Forschungsgegenstand gestellt. Der persönliche Stil war nur als Abwandlung eines allgemeinen Zeitstils gedacht.[27] Wölfflins Ideal einer Kunstwissenschaft war die „Kunstgeschichte ohne Namen", in der zwar das Individuelle nicht gänzlich bedeutungslos wurde, aber nicht den Hauptgegenstand der Forschung bildet, und trotz mannigfaltiger Angriffe auf die Stilgeschichte, glauben viele Kunstwissenschaftler bis heute, dass dieser Zentralbegriff der Kunstwissenschaft unerlässlich sei, weil es ohne ihn höchstens „eine Künstlergeschichte im Sinne eines Berichts über die einzelnen neben- und nacheinander wirkenden Meister und einen Katalog ihrer gesicherten und mutmasslichen Werke, doch keine Geschichte der gemeinsamen Richtungen und allgemeingültigen Formen. . ." geben könnte.[28] Selbst jene historisch-individualisierende Methode der

---

[21] eines der frühesten Beispiele: Theodor Heuss, „*Formkräfte einer politischen Stilbildung*", (1952) in: *Die Grossen Reden*, Tübingen, 1965, S. 184-223.

[22] vgl. Wilhelm Hennis, „Zum Begriff und Problem des politischen Stils," (1963) in: *Politik als praktische Wissenschaft*, München, 1968, S. 230-244, S. 231.

[23] ebd., S. 232.

[24] Hennis, a.a.O., S. 233.

[25] Bialstocki, a.a.O., S. 25.

[26] H. Wöfflin, *Kunstgeschichtliche Grundbegriffe*, München, 1921⁵, S. 6.

[27] ebd., S. 232.

Kunsthistoriker, die schon Jakob Burckhardt spöttisch als die „Attribuzler" bezeichnete, käme ohne den Stilbegriff nicht aus, weil gesicherte Zuschreibung ohne Stilkritik schwer möglich ist, wenn keine Quellen erhalten sind.[29] Vielzitiert wird die Definition Meyer-Schapiros[30]:" The Style reflects or projects the 'inner form' of collective thinking and feeling." Es fehlt jedoch bis heute an einer empirisch fundierten Kunstsoziologie, welche die Gruppen und Aggregate solchen kollektiven Denkens und Fühlens verlässlich analysiert. Die Unklarheiten werden noch vermehrt durch den Umstand, dass der Stilbegriff, der sich in der Kunstgeschichte auf überindividuelle Gruppen bezieht, ganz unterschiedlichen Begriffen zugeordnet wird: als Zeitstil der zeitlichen Dimension, als Schul-, Regional- und Nationalstil hingegen überwiegend der räumlichen Dimension. Nationale politische Stile werden in einer Form popularisierter Nationalcharakterstudien immer wieder einmal festgestellt, etwa wenn vom „britischen politischen Stil" die Rede ist, wobei man meist an bestimmte Verhaltensweisen der politischen Elite denkt. Noch vager sind Versuche ausgefallen, individuelle Eigenheiten von Politikern auf regionale politische Stile zurückzuführen, etwa bei den Führungsstilen deutscher Kanzler als „rheinischem Stil (Adenauer), fränkischem Stil (Erhard) und schwäbischem Stil "(Kiesinger).[31] Ein solches Vorgehen – wenn es methodisch ernsthaft versucht würde – könnte allenfalls gewählt werden, wenn mehrere Kanzler jeweils aus gleichen Regionen miteinander vergleichbar würden. In der Bundesrepublik wäre es für solche Untersuchungen mangels statistischer Relevanz der kleinen Zahl bisheriger Kanzler noch zu früh. Allenfalls bei der Untersuchung amerikanischer Präsidenten könnte man damit beginnen. Aber obwohl es über die regionale Variable bei der Präsidentschaftskandidatenauslese einige Forschungen gibt, war der Hang der amerikanischen Forscher zu politischer Regionalfolklore nicht so gross, dass man sich auf dieses methodisch zweifelhafte Gebiet gewagt hätte. Methodisch ergiebiger war es, die Führungsstile amerikanischer Präsidenten mit sozialen Faktoren in Zusammenhang zu bringen, die eine höhere *predictability* rate auswiesen als die regionale Herkunft: z.B. die Ausbildung und soziale Herkunft. Erwin C. Hargrove[32] fand Korrelationen zwischen dem

---

[28] Arnold Hauser, „Stil und Stilwandel" in: *Philosophie der Kunstgeschichte*, München, 1958, S. 229.

[29] vgl. dazu: Klaus von Beyme, *Kunstsoziologie. Sowjetsystem und Demokratische Gesellschaft*, Freiburg, 1969, Bd. 3, S. 1233-1266, S. 1237; dazu auch Bialstocki, a.a.O., S. 172.

[30] Meyer-Schapiro, „Style" in: Morris Philipson Hrsg.: *Aesthetics Today*, Cleveland, New York, 1966, (S. 81-113), S. 81.

[31] Rudolf Strauch, *Bonn macht's möglich*, Düsseldorf Wien, 1969, S. 47 ff.

Grad des Reformertums, der Selbstdarstellung und dem kulturellen Aussen-
seitertum gewisser Präsidenten (die Roosevelts und Wilson während die
Presidents of Restraint (Taft, Hoover, Eisenhower) zu mehr herkömmlichen
Rekrutierungsmustern und politischen Fähigkeiten tendierten. Individu-
alstile gehen dabei in Sozialstile über, welche die einzig methodisch zu
sichernde Form der Stilanalyse im Bereich der Politik zu sein scheint.
Durch die Neigung der Literatur den politischen Stil weitgehend mit dem
Führungssystem zu identifizieren[33] drohen der politischen Stilanalyse wie
der Kunstgeschichte die Gefahr, Individualstil und Epochenstil so stark zu
verquicken, dass der Stilbegriff als Hilfsmittel sozialer Analyse unbrauchbar
wird, und zum Vehikel der Herrschaft bestimmter Eliten und ihrer Praktiken
missbraucht zu werden.

Auch in der Kunst beginnt man sich zunehmend für die Klassen- und
Schichtspezifischen Unterschiede der Modi und Stile zu interessieren, nachdem die Modi der niederen Schichten ein Jahrhundert einer weniger angesehen Spezialwissenschaft, der Folkloristik, überlassen wurde. In demokratischen Staaten ist trotz aller oligarchischer Tendenzen die Politik nicht im
gleichen Umfang auf die Oberschichten-Adressaten zugespitzt, wie selbst
die moderne Kunst in ihrer meisten Strömungen – daran hat auch die Pop-
Art-Bewegung bisher nur wenig geändert. Der Stilbegriff wurde auch in der
Politik meist auf Elitenverhalten in Institutionen angewandt. Klaus Eck-
hardt Jordan[34] hat in dem ersten deutschen Versuch, Stilanalysen empirisch
zu fundieren, eine Fülle von Beispielen aufgezählt. In der Kunst gibt es
keine Parallele für einen imperativen Gebrauch des Stilarguments wie in der
Politik, obwohl auch dort der Stil normative Implikationen hat. Stil wird
jedoch wie in der Kunst ambivalent gebraucht: einerseits impliziert er einen
Imperativ an den Einzelnen, den dieser nicht ohne das Risiko sozialer Sanktionen übergehen kann, andererseits wird mit Stil das unverwechselbar
eigene des schaffenden Individuums bezeichnet. Neben den Individualstil
z.B. als Regierungsstil treten drei weitere Varianten:[35] Stil von Ämtern und
Institutionen, Stil einer Gruppe, oder Partei (z.B. Wahlkampfstil) und
schliesslich Stil der Nation. Von nationalen Stilen wird vor allem gern in der
Aussenpolitik gesprochen.

Es fehlt hingegen weitgehend die wichtigste (die zeitliche) Bedeutung die der

[32] E. C. Hargrove, *Presidential Leadership. Personality and Political Style*, New York
London, 1966, S. 8ff.

[33] Arnold Bergstraesser, ,,Zum Begriff des politischen Stils" in: *Faktoren der politischen
Entscheidung. Festgabe für Ernst Fraenkel zum 65. Geburtstag*, Berlin, 1963, S. 39-55, S. 49.

[34] K. E. Jordan, *Zur Verwendung des Stilarguments in der Bundesrepublik Deutschland*,
PVS 1966, (S. 97-118).

[35] Jordan, a.a.O., 122.

Stilbegriff in der Kunstgeschichte hat. Man hat gelegentlich noch Parallelen zwischen Renaissance, Barock, Romantik und Klassizismus und den politischen Stilen gesucht, aber trotz der Forschungen auf dem Gebiet des Parallelismus der Kulturbereiche, der von Wölfflin und Riegl bis Panofsky die Kunsthistoriker immer wieder fasziniert hat, hat sich die Kunstwissenschaft für die Politik am wenigsten interessiert, und die Politikwissenschaft fand direkte Parallelen zwischen Kunststilen und politischen Stilen nur gelegentlich. Am leichtesten eröffnet sich ästhetisierender Betrachtungsweise noch die Diplomatie, in der nicht nur Zeit- sondern auch Nationalstile immer wieder zu Verallgemeinerungen angeregt haben.[35] Da jedoch in der Politik im allgemeinen nicht nach grossen Stilepochen geforscht wird, sondern Sozialstruktur und Institutionen hinreichend verlässlich Klassifikationsmerkmale für geschichtliche Epochen und Regierungsformen abgeben, entfällt auch das Hauptproblem der Kunstgeschichte in der politologischen Stilforschung nämlich das Problem des Stilwandels.

Eines der wichtigsten theoretischen Probleme der Kunstwissenschaft war von Anbeginn die Frage nach den Ursachen, die den Stilwandel bewirken. Stilwandel wurde trotz der antisoziologischen Einstellung der meisten Kunsthistoriker in der Regel unter Zuhilfenahme psychologischer und soziologischer Begriffe erklärt. Die Semper-Schule erklärte den Stilwandel durch einen Wandel der technischen Bedingungen und Möglichkeiten in der Kunst – eine Auffassung, die stark von den Erfahrungen der Architektur herkam. Alois Riegl[37] kam als Antithese zu Sempers Gedanken auf die Erklärung des Wandels durch eine Änderung des Kunstwollens. Psychologische Theorien, wie die von C. Lange[38] führten Stilwandel auf psychische Ermüdungserscheinungen zurück, welche den Drang nach Neuerungen anregten, oder Wilhelm Pinder[39] analysierte den Wandel auf der Grundlage einer biologischen Theorie der Generationsrhythmen, wobei er sich nicht auf die gleichzeitigen Stile beschränkte, sondern „Stile von übergenerationsmässiger Wurzel" abzugrenzen suchte. Vor allem in Zeiten eines diffusen Übergangs von Tendenzen und Stilen wie in der Spätantike im Manierismus, im Klassizismus und der Romantik und an der Wende zur modernen Kunst des 20. Jahrhunderts wurden immer wieder exogene soziale Ursachen für künstlerischen Stilwandel bemüht, und Übergangsstile haben immer wieder dazu angeregt, ephimäre Moden und dynastisch geförderte Varianten mit

---

[36] Harold Nicolson, *Kleine Geschichte der Diplomatie*, Frankfurt/M., 1955, Pietro Gerbore, *Formen und Stile der Diplomatie*, Reinbek bei Hamburg, 1964.

[37] A. Riegl, *Spätrömische Kunstindustrie*, Darmstadt, 1964³, S. 216.

[38] C. Lange, *Sinnesgenüsse und Kunstgenuss*, Wiesbaden 1903.

[39] W. Pinder, *Das Problem der Generation in der Kunstgeschichte Europas*, Köln, 1949, S. 149ff.

dem Stilbegriff zu belegen wie „style Louis XV" oder „style Louis Philippe", so dass sich die methodische Frage nach dem sozialen Substrat des Stilbegriffs und seiner Ausdehnungs-oder Einengungsfähigkeit erhob.[40] Stilwandel wurde von einigen Kunsthistorikern wie Riegl und Wölfflin in immer wiederkehrenden Rythmen der Sehweisen gesucht, ohne dass je plausible soziale Ursachen dafür gegeben wurden, warum zu einer bestimmten Zeit die rhythmische Wiederkehr einsetzt oder ausbleibt. Die traditioneller gesonnene Wissenschaft hielt daher an den engeren Einteilungen von Stilepochen fest, ohne den Versuch, eine unilineare oder rhythmische Gesetzmässigkeit nachzuweisen.[41]

Solche Probleme der Erklärung von Stilwandel ist der Politikwissenschaft bisher erspart geblieben, weil politischer Stil nirgendwo als zeitlich klar abgrenzbarer Epochenbegriff auftauchte, sondern weit mehr an einzelne Personen und Institutionen gebunden blieb als in der Kunstwissenschaft. Einzelne Sozialwissenschaftler haben den Stilbegriff auf politische Verhaltensweisen generell angewandt und die historische Dimension weitgehend ausgeklammert, wie David Riesman[42] mit seiner Typologie aussengeleiteter politischer Verhaltensstile (Gleichgültige, Moralisten, Informationssammler). Von den Bemühungen der Kunstwissenschaft um Präzisierung des Stilbegriffs kann daher die Politikwissenschaft so gut wie nichts profitieren.

3. DAS NORMATIVE ELEMENT

Die politischen Begriffe Kultur und Stil teilen mit ihrer Verwendung in den Ursprungswissenschaften eine stark normativ-integrative Komponente, die sich überwiegend an das Verhalten von Eliten richten. Beim Kulturbegriff kam dies in der älteren funktionalen Theorie am krassesten zum Ausdruck, etwa bei Bronislaw Malinowski[43] dem sich Kultur darstellte „als ein gewaltiger Apparat der Anpassung, der durch Übung, durch das Vermitteln von Fertigkeiten, das Lehren von Normen und die Ausbildung des Geschmacks, Anerzogenes und Naturgegebenes miteinander verschmilzt und so Wesen schafft, deren Verhalten nicht durch das Studium der Anatomie und Physio-

---

[40] vgl. Wladimir, Weidle, „Über die kunstgeschichtlichen Begriffe ‚Stil' und ‚Sprache' " in: *Festschrift für Hans Sedlmayr*, München, 1962, (S. 102-115), S. 103.

[41] Hans Tietze, *Die Methode der Kunstgeschichte*, Leipzig, 1913, S. 99. „Deshalb haben die künstlich gebildeten Einteilungsversuche trotz ihrer logischen Vorzüge kaum Aussicht, die alten eingewachsenen konventionellen Stilbezeichnungen zu verdrängen. Wir werden diese wohl, ihre Unzulänglichkeit weiter bemängelnd, nach wie vor verwenden und sie ebenso unersetzlich finden wie alten Hausrat, der an allen Ecken und Enden nichts taugt und von dem wir uns doch nicht zu trennen vermögen."

[42] D. Riesman, *Die einsame Masse*, Hamburg, 1958, S. 175ff.

[43] B. Malinowski, *Die Dynamik des Kulturwandels*, Wien Stuttgart, 1951, S. 94.

logie allein bestimmt werden kann." Auch bei Almond-Verba[44] war ein normatives Element (evaluative orientation) Teil der Haltungen, die eine politische Kultur konstituieren.

Dem Stilbegriff wohnt in noch stärkerem Masse eine normative Tendenz inne. Politischer Stil enthält einen Imperativ, der auf Einhaltung eines richtigen Stils dringt. In der Kunst ist Stil zwar nichts eindeutig vorgegebenes, das dem Künstler als Ziel vorschwebt.[45] Stil ist auch nicht identisch mit Qualität. Die Feststellung, dass ein Werk einem bestimmten Stil angehört, sagt noch nichts über seine Qualität aus,[46] obwohl die Feststellung von Stilbrüchen, meist auch ein Werturteil enthält. Vor allem bei Künsten, die der Reproduktion bedürfen, wie Musikwerke, werden oft strenge Massstäbe an die Stilgerechtheit der Reproduktion gestellt. Seit Wölfflins „Theorie der doppelten Wurzel des Stils" wurde der deskriptive und der normative Stilbegriff mit Begriffen wie Vereinfachung, Klärung, Bereicherung, Einheit und Notwendigkeit verwandt und Bildformen wurden immer auch als Wertbestimmungen im Sinne der absolut künstlerischen Formprobleme Hildebrands behandelt.[47] Der politische Stilbegriff wird vor allem von konservativen Politikern immer wieder in normativer Weise beschworen, überwiegend um das Verhalten von politischen Gegnern zu kritisieren, gelegentlich auch um Kritik an der eigenen Gruppe zu üben. So nannte etwa Ernst Lemmer[48] die Tatsache, dass er erst von einem Pförtner erfuhr, dass er im Dezember 1962 bei der Kabinettsneubildung übergangen worden war „schlechten Stil" obwohl er in einem anderen Konflikt mit Adenauer diesem „ausgesprochenes Stilgefühl" nachsagte.[49] Verschiebungen im Kräftegleichgewicht eines politischen Systems wurden ebenfalls von Politikern häufig als Stilbruch angesehen, wie bei Hans-Joachim von Merkatz[50] das Erstarken der Interessengruppen. Nicht an einem status quo orientiert sind jene normativen Begriffsanwendungen, die einen bestimmten Stil noch vermissen und ihn erst schaffen wollen wie Gerhard Schröder in einer Rede: „Was wir brauchen, ist ein eigener und angemessener Stil der Parlamente, der Regierung, der Verwaltung und der Rechtssprechung. Er muss von den Verantwortlichen in ihrem Handeln bewusst gepflegt werden. Ansprüche in dieser Hinsicht an andere zu stellen ist billig. Der Anspruch an sich selbst hat hier den Vorrang".[51] In

---

[44] G. Almond-S. Verba: a.a.O., S. 15.

[45] Hauser, a.a.O., S. 231.

[46] vgl. Lorenz Dittmann, *Stil, Symbol, Struktur. Studien zu Kategorien der Kunstgeschichte*, München, 1967, S. 55.

[47] Dittmann, a.a.O., S. 71.

[48] E. Lemmer, *Manches war doch anders*, Frankfurt/M., 1968, S. 360.

[49] ebd., S. 364.

[50] H. J. v. Merkatz, *In der Mitte des Jahrhunderts*, München Wien, 1963, S. 61.

[51] Gerhard Schröder, *Wir brauchen eine heile Welt*, Düsseldorf Wien, 1963, S. 90.

einem traditionslosen Staatswesen wie der Bundesrepublik waren solche Appelle in der Regel häufiger noch als die Versuche, die Verletzung eines bestimmten Stilempfindens zu brandmarken. Nicht in allen Ebenen und Institutionen erschien jedoch das Stilgefühl gleich unterentwickelt. Während in der Feststellung eines Regierungsstils grosse Unsicherheit herrschte, gab es eine Reihe von parlamentarischen Spielregeln, die teils aus der älteren parlamentarischen Tradition teils aus den Usancen anderer parlamentari-. scher Systeme – vor allem Grossbritanniens – als verpflichtend angesehen wurden. Jordan[52] hat für die vier ersten Bundestage eine Reihe von Beispielen zur Verwendung des Stilarguments zusammengetragen, und aus ihnen auf ein paar Grundregeln geschlossen, die vor allem die Härte persönlicher Auseinandersetzungen im Parlament betrafen. Je weniger formalisiert die Regeln in bestimmten Bereichen erscheinen, umso mehr werden mit den Stilargumenten bestimmte Rollenerwartungen einzuklagen versucht. Bei neuen Einrichtungen, die noch kaum allgemein verbindliche Verhaltensmuster entwickelt haben, ist das Stilargument auch auf parlamentarischer Ebene mehr als Vorgriff auf ein erst gefordertes Stilgefühl verwendet worden, etwa in einer Anfrage Köpplers an Innenminister Genscher 1969, um eine Anfrage des Parlamentarischen Staatssekretärs im Innenministerium an seinen Minister zu brandmarken:" Herr Minister, nachdem Sie erklärt haben, Sie seien verpflichtet, – und das trifft zu –, jede Frage eines Abgeordneten dieses Hauses zu beantworten, wären Sie bereit, mit Ihrem parlamentarischen Staatssekretär ausserhalb des Hauses darüber zu sprechen, dass es vielleicht nicht ganz stilvoll ist, wenn der Parlamentarische Staatssekretär seinen Minister fragt". Der Minister antwortete darauf: „Herr Kollege, ich erkenne einen solchen Stilmangel nicht".[53] Mit dem Vorwurf schlechten Stils wurde hier versucht, einem Abgeordneten auf Grund eines Konflikts von exekutiven und legislativen Rollen, ein politisches Recht streitig zu machen.

Ansätze zu einer systematischen Stilforschung in der Politik wie sie Jordan vorlegte[54] unterschieden strikt zwischen normativer und nichtnormativer Verwendung des Begriffs. Jordan warnte vor dem normativen Gebrauch mit dem zutreffenden Argument, dass es „den Stil" nicht geben könne. Die schlichte, weitgebräuchliche Unterscheidung von gutem und schlechtem Stil empfahl er in wissenschaftlichen Werken nicht zu gebrauchen. Ein Bemühen um wissenschaftliche Verhaltensforschung bei Politikern wird noch weitergehen müssen und zu dem Schluss kommen, dass der „politische

---

[52] Jordan, a.a.O., S. 99ff.
[53] Deutscher Bundestag, 6. Wahlp. 5.11.1969, S. 250 C.
[54] a.a.O., S. 117.

Stil" keine sehr brauchbare analytische Kategorie ist. Das Rollenkonzept der modernen Soziologie erlaubt es weit besser als der Stilbegriff, der Komplexität des Verhaltens in Institutionen gerecht zu werden. Der Stilbegriff lässt eine exakte Angabe über den Massstab normativer Stilurteile in der Regel vermissen. Einerseits werden Normverletzungen oft als Stilbruch angesehen (z.B. wenn ein Politiker Militärs in Uniform im Wahlkampf einsetzt, wie es einst Kai-Uwe von Hassel vorgeworfen wurde). Andererseits werden sie aus ungeschriebenen Bräuchen deduziert, die einen gewissen Randzonencharakter haben, und in Grenznähe sozialer Normen angesiedelt sind und als Vorwarnsystem wirken.[55] Das Stilargument wirkt selbst in Institutionen wie dem Parlament – in dem sich durch lange Traditionen – ein ziemlich scharf umrissenes Bündel von Rollenerwartungen herausgebildet haben – als allzu konservierend, da nicht alle Gruppen in gleicher Weise an der Stabilisierung solchen Verhaltens interessiert sind. Häufig sind dies in erster Linie die politischen Eliten und die Aufstiegswilligen, die einen besonderen anpassungsfreudigen Verhaltensstil entwickeln.[56] In der Bewertung politischen Verhaltens kann die Anpassung an vorherrschende Verhaltensmuster nicht einziges Kriterium sein. Wilhelm Hennis[57] hat bereits daraufhingewiesen, dass auch im Parlament „Pultdeckelklappern und parlamentarisches Geschrei" nicht in jedem Falle stillos sind, und dass gute Manieren nicht mit guter Politik identifiziert werden dürfen. Politische Systeme mit hohem Sinn für Zeremonie, haben ein Maximum an einheitlichem Stil, und sind gerade deswegen durch ein Minimum an innovatorischer Kapazität gekennzeichnet.

4. TYPOLOGIE POLITISCHER KULTUREN

Die geringe Ergiebigkeit des Begriffes politischer Stil zeigt, dass selbst nach Ausklammerung der oben behandelten Frage des Stilwandels, welche die Kunstwissenschaft in erster Linie theoretisch beschäftigt, die Stillehre nicht nur zu keinen theoretischen Aussagen, sondern nicht einmal zu brauchbaren Klassifikationen politischer Stile gelangt. Selbst nach Beschränkung auf einzelne Institutionen wurden nur grobe Stilklassifikationen erreicht.

Die Theorie der politischen Kultur hingegen hat zu einer Bereicherung der traditionellen Herrschaftsformenlehre geführt. Bei Almond und anderen Systemtheoretikern bestand die Neigung, das Konzept political culture eng

---

[55] Heinrich Popitz, *Der Begriff der sozialen Rolle als Element der soziologischen Theorie*, Tübingen, 1967, S. 31.

[56] Robert Presthus, *Individuum und Organisation. Typologie der Anpassung*, Frankfurt/M., 1966, S. 171.

[57] Hennis, a.a.O., S. 231.

mit dem des politischen Systems zu verknüpfen, politische Kultur wurden bei Almond-Verba[58] die politischen Attitüden gegenüber dem politischem System genannt. In neueren Monographien über einzelne politische Systeme werden die Zusammenhänge des politischen Systems und der politischen Kultur – in Abweichung vom herkömmlichen Schema der Darstellung einzelner Regierungssysteme – ausführlich behandelt.[59] Trotz der Verwendung bei Almond und in den neueren Monographien ist der Begriff „politische Kultur" weiter als der des politischen Systems, da einige politische Systeme von Almond unter eine politische Kultur subsumiert wurden, wie die angelsächsischen Systeme.[60]

Die ersten Klassifikationen von Almond[61] fielen relativ schematisch aus. Er unterschied vier politische Kulturen: die prä-industrielle, totaläre, anglo-amerikanische und kontinentaleuropäische politische Kultur. Der kontinentaleuropäische Typ war für ihn durch die Fortdauer präindustrieller und katholisch-religiös determinierter Subsysteme gekennzeichnet. Seltsamerweise wurden dabei die Niederlande mit ihrem stark religiös und sozial fragmentierten Gruppen dem angelsächsischen Typ zugeordnet. Abgesehen von der Zuordnung einzelner politischer Systeme war diese Klassifikation jedoch auch deshalb schlecht, da die einzelnen Typen sich nach ganz unterschiedlichen Merkmalen konstituierten und nicht ein einheitliches logisches Merkmal zugrundelegten – etwa den Umfang der sozialen Kontrolle von oben bei Totalitären oder der nicht mechanisch geschaffenen Homogenität angelsächsischer Länder. Eine so allgemeine Klassifikation brachte gegenüber der traditionellen Herrschaftsformenlehre kaum einen Fortschritt, sondern hielt sich an die Dreiteilung von westlichen repräsentativen Demokratien, totalitären Diktaturen und Entwicklungsländersystemen, wobei der kontinental-europäische Typ eine Variante des ersten mit kleinen Beimischungen des dritten Typs darstellte. Um zu brauchbareren Klassifikationen zu gelangen, musste der Begriff political culture in seine Bestandteile zerlegt werden. In Verbindung mit der input-output-Analyse, die ein Zweig der Systemtheorie seit Easton aus der Ökonomie übernommen hatte, wurden vornehmlich die input-Funktionen vom political-culture-Ansatz studiert,

---

[58] Almond-Verba, a.a.O., S. 137.

[59] vgl. Richard Rose, *Studies in British Politics*, London New York, 1967, S. 4-52; Henry W. Ehrman, *Politics in France*, Boston, 1968, S. 43-57; Lewis J. Edinger, *Politics in Germany*, Boston, 1968, S. 53-122; Klaus v. Beyme, *Das politische System Italiens*, Stuttgart, 1970, S. 123-128.

[60] vgl. dazu: Lucian W. Pye, *Politics, Personality and Nation Building*, New Haven London, 1968⁵, S. 122.

[61] G. Almond, „Comparative Political Systems" *Journal of Politics*, 1956 (S. 391-409) S, 393f.

deren es nach Almond-Coleman[62] vier gab: Politische Sozialisation und Rekrutierung, Interessenartikulation (vor allem von den Interessengruppen wahrgenommen), Interessenaggregation (vornehmlich durch die Parteien) Politische Kommunikation. Die zweite und dritte Funktion waren die wichtigsten Funktionen zur Konfliktschlichtung. Politische Sozialisation ist die Umschlagstelle von mikropolitologischen zu makropolitologischen Analysen, die bis dahin ziemlich unverbunden nebeneinander standen, wenn man nicht überhaupt sagen muss, dass im Gegensatz zu anderen Sozialwissenschaften – vor allem Soziologie und Ökonomie – die Mikropolitikwissenschaft bis heute weitgehend vernachlässigt oder ganz den Psychologen überlassen wurde. Die beiden Funktionenbündel wurden zur wichtigsten Grundlage der Einteilungen von politischen Kulturen.

Die politischen Kulturen von Entwicklungsländern haben sich bisher kaum in einer erschöpfenden Typologie klassifizieren lassen. Meist wird hier nur nach einzelnen wichtigen Kriterien z.B. der Grad in dem die Rollen in einem Entwicklungsland funktional diffus und damit substituierbar sind,[63] oder nach dem Grad der Säkularisation, der das Ausmass angibt, in dem das politische Handeln rational, analytisch und empirisch wird,[64] eine Skala zur Messung des Modernisierungsgrades aufgestellt. In der Theorie des Nation-building wird ein drittes Kriterium zur Abgrenzung politischer Kulturen herausgestellt, das mit der Sozialisationsfunktion zusammenhängt: der Grad in dem eine Nation ihre Selbstidentität erringt. Hierbei werden Begriffe der Psychologie – etwa von Erik H. Erikson[65] direkt in die Politik hineingetragen: „Die Frage der nationalen Identität ist die political culture-Version des personellen Grundproblems der Selbstidentität."[66] Die Nation-building-Forschung untersucht das Identifikationsproblem in zwei Richtungen: in der vertikalen Richtung die nationale Identifikation, in der horizontalen Richtung die Identifikation mit den Mitbürgern eines politischen Systems.

Etwas leichter schienen die politischen Kulturen industrialisierter Demokratien typologisierbar zu sein, auch wenn Almonds Einteilung von 1955 stark irreführend gewirkt hatte. Harry Eckstein[67] setzte sich bei der For-

[62] Almond-Coleman, *The Politics of the Developing Areas*, Princeton, 1960, S. 17.

[63] Lucian W. Pye, „The Non-Western Political Process", in: Harry Eckstein-David E. Apter (Hrsg)., *Comparative Politics*, New York London, 1963 (657-670), S. 661.

[64] Gabriel Almond-G. B. Powell, *Comparative Politics. A developmental approach*, Boston, 1966, S. 24.

[65] E. H. Erikson, *Childhood and Society*, New York 1950.

[66] Lucian W. Pye-Sidney Verba (Hrsg)., *Political Culture and Political Development*, Princeton, 1969, S. 529; Lucian W. Pye, *Politics Personality and Nation Building*, New Haven London, 1968[5] S. 122.

[67] H. Eckstein, *Division and Cohesion in Democracy. A Study of Norway*, Princeton, 1966, S. 193ff.

schung über Norwegen expressis verbis von der Klassifikation Almonds ab, und kam zu der Dreiertypologie: Konsensus-Systeme (z.b. Grossbritannien) mechanisch integrierte Systeme (z.b. die USA, in denen die Kohäsion weitgehend von politischen *divisions* herrührt, da diese nach der weitverbreiteten Erklärung der Gruppentheorie in der Bentley-Truman-Schule durch die *overlapping memberships* charakterisiert werden und den sogenannten *community systems* zugehören, (das für Eckstein durch Norwegen repräsentiert wurde) in denen die Kohäsion durch eine um greifende Solidarität trotz oder gerade wegen der Gruppenfragmentierung existiert. Weitere Detailforschungen über einzelne kleinere politische Systeme zwangen zu neuen Abwandlungen der Klassifikation politischer Kulturen. Am bekanntesten wurden die Versuche von Lehmbruch am Beispiel Österreichs und der Schweiz oder Lijpharts am Beispiel der Niederlande.[68] Lehmbruch nahm eine gewisse Einengung des Begriffes „politische Kultur" vor. Statt auf die „Materie" politischer Konflikte spezialisierte er seine Einteilung politischer Kulturen auf die Modalitäten der politischen Regelung gesellschaftlicher Konflikte. Er kam dabei ebenfalls zu einer Dreiertypologie: 1) Das Konkurrenzmodell, das Konflikte mit Hilfe der Mehrheitsentscheidung regelt – das lange in der Parlamentarismustheorie nach britischem Vorbild als der Normalfall eines parlamentarischen Systems galt. 2) Das Proporzmodell, das sich trotz majoritärer Konfliktregelungsmuster im Bereich der Normen und des Verhältnisses von Regierung und Parlament, de facto mit *amicabilis compositio* und proportionalistischer Konfliktschlichtung arbeitet. 3) das hierarchisch-bürokratische Modell, mit autoritärer Konfliktregelung. Lehmbruch übersah keineswegs, dass diese drei Typen selten rein vorkommen und in praxi in verschiedenen Mischungsverhältnissen angetroffen werden. In der Erforschung des amerikanischen Systems ist dieser Gedanke unabhängig von europäischen Ansätzen bereits früher entwickelt worden, etwa von James M. Burns[69] der drei Modelle amerikanischer Führung gegenüberstellte: Das Madisonsche Modell der countervailing powers das Jeffersonsche Modell als revolutionäres Modell auf der Basis der Mehrheitsherrschaft und eines kompetitiven Parteiensystems und das Hamiltonsche Modell, das mit einer starken Neigung zu präsidentieller Führerschaft und machtvoller Exekutive verbunden gedacht wurde. Das Madisonsche Modell war dem proportionalistischen Modell, das Hamiltonsche dem bürokratischen Modell am nächsten. Bei der Präsidentenwahl überwiegt bis heute ein Konkurrenzmodell à la Lehmbruch, bei der Politik der Parteien im Kon-

---

[68] G. Lehmbruch, *Proporzdemokratie*, Tübingen, 1967, S. 13.
[69] J. M. Burns, *Presidential Government*, Boston Cambridge/Mass., 1966, S. 28f.

gress tendiert das gleiche System stärker zu proportionalistischen Mitteln der Konfliktregelung.[70]

Am holländischen Beispiel entwickelte Arend Lijphart[71] einen weiteren Typ von politischer Kultur, der nicht nur die Art des Pluralismus und die Konfliktschlichtungsmechanismen zwischen den Gruppen und versäulten Blöcken in die Betrachtung einbezog, sondern auch das Verhältnis von Eliten und Massen näher beleuchtete, das ein weiteres Kriterium zur Klassifikation von politischen Kulturen geworden ist, seit William Kornhauser[72] das Verhältnis von Kultur und Persönlichkeit zu einer Typologie moderner Regime verwandt hatte, wobei er vom älteren anthropologischen Kulturbegriff ausging, und sich nicht direkt an die Almondsche Lehre von der political culture anlehnte, die damals erst in einigen Aufsätzen skizziert worden war. Lijphart nannte die Niederlande eine Akkomodations-System, das dadurch gekennzeichnet ist, dass die Gruppen stark fragmentiert sind und die Individuen einen hohen Organisationsgrad aufwiesen. Der oligarchische Charakter der Gesellschaft förderte jedoch nach diesem Modell eine Ausgleichspolitik zwischen den Eliten und machte stabile Demokratie – entgegen einem alten Vorurteil – trotz starker Fragmentierung der Gesellschaft möglich. Wie Lehmbruch später den Begriff Proporzdemokratie als unscharf zugunsten der Bezeichnung Konkordanzdemokratie aufgab, so erhob Lijphart das Akkomodationsmodell zu einem allgemeineren Typ unter der Bezeichnung „consociational democracy." Diesem Typ stellte er die zentrifugale Demokratie (mit fragmentierter politischer Kultur und Immobilismus und Instabilität, wie sie in Frankreich in der 3. und 4. Republik in Italien oder in der Weimarer Republik vorherrschte und den Begriff der zentripetalen Demokratie mit homogener politischer Kultur und starker Stabilität gegenüber.[73] Fruchtbringender als die allgemeinen Typologien, die sich für jeden neuen Typ als revisionsbedürftig erwiesen, war die Zuwendung zu den kleinen Demokratien, die vom Schema des angelsächsischen Modells abwichen, ein neues Forschungsinteresse, das in dem Projekt „Smaller European Democracies" gipfelte, dem sich amerikanische Forscher wie Robert Dahl, und eine Reihe von europäischen Gelehrten wie Hans Daalder, Stein Rokkan und andere widmeten, und die zum ersten Mal der Politikwissenschaft der kleinen Länder – vor allem der skandinavischen Länder –

---

[70] vgl. Klaus von Beyme, *Das präsidentielle Regierungssystem der Vereinigten Staaten in der Lehre der Herrschaftsformen*, Karlsruhe, 1967, S. 51ff.

[71] A. Lijphart, *The Politics of Accomodation. Pluralism and Democracy in the Netherlands*, Berkeley Los Angeles, 1968, S. 206f.

[72] W. Kornhauser, *The Politics of Mass Society*, New York, 1959, S. 102ff.

[73] Arend Lijphart, *Typologies of Democratic Systems. Paper auf dem 7. Weltkongress der IPSA in Brüssel*, 1967, S. 40f.

weltweite Beachtung verschaffte und diese methodisch einen Vorsprung vor den grösseren Ländern mit einer institutionell umfangreicheren Politikwissenschaft wie England, Frankreich und die Bundesrepublik gewinnen liessen. Eine Publikation wie die „Scandinavian Political Studies" seit 1966 mit den besten Beiträgen der nordischen Länder auf englisch und hervorragenden Bibliographien und Forschungsberichten hat bisher kein anderes europäisches Land geschaffen.

Neuere Forschungen zeigten, dass selbst Länder, die bis dahin als überwiegend majoritär in ihrer Konfliktschlichtungsgesinnung angesehen wurden, wie Schweden (wenigstens nach dem zweiten Weltkrieg und seit die Sozialdemokraten eine hegemoniale Position im Parteiensystem hatten), ebenfalls eine stark pragmatische Elitenkultur mit Abneigung gegen offene und harte Konflikte und einer Neigung zu Konsultation und Kooperation hatten.[74]

Neben der empirisch-komparatistischen Typologie politischer Kulturen gab es seit Almond und Verbas Buch über „Civic Culture" auch eine wertende Teilnahme für eine bestimmte politische Kultur, wie sie allen anderen Typologien weit weniger zugrundelag, die eher defensive normative Elemente enthielten, das heisst, eine bestimmte, bis dahin unter der Vorherrschaft des britischen Modells stark diskriminierte politische Kulturen wie Österreich, die Schweiz oder die Niederlande zu rehabilitieren trachteten, ohne sie jedoch als die beste der denkbaren hinzustellen. Bei Almond und Verba tauchte jedoch von Anfang an ein Vorurteil zugunsten der Civic culture auf, die als Mittelweg zwischen partizipatorischen und apathischen politischen Kulturen gepriesen wurde: „Within civic culture, then, the individual is not necessarily the rational, active citizen. His pattern of activity is more mixed and tempered. In this way he can combine some measure of competence, involvement, and activity with passivity and noninvolvement."[75] Der political culture approach hat die These einer gewissen heilsamen Apathie aus der Wahlforschung übernommen, wo sie von Bernard Berelson u.a.[76] entwickelt worden ist. Civic culture war für Almond nahezu identisch mit der angelsächsischen politischen Kultur, in der politische Kultur und politische Struktur kongruent sind.

Der political culture-Ansatz birgt eine Reihe von Gefahren in sich: 1) Die *Umsetzung von Mikro- in Makroanalysen*, der angestrebt wird, gelingt nicht immer in überzeugender Weise. Almond's Gruppe hat überwiegend durch

[74] Thomas J. Anton, „Policy-Making and Political Culture in Sweden", *Scandinavian Political Studies*, 1969, S. 88-102, S. 99.
[75] Almond-Verba, a.a.O., S. 487.
[76] B. Berelson et al., *Voting*, Chicago, 1954, 1966 (Neuauflage) S. 314.

interviews geforscht und daher geäusserte Meinungen überbewertet, hingegen das non-verbal behavior völlig vernachlässigt und die Frage wie Überzeugungen und Werthaltungen, die festgestellt wurden, das politische Verhalten der politischen Systeme beeinflusst, wurde nicht einmal angefasst.[77] Die Abgrenzung der politischen von anderen Orientierungen[78] blieb ebenfalls meist recht vage.

2) Das Modell einer civic culture geht von einem *angelsächsischen Ideal* aus, an dem sämtliche politischen Kulturen der Welt gemessen werden. Erst in der Fortentwicklung dieses Ansatzes – vor allem am Beispiel kleinerer europäischer Demokratien – konnte diese einseitige Wertung etwas abgebaut werden.

3) Wie allen behavioristischen Ansätzen wird auch dem political culture-Ansatz vorgeworfen, er habe ein *statisches bias*. Die survey-Techniken werden jedoch heute mehr und mehr dazu eingesetzt, Wandel der Politischen Kulturen zu erforschen, und die Attitüdenforschung kann dazu beitragen festzustellen, ob eine politische Kultur stabil und universal, oder labil, transitorisch und einmalig in einer bestimmten historischen Epoche oder lokale Variante ist.[79] Ähnlich wie bei anderen behavioristischen Forschungsobjekten sind solche Untersuchungen jedoch bisher nicht kontinuierlich angestellt worden. Es fehlt an einheitlichen Fragstellungen für verschiedene politische Systeme und der hohe Aufwand an Material und Forschungskraft stand bisher in keinem Verhälthis zum Ergebnis. Verdienstvoll aber bleibt die Betonung der Notwendigkeit systematischer Datensammlung und Datenauswertung und der Beitrag der political culture-Forschung zur Überwindung des Vorurteils politische Fakten seien bekannt, und durch Beobachtung und systematisches Lesen zu verarbeiten.[80]

4) Ein weiterer Vorwurf ist die *Voreingenommenheit* der meisten political culture-Forscher *für Elitenverhalten*. Almond half sich noch mit der zugegebenermassen durch das Material nicht gestützten Behauptung, dass die Eliten die politische Kultur der Nichteliten teilten, da beide Aggregate dem gleichen Sozialisationsprozess ausgesetzt seien. Lijphart und andere Erforscher von pluralistischen aber oligarchischen politischen Systemen haben diese Fiktion widerlegt, und auch die Erforschung von Parteiaktivisten hat Modifikationen an diesen Annahmen notwendig gemacht.

5) Der political culture-Ansatz hat grosse Verdienste im Kampf *gegen*

---

[77] vgl. die Fortentwicklung: Moshe M. Czudnowski, ,,A Salience Dimision of Politics for the Study of Political Culture", *APSR*, 1968 (S. 878-888), S. 884.

[78] Almond-Verba, a.a.O., S. 33.

[79] Herbert McClosky, *Political Inquiry. The Nature and Uses of Survey Research*, New York London, 1969, S. 53.

[80] Almond-Verba, a.a.O., S. 53.

eine rein institutionelle Auffassung von Politik. Durch die Überbetonung der prozeduralen Aspekte der Konfliktschlichtung – etwa bei Lehmbruch – droht jedoch der Institutionalismus wiederaufzuleben. Linke Kritiker, die auf dem Boden einer dialektisch-kritischen Wissenschaftstheorie stehen hingegen neigen dazu, das prozedurale Aspekt von Konfliktregelung auf Grund einer schematischen Anwendung des Basis-Überbau-Schemas ihrerseits zu gering einzuschätzen. Von der Systemtheorie ist neuerdings mit Recht auf die legitimierende Wirkung von Verfahren hingewiesen worden, die man von gerichtlichen oder parlamentarischen Prozeduren zweifellos auch auf die Konfliktschlichtungsmuster ausserhalb institutionell abgrenzbarer Rahmen anwenden könnte.[81]

6) Der schwerste Vorwurf gegen die political-culture-Lehre bezieht sich auf ihre *Skepsis gegenüber allzu starker politischer Partizipation.* Was in der politischen Soziologie als „political man" und in der Almond-Schule als gemässigtes mittleres Verhalten in der civic-culture gepriesen wird, erscheint den Wortführern der antibehavioristischen Revolte heute als Pseudopolitik.[82] Fortentwickelte Ansätze der Systemtheorie bei Etzionis Theorie der „Active Society" sind geneigt, ein höheres Mass an Partizipation mit Effizienz und Stabilität von Demokratien für vereinbar zu halten.

All diese Vorwürfe haben jedoch zu einer Weiterentwicklung der political culture-Forschung und der schrittweisen Überwindung des elitären antipartizipatorischen statischen und anglo-amerikanozentrischen bias der Almondschen Lehre geführt. In der Einbeziehung der Erkenntnisse der politischen Psychologie hat der Begriff der politischen Kultur Aussichten, auch von dialektisch-kritischen Ansätzen in der politischen Theorie als politisches Konzept beibehalten zu werden, soweit solche Theorien nicht nur von Sollenssätzen, mit Appellen an die totale Partizipation in einem Rätemodell ausgehen.

5. VARIANTEN DES STILBEGRIFFS IN DER POLITICAL CULTURE-
FORSCHUNG

Während der Begriff der politischen Kultur sich als entwicklungsfähiges Konzept im Rahmen der Verhaltensforschung erwiesen hat, ist der Stilbegriff relativ vage geblieben. Im Rahmen der political culture-Forschung wird er gelegentlich gebraucht. Gabriel Almond und James S. Coleman[83] ver-

---

[81] Niklas Luhmann, *Legitimation durch Verfahren*, Neuwied, 1969.
[82] Christian Bay, „Politics and Pseudo-Politics" in: Leroy N. Rieselbach-George I. Balch (Hrsg.), *Psychology and Politics*, New York, 1969 (S. 32-40), S. 38.
[83] Almond-Coleman, a.a.O., S. 59.

suchen in einer funktionalen Theorie politischer Systeme den Stilbegriff als
das Bindeglied zwischen Funktionen und Strukturen einzuführen: „In
addition, we have specified styles of performance of function by structure
which makes it possible for us at least to think of a state of knowledge of
political systems in which we could make precise comparisons relating the
elements of the three sets – functions, structures and styles – in the form
of series of probability statesments." Die beiden Autoren verschweigen
jedoch, dass der Stilbegriff nicht in der gleichen Weise präzisierbar ist wie
Funktion oder gar Struktur, und haben sich kaum mit der Frage befasst, mit
welchen Stilnuancen Strukturen gewisse Funktionen im System erfüllen.

Herbert Spiro[84] unterschied vier Phasen des politischen Prozesses, die in
allen politischen Systemen wiederkehren (Formulierung, Beratung, resolution of issues, solution of problems) und setzte den Stilbegriff ein, um die
Unterschiede zu klassifizieren, in denen diese Phasen aufeinanderfolgen und
an Bedeutung im politischen Gesamtprozess einnehmen. Der Stilbegriff
wird z.B. benutzt, um Verhalten auf bestimmte Wertvorstellungen fixiert
oder pragmatisch, ob gesinnungs-oder verantwortungsethisch bestimmt, zu
unterscheiden.[85] Eine fragmentierte politische Kultur kann z.B. durchaus
mit einem ideologischen Stil der Politik der Zentralregierung zusammen-
gehen, die versucht, durch nationalistische Ideologie die cleavages der Gesellschaft zu überspielen.[86] Dem Stilbegriff kommt in fast allen theoretischen
Versuchen nicht der gleiche Rang zu wie dem Begriff politische Kultur. Karl
Deutsch[87] spricht von einem „second-order pattern". Politischer Stil bezieht
sich im Rahmen der political culture-Lehre vor allem auf zwei Aspekte
politischer Glaubenssysteme[88]. 1) Auf formale Qualitäten des Glaubens-
systems, die Art und Weise – nicht die Substanz – in der Überzeugungen vertreten werden. 2) Informelle Normen der Interaktion, welche die Art regeln,
in denen fundamentale politische Überzeugungen in der Politik angewandt
werden. Die Klassifikationen von ideologischen und pragmatischen, Weltan-
schauungs – und Interessenparteien haben seit Max Weber eine ähnliche
Unterscheidung getroffen. Sowenig politische Kultur kongruent mit den
Grenzen des politischen Systems ist, da es in die Bereiche des kulturellen
Systems hineinreicht, die wie das politische System ein Subsystem des gesamten sozialen Systems darstellen, so wenig ist politischer Stil kongruent
mit dem Wirkungsbereich politischer Kultur, da politischer Stil in die Sphäre

[84] H. Spiro, „An Evaluation of Systems Theory" in: James C. Charlesworth (Ed.),
Contemporary Political Analysis, New York London, 1967, (S. 164-174), S. 173.
[85] vgl. Wolf-Dieter Narr, *Theoriebegriffe und Systemtheorie*, Stuttgart, 1969 S. 145.
[86] Lucian W. Pye, *Aspects of Political Development*, Boston, 1966 S. 106.
[87] K. Deutsch, *The Nerves of Government*, New York, 1966, S. 240.
[88] Verba in: Pye-Verba, *Political Culture*, a.a.O., S. 545.

bürgerlich-privaten Lebensstil hineinragt.[89] Politischer Stil ist weitgehend von Lebensstilen geprägt, die in der Soziologie als „typische Verhaltensweisen von Statusgruppen" bezeichnet werden. In Melvin Tumins[90] Schichtungslehre werden Lebensstil und Kultur nahezu identisch angesehen, als Unterschied wird jedoch anerkannt, dass der Lebensstil oft an eine Subkultur einer Schicht innerhalb der Gesellschaft gebunden ist. Nur wenn man so generelle Aussagen wie den Grad der Politisierung des privaten Lebens als den Stil eines politischen Systems auffasst[91] kann man *einen* politischen Stil im System finden. Politischer Stil ist jedoch als einheitliches Verhalten einer politischen Elite nicht denkbar, weil es keine sozial einheitliche Führungsschicht in pluralistischen Demokratien gibt. Die Anpassungszwänge und Rollenerwartungen sind je nach dem Vehikel der Karrieremobilität, der Partei, den Verbänden, der Rolle, die ein Politiker im Parlament zu spielen gedenkt, sehr unterschiedlich. Einheitliche politische Stilvorstellungen liessen sich allenfalls in stark traditionsgeprägten Institutionen wie dem Parlament finden, und bezogen sich auf ein paar sehr vage Fairness-Regeln bei politischen Auseinandersetzungen.[92] Politische Kultur und politischer Stil sollten daher nur als Hilfkonstruktion für die Erforschung von Rollenerwartungen und politischem Verhalten in jeweils klar umrissenen Einheiten sein. Der Begriff Politische Kultur hat durch die Übernahme eines behavioristischen Konzepts der Kultur diesen empirischen Forschungsimpetus nie verloren, während der Stilbegriff häufig in normativistisch-restaurativer Absicht gebraucht wird, ohne dass die methodischen Voraussetzungen der Verhaltensforschung beachtet werden. Als Nominalisten haben empirische Sozialforscher jedoch keine Veranlassung den Stilbegriff – wegen des überwiegenden Missbrauchs, der mit ihm getrieben wurde – ganz aus der Diskussion zu verbannen.

Auch empirische Politikwissenschaftler streben immer wieder danach den politischen Stil als „Ordnungsprinzip" bedeutsam zu machen, dadurch dass er zum Massstab und zur Norm wird.[93] Es ist Friedrich zuzustimmen, dass jeder politische Stil ein Sichtbarwerden von Werten darstellt, und die Stilanalyse Grunderfahrungen von Epochen und Organisationen offenbart. Es muss jedoch davor gewarnt werden, Stilnormen aus dem Status quo über-

---

[89] vgl. Heinrich Busshoff, *Politischer Stil, politische Kultur, politische Bildung. Beilage zur Wochenzeitung "Das Parlament"*, 20.6.1970, B 25, S. 8.

[90] M. Tumin, *Schichtung und Mobilität*, München 1968, S. 94, vgl. auch Kroeber-Kluckhohn, a.a.O., S. 302).

[91] vgl. Czudnowski, a.a.O., S. 885.

[92] vgl. Jordan, a.a.O., 107.

[93] C. J. Friedrich, „Rationales Verhalten, Organisation und politischer Still" in: *Prolegomena der Politik*, Berlin, 1967, S. 145.

wiegenden Verhaltens zu deduzieren und zur Konservierung eines bestimm-
ten Verhaltens einzusetzen. Die ontologisierende Stilbetrachtung der älteren
Geistesgeschichte – wie sie Spranger vage definierte: „Stil der Politik ist...
bedingt durch den Wesenstypus der handelnden Staatsmänner",[94] – hat
immer wieder in die Sackgassen eines essentialistischen Normativismus im
Dienst konservativer Politik geführt. Die fortlaufende Differenzierung der
Organisation und zunehmende Komplexität der input-Faktoren in der
Politik erlaubt heute weniger denn je, die deduktive Fixierung einer erwünschten politischen Haltung als „politischen Stil" zu preisen und die von
solchen einseitig fixierten Rollenerwartungen abweichenden Verhaltensweisen als „schlechten politischen Stil" zu diskriminieren.

---

[94] Eduard Spranger, „Der Ertrag der Geistesgeschichte für die Politik" in: *Führung und
Bildung in der heutigen Welt. Festschrift zum 60. Geburtstag von Kurt Georg Kiesinger,*
Stuttgart, 1964, (S. 93-100), S. 94.

Zbigniew Brzezinski

DYSFUNCTIONAL TOTALITARIANISM

I

One of Carl J. Friedrich's major contributions to the study of politics[1] has been to systematize the concept of totalitarianism. His work in this field has been both pioneering and rigorous. It has helped to give the term "totalitarianism" a degree of precision previously lacking, thereby making it a meaningful category of political analysis and not merely a term of political opprobrium.

Yet it was almost inevitable that the term totalitarianism would eventually come under widespread criticism. Its definition matured during the waning phases of Stalinism; indeed, Friedrich's first major work on the subject was published coincidentally with Stalin's death.[2] His principal volume on totalitarianism (of which he was the senior co-author) appeared shortly Khrushchev's denunciation of Stalin.[3] With Stalinism in retreat, totalitarianism began to appear as a historically limited phenomenon and even as an intellectual exaggeration. In a variety of works, it was argued that Nazism was never quite totalitarian, that internal feuds characterized the Nazi system, that the supremacy of politics never truly extended to all facets of society. In the Soviet Union, moreover, the partial dismantling of the Stalinist system during the later fifties and early sixties made the analytical

---

[1] I deliberately avoid the term "political science." It is a harmful misnomer because what normally passes for political science is much broader and not really "scientific." It encompasses political theory, foreign affairs, international law, etc. At best, political science, if by it is meant behavioral studies and particularly the systematic and statistical voting analyses, is one branch of the study of politics. The term has even been harmful in prompting among some scholars excessive intellectual timidity and simple-minded imitativeness: preoccupied with "proving" that they are "scientists," they have tended to rely on both sociological and economic jargon to belabor on the obscure and insignificant but mathematically impressive tables, charts, graphs, and the like.

[2] Carl J. Friedrich, (ed.), *Totalitarianism*, Cambridge, Mass., 1954.

[3] Carl J. Friedrich and Zbigniew Brzezinski, *Totalitarian Dictatorship and Autocracy*, Cambridge, Mass., 1956.

category, derived from the notion of total power, appear obsolescent.

Some have sought to adapt and refine the concept, while criticizing Friedrich's syndrome of key characteristics of totalitarianism, though not rejecting the concept as such. The works of Robert Tucker or Alfred Meyer yielded both alternative definitions of totalitarianism as well as additional concepts, either broader than totalitarianism (Tucker's movement regime) or essentially post-totalitarian (Meyer's bureaucratic state).[4] Others went further:

Whether we take the concept, with all of its ambiguities and contradictions, at face value or seek to identify common roots and concerns in divergent definitions, it is difficult to find a convincing justification for the presence of totalitarianism in the vocabulary of comparative political analysis. . . Unexamined, in its multiple definitional manifestations, totalitarianism lacks coherence, clarity, and a single meaning. Examined and uniformly defined, it becomes conceptually archaic; it can purchase coherence only by surrendering its relevance; it can buy uniformity of meaning only at the price of its usefulness.[5]

Friedrich's own rejoinder put emphasis on the cyclical nature of autocracies, adding that

no quick conclusions ought to be drawn by the scientific analyst from any such changes. More particularly, the appearance of additional legal rules and regulations ought not to be mistaken for the ineluctable harbingers of the advent of the rule of law.[6]

Though skeptical of the possibility of totalitarian evolution into a decentralized and more pluralist political system – and critical of this writer's view that the major alternatives facing the Soviet Union are transformation or degeneration – Friedrich did concede that totalitarianism has to be viewed as "a relative rather than an absolute category."[7] Indeed, he went even further than that in allowing for the possibility of modifications in the Soviet system. In a key passage worthy of fuller citation, he stated:

---

[4] Robert Tucker, "Towards a Comparative Politics of Movement-Regimes," *American Political Science Review*, Vol. LV, No. 2, June 1961; Alfred G. Meyer, *The Soviet Political System*, New York, 1966.

[5] Benjamin R. Barber, "Conceptual Foundations of Totalitarianism," in Carl J. Friedrich, Michael Curtis and Benjamin R. Barber, *Totalitarianism in Perspective*, New York, 1969, pp. 37-38. I do not deal with the trivial objection that the concept of totalitarianism was a Cold War invention; if that is the case, then objection to the concept can be similarly represented as ideologically and politically motivated. Neither the former nor the latter has much to do with the analytical usefulness of the concept.

[6] Carl J. Friedrich, "The Evolving Theory and Practice of Totalitarian Regimes," in Friedrich, et. al., *op. cit.*, p. 132.

[7] *Ibid.*, p. 153.

It is quite apparent that totalitarian movements, once they have seized power and commenced to build a totalitarian system, find themselves seriously troubled by the more utopian aspects of their ideology, as well as by the consequences of trying to put some of them into effect. It is equally apparent that in its efforts to cope with these difficulties a totalitarian regime matures, and that in this maturation process serious maladjustments develop and threaten its stability. The Soviet Union, more than any other totalitarian regime, has so far proved capable of overcoming these stresses and strains. Its totalitarianism, a novel form of autocracy, appears to be a highly dynamic form of government which is still evolving. Socialist legality may have an important role to play in the ritualization of its ideology as well as in the routinization of its inspirational appeal. For an increasing recognition of law and legal restraints even in the sphere of government may provide the middle ground between violence and anarchy, comparable to the monarchical absolutist regimes of Europe's past.[8]

Friedrich's statement represents not only a major refinement of his argument but can serve as a useful point of departure for our own examination of the relevance of the concept of totalitarianism to the study of Soviet political dynamics.

II

Basically, Soviet totalitarianism emerged full-blown during the great transformation of Soviet society, effected during the thirties and accompanied by unprecedented brutality. It was this transformation that permitted the full-blown emergence of a state-police-party machinery, unlimited by any legal or traditional restraints. That machinery began to make its appearance already during the twenties, deriving its ideological legitimacy and impetus from the Leninist doctrine, but it asserted what might be called, without the risk of exaggeration, well nigh total control over society, in the course of the major effort to reconstruct society. In effect, the confrontation between the political system and society, aiming at the transformation of the latter in the image of the ideological aspirations of the former, helped to reinforce the totalitarian dynamics of the political system itself.[9]

The relationship between the political system and society during this phase was thus ideologically motivated, revolutionary in character, and – very important – functional both to the doctrinal goals of the political system and to the socio-economic transformation of society at large. The social revolution, imposed by political means, sought to achieve all at once an ideological transformation of society, its modernization, and the industrialization of the

[8] *Ibid.*, p. 154.

[9] By political system we mean the institutional and organizational expression of political power; by society, the fabric of collective and personal relations on the social-economic plane. The two are, obviously, interrelated, though each has a distinctive quality.

economy. The latter, given prevailing values and national ambitions, was especially appealing. The massive effort could thus tap the genuine enthusiasm of significant segments of Soviet society (particularly the youth and the urban proletariat) while literally ripping apart and reweaving the fabric of the society's existing institutions and value system.

This was the stage of the totalitarian revolution within society, not to be confused with the earlier totalitarian seizure of power within the totalitarian system.[10] From it emerged a society that in its institutional arrangements, by and large, reflected the ideological aspirations of the ruling political elite and a political system that was organizationally structured to exercise pervading control over the remolded society. That pervading control was the consequence of the drive to remake totally the structure of the society and even to remold the personality of the citizen. The term totalitarianism thus defines a relationship of unprecedented social subordination to ideologically purposeful political domination.

However, once the society began to correspond to the ideological aspirations of the elite, especially once its economy had reached a respectable level of industrialization, the relationship between the political system and society underwent a subtle, initially imperceptible, yet eventually profound, transformation. The unprecedented concentration of power in the political system no longer was required, either by the political or by the ideological aspirations of the ruling elite: the political elite, by and large, felt secure while its revolutionary fervor was both satiated and exhausted by the Stalinist experience. Total power, but power without goals and ideals, created a paralysis which gradually demoralized both the rulers and the ruled.

On the eve of his death, Stalin apparently perceived the dilemma and was ready to apply his trusted solution. His last major statement, *Economic Problems of Socialism in the USSR*, indicated that he was preparing to define major new domestic goals, that he was readying to move into the next phase of the domestic revolution. His successors, weaker men and divided among themselves, could not do so. Instead, they moved from one compromise to another, with some seeking to define new goals for society, with others advocating new concessions to society. Positions and personalities switched, but the political game involved the same old dilemma: should the relation-

---

[10] It is useful, in this connection, to distinguish between the following phases: (1) the formation of the totalitarian party; (2) the seizure of political power; (3) the organizational consolidation of power by the ruling totalitarian party; (4) the totalitarian revolution of society; (5) the appearance of a totalitarian political and social system; and (6) the waning of totalitarian momentum and the gradual separation of society from the political system. More on the last two points later.

ship of the political system to society be revolutionary or instrumental.[11]

It would appear from the record that by the early sixties Khrushchev had decided to alter quite fundamentally the earlier Stalinist relationship between the political system and society. His various initiatives – including the division of the party into two distinctive, economically engaged organizations, the practice of holding widened Central Committee consultations, embracing many outside experts and spokesmen from specified professional groups, the definition of a new concept of the state of all the people in place of the more politically confined notion of the dictatorship of the proletariat – were blurring the sharp dividing line between the political system and society. The emerging relationship – if institutionalized and regularized over time – would have been bound to undermine the totalitarian features of the Soviet political system.

Khrushchev's initiatives were reversed by the much more conservative coalition of party oligarchs that succeeded in removing him from power in 1964. Fearful lest the Party become diluted, still suspicious of social initiative from below, fundamentally opposed to sharing power with groups outside of the professional Party bureaucracy – though recognizing the need for expert consultation – the new leaders have striven to maintain a relationship of clear-cut domination over society by the political system, but without undertaking to define ideologically ambitious new goals either at home or abroad. Ideological controls have been tightened, creativity subjected to more supervision, economic decentralization limited, but more as defensive measures against society's self-assertion than as part of an effort to impose on society new demands and aspirations.

This has made for a relationship between the political system and society which is ideologically ritualistic, defensive in character, and – very important – increasingly dysfunctional to the requirements of scientific and intellectual innovation in a relatively developed industrial society. The political system itself is still totalitarian in its organizational and ideological modes in the sense that it monopolizes effective power and programmatic thinking, and suppresses information of alternative political groupings and programs. But with the political system no longer exacting from society total obedience on behalf of doctrinally defined goals, the relationship between the political system and society is becoming gradually more interacting, more instrumental and less ideologial. The relationship is thus increasingly reminiscent of the more traditional autocratic patterns rather than of the more modern model of totalitarianism.

---

[11] For a discussion of the difference between the instrumental and ideological (revolutionary) political systems, see Zbigniew Brzezinski and Samuel P. Huntington, *Political Power: USA/USSR*, New York, 1964, chapter 2.

In this setting, the basic dilemma confronting the Soviet political leaders is how to adjust the political system, still organizationally and ideologically totalitarian, to the new relationship, especially if the new impetus for imposing totalitarian demands on society no longer is present within the ruling party itself. The totalitarian character of the political system – the outgrowth of a particular phase in the relationship between the political system and society – no longer has any functionality; indeed, more and more concerned Soviet citizens view it as an impediment to further social growth.[12] This condition makes it particularly difficult for the political leaders to act effectively in three key areas of domestic concern, namely, the problems of technical-scientific innovation, of political dissent, and of the nationalities. In all three areas, the root cause of the difficulty is the existence of residual and defensive totalitarian political forms devoid of any real social drive and ideological momentum.

III

The Soviet Union has a research and development establishment roughly comparable in size, expertise and resources, to that of the United States. Yet the social-economic attainments of that effort – outside of military and space programs – are remarkably limited. The Soviet economy still requires foreign assistance to achieve economically viable production of some key but essentially older industrial processes.[13] Even worse, there is hardly a major frontier industry in which the Soviet Union has attained an enduring lead, one that has been translated into economic advantage on the more advanced world markets. Indeed, in the more pioneering fields, such as computers, pulsars, lasers, plastics, the Soviet Union appears to be falling behind rather than catching up.[14]

---

[12] This is the theme of a remarkable document submitted to the top Soviet leadership by three distinguished Soviet scientists, Academician A. D. Sakharov, Professor V. F. Turchin and Professor R. A. Medvedev, on March 19, 1970, and published in the *New York Times*, April 3, 1970, p. 3.

[13] Fiat, for example, is building Soviet automobiles, and the Soviet leaders are trying to attract a foreign concession to build a trucking complex.

[14] Sakharov and his colleagues have warned in this connection that "comparing our economy with the economy of the United States, we see that our economy lacks not only in quantitative but also – which is saddest of all – in qualitative respects. The newer and more revolutionary an aspect of an economy is, the greater is the gap between the United States and ourselves. We surpass America in the mining of coal; but we lag behind in oil drilling, lag very much behind in gas drilling and in the production of electric power, hopelessly lag behind in chemistry and infinitely lag behind in computer technology. The latter is particularly pertinent, for the introduction of computers in the people's economy is of crucial

This condition is apparent to the Soviets themselves. The top leaders have acknowledged major inadequacies in the Soviet industrial sector[15] while the scientific community has been even more critical.[16] Moreover, one senses in talking to highly placed Soviet officials a deeper sense of disappointment that

importance for fundamentally changing the whole look of the system of production and of the whole culture," (*Newsweek*, April 13, 1970, p. 34).

COMPARATIVE DISTRIBUTION OF COMPUTERS AS OF END OF 1969

United States	70,000
Japan	5,800
West Germany	5,750
Britain	5,600
France	5,010
USSR	3,500
Italy	2,500
Canada	2,400
Australia	900
Netherlands	850
Switzerland	800
Eastern Europe	750
Africa	750
Sweden	700

(Sources: *Technology Review*, February, 1970; *European Review*, Spring 1970; V. Basiuk, *Technology and World Power*, F. P. A. Headline Series, New York, 1970; and R. V. Burks, *Technological Innovation and Political Change in Communist Europe*, Santa Monica, California, August 1969, p. 8)

It is expected that during 1970 an additional 18,000 computers will be installed and working in the American economy, and by 1975 annual shipments will be up to 46,000 (*Technology Review*, February 1970).

Moreover, "the importance of core storage size should not be overlooked. By 1959, large-scale Western computers had core capacities that were about 8 times larger than those of the largest Soviet machines. By 1964, this factor of superiority had grown to about 33".

(Richard W. Judy, "The Case of Computer Technology," in *East-West Trade and the Technology Gap*, Stanislaw Wasowski, ed., New York, 1970, p. 61).

[15] Note, for example, Brezhnev's unpublished speech to the Party's Central Committee on December 15, 1969 as well as a *Pravda* editorial published in January 1970 on economic shortcomings ("Responsibility and Discipline", *Pravda*, January 10, 1970); see also an earlier Central Committee "Resolution to Spur Scientific Research and Development," (*Current Digest of the Soviet Press*, Vol. XX, No. 43, November 13, 1968, pp. 3-6).

[16] Soviet Academician V. Trapeznikov estimated that 98 per cent of Soviet researchers work in institutes whereas 60 per cent of the Americans do so directly in the relevant industries, and that approximately half of Soviet research discoveries are obsolescent by the time of their development (*Pravda*, January 19, 1967). See also the interview with Academician V. M. Glushkov in *Komsomolskaya Pravda*, May 15, 1968, in which he calls for the rapid training of "systems managers," in which he feels the United States excels, and whom the Soviet Union simply lacks. He also urged the regular re-training of Soviet managers, again citing U.S. precedents.

the decade of the sixties – which was to have been the decade of the Soviet victory in the industrial and scientific rivalry with the United States – has seen the United States move into the new technetronic era. The decade began with Gagarin in outer space and ended with Armstrong on the moon.

All this has contributed to a shift in international estimates of the relative standing of the Soviet Union and the United States, a matter of immediate political import.[17] Indeed, the mood of pessimism has infected also the more articulate members of the communist elite outside of the Soviet Union. A leading Polish communist editor, one closely identified with Gomulka, summed it up with these words:

The stormy development of technology in the highly developed countries of capitalism, and they are our major partner in competition, our lagging behind in specific areas cause among some people doubts whether in the context of daily confrontation we can catch up with those countries.[18]

Efforts to remedy the situation are hindered by the vested interests and habits of thought inherent in the residually totalitarian character of the political system. There is widespread agreement in the Soviet Union – not only among the scientists but also among the top political elite – that modern techniques must be imported from abroad and developed indigenously as rapidly as possible. Fascination with computers is especially strong, and the Soviet press is full of articles extolling their use and advocating more rapid installation. There is evidence that the example of East Germany, where the computer and programming systems have been adapted to a greater extent than in any other communist state, is particularly attractive to the communist leaders. They see in it the twin advantages of centralized control and higher efficiency.

Yet it is doubtful that the East German model is really applicable to a country so different as the Soviet Union. There is, first of all, the problem of scale: it is one thing to integrate the economy of a relatively developed country of 17,000,000 people and another thing to do this in a country of 240,000,000 people, embracing both highly advanced industry and primitive agriculture. There are significant differences also in the depth of socialization and labor discipline: the German worker is simply more industrious than the Soviet, and Soviet economists do not hide the fact that, with Stalinist discipline lacking, marginal material inducements simply have not sufficed

[17] In a 1959 survey conducted in nine nations around the world, Russia was seen by 42 per cent as being ahead in science, and the United States by 23 per cent; a decade later, 54 per cent saw the United States as holding the leading position and only 10 per cent saw Russia as leading (*New York Times*, January 22, 1970, p. 6).

[18] M. Rakowski, *Nowe Drogi*, No. 3, 1970, p. 22.

to stimulate greater labor productivity. There are differences in scientific-industrial culture: East Germany is a more advanced state in that respect. Finally, there are ingrained habits: both the Soviet apparatchiki and the Soviet managerial elite are accustomed to the present bureaucratic style and basic changes are resisted, both deliberately and out of inertia.[19]

More drastic reforms, pointing towards decentralization and liberalization of the economy, are even more anathema to the political elite. Periodically, recommendations have been made in behalf of dispersing authority, enhancing local initiative, increasing both risks and rewards. Here, again, the more widely read and internationally exposed Soviet scientists point to the experience of the United States in innovation and development. They recognize that breakthroughs have typically come from small firms, willing and able to run high risks, in effect, committing risk capital to pursue individual hunches and experimental ventures. How to "plan" centrally to take risks, how to get the bureaucrats to go out on a limb, how to obtain multi-level committee approvals for undertakings which have not already been "proven" as successful – all that is an old bureaucratic dilemma.

No wonder then that the political leadership prefers to opt for a program of scientific and technological importation, buying foreign licenses, copying foreign achievements, initiating programs already tested and applied abroad. That, however, is tantamount to a policy of technological and scientific emulation. To the extent that the curve of scientific innovation in the West is exponential, the policy runs the high risk of condemning the Soviet Union to a secondary scientific-technological position, outstripped not only by the USA but also by West Europe and Japan. The political price of essentially an emulative policy would be very high, for it would inescapably mean further decline in the appeal of the Soviet model as a relevant response to the challenges of the technetronic era[20] – but to avoid paying the external political costs requires major internal political concessions. The Soviet political system is torn between these two alternatives, and in so being it highlights its increasingly dysfunctional relationship to the further scientific-technological growth of the Soviet Union.

The problem of political dissent similarly underlines the changing relationship of the political system to society. That political dissent has both mounted and become more overt has been amply documented during the

---

[19] On the conservatism of the Soviet managerial elite, see Jeremy Azrael, *Managerial Power and Soviet Politics*, Cambridge, Mass., 1966.

[20] See Part III of my: *Between Two Ages: America's Role in the Technetronic Era*, New York, 1970.

last several years.[21] It has involved the distribution of dissident pamphlets, public or semi-public protests, occasional demonstrations, and even the appearance of extensive underground literature, including a regular opposition journal.[22]

The content of political dissent has ranged widely. The writers and poets have appealed for more freedom while condemning political repression.[23] Others have protested against specific trials and against particular policies, such as the invasion of Czechoslovakia. Some have set up informal study groups to prepare alternative programs, while still others have organized conspiratorial political cells, dedicated to a more basic change of the system.[24] Finally, a great many – like Sakharov – have urged "in-system" reforms designed to increase scientific-technological efficiency; their recommendations, however, have been so extensive that their application, in addition to increasing economic efficiency, would certainly mean a basic reform of the political system itself.

The reaction of the political leaders has been ambivalent. Coercion and repression have been accompanied by limited toleration and indulgence. Some dissenters have been incarcerated and brutally mistreated; some have not. The question arises: why the ambivalence?

Part of the answer lies, no doubt, in the fact that – to the extent that any judgment may be hazarded – the urban masses have so far been generally apathetic to dissenters. The dissenters are a small minority of scientists and intellectuals, often children of the victims of the Great Purges. Many of them are Jewish. They have limited access to the masses, they cannot proselytize, they interact more among themselves. The urban proletariat and the new middle state-party officialdom are only one generation removed from their peasant antecedents; they are the beneficiaries of an upward mobility process and they tend to be orthodox in their political views and

[21] "In Quest of Justice," *Problems of Communism*, Part I, July-August 1968, Part II, September-October 1968, Vol. XVII, Nos. 4 and 5; also Abraham Brumberg, *In Quest of Justice: Protest and Dissent in the Soviet Union Today*, New York, 1970.

[22] As of this writing, at least twelve issues of *Khronika Tekushchikh Sobytii* (*Chronicle of Current Affairs*) have appeared, with each issue containing a great deal of information on political opposition, underground publications, and repressive actions by the government. In addition, some remarkable manuscripts have been prepared, outstanding among them Professor Zhores A. Medvedev's *The Rise and Fall of T. D. Lysenko*, New York, 1969.

[23] As Aleksandr Solzhenitsyn put it: "Even in lawlessness, in crime, one must remember the line beyond which a man becomes a cannibal. It is short-sighted to think that you can live, constantly relying on force alone, constantly scorning the objections of conscience," (as cited in *The New York Times*, June 17, 1970).

[24] Outstanding among them was the organization set up by several young officers of the Soviet Atomic Baltic Fleet. Uncovered during 1969, the officers were subjected to most severe penalties (*Time*, October 31, 1969).

conservative in their social mores.[25] As long as dissent does not affect them, the government has little cause to fear dissent.

There is, of course, also the youth. Here the possibilities of ferment are greater. Komsomol literature makes it evident that the Party leadership is not unaware of the dangers of contagion, and strict measures (ranging from immediate expulsion to exile and arrest) have been applied against those tempted by political dissent. Nonetheless, as already in the West, the rapid expansion in the number of Soviet students, and the general susceptibility of the student generation to more volatile beliefs, makes them a likely force of political unrest during the seventies.[26]

The second reason for the ambivalence displayed towards political dissent is rooted in what might be called the unresolved Stalinist legacy. The ruling group has still not settled its own record with the past; it has not broken with the Stalinist tradition of bureaucratic fiat and dogmatic faith. At the same time, the absence of any truly revolutionary domestic goals reduces the inclination of the rulers to rely on force to resolve internal problems. The decline in reliance on terror and the absence of major politically-induced social change makes for a less assertive, less dominant, less total subordination of the society of the political system, in turn making thus possible the appearance of dissident views and groups.

In this setting, the government has been unable to decide how much dissent is tolerable and how much coercion is desirable. Some dissenters have been severely suppressed while others tolerated, although – on the whole – the government has been moving towards more suppressive policies during 1969 and 1970. In any case, dissent is not considered legitimate and hence it is always liable to suppression. But the compulsion for suppression is no longer as strong, given the more static system-society relationship. As a result, dissent is neither legitimate nor automatically suppressed. Coercion is still seen as politically legitimate but not automatically applied. Ambiguity and ambivalence reveal a condition of neither ideological self-righteousness nor procedural legality.

A third major domestic dilemma not only confronting the political system but made more difficult by the residual totalitarian character of that system is posed by the increasing self-awareness of the non-Russian nationalities. These nationalities, numbering approximately one-half of the total Soviet population, vary greatly in the degree of their national self-consciousness and it would be an error to imply that they are dominated by strong seces-

[25] Zbigniew Byrski, "The Communist 'Middle Class' in the USSR and Poland," *Survey*, Autumn 1969, No. 3, pp. 80-92.
[26] See my *Between Two Ages*, especially Parts II and III.

sionist sentiments. Such sentiments do appear to exist among the intelligent-sia of the Baltic states and among the more restless Ukrainians. Presumably, separatist inclinations may be felt also among some of the more nationally developed communities, such as Georgians and the Uzbeks, again primarily among the intelligentsia.

It may be convenient, though somewhat arbitrary, to group the non-Russian nationalities into four broad categories insofar as their relationship to the dominant Russian plurality (or bare majority)[27] is concerned. The first of these would consist of nationalities subject to assimilation through the process of modernization and/or biological absorption by intermarriage and the massive influx of Russian-Ukrainian settlers; the second would in-volve nationalities particularly prone to Russian linguistic and cultural domination, fortified by the pressures of economic-urban change; the third would include those nationalities which have a highly distinctive national culture and developed indentity but which, usually for geo-political reasons, recognize the advantages of association with the Russian nation; the fourth would be an extension of the third, but with a sense of national identity not offset by perceived advantages of union but rather pointing towards a separatist orientation.

By way of example, the first group might be said to include the more backward and very small nationalities inhabiting Siberia, and also perhaps Kazakstan where the native population has been reduced to only about 35 per cent of the total. The second might include perhaps the Moldavians or the Byelorussians, linguistically related to the Russians and without a strong nationalist tradition. The third embraces the Georgians, the Armenians, perhaps some of the central Asian peoples, and even some of the Ukrainians. Finally, the fourth – as already mentioned – includes the Balts, some of the Ukrainians, some of the Uzbeks, etc. In the fourth category, one may in-creasingly include also the Jews, with the desire for emigration being in a sense a functional equivalent of separatism.

It would appear from the foregoing that the immediate issue is not that of secessionism or even of anti-Russian nationalism. The elites of the non-Russian nations are, by and large, Soviet in orientation and communist in outlook. The overt separatists have been either exterminated or driven underground. There are, to be sure, still periodic trials of intellectuals accused of "bourgeois nationalism" and Soviet leaders periodically under-take campaigns against manifestations of "bourgeois chauvinism." The persistence of nationalist attitudes is thus officially acknowledged, though these attitudes seem to be relatively isolated and contained.

[27] We will know after the final data of the 1970 census is announced.

The immediate problem is posed rather by the essentially Soviet-oriented elites. Precisely because of their loyalty, these elites can operate within the framework of the official value-system and institutions while demanding for themselves a greater share of political power and economic resources. To this day, political power tends to be effectively dominated by the great Russians,[28] while the centralized economy increasingly favors those who control the center. It is this condition which the non-Russian elites increasingly contest. The 1958 linguistic debate, in which the top political leaders of several republics became highly involved, provided a very overt indication of a much larger and more complex dialogue.[29] Resentment over Russification bubbled over into the public domain, and these is reason to believe that similar debates have developed over constitutional and economic reform.

In the case of constitutional reform, the nationality elites have been inclined, in the first instance, to demand more adherence to the letter of the 1936 Constitution, guaranteeing many more rights to the Union Republics than actually permitted in practice. Similarly, support for Khrushchev's economic decentralization appears to have been stronger in the Republican capitals than in Moscow. A further effect of the above has been to check the promised constitutional reform since any constitutional reform would necessarily open even wider the question of national prerogatives for the non-Russians; similarly, injecting the extraordinarily sensitive question of nationality relations into the already politically complex question of economic reform has worked against economic decentralization.

The overall political effect of the nationality question thus has been to strengthen the conservative inclination of the ruling party bureaucrats, themselves largely Great Russians. This conservatism, in turn, aggravates national frustrations, and thus may transform in time an in-system problem into a system-survival problem. In the short run, however, the conservative, even imperial vested interest of the dominant nation tends to work against the kind of reforms advocated by those concerned with revitalizing the scientific-technological performance of the economy, especially with regards to the decentralization of decision-making and the dispersal of resource-allocation. National conservatism strengthens bureaucratic centralism, thereby both perpetuating and even magnifying the domestic strains.

To these three major dilemmas, one may add several more specifically political but no less important problems. The first of these is how to assure real participation in the political process by a citizenry which has become

---

[28] See the table in Zbigniew Brzezinski and Samuel P. Huntington, *op. cit.*, pp. 132-133.
[29] Yaroslav Bilinsky, "The Soviet Education Laws of 1958-59 and Soviet Nationality Policy," *Soviet Studies*, Vol. XIV, October 1962, pp. 138-153.

both more educated and, in all probability, more committed to the system than was the case some decades ago. Unlike the Yugoslavs or, even crudely, the Chinese, the Soviet rulers – with a brief exception of Khrushchev – have simply avoided this question. In other words, the political system has not matched its intense institutionalization with growing social participation.[30]

Another problem arises from the existence of two parallel bureaucracies. It can be argued that this condition has been functional to Soviet development,[31] but it is not certain that it still is. In any case, it does appear that the Party, to perform effectively its role as integrator and coordinator, will have to become either more directly involved in technological-scientific expertise, or pull back from direct involvement, retaining for itself essentially the overall political "commanding heights." Either alternative would mean significant change, while the perpetuation of the present bureaucratic overlap may become gradually more and more counterproductive.[32] At this stage, it is far from certain that the Party leaders are prepared to confront the problem, and particularly the longer-range consequences of more drastic remedies.

Finally, the political system still needs more stable and formal procedures to insure orderly change. Other one-party systems, such as the Mexican or the Yugoslav, have developed formal procedures for transferring heavily concentrated personal power. The Soviet failure to do so complicates the process of policy formation for it inexorably links policy-making with either the struggle for succession or for the expansion of essentially personal power. Contrary to those who have predicted a stable collective leadership, the expansion in Brezhnev's power during 1969-1970 has been stimulated by the mounting dissatisfaction within the elite over the ineffectiveness of collective but not formally regularized government. The return to a form of personal dictatorship in the Soviet Union might enable the political system to confront more directly the problems discussed and, in so doing, to seek also to revitalize the domination of society by the political system, but it will not resolve the problem of succession.

IV

The totalitarian political system in the Soviet Union faces three fundamental

[30] On the discussion of needed balance between the two, see Samuel P. Huntington, *Political Order in Changing Societies*, New Haven, Conn., 1968.

[31] A very good case has been made by Jerry Hough, *The Soviet Prefects*, Cambridge Mass., 1969.

[32] That was presumably what Khrushchev had in mind when he attempted in 1962 to divide the CPSU into two separate hierarchies, each wedded much more directly to the economic process.

alternatives: either gradual stagnation because of its increasing incapacity to cope effectively with domestic dilemmas; the reimposition of totalitarian controls over society, which would require the definition of new ideological goals, capable of generating some doctrinal elan in the ruling elite; or progressive decentralization and dispersal of the totalitarian political system, matching the increasing complexity of the society and its industrial economy.[33]

To postulate this is not the same as to assert that the concept of totalitarianism is fully applicable to all of Soviet political reality. Our argument, in fact, has been that it is not and that the totalitarian forms of the political system have become dysfunctional to Soviet society. Totalitarianism involves a merger of the political system and society; our discussion has focused on the increasing distinctiveness of the two. Our argument, however, does accept the utility of the concept as an analytic category for a political system that establishes a relationship of total control of society in the process of enforced and intense social transformation, in the course of which dynamic process the institutions of the political system expanded in their social scope and congealed organizationally. Without the concept of totalitarianism, we would simply not be able to examine the unique features of the Soviet system, features which cannot be understood effectively either by seeing the Soviet system as merely another bureaucratic structure, nor as another traditional dictatorship, nor as part of a broader category of movement-regimes attempting to promote essentially emulative modernization. Even more timely, we would not be able to perceive sharply the special political dilemmas confronting the contemporary Soviet political system. These dilemmas are the direct outgrowth of the totalitarian phase of Soviet political development' The concept of totalitarianism thus still has a useful place in the study of comparative politics.

[33] For fuller discussions of the alternatives facing the Soviet system, see particularly my "The Soviet Political System: Transformation or Degeneration," (*Problems of Communism*, Vol. XV, No. 1, January-February 1966) which first raised the possibility of stagnation if the Soviet system does not undertake major reforms; for a further development of the prospects facing the Soviet system, see also my "Soviet Past and Future" (*Encounter*, March 1970).

Hellmut Wollmann

AUFHEBUNG DER ARBEITSTEILUNG ALS PROBLEM DES MARXISMUS-LENINISMUS

1. Die Lehre von der Arbeitsteilung bei Marx und Engels

Wenn *Marx* schon in seinen ersten Schriften, vor allem in den „Ökonomisch-Philosophischen Manuskripten" (1844), die menschliche Arbeit zum Ausgangspunkt seiner Geschichtsdeutung macht, so knüpft er damit nach eigenem Bekenntnis vor allem an *Hegel* an,[1] wobei er freilich, diesen auch in diesem Punkt „vom Kopf auf die Füsse "stellend, nicht dessen „Geist", sondern den „wirklichen, leiblichen, auf der festen wohlgerundeten Erde stehenden, alle Naturkräfte aus – und einatmenden Menschen"[2] als Handlungsträger der Geschichte einsetzt. Den Zusammenhang zwischen Arbeit, Privateigentum, Entfremdung und ihrer Aufhebung in den „Ökonomisch-Philosophischen Manuskripten" noch weitgehend in philosophisch-abstrakten Kategorien entfaltend, sieht er die Geschichte als einen Prozess der „Erzeugung des Menschen durch die menschliche Arbeit",[3] in dem die Menschheit ihre „Wesenskräfte" aus sich „herausschafft" und, so ihre geschichtliche Konkretion findend, notwendig eine „Entfremdung" durchläuft,[4] deren Aufhebung durch den Kommunismus die „vollständige, bewusst und innerhalb des ganzen Reichtums der bisherigen Entwicklung gewordene Rückkehr des Menschen für sich als eines gesellschaftlichen, dh. menschlichen Menschen" bedeutet.[5] *Marx* macht die Entfremdung vor allem an zwei Erscheinungen fest, einmal „im Verhältnis (des Menschen) zu den

---

[1] vgl. *MEW* Erg. Bd. 1. Teil, S. 574. Zum vielfach erörterten Zusammenhang zwischen dem Arbeitsbegriff von Hegel und Marx vgl. etwa Heinrich Popitz, *Der entfremdete Mensch*, Basel, 1953, S. 117-130, Georg Lukacs, *Der junge Marx*, Pfullingen, 1965, S. 59-66, Adam Schaff, *Marxismus und das menschliche Individuum*, Reinbeck, 1970 (rde), S. 29ff.

[2] *MEW* Erg. Bd. 1. Teil, S. 577.

[3] ebd., S. 546.

[4] ebd., S. 574: '. . .dass er wirklich alle seine Gattungskräfte. . . herausschafft, sich zu ihnen als Gegenständen verhält, was zunächst wieder nur in der Form der Entfremdung möglich ist".

[5] ebd., S. 536.

Produkten seiner Arbeit",[6] indem „der Gegenstand, den die Arbeit produziert, ihr Produkt, ihr als ein fremdes Wesen, als eine von dem Produzenten unabhängige Macht" gegenübertritt,[7] und zum andern „im Akt der Produktion, innerhalb der produzierenden Tätigkeit selbst", indem die Arbeit „nicht freiwillig, sondern gezwungen, Zwangsarbeit" und „daher nicht die Befriedigung eines Bedürfnisses, sondern... nur ein Mittel, um Bedürfnisse ausser ihr zu befriedigen",[8] ist. Das Problem der Arbeitsteilung ist in dieser Schrift noch nicht ausdrücklich thematisiert.[9]

Auch wenn sich *Marx* in seiner gemeinsam mit F. *Engels* verfassten Schrift „Deutsche Ideologie" (1845/46) vom Begriff „Entfremdung"[10] und der „philosophischen Phraseologie"[11] insgesamt ironisch distanziert, so bleiben die von ihm bislang mit Entfremdung umschriebenen politischen, gesellschaftlichen und individualpsychologischen Erscheinungen im Mittelpunkt seines Interesses und werden nunmehr in einem stärker historisch-soziologischen Zugriff mit Hilfe der Kategorie „Arbeitsteilung" analysiert.[12] Die Ausformung der Arbeitsteilung wird als ein durch zunächst „naturwüchsige" Gegebenheiten ausgelöster geschichtlicher Vorgang aufgefasst: „Teilung der Arbeit, die sich vermöge der natürlichen Anlage (z.B. Körperkraft), Bedürfnisse, Zufälle etc. etc. von selbst oder ‚naturwüchsig' macht. Die Teilung der Arbeit wird erst wirklich Teilung von dem Augenblicke an, wo eine Teilung der materiellen und geistigen Arbeit eintritt".[13] Während *Marx* in den „Ökonomisch-Philosophischen Manuskripten" die „Entfremdung" gewissermassen aus dem „Begriff" ableitete, führt er ihre beiden von ihm unterschiedenen Erscheinungen sowie das Privateigentum an den Produktionsmitteln nunmehr historisch auf das Auftreten der Arbeitsteilung zurück. Zum einen: „Die soziale Macht, dh. die vervielfachte Produktionskraft, die durch das in der Teilung der Arbeit bedingte Zusammenwirken der verschiedenen Individuen entsteht, erscheint diesen Individuen, weil das Zusammenwirken selbst nicht freiwillig, sondern naturwüchsig ist, nicht als ihre vereinte Macht, sondern als eine fremde, ausser ihnen stehende Gewalt,

---

[6] ebd., S. 514.

[7] ebd., S. 511, ferner S. 512.

[8] ebd., S. 514.

[9] Die Erwähnung der Arbeitsteilung, ebd., S. 561-563, ist mehr beiläufig.

[10] *MEW*, Bd. 3, S. 34.

[11] ebd., S. 217.

[12] vgl. die interessante Bemerkung von Manfred Buhr, „Entfremdung – philosophische Anthropologie – Marx-Kritik," in: *Deutsche Zeitschrift für Philosophie*, 1966, H. 7, S. 813, Anm. 25, wonach Marx den Begriff ''Entfremdung" in der „Deutschen Ideologie" geradezu durch den der ''Arbeitsteilung" ersetzt.

[13] ebd., S. 31.

von der sie nicht wissen woher und wohin"[14] usw. Zum andern: „Sowie nämlich die Arbeit verteilt zu werden anfängt, hat Jeder einen bestimmten ausschliesslichen Kreis der Tätigkeit, der ihm aufgedrängt wird, aus dem er nicht heraus kann".[15] Schliesslich: „Durch die Teilung der Arbeit ist schon von vornherein die Teilung auch der Arbeitsbedingungen, Werkzeuge und Materialien gegeben und damit die Zersplitterung des akkumulierten Kapitals an verschiedene Eigentümer".[16] Indem die „Deutsche Ideologie" die Arbeitsteilung als den die Erscheinungen der Entfremdung auslösenden historischen Faktor bezeichnet, umfasst die in ihr entwickelte Revolutionstheorie in sich folgerichtig zwei zusammenhängende Momente: „Die Verwandlung der persönlichen Mächte (Verhältnisse) in sachliche kann... nur dadurch (wieder aufgehoben werden), dass die Individuen diese sachlichen Mächte wieder unter sich subsumieren *und* die Teilung der Arbeit aufheben".[17] Danach gilt es zum einen, das „Eigentum (an den Produktionsmitteln) unter alle"[18] zu bringen, die Produktionsverhältnisse ihrer „Naturwüchsigkeit" zu entkleiden, sie also „einem Gesamtplan frei vereinigter Individuen zu subordinieren",[19] und damit „die wirkliche Basis zur Unmöglichmachung alles von den Individuen unabhängig Bestehenden"[20] zu legen. Die Einrichtung des Kommunismus „ist daher wesentlich ökonomisch".[21] Zum anderen kommt es entscheidend darauf an, dass die Aneignung der Produktionsmittel durch die Proletarier „allseitig", also unter Aufhebung der bisherigen Arbeitsteilung erfolge. *Marx* geht hierbei davon aus, dass als Ergebnis der gesamten bisherigen geschichtlichen Entwicklung die Produktivkräfte unter dem Kapitalismus „zu einer Totalität entwickelt" seien, und er postuliert, dass, soll die Aneignung dieser im Kapitalismus vorfindbaren hochentwickelten Produktionsmittel nicht „zu einer neuen Beschränktheit" oder „bornierten Selbstbetätigung" der Proletarier führen, „eine Masse von Produktionsmitteln unter jedes Individuum und das Eigentum unter Alle subsumiert werden" müssen.[22] Wie aber ist eine solche der Lernfähigkeit des einzelnen Proletariers beispiellose Anforderungen ansinnende „Entwicklung

---

[14] ebd., S. 34.

[15] ebd., S. 33. Vgl. auch ebd., S. 50, wo zur Trennung von Stadt und Land gesagt wird, sie sei der krasseste Ausdruck der Subsumtion des Individuums unter die Teilung der Arbeit, unter eine bestimmte, ihm aufgezwungene Tätigkeit, eine Subsumtion, die den Einen zum bornierten Stadttier, den Anderen zum bornierten Landtier macht und den Gegensatz der Interessen Beider täglich neu erzeugt".

[16] ebd., S. 66.

[17] ebd., S. 74, Hervorhebung von mir H. W.

[18] ebd., S. 68.

[19] ebd., S. 72.

[20] ebd., S. 70.

[21] ebd., S. 70.

[22] dieses Zitat und die folgenden: ebd., S. 67-68.

der den materiellen Produktionsinstrumenten entsprechenden individuellen Fähigkeiten" überhaupt verwirklichbar? *Marx* antwortet: „Nur die von aller Selbstbetätigung vollständig ausgeschlossenen Proletarier der Gegenwart sind imstande, ihre vollständige, nicht mehr bornierte Selbstbetätigung, die in der Aneignung einer Totalität von Produktivkräften und der damit gesetzten Entwicklung einer Totalität von Fähigkeiten besteht, durchzusetzen". Zutreffend hat *Habermas* darauf aufmerksam gemacht, dass *Marx* an dieser zentralen Stelle seiner Theorie, wo es darauf ankäme, die Möglichkeit eines solchen Umschlages durch eine konkrete empirisch angereicherte Analyse darzutun, stattdessen „gleichsam das dialektische Schema unterstellt",[23] nämlich die Denkfigur der Negation der Negation aus der die Möglichkeit, ja die Notwendigkeit des „qualitativen Sprungs" der Proletarier aus der vollständigen Vereinseitigung ihrer Fähigkeiten, aus der totalen Entfremdung, in die Allseitigkeit dieser Fähigkeiten, in die vollständige Aufhebung der Entfremdung, folgt. Gleichzeitig enthüllt diese Stelle den Kern der in der „Deutschen Ideologie" vorgelegten Geschichtsdeutung, deren Eigentümlichkeit jetzt darin besteht, dass – anders als in den „Ökonomisch-Philosophischen Manuskripten", wo die Entfremdung als ein gleichsam „begriffsnotwendiges" Moment im Prozess der Selbstverwirklichung der Menscheit erschien – nunmehr die Arbeitsteilung als jener geschichtsmächtige Faktor bezeichnet wird, ohne dessen ständige Einwirkung auf die jeweiligen Produktivkräfte und -verhältnisse einerseits jene erst im Kapitalismus vorhandene „Totalität der Produktivkräfte" nicht erreicht worden wäre, die „eine absolut notwendige praktische Voraussetzung"[24] für den Kommunismus ist, und ohne den es andererseits nicht zu jener vollständigen Entfremdung der Menschheit in der Gestalt der „von aller Selbstbetätigung vollständig ausgeschlossenen Proletarier" unter den Bedingungen des Kapitalismus gekommen wäre, jener Entfremdung, die allein erst die Menschheit in den Stand setzt, sich im Akt der proletarischen Revolution die objektive „Totalität der Produktivkräfte subjektiv total anzueignen und, wie es in den „Ökonomisch-Philosophischen Manuskripten" heisst, „innerhalb des ganzen Reichtums der bisherigen Entwicklung" zu sich „zurückzukehren".[25] Allerdings finden sich in der „Deutschen Ideologie" einige wichtige Äusserungen *Marx'* zur „revolutionären Praxis", die darauf zielen, den an der genannten Stelle als „dialektisches Schema unterstellten" qualitativen Sprung

---

[23] Jürgen Habermas, „Zur philosophischen Diskussion um Marx und den Marxismus", in: *Philosophische Rundschau*, 1957, Heft 3/4, S. 233, wo er sich freilich auf eine ähnlich strukturierte Stelle aus „Die Heilige Familie" (1944/46), *MEW* Bd. 2, S. 38 („. . .weil der Mensch in ihm (dem Proletariat, H.W.) sich selbst verloren. . .") bezieht.

[24] *MEW* Bd. 3, S. 34.

[25] vgl. hierzu auch Heinrich *Popitz*, a.a.O., S. 156.

eine grössere psychologische Plausiblität zu verleihen und seine zeitliche Dimension zu erweitern. Er schreibt, „das sowohl zur massenhaften Erzeugung dieses kommunistischen Bewusstseins wie zur Durchsetzung der Sache selbst eine massenhafte Veränderung der Menschen nötig ist, die nur in einer praktischen Bewegung, in einer Revolution vor sich gehen kann; dass also die Revolution nicht nur nötig ist, weil die *herrschende* Klasse auf keine andere Weise gestürzt werden kann, sondern auch, weil die *stürzende* Klasse nur in einer Revolution dahin kommen kann, sich den ganzen alten Dreck vom Halse zu schaffen und zu einer neuen Begründung der Gesellschaft befähigt zu sein".[26] Und an einer anderen Stelle heisst es: „Der Kommunismus ist für uns nicht ein *Zustand*, der hergestellt werden soll, ein *Ideal*, wonach die Wirklichkeit sich zu richten haben (wird). Wir nennen Kommunismus die *wirkliche* Bewegung, welche den jetzigen Zustand aufhebt".[27]

Wenn in der voranstehenden Interpretation der „Deutschen Ideologie" weder auf die vielzitierte Stelle, wonach „in der kommunistischen Gesellschaft, wo Jeder nicht einen ausschliesslichen Kreis der Tätigkeit hat, sondern sich in jedem beliebigen Zweige ausbilden kann, die Gesellschaft die allgemeine Produktion regelt und mir eben dadurch möglich macht, heute dies, morgen jenes zu tun, morgens zu jagen, nachmittags zu fischen, abends Viehzucht zu treiben, nach dem Essen zu kritisieren, wie ich gerade Lust habe, ohne je Jäger, Fischer, Hirst oder Kritiker zu werden",[28] noch auf andere Stellen, wo Marx sogar von der „Aufhebung der Arbeit" schlechthin spricht,[29] Bezug genommen wird, so deshalb, weil davon ausgegangen wird, dass es der von Marx in der „Deutschen Ideologie" intendierten Akzentsetzung gerechter wird, die Aufhebung der Arbeitsteilung als Moment einer durchaus „ökonomisch" aufgefassten Revolutionstheorie und diese wiederum im Zusammenhang mit seiner Auffassung von der Rolle der „revolutionären Praxis" zu sehen,[30] anstatt die erwähnten – von dem hier gewählten Standpunkt mithin als marginal zu bewertenden – Stellen in den Vordergrund zu

---

[26] *MEW* Bd. 3, S. 70. Vgl. auch die 3. These über Feuerbach: „Das Zusammenfallen des Änderns der Umstände und der menschlichen Tätigkeit oder Selbstveränderung kann nur als revolutionäre Praxis gefasst und rational verstanden werden." Vgl. hierzu insbes. Schaff, a.a.O., S. 31-32.

[27] *MEW* Bd. 3, S. 35.

[28] ebd., S. 33. Zu Marx' Überlegungen zum künstlerischen Schaffen im Kommunismus, vgl. ebd., S. 378-379.

[29] vgl. ebd., S. 70, 77.

[30] Soweit es um die Interpretation der von Marx in der „Deutschen Ideologie" angedeuteten Revolutionstheorie geht, ist auch gegen Adam Schaffs Schrift: „Marxismus und das menschliche Individuum" einzuwenden, dass sie die zentrale Rolle, die die Aufhebung der Arbeitsteilung für Marx im Rahmen seiner „ökonomisch" begriffenen Revolutionstheorie hat, nicht hinreichend würdigt, sondern, ohne auf diese Problematik inter-

rücken, deren „antitechnischer und romantisierender"[31] und „im Grund (am) Modell des Künstlers"[32] orientierter Zug zutreffend hervorgehoben, aber wohl überinterpretiert worden ist. Auch nach der hier vertretenen Interpretation bleibt Marxens Auffassung von der Möglichkeit der Aufhebung der Arbeitsteilung freilich utopisch genug.

Im I. Band des „Kapital" führt *Marx* seine Überlegungen zum Problem der Arbeitsteilung und der Möglichkeit ihrer Aufhebung auf bemerkenswerte Weise fort. Das Wesen der menschlichen Arbeit sieht er nach wie vor in der menschlichen Selbstverwirklichung: „Die Arbeit ist zunächst ein Prozess zwischen Mensch und Natur, ein Prozess, worin der Mensch seinen Stoffwechsel mit der Natur durch seine eigne Tat vermittelt, regelt und kontrolliert... Indem er... auf die Natur ausser ihm wirkt und sie verändert, verändert er zugleich seine eigne Natur. Er entwickelt die in ihr schlummernden Potenzen und unterwirft das Spiel ihrer Kräfte seiner eignen Botmässigkeit".[33] Die Erscheinung der scheinbar zu einer eigengesetzlichen „Sachgewalt" verdinglichten gesellschaftlichen Beziehungen zwischen den Menschen, die in seinen früheren Schriften als die wesentliche Form der Entfremdung behandelt wird, analysiert er nunmehr mit Hilfe der Volkswirtschaftslehre und führt sie auf den „Fetischcharakter der Ware" zurück.[34] Bei der Analyse der industriellen Produktion unter kapitalistischen Produktionsbedingungen kommt er zu den folgenden bemerkenswerten Aussagen. Auf der *einen* Seite sieht er in der modernen industriellen Produktion zwei Tendenzen am Werke, deren eine er dahin kennzeichnet, dass, durch den technologischen Fortschritt ermöglicht, eine immer grössere Zahl von komplizierten, bislang von Arbeitern verrichteten Operationen von Maschinen übernommen werden und damit die an die handwerklichen und sonstigen Fertigkeiten und Kenntnisse der Arbeiter zu stellenden Anforderungen zunehmend nivelliert werden, und deren andere er dahin beschreibt, dass, ebenfalls durch die sich ständig fortentwickelnden Produktionstechniken bedingt, eine immer häufigere Umsetzung der Arbeitskräfte stattfinde, aus welchen beiden Tendenzen die Möglichkeit und Notwendigkeit einer „absoluten Disponibilität" des einzelnen Arbeiters zu folgern sei; auf der *anderen* Seite hebt Marx darauf ab, dass die Arbeiter aus Aus-

---

pretativ einzugehen, die dieser Theorie zu Grunde liegenden Annahmen als utopisch verwirft, a.a.O., S. 96-100, S. 51.

[31] so Heinrich Popitz, a.a.O., S. 160.

[32] so Iring Fetscher, *Die Freiheit im Lichte des Marxismus-Leninismus*, Bonn, 1960, S. 30. Zum Problem der „Aufhebung der Arbeit" vgl. auch Manfred Friedrich, *Philosophie und Ökonomie beim jungen Marx*, Berlin, 1960, S. 122 Anm. 49.

[33] *MEW*, Bd. 23, S. 192.

[34] vgl. ebd., S. 85 ff.

beutungsinteressen des Kapitals an der alten Arbeitsteilung festgehalten werden und so nur noch vollständiger „Zubehör einer Teilmaschine" werden: Auf der einen Seite also eine technologisch hochentwickelte Produktionswelt, die potentiell allseitig aneigbar ist, auf der anderen Seite ein von dieser Aneignung vollständig abgeschnittenes Proletariat. Der Gedanke bietet sich an, diese Analyse mit derjenigen in Parallele zu setzen, die *Marx* seiner in der „Deutschen Ideologie" entwickelten Revolutionstheorie zu Grunde legte, und sie als deren gedankliche Fortführung zu betrachten, wobei „absolute Disponiblität" des Arbeiters für die Aufhebung seiner Arbeitsteilung stünde. Das entscheidend Neue läge darin, dass die Möglichkeit der allseitigen Aneignung der Produktionsmittel nun nicht mehr aus einem „unterstellten dialektischen Schema" abgeleitet zu werden braucht, sondern sich aus dem technologischen Stand der Produktionsmittel selbst ergibt, vorausgesetzt natürlich, die beiden von Marx behaupteten Tendenzen, vor allem jene der Nivellierung, hielten einer empirischen Nachprüfung stand oder erwiesen sich als künftig realisierbar.

Wegen der Wichtigkeit dieser Passagen seien diese in grösserer Ausführlichkeit zitiert. Zur erstgenannten Tendenz führt *Marx* aus: „Mit dem Arbeitswerkzeug geht auch die Virtuosität in seiner Führung vom Arbeiter auf die Maschine über. Damit ist die technische Grundlage aufgehoben, worauf die Teilung der Arbeit in der Manufaktur beruht. An die Stelle der sie charakterisierenden Hierarchie der spezialisierten Arbeiter tritt daher in der automatischen Fabrik die Tendenz der Gleichmachung oder Nivellierung der Arbeiten, welche die Gehilfen der Maschinerie zu verrichten haben. . .[35] Obgleich nun die Maschinerie das alte System der Teilung der Arbeit technisch über den Haufen wirft, schleppt es sich zunächst als Tradition der Manufaktur in der Fabrik fort, um dann systematisch vom Kapital als Exploitationsmittel der Arbeitskraft in noch ekelhafterer Form reproduziert und befestigt zu werden. Aus der lebenslangen Spezialität, ein Teilwerkzeug zu führen, wird die lebenslange Spezialität, einer Teilmaschine zu dienen".[36] Zur zweitgenannten Tendenz sagt Marx: „Die moderne Industrie betrachtet und behandelt die vorhandne Form eines Produktionsprozesses nie als definitiv. Ihre technische Basis ist daher revolutionär. . . Durch Maschinerie, chemische Prozesse und andre Methoden wälzt sie beständig mit der technischen Grundlage der Produktion die Funktionen der Arbeiter und die gesellschaftlichen Kombinationen des Arbeitsprozesses um . . . Die Natur der grossen Industrie bedingt daher *Wechsel der Arbeit*, Fluss der Funktion, *allseitige Beweglichkeit* des Arbeiters. . . Die grosse Industrie (macht) durch

[35] ebd., S. 442.
[36] ebd., S. 444-445.

ihre Katastrophen selbst es zur Frage von Leben oder Tod, den *Wechsel der Arbeiten* und daher *möglichste Vielseitigkeit* der Arbeiter als allgemeines gesellschaftliches Produktionsgesetz anzuerkennen und seiner normalen Verwirklichung die Verhältnisse anzupassen. Sie macht es zu einer Frage von Leben oder Tod, die Ungeheuerlichkeit einer elenden, für das wechselnde Exploitationsbedürfnis des Kapitals in Reserve gehaltenen, disponiblen Arbeiterbevölkerung zu ersetzen durch die *absolute Disponibilität* des Menschen für wechselnde Arbeitserfordernisse; das Teilindividuum, den blossen Träger einer gesellschaftlichen Detailfunktion, durch das *total entwickelte* Individuum, für welches verschiedne gesellschaftliche Funktionen einander ablösende Betätigungsweisen sind".[37] In den „Grundrissen zur Kritik der politischen Ökonomie" (1857/58), die Entwürfe für weitere Teile des „Kapital" enthalten, führt *Marx* diese Folgerungen aus den technologischen Gegebenheiten der modernen industriellen Produktion noch ein Stück weiter: „Die Arbeit erscheint nicht mehr so sehr als in den Produktionsprozess eingeschlossen, als sich der Mensch vielmehr als Wächter und Regulator zum Produktionsprozess selbst verhält. Was von der Maschinerie, gilt ebenso von der Kombination der menschlichen Tätigkeiten und der Entwicklung des menschlichen Verkehrs. Es ist nicht mehr der Arbeiter, der den modifizierten Naturgegenstand als Mittelglied zwischen das Objekt und sich einschiebt; sondern den Naturprozess, den er in einen industriellen verwandelt, schiebt er als Mittel zwischen sich und die unorganische Natur, deren er sich bemeistert. Er tritt *neben* den Produktionsprozess, statt ihr Hauptagent zu sein".[38] Soweit das ausführliche Zitat,[39] aus dem erhellen dürfte, dass auch das Denken des „reifen" *Marx* nachhaltig um das Problem der Aufhebung der Arbeitsteilung kreiste.[40]

Die Erwartung, die er in eine „möglichste Vielseitigkeit" und eine „ab-

---

[37] ebd., S. 511-512. Hervorhebungen von mir, H. W.

[38] Karl Marx, *Grundrisse der Kritik der politischen Ökonomie*, Berlin (Ost), 1953, S. 592-593, Hervorhebung von mir, H.W.

[39] vgl. auch "Kritik des Gothaer Programms" (1875), *MEW* 19, S. 21 als die wohl späteste Äusserung Marx' zu dieser Frage: „In einer höheren Phase der kommunistischen Gesellschaft, nachdem die knechtende Unterordnung der Individuen unter die Teilung der Arbeit, damit auch der Gegensatz geistiger und körperlicher Arbeit verschwunden ist; nachdem die Arbeit nicht nur Mittel zum Leben, sondern selbst das erste Lebensbedürfnis geworden . . ."

[40] Unzutreffend deshalb Adam Schaff, a.a.O., S. 96, wenn er schreibt: „Der reife Marx verwarf denn auch solche Gedanken (d.h. von der Möglichkeit der Aufhebung der Arbeitsteilung) kategorisch". Dieses Problem zu stark verkürzend auch Iring Fetscher, a.a.O., S. 31. Zutreffend macht Wolfgang Abendroth, „Thesen zum Problem des marxistischen Menschenbildes im wissenschaftlichen Zeitalter", in: *Festschrift für Adolf Arndt zum 65. Geburtstag*, Frankfurt, 1969, S. 19-27 auf die Bedeutung der zitierten Passagen aufmerksam.

solute Disponibilität" des Arbeiters setzt, wird noch dadurch unterstrichen, dass er im 1. Band des „Kapital" mit ihr konkrete Vorstellungen über die „Erziehung der Zukunft" verbindet, „welche für alle Kinder über einem gewissen Alter produktive Arbeit mit Unterricht und Gymnastik verbinden wird, nicht nur als eine Methode zur Steigerung der gesellschaftlichen Produktion, sondern als die einzige Methode zur Produktion *vollseitig* entwickelter Menschen",[41] eine „polytechnische Ausbildung, die die allgemeinen Prinzipien *aller* Produktionsprozesse vermittelt und gleichzeitig das Kind und die junge Person einweiht in den praktischen Gebrauch und die Handhabung der elementaren Instrumente *aller* Arbeitszweige".[42] Dass es sich hierbei um einen von *Marx* und *Engels* bemerkenswert konsequent durchgehaltenen Gedankengang handelt, wird dadurch belegt, dass *Engels* bereits in den „Grundsätzen des Kommunismus" (1847) formulierte: „Die gemeinsam und planmässig von der ganzen Gesellschaft betriebene Industrie setzt vollends Menschen voraus, deren Anlagen nach allen Seiten hin entwickelt sind, die imstande sind, das *gesamte* System der Produktion zu überschauen. Die durch die Maschinen schon jetzt untergrabene Teilung der Arbeit... wird also gänzlich verschwinden. Die Erziehung wird die jungen Leute das *ganze* System der Produktion rasch durchmachen lassen können, sie wird sie in den Stand setzen, der Reihe nach von einem zum andern Produktionszweig überzugehen, je nachdem die Bedürfnisse der Gesellschaft oder ihre eigenen Neigungen sie dazu veranlassen. Sie wird ihnen also den einseitigen Charakter nehmen, den die jetzige Teilung der Arbeit jedem einzelnen aufdrückt. Auf diese Weise wird die kommunistisch organisierte Gesellschaft ihren Mitgliedern Gelegenheit geben, ihre allseitig entwickelten Anlagen allseitig zu betätigen".[43]

Die Darstellung der Position von *Marx* und *Engels* zum Problem der Arbeitsteilung bliebe indessen unvollständig, würde nicht auch jene bekannte Äusserung aus dem 3. Band des „Kapital" herangezogen, wo Marx von der Arbeit als der wesentlichen oder gar ausschliesslichen Form menschlicher „Selbstbetätigung" abrückt und der arbeitsfreien Zeit eine, zumindest im Gesamtzusammenhang seiner bisherigen Lehre, unerwartete Neubewertung eröffnet: „Das Reich der Freiheit beginnt in der Tat erst da, wo das Arbeiten, das durch Not und äussere Zweckmässigkeit bestimmt ist, aufhört; es liegt also der Natur der Sache nach jenseits der Sphäre der eigentlichen materiellen Produktion... Die Freiheit in diesem Gebiet kann nur darin

---

[41] *MEW* Bd. 23, S. 508, Hervorhebung von mir. H.W.

[42] „Instruktionen für die Delegierten des Zentralrats" (1867), in *MEW* Bd. 16, S. 195. Hervorhebungen von mir H.W.

[43] *MEW* Bd. 4, S. 376. Hervorhebungen von mir H.W.

bestehen, dass der vergesellschaftete Mensch, die assoziierten Produzenten, diesen ihren Stoffwechsel mit der Natur rationell regeln, unter ihre gemeinschaftliche Kontrolle bringen, statt von ihm als von einer blinden Macht beherrscht zu werden... Aber es bleibt dies immer ein Reich der Notwendigkeit. Jenseits desselben beginnt die menschliche Kraftentwicklung, die sich als Selbstzweck gilt, das wahre Reich der Freiheit, das aber nur auf jenem Reich der Notwendigkeit als seiner Basis aufblühn kann. Die Verkürzung des Arbeitstags ist die Grundbedingung".[44] Hinweise auf diesen Gedankengang finden sich bereits in den „Grundrissen zur Kritik der politischen Ökonomie" (1957/58), wo Marx „die Reduktion der (für die Produktion H. W.) notwendigen Arbeit der Gesellschaft zu einem Minimum" ins Auge fasst, „der dann die künstlerische, wissenschaftliche etc. Ausbildung der Individuen durch die für sie alle freigewordene Zeit und geschaffenen Mittel entspricht",[45] und wo er von dem „Vermehren der freien Zeit" „die volle Entwicklung des Individuums" erwartet, „die selbst wieder als die grösste Produktivkraft zurückwirkt auf die Produktivkraft der Arbeit".[46]

2. FORTFÜHRUNG DER DISKUSSION DURCH LENIN UND STALIN

W. I. *Lenin* befasste sich – auch in seinen vorrevolutionären Schriften – nur beiläufig mit dem Problem der Arbeitsteilung. Soweit ersichtlich findet der Begriff „Entfremdung" (russisch: otčuždenie) in seinen Werken keine Erwähnung, wozu allerdings beigetragen haben mag, dass die *Marx*schen Frühschriften, vor allem also die „Ökonomisch-Philosophischen Manuskripte", erst 1932 veröffentlicht wurden und somit *Lenin* unbekannt geblieben sind.

In seiner Schrift „Zur Charakteristik der ökonomischen Romantik" (1897) referiert er beifällig *Marx'* Auffassung, die „maschinelle Industrie (mache) notwendig, dass die Arbeiter von einer Beschäftigung zur anderen übergehen",[47] offensichtlich eine Anspielung auf Kapital Band 1, S. 511/512. Seine materialreiche Untersuchung „Die Entwicklung des Kapitalismus in Russland" (1896/1899) enthält einige mit *Marx* übereinstimmende Aussagen über die Rolle der Arbeitsteilung unter kapitalistischen Produktionsbedingungen.[48] Erst in der am Vorabend der Revolution verfassten Schrift „Staat und Revolution" findet sich eine Bemerkung zur Arbeitsteilung in der Zukunft: „Wie schnell (die Entwicklung) zur Aufhebung der Arbeits-

---

[44] *MEW* Bd. 25, S. 828.
[45] Karl Marx, *Grundrisse*, a.a.O., S. 593.
[46] ebd., S. 599. Vgl. hierzu auch Iring Fetscher, a.a.O., S. 33.
[47] W. I. Lenin, *Werke*, 4. Aufl., Berlin, Bd. 2., S. 182.
[48] vgl. W. I. Lenin, *Werke*, 4. Aufl., Berlin, Bd. 3, S. 439-440, 560-561.

teilung, zur Beseitigung des Gegensatzes von geistiger und körperlicher Arbeit, zur Verwandlung der Arbeit in ‚das erste Lebensbedürfnis' führen wird, das wissen wir nicht und *können* wir *nicht* wissen",[49] eine Bemerkung also, die zwar die Möglichkeit einer Aufhebung der Arbeitsteilung voraussetzt, in der jedoch das Eingeständnis, eine Prognose nicht geben zu können, im Vordergrund steht. Indessen lässt sich aus einigen von *Lenin* in „Staat und Revolution" angestellten Überlegungen, wie nach gelungener Revolution der politische Apparat und die wirtschaftliche Produktion zu organisieren und zu lenken seien, einiges über seine Erwartung ableiten, die er in die Möglichkeit des „einfachen Mannes" setzt, diese Lenkungsaufgaben künftig selbst zu übernehmen und zu meistern. *Lenin* geht davon aus (möglicherweise klingt hier die von Marx in „Kapital" Bd. 1, S. 442 ff vertretene Auffassung von der Nivellierung der Anforderungen an), der Kapitalismus habe „die Grossproduktion,... Fabriken, Eisenbahnen, Post, Telefon u.a. geschaffen, auf dieser Basis sind die meisten Funktionen der alten ‚Staatsmacht' so vereinfacht worden und können auf so einfache Operationen der Registrierung, Buchung und Kontrolle zurückgeführt werden, dass diese Funktionen alle Leute, die des Lesens und Schreibens kundig sind, ausüben können".[50] Dies führe zu „einer Ordnung, bei der die sich immer mehr vereinfachenden Funktionen der Aufsicht und Rechenschaftslegung der Reihe nach von allen ausgeübt werden... und schliesslich als *Sonder*funktionen einer besonderen Schicht von Menschen in Fortfall kommen[51]... Im Sozialismus werden *alle* der Reihe nach regieren und sich schnell daran gewöhnen, dass keiner regiert".[52] Die grossen wirtschaftlichen Schwierigkeiten, denen sich die Regierung der Bolschewiki in den Jahren nach der Revolution gegenüber sah, mögen erklären, dass Lenin, sich zur Rolle des Arbeiters in der kommunistischen Gesellschaft äussernd, in ihm in erster Linie einen Faktor der Arbeitsproduktivität erblickt.[53] In seinem Artikel „Die grosse Initiative" (1919) begrüsst er im kommunistischen Subbotnik, also in dem zu unbezahlter Produktionsarbeit an Feiertag und -abend bereiten Werktätigen, „eine der Keimzellen der neuen, der sozialistischen Gesellschaft":[54] „Gegenüber der kapitalistischen Arbeitsproduktivität bedeutet der Kommunismus eine höhere Arbeitsproduktivität freiwillig, be-

[49] W. I. Lenin, *Ausgew. Werke* in 3 Bänden, Berlin, 1966, Bd. 2, S. 398.

[50] ebd., S. 353-354.

[51] ebd., S. 359.

[52] ebd., S. 416. Vgl. hierzu auch Lenins Artikel „Werden die Bolschewiki die Staatsmacht behaupten?" (Oktober 1917), ebd., S. 460-470, insbes. 468 mit dem meist falsch zitierten „Köchinnen-Beispiel", Claus D. Kernig: „Arbeit", in: Sowjetsystem und demokratisch Gesellschaft, Bd. 1, Freiburg-Basel-Wien 1966, S. 266.

[53] vgl. hierzu Claus D. Kernig, a.a.O., Sp. 266.

[54] W. I. Lenin, *Ausgewählte Werke* in 3 Bänden, Berlin (Ost), 1966, Bd. 3, S. 258.

wusst, vereint schaffender Menschen. . . Der Kommunismus beginnt dort, wo einfache Arbeiter in selbstloser Weise, harte Arbeit bewältigend sich Sorge machen um die Erhöhung der Arbeitsproduktivität".[55] In seiner Schrift „Der ‚linke Radikalismus', die Kinderkrankheit im Kommunismus" (1920) nimmt er nochmals zur Frage der Arbeitsteilung Stellung: „Der Kapitalismus hinterlässt dem Sozialismus unvermeidlich einerseits die alten in Jahrhunderten herausgebildeten beruflichen und gewerblichen Unterschiede zwischen den Arbeitern und anderseits die Gewerkschaften. Diese können und werden sich nur sehr langsam, im Laufe vieler Jahre zu breiteren, weniger zünftlerischen Produktionsverbänden. . . entwickeln und erst dann dazu übergehen, vermittels dieser Produktionsverbände die Arbeitsteilung unter den Menschen aufzuheben und *allseitig entwickelte und allseitig geschulte Menschen, die alles machen können* (kotorye umejut vse delat'), zu erziehen, zu unterweisen und heranzubilden. Dahin steuert der Kommunismus, dahin muss und wird er gelangen, aber erst nach einer langen Reihe von Jahren. Der Versuch, heute dieses künftige Ergebnis. . . praktisch vorwegzunehmen, wäre gleichbedeutend damit, einem vierjährigen Kind höhere Mathematik beibringen zu wollen".[56] Zwar geht man wohl nicht fehl, den Hauptakzent dieser Stelle – wie der sie enthaltenden Schrift insgesamt – im Aufruf zu einem taktischen Pragmatismus zu sehen;[57] gleichwohl bleibt bemerkenswert, dass *Lenin* noch 1920 an der (wenn auch in sehr ferner Zukunft zu verwirklichenden) Aufhebung der Arbeitsteilung festhält, wobei er – ein neuer Beitrag zu diesem Thema – ins Auge fasst, sie über immer „breitere Produktionsverbände" organisatorisch ins Werk zu setzen.

Mit der Verfestigung der Stalinschen Alleinherrschaft und der zunehmenden Dogmatisierung der von ihm dekretierten Lehrsätze verödete auch die Diskussion über Probleme der kommunistischen Gesellschaft. Die theoretische Diskussion insgesamt beschränkte sich weitgehend „auf die Wiederholung von Stalin-Zitaten, ihre Paraphrasierung und Kommentie-

---

[55] ebd., S. 261.

[56] ebd., S. 420. Zum russischen Zitat vgl. W. I. Lenin, *Polnoe sobranie socinenij*, 5. Aufl., Bd. 41, S. 33.

[57] Ein weiteres Beispiel dieses taktischen Pragmatismus ist in seiner bekannten Aufforderung zu sehen, den Aufbau des Sozialismus „nicht auf Grund des Enthusiasmus unmittelbar, sondern. . . auf Grund des persönlichen Interesses, der persönlichen Interessiertheit" zu betreiben („Zum 4. Jahrestag der Oktoberrevolution", Oktober 1921, ebd., 734). Diese und andere Stellen dienten Chruščev, dazu, das Prinzip der „materiellen Interessiertheit" (material'naja zainteresovannost') auf dem 20. Parteitag (1956) als ideologisch einwandfreies Strukturelement im Aufbau des Sozialismus herauszustellen (vgl. *XX S'ezd Kommunističeskoj Partii Sovetskogo Sojuza, stenogr. Otčet*, Bd. 1, Moskau, 1956, s. 75. Vgl. noch ausführlicher hierzu Chruščev, XXII *S'ezd Kommunističeskoj Partii Sovetskogo Sojuza, stenogr. otčet*, Bd. 1, Moskau, 1962, S. 95).

rung", wie es in einem 1965 verlegten Soziologie-Sammenlband heisst.[58]

   Stalin veröffentlichte 1952 seine Schrift „Ökonomische Probleme des Sozialismus in der UdSSR",[59] in der sich auch ein Absatz zur „Frage der Beseitigung des Gegensatzes zwischen Stadt und Land, zwischen geistiger und körperlicher Arbeit und auch (zur) Frage der Aufhebung der Unterschiede zwischen ihnen" findet. Zunächst fällt auf, dass *Stalin* „Gegensatz" (protivopoložnost') und „Unterschied" (različie) auseinanderhält. Zum Problem der Beseitigung des Gegensatzes zwischen geistiger und körperlicher Arbeit bemerkt er: „Dies ist ein bekanntes Problem, das schon vor langem von Marx und Engels erörtert worden ist. Die ökonomische Grundlage des Gegensatzes zwischen geistiger und körperlicher Arbeit ist die Ausbeutung der körperlichen Arbeiter durch die geistigen Arbeiter. Jedermann kennt die Kluft, die unter dem Kapitalismus zwischen den körperlichen Arbeitern der Betriebe und dem leitenden Personal besteht... Natürlich musste mit der Beseitigung des Kapitalismus und des Systems der Ausbeutung auch der Gegensatz der Interessen zwischen körperlicher und geistiger Arbeit verschwinden... Heute sind die körperlichen Arbeiter und das leitende Personal nicht Feinde, sondern Genossen und Freunde, Mitglieder eines einzigen Produktionskollektivs".[60] Es liegt auf der Hand, dass diese Sätze dazu verwendet werden konnten (und dies wohl auch intendierten), die „Sonderfunktionen einer besonderen Schicht von Menschen", von deren „Fortfall" *Lenin* gesprochen hatte, nämlich die Sonderfunktionen des „*Leitenden Personals*", als ständige Struktur der sozialistischen und auch kommunistischen Gesellschaft ideologisch zu begründen.[61] *Stalin* fährt in der genannten Schrift fort: „Einen ganz anderen Charakter hat das Problem des Verschwindens der Unterschiede... zwischen geistiger und körperlicher Arbeit. Dieses Problem ist von den Klassikern des Marxismus nicht diskutiert worden. Es ist ein neues Problem, das durch die Praxis unseres sozialistischen Aufbaus aufgeworfen wurde".[62] Souverän unterschlägt er also die umfangreichen Überlegungen, die vor allem *Marx* gerade dieser Frage gewidmet hat. Im weiteren schreibt er: „Der wesentliche Unterschied (sc. zwischen geistiger und körperlicher Arbeit, H.W.) im Sinne einer Kluft im kulturell-technischen Niveau wird sicherlich verschwinden. Irgendein Unterschied, wenn auch kein wesentlicher, wird dennoch bestehen bleiben, und sei es nur darum, weil die Ar-

---

   [58] *Sociologija v SSSR*, Bd. 1, Moskau 1965, S. 4.
   [59] I. Stalin, *Ekonomičeskie problemy socializma v SSR*, Moskau, 1952.
   [60] ebd., S. 26-27.
   [61] Zur Auseinandersetzung von E. L. Manevič mit dieser Lehre Stalins vgl. unten S. 412 und Anm. iii
   [62] ebd., S. 27.

beitsbedingungen des leitenden Personals der Betriebe und die der Arbeiter nicht die gleichen sind".[63] Damit, dass Stalin die Äusserungen der „Klassiker" zur Aufhebung der Arbeitsteilung und ihrer Bedeutung in einer kommunistischen Gesellschaft gewissermassen für ungeschrieben erklärte und er die geschmeidige Formel von „einen gewissen, wenn auch unwesentlichen Unterschied" zum Lehrsatz erhob, gewann er die Möglichkeit, wann immer er es für wünschenswert gehalten hätte, die in der Sowjetwirklichkeit vorhanden „Unterschiede" für „unwesentlich" zu erklären und damit den Eintritt in den Kommunismus ideologisch zu begründen.[64]

Der Artikel „Arbeitsteilung", den der 1955, also zwei Jahre nach *Stalins* Tod, aber ein Jahr vor dem 20. Parteitag erschienene 5. Band der „Grossen Sowjet-Enzyklopädie" enthält,[65] steht noch deutlich unter dem Bann der Stalinschen Festlegungen, wenn es dort heisst: „Unter dem Sozialismus wird ein grundsätzlich neues System der Arbeitsteilung geschaffen... Auf der Grundlage des gesellschaftlichen Eigentums an den Produktionsmitteln und der Abschaffung der Ausbeutung des Menschen durch den Menschen sind in der UdSSR die ausbeuterischen Grundlagen der Arbeitsteilung, der Gegensatz (protivoložnost') zwischen geistiger und körperlicher Arbeit beseitigt".[66] Ohne dass das Problem der Aufhebung der Arbeitsteilung oder des „Unterschiedes" zwischen geistiger und körperlicher Arbeit ausdrücklich angesprochen wird, werden in dem Artikel einige Gesichtspunkte angeschnitten, die auch in der gegenwärtig in der UdSSR geführten Diskussion eine Rolle spielen und deshalb zitiert seien: „Die Verbreiterung des Gesichtskreises der Industriearbeiter der UdSSR findet ihren Ausdruck insbesondere in der gleichzeitigen Ausübung mehrere Fachberufe (sovmeščenie special' nostej). Unter den Bedingungen der komplexen Mechanisierung und Automatisierung werden die Detailoperationen von Maschinen ausgeführt. Hierbei erhebt sich der Arbeiter schrittweise zum Niveau eines Ingenieur-Technikers. Die allseitige polytechnische Erziehung sichert den Mitgliedern der sozialistischen Gesellschaft die freie Wahl des Berufs und erleichtert die gleichzeitige Ausübung mehrerer Fachberufe und den Wechsel von einem zum andern (sovmeščenie i peremena special'nostej i professij)... Die Möglichkeit der freien Berufswahl wird die Verwandlung der Arbeit in das erste Lebensbedürfnis begünstigen".[67]

[63] ebd., S. 29.

[64] ähnlich Claus D. Kernig, a.a.O., Sp. 267.

[65] „Razdelenie truda" in: *Bol'šaja Sovetskaja Enciklopedija*, 2. Aufl. Bd. 35, Moskau 1955, S. 611-613.

[66] ebd., S. 612.

[67] ebd., S. 613. In der dem Artikel beigefügten Bibliographie wird als einschlägiges Werk von Marx bezeichnenderweise nur das „Kapital", Bd. 1, angeben.

3. GEGENWÄRTIGE DISKUSSION IN DER UdSSR

Die Diskussion über die Voraussetzungen der „kommunistischen Gesellschaft" und damit über das Problem der Arbeitsteilung und des „neuen Menschen" erhielt durch den 20. Parteitag der KPdSU (Februar 1956), der das Ende des Stalinismus oder, wie die Sprachregelung in der UdSSR lautet, des „Persönlichkeitskults" (kul't ličnosti) einleitete, und vor allem durch den 22. Parteitag (Oktober 1961) sowie das von diesem am 31.10.1961 angenommene (3.) Programm der KPdSU einen neuen Anstoss und Auftrieb. Da davon auszugehen ist, dass das Parteiprogramm in der UdSSR faktisch den möglichen Spielraum einer wissenschaftlichen und politischen Diskussion absteckt, erscheint es zweckmässig, die einschlägigen Passagen des Parteiprogramms vorweg anzugeben. Dort heisst es: „Im Kommunismus wird es keine Klassen geben, werden die sozialen, ökonomischen, kulturellen und die Lebensweise betreffenden Unterschiede zwischen Stadt und Land verschwinden. . ., werden die geistige und die körperliche Arbeit in der Produktionstätigkeit des Menschen organisch verschmelzen".[68] „Die Entwicklung der neuen Technik wird für die grundlegende Verbesserung und Erleichterung der Arbeitsbedingungen des Sowjetmenschen, für die Verkürzung des Arbeitstages. . ., für eine Abschaffung der schweren körperlichen Arbeit und somit auch der nichtqualifizierten Arbeit verwendet werden".[69] „Die Volksbildung wird die Ausformung von allseitig entwickelten Mitgliedern der kommunistischen Gesellschaft, die Lösung eines der wichtigsten sozialen Probleme: die Beseitigung der *wesentlichen* Unterschiede zwischen geistiger und körperlicher Arbeit ermöglichen."[70] „Im Masse der Verkürzung der auf die materielle Produktion verwandten Zeit verbreitern sich die Möglichkeiten für die Entwicklung der Fähigkeiten und Begabungen auf dem Gebiet von Produktion, Wissenschaft, Technik, Literatur und Kunst".[71] Es fällt auf, dass das Parteiprogramm zwar an verschiedenen Stellen in nur geringfügig wechselnder Formulierung von der „allseitig entwickelten Persönlichkeit" spricht,[72] sich jedoch zum Problem der Arbeitsteilung jeder Äusserung enthält (soweit ersichtlich, taucht das Wort „Arbeitsteilung" im ganzen Parteiprogramm nicht auf), sondern sich lediglich in der Frage der Beseiti-

---

[68] *Materialy XXII C'ezda KPSS*, Moskau, 1962, S. 366-367.

[69] ebd., S. 369.

[70] ebd., S. 413,. Hervorhebung von mir, H.W.

[71] ebd., S. 412.

[72] vgl. S. 408: „allseitige, harmonische Entwicklung der Persönlichkeit", S. 411: „allseitige Entwicklung der Persönlichkeit"., S. 411: „allseitige und harmonische Entwicklung der menschlichen Persönlichkeit", S. 413: „allseitig entwickelte Mitglieder der kommunistischen Gesellschaft".

gung der Unterschiede oder gar nur der wesentlichen Unterschiede zwischen geistiger und körperlicher Arbeit festlegt. Hierin dürfte eine wichtige Voraussetzung und Erklärung dafür zu erblicken sein, dass die in der Sowjetunion seither über die Problematik der Arbeitsteilung und ihre Rolle in einer kommunistischen Gesellschaft geführte wissenschaftliche und politische Diskussion bemerkenswert kontrovers verlaufen ist.

In ihrer ersten Phase, etwa ab 1961, wurde diese Diskussion überwiegend in einigen Zeitschriften geführt, wobei in erster Linie die Monatszeitschrift „Fragen der Philosophie"[73] zu nennen ist, in der sich, ausgelöst durch zwei Ende 1961 veröffentlichte Artikel von E. L. *Manevič* und A. K. *Kurylev* eine sich durch mehrere Jahrgänge hindurchziehende Diskussion zum Thema der professionellen Arbeitsteilung in der kommunistischen Gesellschaft entspann.[74] Im Laufe der sechziger Jahre erschien dann eine zunehmende Zahl von Monographien soziologischer Ausrichtung, deren Gegenstände in beträchtlichem Umfang einem Gesamtbereich zuzuordnen sind, der kürzelhaft als „Problem der Arbeit und des Arbeiters unter den Bedingungen des Sozialismus" umschrieben werden kann. Diese soziologisch orientierten Publikationen sind Ausdruck und Ergebnis des ebenfalls zu Beginn der sechziger Jahre, insbesondere nach dem 22. Parteitag der KPdSU einsetzenden Bestrebens der sowjetrussischen Gesellschaftswissenschaften, sich wieder stärker empirischen oder, wie es meist heisst, „konkret-soziologischen" Untersuchungen zuzuwenden.[75] Indem die Aufgabe der Gesellschaftswissenschaften im neuen Parteiprogramm der KPdSU dahin bestimmt ist, dass diese „die wissenschaftliche Grundlage für die Leitung der Entwicklung der Gesellschaft darstellen",[76] sie somit als Hilfswissenschaften für den plan- war es naheliegend, dass die neuformulierten Forschungsprogramme der Institute und Wissenschaftlerteams vornehmlich Probleme der Arbeits-, aber auch Freizeitwelt der Sowjetmenschen also besonders aktuellen politischen und sozialen Problemen der Sowjetwirklichkeit galten.[78] Als mässigen Aufbau der kommunistischen Gesellschaft betrachtet werden,[77]

[73] *Voprosy Filosofii*, im folgenden abgekürzt: *VF*.
[74] vgl. E. L. Manevič. „O likvidacii različij meždu umstvennym i fizičeskim trudom v period razvernutogo stroitel'stva kommunizma," in: *VF*, 1961, Heft 9, S. 15-23 und A. K. Kurylev, „O vsestoronnem razvitii ličnosti pri kommunizme", in: *VF*, 1961, Heft 11, S. 29-41. Zum Verlauf der Diskussion vgl. *VF* 1962, H. 10, S. 22-47, 1962, H. 3, S. 37-62 H. 4, S. 54-63, H. 9, S. 29-39, H. 11, S. 86-98, H. 12, 1964, H. 1, S. 86-89, ferner das interessante redaktionelle Schlusswort *VF* 1964, H. 4, S. 130-144.
[75] vgl. hierzu René Ahlberg, *Die Entwicklung der empirischen Sozialforschung in der Sowjetunion*, Berlin, 1964, *passim*. Vgl. auch das Vorwort in: *Sociologija v SSR*, Bd. 1, Moskau, 1965, S. 3-9.
[76] *Materialy XXII S'ezda KPSS*, Moskau, 1962, S. 417.
[77] vgl. hierzu auch René Ahlberg, a.a.O., S. 48.

eine der letzten einschlägigen soziologisch ausgerichteten Veröffentlichungen ist die umfangreiche Untersuchung von A. I. *Kalinin*:" Die Rolle der Arbeit bei der Entwicklung der Persönlichkeit unter den Bedingungen des Aufbaus des Kommunismus" zu nennen.[79] Das ausgebreitete Interesse an dieser Fragestellung schlägt sich schliesslich auch in einer grossen Zahl von Dissertationen nieder.[80] Die Auffassungen, die zur Rolle der Arbeitsteilung gegenwärtig vertreten werden, lassen sich in zwei Gruppen bringen:[81]

a) Eine Reihe von Autoren sind der Meinung, die professionelle Arbeitsteilung werde in der kommunistischen Gesellschaft ganz verschwinden. Namhaftester Wortführer ist S. G. *Strumilin*, der, langjähriges Mitglied der Akademie der Wissenschaften, wohl als Nestor der sowjetischen Wirtschaftswissenschaften gelten darf. Nachdem er in seiner 1959 veröffentlichten Schrift „Auf den Wegen des Aufbaus des Kommunismus"[82] Richtung und Ergebnis seiner Überlegungen bereits angedeutet hatte, griff er im Frühjahr 1963 in die in der Zeitschrift „Fragen der Philosophie" einsetzende Diskussion ein.[83] In seiner Argumentation[84] beruft er sich auf jene

---

[78] vgl. die instruktive Übersicht über einige zu Beginn der sechziger Jahre konzepierte soziologische Forschungsprogramme sowjetischer Autorengruppen bei René Ahlberg, a.a.O., S. 48-51. Ein anschauliches Bild von der Gewichtung dieser Bereiche gibt auch *Sociologija v SSSR*, Bd. 2, Moskau, 1965, der, als Sammelband einzelner soziologischer Untersuchungen gedacht, zur Hälfte den „sozialen Problemen der Arbeit und der Freizeit" gewidmet ist.

[79] A. I. Kalinin: *Rol' truda v razvitii ličnosti v uslovijach stroitel'stva kommunizma*, Čeboksary, 1969.

[80] Leider sind die Dissertationen (in ihrem Volltext) selbst an der Lenin-Biblothek in Moskau gegenwärtig normalerweise nicht zugänglich, zumindest nicht für den Ausländer. Die vom jeweiligen Autor angefertigten und in geringer Auflage gedruckten Kurzreferate („avtoreferaty") sind zwar einzusehen, erweisen sich jedoch gerade dort als mitteilungsarm, wo zu vermuten ist, dass der Autor im Volltext der Dissertation interessantes Material ausbreitet.

[81] Umfangreiche bibliographische Angaben zu dem Streitstand finden sich bei A.I. Kalinin, a.a.O., S. 275-300 und A. A. Borbot, *Obščestvennoe razdelenie truda i ego vozdejstvie na soderžanie i stimuly trudovoj dejatel'nosti v uslovijach perechoda ot socializma k kommunizmu*, Moskau, 1968 (avtoreferat dissertacii), S. 4 Anm. 7-13 und S. 5, Anm. 1-5.

[82] S. G. Strumilin, *Na putjach postroenija kommunizma*, Moskau, 1959, S. 6-16, insbes. 12-13. Vor Strumilin, von diesem allerdings nicht zitiert, war bereits 1958 mit einer ähnlichen, wenn nicht sogar noch pointierteren „technologischen" Begründung der Möglichkeit der Aufhebung der Arbeitsteilung V. P. Kornienko (zitiert bei E. L. *Manevič*, a.a.O., *VF*, 1961, H. 9, 24) hervorgetreten.

[83] S. G. Strumilin, „Kommunizm i razdelenie truda," in: *VF*, 1963, H. 3, S. 37-49.

[84] Am Anfang seines Beitrags, ebd., S. 39-41, geht Strumilin – was hier nur gestreift werden kann – auf ein Übersetzungsproblem ein, das in der Diskussion über die Arbeitsteilung etliche Verwirrung gestiftet hat. Es geht um den Brief von Marx an L. Kugelmann vom 11. Juli 1868, in dem er schreibt: „(Jedes Kind) weiss..., dass die den verschiedenen Bedürfnismassen entsprechenden Massen von Produkten verschiedne und quantitativ bestimmte Massen der gesellschaftlichen Gesamtarbeit erheischen. Dass diese *Notwendigkeit der Verteilung* der gesellschaftlichen Arbeit in bestimmten Proportionen

beiden Stellen im 1. Band des „Kapital", wo *Marx* aus den technologischen
Gegebenheiten der modernen industriellen Produktion zum einen eine
Nivellierung der an den Arbeiter zu stellenden handwerklichen und sonstigen
Spezialkenntnisse („Kapital", Bd. 1, S. 442) und zum andern eine rasche
Umsetzung der Arbeitskräfte, einen „Wechsel der Arbeit" („Kapital", Bd. 1,
S. 511-512) herleitet. *Strumilin* schreibt: „Man kann sich über die Genialität
dieser Voraussagen Marxens nur wundern... Heute, da wir schon in eine
neue Phase der vollautomatisierten Produktion eintreten..., führt uns diese
neue technische Revolution noch entschiedener zur Aufhebung der professionellen Spezialisierung... Nicht mehr die Menschen, sondern die Maschinen
sind spezialisiert".[85] – Ganz ähnlich stellt sich V. J. *El'meev* die Entwicklung
der Arbeitsteilung vor.[86] Auch er sieht unter Verweis auf das „Kapital",
Band 1, S. 511-512 das technologisch bedingte und geförderte „Gesetz des
Wechsels der Arbeit" (zakon peremeny truda) am Werk, das schrittweise das
gegenläufige „Gesetz der Arbeitsteilung unter Menschen" (zakon razdelenija
truda meždu ljud'mi) verdrängen werde. Seine Überzeugung von der Ver-
wirklichbarkeit dieser Entwicklung veranschaulicht er am Beispiel eines ihm
bekannten Mannes, der gleichzeitig als Schlosser in einer Fabrik und Ge-
schichtslehrer in einer Schule tätig sei: „Er hat bereits eine der Formen der
Arbeitsteilung zwischen Menschen überwunden".[87] „Der Wechsel der
Arbeit dient als Grundlage der allseitigen Entwicklung des Menschen".[88] –
Noch plastischer gerät diese Perspektive bei Kim *Sergeev*, der nach eigener

durchaus nicht durch die bestimmte Form der gesellschaftlichen Produktion aufgehoben,
sondern nur ihre Erscheinungen ändern kann, ist self-evident", *MEW*, Bd. 32, S. 552-553.
Die unterschiedliche Auslegung und Bewertung dieser Stelle ergibt sich daraus, dass der
Begriff „Verteilung der... Arbeit" unterschiedlich übersetzt worden ist, nämlich bald
(zutreffend) mit „raspredelenie truda", bald (unzutreffend) mit „razdelenie truda" (Teilung
der Arbeit = Arbeitsteilung). Strumilin macht nun darauf aufmerksam, dass noch die 1.
(russisch-sprachige) Auflage der Marx-Engels-Werke (1934) die Stelle richtig übersetzt,
während zwei russischsprachige Ausgaben von Marx-Engels-Briefen aus den Jahren 1947
und 1948 daraus eine „Arbeitsteilung" machen, und er lässt seinen Verdacht durchblicken,
dass es sich um eine absichtliche Falschübersetzung gehandelt habe. In der Tat hätte
Stalin, in seinem Bestreben, die überkommenen Lehrsätze auf seine Vorstellungen zuzu-
schneiden, an einem Marx-Diktum von der „Notwendigkeit der gesellschaftlichen *Arbeitsteilung*" nur gelegen sein können. Strumilins vorsichtig angedeutete (politisch attraktive)
Hypothese erweist sich jedoch als zweifelhaft, weil, was er nicht erwähnt, bereits die erste
russischsprachige Ausgabe der Marx-Engels-Briefe aus dem Jahre 1923 die falsche Übersetzung „razdelenie" enthält, vgl. K. Marks i. F. Engels, *Pis'ma*, Moskau 1923, S. 176.

[85] vgl. *VF*, 1963, H. 3, S. 42-43.

[86] vgl. V. J. El'meev; „Vsestoronnee razvitie ličnosti predpolagaet uničtoženie razdelenija truda meždu ljud'mi," in: *VF*, 1962, H. 10, S. 25-29. Weitgehend wie Strumilin, den
er beifällig zitiert, ferner: D. Kajdalov, „Razdelenie truda v nastojaščem i buduščem," in:
Voprosy Ekonomiki, 1961, H. 9, S. 34-44.

[87] V. J. El'meev, a.a.O., S. 28.

[88] ebd., S. 27.

Angabe als Schlosser in einer Leningrader Fabrik arbeitet.[89] Er meint, freilich ohne weitere Begründung: „Die körperliche und geistige Arbeit in
ihrer gegenwärtigen Form wird verschwinden... Der Kommunismus wird
den Professionalismus ein für alle Mal beseitigen... Denn wie soll man den
Beruf eines Menschen bestimmen, der morgens am Lenkungspult eines
Atomreaktors ist und abends ein Symphonieorchester dirigiert? Welchen
Beruf hat jemand, der heute die automatischen Produktionsbänder für
Fernsehgeräte bedient und morgen seine historischen Arbeiten in einer Diskussion verteidigt?".[90] – Im Ergebnis mit *Strumilin* übereinstimmend, nicht
jedoch in der Begründung, sieht G. I. *Šemenev* die Voraussetzung für die
Aufhebung der Arbeitsteilung nicht in einem technologisch bedingten „Gesetz des Wechsels", sondern in der zunehmenden Durchdringung von Wissenschaft und Produktion.[91] „Die Produktion hat als Ergebnis der Schaffung
der materiell-technischen Basis des Kommunismus ein solches Niveau...
erreicht, wo sie nicht nur technologische Anwendung der Ergebnisse der
Natur-, Ingenieur- und Wirtschaftswissenschaften ist, sondern wo der technologische Prozess selbst gleichzeitig ein Prozess wissenschaftlicher Tätigkeit, ein Experiment wird, das zu neuen Erfindungen führt... Die organische
Vereinigung der wissenschaftlichen Forschungen mit der Praxis der Anwendung dieser in der Produktion stellt die Grundbedingung des Verschwindens der professionellen Arbeitsteilung dar".[92]

b) Die von *Strumilin* angeführte Auffassung von der Möglichkeit der
Aufhebung der Arbeitsteilung in der kommunistischen Gesellschaft wird
von der überwiegenden Mehrheit der übrigen mit dieser Problematik be-
fassten Autoren abgelehnt, wobei sie gelegentlich mit aller Schroffheit als
„utopisch"[93] und als ein „Beispiel dafür, wie das Wünschenswerte als das
Wirkliche ausgegeben wird",[94] gekennzeichnet wird. Die deutlichste Gegen-
position wird innerhalb dieser Gruppe von denjenigen bezogen, die die von
Marx formulierte Tendenz des „Wechsels der Arbeit" als nur unter kapitalistischen, nicht aber unter sozialistischen oder kommunistischen Produktions-

---

[89] vgl. Kim Sergeev, „Ostanutsjali professii pri kommunizme?", in: *VF*, 1963, H. 11,
S. 91-95.

[90] ebd., S. 94-95. Diese Ausführungen erinnern auffällig an jene bekannte Stelle aus der
„Deutschen Ideologie", *MEW* Bd. 3, S. 33, auf die sich Sergeev selbst indessen nicht bezieht, zumindest nicht ausdrücklich.

[91] G. I. Semenev, „Svjaz' nauki s proizvodstvom i vsestoronnee razvitie ličnosti", in:
VF, 1963, H. 9, S. 29-35.

[92] ebd., S. 30.

[93] so A. V. Andreev, J. V. Timoškov, „Razdelenie truda i obščestvennye gruppy pri
kommunizme", in: *VF*, 1962, H. 10, S. 41, 42 und E. L. Manevič, a.a.O., *VF*, 1961, H. 9,
S. 24.

[94] so E. L. Manevič, ebd., S. 27.

bedingungen wirksam betrachten und nach deren Ansicht sich die professionelle Arbeitsteilung unter dem Sozialismus und Kommunismus nicht nur nicht abschwächt, sondern im Gegenteil durch eine immer stärkere Spezialisierung der Fachberufe noch verstärkt (so z.B. A. V. *Andreev* und J. V. *Timoškov*).[95] Eine Mittelmeinung, die als die gegenwärtig weitaus überwiegende Auffassung einzustufen ist, neigt dazu, unter sozialistischen und kommunistischen Produktionsbedingungen das „Gesetz der Arbeitsteilung" und das „Gesetz des Wechsels der Arbeit" als, sich gegenseitig nicht ausschliessend, sondern ergänzend, nebeneinander wirksam anzusehen (so z.B. N. S. *Novoselov* und A. I. *Kalinin*),[96] wobei innerhalb dieser Mittelmeinung wiederum differenziert werden kann zwischen einer Ansicht, nach der „das Gesetz des Wechsels... eine der Bedingungen der allseitigen Entwicklung der Persönlichkeit der kommunistischen Gesellschaft (ist). Und je mehr sich unsere Gesellschaft dem Kommunismus genähert hat, umso stärker setzt sich das Gesetz des Wechsels durch" (so A. K. *Kurylev*),[97] zwischen einer Auffassung also, die sich im Ergebnis weitgehend an die Meinung *Strumulins* anschliesst, und einer Position, für die das Zusammenwirken von „Arbeitsteilung" and „Wechsel der Arbeit" darin zum Ausdruck kommt, dass einerseits eine immer grössere Vertiefung der Spezialkenntnisse innerhalb der Fachberufe zu beobachten ist, andererseits indessen die Ausbildung und die Kenntnisse der Arbeiter sich zunehmend in angrenzende Berufssparten hinein erstrecken und sich somit „Arbeiter mit breitem Berufsprofil" (rabočie širokogo profilja) und „Übergangsberufe" (skvoznye professii) ausformen,[98] ein Gesichtspunkt, der, wie erwähnt, schon im Artikel „Arbeitsteilung" der Grossen Sowjet-Enzyklopädie herausgestellt wird. Von den verschiedenen Autoren werden mit zum Teil unterschiedlicher Akzentuierung eine Reihe von Faktoren hervorgehoben, die als notwendige, aber wohl auch als hinreichende Bedingungen für die Entfaltung der „allseitigen Persönlichkeit" angesehen werden. Wie bereits betont, wird die Aufhebung der professionellen Arbeitsteilung, weil „utopisch", unter diese Bedingungen nicht aufgenommen.

Übereinstimmend wird die Rolle der Spezialisierung in einem Fachberuf unterstrichen, deren Bedeutung gerade darin erblickt wird, dass sie, von einem durch die technologischen Gegebenheiten der modernen Produktion

---

[95] vgl. A. V. Andreev, J. V. Timoškov, a.a.O., S. 42-43.

[96] vgl. N. S. Novoselov, „Razdelenie truda pri kommunizme ne isključaet vosmožnosti peremeny truda i vsestoronnego razvitija ličnosti", in: *VF*, 1962, H. 10, S. 49-55, insbes. 50, A. I. Kalinin, a.a.O., insbes. S. 284.

[97] A. K. Kurylev, „Razdelenie truda i vsestoronnee razvitie ličnosti v period perechoda ot socializma k kommunizmu", in: *VF*, 1962, H. 10, S. 24, vgl. auch ebd., 25.

[98] vgl. etwa A. I. Kalinin, a.a.O., 160-161.

ermöglichten ständigen Rückgang des Anteils der körperlichen Arbeit am
Arbeitsaufwand des Einzelnen begleitet, in dem bestimmten Fachbereich
eine Vereinigung von körperlicher und geistiger Arbeit erlaube und damit
zu einer ständigen „Intellektualisierung" der Arbeit führe.[99] In einem von
der Akademie der Wissenschaften 1966 herausgebenen Band, der, im Rahmen eines fünfbändigen Werkes „Sozialismus und Kommunismus" erschienen, wohl besondere Autorität beanspruchen darf,[100] heisst es hierzu:
„Der Weg der allseitigen Entwicklung der Persönlichkeit liegt in der konse-
quentesten und tiefsten beruflichen Spezialisierung, aber einer Spezialisierung, die nicht Stillstand, sondern ununterbrochene Bewegung, den Über-
ganz zu neuen Höhen des Wissens und der Meisterschaft bedeutet. . .[101]
Heute kann es als grundsätzlich bewiesen angesehen werden, dass es keine
mechanische, monotone körperliche oder geistige Operation gibt, die nicht
von Maschinen übernommen werden könnte. Nur die *schöpferischen* Formen
der Arbeit, vor allem im Bereich der Wissenschaft, Kunst und der Lenkung
von Produktion und Gesellschaft, bleiben ständiger Teil der Tätigkeit des
Menschen".[102] Als Beleg für diese graduelle „Intellektualisierung" der
Arbeit wird meist auf den ständigen Anstieg des Ausbildungsniveaus der
Arbeiter und das gleichzeitige Abnehmen des Anteils der schweren körperlichen und nichtqualifizierten Arbeit verwiesen.[103] Während des 22. Partei-
tages der KPdSU sagte *Chruščev* hierzu: „Auf der Grundlage des technischen
Fortschritts, der Hebung des kulturell-technischen Niveaus der Arbeiter
erfolgt der Prozess der Aufhebung der wesentlichen Unterschiede zwischen
geistiger und körperlicher Arbeit. Die Arbeit des Arbeiters und des Kolchose-
Bauern. . . schliesst Elemente sowohl der körperlichen als auch der geistigen Arbeit in sich. 40% der Arbeiter und 23% der Kolchose-Bauern haben
heute mittlere und höhere Bildung. Schon heute ist es in vielen Fällen schwierig, einen qualifizierten Arbeiter von einem Ingenieur, einen qualifizierten
Kolchose Bauern von einem Agronom zu unterscheiden. . .[104] Die Arbeit der
Arbeiter nähert sich schrittweise der der Ingenieurs. Nehmt z.B. einen Meister. Er ist zweifellos ein ingenieur-technischer Arbeiter, ein Intelligenz-Ar-
beiter (inženerno-techničeskij rabotnik, intelligent), aber dabei Arbeiter".[105]

---

[99] vgl. etwa A. I. Kalinin, a.a.O., S. 163, N. S. Novoselow, a.a.O., S. 52.
[100] Stroitel'stvo kommunizma i duchovnyj mir čeloveka, Moskau 1966. Einer der Mit-
verfasser des hier zitierten Absatzes ist der namhafte Sowjet-Philosoph M. B. Mitin.
[101] ebd., S. 147.
[102] ebd., S. 144.
[103] vgl. etwa A. I. Kalinin, a.a.O., S. 119ff.
[104] XII S'ezd Kommunističeskoj Partii Sovetskogo Sojuza, stenogr. otčet, Bd. 1, S. 96.
[105] ebd., S. 208. Zum Begriff des „Intelligenz-Arbeiters" (rabočij-intelligent) vgl. auch
A. I. Kalinin, a.a.O., S. 163.

Als wichtigstes Ergebnis dieser „Intellektualiserung" der Arbeit wird übereinstimmend auf das „Schöpferische" in der Arbeit abgehoben (tvorčeski trudit'cja = schöpferisch arbeiten; tvorčestvo = Schöpfertum).[106] Als Indiz für die zunehmend „schöpferische" Einstellung des sowjetischen Arbeiters zu seiner Arbeit und in seiner Arbeit werden mit Vorliebe Statistiken über die Bereitschaft der Arbeiter angeführt, sich mit Rationalisierungsvorschlägen und Erfindungen an der Verbesserung des Produktionsbedingungen ihrer Betriebe zu beteiligen, sich, wie es heisst, als „Neuerer" (novator) und „Rationalisator" (racionalizator) zu betätigen.[107] Hierzu nochmals *Chruščev*: „Nehmt die riesige Zahl von Produktionsneuerern, von Arbeiter-Rationalisatoren. Sie leisten oft einen solchen *schöpferischen* Beitrag zur Entwicklung der Technik, wie es sonst nur grosse Spezialisten vermögen".[108] Eine entscheidende Rolle bei der Ausformung der „allseitigen Persönlichkeit" wird ferner vor allem der Teilnahme des Arbeiters an der Leitung der Produktion beigemessen. Dank dieser Mitwirkung, so heisst es bei H. S. *Kolubabov*, R. I. *Kosolapov* und I. M. *Rossman*, „verbreitet sich die Sphäre des intellektuellen, schöpferischen Lebens der Arbeiter und gleichzeitig formt sich deren Vielseitigkeit. Die gegenwärtige Form der Teilnahme der Arbeiter und Angestellten an der Leitung der Produktion sind die ‚ständigen Produktionskonferenzen' (postojanno dejstvu ješčie proizvodstvennye soveščanija)".[109] Unter Berufung auf die bekannte Äusserung von Lenin, dass „im Sozialismus der Reihe nach alle regieren" werden, sagt E. L. *Manevič*, dass „in einer bestimmten Etappe der höchsten Phase des Kommunismus" die Leitungsfunktionen in Produktion und Gesellschaft von Menschen wahrgenommen werden werden, „die eine breite technische Ausbildung und eine grosse Produktionserfahrung haben."[110] In diesem Zusammenhang wendet er sich scharf gegen die von Stalin in der Schrift „Ökonomische Probleme des Sozialismus in der UdSSR" vertretene Auffassung, dass auch unter dem Kommunismus „gewisse, wenn auch unwesentliche" Unterschiede zwischen geistiger und körperlicher Arbeit be-

---

[106] vgl. etwa V. I. Belozercev, V. A. Fomina, „Kommunističeskoe razdelenie truda ne isključaet vsestoronnego razvitija čeloveka," in: *VF*, 1963 H. 9, S. 36. A. V. Andreev, J. V. Timoškov, a.a.O., S. 43.

[107] vgl. etwa A. G. Zdravomyslov, V. A. Jadov, „Otnošenie k trudu i cennostnye orientacii ličnosti", in: *Sociologija v SSSR*, Bd. 2, Moskau, 1965, S. 191, A. I. Kalinin, a.a.O., S. 106.

[108] XII S'ezd Kommunističeskoj Partii Sovetskogo Sojuza, a.a.O., S. 208. Hervorhebung von mir. H.W.

[109] N. S. Kolubabov, R. K. Kosolapov, I. M. Rossman, „Razdelenie truda i vsestoronnee razvitie ličnosti", in: *VF*, 1963, Nr. 11, S. 89.

[110] E. L. *Manevič*, a.a.O., *VF*, 1962, Nr. 10, S. 35.

stehen bleiben, „und sei es nur deshalb, weil die Arbeitsbedingungen des leitenden Personals und die der Arbeiter nicht die gleichen sind". E. L. *Manevič* wirft *Stalin* vor, „eine solche Behauptung verewige im Grunde die sozialen Unterschiede zwischen geistiger und körperlicher Arbeit, zwischen leitendem Personal und Arbeiter, wohingegen die kommunistische Gesellschaft solche Unterschiede nicht kennen wird".[111] Und A. V. *Andreev*, J. V. *Timoškov* meinen hierzu: „Wenn die leitende Tätigkeit im Kommunismus lebenslanger Beruf wäre, dann wäre der Gegensatz zwischen geistiger und körperlicher Arbeit nicht aufgehoben, da leitende Tätigkeit ausschliesslich geistige Arbeit ist".[112]

4. ABSCHLIESSENDE BEMERKUNGEN

a) Da eine theoretische Diskussion in der UdSSR gemäss dem dort vorausgesetzten Wissenschaftsverständnis nur auf Grundlage des Marxismus-Leninismus erfolgen kann, wäre an sich zu erwarten, dass die Erörterung der Arbeitsteilung als Problem der Theorie auf einer ausgiebigen Darstellung und Interpretation der „Klassiker" des Marxismus-Leninismus beruht oder von einer solchen zumindest ausgeht. Überblickt man die sowjetrussischen Publikationen zu diesem Thema, so fällt indessen auf, dass diese Beiträge ganz überwiegend auf eine nur oberflächliche Beschäftigung mit den „klassischen" Texten hindeuten. Soweit es beispielsweise um *Marx* geht, beschränken sich die gegenwärtigen Veröffentlichungen grösstenteils darauf, auf den 1. Band des „Kapital" und die „Kritik des Gothaer Programms" einzugehen. Eine Auseinandersetzung mit früheren Texten von Marx, insbesondere den „Frühschriften", fehlt fast vollständig, was umso bemerkenswerter ist, als diese in die 1955 erschienene 2. Auflage der Marx-Engels-Gesamtausgabe aufgenommen worden sind; möglicherweise wirkt hier der Bann nach, dem gerade die Frühschriften von Marx in der Stalin-Periode unterlagen.[113] Aber auch auf einige Werke des „reifen" Marx wird in erstaunlich geringem Umfang Bezug genommen. So hätte es beispielsweise für *Strumilin* nahe gelegen, sich zur Begründung seiner Auffassung, dass die technologische Entwicklung der industriellen Produktion das bisherige System der Arbeitsteilung völlig umgestalten werde, nicht nur auf das „Kapital" von Marx, sondern auch auf dessen „Grundrisse der Kritik der politischen Ökonomie" zu berufen, was er indessen unterlässt.

[111] ebd., S. 35-36.
[112] A. V. Andreev, J. V. Timoškov, a.a.O., *FV*, 1962, H. 10, S. 44.
[113] vgl. hierzu auch Iring Fetscher, *Karl Marx und der Marxismus*, München, 1967, S. 260-261.

b) Im gleichen Zusammenhang ist zu beobachten, dass in keiner der zitierten Schriften der Versuch unternommen wird, das Postulat von der Aufhebung des Unterschieds zwischen geistiger und körperlicher Arbeit, die, wie erwähnt, von der überwiegenden Zahl der Autoren – unter Verzicht auf die Möglichkeit einer vollständigen Aufhebung der Arbeitsteilung im Kommunismus – als notwendige Bedingung „schöpferischer" Arbeit im Kommunismus herausgestellt wird, in den Zusammenhang der bisherigen Lehren des Marxismus-Leninismus zu rücken, was gerade in einem Theorieverständnis als naheliegend zu betrachten ist, das die Richtigkeit eines theoretischen Satzes daran abzulesen geneigt ist, ob er mit den Lehren der „klassischen" Theoretiker des Marxismus-Leninismus übereinstimmt oder ob zumindest diese in einer eine solche Übereinstimmung erlaubenden Weise interpretiert werden können.[114]

c) Vermutlich dürfte dieser Verzicht auf eine umfangreiche Auseinandersetzung mit den bisherigen Lehren des Marxismus-Leninismus, insbesondere mit den früheren Schriften von *Marx* und *Engels*, als der Ausdruck einer wachsenden Bereitschaft von der Fixierung auf eine „scholastische" Exegese und Harmonisierung von Texten loszukommen und die von der Sowjetwirklichkeit aufgeworfenen Probleme zu formulieren, wo nötig, auch im Widerspruch zu bisherigen Lehrsätzen. Für die Richtigkeit dieser Vermutung liefert gerade die Diskussion über die Möglichkeit der Aufhebung der Arbeitsteilung einige aufschlussreiche Belege. Dass selbst *Lenins* Äurßerungen nicht mehr als unumstösslich angesehen werden, geht etwa daraus hervor, dass seine Bemerkung, in der kommunistischen Gesellschaft werde es „allseitig entwickelte und allseitig geschulte Menschen (geben), die alles machen können", von einigen Autoren kurzerhand einschränkend interpretiert und damit gewissermassen aus dem Verkehr gezogen wird.[115] Ein weiteres Indiz ist etwa darin zu sehen, dass gegen verschiedene Autoren der Vorwurf erhoben wird, sie stellten bei ihren Überlegungen zum Problem der Arbeitsteilung zu ausschliesslich auf Zitate der „Klassiker" ab und liessen sich zu wenig von den Erfahrungen der politischen Praxis leiten: „Die Frage (sc. der Arbeitsteilung) kann natürlich nicht auf einen Auslegungsstreit über ein Zitat aus den Werken der Theore-

---

[114] In der DDR-Diskussion dieser Problematik wurde ein solcher Versuch einer theoretischen Einordnung und Harmonierung z.B. von Heinz *Karras, Die Grundgedanken der sozialistischen Pädagogik in Marx' Hauptwerk „Das Kapital"*, Berlin, 1958 unternommen, wo dem in der „Deutschen Ideologie" enthaltenen Satz: „Die Teilung der Arbeit wird erst wirkliche Teilung von dem Augenblick an, wo eine Teilung der materiellen und geistigen Arbeit eintritt „(MEW, Bd. 3, S. 31) eine Schlüsselbedeutung zugewiesen wird, indem sich nach Meinung Karras' in ihm die „scheinbaren Widersprüche" verschiedener Text-Stellen von Marx auflösen, vgl. a.a.O., S. 73-103, insbes. 73, 102-103.

[115] vgl. etwa A. K. Kurylev, a.a.O., *VF*, 1962, H. 10. S, 25, ferner das redaktionelle Schlusswort in: *VF*, 1964, H. 4, S. 142.

tiker des wissenschaftlichen Kommunismus reduziert werden. Um Wesentliches zu klären, ist es vielmehr notwendig, die Gegebenheiten unserer Tage allseitig zu analysieren".[116] Die Forderung nach einer umfassenden soziologischen Forschung, insbesonders im Bereich der Arbeits- und Freizeitwelt des Sowjetmenschen, gewinnt nicht zuletzt deshalb grosse Bedeutung, weil damit eine Neuformulierung des „Theorie-Praxis-Problems" auch in der sowjetischen Wissenschaft ermöglicht, wenn nicht gar unausweichlich wird.[117]

d) Soweit es um die Aufgabe einer theoretischen Diskussion geht, in der gesellschaftlichen und politischen Wirklichkeit möglicherweise oder tatsächlich vorhandene Probleme zu formulieren und zu thematisieren, erweisen sich in dieser Studie untersuchten Beiträge der Sowjetwissenschaftlicher allerdings überwiegend noch als bemerkenswert schematisch. Ein anschauliches Beispiel hierfür liefert das im Zusammenhang mit dem Funktionieren der Arbeitsteilung in der sozialistischen und kommunistischen Gesellschaft diskutierte Problem der freien Berufswahl. Es liegt auf der Hand, dass das Problem der Übereinstimmung von subjektiven Wünschen und gesellschaftlichen Erfordernissen gerade für eine Gesellschaftskonzeption bebesonders dringlich sein muss, die auf den „Markt" als Reglungsmechanismus verzichten und ihn durch eine gesamtgesellschaftliche Planung ersetzen will. Anstatt die durch das Prinzip der „freien" Berufswahl gerade im Rahmen einer sozialistischen und kommunistischen Gesellschaft aufgeworfene Problematik differenziert zu erörtern, begnügen sich die Autoren weitgehend mit geschmeidigen, die Problematik eher verhüllenden Formulierungen. A. I. *Kalinin* z.B. sagt hierzu: „Unter dem Kommunismus nimmt die Arbeitsteilung einen freien und planmässigen Charakter an, wobei die Fähigkeiten und Neigungen des Individuums als auch die Bedürfnisse der Gesellschaft berücksichtigt werden".[118] Eine Ausnahme bildet das Buch von I. S. *Kon*, das die Problematik etwa anhand eines Umfrageergebnisses veranschaulicht, wonach wesentlich mehr sowjetische Jugendliche hochqualifizierte Berufe ergreifen wollen als den gegenwärtigen gesellschaftlichen Bedürfnissen entspricht, woran er die von ihm offen gelassene Frage schliesst: „Wie können die persönlichen Wünsche der Jugend mit den Interessen der Gesellschaft in Übereinstimmung gebracht werden?".[119] Ähnliches ist zum

[116] N. S. Novoselos, a.a.O., *VF*, 1962, H. 10, S. 51.
[117] vgl. die in diese Richtung zielenden Bemerkungen bei I. S. *Kon, Sociologija ličnosti*, Moskau, 1967, S. 286-287.
[118] A. I. Kalinin, a.a.O., S. 228, vgl. etwa auch E. L. Manevic, a.a.O., V. 1962 H. 10, S. 37.
[119] I. S. Kon, a.a.O., S. 304-307. Vgl. auch seine differenzierten Überlegungen zum Problem der „vernünftigen", also mit gesamtgesellschaftlichen Möglichkeiten zusammen-

Postulat der Leitung der Betriebe durch die Arbeiter selbst zu sagen. Die meisten Autoren begnügen sich damit, sich schematisch auf Lenins Postulat zu berufen, wonach „im Sozialismus. . . der Reihe nach alle regieren und sich schnell daran gewöhnen (werden), dass keiner regiert".[120] Auch insofern erweist sich das Buch von I. S. *Kon* als eine Ausnahme, indem in ihm auch dieser Problematik einige nachdenkliche Bemerkungen gewidmet sind.[121]

e) Die soeben gegen die Enge der bisherigen theoretischen Fragestellungen formulierten Einwendungen gelten folgerichtig auch für die Fragerichtungen der vorliegenden einschlägigen empirischen Untersuchungen. Zumindest soweit sie veröffentlicht worden sind, scheinen sie sich überwiegend darauf zu beschränken, die als für den Aufbau einer kommunistischen Gesellschaft förderlich angesehenen Tendenzen zu bestätigen, indem in ihnen immer neues Datenmaterial beigebracht wird zu Fragen wie: Ausbildungsniveau der Arbeiter, Zusammenhang zwischen Höhe des Ausbildungsniveaus und „Schöpferischkeit" der Arbeit, Anteil von körperlicher und geistiger Arbeit, Bereitschaft des Arbeiters, in seiner arbeitsfreien Zeit gesellschaftliche Funktionen wahrzunehmen udgl. Empirische Untersuchungen zu wirklich entscheidenden Prozessen im Aufbau der kommunistischen Gesellschaft, etwa zur Praxis der propagierten „Heranziehung des Arbeiters" zu Leitungsaufgaben in den Betrieben, zur Wirksamkeit der „ständigen Produktionskonferenzen" udgl. stehen, soweit ersichtlich, noch weitgehend aus.[122]

Zusammenfassend sei bemerkt, dass die gegenwärtig in der UdSSR geführte Diskussion, sieht man von der bedenkenswerten Akzentuierung des „Schöpferisch-Seins" in der Arbeit ab, die bisherigen Lehrsätze des Marxismus-Leninismus nicht nennenswert fortentwickelt hat, ja – in der fast einhelligen Ablehnung der Auffassung *Strumilins* – Marx' auf die technologische Entwicklung gestützte Perspektive einer „totalen Disponibilität" des Menschen oder gar seines „Neben-die-Produktion-Tretens" zurückgenommen hat. Wo in Ost und West äusserlich gleichlaufende Tendenzen zu beobachten sind, etwa Zurückgang des Anteils der körperlichen und nichtqualifizierten Arbeit, Ansteigen der Arbeitsproduktivität, Verkürzung der Arbeitszeit udgl., begnügen sich die Autoren durchweg mit schematischen Festlegungen, um den qualitativen Unterschied dieser Erscheinungen in den beiden Systemen zu begründen. Das gleiche gilt für äusserlich ähnliche Schwierigkeiten. So erkennt T. I. *Oiserman* in seinem auf dem 13. Welt-

---

stimmenden persönlichen Bedürfnisse, ebd., S. 291-293.

[120] vgl. etwa A. I. Kalinin, a.a.O., S. 300, N. S. Kolubabov, R. I. Kosolapov, I. M. Rossmann: a.a.O., *VF* 1963, Nr. 11, S. 89.

[121] vgl. I. S. Kon, a.a.O., S. 318-344.

[122] vgl. das redaktionelle Schlusswort, in: *VF*, 1964, H. 4, S. 143.

kongress für Philosophie gehaltenen Vortrag: „Der Mensch und seine Entfremdung"[123] an, dass auch der Kommunismus „Widersprüche, Schwierigkeiten, Spannungen der gesellschaftlichen Entwicklung" kennen werde,
weigert sich jedoch, diese als „Entfremdung" zu bezeichnen, weil „Entfremdung" – gewissermassen per definitionem – nur unter kapitalistischen Produktionsbedingungen eintreten könne. Ein Streit um Benennungen kann
freilich die realsoziologische Untersuchung dieser gesellschaftlichen Erscheinungen und das Aufhellen ihrer Gründe nicht ersetzen.

---

[123] vgl. T. I. Oiserman, „Man and his Alienation," in: *XII Congreso Internacional de
Filosofia*, 7/14 de Septiembre de 1963, Bd. 8, Mexico, 1964, S. 212, vgl., hierzu auch Iring
Fetscher, a.a.O., S. 261-262.

Karl W. Deutsch und Jorge I. Dominguez

POLITISCHE ENTWICKLUNG ZUR NATIONALEN SELBSTBESTIMMUNG. EINIGE NEUERE BEGRIFFE UND MODELLE

Einige Überlegungen zur ersten Konferenz der International Political Science Association in Rio de Janeiro

Der Bericht über die Diskussionen in einem Rundgespräch über das Thema „Modelle der politischen Entwicklung", welche innerhalb einer Arbeitssitzung der International Political Science Association vom 25. bis 31. Oktober 1969 in Rio de Janeiro stattfanden, ist ein Beispiel für die Ausweitung und Vertiefung der Arbeit der International Political Science Association, die sich unter der Präsidentschaft Carl J. Friedrichs entwickelt hat. Ausser seinen grundlegenden Beiträgen als Wissenschaftler, hat C. J. Friedrich einen hervorragenden Beitrag als führender Mann seines Fachs geleistet, und zwar auf nationaler als auch auf internationaler Ebene. Dieser Bericht aus Rio de Janeiro ist nur ein kleines Beispiel für die Tätigkeit der International Political Science Association, die ohne seine Initiative und ohne seine Unterstützung nicht möglich gewesen wäre.

I. Einleitung

Die International Political Science Association, unter dem Vorsitz von Carl J. Friedrich, veranstaltete vom 27. bis 31. Oktober eine Arbeitssitzung in Rio de Janeiro, Brasilien. Die Konferenz beschäftigte sich mit zwei Hauptthemen: „politische Partizipation" und „Modelle politischer Entwicklung". Es war die erste derartige Konferenz in dieser Gegend. Unsere Anmerkungen werden sich hauptsächlich auf die politischen Modelle konzentrieren, obwohl auch einige der allgemeineren Themen der Konferenz berührt werden.

Während der Konferenz wurden von 10 Wissenschaftlern 11 Vorträge gehalten (diese werden am Ende dieses Berichtes aufgeführt). Dass alle Autoren der Vorträge aus Lateinamerika stammten entsprach einer Absicht, dagegen beteiligten sich an der Diskussion Wissenschaftler aus Lateinamerika, Europa und den USA[1]. Sieben Vorträge waren Fallstudien; zwei andere Vorträge waren Fallstudien innerhalb eines allgemeineren vergleichenden Rahmens, und zwei weitere Vorträge waren in erster Linie komparativ in Ansatz und Ziel. Die folgende Tabelle fasst die Themen der Vorträge nach den Ursprungsländern der Autoren zusammen:

TABELLE I

Aufschlüsselung der Vorträge nach Ursprungsländern der Autoren

Gegenstand der Studie

Fallstudien

Ursprungsland d. Autoren	Argentinien	Brasilien	Peru	Venezuela	Vergleichend	Total
Argentinien	2		1			3
Brasilien		4			2	6
Peru			1			1
Venezuela				1		1
Total	2	4	2	1	2	11

Die Tabelle zeigt, und dies ist keine Überraschung, dass lateinamerikanische Wissenschaftler es vorziehen, ihre Forschungen auf die Länder zu konzentrieren, in denen sie geboren wurden, ähnlich den Wissenschaftlern in anderen Ländern.

Einige nicht angeschnittene Themen

Es ist jedoch interessant festzustellen, dass keine Vorträge gehalten wurden über die lateinamerikanische Integration, sei es als politisches Modell, als Ziel einer nationalen Entwicklung, oder als ein Feld politischer Partizipation. Es zeigt sich ausserdem, dass weder allgemeine noch wissenschaftliche Hauptinteressen sich von der Nation auf die Region verlagert haben. Zweitens, obwohl für den Einfluss der USA und ihre Politik in Lateinamerika sehr grosses Interesse bestand, beschäftigte sich kein einziger Vortrag näher mit der Kombination von Gesichtspunkten, die sich durch diese Beziehung ergeben. Schliesslich gab es keine Studien zu den beiden existierenden lateinamerikanischen Fällen die so grundsätzlich verschiedenen Modellen entsprechen wie Kuba und Puerto Rico (letzteres wurde lediglich von einem Wissenschaftler aus den USA erwähnt) obwohl die vergleichenden

---

[1] Die Hauptberichterstatter waren Helio Jaguaribe de Mattos vom Instituto Universitario de Pesquisas do Rio de Janeiro, und Karl W. Deutsch von der Universität Harvard; Jorge I. Dominguez, Junior Fellow der Harvard Universität, war ihnen beigeordnet.

Vorträge und ein Teil der Diskussion sich auf Entwicklungsmodelle bezogen, die sich von den in den Fallstudien behandelten grundlegend unterschieden.

II. Geteilte Interessen und gemeinsame Themen

Obwohl die Methoden, Forschungsinteressen und Ziele der vortragenden Wissenschaftler beträchtlich voneinander abwichen, bestehen in einer grossen Anzahl von Vorträgen einige thematische Gemeinsamkeiten, und somit gewisse Themen, die bei der Lektüre aller Vorträge in den Vordergrund treten. Wir wollen in diesem Bericht vor allem zu jenen 7 Vorträgen Stellung nehmen, die in Abschnitt IV besprochen werden. Es können sich jedoch einige unserer Bemerkungen innerhalb der ersten drei Abschnitte auch auf jene Vorträge beziehen, die wir nicht ausdrücklich besprechen.

SCHEMA I*

Gemeinsame Interessengebiete innerhalb der einzelnen Vorträge: Ein einfaches Modell**

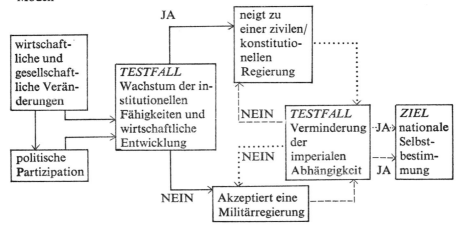

* bezieht sich hauptsächlich auf die sechs ersten Aufsätze in Abschnitt IV

** Erklärung der Symbole: JA = eine tatsächliche Veränderung in Richtung au den Testfall

NEIN = umfasst zwei Möglichkeiten: 1) die Bedingungen bleiben dieselben bzw. es tritt keine Veränderung ein 2) es tritt eine Veränderung in die dem Testfall entgegengesetzte Richtung ein

-------- = mögliche Wege einer Militärregierung

.... = mögliche Wege einer Zivilregierung

Schema I versucht, eine einfache Darstellung einiger jener sehr komplexen Beziehungen zu geben, die auf der Konferenz diskutiert wurden. Es versucht, das gemeinsame Interesse an der nationalen Selbstbestimmung sichtbar zu machen, wie es in den allgemeinen Themen „Entwicklung" und „Partizipation" zum Ausdruck kam. Es zeigt sich, dass das zugrundeliegende normative Ziel sehr vieler Vorträge die Vergrösserung der *nationalen Selbstbestimmung* war, obwohl sich, wie bereits erwähnt, kein einziger Vortrag speziell mit den Beziehungen und dem Einfluss der USA auf Lateinamerika beschäftigte. Das Schema deutet an, dass die Wahl des politischen Modells bedingt wird durch die Auswirkung des gesellschaftlichen und wirtschaftlichen Wandels auf die politische Partizipation und ihre gemeinsamen Auswirkungen auf die Erwartungen des Landes auf Wachstum seiner institutionellen Möglichkeiten und auf beschleunigte wirtschaftliche Entwicklung. Da es sich bei dem Ziel nicht einfach um Entwicklung und Partizipation handelt, sondern um Partizipation innerhalb einer *nationalen* Entwicklung, wird die Auswahl von Entwicklungseliten und -modellen durch einen Test hinsichtlich des Wachstums bzw. der Abnahme der kolonialen Beziehungen getroffen, dessen Ergebnis die ursprünglich getroffene Wahl einer Entwicklungselite und eines Entwicklungsmodells umstossen kann.

Militär- gegen Zivilregierung

Das Modell in Schema I deutet an, dass der Aufstieg der Militärs in der Politik, selbst innerhalb eines progressiven Kontexts zu verschiedenen Zeitpunkten und aus recht verschiedenen Gründen erfolgen kann. Das Modell zeigt zwei Gruppen von Gründen, derentwegen die Entscheidung für ein Modell geändert werden kann: eine ist entwicklungsbezogen, die andere nationalistisch. Wenn die Antwort auf den Testfall „Entwicklung" (1. Test) negativ ist, dann kann politischer Zerfall und/oder wirtschaftliche Stagnation eintreten; unter diesen Gegebenheiten wird eine Militärregierung wahrscheinlich als legitim akzeptiert. War die Antwort auf diesen Test positiv, so dürfte eine zivile/konstitutionelle Lösung vorgezogen werden. Wenn aber eine zivile Herrscherschicht auf den Testfall „Verminderung kolonialer Abhängigkeit" (zweiter Test) ein negatives Ergebnis zeitigt, dann dürfte die Wahl einer progressiven Elite zugunsten der Militärs revidiert werden. Umgekehrt, würde die Militärregierung hinsichtlich der Verminderung kolonialer Abhängigkeit negativ abschneiden, so dürfte die Wahl einer progressiven Führungsschicht wahrscheinlich auf nicht-militärische Gruppen fallen. Weiter, wenn eine auf dem Gebiet der Entwicklung erfolgreiche (zivile oder militärische) Führungsschicht hinsichtlich dieser Verringerung kolonialer

Abhängigkeit positive Ergebnisse aufweisen kann, dann besteht die Wahrscheinlichkeit, dass nationale Selbstbestimmung im Rahmen der Entwicklung erreicht wird. Schliesslich deutet das Modell noch eine annähernd zyklische Struktur fortgesetzter Unstabilität an – eine prätorianische Gesellschaft – wenn die Testfälle nicht befriedigend gelöst werden. Unter diesen Alternativen würden sich Zivil- und Militärregierungen an der Macht ablösen und das Ziel bliebe unerreicht.

Das Modell in Schema I ist „einfach" nicht nur deshalb, weil äusserst komplexe und unzureichend verstandene Vorgänge in ein paar Kästen zusammengepresst wurden, sondern auch weil es beträchtlichen teleologischen Optimismus verrät. Das Modell in Schema I erklärt nicht ausreichend die relativ langsame Entwicklung und die relativ langsame Zunahme an effektiver Unabhängigkeit seit dem Gewinn einer formalen Unabhängigkeit bzw. im Laufe dieses Jahrhunderts. Die Aussage des Modells, ein lateinamerikanisches Land könne die Wahl treffen, die Militärs ausserhalb der Politik kaltzustellen, erscheint plausibel und erfährt eine gewisse empirische Bekräftigung durch die Erfahrungen Uruguays und Costa Ricas, erklärt aber nicht, warum dieses Ergebnis bisher so selten gewesen ist. Mit anderen Worten, ein Modell, dessen Akzent auf der Entwicklung und der tatsächlichen Unabhängigkeit liegt, kann – selbst wenn ein gewisses Zugeständnis an fortgesetzter Unstabilität gemacht wird – einem wichtigen Aspekt lateinamerikanischer Wirklichkeit gegenüber voreingenommen sein: dass die Zwischenstationen in der Entwicklung, bzw. das Endziel tatsächlicher nationaler Selbstbestimmung nicht in befriedigendem Masse erreicht worden ist. Ferner, soweit das Modell in Schema I eine gewisse Ähnlichkeit mit der Diskussion politischer Modelle auf dem Kongress beinhaltet, weist die Unzulänglichkeit dieses Modells darauf hin, dass die allgemeine Tendenz dieser Vorträge wichtige Aspekte des Lateinamerikas von heute nicht zureichend erklärte. Wenn man davon ausgeht, dass es nicht genügt, die tatsächlich stattgefundenen Veränderungen zu erklären, ist es auch notwendig, die besonderen Gründe für ein Nichtzustandekommen von anderen, theoretisch erwartbaren Veränderungen darzulegen, und somit bleibt immer noch ein sehr weites Feld für die Forschungen der Lateinamerikaspezialisten offen.

III. Aufschlüsselung der Leistungsbereiche und Interessen

In diesem Abschnitt wird sich unser Überblick damit beschäftigen, wie sehr die verschiedenen Vorträge den Erfordernissen beim Aufbau eines Modells entsprachen, sowie mit der Aufschlüsselung der Interessenschwerpunkte innerhalb des allgemeinen Modells „Entwicklung".

Methodische Probleme

Zuerst werden wir uns mit den methodischen Aspekten beschäftigen. Ein Modell hat folgende Funktionen: 1) *Beschreibung* bestehender Strukturen und Möglichkeiten; 2) *Projektion* spezifischer Tendenzen in die vorhersehbare Zukunft; 3) *Aufzeigen* entscheidender Phasen und Schwellenwerte im Laufe von Entwicklungen und 4) *Erkennen* neuer System*typen*. Fünftens bezeichnen viele Verlaufs-Modelle den *endgültigen Zustand*, den politische Systeme zu erreichen und aufrechtzuerhalten versuchen, sie erlauben uns dadurch oft, eindeutige *normative* Kriterien abzuleiten für die Beurteilung der Vereinbarkeit dieser Zielvorstellungen mit den entscheidenden Werten innerhalb der Gesellschaft die wir studieren (oder natürlich auch mit den Masstäben des Beobachters). Es ist möglich, dass Gleichgewichts-Modelle diese normativen Prioritäten vielleicht nicht so deutlich aufzeigen, aber der aufmerksame Leser kann diese jederzeit für sich selbst ableiten.

Tabelle 2 fasst die Ergebnisse der auf dem Kongress gehaltenen Vorträge über politische Modelle unter dem Aspekt der oben erwähnten fünf Kategorien zusammen. In dieser und allen folgenden Tabellen bedeutet das Symbol (XX) unserer Auffassung nach eine bemerkenswerte Stärke des Vortrags oder ein Hauptinteressengebiet des Autors; das Symbol (x) bezeichnet eine gewisse Stärke des Vortrags oder einen Bereich dem der Autor eine gewisse Aufmerksamkeit schenkt. Das Urteil, welches dieser Klassifizierung zugrundeliegt, basiert natürlich auf unserer subjektiven Wertung der auf dem Kongress gehaltenen Vorträge.

TABELLE 2
Vorträge über Modelle: Leistungsbereiche

Autoren	Beschreiben bestehende Strukturen	Projizieren zukünftige Tendenzen	Geben normative Kriterien an	Zeigen Phasen und Schwellenwerte auf	Erkennen neue Typen
Astiz	XX	x	x	x	x
Silva	x	XX	x	x	
Cotler	x	XX	XX		x
Canton	x	XX	XX		
Mendes	x	x	XX		XX
Schwartzman	x	x	XX		XX
Jaguaribe		x	XX	x	XX

Eines der auffallendsten Merkmale von Tabelle 2 ist, dass lateinamerikanische Wissenschaftler anscheinend das Problem, *normative mit empirischer Forschung zu verbinden*, erfolgreich gelöst haben. In der Tat versuchten einige Vorträge ausdrücklich, empirische Ergebnisse mit Themen in Beziehung zu setzen, die sich auf normative Interessengebiete bezogen. Dieser Gebrauch normativer Kriterien trug oft zu einer schärferen Analyse der empirischen Unterlagen bei, wie z.B. im Falle von Helio Jaguaribe's Vortrag.

Des weiteren wurde, so zeigt die Tabelle, grosser Nachdruck auf die *Struktur* zukünftiger Ereignisse gelegt, oder auf das Bemühen, historische oder aktuelle Geschehnisse aus neuen und verschiedenen Perspektiven zu belichten. Die Vorträge legen deshalb ein Hauptgewicht auf die Projektion zukünftiger Tendenzen und auf das Erkennen neuer Typen nationaler politischer Systeme. Es gibt genug präzise Beschreibungen tatsächlich bestehender Strukturen um sicher zu gehen, dass diese Erörterungen über den Bereich der reinen Spekulation hinaus gediehen sind.

Jedoch waren, mit Ausnahme des Vortrags von Carlos Astiz, diese Analysen bestehender Strukturen keineswegs die hauptsächliche Stärke der erwähnten Vorträge. Eine Auswirkung dieser Schwäche spiegelt sich im allgemeinen Vermeiden der Frage der ,,entscheidenden Phasen" (,,THRESHOLDS") wieder: wie sollen diese Länder von ihrem gegenwärtigen Stand aus ihr geplantes Niveau erreichen, und in welchen Etappen? Auf welchen Ebenen einer Variablen kann man bedeutsame Veränderungen in einer weiteren Veränderlichen erwarten? Wo liegen die entscheidenden Kreuzungspunkte für zwei oder mehrere Veränderungstendenzen? Die Projektion des Zukünftigen wird geschwächt, wenn die Analyse des Vergangenen vernachlässigt wird; das Erkennen neuer Typen wird beeinträchtigt, wenn die kritischen Phasen nicht genau erklärt werden und wenn die wahrscheinlichen Irrtums- und Unsicherheitsfaktoren innerhalb eines jeden Modells nicht ausdrücklich benannt werden.

Ein kurzer Kommentar hinsichtlich der Beweisführung soll genügen. Erstens ist es bemerkenswert, dass der allgemeine Gebrauch quantitativer Unterlagen die methodischen Gepflogenheiten der lateinamerikanischen Wissenschaftler nur langsam beeinflusst.

Lediglich der Aufsatz von Silva Michelena machte ausführlichen Gebrauch von Zahlenmaterial, statistischen Analysen und Computerbenutzung. Jedoch versäumte es dieser Vortrag die mathematischen Relationen zu präzisieren, die in den Berechnungen Anwendung fanden. Diese wurden lediglich mündlich zusammengefasst. Zweitens zeigt sich, dass die begrifflichen Bemühungen aufgeteilt wurden zwischen dem Bemühen, Variable zu beschreiben und dem Bemühen, die *Beziehungen* zwischen diesen Veränderlichen aus-

TABELLE 3

Vorträge über Modelle: Vorlage von Beweismaterial

Autoren	quantitative Unterlagen	ausdrücklich benannte Variablen	ausdrücklich benannte Beziehungen
Silva	XX	x	
Canton	x	XX	x
Cotler		XX	x
Mendes		XX	x
Astiz	x	x	XX
Schwartzman		x	XX
Jaguaribe		x	XX

zudrücken. Die Autoren, welche in ihren Vorträgen diese *Beziehungen* verdeutlichten, schienen oft weniger daran interessiert, die Variablen, mit denen sie sich beschäftigten, zu unterscheiden, zu beschreiben oder zu messen. Im Gegensatz dazu schlugen die Autoren, welche die *Variablen* ausführlich beschrieben, einen von zwei Wegen ein: entweder beschäftigten sie sich mit einer geringen Anzahl erklärender Variabler, oder aber sie erklärten die Variablen so gründlich, dass die Beziehungen unter diesen grösstenteils weggelassen wurden, vielleicht aus Platz- und Zeitmangel.

Thematische Schwerpunkte: die inhaltlichen Schwerpunkte der Vorträge, wie sie in Tabelle 4 zusammengefasst werden, erstrecken sich weit über das gesamte Feld der wissenschaftlichen Politik. Diese Tabelle versucht eine Klassifizierung der Vorträge, entsprechend dem Nachdruck der auf die von Talcott Parsons bestimmten vier Funktionen gelegt wurde – Strukturerhaltung, Anpassung, Zielverwirklichung, Integration – bzw. auf die beiden zu-

TABELLE 4

Vorträge über Modelle: inhaltliche Schwerpunkte

Autoren	Strukturerhaltung	Integration	Anpassung	Zielverwirklichung	Zielveränderung	Selbstumwandlung
Silva	XX	XX	x	x		
Astiz	XX	x	XX	x		
Canton	XX					XX
Schwartzman	XX		x	x	x	XX
Mendes	x	XX	x	x		XX
Cortler	x	x	x	x	XX	XX
Jaguaribe				x	XX	XX

sätzlichen Grundfunktionen: Zielveränderung und Selbstumwandlung des Systems.

Wie Tabelle 4 zeigt, wird einem typischen Interesse der wissenschaftlichen Politik in grossen Teilen der Welt – der Strukturerhaltung – von diesen lateinamerikanischen Wissenschaftlern grosses Interesse entgegengebracht. Sie beschäftigen sich jedoch auch mit erheblichem Nachdruck mit der Zielveränderung und dem Zustandekommen einer weitreichenden Selbstumwandlung der Gesellschaft. Deswegen sind die thematischen Interessen dieser Vorträge in starkem Masse auf zukünftige Systeme bezogen, oder auf das Zustandebringen entscheidender Veränderungen in bestehenden Systemen, oder auf die Veränderung der Ziele in bestehenden Systemen. Obwohl – wie man vermuten könnte – das Interesse an der Strukturerhaltung in umgekehrtem Verhältnis steht zu Systemselbstumwandlung und Zielveränderung, ist bemerkenswert, dass einige Vorträge bestehende Strukturen analysieren und diese für unzureichend befinden; deswegen konzentrieren sich diese Vorträge auf die Gegensätzlichkeit der am meisten entgegengesetzten Funktionen in der Tabelle, Strukturerhaltung und Selbstumwandlung.

Der methodische Ansatz „Vergangenheit gegen Zukunft" in der Politikwissenschaft, das heisst, Erhaltung der Strukturen gegen Zielveränderung und Selbstumwandlung, hat auf das Interesse an den anderen Funktionen innerhalb der Tabelle einen Einfluss gehabt. Integration, Anpassung und Zielverwirklichung innerhalb bestehender Systeme wird durchweg weniger Aufmerksamkeit geschenkt als man hätte vielleicht erwarten können. Obwohl sich einige Wissenschaftler mit Integration und Anpassung beschäftigten, fällt doch auf, dass kein Wissenschaftler den Grossteil seiner Forschungen der Verwirklichung aktueller Ziele innerhalb eines bestehenden politischen Systems gewidmet hat. Da, wie bereits erwähnt, die Vorträge stark zum Normativen tendierten, kann man nun weiter hinzufügen, dass diese normativen Kräfte dazu tendierten, ausserhalb des Kontexts bestehender Systeme in Erscheinung zu treten: es war nicht die Absicht des Normativen, bestehende Ziele zu billigen, zu unterstützen oder zu stärken (eine keineswegs seltene akademische Gepflogenheit in den USA), sondern neue mögliche Grundlagen für die Legitimität eines Systems zu definieren. Eine derartige Legitimität würde dann auch erfordern, dass an den bestehenden Strukturen entscheidende gesellschaftliche Veränderungen vorgenommen werden.

Diese kurze, allgemeine Übersicht sollte nicht nur von der Breite und Tiefe der Forschungen der lateinamerikanischen Wissenschaftler einen Eindruck verschaffen, sondern auch von einigen wichtigen Unterschieden zwischen der wissenschaftlichen Politik in Lateinamerika und einem grossen Teil der

wissenschaftlichen Politik in den USA und anderswo. Der wichtigste Einzel-
unterschied, der sich sowohl in den Forschungsleistungen als auch in den
Forschungsinteressen widerspiegelt, war die Verbindung normativer und
empirischer Ansätze. Daraus ergibt sich eine grössere Bereitschaft zukünftige
Entwicklungen auszuarbeiten und auch eine grössere Aufmerksamkeit, was
das Auftauchen möglicher neuer Typen der Politik und der politischen
Systeme anbelangt. Es ergibt sich weiter daraus ein bedeutsames Interesse an
Systemselbstumwandlung und Zielveränderung als wesentlichen Forschungs-
themen, dies nun allerdings etwas zum Nachteil der Forschung über die
Zielverwirklichung, Integration und Adaption innerhalb bestehender Systeme. Ein weiterer Unterschied in der Darlegung von Beweismaterial ist die
relative Seltenheit von Forschungsarbeiten, welche Zahlenmaterial als
Grundlage haben und mathematische sowie Computermethoden in der Forschung anwenden – selbst wenn derartiges Material in der Frage nach einer
politischen Veränderung ein Argument für die Befürwortung oder Wahrscheinlichkeit oder beides gewesen wäre.

Es bestehen aber auch einige wichtige Ähnlichkeiten zwischen der Politikwissenschaft, so wie sie in Lateinamerika betrieben wird, und anderswo
auf der Welt. Eine wurde bereits erwähnt: es besteht erhebliches Interesse an
Fragen der Strukturerhaltung, obwohl die Fähigkeiten als auch die Absichten der Forschung eine andere Zielrichtung haben. Eine weitere Ähnlichkeit ist das abnehmende Interesse an den politischen Modellen der Politikphilosophen. Es ist nicht unbedingt eine Überraschung, wenn lateinamerikanische Wissenschaftler kein grosses Interesse an den europäischen und
amerikanischen Politikphilosophen zeigen, es wäre jedoch bedauerlich,
wenn Lateinamerika's philosophische Beiträge zur politischen Gedanken-
welt im Bereich politischer Modelle oder politischer Kritik in der, im übrigen
so vielversprechenden, Bewegung zur empirischen Forschung allesamt ver-
lorengingen. Und noch eine weitere Ähnlichkeit folgt aus dem Gesagten: es
scheint eine Tendenz zu geben, die wissenschaftliche Politik zu emanzipieren
durch Loslösung von der Rechtswissenschaft und der Philosophie und sie neu
auszurichten, hin auf das Studium empirischer politischer Verhaltensweisen;
dabei bleibt jedoch das normative Bemühen der Verfasser unangetastet,
ja, es wird sogar gestärkt. In diesen Fällen scheint es, dass die in diesen Vorträgen so sehr vorherrschende Ausrichtung zum Normativen hin die Verhaltensforschung nicht nur nicht erschwert, sondern sie tatsächlich sogar angeregt hat. Wie jedoch schon erwähnt, geht diese Hinwendung zu den Ver-
haltenswissenschaften in der wissenschaftlichen Politik Lateinamerikas im
grossen und ganzen nicht so weit, dass quantitative Unterlagen und Methoden verwendet würden.

Eine letzte Ähnlichkeit zeigt die Tabelle 5: es scheint eine Arbeitsteilung zwischen Datenverarbeitern und theoretischen Forschern in der wissenschaftlichen Politik zu geben:

TABELLE 5

Vorträge über Modelle: Aufschlüsselung der Versuche

Autoren	Datenanalyse	Theoretische Erforschung
Silva	XX	
Astiz	XX	
Canton	XX	
Cotler	XX	
Schwartzman		XX
Mendes		XX
Jaguaribe		XX

Wenn auch eine offensichtliche Nützlichkeit in dieser Differenzierung der Forschungsbemühungen innerhalb des Faches liegt, so sollte doch eine gewisse Vorsicht angebracht sein. Modelle sind keine Wunderdinge. Theoretische Modelle müssen in der Gegenüberstellung mit empirischen Ergebnissen geprüft werden; dies würde erlauben, unzulängliche Modelle zu verwerfen und die besseren Modelle weiter zu überprüfen und fortzuentwickeln.

Es reicht nicht aus, zu spekulieren, oder gar mit logischer Präzision und Schönheit aufzuzählen, was man für einige der wesentlichen Merkmale eines gegebenen politischen Systems hält. Es ist auch notwendig zu prüfen, ob diese Merkmale tatsächlich auch beobachtet werden können, oder aber operationelle Möglichkeiten zu geben, damit andere das Vorhandensein oder das Fehlen dieser Merkmale, oder allgemeiner, die Brauchbarkeit und Gültigkeit eines Modells prüfen können. Wie gut beschreibt und erklärt das Modell die „reale Welt"?

Einer der nützlichsten Beiträge, den Modelle leisten können, besteht gerade darin, für die Sammlung theoriebezogener Data eine Richtschnur zu sein. Aber dies verstärkt nur das bekannte Argument, dass zwischen Theorie und Data ein fortlaufender Dialog bestehen muss. Dieser Dialog kann manchmal innerhalb der Arbeit ein und desselben Wissenschaftlers zustandekommen, manchmal durch wissenschaftliche Zusammenarbeit und meistens durch den allgemeinen Fortschritt des wissenschaftlichen Faches in allen Ländern. Die Trennung von Theorie und Data würde in jedem Land den Fortschritt der wissenschaftlichen Politik verzögern oder lähmen. Unsere Besorgnis in dieser Hinsicht wurde verstärkt, da einige Wissenschaftler in ihrem theoretischen Vortrag oder aber in der Zusammenfassung und Übersetzung ihres

Vortrages in eine andere Sprache, diese Data absichtlich wegliessen. Dies deutet eine Institutionalisierung der Trennung von Data und Theorie an, und es wäre ein Unglück, sollte diese weiterbestehen.

Wir beschliessen diesen allgemeinen Abschnitt mit zwei weiteren Vorschlägen. Einer davon ist normativ – ganz im Geiste de Konferenz – der andere methodischer Natur, und aus dieser Besorgnis entstanden. Der erste ist, dass jeder, der sich mit Modellen und Entwicklung beschäftigt, sich beim Studium politischen Verhaltens vor einer übertriebenen deterministischen und manipulativen Einstellung in Acht nehmen sollte. Es kommt immer wieder vor, dass Politikwissenschaftler zu spät entdecken, dass ihre Vorhersagen irrig waren, weil sie der *autonomen Wahrscheinlichkeit* des Verhaltens und den autonomen Reaktionen von Individuen und Gruppen gegenüber äusseren Bedingungen zu wenig Beachtung schenkten. Wie Professor C. J. Friedrich meinte, müsse man bei jedem Entwicklungsprozess seine Wahl treffen, und diese Wahlmöglichkeiten ziehen eine beträchtliche politische Kreativität in Betracht. Diese Wahlmöglichkeiten jedoch gründen in den gesellschaftlichen Vorgängen, die ein Land auf ein bestimmtes Entwicklungsniveau gebracht haben. Die Kombination von Strukturen die einerseits relativ starr sind, oder in grossem Massstab bestehen und auf der anderen Seite von relativ freien Wahlmöglichkeiten – hinsichtlich gesellschaftlicher Trends und menschlicher Selbständigkeit – weist auf die Notwendigkeit einer wissenschaftlichen Politik der Wahrscheinlichkeit hin. Eine solche wissenschaftliche Politik der Wahrscheinlichkeit wird auf wissenschaftlicher Ebene gestärkt durch die Anerkennung der Faktoren des Zufalls und verschiedener Wahlmöglichkeiten im menschlichen Verhalten, und in normativer Beziehung durch taktvollen Respekt für menschliche Würde und Intelligenz.

Zweitens, die dynamischen Merkmale der Modelle für Zielveränderungen und Selbstumwandlung politischer Systeme, die Notwendigkeit einer wissenschaftlichen Politik der Wahrscheinlichkeit, der Ruf nach Sammlung und Auswertung theoriebezogener Data – all dies weist auf die Weite des geistigen Unternehmens hin, dem die Politikwissenschaft heute gegenübersteht. Und dennoch ist man sich im klaren darüber, dass ein einzelner Vertreter der Politikwissenschaft, oder auch eine Gruppe, selten imstande sein werden, mehr als einige wenige Variable und eine bescheidene Menge von Data im Auge zu behalten.

In dieser Lage können Politikwissenschaftler die elektronischen Computer als ihre schlichten aber unermüdlichen Forschungsassistenten einsetzen. Abgesehen davon, dass sie die Arbeitsprobleme erleichtern, liefern die Computer noch vier weitere Beiträge zur wissenschaftlichen Politik: 1) ihre Anwendung erlaubt uns, die Wechselwirkung von mehr Variablen zu beobachten: die obere Grenze liegt bei 250, wohingegen der menschliche Verstand normalerweise nur 5-10 gleichzeitig verfolgen kann, oder, wie George A. Miller es ausgedrückt hat, 7 ± 2; 2) ihre Anwendung erfordert ganz präzise begriffliche, operationelle und mathematische Definitionen, die zu einer grösseren geistigen Klarheit des Faches beitragen; 3) ihre Anwendung erlaubt einen ausgedehnten Gebrauch soziologischer Information und deren Austausch unter verschiedenen Universitäten und Forschungsinstituten, Persönlichkeiten, Ideologien und Kulturen und 4) ihr Gebrauch erleichtert die Möglichkeit wiederholten Überprüfens von Theorien und Hypothesen, zu verschiedenen Forschungszwecken, in verschiedenen Zusammenhängen, und durch verschiedene Personen.

IV. Vorträge mit Einzelnen Themen
1. Carlos Astiz: Die peruanische Armee sucht ein Entwicklungsmodell

Carlos Astiz, von der State University of New York in Albany, hielt einen Vortrag über „Die peruanische Armee als eine politische Elite: Kann sie ein neues Entwicklungsmodell erarbeiten?"[2] Wie aus Tabelle 2 hervorgeht, war sein Vortrag der einzige, der versuchte, sich mit der ganzen Skala der möglichen Leistungsfähigkeiten eines Modells zu beschäftigen. Sein Vortrag betonte die relative Kontinuität des politischen Systems in Peru, jedenfalls bis zum Staatsstreich des Militärs 1968. Des weiteren deutete der Vortrag an, dass eine leidliche Anzahl traditioneller Grundzüge auch noch nach dem Coup von 1968 vorhanden sind, u.a. die Anpassungsfähigkeit der Militärs auf dem politischen Sektor, ihre Bemühungen um eine breite Koalition von Anhängern (einschliesslich jener angeblich „progressiven" Gruppen der oberen Schicht) die Protektion der privaten Landbesitzer durch die Repression der Landinvasionen der Bauern, und die Verschiebung oder Abschwächung der Reformen (Steuern, Bankwesen) durch die sie sich eventuell wirtschaftlich mächtige Gruppen der einheimischen Oberschicht entfremden könnten. Gleichzeitig äusserte Astiz die Vermutung, die Nationalisierung gewisser ausländischer Unternehmen sei wahrscheinlich unwiderruflich.

Astiz beschrieb die peruanische Armee als innerlich geeint, relativ selbständig gegenüber anderen gesellschaftlichen Kräften und politischen Gruppen innerhalb der peruanischen Gesellschaft, und von einer erheblichen Anpassungsfähigkeit an wechselnde politische und militärische Anforderungen von ausserhalb der Armee, ebenso wie auch gegenüber den sich wandelnden gesellschaftlichen, wirtschaftlichen und politischen Bedingungen innerhalb der peruanischen Gesellschaft.

[2] Astiz verfolgt viele Themen seines Vortrags weiter in seinem Buch: *Pressure Groups and Power Elites in Peruvian Politics* (Ithaca: Cornell University Press 1969).

Obwohl es schwierig ist etwas mit Sicherheit darüber auszusagen, scheint die soziale Basis des Offizierskorps in der städtischen Mittelklasse zu liegen. Das höhere Niveau der Berufsausbildung und Bildung und eine relative soziale Sicherheit ergeben ein grösseres kollektives Selbstvertrauen im Offizierskorps. Eine Folge davon ist grössere Unabhängigkeit und geringere Anfälligkeit gegenüber der Anziehungskraft der traditionellen Gruppen der Oberschicht. Diese Anpassungsfähigkeit lassen für Astiz den Schluss zu, dass die Armee in Peru eine neue nationale Politik beginnen kann, wahrscheinlich aber keine grössere Umwälzung der peruanischen Gesellschaft verursachen wird, welche die Kontinuität des politischen Systems jäh unterbrechen würde.

„Schwellen" (Thresholds). Eines der auffallendsten Merkmale in Astiz' Vortrag war die Vorlage von quantitativen Data über die Beziehungen zwischen dem Anteil des Militärs am Staatshaushalt und der Häufigkeit militärischer Staatsstreiche. Besonders was die Staatsstreiche von 1914, 1919, 1930 und 1948 betrifft, wurde eine durchschnittliche Abnahme von 5,16% im Budgetanteil der Armee, verglichen mit ihrem höchsten Anteil in einem Haushalt, mit dem Sturz der Regierung in Verbindung gebracht. Was die Coups von 1919, 1930 und 1948 betrifft, so zeigte es sich, dass ein 20%iger Anteil des Militärs am Haushalt das von der Armee tolerierte Minimum war, das heisst, jedesmal, wenn der Anteil der Armee am Staatshaushalt unter 20% fiel, konnte der Sturz der Regierung „vorhergesagt" werden. Obwohl der Schwellenwert der 20% in letzter Zeit zurückgegangen ist, bedeutet er wahrscheinlich einen wichtigen Faktor für die Erklärung früherer Interventionen des Militärs in Peru.

Aber man kann noch eine allgemeinere Feststellung über die Häufigkeit militärischer Staatsstreiche in Peru treffen. Aus Astiz' Erwägungen lassen sich drei Hauptvariable herleiten um die sechs erfolgreichen Militärcoups im Peru des 20.Jahrhunderts zu analysieren. Diese werden in Schema II dargestellt als eine Serie zusammenhängender Tests, denen sich die Militärs unterziehen konnten.

SCHEMA II

Hypothesen über das Vorkommen militärischer Staatsstreiche in Peru.

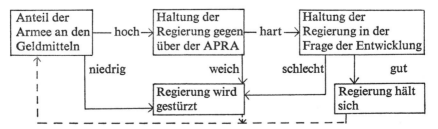

In der Reihenfolge ihrer geschichtlichen Bedeutung deutet Schema II an, dass eine Regierung gestürzt werden kann, wenn diese Bedingungen einzeln oder gemeinsam eintreffen.

1) Abnahme des Anteils der Armee an den Haushaltsmitteln 2) eine Anzahl von Massnahmen der Regierung die angeblich Peru's älteste populistische Partei *Alianza Popular Revolucionaria Americana* (APRA) begünstigen; 3) oder eine Reihe von Massnahmen, die angeblich von Nachteil für die Entwicklung sind. Die Regierung kann nur dann weiterbestehen, wenn *alle* gegenteiligen Bedingungen erfüllt sind: ein hoher Anteil der Armee am Haushalt, eine negative Haltung gegenüber der APRA, und das Engagement, die Entwicklung zu fördern. In letzter Zeit, so zeigt Astiz auf, ist es angebracht darauf hinzuweisen, dass der Anteil der Armee zurückgegangen ist, und dass sich die Regierung in Fragen der Entwicklung mehr engagiert. Die Rückkopplungsschleifen deuten zweierlei an: 1) dass diese Testfälle nach wie vor durchgespielt werden; 2) dass jede Regierung, auch die aus Staatsstreichen hervorgegangene, gestürzt werden kann. Er bemerkt weiterhin, dass die progressiven Ansichten der Militärs in Fragen der Entwicklung innerhalb der Armee zu Spannungen führen, aufgrund gleichzeitiger antipopulistischer Haltungen vieler Offiziere.

Bei der Diskussion des Vortrags von Professor Astiz wurde die Notwendigkeit betont, das Studium der Militärs im Zusammenhang mit weiteren Veränderungen in der Gesellschaft zu sehen, wie zum Beispiel die Etappen der sozialen Mobilisierung, Veränderungen im wirtschaftlichen System, Verbesserung der Leistungsfähigkeit der Regierung, der Aufschwung technokratischer Ideologien innerhalb des militärischen Establishments, die Veränderungen in Herkunft und Kontakten der Armeeoffiziere, und weitere, darauf bezogene, Variable.

2. *Dario Canton: Das „nationale Projekt" in Argentinien*

Dario Canton, vom *Instituto Torcuato di Tella in Buenos Aires*, hielt einen Vortrag über „Die ‚argentinische Revolution' von 1966 und das Nationale Projekt". Im allgemeinen, so behauptet Canton, haben Interessengruppen in der argentinischen Politik im 20. Jahrhundert eine beständige und innerlich geschlossene Haltung gezeigt, relativ unberührt von anderen Veränderungen im gesellschaftlichen und politischen System Argentiniens. Der Vortrag weist darauf hin, dass in diesem Jahrhundert in Argentinien kein einziger Staatsstreich geglückt ist, der für die „populären Parteien" günstig gewesen wäre, andererseits haben 80% der für die „populären Parteien" ungünstigen Coups Erfolg gehabt. Daher, so argumentiert er, hat die

Intervention der Streitkräfte in Argentinien eine ständige anti-populistische Wirkung gehabt.

Canton ist weiter der Meinung, „von seiten der Kirche als Institution, könne keine grundlegende Änderung ihrer bisherigen Haltung erwartet werden, da sie vom *Status quo* abhängig ist, den sie mit unterstützt". Die Studenten werden als „Liberale im traditionellsten Stil" bezeichnet, die „einen unverdienten Ruf als... Revolutionäre gewonnen" haben. Und die „Mittelklasse... bleibt weiterhin ein kleinmütiger Verfechter des „*Status quo*". Canton's Analyse konzentriert sich auf die Realisierungsmöglichkeiten des „nationalen Projekts" in Argentinien, das er als ein Vorhaben bezeichnet, das „von der Mehrheit der Bevölkerung unterstützt wird, (die sich) anschickt, die grösstmögliche Selbständigkeit in den Beziehungen mit jenen Ländern zu erreichen, mit denen sie am meisten zu tun hat". Er behauptet, die angebliche „argentinische Revolution von 1966", die zur Einsetzung einer von der Armee unterstützten Regierung unter General – und inzwischen Präsident – Onganía geführt hat, verfolge Ziele, die denen des erwähnten nationalen Projekts genau entgegengesetzt seien. Allgemeiner gesehen behauptet Canton, könne man von den wirtschaftlich einflussreichen Gruppen, der Kirche, der Mittelklasse, den Studenten und der Armee keine bedeutenden Veränderungen erwarten. Andererseits „könnte von der Arbeiterklasse wahrscheinlich grössere Unterstützung des nationalen Projekts erwartet werden." Es kommt, so in Canton's Vortrag, zu einer dramatischen Gegenüberstellung von Strukturerhaltung und Selbstumwandlung in Gestalt einer einzigen entscheidenden Variablen: des nationalen Projekts. Das erstrebte Ziel stimmt mit Schema I überein. Aber es ist ein Ziel, das in dem bestehenden System nicht erreicht werden kann. Im Gegenteil, es ist ein Ziel, das sich ausserhalb befindet und eine Veränderung des Systems von innen heraus verlangt.

Kritik

Kritik an Canton's Vortrag erfolgte in zweierlei Form. Die erste war methodischer Natur. Canton gründet seine Argumente auf die zentralen Tendenzen der untersuchten Gruppen – das heisst, auf das durchschnittliche und/oder mittlere Verhalten ihrer Mitglieder – wobei er den Veränderungen innerhalb dieser Gruppen sehr wenig Aufmerksamkeit schenkt. Er ist sich des Problems bewusst und behandelt es zumeist in Fussnoten, oder in so gemässigten Formulierungen, so dass – und er besteht darauf, – die Stosskraft seiner Analyse der zentralen Tendenz nicht verringert wird. Auf diese Weise anerkennt er, dass die Gruppen nicht homogen sind, dass pro-populistische Militärcoups versucht worden sind (aber scheiterten) was einen Pluralismus in der Haltung des Militärs andeutet (der von Canton nicht untersucht wird), dass das Zweite Vatikanische Konzil der Kirche den Geist der Erneuerung eingehaucht hat (aber nicht, wie er sagt, soweit es die Hierarchie anbelangt) und dass es neben anderen auch revolutionäre Studentengruppen gegeben hat. Nichtsdestoweniger ist Zweck und Absicht von Canton's Argumentation die Abweichungen innerhalb der Gruppen zu verringern um sich auf die zentralen Tendenzen des Gruppenverhaltens konzentrieren zu können. Angesichts von Canton's eigenem Zugeständnis, die Gruppen seien nicht homogen, dürfte es von entscheidender Wichtigkeit für eine derartige Analyse sein, dass den Abweichungen innerhalb jeder Gruppe weit mehr Aufmerksamkeit geschenkt wird.

Der zweite Punkt der Kritik war inhaltlicher Natur. Carlos Fortin (*Flacso*, Chile) warf ein, die Diskussion der militärischen Staatsstreiche könnte bedeutend verbessert werden, wenn die Autoren die Bedingungen analysierten, unter denen die Armee eine progressive Rolle in der Gesellschaft spielen würde, und unter welchen Umständen eine regressive Rolle. Canton bleibt diese Analyse schuldig. In der Tat könnte seine Schwäche auf theoretischem Gebiet von einer möglichen Schwäche hinsichtlich seiner Data herrühren: seine Einteilung der Militärcoups übergeht die verwickelten und komplizierten Beziehungen zwischen der Armee und Peron, einschliesslich der Veränderungen innerhalb dieser Beziehung während der 40er und 50er Jahre. Wenn man davon ausgeht, dass eine Intervention der Armee in der Politik zu anderen Zeitpunkten als die der tatsächlichen Regierungsübernahme erfolgt, dann ist eine Analyse der Rolle des Militärs in der argentinischen Politik bei weitem zu unvollständig, wenn sie nicht eine Erörterung der Beziehungen der Armee zum politischen System zwischen den Staatsstreichen enthält und insbesondere eine Untersuchung der Beziehungen des Peron-Regimes zu den Militärs.

3. *Julio Cotler: Militärischer Populismus in Peru*

Julio Cotler, vom *Instituto de Estudios Peruanos* hielt einen Vortrag über das Thema: „Militärischer Populismus als ein nationales Entwicklungsmodell: Der Fall Peru".[3] Cotler behauptete, das Modell des militärischen Populismus gründe sich auf zwei Variable: die Anstrengungen, das kapitalistische System im Lande zu modernisieren und die politische Mobilisation grosser Teile der Bevölkerung zu neutralisieren. Diese theoretischen Schlüsse werden

---

[3] Cotler verteilte auf dem Kongress ausserdem einen umfangreichen Aufsatz über das gleiche Thema: *Crisis Politica y Populismo Militar en el Peru* (Lima: Instituto de Estudios Peruanos, October 1969). Dieser Aufsatz wird in diesem Bericht nicht besprochen.

nach einer induktiven Analyse von Unterlagen über Peru dargelegt. Das innenpolitische Ziel des militärischen Populismus ist es, eine neue Legitimität
für das gesellschaftliche System im Zusammenhang mit wirtschaftlicher und
gesellschaftlicher Entwicklung zu schaffen. Die Neuausrichtung des gesellschaftlichen Systems auf wirtschaftliche Ziele ist eng verknüpft mit einer
Nationalisierung der Wirtschaftspolitik, einer Zunahme im Bereich der
nationalen Souveranität und einer Reduzierung der Abhängigkeit vom internationalen System im allgemeinen und den USA im besonderen. Nationalismus und Modernisierung, als Instrumente der Politik und als systemverän-
dernde Ziele, gehen jedoch gemeinsam mit Versuchen einer politischen Demobilisierung. Während die militärischen Führer versuchen, die Wirtschaft
des Landes zu modernisieren, verfolgen sie andererseits das Ziel, die Bevölkerung auf politischem Gebiet in die Passivität zu drängen. Dieser
Grundzug der Demobilisierung wird von Cotler zurückverfolgt bis zu dem
historischen Widerstreit zwischen der Armee und Peru's ältester populis-
tischer Partei, *Alianza Popular Revolucionaria Americana* (APRA) und bis zu
dem gegenwärtigen Antagonismus mit der jüngeren Partei *Accion Popular*,
deren Regierung mit Präsident Fernando Belaúnde 1968 gestürzt wurde.
Militärpopulismus bleibt Populismus, weil er – wie es mit dem Populismus
häufig der Fall ist – auf einer nationalistischen Anziehungskraft beruht,
die auf viele Klassen wirkt und eine starke Tendenz zur Neuverteilung und
Modernisierung aufweist. Cotler weist darauf hin, der militärische Populismus könne in der Tat eine radikalere Version des Populismus sein. Er führt
aus, dass Populismus gewöhnlich die friedliche Koexistenz aller sozialen
Gruppen vorsieht. Der militärische Populismus jedoch, wie zum Beispiel in
Peru, sieht die Zerstörung jener Gruppen vor, die als Mitglieder der „Oligarchie" betrachtet werden. Cotler fügt hinzu, die peruanischen Militärs hätten
bereits einen Teil ihrer angekündigten politischen Massnahmen durchgeführt, wie z.B. die Nationalisierung der Zuckerplantagen und der Ölfelder
der International Petroleum Corporation (IPC).

Nach Cotler's Meinung bestand das Ziel des politischen Systems in Peru
von vor 1968 darin, die Adaption und Integration der verschiedenen politischen und sozialen Gruppen nachdrücklich zu fördern, sei es durch APRA's
convivencia („Zusammenleben") mit Präsident Manuel Prado im Jahre
1956, oder durch die Allianz der APRA mit dem ehemaligen Präsidenten
Manuel Odria, ihrem früheren Erzfeind, im Jahre 1962. Cotler's Analyse
konzentriert sich auf die Fähigkeiten zur Zielveränderung und Selbstumwandlung innerhalb sozialer Schlüsselgruppen, einschliesslich der Armee,
die zu Veränderungen im gesellschaftlichen System nach 1968 führte. Diese
grössere Leistungsfähigkeit wird in Verbindung gebracht mit einer umfas-

senden sozialen Mobilisation in Peru. Aus diesem Grunde beschäftigt sich Cotler's Analyse mit dem gegenwärtigen (nach 1968) und voraussichtlichen Kurs des politischen Systems in Peru.

Fanny Taback kritisierte Cotler's Aufsatz aufgrund seines möglichen „Optimismus", das heisst, des Ausmasses in dem es die starken Tendenzen innerhalb des peruanischen Systems hinsichtlich der Strukturerhaltung unterschätzen könnte.

Obwohl Cotler der Strukturerhaltung im Peru vor 1968 eine gewisse Aufmerksamkeit schenkt, deutet seine Diskussion des Coups von 1968 einen einschneidenden Bruch mit althergebrachten Vorbildern und Traditionen an. Diese Hypothese vom Ende der Kontinuität im Gesellschaftssystem erfordert cindeutigere Beschreibung und eingehendere Forschung. Obwohl solche Variablen wie Ideologien, Parteipolitik und Verschiebungen innerhalb der Armee mit einer gewissen Ausführlichkeit besprochen werden, verlässt sich Cotler in seiner Analyse manchmal auf grobe Verallgemeinerungen über gesellschaftliche Klassen, ohne die Zusammensetzung derartiger Klassen, ihre innere Geschlossenheit, und die Wahrscheinlichkeit einer Veränderung in Haltung und Verhaltensweisen genau zu beschreiben, ebenso wie die Beziehungen zwischen diesen Faktoren und den Variablen die ausführlich analysiert werden, und schliesslich die Beziehungen unter den letztgenannten.

4. *Helio Jaguaribe: Nationalkapitalismus, Staatskapitalismus und Entwicklungssozialismus als Modelle*

Helio Jaguaribe, vom *Instituto Universitario de Pesquisas do Rio de Janeiro*, hielt einen Vortrag über „Unterentwickelte Gesellschaften und politische Modelle zur nationalen Entwicklung". Der Aufsatz zeigt eine Anzahl von strukturellen Beziehungen zwischen unterentwickelten Ländern und drei Modellen zur nationalen Entwicklung auf: Nationalkapitalismus, Staatskapitalismus und Entwicklungssozialismus. Jaguaribe's Analyse beginnt mit drei grundlegenden, unabhängigen Variablen: dem Grad der sozialen Differenzierung, der Werthaltung im allgemeinen und dem Abgehen vom traditionellen Wert-System im besonderen, sowie dem Ausmass in dem das innere Gesellschaftssystem von internationalen, sozialen und politischen Kräften durchdrungen worden ist.

Bei einem geringen Grad sozialer Differenzierung und einem auf breiter Basis beruhenden traditionellen Wert-System, so behauptet Jaguaribe, sei nationale Entwicklung nur möglich, wenn die traditionellen Werte instrumental, das heisst, Mittel zu anderen Zwecken seien, und nicht ein Ziel in sich, allerdings nur dann, wenn unter der Elite ein Pflichtgefühl und unter den Massen ein Sinn für Ergebenheit vorhanden sei. Abgesehen davon, ist Entwicklung immer noch möglich durch eine internationale und imperialistische Beherrschung und Umformung der traditionellen Gesellschaft.

Bei einem hohen Grad an sozialen Unterschieden und einem Zerfall des traditionellen Wert-Systems, so behauptet Jaguaribe, spiele andererseits eine Reihe von Variablen mit, welche die Wahrscheinlichkeit der Entwicklung beeinflussen. Wenn die Elite geeint ist und in ihr die traditionellen Werte vorherrschen, ist die Entwicklung nur dann möglich, wenn diese moderne Elite eine Nebenlinie hat und nur dann, wenn dieser Ableger der traditionsbewussteren Mehrheit der Elite Widerstand leisten kann. Ist die Elite in eine traditionelle und eine moderne Partei gespalten, ist demnach Entwicklung nur möglich, wenn die moderne Partei die traditionelle Partei innerhalb der Elite überwinden kann.

Bei ähnlicher Ausgangsbasis kann der Weg zu Stagnation und Zerfall mehrere Formen annehmen. Wenn die anti-moderne Partei in der Elite tatsächlich die traditionellen Werte bewahrt hat, dann haben diese die Tendenz, zu idealisierten, absoluten Werten zu werden. In einem Land mit einem hohen Niveau an internationaler Selbständigkeit, führt dies nach Jaguaribe zum Nationalfaschismus mit den Zielen Unabhängigkeit und Konservatismus. In einem Land mit einem geringen Niveau an Selbständigkeit auf internationaler Ebene führt dies nach Jaguaribes Meinung zum Kolonialfaschismus der einer fremden Macht untergeordnet ist. Und wenn die anti-moderne Elite ihre traditionellen Werte nicht bewahrte, so führte dies nach Jaguaribes Meinung zu einem betrügerischen politischen Zwangssystem der Ungleichheit, das jede Legitimität verliert und eine *societas sceleris* genannt werden kann – eine Gesellschaft des Verbrechens.

Jaguaribe's Analyse führt ihn daher zu dem Schluss, die Wahrscheinlichkeit nationaler Entwicklung hänge von der Zusammensetzung der Elite und ihren Werten ab. Er schenkt den Hauptmerkmalen der Masse des Volkes eindeutig weniger Aufmerksamkeit. In einer traditionellen Gesellschaft ist nationale Entwicklung nur dann möglich, wenn die instrumentalen Werte der Elite das Pflichtbewusstsein betonen; in einer Gesellschaft mit erheblicher Differenzierung in ihren Werten und ihrer Struktur ist Entwicklung nur möglich, wenn die moderne Partei innerhalb der Elite oder die modernistische Nebenlinie ihre Gegner überwinden können.

Jaguaribe's Analyse führt weiterhin zu dem Schluss, das Gewicht ausländischen Einflusses auf ein bestehendes System variiere erheblich, je nach dem Niveau der gesellschaftlichen Unterschiede innerhalb der nationalen Gesellschaft. Bei einer sehr geringen sozialen Differenzierung kann der Imperialismus zu einer nicht-national ausgerichteten Modernisierung des

Systems führen; bei höherem Niveau der sozialen Differenzierung und einer antimodernistischen Elite oder Elitefraktion wird, so behauptet Jaguaribe, der Imperialismus auch im besten Fall die am *wenigsten* modernistische Gruppe unterstützen und im schlimmsten Fall ein aktiver Zuträger des Kolonialfaschismus sein.

Jaguaribe's Aufsatz in seiner dargelegten Form wurde von Dankwart Rüstow kritisiert, weil er seine entscheidenden Begriffe und Variablen nicht ausreichend beschrieben habe; Rüstow lobte den Vortrag aufgrund seiner breitangelegten begrifflichen Analyse der Beziehungen unter den verschiedenen Vorgängen. Um dieser Kritik teilweise zu begegnen, haben wir Jaguaribe's Hauptargumente in etwas veränderter Reihenfolge zusammengefasst.

Die Hauptrichtung in Jaguaribe's begrifflichen Bemühungen ist das Erkennen neuer Systemtypen oder neuer Modelle für die systembezogene Veränderung. Deshalb wird jede Kombination struktureller Variabler, wie oben zusammengefasst, eingeteilt in eine Typologie von Gesellschaften mit verschiedenen Fähigkeiten zur Entwicklung, einschliesslich einer Bilanz zwischen Aktiva und Passiva. Jaguaribe geht dann von dieser strukturellen Analyse weiter zu einer kurzen Erörterung der kapitalistischen, *etatistischen* und sozialistischen Modelle für Systemselbstveränderung. Dies schliesst Überlegungen darüber ein, die aktuellen Ziele bestehender Systeme zu verlagern und die Systemselbstumwandlung als neues massgebliches Ziel ins Auge zu fassen. Jaguaribe's Konzentration auf Zielveränderung und Systemselbstumwandlung, die aus einer Analyse der Fähigkeiten der Elite, der Umstände für die Veränderungen, sowie der Richtigkeit der veränderungsanfälligen Modelle entsteht, dürfte den Eindruck entstehen lassen, dass er, mehr als jeder andere Einzelvortrag der Konferenz, die Möglichkeit sinnvoller politischer Entscheidungen herausstellt. Jaguaribe schöpft reichlich aus dem Bereich der Politik, Wirtschaft und Geschichte, er verbindet empirische mit normativen Kriterien, scheint sich aber vor allem grundsätzlich mit der Möglichkeit und Wahrscheinlichkeit der freien Auswahl auseinanderzusetzen.

Kritik

Angesichts dieser Interessen und Anliegen des Autors wurde Jaguaribe's Aufsatz aus zwei zusätzlichen Gründen kritisiert. Erstens war Jaguaribe in seinem begrifflichen Ansatz hinsichtlich der freien Auswahl und der Wahrscheinlichkeit seinem Thema gegenüber nicht immer konsequent. Sein Vortrag gibt Anlass zu der Vorstellung, dass bei einer gewissen Anzahl struktureller Bedingungen innerhalb der Elite und aufgrund der Wahl eines Entwicklungsmodells das Ergebnis schon von vornherein festliegt. Die unge-

nügende Beachtung anderer struktureller Variabler – einschliesslich der Ver-
laufsvariablen – die sich als Hindernis für die Entwicklung herausstellen
mögen, und zu Zusammenbruch, Stagnation oder Verfall führen könnten,
unterspielt die Möglichkeit andersgearteter Ergebnisse aus denselben zu-
grundeliegenden, aber in sich widersprüchlichen, Bedingungen. Wie Rüstow
meinte, beginnt eine ganze Reihe von Problemen dort, wo Jaguaribe's
Analyse aufhört. Deshalb kann ein Aufhören an dieser Stelle eine ungenaue
Beschreibung des Verlaufs und der Wahrscheinlichkeit des Wandels ergeben.

Zweitens war Jaguaribe's Aufsatz ein begrifflicher Versuch, der kurze allgemeine Hinweise auf historische Beispiele als Beweismaterial benützte. In
seiner Kritik wies Rüstow darauf hin, Jaguaribe's Beispiele stimmten nicht
immer mit seinen begrifflichen Kategorien überein; des weiteren sei seine
Data manchmal nicht gut auf seine Theorien abgestimmt. Dies unterstreicht
die Notwendigkeit, in grösserem Umfange eindeutig konzipierte Data mit-
einzubeziehen, die einer reproduktionsfähigen Überprüfung unterworfen
werden müssen, was ihre Gültigkeit einer bestimmten Theorie gegenüber anbelangt, damit Bedenken an ihrer Anwendbarkeit durch dritte überprüft
und entschieden werden können.

5. *Candido Mendes: Ein Machtelitenmodell für Brasilien*

Candido Mendes, vom *Instituto Universitario de Pesquisas do Rio de
Janeiro* hielt einen Vortrag über ,,Machteliten, Demokratie und Entwicklung". Die Absicht seines Aufsatzes war, das Erscheinen eines neuen Regie-
rungstyps zu untersuchen und zu beschreiben, den er *Machteliteregime*
nennt. Mendes behauptet, in einem *Machteliteregime* sei der Eingriff des
Militärs vielleicht über eine blosse Unterbrechung der politischen Abläufe
hinausgegangen und dieses Regime befinde sich vielleicht durch die Selbstveränderung des politischen Systems in der Entwicklung hin zu einem neu-
strukturierten Regierungstyp. Aus diesem Grund ist die wichtigste Leistung
dieses Vortrags der Versuch, einen neuen Typ von politischem System zu erkennen. Das *Machtelite*modell wird mit einem demokratischen Modell konfrontiert, um die Gegensätze zwischen den beiden zu zeigen. Seine analytische
Methode betont die Unterschiede zwischen *Machtelitemodell* und dem
demokratischen Modell um die besonderen Merkmale jedes einzelnen zu
klären.

Mendes behauptet, das demokratische Modell entstehe aus einer zunehmenden sozialen Differenzierung, die zu einem Pluralismus an Entschei-
dungsfähigen führe. Ein sogearteter gesellschaftlicher Pluralismus wird

politisch institutionalisiert durch die repräsentative Tätigkeit der politischen Parteien im Rahmen des Rollentauschs zwischen Regierenden und Regierten innerhalb des politischen Systems. Es gibt dann, was Mendes ein „*trophisches*" Element nennt, d.h. einen zusammenstimmenden und zielsuchenden Umwandlungsprozess, ungefähr ähnlich dem des natürlichen Wachstums. Dieser Prozess wird als eine Gruppe gesellschaftlicher, wirtschaftlicher und politischer Prozesse definiert, die untereinander ausgewogen und übereinstimmend sind und sich gleichzeitig und mit sich einander gegenseitig anpassenden Veränderungsquoten in die gleiche Richtung bewegen. Dann bringt Mendes die Hypothese, die für seine Studie der leitende Gedanke ist: nämlich, dass der Zusammenbruch des demokratischen Modells und der *trophischen* Prozesse die Bedingungen geschaffen haben für die Machtergreifung im System durch eine *Machtelite* (im Falle Brasiliens die Armee), die dann das politische System noch weiter von den wirtschaftlichen und gesellschaftlichen Systemen entfernt. Die Herrscher, die im demokratischen Modell durch die politischen Parteien aus den Vorgängen der gesellschaftlichen Differenzierung heraus an die Macht gelangen, werden nun durch die Machthaber im *Machtelite*modell ersetzt. Von nun an gibt es einen *dystrophischen* Verwandlungsprozess, da die gesellschaftlichen, wirtschaftlichen und politischen Abläufe nicht länger kongruent, und auch nicht ausgeglichen, gleichzeitig, in eine Richtung zielend, oder selbstanpassend sind.

Das reine *Machtelite*modell hat drei hauptsächliche Merkmale: 1.) die relative *Neutralität* seiner Entscheidungen gegenüber Interessengruppen und wirtschaftlichen Druckmitteln; 2) ein hoher Grad ideologischer *Homogenität* innerhalb der Elite, mit gewissen dogmatischen Elementen in ihrer „konstruierten" Sicht der Wirklichkeit; und 3) die *Interferenz* mit einer Reihe gesellschaftlicher, politischer und wirtschaftlicher Übereinkommen, die vor dem Aufstieg der Machtelite getroffen worden waren.

Die *Technokratie* ist eine besondere Art von *Machtelite*system die durch zwei weitere Faktoren charakterisiert wird: 1) die Eingliederung des *Rationalität*skultes in die Ideologie von der *Machtelite* als ein Mittel, die mögliche Neutralität beim Treffen von Entscheidungen zu vergrössern; eine derartige Ideologie der Rationalität wäre ein Beitrag zur Verringerung von Konflikten innerhalb der *Machtelite*; und 2) das Eingreifen der *Machtelite* in das gesellschaftliche und wirtschaftliche System wird durch das Setzen bestimmter langfristiger Ziele, welches die späteren Wahlmöglichkeiten und die Auswahl der Modelle schon von vornherein festlegt, in eine von Anfang an festgelegte Vorstellung von der Tätigkeit einer Regierung umgeformt. Das Modell von der *Machtelite* schliesst deshalb eine darüberliegende Strukturtheorie von der Regierung mit ein. Es erweckt die Idee von einem politischen Modell, in dem die Regierung vom sozialen und wirtschaftlichen System relativ unabhängig ist. Mendes behauptet, Brasilien habe seit 1964 ein derartiges *Machtelite*system.

Mendes gründet seine Analyse der Unterschiede zwischen dem demokratischen und den *Machtelite*modellen auf vier Veränderliche. Die erste nennt er *Inchoation* oder den Start eines politischen Verhaltensmodells, das aus einer anfänglichen Unordnung heraus ein zunehmendes Mass an Ordnung schafft und kontinuierlich weitergehen muss um die grundlegenden Merkmale eines politischen Systems zu bewahren. Daher kombiniert es die Schaffung von Strukturen mit der Parson'schen Strukturerhaltung. In einem demokratischen Modell wird *Inchoation* durch *Repräsentation* zustandegebracht, oder durch den Ausdruck politischer, gesellschaftlicher und wirtschaftlicher Systeme von Seiten politischer Parteien. Im *Machtelite*modell wird *Inchoation* erreicht durch die *Mobilisierung* innerhalb des politischen Systems, das heisst durch die Aktivierung der politischen Fähigkeiten bisher politisch nichtaktiver Gruppen (dieser Gebrauch ist deshalb enger als „soziale Mobilisierung" wie er von Karl Deutsch gebraucht wird, und näher der „politischen Mobilisierung" David Apters).

Mendes' zweite Variable ist Selbstgrundlegung („self-foundation") (eine Art Parson'scher Integration) die im politischen Modell durch politisch freiwillige, gegenseitige Anpassung der Interessen innerhalb konkurrierender Interessengruppen erreicht wird. Mendes nennt dies *Erfüllung von Machtverträgen*. Diese wird im *Machtelite*modell durch Reformismus erreicht, der von Mendes als direkte politische Einflussnahme auf die Schlichtung von Konflikten zwischen rivalisierenden Gruppen definiert wird, und als Modifizierung sowohl der Schlichtung als auch der Forderung gemäss den politisch festgelegten Kriterien.

Die dritte Variable ist die *Legitimierung*, die definiert wird als das Ausmass in dem die Handlungen der Regierung mit den gesellschaftlichen Erwartungen übereinstimmen oder nicht. Diese Ansicht, so zeigte Carl J. Friedrich auf, scheint von der traditionellen Bedeutung der Legitimität abzuweichen, die als das Mass definiert wurde, in dem die Regierten glaubten, dass die Regierenden ein Recht haben, so zu handeln, wie sie es tun. Mendes' Definition schliesst die Begriffe „Recht" und „Glaubwürdigkeit" nicht mehr in die Legitimität ein. (Eine andere Interpretation von Mendes' Begriff der Legitimität wäre diese, dass sowohl Rechtmässigkeit und Glaubwürdigkeit hauptsächlich von ihrer Übereinstimmung mit den Erwartungen der Öffentlichkeit abhängen). Im demokratischen Modell wird, laut Mendes, die *Rechtmässigkeit* durch *Formalisierung* erreicht, das heisst durch die Ausübung jener formeller Aktivitäten (wie zum Beispiel Wahlen,) die für das System notwendig sind; die Quelle demokratischer Legitimität ist die Peripherie des politischen Systems. Im *Machtelite*modell beginnt die *Legitimation* im Zentrum des politischen Systems durch die Übernahme einer spezifischen Rolle durch die neue Elite. Mendes nennt dies die *Authentisierung* des Systems. Sie beginnt mit einem Akt der Selbstauthentisierung, wird aber nur vollendet, wenn das politische Zentrum durch einen Rückkopplungsvorgang im Volk Unterstützung findet. Dieser Rückkopplungsprozess verläuft vom Zentrum des politischen Systems an seine Peripherie, zu den gesellschaftlichen und wirtschaftlichen Systemen und zurück zum Zentrum. In beiden Fällen liegt die *Legitimität* daher zumindest teilweise ausserhalb des Zentrums des politischen Systems. Charismatische Legitimität ist ein typischer Prozess der *Authentisierung*, das heisst der *Legitimität* in einem *Machtelite*modell.

Die vierte Variable ist der *Rollentausch*, oder das Ausmass, in dem Macht und Entscheidungen im System zentralisiert werden. Im *Machtelite*modell gibt es *Zentralisierung*, weil negative Rückkopplung – die den früheren Handlungen entgegengesetzt ist – nur schwach auftritt; die Entscheidungen gehen vom politischen Zentrum aus und andere mögliche Entscheidungsinstanzen dienen lediglich dazu, diese Beschlüsse zu erfüllen. Im demokratischen Modell gibt es *Dezentralisierung* weil Macht verteilt ist, Entscheidungen von einer grösseren Basis getroffen werden, und negative Rückkopplung erfolgreicher wirkt.

Kritik

Ein Teil der Kritik, vorgetragen von Giovanni Sartori und Carl Friedrich, war methodischer Art: ein zweiteiliger, kontrastierender Ansatz, warfen sie ein, könne die vermuteten Unterschiede zwischen den beiden Modellen überbetonen; ein kontinuierlicher Approach dürfte besser geeignet sein, Unterschiedsnuancen mit grösserer analytischer Subtilität herauszuarbeiten. Des weiteren seien die Modelle deduktiv konstruiert worden ohne anzugeben, wie empirische Unterlagen zur Überprüfung der vorgebrachten Hypothesen gefunden werden könnten. Der einzige Versuch eines empirischen Nachweises war die Angabe, Brasilien habe sei 1964 ein *Machtelite*modell. Samuel P. Huntington meint jedoch, einige Charakteristika des *Machtelite*modells seien auf Brasilien nicht anwendbar. Zum Beispiel könne der Bereich der Mobilisierung innerhalb des gegenwärtigen politischen Systems in Brasilien bisher sehr selektiv gewesen sein: die totale Wirkung der differenzierten Gruppenmobilisierung könne eine tatsächliche Entpolitisierung oder Demobilisierung gewesen sein, das heisst die effektive Anzahl von Personen, die politisch aktiv sind, könnte abgenommen haben (Dieser Punkt würde sehr gut mit Cotler's früherem Hinweis übereinstimmen, Militäreliten arbeiteten darauf hin, die politische Anteilnahme der Bevölkerung zu verringern). Zweitens, obwohl die Berufung auf das Charisma das Hauptinstrument der *Authentisierung* (d.h. Legitimierung) eines *Machtelite*systems) zu sein scheint, dürfte es schwierig sein, einen der drei Militärpräsidenten seit 1964 als charismatische Persönlichkeit zu bezeichnen. Und drittens, wenn *Reformismus* als *Reform* verstanden wird, und nicht als Ersatz für einen politischen Zwangseingriff, dann ist der Umfang des *Reformismus* in Brasilien seit 1964 uneinheitlich gewesen. Obwohl wirtschaftliche Expansion und Moderinisierung erfolgt sein dürften, scheint die politische Partizipation kaum zugenommen zu haben, sondern eher eine tatsächliche Abnahme festzustellen sein. Auch scheint sehr wenig Fortschritt hinsichtlich der gerechteren Verteilung sozioökonomischer Gewinne erreicht worden zu sein, und eine uneinheitliche Bilanz in der Abschaffung alter Vorurteile und politischer Gepflogenheiten – Dinge an die der Begriff „Reform" gewöhnlich denken lässt. Wenn diese faktenbezogene Kritik Gültigkeit hat, dann würde dies die frühere Forderung nach einer fruchtbareren Anwendung von empirischen Unterlagen in der theoretischen Erforschung eines Themas verstärken.

Dies führt zu einem anderen Teil der Kritik an diesem Vortrag, die im Laufe der Diskussion geäussert wurde. Diese Einwände beschäftigten sich mit der Nützlichkeit neuer Termini in der politischen Analyse, und mit dem Ausmass in dem diese Ausdrücke auch tatsächlich aussagen, was sie angeblich ausdrücken wollen. Wenn zum Beispiel „*Authentisierung*" synonym ist mit *Charisma*, dann besteht für das erste Wort kein Bedarf, und wenn es dasselbe bedeutet wie allgemeine *Billigung durch das Volk* („popular acceptance"), dann wäre es besser, die herkömmliche Bedeutung von Legitimität beizubehalten und „*acceptance*" als ein Merkmal eines erfolgreichen illegitimen Regimes zu betrachten. Wenn *Reformismus* jede Form eines politischen Zwangseingriffs bezeichnet, dann wäre es Huntington's Meinung nach besser, genau so zu sagen, und die ursprüngliche Bedeutung des Wortes *Reformismus* beizubehalten. Ausserdem wurde zum Ausdruck gebracht, dass diese Wörter in ihrer Bedeutung an international bereits bestehende Ausdrücke der Gesellschaftswissenschaft herankommen. *Initiierung* („Inchoation") scheint eine Form der *Strukturerhaltung* (pattern maintenance) zu sein, und *Selbstgrundlegung* (self-foundation) eine Form von *Integration*. *Schlichtung* scheint dasselbe zu sein wie *Reduktion von Dissonanzen*. Im Interesse der internationalen Verständigung unter den Politikwissenschaftlern wurde die Hoffnung zum Ausdruck gebracht, dass zukünftig derartige Ähnlichkeiten – falls sie in ihrer Begrifflichkeit gültig sind – weitestgehend hervorgehoben werden, damit wir wissen, worüber wir reden (Die Kritik in ihrer Mehrheit war nicht durch eine unzureichende Übersetzung bedingt. Die

Erläuterungen zu *Authentisierung, Legitimität, Reformismus* usw. können in vollem Umfang auf den portugiesischen Text angewandt werden). In allgemeinerem Ton drückte Rüstow die Besorgnis aus, die Überproduktion neuer Ausdrücke unter Politikwissenschaftlern – in den USA, Europa und in Lateinamerika – könne zu einer „gegenseitigen Sterilisierung" des Faches führen. Er verlangte, dass die Tests hinsichtlich der Nützlichkeit neuer Termini in der wissenschaftlichen Politik strenger sein müssten als bisher und semantische Stilübungen kein Ersatz für begriffliche Klarheit in selbständiger Forschung sein dürften.

Jenseits der semantischen Schwierigkeiten wurde noch ein weiteres Problem von Huntington angeschnitten. Obwohl es Mendes gelang, seine Variablen genau zu definieren, lieferte er dennoch keine klare Beschreibung der Beziehungen unter den Variablen, die zur eindeutigen Darstellung politischer Abläufe gedient hätte. Was ist denn das Ergebnis der *Kombination* von *Mobilisierung, Reformismus, Authentisierung* und *Zentralisierung* anderes, so fragte Huntington, als eine kumulative Definition eines *Machtelitemodells*? Worin besteht die Interaktion der Variablen, wie modifizieren sie sich gegenseitig, und welcher Grad der Veränderung in einer würde zu Veränderungen in einer anderen führen, und wieviel Veränderung in irgendeiner unter ihnen würde die grundlegenden Merkmale des *Machtelite*modells zerstören? Es bleibt zu hoffen, dass Mendes' Modell unter dem Gesichtspunkt weiterentwickelt wird, gegebenenfalls derartige Fragen zu beantworten.

6. *Simon Schwartzman: Politische Offenheit als Alternative zum Technokratiemodell*

Simon Schwartzman, vom *Instituto Universitario de Pesquisas do Rio de Janeiro* hielt einen Vortrag über „Politische Entwicklung und politische Offenheit". Obwohl dieser Vortrag vor dem Symposium über politische Partizipation des Kongresses gehalten wurde, erscheint es nützlich, einige seiner Folgerungen, die Analyse politischer Modelle betreffend, hier näher zu beleuchten.

Im Bezug auf politische Modelle stellt Schwartzman drei wichtige Punkte auf: Der erste ist eine Verfeinerung der Komponente der Adaption im Begriff der Institutionalisierung. Schwartzman setzt sich für die Brauchbarkeit des Begriffs der *politischen Offenheit* eines Systems oder Regimes ein, das heisst, seine Fähigkeit zur Legitimierung und Absorption von Forderungen. Schwartzman behauptet, ein politisches System könne sich einem nichtpolitischen Niveau der Partizipation anpassen. Im Gegensatz dazu betont die politische Offenheit die Anpassung innerhalb eines völlig politischen Rahmens auf zweierlei Weise: Probleme, die besondere Interessengruppen betreffen, werden verallgemeinert zu Problemen des politischen Systems als Ganzem und die Interessengruppen überschreiten die Grenzen der für sie relevanten Probleme und wenden ihre Aufmerksamkeit allgemeinen Problemen des politischen Systems zu. Anpassung ohne politische Offenheit kann zu einem „partizipationistischen" oder „korporationistischen" System führen, in dem sich die funktionellen Gruppen mit Fragen von allgemeinem öffentlichen Interesse nicht beschäftigen wollen oder dürfen, sondern direkt mit der Regierung verhandeln, und nur über Probleme, die sie direkt angehen.

Schwartzman's zweiter Punkt ergibt sich aus seiner induktiven Analyse der Geschichte Brasiliens. Er stellt die Hypothese auf, es gebe keine zufällige lineare Verbindung vom Vorgang der wirtschaftlichen Entwicklung zu irgendwelchen entscheidenden Veränderungen in der Struktur des politischen Systems. Er weist darauf hin, Brasilien habe bereits im Jahre 1808 ein hohes Niveau an Institutionalisierung erreicht, als die königliche portugiesische Familie das kaiserliche Machtzentrum nach Brasilien verlegte. Diese Stärkung eines selbständigen politischen Zentrums in Brasilien, so behauptet Schwartzman, erklärt die territoriale Integrität und die politische Stabilität im Brasilien des 19. Jahrhunderts besser, als jede andere Analyse die sich auf das niedrige Niveau der wirtschaftlichen Entwicklung und der gesellschaftlichen Mobilisierung Brasiliens zu Beginn des 19. Jahrhunderts gründet.

Technokratie

Schwartzman's dritter Punkt ist eine Kritik der „Technokratie" als einem angeblich neuen Regierungstyp, der angeblich auf der Informationstheorie beruht und sich auf die Wahrscheinlichkeit der Systemselbstumwandlung konzentriert. Er behauptet, der freie, zweibahnige Fluss von Informationen zwischen Regierung und Regierten sei für ein demokratisches politisches Modell notwendig, und charakteristisch. Politische Zwangssysteme verlassen sich dagegen auf „Information" (*intelligence*) im Sinne der Spionage. Das *Beschaffen von Informationen* wird einseitig im Hinblick auf seine Nützlichkeit für die politischen Machthaber gesehen; und dies führt zu einer unentschiedenen Situation zwischen Beobachter und Beobachteten. Das Beschaffen solcher Nachrichten hat nur sehr schwache Rückkopplungsmerkmale. Data, welche auf die Notwendigkeit einer Korrektur in der Politik der Machthaber hinweisen, werden nicht als Fehler der Machthaber interpretiert, sondern als Irrweg der Opposition. Das Beschaffen von Informationen führt deshalb wahrscheinlicher zur Repression, weiterer Einengung des politischen Systems und noch schwächerer negativer Rückkopplung, als zu einer Korrektur der Politik um das Ziel des Systems zu erreichen. Nachrichtenbeschaffung führt schliesslich zu technokratischen Entscheidungen, ein Vorgang, bei dem politische Probleme als blosse technische Probleme betrachtet werden. Bei dieser Einstellung der Machthaber kann ein gesellschaftliches es Problem als ein technisches Problem aufgefasst werden, das von der Polizei, dem Arbeitsministerium oder einer Organisation bearbeitet werden kann.

Laut Schwartzman kann die Technokratie nur unter zwei Bedingungen funktionieren: 1) wenn der Technokrat von allen Parteien als *neutral* und unparteiisch anerkannt wird; wenn seine *Werte* – seine Kriterien von Gut und Böse – von all jenen geteilt werden, die sich auf ihn verlassen; und wenn er *kompetent* ist, dass so seine Entscheidungen als technisch einwandfrei akzeptiert werden. 2) Wenn die sich bekämpfenden Interessengruppen nicht versuchen, den Streit vom gesellschaftlichen und wirtschaftlichen auch in den politischen Bereich hineinzutragen. Wenn diese beiden Bedingungen jedoch erfüllt werden, dann friert die Technokratie die politische Partizipation und die Zielveränderung ein, denn die Zielveränderung würde den ersten Grundsatz verletzen und die politische Partizipation den zweiten. Deswegen ist Technokratie politische Manipulation und Zwang, sie ist es implizit, wenn es ihr gelingt, die beiden notwendigen Bedingungen zu erfüllen, und explizit, wenn der Versuch gemacht wird, sie im Falle des Versagens mit Gewalt aufrechtzuerhalten. Technokratie kann als sehr kostspielig bezeichnet werden – was die Leistungsfähigkeit als auch die Moral anbelangt – da sie mit Gewalt versucht, ihren eigenen Werten eine vorrangige Stellung zu erhalten und Grenzen in der Partizipation aufrechtzuerhalten. Unter diesen Bedingungen, so bemerkte Karl W. Deutsch in der Diskussion, wird die Technokratie zur Kryptokratie – zur Geheimherrschaft. Sie verheimlicht ihre eigenen Wertprioritäten und die Grundlagen ihres Rückhalts in der Gesellschaft und sie bleibt unfähig, vorausblickende und neue Massnahmen zur Erneuerung zu treffen[4]

7. *Silva Michelena: Computermodelle zur politischen Diagnose: Der Fall Venezuela*

Jose A. Silva Michelena, vom *Centro de Estudios del Desarollo*, an der *Universidad Central de Venezuela (CENDES)* hielt einen Vortrag über „Modelle zur Diagnose eines politischen Systems: Der Fall Venezuela", der das 9. Kapitel des dritten Bandes eines dreibändigen, von der CENDES ge-

[4] Der grösste Teil der Kritik an Schwartzman's Vortrag betraf den Teil, der sich besonders mit politischer Partizipation beschäftigt und deshalb hier weggelassen wird.

förderten Werkes über politische Veränderungen in Venezuela darstellen wird. Die Hauptabsicht der Forschung war es, eine Reihe von Alternativen in der Strategie der wirtschaftlichen Entwicklung zu entwerfen, und die politischen Anwendungsmöglichkeiten dieser Strategien abzuschätzen, sowie ihren wahrscheinlichen Einfluss auf die Bevölkerungsdichte und besonders auf die Entwicklung der Städte und der Gemeindepolitik. Von allen auf der Konferenz gehaltenen Vorträge war dies der einzige, dessen Forschungsentwurf die Beschaffung, Auswertung und Analyse von Daten als Grundlage vorsah. Die wesentliche Forschungstechnik war das Sammeln von Material über politische Haltung in einem weiten Überblick, der so geschichtet wurde, dass er den Grossteil der gesellschaftlich, politisch und wirtschaftlich bedeutungsvollen Gruppen der venezolanischen Gesellschaft umfasst. Da der Vortrag ein Kapitel eines viel umfassenderen Werkes ist, ist es schwierig, ihn als Vortrag zu werten und dennoch dem Gesamtwerk gerecht zu werden, das eventuell manche der hier geäusserten Kritik zufriedenstellend beantworten würde.

Im ersten Teil des Vortrags behauptet Silva, man könne zwei allgemeine Weltanschauungen in der venezolanischen Bevölkerung unterscheiden: eine sei mit Entwicklung vereinbar, die andere sei es nicht. Die mit Entwicklung zu vereinbarenden Anschauungen würden von den gesellschaftlich und politisch privilegierten Gruppen vertreten, das heisst, hohen Regierungsbeamten, Universitätsprofessoren, Studenten, führenden Vertretern aus Industrie und Wirtschaft und Gewerkschaftsführern. Diese Gruppen vertraten, laut Silva, dem bestehenden politischen System gegenüber eine kritische Haltung. Sie seien sehr darum bemüht, die politischen Parteien dazu zu bewegen, ihre Interessen auf eine breite gesellschaftliche Basis zu stellen, anstatt auf die Grundlage beschränkter Interessengruppen. Besonders seien sie gegen einen Eingriff des Militärs eingenommen; als Alternative empfehlen sie gesellschaftliche und politische Massnahmen um die Probleme des Landes zu lösen. Diese Gruppen unterschieden sich untereinander hinsichtlich der Prioritäten gegenüber grösseren gesellschaftlichen Zielen, wie zum Beispiel der Erhaltung der Demokratie, der Neuverteilung des Besitzes, und der Beschleunigung der wirtschaftlichen Entwicklung. Aber es herrsche weitgehende Übereinstimmung unter ihnen über die Notwendigkeit, die Politik der Industrialisierung und der Verbesserung der Bildungsqualität weiterzuverfolgen. Die Politik, die von diesen Gruppen vertreten würde, so berichtete Silva, sei für die Massen nur auf lange Sicht von Vorteil und stelle den ärmeren Schichten bestenfalls nur geringe kurzfristige Gewinne in Aussicht. In dieser Hinsicht zeigten alle erwähnten Gruppen eine konservative Tendenz in ihrer politischen Richtung.

Eine andere, mit Entwicklung unvereinbare Weltanschauung war unter

Personen mit geringem Status und beschränkter Erfahrung in Veränderungs-
prozessen zu finden. Diese Personen, sagte Silva, neigten dazu, sich auf
Probleme zu konzentrieren, die in den Bereich der Wirtschaft und der Kom-
munalpolitik gehörten; ihre politischen Wünsche bezögen sich grösstenteils
auf das Wirtschaftliche mit der Tendenz einer sofortigen Verbesserung des
Lebensstandards, also einer kurzfristigen Massnahme. Mit einfachen
Worten, sie sorgten sich um Nahrung und Unterkunft hier und jetzt. Diese
Gruppen haben wahrscheinlich eine günstige Meinung von der Regierung
oder gar keine, aber die meisten unter ihnen würden auch bereitwillig eine
Intervention der Militärs in der Politik hinnehmen. Sie glauben ausserdem,
politische Parteien sollten auf die Interessen einzelner Gruppen eingehen.

Silva behauptet weiter, die Wahrscheinlichkeit der Entwicklung werde
durch zwei andere Faktoren vermindert: 1) unter der Führungsschicht von
Industrie und Wirtschaft besteht ein beträchtlicher Zwiespalt hinsichtlich
der unternehmerischen, entwicklungspolitischen Aktivitäten und zwar über
solche Punkte wie Politik des hohen Risikos gegenüber Politik des geringen
Risikos oder langfristige gegen kurzfristige Gewinne, und dies würde jede
konzentrierte Entwicklungspolitik in Frage stellen; und 2) eine koordinierte
elitäre Entwicklungsstrategie wird ausserdem erschwert durch die ernst-
haften ideologischen Auseinandersetzungen zwischen der Rechten und der
Linken innerhalb der Elite. Silva beschreibt jedoch nicht genauer die Kom-
ponenten der Links-Rechts-Ideologien, die in Venezuela auftreten.

Der zweite Teil von Silva's Vortrag beruht auf ,,numerischem Experimen-
tieren'', wie er es nennt, d.h. Simulation im Computer. Der Zweck einer
solchen Übung ist es, durch die Errichtung mathematischer Modelle eine
Anzahl hypothetischer Venezuelas zu erzeugen, und zwar anhand gewisser
Voraussetzungen, die mathematisch zum Ausdruck gebracht werden müssen,
und mit Gleichungen, welche die Beziehungen zwischen sorgfältig bemesse-
nen Variablen beschreiben. Das Material aus dem oben erwähnten Überblick wurde im Experiment verwendet. Die Voraussetzungen umfassten
zwei verschiedene Serien politischer Massnahmen, eine wurde als ,,konser-
vativ'' bezeichnet, die andere als ,,progressiv''. Der Grad des zu erwartenden
politischen Konflikts wird dann für jeden Fall berechnet und zwar als das
Ausmass der Haltung und der Erwartungen, wie sie von derselben Bevölkerung im oben erwähnten Überblick hinsichtlich gewisser Themen und gegenüber anderer Gruppen im politischen System zum Ausdruck gebracht
worden waren. Silva folgert daraus dass es sich als viel leichter herausstellt,
eine erfolgreiche konservative Politik zu verfolgen als eine erfolgreiche progressive, am schlimmsten sei jedoch die Erhaltung des *Status quo*, da dieser
Zustand am meisten Konflikte erzeuge.

Kritik

Die schwerwiegendste Kritik lag in dem Argument, es sei möglich, die im Vortrag erwähnte Simulation nachzurechnen, da keinerlei mathematische Relationen angegeben wurden, und auch keine Gleichungen; auch wurden keine Angaben gemacht über die wahrscheinliche Frequenz der einzelnen Haltungen innerhalb der verschiedenen Gruppen, oder über die „Relationsgesetze" unter den angegebenen Hauptvariablen, und auch nicht über die Art und Weise, in welcher diese hypothetischen Gesetze begrifflich und mathematisch abgeleitet worden waren.

Das Ergebnis, so hiess es etwas polemisch, scheint ein nicht näher festgelegtes konservatives mathematisches Modell mit radikaler Rhetorik zu sein. Wenn die grosse Mehrheit des Volkes in Silva's Modell auftaucht, so sagt ein Kritiker, erscheint sie als gleichgültig, konservativ oder durch den Gemeindepfarrer für den Konservatismus mobilisiert. Wenn dieselbe Mehrheit der Bevölkerung in der Rhetorik auftaucht, nennt man sie „die Massen", die mit einem revolutionären Potential ausgestattet sind, welches die wahren Nationalisten und Radikalen ausnützen können und müssen. In beiden Fällen erscheinen weder in den eben erwähnten Gruppen, noch in den Gruppen der Oberschicht irgendwelche inneren Unterschiede: alle Gruppen werden in ihren zentralen Tendenzen beschrieben, obwohl zu Beginn der Analyse wesentliche Unterschiede innerhalb jeder Gruppe angedeutet worden waren. Es ist das zweite Mal in diesem Bericht, dass wir mehr Detaillierung bei Gruppenanalysen und grössere Genauigkeit bei der Feststellung von Unterschieden innerhalb von Gruppen fordern. In dieser Hinsicht begrüssen wir die Aufsätze von Fanny Taback und Amilcar Tupiassu (sie werden am Ende des Berichts aufgeführt) denn ihre Forschungspläne zur Analyse regionaler und lokaler Politik zeigen verheissungsvolle Ansätze in dieser Richtung. Wir haben ihre Arbeiten in diesem Bericht nicht gesprochen, da von ihnen in einem anderen Bericht über die politische Partizipation die Rede sein wird.

Ferner werden in Silva's Bericht die äusserst differenzierten Gruppen aufgrund ihrer zentralen Tendenzen zusammengeworfen und ihre Unterschiede werden in Durchschnittswerten eingeebnet und dies auf der Basis einer einzigen Umfrage zu einem ganz bestimmten Zeitpunkt. Es wird also von statistischen Ergebnissen ein gültiges Modell für die Abläufe erwartet. Bei der Computersimulation läuft das Modell durch neue Zyklen. Der Vortrag gibt die effektive Zeit nicht an, die man vermutlich für jeden Zyklus braucht, aber es scheint sich jeweils um mindestens ein Jahr zu handeln. Bis dann das Modell drei oder vier Zyklen durchlaufen hat, ist der Abstand von den Data so gross, dass die Beziehung zwischen Modell und „Wirklichkeit" in Frage gestellt werden muss. Das Fehlen jeglicher Zeitstrukturierung in den grundlegenden Data ist in einem Modell, das versucht, aufgrund von Zeitunterschieden Vorhersagen zu treffen, schwer auszugleichen. Des weiteren werden keine Angaben gemacht wie gross die wahrscheinliche Fehlerrate in einem Modell sein wird, oder wie gross bzw. wie klein ein Element sein muss um massgebliche Ergebnisse zu zeitigen.

Eine weitere Kritik innerhalb der Diskussion bezog sich darauf, dass die Darstellung der beiden Weltanschauungen im ersten Teil des Aufsatzes abermals hauptsächlich auf den zentralen Tendenzen beruhte, obwohl die Data klar zeigen, dass es innerhalb der einzelnen Gruppen und der einzelnen Weltanschauungen erhebliche Unterschiede gibt, wie die verschiedenen Zufallsmöglichkeiten innerhalb der verschiedenen Gruppen andeuten. Die grosse Variationsbreite der angebotenen Data geht in der Analyse der Weltanschauungen verloren, so wie sie auch im angenommenen Verlaufsmodell verlorengegangen ist.

Weiterhin, wie einer der Kritiker ausführte, wurden die Kriterien, mit denen eine Gruppe von Meinungen als vereinbar oder nicht vereinbar mit der Entwicklung bezeichnet wird, nicht näher erklärt, Es wäre nicht unmöglich zu behaupten, die vorgefundenen Unterschiede in den einzelnen Haltungen spiegelten die unterschiedlichen gesellschaftlichen Perspektiven der verschiedenen sozialen Klassen wieder. Zu behaupten, Entwicklung werde gleichgesetzt mit konservativen, wirtschaftlichen und politischen Zielen, wäre eine olympische Mischung von Gesellschaftswissenschaft und konservativer Ideologie.

Schliesslich, so sagte ein Kritiker, muteten die übermässig pessimistischen Schlussfolgerungen hinsichtlich der Wahrscheinlichkeit der Entwicklung Venezuelas reichlich seltsam an, angesichts der ungeheuren wirtschaftlichen, gesellschaftlichen und politischen Veränderungen seit den 30er Jahren. Man stünde auf verlorenem Posten, wollte man auf der Basis von Michelena's Forschungsarbeit den Aufschwung der Demokratie, die allmähliche Institutionalisierung einer neuen Art nicht-militärischer Politik, die Durchführung einer progressiven Sozialpolitik (zugunsten der Arbeiter und Bauern) im Laufe des letzten Jahrzehnts, die Bildungsexpansion oder die wirtschaftliche Entwicklung ausserhalb der Erdölindustrie erklären. Wenn die ungeheure Mehrheit der Venezolaner Veränderungen tatsächlich so widerstrebend gegenübersteht, wie Silva Michelena behauptet, wie kamen dann diese Veränderungen überhaupt erst zustande? Selbstverständlich kann und muss in Venezuela noch viel mehr getan werden. Aber Venezuela war um 1930 eines der rückständigsten Länder der Hemisphäre, und dem ist heute nicht mehr so. Offensichtlich ist Petroleum nicht die einzige Antwort, denn trotz seiner schnell wachsenden Ölproduktion ist die Entwicklung Saudi-Arabiens nicht so schnell und nicht so weitreichend gewesen. Was war es also? Diese Antwort bleibt uns der Aufsatz schuldig.

V. SCHLUSSFOLGERUNG

Der Kongress der International Political Science Association in Rio de Janeiro – der erste seiner Art in Lateinamerika – stand in seinen Debatten ganz auf dem Niveau der internationalen Politikwissenschaft. Unter den Teilnehmern kam es zu einem gegenseitigen Austausch nützlicher Beiträge. Wissenschaftler aus Lateinamerika, den USA und Europa kritisierten gegenseitig ihre Werke im Geiste der Wissenschaft.

Die Beiträge zur internationalen wissenschaftlichen Forschung waren mindestens von zweierlei Art: 1) bessere Verknüpfung von empirischer und normativer Forschung, zwischen Politik und Wirtschaft, zwischen aktuellen Ereignissen und ihrem historischen Hintergrund; besonders in den Aufsätzen von Astiz, Canton, Cotler und Silva war die erstrebte Wiederentdeckung des normativen und historischen Elemente innerhalb eines empirischen Kontextes ein wichtiger und aktueller Beitrag; 2) die Ausarbeitung neuer Begriffe und Ideen, und auch die Kritik solcher Ideen, besonders in den theoretisch orientierten Aufsätzen von Helio Jaguaribe, Candido Mendes und Simon Schwartzman.

Kurz, die Politikwissenschaft in Südamerika ist sehr Lebendig und ihr aktiver kritischer Geist – sowohl ihren eigenen Ländern und ihrer eigenen wissenschaftlichen Tätigkeit, als auch manchen in anderen Ländern vorherrschenden Konventionen in der wissenschaftlichen Politik gegenüber, einschliesslich der USA – ist ein zusätzlicher Beweis für ihre Vitalität.

In der Geschichte der International Political Science Association stellt der Kongress von Rio de Janeiro 1969 einen Meilenstein dar. Er stellt den Anfang einer gleichwertigen und aktiven Partnerschaft der lateinamerikanischen Wissenschaftler in der Analyse von Problemen dar, und zwar nicht nur der Probleme ihrer eigenen Länder, sondern grundsätzlich aller Länder, der hochindustrialisierten wie der Entwicklungsländer. Es bleibt zu hoffen, dass die in Rio de Janeiro erprobte Form weiter beibehalten wird und auch dass bei einigen zukünftigen Zusammenkünften die Rollen vertauscht werden, so dass lateinamerikanische Wissenschaftler als Kritiker der Aufsätze ihrer europäischen und nordamerikanischen Kollegen auftreten. Solche Schritte können dann ihrerseits zu einem volleren Austausch von Ideen, Methoden und Data unter Politikwissenschaftlern aller Kontinente führen.

Verzeichnis der auf dem Kongress gehaltenen Vorträge[1]

Hauptvorträge

*1. Carlos Astiz: *The Peruvian Armed Forces as a Political Elite: Can They Develop a New Developmental Model? (Die peruanische Armee als politische Elite: Kann sie ein neues Entwicklungsmodell entwickeln?)*

*2. Dario Canton: *„Revolución Argentina" de 1966 y Proyecto Nacional (Die „argentinische Revolution" von 1966 und das Nationale Projekt)*

*3. Julio Cotler: *El Populismo Militar como Modelo de Desarrollo Nacional: El Caso Peruano (Militärischer Populismus als nationales Entwicklungsmodell: Der Fall Peru)*

4. José de Imaz: *La Argentina. Un Caso de Participación Politica Traumática (Argentinien: Ein Fall traumatischer politischer Partizipation)*

5. Helio Jaguaribe: *Political Participation in Contemporary Conditions (Politische Partizipation unter gegenwärtigen Bedingungen)*

*6. Helio Jaguaribe: *Underdeveloped Societies and Political Models for National Development (Unterentwickelte Gesellschaften und politische Modelle für eine nationale Entwicklung)*

*7. Candido Mendes: *Elites de Poder, Democracia e Desenvolvimento (Machteliten, Demokratie und Entwicklung)*

8. Fanny Taback: *Desenvolvimento Economico Sem Desenvolvimento Politico na Esfera do Poder Local (Wirtschaftliche Entwicklung ohne politische Entwicklung; Politik in Brasilien)*

9. Amilcar Tupiassu: *Condiçoes Socio-Estruturais e Participação Politica na Amazonia (Sozialstrukturen und politische Partizipation in der Amazonasgegend)*

---

* Diese Aufsätze werden in diesem Bericht besprochen.

[1] In allen Fällen wird der Titel des Aufsatzes zuerst in der Sprache angegeben, in der er geschrieben wurde. In Klammer steht die deutsche Übersetzung.

*10. Simon Schwartzman: *Desenvolvimento e Abertura Politica (Politische Entwicklung und politische Offenheit)*

*11. Jose A. Silva Michelana: *Modelos Para el Diagnóstico de un Sistema Politico: el Caso de Venezuela (Modelle für die Diagnose eines politischen Systems: Der Fall Venezuela)*

Schriftliche Kommentare

1. Juarez Brandao Lopes: *Comentarios ao trabelho de Jose Luis de Imaz sobre "La Argentina. Un caso de participación politica traumática." (Kommentar zum Aufsatz von José L. de Imaz über „Argentinien. Ein Fall traumatischer politischer Partizipation.")*

2. Fernando Bastos de Avila: *Commentarios sobre o trabalho de Jose A. Silva Michelena: Modelos para el Diagnostico de un Sistema Politico: el Caso de Venezuela. (Kommentar zum Aufsatz von Jose A. Silva Michelena: Modelle zur Diagnose eines politischen Systems; der Fall Venezuela.)*

Liste der Teilnehmer

Förderer

International Political Science Association (IPSA)
Associação Brasileira de Ciencia Politica (ABCP)
Sociedade Brasileira de Instrução (SBI)
Instituto Universitario de Pesquisas do Rio de Janeiro (IUPERJ)
Secretaria de Educação e Cultura do Estado da Guanabara Conselho
   Nacional de Pesquisas (CNP)
Centro Latino-Americano de Pesquisas em Ciencias Sociais

Professor Carl J. Friedrich, Vorsitzender und Generalberichterstatter,
   Harvard University, Cambridge
Minister Themistocles B. Cavalcante, Präsident, Associação Brasileira de
   Ciencia Politica, Rio de Janeiro
Professor Helio Jaguaribe, Berichterstatter für die Diskussion über politische
   Partizipation, Instituto Universitario de Pesquisas do Rio de Janeiro, Rio
   de Janeiro
Professor Karl W. Deutsch, Berichterstatter über die Diskussion über
   politische Modelle, Harvard University, Cambridge
Professor Eurico de Figueiredo Brasil, abgeordneter Berater der Sociedade
   Brasileira de Instrução, Rio de Janeiro
Professor Candido Mendes, Generalsekretär, Instituto Universitario de
   Pesquisas do Rio de Janeiro, Rio de Janeiro
Professor Almir de Castro, geschäftsführender Sekretär, Instituto Univer-
   sitario de Pesquisas do Rio de Janeiro, Rio de Janeiro
Professor Lauro C. Rangel, beigeordneter geschäftsführender Sekretär
Mrs. Victoria Ejlers Jensen, Vorsitzende des Begrüssungskomitees

Autoren

Professor Carlos Astiz, State University of New York, Albany

Professor Darioo Canton,[1] Instituto Torcuato Di Tella, Buenos Aires

Professor Julio Cotler, Instituto de Estudios Peruanos, Lima

Professor José de Imaz, Catholic University, Buenos Aires

Professor Helio Jaguaribe, Instituto Universitario de Pesquisas do Rio de Janeiro, Rio de Janeiro

Professor Candido Mendes, Instituto Universitario de Pesquisas do Rio de Janeiro, Rio de Janeiro

Professor Fanny Taback, Faculdade de Filosofia e Letras de Araquara, Araquara

Professor Amilcar Tupiassu, Faculdade de Filosofia e Letras, Universidade Federal do Para, Belem

Professor Simon Schwartzman, Instituto Universitario de Pesquisas do Rio de Janeiro, Rio de Janeiro

Professor José A. Silva Michelena[2], Centro de Estudios del Desarrollo, Universidad Central de Venezuela, Cáracas

Diskussionsteilnehmer

Professor Carl J. Friedrich, Harvard University, Cambridge, über die einführenden Darstellungen von Professor Helio Jaguaribe und Professor Karl W. Deutsch

Professor Giovanni Sartori, Facoltà di Scienza Politica, Università de Firenze, Firenze, über den Aufsatz von Professor Simon Schwartzman

Professor Fernando Bastos de Avila, Instituto de Estudos do Desenvolvimiento, Rio de Janeiro, über den Vortrag von Professor José A. Silva Michelena

Professor Samuel P. Huntington, Harvard University, Cambridge, über den Vortrag von Professor Candido Mendes

Professor Juarez Brandao Lopes, Universidade de São Paulo, São Paulo, über den Aufsatz von Professor José de Imaz

Professor Leonidas Xausa, Faculdade de Filosofia e Letras, Universidade Federal do Rio Grande do Sul, Porto Alegre, über den Aufsatz von Professor José de Imaz

Professor Carlos Fortin, FLACSO, Santiago, über den Aufsatz von Professor Dario Canton

---

[1] In Abwesenheit von Professor Dario Canton wurde sein Vortrag von Professor Jorge Graciarena, Centro Latino-Americano de Pesquisas em Ciencias Sociais, Rio de Janeiro, gehalten.

[2] In Abwesenheit von Professor José A. Silva Michelena wurde sein Aufsatz von Jorge Dominguez, Junior Fellow, Harvard University, Cambridge, gehalten.

Professor Miguel Reale, Universidade de São Paulo, São Paulo, über den
Aufsatz von Professor Carlos Astiz

Professor Fanny Taback, Faculdade de Filosofia e Letras de Araquara,
Araquara, über den Aufsatz von Professor Julio Cotler

Professor Dankwart Rüstow, Columbia University, New York, über den
Aufsatz von Professor Helio Jaguaribe

Professor Paulo Benavides, Faculdade de Direito, Universidade Federal do
Ceara, Fortaleza, über den Aufsatz von Professor Fanny Taback

Professor Edmundo Coelho, über den Aufsatz von Professor Amilcar
Tupiassu.

* Der Artikel wurde übersetzt von: Richard Gramer, Tübingen.

Giovanni Sartori

APPUNTI PER UNA TEORIA GENERALE DELLA DITTATURA

Premessa

Negli ultimi trenta anni circa la letteratura sulla dittatura si è sviluppata e trasformata nella letteratura sul totalitarismo.[1] La cosa è perfettamente spiegabile. Ma resta il fatto che nella discussione sulla dittatura totalitaria, che è une „specie", è restata in ombra la dittatura *sic et simpliciter*, che è il „genere".[2] Ne consegue, in primo luogo, che la teoria della dittatura come tale risulta oggi straordinariamente invecchiata, visto che il meglio di questa letteratura risale agli anni venti-trenta.[3] Ne consegue, in secondo luogo, anche una qual certa fragilità della stessa letteratura sul totalitarismo, che manca di adeguato supporto. Se ne ha la riprova nella crescente tendenza a

[1] Cf. Sigmund Neuman, *Permanent Revolution: The Total State in a World at War*, N. York, Harper, 1942 (2a ed., Praeger 1965 con titolo modificato); Hannah Arendt, *The Origins of Totalitarianism*, N. York, Meridian, 1951 (ed. rev. 1958); J. L. Talmon, *The Origins of Totalitarian Democracy*, N. York, Praeger, London, Secker Warburg, 1952 (1965); Carl J. Friedrich (a cura di) *Totalitarianism*, Cambridge, Harvard Univ. Press, 1954; C. J. Friedrich, Z. K. Brzezinski, *Totalitarian Dictatorship and Autocracy*, Cambridge, Harvard Univ. Press, 1956 (ed. riv. 1965). Per una messa a punto del concetto, vedi ult. Leonard Schapiro, „The Concept of Totalitarianism", in *Survey*, Autumn 1969   pp. 93-115.

[2] Tra la scarsa e scarsamente significativa produzione in oggetto, vedi: Franz B. Neumann, „Notes on the theory of Dictatorship", scritto incompiuto accolto nel vol. postumo *The Democratic and the Authoritarian State*, Glencoe, Free Press, 1957, pp. 233-56; Otto Stammer, *Demokratie und Diktatur*, Berlin, Gehlen, 1955; Maurice Duverger, *De la Dictature*, Paris, Julliard, 1961, che è soltanto un pamphlet di occasione. In verità, nel secondo dopoguerra i contributi più interessanti provengono da storici come Ernst Nolte, che pur non teorizzando la dittatura in generale arricchisce la nostra comprensione delle dittature fasciste. Vedine spec. *Theorien über den Faschismus*, Köln, Kiepenheuer & Witsch, 1967; e *Die Krise des liberalen Systems und die Faschistischen Bewegungen*. München, Piper Verlag, 1968.

[3] Resta classico, infatti, Carl Schmitt, *Die Diktatur*, Dunker & Humblot, 1921 (ed. riv. 1928). Del pari Alfred Cobban, *Dictatorship - Its History and Theory*, London, Cape, 1939 (1943) resta, tra le opere di critica storica, la migliore del genere. E vedi la copiosa letteratura costituzionalistica degli anni trenta, cit. e discussa in questo saggio.

contestare la validità e l'utilità scientifica della nozione di totalitarismo;[4] contestazione che ha buon gioco soprattuto nella misura in cui la teoria della specie „dittatura totalitaria" si è sviluppata senza troppo curarsi della fondamenta, e cioè della teoria del genere „dittatura".

D'altra parte, e per un altro rispetto, non si può nemmeno dire che la teoria della dittatura abbia alle spalle una lunga tradizione. Quando si dice così si confonde tra il *dittatore* e la *dittatura*, tra il sostantivo e la sostantivazione. In verità, la dottrina tradizionale è tutta e soltanto su il „dittatore-persona", non sulla „dittatura-istituzione". Anche per questo rispetto si deve dunque sottolineare che tra il discorso sulle dittature totalitarie, da un lato, e quello sul dittatore-persona, dall'altro, manca, o difetta, l'anello di congiunzione: la dittatura come forma di Stato e modo di governo. Nel senso sopra precisato potremmo dunque dire che ci manca una *teoria generale* della dittatura. Lo scopo di questo scritto è, per un verso, di documentare questa carenza; e, per l'altro verso, di rimettere assieme, e riordinare, gli elementi di una possibile teoria generale.

I. L'EVOLUZIONE STORICA

Le parole „dittatore" e „dittatura" hanno subìto, storicamente parlando, una profonda e anche singolare serie di trasformazioni. La storia dell'istituto e del concetto può essere periodizzata distinguendo tra quattro fasi:

I) La dittatura romana del V-III secolo a.C.: una magistratura straordinaria istituita *de iure* per fronteggiare situazioni di emergenza.

II) La fase degenerativa dell'istituto romano: il settimo consolato di Mario, la dittatura di Silla e la dittatura di Cesare.

III) Le vicende del concetto nella tradizione giuspubblicistica e nella storia delle dottrine politiche dal momento nel quale l'istituto romano venne formalmente soppresso (*lex Antonia de dictatura tollenda*, 44 a.C.) al secolo XX, e cioè quando il termine dittatura è stato ripristinato per qualificare una forma di Stato e di governo.

IV) Le dittature del secolo XX, e per esse il nuovo significato, o significati, del termine.

Questa trasformazione di significato e di referenti deve anche essere seguita nella sua dimensione assiologica, e cioè in ordine alle associazioni valutative del concetto. Per questo rispetto il nome dittatura è stato prima

---

[4] Cf. i contributi di Curtis, e soprattutto di Barber, in C. J. Friedrich, M. Curtis, B. R. Barber, *Totalitarianism in Perspective - Three Views*, N. York, Praeger, 1969. Queste riserve sono largamente accolte da H. J. Spiro nella sua voce „Totalitarianism", *International Encyclopedia of the Social Sciences*, Macmillan & Free Press, 1968, vol. XVI. Ma vedi, *contra*, il contributo di Fredrich, e l'art. cit. di Schapiro (*supra*, nota I).

usato apprezzativamente, poi negativamente; è stato tuttavia tramandato dalla tradizione in una connotazione largamente positiva, per assumere solo di recente un significato derogatorio.[5] Più esattamente, la connotazione negativa del vocabolo dittatura si consolida negli anni che seguono la prima guerra mondiale nei Paesi di democrazia classica (Stati Uniti, Inghilterra, e Francia), e risale soltanto alla fine della seconda guerra mondiale per gli altri Paesi, ivi includendo i Paesi nell'orbita sovietica, che hanno adottato nel 1944-45 la denominazione di ,,democrazia popolare" lasciando in penombra quella di dittatura del proletariato.

Per un certo rispetto, l'evoluzione assiologica del termine dittatura non è stata diversa da quella di tirannide e di assolutismo, dal momento che anche queste etichette hanno assunto un significato negativo solo in un secondo tempo. La differenza sta nel fatto che non solo l'istituto, ma la stessa nozione di dittatura è stata pressochè dimenticata per due millenni (salvo rare eccezioni). Marx, che fu tra i primi a riesumare ,,dittatura" in un riferimento pratico e attuale, ne parlò quasi per caso, e in un significato nient'affatto tecnico. E il fatto che Farini in Emilia nel 1859 e Garibaldi in Sicilia nel 1860 abbiano assunto il potere come dittatori conferma che in quegli anni il termine poteva essere usato ancora nel suo significato romano e in tutta innocenza.

Tanto la lunga eclissi quanto la recente riesumazione di ,,dittatura" possono essere spiegate se si tiene presente che tutta l'elaborazione della teoria politica e giuspubblicistica dell'Occidente, dopo la caduta delle democrazie greche e della repubblica romana, è avvenuta prevalentemente all'ombra del principio monarchico. Ora, il monarca o il principe poteva essere tiranno, non dittatore: non solo perchè la dittatura romana era una magistratura repubblicana, ma anche perchè la figura del dittatore non era stata recepita dalla tradizione come una figura tirannica. Non sorprende quindi che negli autori dell'assolutismo – che oggi potremmo dire fautori di soluzioni dittatoriali – quali Bodin e Hobbes, l'istituto della dittatura non abbia avuto rilievo, mentre esso veniva ricordato e elogiato dal Machiavelli repubblicano delle *Deche*, e da Rousseau.[6]

[5] Un primo uso derogatorio si trova nella pubblicistica controrivoluzionaria, che imputava a Robespierre, Marat e Danton di essere dittatori. Cf. Schmitt, *Die Diktatur*, cit. pp. 149-152. Vedi anche il *Dictionnaire Politique*, Pagnerre, Paris, 1848. Tuttavia questa connotazione negativa ebbe scarsa eco, e non se ne trova pressochè traccia per tutto il secolo XIX. Lo stesso Marx, che probabilmente ricevette il vocabolo dai circoli Blanquisti, lo usò rarissimamente e in un significato *sui generis*. Il fatto è che per indicare un potere personale assoluto nel XIX secolo non si diceva dittatura ma ,,bonapartismo" (così, per esempio, Treitschke, *La Politica*, trad. it. vol. II, Bari, 1918, p. 189 ss). L'uso contemporaneo non è dunque legato da nessuna continuità al precedente della rivoluzione francese.

[6] Machiavelli, *Discorsi*, I, 33, 34, 35, e II, 33; Rousseau, *Contrat Social*, IV, 6. Sono

Se il monarca poteva essere tiranno ma non dittatore, è già detto con questo come mai il termine dittatura ridiventa popolare nel XX Secolo, e in particolare dopo la guerra del 1914, e anche come mai esso acquista rapidamente una connotazione opposta a quella che aveva avuto per quasi 25 secoli. Infatti, se la malattia delle monarchie era stata detta tirannide, con il progressivo indebolimento dell'istituto monarchico e con l'affermarsi delle repubbliche, occorreva un nome diverso per designare la malattia delle repubbliche: e questo nome ha finito per essere dittatura.

Il fatto che il *dictator* romano non abbia avuto nessuna discendenza storica (e nemmeno dottrinaria), unitamente al fatto che la nozione contemporanea di dittatura ha subìto una rapida oscillazione e inversione di significato (tale che mentre il fascismo e il nazismo ostentavano non senza compiacimento la propria natura di dittature, dopo il 1944 le dittature hanno cancellato il vocabolo dal proprio lessico), pongono lo studioso nella difficile situazione di non avere nessuna adeguata traccia storica da seguire. Egli non si imbatte quasi mai in dittature che si dichiarino dittature. Se le dittature siano sempre esistite, e quali siano o siano state, sono tutte questioni che debbono essere risolte da lui: che dipendono cioè da una definizione della fattispecie che è in grandissima parte lasciata alla sua discrezionalità. Non avendo nemmeno il filo conduttore del nome, lo studioso si trova quasi sempre a dover ribattezzare regimi o governi che avevano o hanno una denominazione diversa.

Le incertezze della dottrina sono rivelate da quelle numerose storie della dittatura le quali – in assenza di criteri – mettono assieme alla rinfusa tiranni, dittatori, eroi, ,,uomini forti'' e monarchi assoluti. Il Bainville è arrivato a fare di Solone, e persino di Pericle, dei dittatori. Il Carr non esita a considerare tali, indiscriminatamente, Richelieu, Luigi XIV, Federico il Grande e Bismark. Non siamo nemmeno d'accordo su chi fu il primo tipico dittatore moderno: Cromwell? Napoleone? Lenin?[7] La situazione non è migliore se volgiamo lo sguardo al presente. Perchè le dittature stanno diventando, da endemiche, epidemiche. E la proliferazione delle dittature contemporanee sta rivelando varietà così eterogenee, che a maggior ragione viene da chiedersi: qual è, se c'è, l'elemento comune e il principio di individuazione che ci

eccezioni alla regola dell'oblio. Montesquieu, che pur cita sempre i romani, ne ricorda la dittatura solo di passata e polemicamente (*Dialogue de Sylla et d'Eucrate*; *Considerations*, VIII, XIII; *Esprit des Lois*, II, 3).

[7] Cf. J. Bainville, *Les Dictateurs*, Paris, 1935; e. A. Carr, *Juggernaut, The Path of Dictatorship*, N. York, 1939. Secondo Cobban, *op. cit.*, pp. 243-50, la dittatura moderna segue la rivoluzione francese e presuppone l'affermazione del principio della sovranità popolare. E' una tesi sostenuta con diversi argomenti anche dallo Schmitt, e che sembra da accogliere.

autorizza a ricondurre una cosi varia fenomenologia politica al minimo comune denominatore dittatura?

La dittatura romana

Tanto l'origine del termine quanto quella dell'istituto è oscura.[8] Il primo dittatore di cui si abbia notizia fede degna è del 500 a.C., anno più, anno meno; e l'ultimo dittatore *optimo iure* è del 216 (o 210) a.C. Ma l'istituto era già in declino alla fine del IV secolo, anche se venne riesumato – in modi e forme talvolta anomale – nel corso delle guerre puniche. Per quanto si facesse ricorso anche a dittatori civili per compiti che non erano necessariamente connessi a esigenze militari (quale ad esempio il *dictator comitiorum habendorum causa*, incaricato di convocare i comizi consolari qualora i consoli si trovassero nell'impossibilità di farlo), questi dittatori – che erano in sostanza supplenti dei consoli assenti o impediti – non caratterizzano l'istituto e non ebbero vera importanza. Il dittatore per antonomasia al quale implicitamente facciamo riferimento parlando dell'istituto romano, è il dittatore fornito di *imperium maius*, vale a dire della pienezza dei poteri civili e militari.

Il dittatore veniva nominato dai consoli, o dai tribuni con potestà consolare, su richiesta del Senato, e spesso, di fatto, su sua designazione. Pur essendo dotato di *imperium maximum*, non poteva abrogare la costituzione e poteva al massimo sospendere le magistrature ordinarie, cosicchè l'esercizio del comando militare (*dictator rei gerundae causa*) ne costituiva l'aspetto più importante e la sostanza effettiva. Il dittatore militare non poteva durare in carica oltre i sei mesi. La dittatura romana era dunque una magistratura straordinaria, prevista e disciplinata dalla costituzione per i casi di emergenza, inderogabilmente limitata nel tempo e espressamente assegnata a un compito. Il dittatore decadeva dalla sua carica non appena assolto il compito per il quale era stato nominato, e anche a compito non ultimato se per avventura la scadenza di sei mesi fosse intanto venuta a maturazione.

Questa ferrea limitazione cronologica, unitamente alla progressiva trasformazione in senso democratico del sistema (l'intercessione dei tribuni man mano prevalse sul suo *imperium maximum*; nel 356 l'accesso alla dittatura fu

---

[8] Vuoi che *dictator ab eo appellatur, quia dicitur*, vuoi invece che il termine si colleghi a *edictum*, in linea generale la semantica rende l'idea di qualcuno che dispone senza consultarsi con altri, „senza appellagione" e „senza consulta" (così Machiavelli, *Discorsi*, 33). Sull'istituto romano vedi: Mommsen, *Römisches Staatsrecht*, II, 1, Leipzig, 1887, pp. 141-180 (ancora fondamentale, anche se la sua tesi della dittatura come riesumazione provvisoria dell'istituto monarchico non è più accolta); Bandel, *Die römischen Diktaturen*, Breslau, 1910; Beloch, *Römische Geschichte*, Leipzig-Berlin, 1926; Meyer, *Römischer Staat und Staatsgedanke*, Zürich, 1948, specialmente pp. 148-150.

consentito anche ai plebei; e nel 217 un dittatore venne eletto dai comizi) portarono, in pratica, alla sparizione dell'istituto. Dal punto di vista della funzionalità, l'estensione dei domini di Roma avrebbe infatti richiesto una estensione della durata della carica. D'altro canto, l'episodio dell'elezione di un dittatore deve aver consolidato il timore che per questa via la dittatura avrebbe finito per imboccare lo stesso piano inclinato della tirannide greca. (Non si dimentichi quanto Platone e Aristotele abbiano insistito nel sottolineare che la tirannide segue e consegue alla democrazia). Per entrambe queste ragioni si preferì non correre il rischio, vale a dire si preferí rinunciare all'istituto. E gli avvenimenti del I secolo, con Mario, Silla e Cesare, dimostrarono che – al di là della difesa dei privilegi del patriziato – quelle apprensioni erano ben fondate. Ma questo sviluppo degenerativo non toglie che, finchè l'istituto restò in vigore nell'àmbito della costituzione repubblicana, esso dette buona prova di sè.

In prima approssimazione si potrebbe dire – per cogliere la peculiarità della dittatura romana – che essa era congiunturale e non strutturale: cioè qualcosa di assai simile ai nostri pieni poteri. Si potrebbe anche dire – utilizzando la classica distinzione dello Schmitt – che essa fu una dittatura „commissaria", non una dittatura „sovrana".[9] E siccome essa era istituita e disciplinata *de iure*, qualche autore ne ha ricavato l'idea di un tipo di dittatura da qualificare "dittatura costituzionale".[10] Ma quest'ultima dizione annida molti equivoci: e anche le prime due caratterizzazioni non mettono bene in risalto l'originalità della fattispecie.

In primo luogo occorre sempre collocare il dittatore romano nel contesto di un costituzionalismo che spinge le sue precauzioni sino al punto da rendere le supreme magistrature non solo annuali ma anche collegiali. La dittatura rappresenta la valvola di sicurezza di un sistema cosiffatto: è la provvisoria sospensione – nei casi di grave necessità e urgenza – del principio collegiale, attuata mediante il ricorso a una magistratura costituzionale di emergenza sovraordinata alle magistrature ordinarie. Si noti: non si dava un potere straordinario a un organo ordinario, ma si ricorreva a un organo straordinario; straordinario anche e proprio nel senso che era del tutto innecessario e aberrante ai fini della normale gestione della cosa pubblica. Il sistema non veniva toccato: le magistrature ordinarie erano semplicemente poste – per un periodo di tempo assai breve – in stato di quiescenza, pronte a riassumere automaticamente le proprie funzioni, Si noti ancora questa caratteristica:

---

[9] *Op. cit.*, spec. pp. 2-3 e capp. I, IV.

[10] Cf. F. M. Watkins, „The Problem of Constitutional Dictatorship", in *Public Policy*, Vol. I, Cambridge, Harvard Univ. Press, 1940. Ma questa dizione investe solo di riflesso la dittatura romana: vedi *infra* nota 27.

il dittatore concentrava in sè i poteri dei due consoli, ma perciò la durata del suo *imperium maximum* veniva tassativamente dimezzata: aveva un doppio potere ma per metà del tempo. E questa scadenza prestabilita era una condizione così essenziale che si preferì rinunziare all'istituto piuttosto che prolungarne la durata.

L'istituto romano è in effetti così peculiare che, al fine di evitare confusioni con le dittature moderne, qualche autore è arrivato a proporre che la dittatura romana venga riclassificata „governo di crisi"[11]. Il suggerimento taglia davvero la testa al toro. Ma presenta l'inconveniente di spezzare la continuità di un discorso che va seguito anche nella sua – sia pur equivoca – continuità. Come torneremo a vedere.

Se l'istituto romano cade in desuetudine nel III secolo, il nome ricompare nel I secolo con Silla (che si fece nominare nell'82 *dictator reipublicae costituendae*) e successivamente con Cesare, che nel 48 si fece nominare dittatore a tempo indeterminato e nel 46 dittatore per dieci anni. Senonchè la stessa dizione della dittatura di Silla rivela che essa sovvertiva lo scopo e la natura dell'istituto. Lo stesso vale per Cesare: col rendere praticamente illimitata la durata della sua dittatura, egli toglieva all'istituto quella garanzia e limitazione che gli era essenziale.

Non a torto, quindi, si è osservato che la dittatura di Silla e di Cesare (e, guardando alla sostanza invece che al nome, i sette consolati di Mario) somigliano più alla dittatura moderna che non alla magistratura che l'aveva preceduta. E dal momento che il settimo consolato di Mario e la dittatura di Silla non sfigurano al confronto con le più sanguinarie tirannidi, è probabile che – se la serie non fosse stata conclusa da Cesare – il concetto di dittatura sarebbe stato tramandato sin dall'antichità con una connotazione negativa. Ma così non è stato. La grandezza di Cesare fece dimenticare quei precedenti, e il nome ha mantenuto fino ai tempi più recenti una connotazione sostanzialmente apprezzativa, nella quale confluiva, confusamente, l'elogio per la magistratura originaria e l'ammirazione per la personalità di Cesare. Mario, Silla e Cesare rientrano quindi nel novero di quelle eccezioni che non hanno assunto il significato di regola. Di conseguenza occorre riferire la dizione „dittatura romana" alla magistratura *de iure* del V-III secolo, evitando di estenderla all'uso abusivo della parola (e, beninteso, della carica) negli anni di crisi della repubblica.

---

[11] Cf. Lindsay Rogers, *Crisis Government*, New York, 1935.

Dittatura, Tirannide e Assolutismo

Posto che la dittatura moderna non è quella romana, un primo modo per identificare la nostra fattispecie sarà di confrontarla con quelle che ne costituiscono i precedenti più prossimi, accertando quale sia stata e quale sia oggi la differenza tra la nozione di dittatura da un lato, e quella di tirannide, despotismo e assolutismo dall'altro. Nell'uso comune è diventato difficile distinguere tra dittatore despota e tiranno. Questo non vuol dire che convenga usare questi termini come sinonimi.

Se ci riferiamo al significato originario di dittatura e di tirannide, i termini designano fattispecie del tutto diverse. La dittatura romana era un organo straordinario, laddove la tirannide greca e poi rinascimentale era una forma di governo. La prima era una *summa potestas* legittima il cui *exercitium* non era tirannico; la seconda si riconduceva a un difetto di titolo, o a un esercizio tirannico del potere, a o entrambi.[12] Tuttavia la differenza originaria tra i due concetti ha ben poca rilevanza per noi, visto che la dittatura contemporanea non è più quella romana, e d'altra parte che la nozione di tirannide è diventata sempre meno precisa con il dileguarsi del mondo antico e poi rinascimentale che la qualificavano. La differenza sembra ridursi a questo: che tirannide ha un sapore antiquato, laddove dittatura è il termine moderno; che il primo vocabolo si applica anche alle monarchie, il secondo solo alle repubbliche (salvo apparenti eccezioni)[13]; e che mentre il giudizio su una tirannide viene di solito desunto dal modo di esercitare il potere, la qualifica di dittatore viene desunta, di solito, dalla natura del suo potere. Sono, in verità, differenze alquanto approssimative, e quindi non si può troppo biasimare l'uso, ormai frequentissimo, di adoperare i due termini come sinonimi. Si debbono tuttavia elevare delle riserve su quella storiografia che si dice della dittatura, che in effetti è in gran parte una storia della tirannide, e che ignora differenze che non possono essere, storicamente, ignorate[14].

In merito alla nozione di despotismo basti notare che essa ricorre fre-

---

[12] Trascuro il significato primitivo di *tyrannos* (che veniva usato come sinonimo di *basileus*, e riferito anche ai capi vittoriosi e agli dei). Si deve altresì avvertire che la nozione di tirannide mantiene una certa ambiguità sino alla letteratura rinascimentale. Tuttavia la figura del tiranno è già accuratamente esaminata in Platone (spec. *La Repubblica*), Aristotele, e nel *De Regimine Principum* di Tommaso.

[13] Per es. la dittatura di re Alessandro di Jugoslavia del 6 gennaio 1929. Ma il caso è chiaramente anomalo. Solo le circostanze e i propositi di restaurazione costituzionale di Alessandro attribuiscono una qualche proprietà alla nozione di ,,re-dittatore": in linea di principio, un sovrano che riassume i pieni poteri è semplicemente un monarca assoluto. Casi analoghi: Boris III di Bulgaria nel 1935, Carol II di Rumenia nel 1938.

[14] Cf. *supra* nota 7, e ult. G. Hallgarten, *Histoire des Dictatures de l'Antiquité a nos Jours*, tr. fr., Paris, Payot, 1961.

quentemente – a partire dai greci – nella frase „despotismo orientale"[15].
Ancor oggi quando poniamo mente al fatto che i regimi politici sono legati a
una particolare concezione del mondo, siamo soliti riserbare „dittatura" ai
sistemi politici che emergono dal seno della civiltà occidentale, o per tras-
parente contagio da questa, e „despotismo" per quei sistemi politici che
corrispondono ad altre civilizzazioni e matrici culturali. Il che consente di
precisare che il mondo non-occidentale non ha mai conosciuto, sino ai
nostri tempi, dittature, ma solo, e cronicamente, despotismi; e che per quel
tanto che l'Oriente e il Medio-Oriente sono oggi caratterizzati da sistemi
dittatoriali, si tratta appunto di una novità e di una importazione occidentale.
Ciò non vieta che si parli di despotismo illuminato[16], e che nella conversazio-
ne comune si dica che un dittatore è un despota. Ma in quest'ultimo caso il
termine despotismo non aggiunge nulla al concetto di dittatura.

Giova soffermarsi, piuttosto, sulla distinzione e sul rapporto tra dittatura e
assolutismo. Vale notare, in primo luogo, un singolare parallelismo nell'evoluzione dei due concetti. Il concetto di *potestas absoluta*, e cioè, etimologica-
mente, di potere „sciolto da" limitazioni o vincoli, non poteva acquistare un
significato difettivo – di carenza, e quindi di imperfezione – fintantochè
l'evoluzione del costituzionalismo non avesse indicato una soluzione istituzionale atta a sottomettere il sovrano alle leggi. Questo spiega perchè la
sostantivazione „assolutismo" compaia solo nel XVIII secolo, e come mai
nei secoli precedenti l'idea di un potere assoluto – non obbligato da impedi-
menti di sorta – sia stata associata solo di rado a quella di tirannide vir-
tuale.

Il caso del vocabolo dittatura è analogo. E' solo dopo una adeguata e
riuscita esperienza di „governo consentito" che si avverte che la voce
dictare è atta a contraddistinguere un sistema non-consentito[17]. Vale a dire,
occorre questa contrapposizione perchè *dictare* assuma un significato dero-

---

[15] In conformità a quest'uso linguistico è importante Karl Wittfogel, *Oriental Despotism: A Comparative Study of Total Power*, New Haven, Yale Univ. Presse, 1957.

[16] Ma in questa associazione – e cioè quando despota veniva riferito alle monarchie
europee – il termine acquistava un significato più blando. „Despotismo" si distingueva
infatti nettamente da „tirannide": non solo perchè il tiranno poteva essere illegittimo
mentre il despota era per definizione legittimo, ma anche perchè il despota poteva essere
indifferentemente buono o cattivo, mentre nel XVII-XVIII sec. il tiranno era per definizione cattivo. La distinzione tra despota e tiranno viene meno solo dopo la rivoluzione
francese, stante il fatto che il principio della sovranità popolare porta a equiparare i concetti di despota tiranno e usurpatore.

[17] Tantovero che nell'età di mezzo „dittatore" perde ogni riferimento e significato
politico. Ritroviamo un *dictator* alla Dieta dell'Impero: ma era il segretario dell'arcives-
covo di Magonza, così detto perchè nella sua qualità di archi-cancelliere „dettava" ai
cancellieri nella sala della „dettatura". Analogamente nei collegi dei gesuiti il primo degli
allievi assumeva il titolo di *dictator*. Ricorda anche i *dictatus papae* di Gregorio VII.

gatorio e possa qualificare una forma di governo a sè stante. Così come un sovrano *absolutus* non è più accettato quando si sa come renderlo *obligatus*, analogamente un comando dittatoriale diventa sgradito quando si sa come sostituire l'unilateralità del *dictare* con la bilateralità del consenso. Se – giusta l'ètimo – *dictator est qui dictat*, il dittatore diventa innecessario e biasimato solo se, e quando, si trova un modo per governare senza *dictare*.

Ciò premesso, come distinguere oggi dittatura e assolutismo? Col venire meno della concezione patrimoniale dello Stato, il termine assolutismo mantiene soltanto il significato etimologico di un potere sciolto da vincoli, esente da limiti. Un sistema politico può quindi venir detto assoluto sia *de facto*, vale a dire perchè il potere è concentrato (non semplicemente centralizzato) a tal punto da non consentire il gioco, nella vita della società, di adeguati poteri controbilancianti; sia *de iure*, vale a dire perchè non è limitato e disciplinato dalla legge, e in particolare da leggi costituzionali. In entrambi i casi è evidente che la nozione di assolutismo confluisce senza difficoltà in quella di dittatura: un esercizio assoluto del potere è una caratteristica del potere dittatoriale. Per questo rispetto la dittatura può essere definita la forma repubblicana dell'assolutismo, una non-monarchia assoluta. E questa conclusione (sulla quale torneremo) deve rendere consapevoli dell'esigenza di qualificare meglio il concetto di dittatura, anche per evitare che esso si diluisca nella nozione ormai vaghissima di assolutismo.

LA DITTATURA DEL PROLETARIATO

Se la dittatura romana va accuratamente distinta da quella moderna, a maggior ragione dobbiamo tenere a sè la cosiddetta dittatura del proletariato, e per essa la nozione marxista di dittatura. Per la verità, Marx usò la dizione „dittatura del proletariato" di rado, solo di passata, e senza attribuirvi importanza[18]. E' stato il marxismo, e soprattutto il marxismo-leninismo, a darle importanza e a diffondere lo slogan di una dittatura di classe o di partito, accreditando così l'idea di una dittatura il cui soggetto sarebbe una collettività.

Per capire il significato della dizione Marxiana occorre fare mente locale, ricordando che nel 1850 – quando Marx l'adoperò per la prima volta – il termine dittatura era scarsamente noto, che non aveva una connotazione derogatoria (veniva associato all'idea di forza, o magari di rivoluzione, ma non a quella di tirannide), e che non designava una forma di Stato. Niente di

---

[18] Nell'800 il termine dittatura è stato usato con una certa frequenza non da Marx ma da Comte, sia nel *Cours de Philosophie Positive* del 1830-42, sia nel *Système de Politique Positive* del 1851-54 (spec. vol. IV, capp. 4-5).

più naturale, quindi, che Marx abbia usato il termine dittatura in modo del tutto generico e semplicemente per alludere all'uso della forza. Ne consegue che la dizione ,,dittatura del proletariato", oscura per noi, era ovvia per lui. Il proletariato, per Marx, era il soggetto della frase, e la frase è pertanto da intendere alla lettera. Vuol semplicemente dire: uso della forza da parte del proletariato. Marx non patrocinava la tesi di una dittatura in favore del proletariato, ma la tesi di un proletariato che avoca a sè, come classe, l'esercizio di poteri dittatoriali. La dittatura del proletariato non era l'atto e il metodo di creazione di uno Stato-dittatura, ma, all'opposto, l'atto di distruzione dello Stato come tale ad opera del proletariato-dittatore (cioè del proletariato in armi che fa uso della propria forza).

Si potrebbe essere tentati di dire che per Marx la dittatura del proletariato era la forma istituzionale della rivoluzione. Ma sarebbe già dire troppo, visto che Marx non pensava affatto a creare nuove soprastrutture giuridiche e politiche, vale a dire a creare nuove forme, e per esse un nuovo Stato, lo Stato del proletariato. E' più esatto dire, quindi, che la dittatura del proletariato era per Marx semplicemente l'organizzazione di emergenza dell'atto rivoluzionario. Come Engels e successivamente Lenin hanno sottolineato, quel che Marx aveva in mente era la Comune di Parigi: questa era per lui la dittatura del proletariato. Nient'altro, e niente più, che ,,il proletariato organizzato come classe dominante".[19] Niente altro e niente più, perchè il compito del proletariato era di abbattere lo Stato, non di rifare un altro Stato al quale tornare ad affidarsi.

Chiarito questo, si spiega agevolmente perchè Marx poteva dare per scontato che la dittatura del proletariato sarebbe stata, di necessità, transitoria. Non si tratta di una reminiscenza romanistica (sembra anzi da escludere che Marx avesse una precisa cognizione dell'istituto romano). La dimostrazione di questa tesi si racchiude tutta nel fatto che Marx usava ,,dittatura" in stretto riferimento all'esistenza di una esplosione rivoluzionaria. La dittatura del proletariato non poteva che essere provvisoria, per Marx, esattamente per la stessa ragione per la quale una rivoluzione non può essere eterna: o riesce o non riesce, ma in entrambi i casi ad un certo momento si esaurisce.

Il punto da sottolineare ai fini del nostro problema è che, per Marx, la condizione *sine qua non* di una dittatura del proletariato è che lo Stato venga meno. Si potrà sottilizzare sui tempi, vale a dire sulla differenza tra lo Stato da frantumare (*zerbrechen*), cioè lo Stato borghese, e quello Stato non-più-

---

[19] Cf. la ,,Introduzione" del 1891 di Engels agli scritti di Marx sulla Comune di Parigi: e Lenin, *Stato e Rivoluzione*, passim. Per uno svolgimento vedi G. Sartori, *Democratic Theory*, New York, Praeger, 1965, cap. XVII, spec. pp. 416-30.

Stato (la dittatura del proletariato) che sarebbe deperito da sè. Ma questa differenza è di piccolo conto, visto che la sua dittatura del proletariato presupponeva già l'abolizione della burocrazia, della polizia e dell'esercito permanente. Dunque, di tanto si ha una dittatura del proletariato di quanto lo Stato si estingue. Viceversa, quanto meno lo Stato si estingue, tanto meno si dà una dittatura del proletariato. Questo è un punto fermissimo e chiarissimo, non solo in Marx e Engels ma anche in Lenin. Ciò posto, occorre chiarire a quale titolo la dottrina includa nelle sue classificazioni la voce ,,dittatura di classe".

I casi sono due. O la dittatura del proletariato è uno Stato, e allora non sarà – proprio per Marx, Engels e Lenin – una dittatura *del* proletariato ma una dittatura pura e semplice. Oppure occorre dimostrare che nell'U.R.S.S., in Cina, e nei sistemi politici che si dichiarano comunisti, lo Stato non c'è più. In attesa di questa dimostrazione non si capisce a quale titolo la voce ,,dittatura di classe" venga inclusa nella classificazione dei sistemi politici. Una dittatura come ,,governo di collettività" – di una intera classe, o di una classe-partito – non esiste, e non è mai esistita. *Ergo* l'ipotesi di una dittatura esercitata in proprio da una larga collettività appartiene alla storia delle idee (dottrine politiche, ideologie e utopie), non alla tipologia dei sistemi politici.

S'intende che il problema del dominio dell'uomo sull'uomo può anche essere esaminato trasferendosi dal terreno delle strutture giuridico-politiche a quello delle sottostrutture economico-sociali, e quindi in sede di ,,egemonia di classe", per dirla con Antonio Gramsci. Ma il fatto resta che il problema della cosiddetta classe egemonica non è il problema dello Stato (finchè lo Stato c'è), che la soluzione del primo non è la soluzione del secondo[20], e che interpolare nel discorso sui sistemi politici la voce ,,dittatura del proletariato" equivale ad accreditare, surrettiziamente, l'esistenza dell'inesistente.

DITTATURA, DEMOCRAZIA E COSTITUZIONALISMO

Posto che per dittatura si debba intendere, oggi, una forma di Stato o quantomeno di governo, il problema è di individuarne le caratteristiche differenzianti rispetto ad altre forme di governo. E' vero che si deve anche contemplare il caso di una dittatura che non costituisce forma di governo, che si pone ,,quando in una monarchia o in una repubblica è nominato dalle autorità competenti un dittatore, con un compito determinato e circoscritto"[21].

---

[20] Su questa distinzione assai bene Norberto Bobbio, ,,Democrazia e Dittatura", in *Politica e Cultura*, Torino, Einaudi, 1955, spec. pp. 150-52.

[21] Santi Romano, *Corso di Diritto Costituzionale*, Padova, Cedam, 1941, pp. 115-116: e *Principii di Diritto Costituzionale Generale*, Milano, Giuffrè, 1947, p. 148. Rientra in questa fattispecie il caso del generale Mac Arthur in Giappone tra il 1945-51.

Tuttavia questo caso ha un rilievo del tutto secondario. Il problema non è posto dai *Fürstliche Kommissaren* analizzati dallo Schmitt[22] o – nella esperienza del risorgimento italiano – dalle „Luogotenenze" conferite da Vittorio Emanuele II per i territori di recente annessione. Il problema è posto dalla „dittatura sovrana".

Il metodo più semplice per caratterizzare la dittatura come forma di Stato e di governo è quello di ricorrere a definizioni *a contrario*. In questa prospettiva la dittatura viene caratterizzata come: 1) governo non democratico; 2) governo non costituzionale; 3) governo di forza, o di violenza.

Le antitesi tra dittatura e democrazia, tra sistema dittatoriale e sistema costituzionale, e tra regime legalitario (o consentito) e regime di forza e di violenza, hanno un indubbio fondo di verità. Tuttavia non riesce facile puntualizzarle. Si consideri, per cominciare, la comune asserzione che dittatura è il contrario di democrazia. Ora, è ben vero che se si esclude la ipotesi di una dittatura di classe (che annullerebbe l'antitesi ponendo un caso di dittatura democratica) la contrapposizione tra democrazia intesa come potere del popolo, e dittatura intesa come potere del dittatore, mantiene una sua fondamentale validità. Tuttavia non ne segue che ogni sistema non-democratico sia un sistema dittatoriale; e resta vero che l'antitesi diventa difficile da dimostrare nell'ipotesi della dittature plebiscitarie galvanizzate da un capo carismatico.

La prima obiezione è dunque che una situazione nondemocratica costituisce una condizione necessaria, ma non sufficiente, per qualificare una dittatura. In verità, l'antitesi in questione è troppo semplicistica. Tra democrazie e dittature esiste una vasta e varia zona intermedia, che potremmo dire di semi-dittature (o di semi-democrazie), in ordine alle quali la denominazione di presidenzialismo o – come suggerisce Loewenstein – di „neo-presidenzialismo" sembra da accogliere[23]. Quanto alla seconda obiezione, si deve ricordare che si è sovente sostenuto – anche con plausibili argomenti giuridici – che il dittatore „rappresenta" la volontà popolare. Questa obiezione non è insuperabile, ma si deve concedere che le incertezze nelle quali si

---

[22] *Op. cit.*, spec. cap. 2.

[23] Karl Loewenstein, *Political Power and the Governmental Process*, Univ. of Chicago Press, 1957, pp. 65-69. Loewenstein definisce la fattispecie „un regime politico nel quale la costituzione attribuisce al capo dell'esecutivo-presidente un potere superiore a quello di tutti gli altri organi dello Stato... Il neo-presidenzialismo è fondamentalmente autoritario... (ma) la formazione della volontà dello Stato rispetta le procedure previste dalla costituzione". Il caso del generale De Gaulle sembra rientrare assai bene in questa fattispecie intermedia. Un altro caso rilevante che altrimenti risulta di difficile classificazione è quello della presidenza di Hindenburg.

dibatte la dottrina giuridica della rappresentanza politica non consentono di superarla agevolmente[24].

Si deve ulteriormente osservare che la contrapposizione tra dittatura e democrazia viene sfumata, se non scavalcata, anche da coloro che parlano di dittature pedagogiche „preparanti alla democrazia",[25] oppure – da opposta ma convergente prospettiva – di „democrazie tutelari".[26] Anche qui si può controbattere che l'introduzione di un criterio teleologico nella classificazione delle forme di governo si presta facilmente ad abusi, o comunque a confondere speranze e realtà. Senza entrare in una questione così complessa, resta da segnalare che il *telos* – e cioè il discorso in chiave finalistica – costituisce, o può costituire, un terzo modo di vanificare l'antitesi tra dittatura e democrazia.

Venendo alla seconda antitesi – quella tra dittatura e regime costituzionale – un primo problema è posto dalla classe delle cosiddette „dittature costituzionali"[27]. Questa dizione viene adoperata per raggruppare e indicare lo stato di necessità (*Notrecht*), lo stato di assedio (*Belagerungszustand*), lo stato di emergenza (o di urgenza), e simili. Un caso molto discusso fu posto a questo riguardo dall'art. 48 della Costituzione di Weimar, e un esempio di dittatura costituzionale sarebbe anche quello del gabinetto di guerra inglese durante la seconda guerra mondiale. Ma non ci sembra che l'assimilazione dello *Staatnotrecht* e dello stato d'assedio (e simili) con la dittatura possa essere accolta, dal momento che in questi casi non si crea un organo straordinario, ma si conferiscono attribuzioni straordinarie agli organi statali normali[28]. Inoltre, la dizione di „dittatura costituzionale "autorizza molti equivoci, e pertanto anche dal punto di vista della chiarezza terminologica

---

[24] Per la complessità del problema cf. la mia voce „Representational Systems", *International Encyclopedia of the Social Sciences*, cit., vol. XIII.

[25] Franz L. Neumann, *op. cit.*, p. 248.

[26] Edward Shils, *Political Development in the New States*, Gravenhage, Mouton, 1962, pp. 60-67.

[27] Cf. Clinton Rossiter, *Constitutional Dictatorship – Crisis Government in the Modern Democracies*, Princeton Univ. Press, 1948 (Harcourt Brace, 1963). Vedi anche F. M. Watkins, *loc. cit.*; e la discussione di Carl Friedrich, *Constitutional Government and Democracy*, Boston, Ginn, ed. riv. 1950, cap. XXVI („Constitutional Dictatorship and Military Government"), ripresa ed aggiornata nel cap. XXV della 4a ed., Waltham, Blaisdell, 1968. Da ultimo, Konrad Hesse, „Staatsnotstand und Staatsnotrecht", in *Staatslexicon*, Freiburg, Herder, 1962 (6a ed.).

[28] Così Paolo Biscaretti di Ruffia, „Alcune Osservazioni sul Concetto Politico e sul Concetto Giuridico della Dittatura", in *Arch. Diritto Pubblico*, I 1936, pp. 517-518, che esattamente rileva: „La straordinarietà... che nella dittatura caratterizza l'organo, in questi casi, invece, caratterizza soltanto le funzioni dell'organo stesso". Un caso analogo a quello dell'art. 48 costituzione Weimar è posto dall'art. 16 costituzione francese del 1958.

sembra preferibile, semmai, quella di governo di emergenza, o di „governo di crisi"[29].

Ciò premesso e chiarito si potrà sostenere che la dittatura è un governo non-costituzionale in due sensi: a) che infrange l'ordine costituzionale nel momento nel quale si impadronisce del potere (il dittatore che potremmo dire *ex defectu tituli*); b) che il dittatore esercita un potere non disciplinato e frenato da limiti costituzionali (il dittatore che potremmo dire *quoad exercitio*).

Senonchè dal punto di vista della dommatica giuridica si può sostenere che qualsiasi nuovo regime – e quindi non soltanto la dittatura – si qualifica all'atto della sua instaurazione come fatto anticostituzionale che costituisce violazione dell'ordinamento positivamente vigente; e d'altro canto non è detto che il dittatore difetti di titolo. Quanto alla seconda accezione, è chiaro che la dittatura può essere qualificata un regime anticostituzionale solo a condizione che si accetti una definizione stretta di „costituzione": quella per esempio dell'art. 16 della Dichiarazione dei Diritti del 1789, o quella che, per intendersi, potrebbe essere detta l'accezione „garantista" del termine[30]. Il che equivale a dire che se invece si accede alla definizione lata di costituzione, e in particolare se si attribuisce valore costituzionale a quelle costituzioni che il Loewenstein denomina „semantiche"[31], allora l'antitesi tra dittature e sistemi costituzionali si dissolve. Lo stesso vale per la analoga antitesi tra dittatura e stato di diritto, che ha perduto la sua primitiva nettezza di contorni man mano che il concetto di *Rechtsstaat* si è allontanato dal suo originario significato garantistico per risolversi in una teoria della giustizia amministrativa.

Resta la terza caratterizzazione, quella che associa dittatura e violenza, sia in ordine alla sua instaurazione come in riferimento all'esercizio del potere dittatoriale. Ma anche a questo effetto si dovrà osservare che, pur essendo vero che l'elemento autoritario e coattivo, o comunque il ricorso alla forza, è una caratteristica saliente dei sistemi dittatoriali, non bisogna

---

[29] Così Loewenstein, *op. cit.*, pp. 217-227. Ma era la dizione di Lindsay Rogers, *cit.*; e anche il sottotitolo di Rossiter (*supra*, nota 27).

[30] Nella tradizione garantista resta insuperato il trattato cit. di Friedrich, *Constitutional Government and Democracy*. Vedi anche C. H. McIlwain, *Constitutionalism: Ancient and Modern*, Ithaca, Cornell Univ. Press, 1947; Benjamin Akzin, „On the Stability and Reality of Constitutions", in *Scripta Hierosolymitana*, III, 1956, e „The Place of the Constitution in the Modern State", in *Israel Law Review*, January 1967; Giovanni Sartori, „Constitutionalism: A Preliminary Discussion", in *American Political Science Review*, December 1962. Per il dibattito relativo, cf. Nicola Matteucci, *Positivismo Giuridico e Costituzionalismo*, Milano, Giuffrè, 1963.

[31] Tali perchè la loro realtà „consiste solo nel formalizzare la ubicazione di fatto del potere politico ad esclusivo beneficio dei suoi detentori" (*op. cit.*, p. 149).

credere per questo che un dittatore non possa governare mediante leggi, e cioè non bisogna fare dire al termine violenza che le dittature siano necessariamente sistemi terroristici nei quali non c'è legge[32]. Piuttosto sono sistemi nei quali il dittatore fa la legge: che è un altro discorso.

LA DITTATURA CONVENZIONALE

Visto che procedendo *a contrario* non abbiamo fatto molta strada, vale tornare ad Aristotile, e cioè alla differenza tra governo dei molti, dei pochi, e di uno solo.

Abbiamo già considerato una ipotesi di „dittatura dei molti" – quella marxista-leninista – e l'abbiamo accantonata osservando che tanto la dittatura della collettività-proletariato, quanto quella della collettività-partito, appartengono alla storia delle idee ma non a quella dei fatti. Ma esiste un ulteriore caso di governo dei molti che è stato sovente ricondotto alla fattispecie dittatura: la cosiddetta dittatura convenzionale, o di assemblea. Per quanto la categoria giuridica del „governo di collettività" non distingua tra collettività costituite da milioni, oppure da cinquecento persone, non è chi non veda che c'è collettività e collettività, che i numeri fanno una differenza, e che quindi il caso della dittatura di assemblea è un caso a sè stante. Una assemblea è un grande gruppo, un gruppo numeroso: non è certo una collettività nello stesso senso in cui lo è una classe sociale. Il problema si restringe pertanto a questo quesito: se si possa parlare di dittatura con riferimento ad un governo di molti che abbia la dimensione di una assemblea. Secondo lo Hauriou, seguito da molti altri giuristi, la risposta è affermativa. Lo Hauriou parla difatti di *dictature conventionelle* con riferimento ad un potere costituente il quale – cumulando anche il potere legislativo ordinario e il potere esecutivo – si pone come un organo dittatoriale precisamente perchè la sua supremazia non è in alcun modo delimitata[33]. Ma qui si colgono davvero i confini della prospettiva giuridica.

Da un punto di vista strettamente giuridico, non c'è dubbio che un potere costituente sia un potere teoricamente illimitato, visto che non è limitato da una costituzione che gli preesiste, e nemmeno da una preesistente divisione

---

[32] L'associazione tra dittatura e violenza caratterizza la letteratura democratica tra le due guerre. Cf. B. Mirkine-Guetzévitch, „Les Theories de la Dictature", in *Revue Politique et Parlementaire*, Janvier 1934, p. 136; e E. Cayret, „La Dictature: Essai d'une Theorie Juridique de la Dictature", in *L'Anneé Politique Française et Etrangère*, Octobre 1934, p. 280. Si tratta di due scritti pregevoli, che merita ancora leggere.

[33] E' la tesi di M. Hauriou, *Précis de Droit Constitutionnel*, Paris, 1929, spec. pp. 248, 251, 252, 256; tesi accolta da Santi Romano nelle due *op. cit.*, da Biscaretti di Ruffia, *loc. cit.*, p. 521, e da altri.

dei poteri. Questo è vero per definizione, poichè se una assemblea è provvista di potere costituente, deve essere munita del potere di scavalcare ogni impedimento che ne ostacoli il „potere di fondazione". E' ben vero che nel fatto troviamo organi costituenti rivoluzionari e organi costituenti legalitari; ma non perchè una preesistente limitazione giuridica abbia impedito ai secondi di esercitare il potere allo stesso modo dei primi. Se dunque accediamo alla testi dell'Hauriou che il problema della dittatura sia proponibile in sede costituente, allora è difficile sfuggire alla conclusione che quasi tutte le assemblee costituenti siano state, o siano, assemblee dittatoriali. Accedendo a siffatto criterio, in questo secolo gli italiani avrebbero subito non una, ma due dittature: quella di Mussolini e quella della Assemblea Costituente del 1946. Analogamente, per i tedeschi le dittature sarebbero state tre: quella dei costituenti di Weimar, quella di Hitler, e quella degli estensori dei *Grundgesetze* che hanno fondato la Republica Federale. E cosi via.

Sono conclusioni, queste, sconcertanti, che lasciano sospettare un qualche difetto nelle premesse. In principio, il vizio dell'argomento ci sembra stare qui: che non possiamo giudicare una forma di Stato (e il fatto è che noi usiamo „dittatura" per qualificare una forma di Stato) sino a che uno Stato non ha acquisito la sua forma; laddove le convenzioni sono ancora uno Stato informe, e cioè quella fase di costruzione di un ordine politico nella quale lo Stato è tuttora *in fieri*, in formazione. Il che equivale a dire che le assemblee costituenti sono soltanto assemblee costituenti, e che la loro riconduzione e equiparazione a una dittatura è del tutto arbitraria. Senza contare che ci sarebbe da eccepire, e parecchio, anche sul criterio per cui un potere è illimitato se non è limitato dal diritto. In verità, in una assemblea numerosa il potere trova *de facto* un suo limite e contrappeso interno nel numero stesso delle persone che la compongono. E se questo tipo di limite può sfuggire alle categorie di rilevazione giuridica, non deve sfuggire allo scienziato politico.

La personalizzazione del potere

In nessun caso, dunque, si può accogliere l'ipotesi che un governo di molti sia riconducibile ad una dittatura. La dittatura è, allora, sempre e soltanto – passando all'altro estremo della classificazione Aristotelica – governo di uno solo? Per rispondere conviene intendersi preliminarmente sulla dizione „uno solo", che non è certo mai da intendere alla lettera: veramente da solo, nessuno può far niente, nemmeno il più onnipotente dei dittatori. Ma se la solitudine, o la preminenza, del dittatore è intesa *cum grano salis*, allora è pacifico che le dittature sono, e sono sempre state, espressione di un potere accentrato che si riconduce – il più della volte – al potere personale e discrezionale di una sola persona. Quel che si discute è se questa caratteristica debba essere resa dalla dizione ,,potere personale'', o da quella di ,,accentramento dei poteri in un solo organo''[34]. Questa seconda dizione è giuridicamente più soddisfacente, ma non sembra caratterizzante. Converrebbe semmai precisarla osservando che nelle dittature (a differenza dei sistemi neopresidenziali) si verifica non solo il concentramento, ma anche la confusione dei poteri in un solo organo. Senonchè, anche cosi puntualizzata la definizione in questione solleva delle perplessità in ordine alla pertinenza della nozione di ,,organo''.

Un organo può essere costituito tanto da una persona singola, quanto da un corpo collegiale o da una assemblea. Per questa via, allora, si riaprono le porte, o le finestre, a tutte le accezioni di dittatura che abbiamo respinto (non solo la dittatura di assemblea, ma anche quella di giganteschi collettività). E la obiezione è che il concetto di organo è stato elaborato presupponendo (sia pure implicitamente) l'esistenza di uno Stato di diritto, e cioè di un tipo di Stato caratterizzato dalla spersonalizzazione nell'organo, o nell'ufficio, della persona fisica che agisce in nome e per conto dell'organo. Il quesito, allora, è: in che misura la nozione di organo è trasferibile dallo Stato di diritto a uno Stato la cui caratteristica è di negarlo, e cioè di non essere uno ,,Stato di diritto''? Un organo (nella accezione giuridica del termine) presuppone delle regole giuridiche. Cosicchè parlare del dittatore come di un ,,organo'' equivale a postulare, o a lasciar credere, che il dittatore sia sottomesso all'ufficio o assorbito nell'organo. Ora, e tanto per fare un esempio, in che senso Hitler era un organo dello Stato sottomesso alle regole giuridiche di quello? Probabilmente solo nel senso di essere organo di sè stesso: cioè in nessun senso. Hitler non era un ,,organo'', ma una persona il cui volere arbitrario si poneva al di sopra e al di fuori dell'ufficio.[35]

Dunque, la definizione giuridica di dittatura – une forma di Stato o di governo caratterizzata dall'accentramento dei poteri in un solo organo – cade nell'errore di trasferire alla dittatura una *fictio* che non le compete, e che rischia di essere del tutto fuorviante. Il dittatore non è un organo, o una ,,persona giuridica'': è *in primis* una persona fisica. Il che ci riporta alla osservazione che la personalizzazione del potere è la caratteristica caratterizzante di un sistema dittatoriale.

---

[34] Biscaretti di Ruffia, *loc. cit.*, p. 495.
[35] La dottrina del *Führerprinzip* non lascia intravedere, in verità, altra conclusione. Nè occorre insistere sullo scarso valore giuridico della letteratura nazionalsocialista, indubbiamente assai minore del suo *vis a vis* italiano sotto il fascismo.

LE DITTATURE COLLEGIALI

Fin qui abbiamo schivato lo scoglio maggiore: il caso del governo dei pochi. Se è pacifico che la dittatura è *in primis* potere personalizzato e, in questo senso, governo di uno solo, monocefalo, come sistemare il caso della dittatura dei pochi, e cioè della „dittatura collegiale", direttoriale o di giunta?

Sino a dieci-quindici anni fa le cosiddette dittature collegiali non ponevano un serio problema: potevano essere considerate una sotto-classe secondaria e transitoria. Nel corso della storia i triumvirati, i direttorii, le giunte militari, si sono quasi sempre rivelate soluzioni effimere, atte a procreare una dittatura, oppure a risolverne i complessi problemi di successione, ma incapaci di durare come tali. La stessa ragion d'essere di un sistema dittatoriale sembra d'altronde convergere, irresistibilmente, sul dittatore-persona. Si ricorre a una dittatura per addivenire a decisioni rapide, risolute e senza appello. Laddove una dittatura collegiale – se effettiva – rischia di riprodurre una situazione di paralisi di potere, o communque di privare il sistema di quella dinamica che gli è funzionalmente necessaria. Senza contare che un Capo che rappresenta l'incarnazione vivente dell'autorità, e che può quindi costituire un termine tangibile di proiezione e di identificazione, costituisce il punto di forza di molte dittature, esattamente come il potere anonimo o mal personificabile di molte repubbliche democratiche ne ha costituito il punto cedevole.

Non è che la regola della personalizzazione del potere dittatoriale sia stata, di recente, clamorosamente smentita. Castro a Cuba, Nasser in Egitto, Tito in Jugoslavia, e, quantomeno a prima vista, anche Mao in Cina costituiscono esempi eloquenti di quanto le dittature continuino ad essere incarnate nei dittatori. Per converso, le giunte militari dell'America Latina restano una buona conferma della regola che vede nelle dittature collegiali soluzioni effimere, o quantomeno dittature depotenziate. Tuttavia, almeno una grossa eccezione c'è: la fase post-Staliniana della dittatura Sovietica. Eccezione che lascia sospettare che qualcosa di simile stia maturando, o possa maturare, a Pechino, a Hanoi, a Belgrado, e in altri paesi ancora. La grossa difficoltà, qui, è di accertamento. In attesa che gli storici abbiano accesso agli archivi segreti, riesce arduo stabilire se la collegialità di una cosiddetta dittatura collegiale sia effettiva, e soprattutto in che modo funzioni.

Un primo quesito è se – e in che misura – una effettiva dittatura collegiale perda le caratteristiche di un governo monocratico, o monocefalo, per assumere talune caratteristiche di un governo oligarchico, o policefalo. Per meglio puntualizzare questo interrogativo occorre distinguere tra *interna corporis* ed effetti esterni, e cioè distinguere tra quel che succede dentro al collegio, e quel che ne risulta fuori. Una vera collegialità si risolve in un „controllo reciproco tra capi mediante altri capi"[36]. Ma questo „controllo reciproco" equivale – ad effetto terzi, e in ultima analisi nei confronti dei sudditi – ad una divisione, e per essa ad una effettiva limitazione del potere? Se la risposta è affermativa, allora chiarezza vorrebbe che la fattispecie venisse ribattezzata „oligarchia dittatoriale": il soggetto diventa, cioè, oligarchia.

Ma si può anche rispondere negativamente, e cioè può benissimo darsi che la collegialità in questione si risolva soprattutto in un meccanismo di contro-assicurazione reciproca (il capo defenestrato – Krusciov, e prima di lui Malenkov – ha salva la vita) fondato su un quissimile dell'equilibrio del terrore (piuttosto che su regole giuridiche di formazione della volontà dell'organo). In tal caso, ad effetto terzi la differenza tra dittatura monocefala e dittatura policefala resta impercettibile, e cioè il sistema resta, *in primis*, dittatoriale. Nel qual caso si dovrebbe parlare non di oligarchia dittatoriale ma semmai di "dittatura oligarchica", per dire che si tratta di una variante interna della dittatura monocratica che non ne modifica la natura esterna, e cioè l'esercizio del potere nei confronti dei sudditi.

In attesa di saperne di più il discorso sulle cosiddette dittature collegiali deve dunque restare aperto, allo stato congetturale. Un solo punto sembra emergere con chiarezza: che la discrezionalità personale del potere che caratterizza le dittature non richiede necessariamente il dittatore singolo, se-litario. Più precisamente, di tanto aumenta l',,apparato" (burocratico o altro) richiesto per l'esercizio del potere, o sul quale una dittatura si fonda, di altrettanto diventa plausibile, per così dire, il „dittatore multiplo", la dittatura policefala (beninteso nell'ambito di un piccolo gruppo, di pochissime persone). Questo sviluppo è già stato colto dagli studi sulle dittature totalitarie: ma nell'ottica di chi esplora una specie trascurando il genere. Nell'ottica di chi esplora il genere non è detto che una dittatura possa essere oligarchica (o collegiale) solo se è, al tempo stesso, una dittatura totalitaria. Il supporto di una collegialità durevole non è necessariamente il totalitarismo: può essere qualsiasi „apparato", e cioè un apparato burocratico, un apparato partitico, oppure anche un apparato militare. Se ancora le dittature collegiali non fanno regola, nulla esclude – predittivamente – che esse possano attecchire e durare anche a prescindere da una estensione e

---

[36] Cf. R. E. Dahl, C. E. Lindblom, *Politics, Economics and Welfare*, N. York, Harper, 1953, parte IV; e ancora Dahl, „Hierarchy, Democracy and Bargaining", in AA.VV., *Research Frontiers in Politics and Government*, Washington, Brookings Institution, 1955.

penetrazione totalitaria del potere. Per contro, non è detto che una effettiva e durevole collegialità prefiguri *eo ipso* un passaggio ad un altro genere, alla „oligarchia dittatoriale": questa sarebbe, invece, una previsione avventata e affrettata.

DITTATURA E SUCCESSIONE

Finora l'analisi della dittatura ha investito da un lato la struttura e l'esercizio del potere dittatoriale, e dall'altro il numero dei detentori del potere. Restano ancora due, classici, criteri di analisi: il modo di acquisizione, e il modo di sostituzione e successione al potere. Si è già notato che il primo non può essere conclusivo. Il problema dell'instaurazione di un ordinamento costituzionale e della sua legittimazione è quanto mai delicato, e non è chiaro con quale fondamento si possa asserire che le dittature hanno una instaurazione illecita, laddove i regimi che le hanno precedute no. In linea generale si può sostenere che ogni nuovo regime è tale in quanto viola in qualche modo l'ordine giuridico preesistente. E se questa regola è passibile di eccezioni, l'eccezione è posta proprio dall'esistenza di sistemi democratici che come tali prevedono – implicitamente, anche se non espressamente – un procedimento *de iure* per attuare un nuovo ordinamento costituzionale. Il che vuol dire che, ragionando in termini di legittimità costituente, le dittature post-democratiche si trovano semmai avvantaggiate rispetto ai regimi che le hanno precedute, ivi compresi quelli liberaldemocratici.

Una dittatura che succede a un ordinamento democratico non deve necessariamente ricorrere a un modo di instaurazione illecito e violento. Anche se l'evento resta frequente, non è, a rigore, necessario. D'altro canto una caratteristica delle dittature contemporanee è di essere, o comunque di fare in modo da sembrare, plebiscitarie. In terzo luogo non si deve dimenticare che, se usciamo dal campo della dommatica giuridica, anche il fatto antigiuridico diventa – o può essere ritenuto – un fatto di (nuova) produzione giuridica. Per tutte queste ragioni non riesce facile dimostrare che le dittature sono da caratterizzare come sistemi fondati su una acquisizione violenta, illegittima, o, ad ogni modo, non consentita, del potere. Aggiungi che oggi sentiamo meno, o in modo diverso, i problemi di legittimità che appassionavano i nostri antenati. Mentre l'antico tiranno si sentiva „usurpatore", e tentava di sanare il proprio difetto di titolo, parecchi dittatori moderni non hanno più questo problema.

Se l'esame del modo di acquisto del potere non è risolutivo, il criterio più trascurato – e cioè il modo nel quale avviene la successione al potere – si palesa invece un efficace principio di individuazione dell'istituto[37].

[37] Trascuro la questione – pur collegata – della rotazione al potere perchè si può sempre

Le dittature manifestano infatti, caratteristicamente, una incapacità costitutiva a prestabilire delle norme atte a disciplinare la successione al potere. Tra un dittatore e quello che lo segue si frappone sempre un interregno più o meno lungo caratterizzato da congiure di palazzo o colpi di stato, dal ricorso alla forza, e dalla violazione della designazione o delle regole di successione volute dal dittatore defunto. Onnipotente in vita, il dittatore diventa il più impotente degli uomini nel momento in cui la sua volontà „effettuale" si deve trasformare in una volontà „giuridica", cioè giuridicamente vincolante. Il sistema può sopravvivere, ma resta pur sempre incapace di provvedere a una successione ordinata: un adeguato apparato e il partito totalitario ne possono assicurare la durata, ma non la continuità. E questa incapacità di „regolarizzare" la propria perpetuazione è un elemento così tipico, e così costante, delle esperienze dittatoriali da costituire il più sicuro marchio della fattispecie.

Per questo rispetto, le dittature si possono dunque definire sistemi a durata discontinua, o intermittente, nei quali nessun prestabilito principio di successione viene ritenuto vincolante dai successori, e nei quali, correlativamente, non esiste nessuna garanzia di continuità, e per essa nessuna certezza. Questa caratterizzazione è importante per due rispetti: sia perchè qualifica la nozione di „potere personalizzato", sia perchè ribadisce i limiti del tentativo di qualificare le dittature come sistemi *de iure*, rafforzando la tesi che esse sono e restano sistemi fondamentalmente *de facto*, nei quali vige soltanto una costituzione „in senso materiale"[38] allo stato fluido.

La definizione di cui sopra chiarisce altresì la differenza tra dittatura e monarchia assoluta, attribuendo un significato pregnante alla osservazione che la dittatura è una malattia delle repubbliche. L'elemento differenziante è che l'assolutismo monarchico ha una continuità che viene meno nell'assolutismo repubblicano. E la malattia sta in questo: che mentre l'assolutismo monarchico è una formula coerente, un assolutismo repubblicano è viziato da una contraddizione interna. La contraddizione tra principio repubblicano (lo Stato come „cosa pubblica") e principio assolutistico (lo Stato come „dominio privato") esplode, appunto, al momento della morte fisica del dittatore. Difatti un assolutismo repubblicano non può – in quanto assolu-

sostenere che se le dittature non prevedono meccanismi di avvicendamento al potere, questo fatto significa solo che non sono democrazie. Il che è pacifico, ma non aiuta a spiegare quale sia la differenza tra dittatura e un qualsiasi sistema autocratico. Friedrich è tra i pochi che colgono l'importanza del problema della successione: vedine ult. *Man and his Government*, N. York, McGraw-Hill, 1963, cap. 28: „Succession and the Uses of Party"; vedi anche Friedrich e Brzezinski, *op. cit.*, cap. 5: „The Problem of Succession". Qualche spunto anche in D. A. Rustow, „Succession in the Twentieth Century", in *Journal of International Affairs*, 1, 1964.

[38] Cf. Costantino Mortati, *Istituzioni di Diritto Pubblico*, Padova, Cedam, 1958.

tismo – „eleggere" il nuovo dittatore; ma non lo può nemmeno „ereditare" in ragione del principio repubblicano. Il che spiega come mai il momento della successione costituisce il momento di crisi dei sistemi dittatoriali. Crisi – si avverta – e non „caduta", perchè la morte del dittatore equivale alla fine di una dittatura solo nella misura in cui la dittatura-istituto si risolve senza residui nel dittatore-persona.

TIPOLOGIE

Dopo aver cercato di precisare le caratteristiche individuanti della dittatura *come tale*, e dopo aver eliminato dal conto le dittature *impropriamente dette* (le dittature di classe, di partito e di assemblea), a questo punto si pone il problema delle *specie*, e per esso il problema di una adeguata tipologia delle dittature. La faune delle dittature è ricchissima, crescente e – inutile dirlo – troppo spesso classificata senza criteri. Per un verso, difatti, si commescolano variamente criteri geografici, ideologici e nomi propri, come quando si parla di dittature di tipo sudamericano, di caudillismo, di dittature militari, di dittature balcaniche, di dittature fasciste, naziste, comuniste, e via discorrendo. Per un altro verso si ricorre, invece, ad una tipologia storica, come quando si parla di dittatura cesaristica, giacobina, convenzionale, termidoriana, bonapartista, ecc. Volendo mettere ordine in questa congerie di etichette, e volendo altresì mettere in evidenza l'essenziale, conviene distinguere tra una classificazione: I) per intensità; II) per finalità; III) per origine; IV) per ideologia.

In ordine alla loro diversa intensità – cioè al loro rispettivo grado di estensione e penetrazione coercitiva – Hermens, e con lui i più, distinguono tra dittature autoritarie e dittature totalitarie[39]. A questa dicotomia elementare Neumann suggerisce di sostituire la tripartizione tra: a) dittatura semplice, che corrisponde a quella comunemente detta autoritaria; b) dittatura cesaristica; c) dittatura totalitaria[40]. Nella dittatura semplice il potere dittatoriale è esercitato tramite una intensificazione dei normali strumenti di coercizione: esercito, polizia, burocrazia e magistratura. Nella dittatura cesaristica il potere dittatoriale si fonda anche sull'appoggio delle masse (e qui si potrebbe specificare ulteriormente, distinguendo tra cesarismo classico – da Cesare a Napoleone – e cesarismo ideologico-carismatico). Nella dittatura totalitaria, al monopolio degli strumenti coercitivi ordinari e alla fascinazione delle masse si aggiunge il controllo dell'educazione, di tutti i canali di comunicazione (stampa, radio, TV), nonchè la messa in opera di

---

[39] F. A. Hermens, *The Representative Republic*, Univ. of Notre Dame Press, 1958, pp. 134-41 (trad. con il titolo *Verfassungslehre*, Köln, Athenäum Verlag, 1968, cap. VI).
[40] „Notes on the Theory of Dictatorship", *loc. cit.*, spec. pp. 233-47.

tecniche coercitive *ad hoc* intese appunto a stabilire un controllo „totale"[41].

In ordine alla loro finalità si suole distinguere tra a) dittature rivoluzionarie, e b) dittature d'ordine, o paternaliste, o reazionarie, o conservatrici-restauratrici[42]. Beninteso anche le dittature conservatrici possono essere instaurate da una rivoluzione, ma si differenziano da quelle dette rivoluzionarie perchè intese a preservare uno *status quo antea*. Come abbiamo già ricordato, si è parlato a questo riguardo anche di „dittature pedagogiche" nel senso di preparatorie alla democrazia[43], il cui esempio classico sarebbe dato dalla dittatura di Pisistrato in Atene; o di „dittature di sviluppo" il cui esempio più riuscito resta quello di Ataturk in Turchia. Senonchè mentre la distinzione tra dittature rivoluzionarie e conservatrici trova un criterio di validazione *ex ante* nei ceti o nelle classi che appoggiano un dato sistema dittatoriale, la categoria delle dittature pedagogiche, e anche di sviluppo, lascia molto perplessi – come già si notava[44] – dal momento che può essere validata solo da un giudizio storiografico *ex post*. D'altronde, alla stessa stregua si potrebbero qualificare „pedagogiche" le monarchie illuminate; e forse con maggior fondamento.

In ordine alla origine, vale a dire alla diversa estrazione professionale del personale dei regimi dittatoriali, si può distinguere tra: a) dittature politiche, il cui personale proviene da una frazione della classe politica; b) dittature militari; c) dittature burocratiche o di apparato (con speciale riferimento all'ipotesi di dittature durevoli nelle quali è già avvenuto il trapasso per cooptazione ad una seconda generazione).[45]

Infine, in ordine al criterio ideologico si deve distinguere tra: a) dittature

[41] Vedi *supra* note 1 e 4. Per una recente messa a punto cf. il cap. di Friedrich nel vol. cit. *Totalitarianism in Perspective*: „The Evolving Theory and Practice of Totalitarian Regimes". Per una discussione vedi anche il mio vol. *Democratic Theory*, cit., pp. 145-157.

[42] Duverger, *De la Dictature, op. cit.*, spec. pp. 111-38. Ma Wieser, *Das Gesetz der Macht*, Wien, 1926, aveva già fermato la distinzione tra *Revolutionsdiktaturen* e *Ordnungsdiktaturen*.

[43] *Supra* nota 25.

[44] Su queste perplessità cf., tra gli altri, Richard F. Behrendt, *Soziale Strategie für Entwicklungsländer*, Fischer, Frankfurt a/M., 1965.

[45] L'estrazione e il curricolo di gran parte dei „leaders rivoluzionari" (leggi: dittatori) contemporanei può essere ricavata da John H. Kautsky, „Revolutionary and Managerial Elites in Modernizing Countries", in *Comparative Politics*, July 1969, spec. pp. 466-67. Come è comprensibile, la fattispecie più studiata – in ordine al criterio dell'estrazione – è quella delle dittature militari, endemiche nell'America Latina e in crescendo in buona parte del continente Africano. Per una visione d'insieme, anche se di rilevanza indiretta, vedi: S. P. Huntington, *The Soldier and the State*, Cambridge, Harvard Univ. Press, 1957; S. E. Finer, *The Man on Horseback: The Role of the Military in Politics*, London, Pall Mall, 1962; J. F. Johnson (a cura di), *The Role of the Military in Underdeveloped Countries*, Princeton Univ. Press, 1962; W. F. Gutteridge, *The Military in African Politics*, Gravenhage, Methuen, 1969.

che non hanno fondamento o comunque dinamismo ideologico (le dittature semplici, e sovente le dittature conservatrici); b) dittature a contenuto ideologico. Nell'ambito delle seconde si deve distinguere ulteriormente tra una intensità ideologica minima (il fascismo, che fu più cesaristico che totalitario), e una intensità ideologica massima (le dittature totalitarie per antonomasia).[46]

Beninteso, queste tipologie non sono che schemi astratti per ritagliare una realtà che non si accomoda mai esattamente nelle nostre caselle classificatorie. Ma servono per articolare l'idea generalissima di dittatura in una serie ordinata di fattispecie sufficientemente precisate. E' chiaro, infatti, che quella di Salazar e quella di Stalin sono tanto eguali come dittature, di quanto la monarchia inglese è uguale a quella dell'Arabia Saudita come monarchia; e che sarebbe assurdo equiparare – tanto per fare qualche esempio a caso – la dittatura di Franco in Spagna con quella di Castro a Cuba, Dolfuss con Hitler, Pilsudski con Béla Kun, Peron con Tito, Salazar con Nasser.

LA SOCIOLOGIA DELLA DITTATURA

Il Duverger ha proposto di recente una ulteriore distinzione tra dittatura sociologica e dittatura tecnica. Le dittature ,,sociologiche" sarebbero quelle giustificate, cioè dittature necessarie, endogene, e rappresentative di fondate esigenze economico-sociali; mentre le dittature ,,tecniche" (esemplificate dall'autore in quella sottospecie delle dittature militari che egli dice dittature pretoriane) sarebbero quelle sprovviste di giustificazione, e quindi dittature parassitarie, esogene e non rappresentative[47]. Ma pur ammesso che si possa procedere *per ignes* distinguendo tra dittature necessarie e innecessarie, buone e cattive, la distinzione operata dal Duverger è viziata nella sostanza da intenti polemici contingenti, e nella forma da una infelice scelta terminologica.

Parlare delle dittature innecessarie come di dittature ,,tecniche" in üna età tipicamente tecnologica, e nella quale si può ben sostenere che in molti paesi sono proprio esigenze di sviluppo tecnologico e di industrializzazione forzosa che rendono la dittatura necessaria, è davvero scegliere una etichetta mal appropriata. Altrettanto, se non più infelice, è d'altra parte la dizione ,,dittatura sociologica", che ingenera gravi equivoci. Nessuno contesta la validità di una *sociologia della dittatura*, e cioè dello studio delle cause socio-

---

[46] La crescente diluizione della nozione di ideologia rende questo criterio di difficile applicazione. Per una strategia analitica applicabile anche al caso in esame, cf. G. Sartori, ,,Politics, Ideology and Belief Systems", in *American Political Science Review*, June 1969.

[47] *De la Dictature*, cit., parte I, spec. pp. 76-95.

economiche delle dittature. Ma dalla indagine sul perchè delle dittature non si evince una classe a sè di dittature sociologiche, dal momento che tutte le dittature così studiate sono sociologiche, vale a dire riconducibili a una spiegazione sociale, o economico-sociale.

Il problema esaminato sinora della dittatura come forma istituzionale e sistema politico è una cosa; il problema della spiegazione del *perchè* delle dittature un'altra. Non giova confondere i due problemi. e perciò giova che si dica – quando si vuol passare al secondo contesto – sociologia della dittatura: intendendo per questa uno studio eziologico del fenomeno. Alla sociologia della dittatura, largamente intesa, afferiscono anche gli studi sulla cosiddetta „personalità autoritaria"[48], taluni studi di psicologia sociale, e, in generale, la letteratura sulle tensioni sociali e la cosiddetta società di massa[49]. Tutte indagini che meritano di essere prese in considerazione, a condizione che gli studi intesi a scoprire le condizioni che favoriscono o meno l'avvento dei regimi dittatoriali vengano distinti dall'esame della fattispecie, e cioè da quel che la dittatura è quando c'è.[50]

LA PROVVISORIETÀ DELLA DITTATURA

Per chi vive e scrive in una società liberal-democratica, l'argomento dittatura costituisce un esercizio intellettuale. Ma un esercizio intellettuale non scevro di concretissime implicazione e preoccupazioni. Un interrogativo sovrasta tutti gli altri: i sistemi dittatoriali funzionano? Che è anche chiedersi se, alla distanza, le dittature prevarranno sui regimi liberi. Ma per rendere quell'interrogativo più maneggevole, rovesciamolo così: in che modo si può sostenere, e prevedere, che i sistemi dittatoriali *non funzionano*?

[48] Cf. T. W. Adorno et al., *The Authoritarian Personality*, N. York, Harper, 1950; R. Christie, M. Jahoda (a cura di) *Studies in the Scope and Method of the Authoritarian Personality*, Glencoe, Free Press, 1954. Ma vedi, in generale, la voce „Personality: Political", curata da R. E. Lane e D. J. Levinson, *International Encyclopedia of the Social Sciences*, cit., vol. XII.

[49] In chiave psicologica si è scritto molto, anche se in modo poco convincente. Cf. per es. H. Cantril, *The Psychology of Social Movements*, N. York, Wiley, 1941; e Zevedei Barbu, *Democracy and Dictatorship: Their Psychology and Patterns of Life*, London, Routledge & Kegan, 1956. Per la letteratura sulla società di massa che tocca più da vicino il nostro tema vedi spec. William Kornhauser, *The Politics of Mass Society*, Glencoe, Free Press, 1959. Ma non va dimenticata la classica *Ribellione delle Masse* di Ortega y Gassett; e nemmeno E. Lederer, *The State of the Masses: The Threat of the Classless Society*, N. York, Norton, 1940.

[50] Vale aggiungere che la spiegazione del perchè delle dittature non si esaurisce nelle spiegazioni sociologiche. Per una prima introduzione a questo più ampio problema vedi Norman Stamps, *Why Democracies Fail: A Critical Evaluation of the Causes of Modern Dictatorships*, Univ. of Notre Dame Press, 1957.

Scorrendo la letteratura si resta colpiti da questa singolarità: sia gli avversari come i sostenitori della dittatura sembrano d'accordo su un punto: che le dittature non sono durevoli, che sono *provvisorie*. Naturalmente questa unanimità viene meno non appena le due parti offrono la loro interpretazione di questa previsione, o comunque della associazione di idee tra dittatura e „brevità". La critica democratica dei sistemi dittatoriali li dichiara transitori perchè mancanti di autentiche fondamenta, e perchè c'è qualcosa di fondamentalmente sbagliato nel loro stesso meccanismo di governo. Per contro, i fautori o difensori delle soluzioni dittatoriali fanno tutt' altro discorso: che la dittatura è transitoria perchè è una forma di governo „eccezionale" strettamente collegata a una situazione di emergenza, all'espletamento di un compito specifico, o a entrambe le cose. Nondimeno, il fatto che anche questo secondo gruppo ponga l'accento sulla natura provvisoria delle dittature, sulla loro immancabile „estinzione" a non troppo lunga scadenza, lascia pensare che per gli stessi apologeti l'idea di dittatura possieda delle implicazioni negative: altrimenti perchè sottolineare il fatto che un sistema politico sarà, o dovrà essere, provvisorio? E' dunque lecito concludere che, almeno in un senso, tutti sono d'accordo nel ritenere che il sistema *non* funziona: nel senso che non può funzionare a lungo. Vi è dunque una singolare, sorprendente unanimità nell'assegnare alle dittature una delimitazione cronologica, nel giudicarle sistemi politici „a vita corta". Aggiungi che questa caratteristica, o previsione, è ritenuta una qualificazione essenziale, anzi essenzialissima, della fattispecie.

A parte l'interesse intrinseco della questione, chiedersi quale sia il fondamento di questa persuasione – la persuasione che le dittature siano costitutivamente sistemi a breve termine – equivale a verificare, riassuntivamente, lo stato di consistenza della teoria generale della dittatura. E dunque la domanda è: su quali basi si può sostenere, e si sostiene, che le dittature sono forme di governo transitorie?

Un primo gruppo di argomenti, o di prove, può essere confutato e accantonato alla svelta. In primo luogo, a tutti coloro che si richiamano alla dittatura romana è facile rispondere che una omonimia non è una omologia, e che il caso del dittatore romano nulla può provare ad effetto della provvisorietà dello Stato-dittatura moderno. Lo stesso vale, in secondo luogo, per tutti coloro che non tengono ferma la distinzione tra dittatura commissaria e dittatura sovrana. Nessuno nega che un dittatore commissario sia temporaneo e revocabile. Ma lo è precisamente perchè non è un dittatore sovrano, e cioè perchè questo non è un caso di dittatura come forma di Stato o di governo. Dunque non si può dimostrare che il dittatore sovrano è temporaneo, adducendo come prova l'esempio del dittatore non-sovrano. Analogamente, e in terzo luogo, non si può dimostrare che le dittature sono effimere richiamando l'esempio delle dittature collegiali. Questo argomento vale solo per la collegialità, e non si applica a quelle dittature che collegiali non sono. Infine, e in quarto luogo, non vale chiamare in causa Marx e Lenin. Basti ricordare che la profezia del deperimento della dittatura del proletariato è strettamente legata al significato anomalo e improprio che i marxisti attribuiscono al vocabolo dittatura. Talchè al cospetto della dittatura-come-Stato – e come Stato che opera in nome del proletariato – non c'è dottrina più disarmata e ingenua di quella marxista.

Più sottili, anche se non più probanti, sono gli argomenti squisitamente giuridici. Un primo argomento si fonda sulla premessa che le dittature sono, per definizione, regimi ,,straordinari" e ,,eccezionali". Dal che si ricava l'inferenza che le dittature non possono che essere regimi provvisori, o transitori. Ma occorre intendersi, appunto, sulla premessa. Che la dittatura sia una forma di governo straordinaria, o eccezionale, può essere concesso solo in sede deontologica, e precisamente qualora si intenda per ,,eccezionalità" una ,,condizione di eccezione rispetto a un sistema di principii che si concepiscono normali e necessari"[51]. Ma una eccezionalità così definita non autorizza previsioni di ,,brevità". Si potrà sempre sostenere che la dittatura ,,fa eccezione" a dei principii etici e morali; ma con questo non si dimostra, purtroppo, che la dittatura non sia, o non possa essere, una ,,normalità" storica, come per esempio sostiene Edgar Hallett Carr[52].

Sempre nell'ambito delle argomentazioni giuridiche la tesi più insidiosa è quella che si fonda sulla concezione ,,costituente" della dittatura[53]. Il filo della dimostrazione si può riassumere così. Posto che le dittature sono assimilabili a un potere costituente, e dato che un potere costituente è inevitabilmente seguito da un potere costituito, ne consegue che una dittatura non può durare, o meglio che può durare tanto quanto un potere costituente. Senonchè da premesse inesatte possono discendere solo conclusioni erronee. La premessa è inesatta perchè sta di fatto che una dittatura costituita mantiene una competenza costituente[54]. Il che equivale a dire che la distinzione

[51] Così Biscaretti di Ruffia, *loc. cit.*, p. 495.

[52] Cf. *L'Influenza Sovietica sull'Occidente*, tr. it. Firenze, Nuova Italia, 1950, *passim*.

[53] E' la tesi di fondo di Carl Schmitt, *op. cit.* spec. p. 144; tesi seguita, tra gli altri, da Santi Romano e dal Biscaretti di Ruffia.

[54] Competenza costituente che venne esplicitamente sanzionata, in Italia, dalle leggi 9 dicembre 1928, n. 2693 e 14 dicembre 1929, n. 2099, che attribuivano veste di organo costituzionale al Gran Consiglio del Fascismo, al quale veniva demandata una funzione consultiva obbligatoria per gli atti del Capo del Governo aventi carattere costituzionale. Occorre ricordare che tra questi atti si annovera addirittura, nel 1939, la creazione (costituente) della Camera dei fasci e delle corporazioni? Ancor più scopertamente, in Germania, l'art. 4 legge 31 gennaio 1934 votata dal *Reichstag* attribuiva al Cancelliere un

tra potere costituente e potere costituito non si applica alle dittature. Il dittatore non si spoglia, proprio perchè tale, del potere di modificare o di derogare dallo stesso ordine da lui costituito: il dittatore è, appunto, *legibus solutus*. E una ritenzione permanente del potere costituente non dimostra che la dittatura non può essere permanente: semmai dimostra, all'opposto, che nessun altro sistema politico può assicurare altrettanto agevolmente la propria longevità e perpetuazione.

Non si può dunque accettare il tentativo (pur lodevole, se si pensa alle circostanze nelle quali scrivevano, per esempio, i costituzionalisti italiani tra le due guerre) di qualificare la dittatura come una forma di Stato o di governo provvisoria. Il diritto pubblico può qualificare un governo, o un organo, come provvisorio solo a condizione che esista una normazione inderogabile per lo stesso *imperium maximum* che ne prestabilisca tassativamente la scadenza (anche se lontana), prevedendo altresì la procedura mediante la quale sostituire e porre termine a quella concentrazione eccezionale di poteri che si dichiara provvisoria. Senonchè questa condizione presuppone che una dittatura sovrana non sia sovrana. Se il dittatore esercita, come tale, un potere costituente, non si vede come un ordinamento giuridico possa riuscire efficace e vincolante in ordine al modo di revocarlo. Vale a dire, non si vede come la dottrina giuridica possa attribuire alla dittatura la caratteristica della temporaneità.[55]

Resta un ultimo argomento: che l'incapacità di risolvere il problema della successione, o meglio di preordinare un regolare meccanismo di successione, costituisce il tallone di Achille dei sistemi dittatoriali. Dal che si può inferire che un sistema ,,senza successione" non è un sistema longevo. Di tutti gli argomenti passati in rassegna, questo sembra il più probante. A tanto maggiore ragione è sintomatico che sia l'argomento al quale si è pensato meno. Detto questo, resta da dire che nemmeno la chiave della ,,successione difficile" prova molto. Non si può sorvolare, infatti, sulla differenza che passa tra *discontinuità* e *transitorietà*. Posto che un sistema dittatoriale è segnato – se dura – da intermittenze, queste intermittenze non sono necessariamente scadenze. Anzi, le probabilità che una crisi di successione si converta in una crisi di regime sono tanto minori, quanto più si affermano gli ,,appa-

potere discrezionale di modificare la costituzione *motu proprio*. Lo stesso vale per la costituzione sovietica: dove e quando finisce il potere costituente di Stalin e dei suoi successori?

[55] Nè vale addurre, come fa lo Schmitt, che il dittatore sovrano è pur vincolato dal raggiungimento di un fine determinato, e cioè non vale evincere la scadenza della dittatura dal conseguimento del suo fine. Il criterio del raggiungimento del fine è la più indeterminata tra tutte le possibili ,,norme programmatiche" a valore precettivo indefinitamente differibile, e non può quindi assumere rilevanza in tema di scadenze.

rati" e le dittature totalitarie. Nei sistemi comunisti, per esempio, appare sempre più evidente che la dittatura si consolida con radici che la morte fisica del dittatore non arriva più a troncare. Se dunque l'ipotesi di una „durata discontinua" è una ipotesi perfettamente plausibile; e se, d'altra parte, non sappiamo trovare nessun ulteriore e migliore argomento per dimostrare che le dittature non possono durare, è giocoforza concludere che l'associazione tra „dittatura" e „brevità" resta tanto indimostrata quanto gratuita.

Il quesito iniziale era: come si dimostra che le dittature sono provvisorie, o transitorie? Come si è veduto, la tesi viene dimostrata all'ombra – è proprio il caso di dirlo – di un coacervo di confusioni, e cioè confondendo, *inter alia*, tra: a) dittatore sovrano e dittatore commissario, b) dittatore-persona e dittatura-istituzione, c) eccezionalità e provvisorietà, d) discontinuità e transitorietà. E siccome attorno al tema della longevità o meno delle dittature si riannodano tutte le fila del discorso, non occorre aggiungere altro a conforto di quanto ci eravamo proposti di documentare: lo stato del tutto embrionale di quel tanto – o di quel poco – che afferisce a una „teoria generale" della dittatura. La lacuna è grossa. Ed è davvero paradossale che mentre le dittature sono in aumento[56], la nostra padronanza conoscitiva del fenomeno sia invece in deperimento.

---

[56] Da una mappa analitica dei regimi politici esistenti (al dicembre 1969) si ricava che, su un totale di 125 stati, circa 56 sono classificabili come dittature, laddove i regimi che danno affidamento di stabilità democratica sono all'incirca 30 (i restanti 39 Stati sono in bilico o a mezza strada). Per quanto impressionistico, il quadro è impressionante. Lo ricaviamo da S. E. Finer, *Comparative Government*, London, Allen Lane Penguin Press, 1970, pp. 575-585.

STANISLAW EHRLICH

STATE AND NATION

I. ORIGIN OF THE STATE AND FORMATION OF THE NATION

The discussion on the nation, still procceding today, commenced with Renan. To this romantic author of Qu'est-ce q'une nation? the nation was a spiritual essence or principle whose leading thread is the commonly inherited memory, the destiny of the community and its will to survive.[1]

J. J. Wiatr correctly introduced into the discussion the conception that it can only revolve around the two poles designated by the symbols culture and state.[2] It is hence necessary to deal with the role of the state organization as a force of social order which is indispensable to the creation of the entity called nation. But it cannot be overlooked that national awareness is also a consolidating force which seeks support in its state organization precisely because it is the only aggregate organization. It is thus often difficult to establish which is primary in the history of individual nations. And all the more so, since development is not denoted only by the interweaving of the two elements: national consciousness and state organization. Other forces too operate here, namely, religion and religious organizations, lay currents of thought, the international relation of forces, etc. In different historical periods each of these factors may become a nation-building force or it may lull emerging national awareness. This is why caution is indicated in assessing these factors .For absolutizing any of them must lead to erroneous conclusions.

In its formative period the state welds together groups of kindred language, religion and customs. A nation bereft of a state structure has a small prospect of survival, since it is weaker than nations which possess their own apparatus of force. The former is constantly endangered and is often helpless

[1] E. Renan, *Qu'est-ce qu'une nation*, Paris, 1882. It should be noted that the background of the study was the severance of Alsace and Lorrain from France after the war of 1870-71.
[2] J. J. Wiatr, *Problematyka narodu z perspektywy nauk politycznych*, report at the all-Polish Political Science Conference, Dec. 1967.

before the latter. The struggle for statehood is hence the most conscious expression of the effort to maintain national distinctness. Moreover, a nation deprived of statehood enjoys small prestige among its own group members, nor can it create an image which arouses the respect of other nations.

A striking phenomenon in the investigation of the state and the nation is the parallelism in the condition of their origin. An external threat (whether real or imagined) plays a dominant role with one and the other. In societies on the threshold of class differentiation as soon as an external factor appears in the shape of a threat from an alien tribe, some groups come forward (sometimes one of the tribes) which rally the scattered defence capacity in order to bring into being a state organization, i.e., an apparatus of force distinct from and standing above the consanguine-tribal society. The nucleus of state organization thus formed creates unifying institutions, brings into being symbols of super-tribal community and accelerates the development of such cultural elements as language and religion, which cement the still incoherent whole. At this stage, the closeness and comprehensibility of various tribal languages play a tremendous role.

The language barrier is an insurmountable obstacle to the integration process for primitive peoples. A community of language, after centuries of the common development of various ethnico-language groups within one state organization, has played a lesser role. This is attested by the Swiss and Alsatians, for instance, who regard themselves as Frenchmen talking German. In reference to the history of France or England, the Breton language in the first case and the Welsh in the second played no integrating role among these ethnic groups. It is only now that the modern Breton and Welsh languages are beginning to play a role in advancing national aspirations.

It follows from the above that the presently rising wave of national awareness is making use of language as an element of national distinctness and separation. Language hence plays this role in various historical periods, depending on concrete situations. There are also contrary examples. For instance, the English speaking Scotch among whom the feeling of national distinctness has gained strength in recent years. It is thus not on the basis of language, but on the tradition of separate statehood that distinct cultures have developed. In short, state organization conquers in the course of the consolidation process the centrifugal forces which hinder the nation-creating mechanism. Such forces are tribal, clan or caste ties and perhaps also language bonds.

An organizational foundation is thus laid for inter-tribal communication, for an extra-tribal material and spiritual culture. The state organization stimulates a propensity for the nation-building process which is reinforced by a state of danger.

This process takes on breadth when the bourgeois system emerges in the womb of feudal society. It takes definite shape in the era of the Renaissance, matures under the influence of the Enlightenment in the period of the bourgeois revolution and in the epoch of romanticism in literature and art which follows. This is at the same time the epoch of revolutionary struggle for national liberation.[3] All these factors draw new strata into the current of national awareness which thus in the course of time become historical strata. But a condition of this development is the acceptance of the existence of certain common interests of all strata. And it is on this basis that a common ideological platform developes.

The nation thus arises as a result of an extended process of integration[4]; while the consolidating nature of national awareness makes it an analogue of the state organization as a universal organization.

This of necessity simplified schema of the development of the state and the nation (which corresponds pretty much to the history of the majority of European nations and particularly to that of the Polish nation) suggests that the origin of the state precedes that of the nation. This consideration is of decisive significance.[5] An eventual loss of statehood does not cancel out the nation-creating process as long as other factors favour it. For the state creates fixed emotional symbols which consolidate the will of future generations to reestablish the state as the all-embracing organization.

R. Aron states: "Une nation est toujours un résultat de l'histoire, une oeuvre des siècles. Elle nait à travers les épreuves à partir de sentiments approuvés par les hommes mais non sans action de la force, force d'une unité politique qui détruit les unités préexistantes, ou force de l'Etat qui met au pas les régions ou les provinces."[6]

But that process did not follow the above scheme in numerous societies. It is necessary to consider varied roads of development.

2. CLASSIFICATION OF THE NATION-FORMATION PROCESS

An analysis of historical data – though limited to generally available sources – leads to the conclusion that the stimulus to nation-building may be not only a

[3] This approximates the position of H. Kohn, *The Idea of Nationalism*, New York, 1960, p. 166.
[4] B. Akzin, *State and Nation*, London, 1964, p. 95.
[5] H. Kohn, *op. cit.*, p. 15; N. Kolesnickij, *Ob etnicheskom i gosudarstvennom razvitiyi sredneekovey Germanii VI-XIV vv.*, Srednive veka 1063, nr. 23, and in Polish literature: J. Bardach, *O powstaniu nowoczesnego narodu litewskiego*, (Emergence of the Modern Lithuanian Nation), Kwartalnik Historyczny, LXXXIII, vol. 2, 1966.
[6] R. Aron, *Paix et Guerre entre les nations*, Paris, 1962, p. 297.

threat from an ethnically alien grouping. It may also be the long lasting pressure from ethnically uniform groups – pressure due to the degradation of the social position of exploited groups which are denied opportunity for improvement. Thus the resurgence of Irish national awareness in the 18th century did not relate to Celtic cultural distinctness. Its source was separate economic interests, the desire to assure the Emerald Isle the same political freedom as existed in England; in a word – it represented a protest against the attempt to convert Ireland into a colony. This ideology was originally transplanted into Ireland by Englishmen. Only as the conflict sharpened did ethnic and language distinctions as well as the common memory of a different and distinct historical development begin to play an ever greater role. This process reached full maturity at the beginning of the present century.

Economic factors were at the foundation of the North American colonies separation from the English metropolis to which they were linked by language, religion, customs and memories of a common historical destiny prior to the emigration. The first 13 state organisms were united by the common threat from the metropolis. They formed a federation to overcome it and thus initiated the process of formation of a national awareness covering the United States. The state borders of the new federation did not result from the revolutionary war of independence, but were delineated by the metropolitan colonial administration.

The emancipation of the Spanish and Portuguese colonies in South America took a similar course, in that respect, as the seceded 13 northern states. They too began to regard the colonial administration as a foreign rule. But these revolutionary movements too basically took shape within the borders of the former colonies.[7] The South American nations were or rather, are being formed within the old colonial administrative borders. This development though has not congealed sufficiently to exclude integration processes.[8] This pertains primarily to the Spanish speaking populations of the Andean and Central American states situated between Mexico and Columbia.

The same pattern of state formation within the colonial boundaries is to be observed in "Black Africa", but there it has often been effected without heightened liberation struggle. Here the state creation process is only in the germ but it is already certain that each of these states will take a different course. It is especially impossible to foresee whether the Balkanization of

---

[7] From that point of view Pope Alexander VI's delimitation of the Spanish and Portuguese possessions approximately in 1493 may be considered the progenitor of today's Brazil.

[8] B. Akzin, *op. cit.*, p. 107.

Black Africa will give way to integration processes leading to the formation of larger national entities.

African states which can relate to some tradition of statehood (Mali, Ghana) have more favourable conditions for crystalizing national awareness than do states which have not gone beyond tribal or early feudal organization. The ability to relate to lost statehood (even centuries ago) is a very important factor which reinforces national awareness after statehood is regained. (Armenia, a number of Arab states which arose after World War II, Georgia, Israel may serve as examples). The aspiration to form a national entity must rest on history. For these are compulsive emotional symbols.

In Algeria the formation of the nation and of the state almost coincided because of the intensity of the national liberation struggle. No one heard of an Algerian nation before that struggle commenced. The three centuries of domination by Turco-Arab corsairs preceding the period of French colonization did not provide any stimulus to the development of a separate national awareness.

In summary, it is possible to distinguish three types of nation creating processes:

a) within the framework of native state organization which arises directly as a result of an external threat,

b) within the boundaries of former colonies which are accepted as the national state borders,

c) the shaping of national entities on the foundation of federated forms of the state.

J. J. Wiatr proposes a different classification. He distinguishes several basic types of solution of the problem of multi-ethnic states: a) federated multi-national states, b) binational or multi-national states without a federal structure, c) national states guaranteeing their minorities free cultural development, e) multi-ethnic states based on national (ethnic) seggregation.[9]

An analysis of the different variants of historical experience in this respect suggests certain general propositions:

1) The emergence of the state, or at least of a state organism, always precedes the formation of the nation;

2) because of its general all-embracing character, the state organization is the decisive factor of the nation-creating process, the guarantee of its stability and development. A nation which loses its statehood faces a threat to its very existence.

This element is lacking in Stalin's once famous definition of the nation as a

[9] *Naród i panstwo* (Nation and State), Kultura i Spoleczenstwo, vol XII, 3, 1968.

stable community of language, territory, economic life and psychological make-up manifested in a common culture.[10] It thus refers in general to territory, which must not necessarily be the territory of a state. Then it includes as a component of the definition, despite historical facts to the contrary, a common language which may, but must not necessarily, be a factor in welding of a national community.[11]

But it must be said for the sake of historical accuracy, that Stalin's definition – like all his work on the national question – was inspired by Lenin, as is known. It played an important role in the polemic against Austro-Marxism and constituted a foundation of the national policy of Marxist parties. Unfortunately, Stalin's later dogmatism prevented the confrontation of his view by later theoretical reflection.

3. THE NATIONAL CHARACTER AND POLITICAL INSTITUTIONS

There is an extensive and never ending literature on the question of the conditioning of national character by the geographical environment. It may suffice to cite the name of Montesquieu and to point to the numerous variants of geographic determinism. This question has fascinated many investogators. There are also those who, like Herder and Savigny, seek the source of legal institutions in the national spirit (Volksgeist).

The second half of the 20th century is marked by a desire to rationalize the question of the national character. And this concept is reduced to differences in customs, manners and habits, in institutions, norms, standards and values.[12] But the question arises how national character is influenced by political institutions. The link between them cannot be of the cause-effect character, but rather one of mutual interaction. While it is difficult to measure the degree of influence of the latter on the former, there can be no doubt of their interaction. Thus, it is undeniable that the Russian national character was moulded by the absolutism of Ivan the Terrible as later by Peter the Great. Nor can it be doubted that is was shaped after the October Revolution by the political institutions of the Soviet state just as the British parliament, local self-government, judiciary control of the administration and the retained monarchical institutions influenced the mode of behaviour

---

[10] *Marxism and the National Question*, J. V. Stalin, Works, Foreign Languages Publishing House, Moscow, 1953, vol. 2, p. 307.

[11] This is confirmed by the often cited classical examples of Switzerland.

[12] H. C. J. Dnijker and N. H. Frijda, *National Character and National Stereotypes*, series „Confluence", Amsterdam, 1960, p. 36. F. Hertz notes the influence of parliament on the shaping of national unity in England, France and Germany. *Nationality in History and Politics*, London, 1945, p. 211 ff.

in public affairs of the English nation. There can be no doubt either that the institution of the referendum and other expressions of direct democracy shaped the national character of the Swiss.

As E. Barker correctly wrote: "We are formed by what we formed ourselves. We project our ideas into the world of reality and when they take on shape and form, they shape and form us. The nation creates the system of law and government and that system, within certain limits, creates the national character".[13] The expression of agreement with Barker applies to his scheme of mutual interaction between political institutions and national character, but beyond that his formula requires correction. The dominant (ruling) class which shares certain traits with the rest of the nation, constitutes an elite which creates political institutions, but it does so primarily in its own interests.

The student of institutions who adheres to the above viewpoint concentrates on their structure and socio-political functions. But that is only one side of the matter. Political institutions may in the course of time mould the character of an entire nation. In socialist society the Peoples' Councils (or Soviets) possess all requisites for becoming such institutions. This flows from the fact that they embody the broad interests of the masses with whom they are in daily contact. They influence in this manner the attitudes and dispositions of society which becomes accustomed to them. This is the case when information on the activity of these political institutions reaches deeply into the broad strata who accept them as their own. These institutions then become carriers of the national tradition, understood as something more than various expressions of folklore. Only in that sense may one speak of the mutual interaction between political institutions and national character. The former may mould the latter, but under the conditions that they are regarded as endemic, that they are internalized.

4. THE FEDERATED STATE AND THE NATIONAL QUESTION

Much attention has been devoted in modern times, and particularly in recent decades, to the question of federalism (understood as the views and movements of advocates of deferation) and to federation as such, regarded as a state form. In the interwar period the federal organization of the state was presented as a variant of the broader question of decentralization, but it was not very significant in face of the strong centralization currents. The present period is marked by a revival of interest in the matter. There are several reasons for this: a) the appearance of new federations, b) the wide diffusion

---

[13] E. Barker, *National Character*, London, 1927, p. 19.

of the idea of and attempts to solve the national question on the basis of the federated organization of the state, c) the tendency to economic and political integration (the Common Market in Europe, plans for similar South American and other economic communities) which opens up the possible perspective of federating the state organizations involved, d) the anti-centralism moods which have assumed the form of movement for the organization of regional states (France, England, etc.).

The federal form may be used for various political objectives as the political organization of states which are uniform nationally but heterogeneous in tradition and economic structure (Germany of the First Reich, the Weimar Republic and the German Federal Republic), as a multi-national state or as a state composed of many national groups (Canada, the USA, Switzer land, the Soviet Union, Jugoslavia). It is a form of state which provides possibilities for solving ethnical conflicts and for peaceful co-existence. But although they seem to serve the same end, there are serious differences between these federations of varied national character. Even if they really did serve the same purpose, these different forms of federation at any rate serve it in various ways and this has its consequences.

With favourable social conditions and with the creation of appropriate political and legal institutions, the federal form may become the framework for crystalized national awareness. But attainment of that end would require fulfillment of one condition: the boundaries of the federation members should at least approximately correspond to the areas inhabited by the given ethnico-language groups. It is evident that this sort of federation cannot be regarded as a decentralization variant. For the genetic and functional differences outweigh structural similiarity.

The USA does not fulfill the above condition, since its various ethnic groups are not only not organized in individual states but are molten into one American nation although they cultivate differences which stem from their places of origin. This is expressed in the American formula "Unity through difference". Thus by accenting national awareness ("Americanism") there has emerged in the USA a number of subcultures of different national groups which harbour feelings of distinctness.

Nor does the Swiss federation answer to the postulate of delineating the borders of its members according to the ethnico-language criterion. Since the federation is subdivided into groups of German, Romanesque and Italian Cantons and not into three or four Cantons corresponding to ethnico-language territory. This US-Swiss parallelism attests to the fact that not the national question but local tradition was the basis for differentiation in the federation. National awareness there transcends ethnico-language lines and

by embracing all the Cantons creates the feeling of Swiss national distinctness. This was crystalized by the threat from the neighbours who belong to
the same ethnic and language stock as the basic groups of Cantons.

The Soviet state was the first in history to use federation as an instrument
for solving the national question. The road to this was cleared by the Marxist
doctrine which linked the national question with statehood and territory. In
the controversy with the Austro-Marxists who advanced the slogan "national cultural autonomy,"[14] the Bolsheviks defended the conception "national territorial autonomy" as concretizing during World War I the principle of the right of nations to self-determination, conceived as the right to
independent state existence. The Bolsheviks were thus committed already
before the revolution to the two ways of solving the national question. But
there was neither clarity nor unanimity on the third way-federation.

The Bolsheviki's resistance to federalism is fully understandable if it is
borne in mind that Marx and Engels were consistent advocates of democratic
centralism and opponents of federalism. They feared the danger of particul-
arism in the Bakunin or Proudhon variety of federalism,[15] for it embodied
the Anarchist negation of the state in general, hence also of the proletarian
state. Marx and Engels detested the petty-bourgeois conceptions "free union
of Communes" and the "free union of individuals."[16]

Lenin took the same position as Marx and Engels. He saw two alternative
solutions: territorial autonomy or severance of state ties with the dominant
nation. Federation was permissible only in exceptional cases.[17] In the *State
and Revolution* when discussing the views of Marx and Engels on federation,
Lenin gives primacy to state unity and democratic centralism while stressing
that federalism may only be a transitional form which is permissible only in
exceptional situations – as one way of solving the national question.[18]

In March 1917 Stalin published an article under the significant title
Against Federalism.[19] But the realities of the situation: the need to find an
attractive formula of state organization for the nations and nationalities in-

[14] On this topic see R. Schlesinger, *Federalism in Central and Eastern Europe*, London,
1945, ch. IX.
[15] Proudhon who dealt with the question of federalism many times in his writings
devoted a special study to it entitled *Du principe fédératif*.
[16] It is characteristic that the Parisian Communards who were disciples of Proudhon
called themselves „federalists".
[17] Karl Marx-Friedrich Engels, Briefwechsel, Berlin, 1950, vol. 3, p. 525.
[18] Engels in *The Critique of the Erfurt Programme* declares his opposition to the „Swisse-
rization" of Germany, i.e., her federalization. He regards it permissible to introduce that
form in Great Britain where "four nations inhabit two islands", hence turning it into a
multi-national state.
[19] J. V. Stalin, Works, (Pol.) *op. cit.*, vol. 3, pp. 25-33.

habiting the former Tsarist empire inclined the Bolshevik Party to change its position. They thus came to accept shortly after the revolution a federal form of state within which was applied the principle of territorial autonomy, but as a subordinate form.[20]

With the elimination of the distortions of the Stalin period and extension of the rights of the Union Republics,[21] the Soviet federated organization becomes a consistent instrument for solution of the national question. And this has not been without effect on the the changes in the state organizations or on the states with ethnic antagonisms.

In India the Congress Party under Nehru's leadership opposed the creation of new states in accordance with the linguistic aspirations of various ethnic groups. It gave priority to economic development which, it was thought, should primarily determine state borders. But the ferment which engulfed vast stretches of the country in 1947-1959 compelled the government to retreat. Thus new states appeared on the scene: Andhra (carved out of the state of Madras and inhabited by a Telugu speaking population), Bombay was divided into two states (since the Maharashtra speaking population refused to remain part of it) and after years of armed conflict a state was created inhabited by the Naga tribe.[22]

It is difficult to foresee whether the federated form of state in India will lead to the crystalization of a multi-nation state or if there will emerge a Hindu national awareness on the basis of the coexistence of local ethnico-language substructures. The transformations have not lasted long enough.

There is a tendency in other states towards change in state organization in compliance with national aspirations. The French population of Quebec demands the reorganization of the Canadian federation in such a way as to guarantee them separate national rights. If that happens it would mark the first case of a capitalist state accepting the Soviet solution. Characteristic too are the federalist tendencies in Belgium expressed by the Flemish communities,[23] the autonomist programmes of the Scotch and Welsh nationalists, of the Catalonians and Spanish Basques or of the Jurassic Franconian minority in the Bern Canton.

The following general conclusion suggests itself. It is necessary to distin-

---

[20] On the reversal of the position of the Bolshevik Party on the question of federalism see W. Suchecki, *Geneza federalismu radzieckiego* (The Origin of Soviet Federalism), Warszawa, 1961, ch. II.

[21] S. Ehrlich, *Ustroj Zwiazku Radzieckiego* (The Social System of the Soviet Union), Warszawa, 1954, p. 171 ff.

[22] M. Weiner, *The Politics of Scarcity, Public Pressure and Political Response in India*, Chicago, 1962, pp. 34, 58, 208, 231.

[23] The Belgian federalists aim to establish a two-member Flemish-Walloon federation.

guish two basic models of federalism: the highly developed form of decentralization or the macro-decentralized federation (which differs genetically from the "ordinary" decentralization[24]) on the one hand, and federation as an instrument for resolving conflicts within a multi-nation state, on the other. This latter differs again from other federations not only genetically but also functionally. Furthermore, federalist and autonomists' movements indicate that national aspirations seek gratification if not within its sovereign state than at least in a separate state organism within a large state entity of a federated character.

[24] C. J. Friedrich calls attention to the difficulty of introducing such a differentiation in *Constitutional Government and Democracy. Theory and Practice in Europe and America,* New York-London, 1950, p. 190. See also his report at the Oxford Round Table Conference: *Federalism, National and International in Theory and Practice,* 1963 (mimeographed) in which federalism is treated as a dynamic process. M. Duverger sees only a difference in degree between decentralization and federation. See his *Droit constitutionnel et institutions politiques,* Paris, 1955, p. 74.

UDO BERMBACH

REPRÄSENTATION, IMPERATIVES MANDAT UND RECALL: ZUR FRAGE DER DEMOKRATISIERUNG IM PARTEIENSTAAT

I

Dass Demokratie heute in aller Munde ist, „als Schlagwort zur Begründung jedweder Politik ins Feld geführt"[1] wird, ist oft genug und zurecht bemerkt worden. Wie immer politische Organisationsformen der Gegenwart verfasst sein mögen, die demokratische Intention wird ihnen als legitimierendes Theorem von vornherein unterschoben, nicht zuletzt in der Absicht, mögliche Kritik am sozio-politischen Kontext, den Aufweis der demokratischen Bruchstellen im Verfassungsgefüge antizipierend als potentiell undemokratisch verwerfen zu können. Die damit zugleich betriebene inhaltliche Entleerung demokratischer Begrifflichkeit führt gelegentlich zu paradoxen Aussagen, so beispielsweise dann, wenn in offenbarer Verkehrung politischer Verhältnisse behauptet wird, einen anderen als den demokratischen Staatstyp gebe es heute nicht mehr[2], was wohl meint, dass alle Verfassungen der Welt sich mittlerweile zu demokratischer Selbstlegitimierung gezwungen sehen.

Wenn solche Auffassungen ernsthaft vorgetragen werden können, dann hängt dies mit der Problematik des Demokratie-Begriffes selber nicht unwesentlich zusammen, freilich nicht, wie gelegentlich absichtsvoll unterstellt wird, in einem bloss definitorischen Sinne, denn: „was gewöhnlich als ‚Definition' politischer Begriffe hingestellt wird, ist in Wirklichkeit eine Frage der Sichtbarmachung einer Grunderfahrung politischer Natur und ihrer zutreffenden Bezeichnung"[3]. Der Begriff der Demokratie hat sich in der neueren historischen Entwicklung immer eng verbunden mit Vorstel-

---

[1] Carl Joachim Friedrich, *Demokratie als Herrschafts- und Lebensform*, Heidelberg, 1959, S. 9.

[2] Herbert Krüger, *Allgemeine Staatslehre*, Stuttgart, 1966, S. 368.

[3] Carl Joachim Friedrich, *Prolegomena der Politik, Politische Erfahrung und ihre Theorie*, Berlin, 1967, S. 10.

lungsgehalten, die – ausgerichtet am antiken Polis-Ideal[4] – auf die Formel der
Identität von Regierenden und Regierten gebracht worden sind, nicht so sehr
in einem dieser unterschiedlichen historischen Entwicklung demokratischer
Bewegungen und ihrer institutionellen Umsetzung real entsprechendem
Sinne, wohl aber in dem des hypothetischen Einverständnisses darüber, dass
politische Gleichheit, verbunden mit dem Postulat der Volkssouveränität,
auf die Verminderung von Herrschaft über Menschen abzielen müsse, die
ständige Beteiligung aller Bürger am politischen Willensbildungs- und Entscheidungsprozess als Akt von Selbstbestimmung zu begreifen habe[5]. Und
residual wirkt solche Orientierung an herrschaftsfreier Identität selbst noch
in jenen instrumentalisiert gedachten Demokratiebegriffen nach, die selber
wesentlich als Herrschafts- und Regierungstechnik, wenngleich der öffentlichen Kontrolle zugänglich, entworfen worden sind[6].

Demgegenüber bewahrte der Repräsentationsbegriff einen doppelten
Aspekt: noch im Vorgang der Adaption jener Inhalte, die auf seinen vordemokratischen, ständischen Ursprung deuten[7], verbleibt die Präsenzfiktion,

[4] Vgl. dazu neuerdings Christian Meier, *Entstehung des Begriffs „Demokratie"*, *Vier
Prolegomena zu einer historischen Theorie*, Frankfurt/M., 1970; darüberhinaus für das
hier vertretene Demokratieverständnis informierend Klaus von Beyme, „Artikel Demokratie", in: *Sowjetsystem und Demokratische Gesellschaft*, Bd. I., Freiburg, 1966 sowie Walter Euchner, „Demokratietheoretische Aspekte der politischen Ideengeschichte", in:
Politikwissenschaft, Eine Einführung in ihre Probleme, hrsg. von Gisela Kress und Dieter
Senghaas, Frankfurt/M., 1969, S. 38ff, bes. S. 45ff.

[5] Diese Interpretation des Identitätspostulates findet sich bei Autoren völlig unterschiedlicher Richtungen; vgl. z. B. Carl Schmitt, *Verfassungslehre*, Berlin, 1957, S. 204ff;
Gerhard Leibholz, *Das Wesen der Repräsentation und der Gestaltwandel der Demokratie
im 20. Jahrhundert*, Berlin, 1966, bes. S. 28ff; für die neomarxistisch orientierte Demokra-
tiediskussion Gert Schäfer, „Demokratie und Totalitarismus", in: *Politikwissenschaft*,
S. 105ff und Johannes Agnoli/Peter Brückner, *Die Transformation der Demokratie*,
Berlin, 1967. Es braucht wohl nicht betont zu werden, dass hier die Problematik dieses
Identitätspostulates – und damit der unterschiedlichen Demokratiebegriffe- nicht eingehend diskutiert werden kann.

[6] Selbst engagierte Verfechter eines konservativ-repräsentativen Demokratiebegriffes,
wie beispielsweise Manfred Hättich, bemerken gelegentlich: „Fundamentales Prinzip der
Demokratie ist es, dass. . . die faktische Machtbasis mit der Legitimationsbasis identisch
sein soll. Dieses Prinzip verlangt eine Organisation des Systems, in der sich die faktisch
jederzeit mögliche Auseinanderentwicklung von Machtbasis und Legitimitätsbasis immer
wieder in Richtung auf die Identität einpendelt", Manfred Hättich, „Innerparteiliche Demokratie und politische Willensbildung", in: *Beilage zur Wochenzeitung Das Parlament*,
B 49/1969, S. 31.

[7] Hinweise auf den vordemokratischen Ursprung des Repräsentationsgedankens finden
sich in der Literatur immer wieder. Aus der Fülle dieser Literatur sei verwiesen auf Carl
Joachim Friedrich, *Der Verfassungsstaat der Neuzeit*, Berlin, 1953, bes. S. 298 ff; die Arbeiten von Ernst Fraenkel, *Deutschland und die westlichen Demokratien*, Stuttgart, 1968
sowie dessen Artikel: „Repräsentation" in: *Staat und Politik*, hrsg. von Ernst Fraenkel
und Karl Dietrich Bracher, Frankfurt/M 1969; schliesslich das wichtige Buch von Christoph Müller, *Das imperative und freie Mandat, Überlegungen zur Lehre von der Repräsen-*

die Vorstellung also, der – wie immer gewählte oder bestimmte – Repräsentant handele in willentlicher und inhaltlicher Übereinstimmung mit dem Repräsentierten, welcher aus unterschiedlichen Gründen am Ort der Entscheidung nicht anwesend sein, die Entscheidung selber folglich auch nicht treffen kann, doch aber darauf vertraut, dass sein Interesse repräsentiert werde. „Durch die Repräsentation wird somit etwas als abwesend und zugleich doch gegenwärtig gedacht"[8]. Die bürgerliche Revolution freilich hat solches Repräsentationsverständnis verändert, hat ihm den Vollzug jener transpersonalen Interessen[9] hinzugefügt, die als regulative Ideen mit unterschiedlichen Inhalten der praktischen Politik ihre bestimmende Richtung gcbcn sollten. Die interpretatorischen Probleme, die der Repräsentationsbegriff aufgrund dieser tiefgreifenden gesellschaftlichen Veränderungen erfahren hat, die immer wiederholte Anstrengung, seine allmähliche Instrumentalisierung – als Technik zur Besetzung von Herrschafts – und Führungspositionen – durch ideologische Überhöhung zu kompensieren, brauchen hier weder in ihrer historischen noch literarischen Entwicklung nochmals auch nur kursorisch verfolgt zu werden; sie sind hinreichend bekannt[10]. Für die folgenden Erwägungen bleibt davon einzig entscheidend, dass die historisch begründbare „Strukturwidrigkeit"[11] des repräsentativen und direktdemokratischen Prinzips als eine idealtypische begriffen wird, denn: „In der Wirklichkeit des politischen Lebens gibt es ebensowenig einen Staat, der auf alle Strukturelemente des Prinzips der Identität, wie einen Staat, der auf alle Strukturelemente der Repräsentation verzichten könnte... Diese beiden Möglichkeiten, Identität und Repräsentation, schliessen sich nicht aus,

---

tation des Volkes, Leiden, 1966, und die je nützliche Überblicke vermittelnden Sammelbände *Zur Theorie und Geschichte der Repräsentation und Repräsentativverfassung*, hrsg. von Heinz Rausch, Darmstadt, 1968; J. Roland Pennock/John W. Chapman (Ed.), *Representation*, Nomos X, New York, 1968.

[8] Gerhard Leibholz, *Das Wesen der Repräsentation*, a.a.O. S. 26. Man könnte hierin den Versuch sehen, Repräsentation ebenfalls identitär zu interpretieren – was ja auch westlichem Repräsentationsverständnis entspricht.

[9] Neben Burke's Rede an die Wähler von Bristol ist dieser Umbruch wohl klassisch formuliert worden von Abbé Sieyès. Vgl. dazu Carl Joachim Friedrich, *Der Verfassungsstaat der Neuzeit*, S. 298 ff; Karl Loewenstein, *Volk und Parlament nach der Staatstheorie der französischen Nationalversammlung von 1789*, München, 1922, bes. S. 1ff; Martin Draht, *Die Entwicklung der Volksrepräsentation*, Berlin, 1954; und neuerdings Eberhard Schmitt, *Repräsentation und Revolution, Eine Untersuchung zur Genesis der kontinentalen Theorie und Praxis parlamentarischer Repräsentation*, München 1969.

[10] Vgl. die schon in Anm. 7 erwähnten Sammelbände. Zum Aspekt der Instrumentalisierung des Repräsentationsgedankens vgl. Hanna F. Pitkin, *The Concept of Representation*, Berkeley and Los Angeles, 1967.

[11] So Ernst Fraenkel, „Die repräsentative und plebiszitäre Komponente im demokratischen Verfassungsstaat", in: *Deutschland und die westlichen Demokratien*, S. 81 ff.

sondern sind nur zwei entgegengesetzte Orientierungspunkte für die konkrete Gestaltung der politischen Einheit"[12].

Dies letztere mit aller Deutlichkeit festzuhalten, gebietet zwingend die
mittlerweile eher verwirrend denn klärend wirkende Diskussion des demokratischen Identitätspostulates. Nicht zuletzt der permanent steigende
Komplexitätsgrad einer arbeitsteilig organisierten Industriegesellschaft
scheint den ursprünglich identitären Demokratiebegriff in seiner Funktion der Richtungssymbolisierung infrage zu stellen, darauf abzuzielen, die
angeblich konzeptionelle Enge in institutionell breit angelegter Vermittlung
zu durchbrechen, anders formuliert: mit Repräsentation real zu versöhnen,
wobei der postulatorische Aspekt – selbst dann, wenn komplexe Struktur-
modelle notwendigerweise mit Partial-Identitäten arbeiten – allerdings verloren geht. Durchsetzt mit Elementen des liberalen Repräsentationsgedankens, konfrontiert mit eben jenen Problemen institutioneller Transformation
von „Volkssouveränität" und kaum mehr länger vom Interesse an der Einschränkung politischer und sozialer Herrschaft getragen[13], weil letztere
prinzipiell akzeptiert ist und sich nur noch als Problem kontrollierter staatlicher Verantwortung zu stellen scheint[14], wird Demokratie in diesem Verständnis einer liberal-parlamentarischen Version primär in der Verbindung
von Rechtsstaatsgedanke und gesellschaftlichem Pluralismus begriffen[15].
Das führt freilich, konsequent durchdacht, am Ende zu einer beträchtlichen
Verengung des überkommenen Demokratieverständnisses, nicht zuletzt weil
es grosse Bereiche gesellschaftlichen Handelns – so etwa den der Wirtschaft –
privatisiert und jenem nicht mehr zuordnet, zugleich aber damit die Möglichkeit eröffnet, dass eben jene als privat sich erklärenden Interessen „im
Schutz der liberalen Rechtsnorm"[16] in den politischen Bereich zurück-
kehren, sich hier durchzusetzen suchen. In dem Masse, wie dieses reduzierte
Demokratieverständnis sich ausbreitet, Gesellschaft normativ ausrichtet,
wie es das „politische System" gegenüber anderen aus- und abgrenzt und es

[12] Carl Schmitt, *Verfassungslehre*, S. 205 ff; vgl. auch vom selben Verfasser: *Die geistesgeschichtliche Lage des heutigen Parlamentarismus*, Berlin, 1961.

[13] Gert Schäfer, *Demokratie und Totalitarismus*, a.a.O., S. 113 f.

[14] Als Beispiel mag der Verweis auf Karl Loewenstein, *Verfassungslehre*, Tübingen
1961, genügen, in welcher der Autor ein differenziertes Pluralismus-Modell entwickelt, das
die einzelnen, mehr oder weniger autonomen Teilsysteme gegenseitig ausbalanciert und
kontrolliert, damit zugleich Machtmissbrauch zu verhindern sucht, ohne doch die Stärke-
verhältnisse dieser Teilsysteme, ihre gesellschaftlichen Bedingungen und daraus resut-
lierend Durchsetzungschancen eingehend zu diskutieren.

[15] So weitgehend die verschiedenen Arbeiten von Ernst Fraenkel; vgl. darüberhinaus
auch Ernst Fraenkel, Kurt Southeimer, Bernhard Crick, *Zur Theorie der pluralistischen
Demokratie*, Bonn, 1969.

[16] Jürgen Habermas, „Reflexionen über den Begriff der politischen Beteiligung", in:
Friedeburg/Habermas/Oehler/Weltz (Hrsg.), *Student und Politik*, Neuwied 1969, S. 24.

einer vermeintlich autonomen Gesetzlichkeit zu unterwerfen sucht[17], damit aber auch Gesellschaft als eine zusammenhängende in voneinander abgesonderte, partikulare Subsysteme spaltet, die vorgeblich je eigener Sachgesetzlichkeit zu gehorchen haben, gewinnen jene Vermittlungsorgane – die politischen Parteien – an entscheidender Bedeutung: denn ihnen als den Transmissionsriemen gesellschaftlicher Willensbildung wird die Aufgabe zugesprochen, die eben aufgehobene Einheit von Gesellschaft, die ja keineswegs eine bloss fiktive ist, wenigstens instrumental wieder herzustellen, was freilich nicht heisst, dass dies sich tatsächlich realisiert.

Bedeutung und Funktion von Parteien als der zentralen intermediären Hilfsorgane eines liberal-repräsentativ strukturierten Verfassungsstaates, der freilich die demokratische Idee der Selbstbestimmung noch in ihrer repäsentativen Verkapselung mit sich führt, sind mit deren historischem Aufkommen gesehen[18], über lange Zeit hin allerdings nicht akzeptiert worden[19], nicht zuletzt deshalb, weil den liberalen Parteitheoretikern „die Selbstaufhebung der Parteien und ihr Einmünden in den Staat, der als mit den gesellschaftlichen Gesamtinteressen homogen gedacht wird, als optimaler politischer Zustand"[20] erschien. Erst der moderne Parlamentarismus des zwanzigsten Jahrhunderts hat jene Verachtung subsidiärer Hilforgane zurückgenommen und sich bewusst parteienstaatlich organisiert, damit zugleich begriffen, dass er sich der Parteien zur Organisierung des politisch aktiven Teils seiner Bürger bedienen muss, um in unterschiedlichen Akten und Verfahren der Beteiligung wie der Akklamation den dauernd anfallenden Legitimitätsbedarf abdecken zu können, der zu seiner langfristigen Stabilisierung notwendig wird. In der Bundesrepublik ist spätestens nach den – vor allem während der sechziger Jahre intensiv geführten – Debatten um Rang und Bedeutung der Parteienstaatslehre[21] die Position der Parteien im Verfas-

---

[17] Charakteristisch dürfte dafür der systemtheoretische Ansatz sein; vgl. beispielsweise Niklas Luhmann, „Soziologie des politischen Systems", in: *Kölner Zeitschrift für Soziologie und Sozialpsychologie*, 1968, S. 705 ff, der hier wie in seinen zahlreichen anderen Arbeiten den gemeinten Sachverhalt prägnant formuliert; kritisch dazu Jürgen Habermas", Zur Logik der Sozialwissenschaften", in: *Philosophische Rundschau*, Beiheft 5, 1967.

[18] Vgl. Kurt Lenk/Franz Neumann, *Theorie und Soziologie der politischen Parteien*, Neuwied, 1968, S. XXI.

[19] Dazu Erwin Faul, „Verfemung, Duldung und Anerkennung des Parteiwesens in der Geschichte des politischen Denkens", in: *Politische Vierteljahresschrift*, 1964, S. 60 ff.

[20] Kurt Lenk/Franz Neumann, *Theorie und Soziologie der politischen Parteien*, S. XXXII.

[21] Die Parteienstaatslehre ist entwickelt worden vor allem in den verschiedenen Arbeiten von Gerhard Leibholz. Vgl. vor allem *Strukturprobleme der modernen Demokratie*, Karlsruhe, 1958; „Verfassungsrechtliche Stellung und innere Ordnung der Parteien", in: *Verhandlungen des 38. Deutschen Juristentages 1950*, Tübingen, 1951; ebenso Hans Justus Rinck, „Der verfassungsrechtliche Status der Parteien in der Bundesrepublik", in: *Die*

sungssystem einigermassen umschrieben: sie gelten, zumal nach den zahl-reichen einschlägigen Urteilen des Bundesverfassungsgerichts[22], als ein „verfassungsrechtlich notwendiger Bestandteil der freiheitlichen demokra-tischen Grundordnung", die mit „ihrer freien, dauernden Mitwirkung an der politischen Willensbildung des Volkes eine ihnen nach dem Grundge-setz obliegende und von ihm verbürgte öffentliche Aufgabe"[23] zu erfüllen haben.

Solch funktionale Zuweisung, von den Parteien bzw. ihren Führungs-stäben selber beschlossen, macht die inzwischen gewonnene Position deut-lich. Im Unterschied zu früheren deutschen Verfassungen, welche die Parteien allenfalls als „extrakonstitutionelle Erscheinungen"[24] gelten lassen wollten, erhebt das Grundgesetz diese in den Rang konstitutioneller Or-gane, wenngleich ihre Aufgabe im Rahmen der allgemeinen politischen Willensbildung auf „Mitwirkung" begrenzt wird[25]. Wie immer eine solche Bestimmung rechtlich zu bewerten sein mag – die Auffassungen gehen, was leicht zu vermuten steht – erheblich auseinander[26], entscheidend bleibt, dass den Parteien die organisatorische Vermittlung zwischen institutionalisierter Staatlichkeit und gesellschaftlicher Pluralität zugewiesen wird.

Die Konsequenzen dieses Sachverhaltes sind allerdings umstritten. Während einerseits die Rolle der modernen Parteien gesehen, bejaht und

moderne Demokratie und ihr Recht, Festschrift für Gerhard Leibholz, Bd. II, Tübingen, 1966. Aus der kaum mehr überschaubaren, kritischen Literatur zur Parteienstaatsthese siehe etwa Ernst Fraenkel, *Deutschland und die westlichen Demokratien*, bes. S. 63 ff; Wilhelm Hennis, „Amtsgedanke und Demokratiebegriff", in: *Politik als praktische Wissenschaft*, München, 1968; Konrad Hesse, „Die verfassungsrechtliche Stellung der politischen Parteien im modernen Staat", in: *Veröffentlichungen der deutschen Staats-rechtslehrer*, Berlin, 1959; Christoph Müller, *Das imperative und freie Mandat*, Leiden, 1966; Winfried Steffani, „Zur Kritik am Parteienstaat und zur Rolle der Opposition", in: *Beilage zur Wochenzeitung Das Parlament*, B 45/1965; Irenäus K. Underberg, „Zu Wahl-rechts- und Parteienstaatstheorie von Gerhard Leibholz", in: *Verfassung und Verfassungs-wirklichkeit*, Jahrbuch 1967, hrsg. von Ferdinand A. Hermens, Köln und Opladen, 1967, S. 222 ff.

[22] Vgl. dazu Wilhelm Henke, *Das Recht der politischen Parteien*, Göttingen, 1964, bes. S. 12 bis 26 (mit ausführlichen Literaturhinweisen); ebenso Maunz-Dürig, *Grundgesetz-kommentar*, Art. 21 und Art. 38 GG.

[23] Gesetz über die politischen Parteien (Parteiengesetz) vom 24. Juni 1967, BGBl I S. 773, § 1 (Verfassungsrechtliche Stellung und Aufgaben der Parteien).

[24] So Heinrich Triepel in seiner nachmals berühmt gewordenen Rektoratsrede, *Die Staatsverfassung und die politischen Parteien*, Berlin, 1928; vgl. auch die entsprechenden Beiträge in Kurt Lenk/Franz Neumann, *Theorie und Soziologie der politischen Parteien sowie Beiträge zur allgemeinen Parteienlehre, Zur Theorie, Typologie und Vergleichung politischer Parteien*, hrsg. von Gilbert Ziebura, Darmstadt, 1969.

[25] Diese Problematik wird eingehender erörtert bei Wilhelm Grewe, „Zum Begriff der politischen Partei", in: *Um Recht und Gerechtigkeit, Festgabe für Erich Kaufmann*, Stutt-gart, 1950.

[26] Literaturhinweise bei Maunz-Dürig, *Grundgesetzkommentar*, Art. 21 GG.

rechtlich zu fassen versucht wird, wenngleich in der Absicht, bei prinzipieller Trennung von Staat und Gesellschaft[27] diese Parteien aus dem genuin staatlich verstandenen Bereich herauszuhalten, sie auf ihre gesellschaftliche Vermittlungsfunktion zu beschränken, soweit die funktionale Zuweisung innerhalb des Gesamtsystems dies eben erlaubt[28], hat etwa Leibholz, orientiert an den sich ausschliessenden Strukturprinzipien von liberaler Repräsentation und direkter Demokratie, seine Parteienstaatsthese formuliert. Für ihn treibt die Ablösung des ursprünglich auf Diskussion, Öffentlichkeit und Interessensausgleich einer homgenen Gesellschaftsschicht basierten liberalen Honoratiorenparlamentarismus zwangsläufig in den Parteienstaat hinein, der „seinem Wesen wie seiner Form nach nichts anderes wie eine rationalisierte Erscheinungsform der plebiszitären Demokratie oder – wenn man will – ein Surrogat der direkten Demokratie im modernen Flächenstaat ist"[29], sich damit aber auch abgrenzt von allen Formen vorausgegangener parlamentarischer Organisation, denn: „Bei dieser parteienstaatlichen Demokratie handelt es sich in Wahrheit um eine Form der Demokratie, die in ihrer grundsätzlichen Struktur von der liberal-repräsentativen, parlamentarischen Demokratie nicht nur im technischen Detail, sondern in allen wesentlichen Punkten völlig verschieden ist"[30].

II

Es ist hier nicht die Absicht, im folgenden die von Leibholz mit dem Ziel innerer Konsistenz entwickelte Parteienstaatsthese zu entfalten, die zahlreichen kritischen Einwände[31] mit einiger Vollständigkeit zu behandeln. Bei aller Problematik indessen, die diesem Ansatz und seiner impliziten Konsequenzen sicherlich anhaften, die etwa im unreflektierten Übersehen der sozio-ökonomischen Bedingungen des modernen Parteienstaates sowie seiner innerorganisatorischen Dynamik und Verselbständigungstendenzen eklatant zutage treten, bleibt soviel doch von entscheidender Wichtigkeit: der Hinweis nämlich, dass eine moderne Demokratie, auch wenn sie ihr nor-

---

[27] Vgl. u.a. Horst Ehmke, „Staat und Gesellschaft als verfassungstheoretisches Problem", in: *Staatsverfassung und Kirchenordnung, Festgabe für Rudolf Smend zum 80. Geburtstag*, Tübingen, 1962, S. 23 ff und Ernst Maste, „Die Unterscheidung von Staat und Gesellschaft und ihre Beziehung zum Staatsbegriff", in: *Beilage zur Wochenzeitung Das Parlament* B4/1966.

[28] Im Anschluss an Werner Weber, *Spannungen und Kräfte im westdeutschen Verfassungssystem*, Stuttgart, 1958, hat Wilhelm Henke, *Das Recht der politischen Parteien,* diese Position juristisch zu entwickeln versucht.

[29] Gerhard Leibholz, *Strukturprobleme der modernen Demokratie*, S. 93 f.

[30] Ebd.

[31] Vgl. die in Anm. 21 genannte Literatur.

matives Selbstverständnis am demokratischen Identitätspostulat ausrichtet[32], unter den Bedingungen einer hochgradig arbeitsteiligen Gesellschaftsstruktur kaum umhin kann, den alten Repräsentationsgedanken instrumentalisiert aufzunehmen, sich deshalb auch spezieller Substitute zur Willensbildung zu bedienen. Der technische Zwang, demokratische Legitimität durch Parteien institutionell vermitteln zu müssen, verbietet es von vornherein, „historische Formen von Demokratie zu adaptieren"[33], legt vielmehr die Frage nahe zu überprüfen, wie solche, notwendigerweise repräsentativ strukturierten Vermittlungsorgane dem demokratischen Postulat genügen können, in welcher Weise die Selbstbestimmung der hier Repräsentierten garantiert werden kann, ob letztlich in einer Gesellschaft, die mit nichtdemokratisch organisierten Teilbereichen durchsetzt ist, Einrichtung und Stabilisierung tendenziell demokratisch strukturierter Subsysteme geleistet werden kann.

Setzt die Parteienstaatsthese am idealtypisch präzisierten Spannungsverhältnis von liberalem Repräsentationsgedanken und parlamentarischer Fraktionsdisziplin[34] an, so zielt sie damit, indem sie die moderne Repräsentationsproblematik an der historischen Entwicklung des parteilich gebundenen Abgeordnetenmandates und deren Folgen sichtbar machen möchte, zentral zugleich auf jene Fragen ab. Die klassische Bestimmung, wonach der Abgeordnete Vertreter des ganzen Volkes ist, an Aufträge und Weisungen nicht gebunden (und nur seinem eigenen Gewissen verpflichtet), wird – soweit sie sich in modernen Verfassungstexten findet – als tradiertes, imgrunde systemwidriges Relikt jenes liberalen Parlamentarismusverständnisses interpretiert, das seinerseits durch die Orientierung am personalen Vertretungsgedanken[35] charakterisiert war, sich deshalb auch die Mediatisierung des

[32] Für die Bundesrepublik wäre hier entschieden auf Art. 20 GG zu verweisen und seine Interpretation etwa durch Wolfgang Abendroth, *Das Grundgesetz, Eine Einführung in seine politischen Probleme*, Pfullingen, 1966, sowie die verschiedenen Arbeiten Abendroths in: *Antagonistische Gesellschaft und politische Demokratie*, Neuwied 1967; ebenso auf die entsprechenden Beiträge in Gert Schäfer/Carl Nedelmann, *Der CDU-Staat, Studien zur Verfassungswirklichkeit der Bundesrepublik*, München, 1967.

[33] Otwin Massing, „Parteien und Verbände als Faktoren des politischen Prozesses, Aspekte politischer Soziologie", in: *Politikwissenschaft*", a.a.O. S. 339.

[34] Zu dem im Anschluss an die Parteienstaatsthese immer wieder festgestellten „Spannungsverhältnis" von Art. 21 und Art. 38 GG vgl. die Wiedergabe der verschiedenen Positionen bei Gerhard Stuby, „Die Macht des Abgeordneten und die innerparteiliche Demokratie", in: *Der Staat 1969*, S. 306 ff. Dazu auch u.a. Helmut Immesberger, *Zur Problematik der Unabhängigkeit der Abgeordneten im Deutschen Bundestag*, Diss. jur. Mainz, 1962, sowie Wilhelm Henke, *Das Recht der politischen Parteien*, bes. S. 90 ff; Christoph Müller, *Das imperative und freie Mandat*, S. 5 ff und Maunz-Dürig, *Grundgesetz-Kommentar*, Art. 21 und Art. 38 GG.

[35] Christoph Müller, *Das imperative und freie Mandat*, a.a.O., S. 5-21 (mit ausführlichen Literaturhinweisen).

Volkes durch bürokratische Parteiapparate[36] nicht vorzustellen vermochte. Die Dominanz des personalen Vertretungsgedankens, wie sie sowohl in der kontinentalen als auch angelsächsischen Repräsentationsidee immer wieder anzutreffen war[37], dessen repräsentative Qualität sich institutionell in der Honoratiorenstruktur liberaler Parlamente wiederspiegelte[38], garantierte zugleich die geforderte Entschliessungsfreiheit des Abgeordneten. Auch wenn die Parlamente der liberalen Epoche die konsequente Instruktionsfreiheit ihrer Mitglieder in einem jenem Theorem entsprechenden Sinne sicherlich nicht gekannt haben[39], so blieb das Postulat selber doch immer unangefochten, fand in allen vom Liberalismus beeinflussten Verfassungstexten seinen Niederschlag. Es wurde ergänzt und korrespondierte mit jener anderen Forderung auf Öffentlichkeit der Verhandlungen und des Entscheids, begründet in der Überlegung, dass erst die garantierte Öffentlichkeit aller parlamentarischen Verhandlungen eine umfassende Teilnahme des Volkes an den Debatten und Erwägungen seiner Abgeordneten mögliche mache[40]. Für die Repräsentierten selber waren solche Postulate insoweit selbstverständlich, als sie materiell durch gemeinsame Fundamentalinteressen gebunden wurden: „Das freie Mandat entsprach durchaus der freien bürgerlichen Gesellschaft, deren Mandatar es war und konnte die Spannungen aushalten, die sich aus der Pluralität der Distributionsinteressen ergaben, da es die Interessengemeinschaft der Eigentümer der Produktionsmittel wiedergab"[41]. Solange Wahlqualifikation und damit die politischen Betätigungs- und Handlungsmöglichkeiten überhaupt an Besitz und Bildung gebunden blieben, solange etwa der Staat als Aktiengesellschaft interpretiert werden konnte, in welcher jeder Bürger entsprechend seinem eingebrachten „Kapital" über Mitsprachemöglichkeiten verfügen sollte[42], solange konnte der

[36] Werner Weber, *Spannungen und Kräfte im westdeutschen Verfassungssystem*, a.a.O., S. 21 ff.

[37] Christoph Müller, *Das imperative und freie Mandat*, a.a.O., S. 125 ff und Martin Draht, *Die Entwicklung der Volksrepräsentation*, a.a.O., S. 30 ff.

[38] Gerhard Leibholz, *Das Wesen der Repräsentation*, a.a.O., S. 72 ff.,

[39] So Christoph Müller, *Das imperative und freie Mandat*, a.a.O., S. 220.

[40] Gerhard Leibholz, *Strukturprobleme der modernen Demokratie*, a.a.O., S. 84 f; Jürgen Habermas, *Strukturwandel der Öffentlichkeit*, a.a.O., bes. S. 104 ff sowie allgemein Carl Schmitt, *Die geistesgeschichtliche Lage des heutigen Parlamentarismus*, Berlin, 1961.

[41] Johannes Agnoli, *Die Transformation der Demokratie*, a.a.O., S. 56 ff.

[42] Das findet sich mehrfach scharf ausformuliert bei Carl von Rotteck. Vgl. dessen *Ideen über Landstände*, Karlsruhe, 1819; *Lehrbuch des Vernunftrechts*, Bd. I/II, Stuttgart, 1840 sowie meinen Aufsatz: „Über Landstände, Zur Theorie der Repräsentation im deutschen Vormärz", in: *Sprache und Politik, Festgabe für Dolf Sternberger*, hrsg. von C. J. Friedrich und Benno Reifenberg, Heidelberg 1968, S. 241 ff.

kontrollierende Nachvollzug politischen Handelns seitens der Repräsentierten auf temporär limitierte Wahlakte begrenzt werden[43].

Historisch veränderte sich dies allerdings, als ausserparlamentarische, über Besitz und Bildung nicht länger mehr integrierbare Forderungen auf den Plan traten. Das allmähliche Formieren von bislang unterprivilegierten Sozialschichten in Kampforganisationen setzte einem solchermassen verstandenen bürgerlichen Repräsentationsbegriff sein eigenes Ende. Mit dem Aufkommen von Parteien sozialistischer Prägung, die sich als Klassenparteien verstanden, wurde die Grundlage des liberalen Repräsentationsbegriffes erschüttert: die selbstverständliche Einigung auf den „Besitzindividualismus"[44] partikularisierte sich, ihre Repräsentanten konnten kaum länger mehr als mit dem „Volk" und seiner „Souveränität" identisch gedacht werden. In dem Masse aber, wie die Homogenität bürgerlicher Repräsentation zerbrach und durch den sich strukturierenden Klassenkonflikt in die politische Defensive gedrängt wurde, vollzog sich ein entscheidender Wandel des gesamten politischen Systems. Das Parlament, einst Organ bürgerlicher Revolution gegen feudale Bevormundung[45], sah sich selber nun permanentem Aussendruck ausgesetzt, der im Verhältnis von ausserparlamentarisch entstandenen Parteiorganisationen und deren Parlamentsfraktion sich institutionalisierte. In diesem Sinne musste es langfristig zu einer „Stätte werden, an der sich gebundene Parteibeauftragte treffen, um anderweitig . . . bereits getroffene Entscheidungen registrieren zu lassen"[46].

Begreift man Repräsentation in dieser, ihrer liberal-konstitutionellen Intention und bedenkt den inzwischen eingetretenen Transformationsprozess des liberalen Parlamentarismus, dann wird einsichtig, dass die Repräsentationsidee einer Neuinterpretation bedarf, dass der einzelne Abgeordnete, versuchte er den Vorstellungen jenes liberal-bürgerlichen Repräsentationspostulates zu entsprechen, zugleich der inzwischen allgemein akzeptierten Forderung, Vertreter des allgemeinen Volkswillens zu sein, nicht genügen könnte. Die Gründe für diese Schwierigkeiten sind oft genannt worden[47].

[43] Claus Offe, „Politische Herrschaft und Klassenstrukturen. Zur Analyse spätkapitalistischer Gesellschaftssysteme", in: *Politikwissenschaft*, a.a.O., S. 161 f.

[44] C. B. Macpherson, *Die politische Theorie des Besitzindividualismus, Von Hobbes zu Locke*, Frankfurt/M., 1967.

[45] So haben z.B. sowohl Locke als auch Sieyès – um nur zwei der prominentesten Theoretiker des bürgerlichen Liberalismus zu nennen – parlamentarische Vertretung hinsichtlich ihrer Positionen während der Revolutionen von 1688 bz.w. 1789 interpretiert.

[46] So, für die Gegenwart überspritzt, Gerhard Leibholz, *Strukturprobleme der modernen Demokratie*, a.a.O., S. 94.

[47] Die folgenden Überlegungen generalisieren die Ergebnisse empirischer Untersuchungen vorwiegend aus dem Bereiche der Bundesrepublik. Es braucht wohl kaum betont zu werden, dass damit konkrete Modifikationen des Parteiwesens nicht in jedem Falle abgedeckt werden können.

Sie liegen primär – und dies ist ein wichtiger Hinweis der Parteienstaatsthese
– im mittlerweile von den politischen Parteien gewonnenen, faktisch unum-
strittenen Repräsentationsmonopol, d.h. der Tatsache, dass parlamentarische Mandate, allgemeiner: politische Führungspositionen fast nur noch
über die den Wahlkampf organisierenden Parteien zu erreichen sind[48].
Diese funktionale Zuweisung der ausschliesslichen Rekrutierung des politischen Personals – weit über den Rahmen von Wahlämtern hinaus[49] – hat
für die Organisation demokratischer Willens- und Entscheidungsbildung
wie die Konstituierung und Stabilisierung parteiinterner Öffentlichkeit
zwangsläufig restriktive Konsequenzen. Da die Parteien sich heute im allgemeinen nicht mehr als klassenspezifische Formationen verstehen, die prinzipielle, gesellschaftsverändernde Zielsetzungen verfolgen, da das Aufgehen
eines die Bevölkerung strukturierenden Klassenbewusstseins in blosse Inter-
essenslagen, die sich ihrerseits wesentlich am Wunsch nach optimaler Zuweisung des zur Verfügung stehenden Volkseinkommens ausrichten, unvermeidlich scheint, verstärkt sich die Verselbständigung von Parteiapparaten
noch mehr, als dies infolge allgemeiner Bürokratisierungstendenzen ohnehin
je der Fall gewesen ist. Volksparteien, deren vornehmste Funktion die Integration partikularer, das gesellschaftliche System insgesamt kaum gefährden-
der Verteilungskonflikte ist, weisen im allgemeinen eine Mitgliedschaft auf,
deren politisches Engagement weniger durch die konkrete Utopie einer an-
zustrebenden Gesellschaft, als vielmehr durch den Wunsch nach Stabilisierung und darüberhinaus Optimierung des je Erreichten, weniger gesamtgesellschaftlich als individuell, karrierebezogen motiviert ist[50].In dem Masse
aber, wie eine konsumorientierte Verbraucherhaltung auf die Ebene des
politischen Systems schlägt und dessen Arbeitsökonomie strukturieren
hilft[51], wird der Entscheidungsspielraum und die Autonomie des Partei-

---

[48] Das tritt besonders drastisch bei Listenkandidaturen zutage. vgl. allgemein Rechtliche Ordnung des Parteiwesens, Probleme eines Parteiengesetzes, Bericht der vom Bundes-
minister des Innern eingesetzten Parteienrechtskommission, Frankfurt/M, 1957, sowie die
cinschlägigen Untersuchungen zum Problem der Kandidatennominierung (Anm. 60 ff).

[49] So etwa im Falle – der von den politischen Parteien je nominierten – „politischen
Beamten".

[50] Dazu aus der kaum übersehbaren Literatur u.a. Ulrich Lohmar, *Innerparteiliche
Demokratie, Eine Untersuchung der Verfassungswirklichkeit politischer Parteien in der
Bundesrepublik Deutschland*, Stuttgart, 1963, S. 35 ff; Nils Diederich, „Party Member and
Local Party Branch", in: *Parteiensystem, Parteiorganisationen und die neuen politischen
Bewegungen*, hrsg. von Otto Stammer, Berlin, 1968, S. 107 ff; Jörg Steiner, *Bürger und
Politik, Empirisch-theoretische Befunde über die politische Partizipation der Bürger in
Demokratien unter besonderer Berücksichtigung der Schweiz und der Bundesrepublik
Deutschland*, Meisenheim/Glan, 1969.

[51] Jürgen Habermas, *Strukturwandel der Offentlichkeit*, S. 213; Wolfgang Abendroth,
Antagonistische Gesellschaft und politische Demokratie, a.a.O., S. 286 ff sowie die Referate

apparates grösser. Die Parteiorganisation, ihrer Bestimmung nach Instrument und Exekutivorgan demokratischer Willensbildung, tendiert damit zum Herrschaftsverband über die in ihr Organisierten. In ihr reproduziert sich, was die Gesellschaft insgesamt mitcharakterisiert: solange Konflikte begrenzter Reichweite auftreten, die prinzipiell integrierbar bleiben, solange also das gleichsam natürliche Kanalisierungsvermögen der Parteiorganisation den Ausgleich intern noch zu leisten vermag, wird die Pluralität der Meinungen nicht verhindert; im Gegenteil, sie ist erwünscht, weil sie alternative Konzepte zur Diskussion stellt, damit als Ausweis demokratischer Willensbildung gelten kann, andererseits aber in schwierigen Fällen über binnenorganisatorische Subsystembildung radikalisierte Flügelpositionen zu neutralisieren vermag. Prinzipielle Opponenten freilich, die über systeminterne Vorkehrungen weder integriert noch neutralisiert werden können, begegnen selbst dann, wenn einigermassen abzusehen ist, dass die Aufkündigung des augenblicklichen Basiskonsens allenfalls reformatorische Wirkungen erreicht, einer oftmals rigiden Ausschlusspolitik, welche fundamentale Erneuerungsimpulse innerparteilicher Provenienz von vornherein abzuschneiden sucht[52]. Die Mentalität einer Gesellschaft, die Effektivität und Funktionalität des politischen Systems bevorzugt an den Möglichkeiten technologischer Rationalität bemisst[53], begünstigt auf diese Weise die Professionalisierung von Parteiführungsstäben auf allen Ebenen einer Partei, die in der Ideologie des politischen Sachzwanges[54] zugleich eine Immunisierung der eigenen Position gegenüber allzu stark kontrollierenden und mitentscheidenden Mitgliedern erreichen möchte, sie teilweise auch bereits erreicht hat[55].

Das wirkt zurück in den Bereich von Öffentlichkeit: „Anstatt Organe

von Theodor W. Adorno, Knut Borchardt und Bergmann et. al. auf dem 16. Deutschen Soziologentag 1968, in: *Spätkapitalismus oder Industriegesellschaft*, Stuttgart, 1969.

[52] Ohne hier auf Einzelbeispiele eingehen zu können (etwa: für die SPD der Ausschluss des SDS; die Parteiverfahren gegen „linke Flügel" wie Ristock in Berlin) sei generell verwiesen auf Lenz/Sasse, „Parteiausschluss und Demokratiegebot", *Juristenzeitung* 1962, S. 233 ff; für die SPD vgl. u.a. Theo Pirker, *Die SPD nach Hitler*, München, 1965.

[53] Vgl. Jürgen Habermas, *Technik und Wissenschaft als Ideologie*, Frankfurt/M., 1968 sowie neuerdings Claus Offe, *Leistungsprinzip und industrielle Arbeit, Mechanismen der Statusverteilung in Arbeitsorganisationen der industriellen Leistungsgesellschaft*, Frankfurt/M., 1970.

[54] Vgl. dazu exemplarisch die Kontroverse, die über mehrere Jahre hinweg im Anschluss an Helmut Schelsky, „Demokratischer Staat und moderne Technik", in: *Atomzeitalter*, 1961, S. 99 ff in eben dieser Zeitschrift geführt wurde.

[55] In welchem Masse etwa die Parteiführungsstäbe der grossen bundesrepublikanischen Parteien ihre eigenen Positionen immer wieder abzusichern verstehen, machen fast alle parteisoziologischen Untersuchungen, die etwa die personelle Kontinuität der Führungsgruppen untersuchen, deutlich.

einer politisch fungierenden Öffentlichkeit zu sein, d.h. einer Öffentlichkeit, die sich auf alle Bürger erstreckt und nicht einen unterprivilegierten Teil als Manipulationsobjekt behandelt, sind die Parteien zu bürokratischen Machtgebilden geworden, die Öffentlichkeit lediglich als Resonanzboden ihrer Werbeslogans betrachten, während die Entscheidungen schon vorher im Führungskern gefallen sind"[56]. Selbst wenn solches Urteil zu differenzieren wäre, dass ein „Strukturwandel der Öffentlichkeit" sich vollzogen hat, ist unbestreitbar[57]. Er ist einmal bedingt durch die Veränderung der Wirtschafts- und Sozialstruktur der Gesellschaft[58], zum anderen – daraus folgend – mit den Prämissen eines voll ausgebildeten parlamentarischen Regierungssystems gegeben: die Verschränkung von Regierungsapparat, Parlament und ausserparlamentarischer Parteiorganisation weist letzterer nicht nur die Aufgabe zu, Wünsche und Forderungen von unten nach oben durchzugeben – Repräsentativumfragen dürften hier im allgemeinen präziser Aufschluss über die politische Erwartungshaltung der Bevölkerung geben; die Parteiorganisation wird in solchem Kontext eher dazu bestimmt, in ihren verschiedenen Gliederungen die Solidarisierung mit der Führungsgruppen zu besorgen, um so durch die „innere Geschlossenheit" den Führungswillen und die Führungskraft zu demonstrieren. Das weist zugleich darauf hin, dass trotz formaler Souveränität der Mitglieder die Führungsstäbe von Parteien ihr politisches Verhalten primär am Wähler[59] orientieren, innerparteiliche Willensbildung mit Hinweis auf Wahlchancen der Partei zu neutralisieren vermögen.

Entsprechend werden die wesentlichen Entscheidungen einer Partei von den Parteiführungsstäben – gewiss nicht ohne jegliche Konsultation „nach unten" – gefällt: das bedeutet auf der Ebene der ausserparlamentarischen Organisation die Dominanz der Parteiführungen, im Verhältnis von Partei und parlamentarischer Fraktion die überwiegende Durchsetzungschance politischer Entscheidung seitens der Fraktionsführungen[60], was durch die

---

[56] Gerhard Stuby, *Die Macht des Abgeordneten und die innerparteiliche Demokratie*, a.a.O., S. 309.

[57] Jürgen Habermas, *Strukturwandel der Offentlichkeit*, a.a.O., bes. S. 200 ff.

[58] Vgl. dazu etwa Otto Kirchheimer, *Politik und Verfassung*, Frankfurt/M., 1965 sowie dessen *Politische Herrschaft, Fünf Beiträge zur Lehre vom Staat*, Frankfurt/M., 1967; ebenso Joachim Hirsch, „Zur politischen Ökonomie des politischen Systems", in: *Politikwissenschaft*, a.a.O., S. 190 ff und die in Anm. 51 genannten Referate des 16. Deutschen Soziologentages.

[59] Unter der Bedingung der Konkurrenz von Volksparteien müsste es wohl präziser heissen: Verhaltensorientierung primär an den (vielfach entpolitisierten) Randwählerschichten, die über den Mehrheitszuschlag entscheiden.

[60] Vgl. dazu Ludwig Bergsträsser, „Parteien – Fraktionen – Regierungen", in: *Zeitschrift für Politik*, 1955, S. 84 ff; Hartmut Ulrich, „Die Rolle von Bundestagsfraktion und

häufige personelle Identität von Partei- und Fraktionsführung noch zusätzlich erleichtert wird. Der nur allgemein angesprochene Sachverhalt lässt sich deutlich illustrieren an der primär akklamativen Funktion von Parteitagen, die – einem streng genommenen demokratischen Postulate nach als eigentliche, souveräne Entscheidungsorgane der Partei gedacht[61] – zumeist nur noch legitimieren, was seitens der Führungsgremien im Kerne bereits beschlossen ist[62]. Entsprechende Analogien gelten für die Verhältnisse innerhalb der Parlamentsfraktionen. Nicht nur mediatisieren die Parteien das „souveräne Volk", dessen politische Mitsprache sich auf den Akt der temporär limitierten Parlamentswahl reduziert, die Oligarchisierung innerhalb der Parteien und ihrer parlamentarischen Vertretungen erzwingt ihrerseits eine binnenorganisatorische Mediatisierung der Partei- und Fraktionsmitglieder, deren Handlungs- und Entscheidungsspielraum weitgehend durch Bedürfnisse der Führungsstäbe eingegrenzt wird, ein Vorgang, welcher mit dem Hinweis auf organisationslogische Zwangsläufigkeiten alleine nicht erklärt werden kann, sondern darüberhinaus auch auf die Herrschaftsstruktur des gesamten politischen Systems verweist. Selbst dort, wo eine beabsichtigte Entscheidung infolge ihrer weitreichenden Konsequenzen einen möglichst hohen Grad an Konsens der Parteimitglieder wünschenswert macht, obsiegt die vorhergegangene Option der Parteiführung, und solche Entscheidungsstruktur bestimmt die verschiedensten Sachbereiche: sie bestimmt nichtzuletzt auch den personellen Ausleseprozess, den Zugang

ausserparlamentarischen Parteigremien in der politischen Willensbildung der FDP", in: *Politische Vierteljahresschrift*, 1967, S. 103 ff; Hartmut Soell, „Fraktion und Parteiorganisation, Zur Willensbildung der SPD in den 60er Jahren", in: *Politische Vierteljahresschrift*, 1969, S. 604 ff; Gerhard Loewenberg, *Parlamentarismus im politischen System der Bundesrepublik Deutschland*, Tübingen, 1969, S. 216 ff; Ulrich Lohmar, *Innerparteiliche Demokratie*, a.a.O. S. 66 ff; Gottfried Eisermann, „Partei und Fraktion in Staat und Gesellschaft der Gegenwart", in: *Gewerkschaftliche Monatshefte*, 1953, S. 74 ff sowie die Beiträge von Karl Moersch, Günther Müller, Josef Ertl, Walter Althammer, Manfred Schulte und Martin Hirsch in: *Der Bundestag von innen gesehen*, hrsg. von Emil Hübner/Heinrich Oberreuter/Heinz Rausch, München, 1969.

[61] Dazu Wolfgang Abendroth, *Das Problem der innerparteilichen und innerverbandlichen Demokratie in der Bundesrepublik*, S. 272 ff; kritisch Peter Haungs, „Innerparteiliche Demokratie im parlamentarischen Regierungssystem", in: *Civitas, Jahrbuch für christliche Gesellschaftsordnung*, Bd. IV, Mannheim, 1965.

[62] Jürgen Dittberner, *Die Bundesparteitage der CDU und der SPD von 1946 bis 1968, Eine Untersuchung der Funktionen von Parteitagen*, Diss. rer. pol., Berlin, 1969; vom selben Autor „Funktionen westdeutscher Parteitag", in: *Parteiensysteme, Parteiorganisationen und die neuen politischen Bewegungen*, hrsg. von Otto Stammer, Berlin, 1969, S. 116 ff; Wolfgang Steiner, *Die SPD-Parteitage, Analyse und Vergleich*, Meisenheim/Glan, 1970, sowie Alf Mintzel, Die CSU-Parteitage im April und Juli 1970, in: *Zeitschrift für Parlamentsfragen*, 1970, Heft 2, S. 364 ff; Ute Müller, *Die demokratische Willensbildung in den politischen Parteien*, Mainz, 1967, bes. S. 33 ff, 73 ff.

zu den Führungspositionen, der erst dann gelingt, wenn die Führungen dies selber beschlossen haben[63].

Solcher Befund bestimmt Position und Funktion des Abgeordneten im gegenwärtigen Parlamentarismus. In Partei und Fraktion richtet sich sein Einfluss, auch die Chance divergierender Meinungsbildung weithin nach seiner Position innerhalb der Parteihierarchie[64]. Mit ihr liegt beispielsweise fest, in welchem Masse personelle und sachliche Unterstützung in Anspruch genommen werden kann, wie gross, d.h. effektiv die Handlungsmöglichkeiten sind. Dem disziplinierenden Zugriff von Partei und Fraktion vermag der Abgeordnete sich umso eher zu entziehen, als die eigene Stellung im

[63] In diesem Zusammenhang muss verwiesen werden auf den geradezu klassischen Fall der Kehler Koalitionsentscheidung der SPD vom Frühjahr 1968. Im April 1968 hatten in Baden-Württemberg Landtagswahlen stattgefunden, die zu empfindlichen Einbussen für die SPD führten. Das Ergebnis, zumeist als Votum gegen eine grosse Koalition auf Landesebene interpretiert, hielt die Führung der SPD nicht davon ab, diese grosse Koalition wieder anzustreben. Um sich möglichst breiter Zustimmung zu versichern, berief der SPD-Landesvorstand eine ausserordentliche Delegiertenversammlung nach Kehl ein, die über die zukünftige Koalition entscheiden sollte. Obwohl die Mehrheit der Delegierten – entgegen den Empfehlungen von Landesvorstand und Fraktionsführung – gegen eine Koalition mit der CDU votierten, beschloss die Partei- und Fraktionsführung mit Hinweis auf die parlamentarische Unabhängigkeit der Landtagsabgeordneten und unter Zustimmung des Bundesparteivorstands der SPD, Bonn, mit der CDU zu koalieren, missachtete also den Beschluss der Delegierten und dokumentierte damit, dass die Koalitionsentscheidung tatsächlich lange vor der Delegiertenversammlung und eben nicht in demokratischer Abstimmung getroffen worden war.

Strukturell ähnlich fiel die Entscheidung für die grosse Koalition auf Bundesebene im Herbst 1966. Seitens der SPD wurde die Regierungsbildung mit CDU/CSU am 25. November in einer gemeinsamen Sitzung von Partei- und Fraktionsvorstand beschlossen. Am folgenden Tage trafen sich die Verhandlungskommissionen von SPD und CDU/CSU zu einem „zusammenfassenden Gespräch". Nach dieser Sitzung gaben beide Kommissionen (aus Mitgliedern der Partei- und Fraktionsführungsstäben) bekannt, dass die Voraussetzungen für eine grosse Koalition geschaffen worden seien, dass dies den Fraktionen mitgeteilt werde. Damit war die definitive Entscheidung – ohne vorherige Konsultation der Fraktionen – gefallen. Die SPD-Fraktion tagte in der Nacht vom 26./27. November. In dieser Sitzung wurde – nach heftiger Debatte – nicht abgestimmt, sondern der Fraktionsvorstand formulierte einen positiven Beschluss zur Koalitionsfrage. Der entscheidende Streitpunkt – der Wiedereintritt von Franz J. Strauss ins Kabinett – konnte seitens des Fraktionsvorstandes insofern der Diskussion entzogen werden, als dieser keine Personalfragen zuliess. Wehner selbst äusserte später, man habe die Sitzung einberufen, „um Dampf abzulassen" (*Süddeutsche Zeitung*, Nr. 283, 28. November 1966). Zur personalen Kooptation vgl. allgemein Ute Müller, *Die demokratisch Willensbildung*, a.a.O., S. 66 ff; Wolfgang Abendroth, *Das Problem der innerparteilichen und innerverbandlichen Demokratie*, a.a.O., S. 309; Ulrich Lohmar, *Innerparteiliche Demokratie*, S. 117 ff; Hans Apel, *Der Deutsche Parlamentarismus*, Hamburg, 1968, S. 140 ff sowie Gerhard Loewenberg, *Parlamentarismus*, a.a.O., S. 165 ff.

[64] Vgl. Manfred Abelein, „Die Stellung des Abgeordneten im parlamentarisch-repräsentativen System", in: *Sonde*, 1969, S. 27 ff; Klemens Kremer, *Der Abgeordnete*, München, 1953 sowie die entsprechenden Beiträge in Hübner/Oberreuter/Rausch (Hrsg.), *Der Bundestag von innen gesehen*, a.a.O.

„Dreiklassenparlament"[65] selber Disziplinierungsmöglichkeiten zur Verfügung stellt. In dem Masse, wie die Konzentration auf das Mandat den Rückzug in einen privaten Beruf unmöglich macht, wie Resourcen finanzieller Unabhängigkeit nicht vorhanden sind oder schwinden, wächst zugleich die Abhängigkeit von der Partei, parallelisieren sich aber auch zwangsläufig die beiderseitigen Interessen, passt der Abgeordnete sich also den Erfordernissen parteipolitischer Strategie an. In der Bundesrepublik hat das Bundesverfassungsgericht solche Tendenzen durch partielle Perzeption der Parteienstaatsthese noch bestärkt: wird eine Partei nämlich verboten, weil sie verfassungswidrig ist, verliert der Abgeordnete sein Mandat[66]; wechselt er die Fraktion, gewinnt er nur in seltenen Fällen den Rang seiner alten Position zurück[67]. Im Parlament selber sorgt der Zwang zur Arbeitsteilung, zur sachlichen Spezialisierung in Ausschüssen und fraktionellen Untergliederungen – primäre Hoffnung, sich gegen die Ministerialbürokratie durchsetzen zu können – zugleich für Handlungsspielraum der Fraktionsführungen: wo Spezialisten das Feld beherrschen, bleibt die allgemeine Richtlinienentscheidung dem nichtspezialisierten Koordinator vorbehalten[68]. Die institutionelle Verschränkung von Parlament und Regierung mit ihren Folgeerscheinungen auf allen Ebenen des politischen Systems sorgt überdies dafür, dass fraktionelle Willensbildung, gleichgültig ob in Regierungsmehrheit oder parla-

---

[65] So Hans Apel, *Der Deutsche Parlamentarismus*, a.a.O., S. 86 ff und Günther Müller, „Dreiklassenparlament in Bonn? Zur Stellung des Abgeordneten im Bundestag", in: *Der Bundestag von ihnen*, a.a.O., S. 42 ff.

[66] Vgl. das SRP-Urteil, *BVerfGE* 2, 1 (72-78) und das KPD-Urteil, *BVerfGE* 5, 85 (392). Dazu ausführlicher Wilhelm Henke, *Das Recht der politischen Parteien*, S. 104 ff und Werner Schmitt, *Der Verlust des Abgeordneten-Mandates in den politischen Volksvertretungen*, Diss. Göttingen, 1955.
Dass diese Probleme indessen auch nach Gesichtspunkten der politischen Oportunität entschieden werden, dafür – neben zahlreichen anderen Beispielen – jüngst der Fall Meyer-Saevenich (SPD), die Anfang 1970 in Niedersachsen zur CDU übertrat, kurz danach verstarb, worauf das Mandat – nach einiger Überlegung – wieder der SPD zufiel, die einen ihrer Politiker nachrücken liess. Vgl. zur Problematik des Mandatsverlustes bei Partei- bzw. Fraktionswechsel konsequent Hans Kelsen, *Vom Wesen und Wert der Demokratie*, Tübingen, 1929, S. 42 f.

[67] Das liesse sich an zahlreichen Beispielen sowohl auf Bundesebene als auch auf Landesebene belegen. Entscheidend für die Wirkungsmöglichkeiten eines Fraktionswechslers dürfte wohl das „Stimmenpaket" sein, das er seiner neuen Fraktion einbringt: vgl. z.B. die Position Seebohms (als Sprecher der Sudetendeutschen) oder Heinemanns (als GVP-Vorsitzender). Die überwiegende Regel bleibt jedoch das Gegenbeispiel: so etwa Nellen; Stammberger, Rehs u.a. Die politische Ergebnislosigkeit solcher Wechsel hat dazu geführt, dass sie zunehmend weniger stattfinden.

[68] Zur Verdeutlichung der hier angesprochenen Diskussion zwei Hinweise: Walter Althammer, „Politiker oder Spezialisten? Aufgabe und Arbeitsweise der Fraktionen", in: *Der Bundestag von Innen gesehen*, S. 59 ff sowie Arnd Morkel, „Müssen Abgeordnete Experten sein?" in: *Sprache und Politik, Festgabe für Dolf Sternberger*, a.a.O., S. 400 ff.

mentarischer Opposition, sich allererst orientiert an den bereits gegebenen Handlungspräferenzen der Regierung, die freilich ihrerseits keineswegs autonom gesetzt werden; vielmehr vorgezeichnet sind in den Erfordernissen der Perpetuierung des sozio-ökonomischen Systems, ein Sachverhalt, der die Repräsentationsgehalte entscheidend mitbestimmt[69].

Sind so die parlamentarischen Wirkungsmöglichkeiten des einzelnen Abgeordneten von vornherein begrenzt, kann er in aller Regel nur dann wirksam werden, „wenn die Fraktion diese Initiative des Abgeordneten unterstützt und ihm den Fraktionsapparat zur Verfügung stellt"[70], so determiniert dies zwangsläufig auch die Möglichkeit von Wählerrepräsentation. Kandidatur und Wiederwahl hängen so vor allem vom Votum der zuständigen Parteigremien ab, die beides allerdings „fast nie als Mittel der politischen Einflussnahme auf die Richtung der Partei"[71] nutzen. Welche Kriterien die Kandidatur eines potentiellen Abgeordneten auch immer bestimmen mögen – interne Parteiaktivität; hohe Integrationskapazität, durch die noch die entscheidenden Randwählerschichten gebunden werden können; Verbandszugehörigkeit und anderes mehr[72] – entscheidend bleibt, dass die Partei, genauer: die Parteiführungsstäbe als Kreationsorgane fungieren[73], die Mitglieder dagegen nur sehr indirekte Chancen der Mitwirkung haben, die

---

[69] Insoweit entscheidend mitbestimmt, als das direkte Hineinreichen ökonomischer Interessen in Parlament und Regierung diese auf der Ebene des politischen Entscheidungssystems reproduzicrt: zu fragen wäre deshalb, inwieweit hier restriktive Bedingungen politischen Handelns festgemacht werden können, die auf die Repräsentationsgehalte direkt einwirken. Für diesen Zusammenhang vgl. etwa Joachim Hirsch, „Zur politischen Ökonomie des politischen Systems", in: *Politikwissenschaft* und Jörg Huffschmid, *Die Politik des Kapitals, Konzentration und Wirtschaftspolitik in der Bundesrepublik*, Frankfurt/M., 1969.

[70] Günter Müller, „Dreiklassenparlament in Bonn?" in: *Der Bundestag von innen gesehen*, a.a.O., S. 47.

[71] Bodo Zeuner, *Innerparteiliche Demokratie*, Berlin, 1969, S. 92.

[72] Zur Kandidatenaufstellung vgl. Karlheinz Kaufmann/Helmut Kohl/Peter Molt; *Kandidaturen zum Bundestag, Die Auswahl der Bundestagskandidaten 1957 in zwei Bundesländern*, Köln-Berlin, 1961; Heino Kaack, *Wahlkreisgeographie und Kandidatenauslese*, Köln-Opladen, 1969, derselbe, *Wer kommt in den Bundestag*, Köln-Opladen, 1969; Helmut Bilstein, „Kandidatenaufstellung oder Wie demokratisch sind unsere Parteien?", in: *Gegenwartskunde*, 1969, S. 3 ff sowie Bodo Zeuner, *Kandiatenaufstellung zur Bundestagswahl 1965*, Den Haag, 1970.
Unverkennbar ist allerdings, dass sich bei den Nominierungen der Kandidaten zur Bundestagwahl 1969 Verschiebungen zugunsten der Einflussnahme unterer Parteigremien bzw. der Mitglieder ergeben haben, vgl. den entsprechenden Bericht in: *Spiegel*, Heft 28, 1969.

[73] *Rechtliche Ordnung des Parteiwesens*, S. 61 ff; Konrad Hesse, *Die verfassungsrechtliche Stellung der politischen Parteien im modernen Staat*; Bodo Zeuner, *Innerparteiliche Demokratie*, a.a.O., S. 90 f.

Wähler schliesslich, deren zukünftiger Repräsentant verhandelt wird, überhaupt keine[74].

Das nimmt der traditionellen Interpretation des Repräsentationsgedankens ihre inhaltliche Richtigkeit. Denn der Abgeordnete ist unter den Bedingungen eines parteienstaatlich organisierten parlamentarischen Regierungssystems weder Repräsentant von klar bezeichenbaren sozialen Klassen
oder Interessen, von in ihrer politischen Willensäusserung eindeutig be-
stimmbaren Mehrheiten in seinem Wahlkreis, noch Interpret einer irgend
fassbaren volonté générale. Der Plattformcharakter moderner Parteiprogramme weist ihm eher die Funktion parteipolitischer Integration zu: seine
Aufgabe bestimmt sich in der Stellung als „organisatorisch – technisches
Zwischenglied"[75] von Parteiführungsgremien, allgemeiner: Parteiorganisation, Mitglieder- und Wählerschaft. Durch entsprechende „Wahlkreis-
pflege" hat er für seine eigene Wiederwahl zu sorgen, aber auch das Zu-
stimmungsbedürfnis der Führungseliten seiner Partei zu befriedigen, die
Legitimationsbasis des politischen Systems immer wieder herzustellen und
zu bewahren. Da die Steuerung der Mandatsträger in aller Regel seitens des
Parteiapparates in höherem Masse effektiv ist als kontrollierende Sanktionen
durch Mitglieder oder Wählergruppen – wenngleich nicht lückenlos[76] –,
bleibt das Postulat der tendenziellen Willensbildung von unten nach oben
ein weitgehend rethorisches. Die doch wichtige Frage, wie lange ein Abgeordneter sein Mandat innehaben kann, wie seine innerparteiliche Karriere
verläuft und unter welchen Bedingungen er gefördert oder gebremst werden
soll, bestimmt sich so in ganz erheblichem Ausmasse nach Gründen der
Parteiräson; selbst jene Vorkehrungen, die den Grad individueller Unabhängigkeit zu erhöhen trachten[77], garantieren angesichts invariabler Struk-
turkomponenten des politischen Systems allenfalls eine temporär begrenzte,
auf die laufende Legislaturperiode beschränkte partikulare Bewegungs-
freiheit, können jedoch kaum darüber hinwegtäuschen, dass die schliesslichen Sanktions- und Disziplinierungsmöglichkeiten bei den Führungs-
stäben der Partei verbleiben.

---

[74] Aus diesem Grunde wird immer wieder die Übernahme der in Amerika üblichen
primaries erwogen, ohne dass damit jedoch bereits ernsthafte Reformansätze sichtbar
würden; die Ablehnung erfolgt zumeist mit Hinweis auf die unterschiedliche Parteienstruktur dieser Länder.
[75] Gerhard Leibholz, *Strukturprobleme, der modernen Demokratie*, a.a.O., S. 97.
[76] Vgl. Anm. 72.
[77] Abgesehen von bestehenden rechtlichen Absicherungen – wie etwa Art. 46 GG –
wäre hier vor allem zu denken an den Ausbau der finanziellen Versorgung der Abgeordneten in Bund und Länder, also Diäten und Altersversorgung.

III

Die Erkenntnis, „dass ein Repräsentativsystem, das dem ehernen Gesetz der Oligarchie nicht zu begegnen weiss, zur Selbstaufhebung verurteilt ist"[78], dürfte nicht zuletzt auch durch den demokratischen Impuls, den die Parteienstaatsthese noch mitführt, aktualisiert worden sein. Gewiss: Gesellschaft als eine nur organisatorisch realisierbare wird sicherlich in ihren repräsentativ strukturierten Institutionen der Gefahr der Verselbständigung von Apparaten und Führungspersonal immer wieder ausgesetzt sein und so sich konfrontiert sehen mit dem Problem der Identität[79]. Der damit anscheinend naheliegende Rückgriff auf die traditionalen, genauer: klassisch-liberalen Elemente des Repräsentationsgedankens bleibt als Ausweg freilich schon deshalb verwehrt, weil infolge der tiefgreifend veränderten sozio-ökonomischen Verhältnisse, infolge der damit verbundenen Instrumentalisierung von Repräsentation das Problem der Verantwortung des Repräsentanten neu formuliert werden muss.

Sind die oben skizzierten Bedingungen parlamentarischer Handlungsmöglichkeiten zutreffend, dann stellt sich gegenwärtig Verantwortung des Abgeordneten seinem Wähler gegenüber nur noch indirekt, in einem durch Parteiapparate vermittelten Sinne her[80]. Das direkte Vertrauensverhältnis von Repräsentiertem und Repräsentant, das die liberale Repräsentationstheorie unterstellt und gefordert hatte, de facto durch breite Homogenität sozialer Interessen auch abzusichern vermochte, ist im modernen Parteienstaat zwangsläufig mehrfach gebrochen: durch die unterschiedlichen Interessen einer in willkürlich zusammengefassten Wahlkreisen votierenden Wählerschaft, deren Heterogenität sich inhaltlich reproduziert in der Vagheit moderner Parteiprogramme; durch die Existenz der Parteiapparate selber und ihrer organisationslogisch begründbaren Autonomie- und Expansionstendenzen; nicht zuletzt auch durch die zunehmende Komplexität des gesellschaftlichen Systems insgesamt. Die Ambivalenz politischer Orientierungsmöglichkeiten schlägt sich folgerichtig doppelt nieder: einmal nämlich richtet die Wahlentscheidung sich aus an Parteien und dem, was mit ihrem Namen jeweils als politische Richtung assoziiert wird, zum anderen zwingen gesellschaftliche Komplexität wie damit korrespondierende

---

[78] Ernst Fraenkel, *Deutschland und die westlichen Demokratien*, a.a.O., S. 85.

[79] Carl Joachim Friedrich, *Prolegomena der Politik*, a.a.O., S. 70 ff.

[80] Dazu Marek Sobolewski, „Electors and Representatives, A Contribution to the Theory of Representation", in: J. Roland Pennock/John W. Chapman (Ed.), *Representation, Nomos X*, S. 95 ff; vgl. auch vom selben Verfasser, „Politische Repräsentation im modernen Staat der bürgerlichen Demokratie", in: *Zur Theorie und Geschichte der Repräsentation*, a.a.O., S. 419 ff.

Unverbindlichkeit der Programmatik zur Personalisierung von Führungsgruppen[81], ein Vorgang, der seinerseits wesentlich zur Stabilisierung bestehender Herrschaftspositionen beiträgt. Ist das eigentliche Problem „der
Konflikt zwischen verschiedenen Einzelbelangen und ihre mögliche Beziehung zu einem umfassenderen öffentlichen Interesse"[82], dann kann – angesichts der genannten Bedingungen – die Verantwortung des Abgeordneten
nicht mehr umstandslos auf seine Wähler bezogen werden, sondern die jeweilige Partei wird zum primären Repräsentationsadressaten, an den in viel-
fältiger Abhängigkeit die individuelle politische Existenz geknüpft bleibt.
Die durch die – primär ökonomisch bedingte – Entwicklung des liberalen
Parlamentarismus erzwungene Instrumentalisierung des Repräsentationsgedankens legt deshalb nahe zu überlegen, auf welche Weise moderne
Parteien über die Person des Abgeordneten, wenngleich nicht nur über sie,
stärker an Mitglieder- und Wählerschaft gebunden werden können, da
offensichtlich die bereits vorhandenen demokratischen Elemente des gesellschaftlichen Systems[83] nicht ausreichen, denn: „Von Demokratie kann
offenbar nicht mehr die Rede sein, wenn das Volk, von dem die Staatsgewalt ausgeht, auf die Befugnis beschränkt wird, ihm gegenüber völlig unabhängige „Repräsentanten" auszuwählen, denen es, sind sie einmal bestellt, in
völliger Passivität die politische Willensbildung überlässt"[84]. Die demokratische Identitätsfiktion gewinnt damit – jenseits ihrer utopisch-regulativen
Qualität – eine neue Dimension: sie wird zum Prinzip, auf das hin Repräsentation immer wider neu zu bestimmen ist, als ein organisatorisches Instrument, welches nicht nur den Einfluss – der unverbindlich bleiben mag –,
sondern gerade die möglichst breite Teilnahme und Kontrolle aller Bürger
am Willensbildungs- und Entscheidungsprozess des Gesamtsystems erreichen
und garantieren soll[85], welches zugleich auch den akklamativen Aspekt par-

---

[81] In diesen Zusammenhang gehört die so bezeichnete „Entideologisierung" des west-
europäischen Parteiensystems, in Parallele zur amerikanischen Parteienstruktur; und
korrespondierend damit die Personalisierung der politischen Auseinandersetzungen. Zum
letzteren Joseph A. Schumpeter, *Kapitalismus, Sozialismus und Demokratie*, Bern 1950.
Zum ersteren Peter Molt, „Wertvorstellungen in der Politik, Zur Frage der „Entideologisierung" der deutschen Parteien", in: *Politische Vierteljahresschrift*, 1963, S. 350 ff.
[82] Carl Joachim Friedrich, *Der Verfassungsstaat der Neuzeit*, a.a.O., S. 306.
[83] Neben den Wahlen und – auf einzelne Länder begrenzte – Möglichkeiten direkter
Volksbefragungen vor allem hier die Möglichkeiten des Streiks und der Demonstrationen.
[84] Wolfgang Abendroth, „Die Vermittlungsfunktion der Parteien," in: Kurt Lenk/
Franz Neumann, *Theorie und Soziologie der politischen Parteien*, a.a.O., S. 230.
[85] Carl J. Friedrich spricht im Zusammenhang der Diskussion des Repräsentationsbegriffes „mit Absicht von Einfluss anstatt von Teilnahme oder Kontrolle, da es nicht
sehr wahrscheinlich ist, dass die Mehrzahl der Bürger am staatlichen Handeln teilnehmen
oder eine wirksame Kontrolle darüber ausüben wird", Der Verfassungsstaat der Neuzeit,
S. 307. Eine solche, durchaus weitverbreitete Auffassung gerät indessen in die Gefahr,
historische Gegebenheiten als naturgesetzlich zu interpretieren, damit aber auch zwangs-

lamentarischer Wahlen seiner zeitlichen Limitierung entheben und in permamente Mitbestimmung auflöst, damit aber auch tendenziell den Verselbständigungsbestrebungen bürokratischer Apparate entgegenzuwirken vermag[86].

Geht man davon aus, dass – was oft festgestellt worden ist – Parlamente heute keine deliberierenden Versammlungen im liberalen Sinne mehr sind, sondern wesentlich entscheiden und ratifizieren, was in einem differenziert gestuften, hochkomplexen Prozess von Parteien, jeweils sachlich zuständigen Bürokratien, Interessenverbänden und Massenkommunikationsmedien weithin vorformuliert worden ist, so bieten sich zur demokratischen Bindung solcher Entscheidungsprozesse unter anderem „Instruktion" und „recall" an[87]. Die bisherige Diskussion beider Institute hat, soweit sie überhaupt geführt worden ist[88], zumeist unter einem doppelten Vorbehalt gestanden: zum einen werden Instruktionen und die Möglichkeit des recall als rätedemokratische Organisationsprinzipien klassifiziert – was sie zweifellos insoweit auch sind, als sie zum Grundbestand aller Rätetheorie gehören[89] –, damit zugleich aber auch ihre vermeintliche strukturelle Unvereinbarkeit mit dem Repräsentationsprinzip gefolgert und für eine Demokratisierung

läufig von vornherein in die Notwendigkeit, auf eine inhaltliche Demokratisierungsstrategie zu verzichten.

[86] Es ist freilich einzuräumen: „Eine Modellvorstellung von innerparteilicher Demokratie, welche die Parteien nur einseitig als Transmissionsriemen von der Gesellschaft zur Regierung hin sieht, ist irreal", so Manfred Hättich, *Innerparteiliche Demokratie und politische Willensbildung*, S. 28. Sie ist deshalb irreal, weil sie zu wenig komplex bleibt und damit die Umwelt nicht angemessen zu erfassen versteht; angesichts bestehender, ja sich verschärfender Oligarchisierung und Bürokratisierung von Parteiorganisationen bleibt sie freilich in ihrer postulatorischen Formulierung notwendig, um auf Dauer die lebenswichtige demokratisch Rückkoppelung herstellen zu können.

[87] Im folgenden sollen oft diskutierte Institute demokratischer Provenienz, wie etwa: Referendum und Plebiszit, bewusst nicht einbezogen werden; dies auch deshalb nicht, weil über solche Vorkehrungen eine Demokratisierung des bestehenden Institutionengefüges, hier: der politischen Parteien kaum erreicht werden kann.

[88] Sieht man von älteren Arbeiten wie Hans Kelsen, *Vom Wesen und Wert der Demokratie*, Tübingen 1929, bes. S. 38 ff; von Fritz Morstein-Marx, „Rechtswirklichkeit und freies Mandat", in: *Archiv des öffentlichen Rechts*, 1926, S. 430 ff einmal ab, so liegt für die neuere Diskussion, neben Hanna Pitkin, *The Concept of Representation*, bes. S. 144 ff, nur das schon oft zitierte, sehr sorgfältig gearbeitete Buch von Christoph Müller, *Das imperative und freie Mandat*, vor, dessen generelle Tendenz zugunsten eines uneingeschränkt freien Mandates hier nicht geteilt werden kann. Erstaunlicherweise hat Gerhard Leibholz in seinen verschiedenen Arbeiten die aus der Parteienstaatsthese sich doch konsequent ergebende Forderung nach imperativem Mandat nicht deutlich gezogen, allenfalls in publizistischen Äußerungen der jüngsten Zeit (z.B. *Panorama*-Sendung Nr. 224 vom 2. März 1970).

[89] Vgl. dazu Udo Bermbach, „Rätesystem als Alternative? Zum Repräsentationscharakter direkt-demokratischer Organisationsprinzipien", in: *Probleme der Demokratie heute*, Sonderheft 2 der *Politischen Vierteljahresschrift* Köln-Opladen, 1970, S. 110 ff.

gegebener Repräsentativsysteme als unbrauchbar verworfen; zum anderen kommt der Hinweis, dass die historische Entwicklung des imperativen Mandates – von dem der recall zunächst abzutrennen ist – sich eng mit ständischen, vorliberalen Repräsentationsmodellen verbunden habe, dort aber eher Blockierungsfunktionen erfüllte, jedenfalls – in welchen konkreten institutionellen Ausprägungen auch immer – eben nicht als Organisationsprinzip funktionierender Repräsentativversammlungen gelten kann, sondern historisch gerade das Hindernis war, „an dem der Versuch scheiterte, solche Versammlungen zu einem normalen Institut im Verfassungsaufbau zu machen"[90]. Der Ablehnung des imperativen Mandates als Ausdruck genereller Ablehnung des demokratischen Identitätspostulates folgt in solcher Argumentation die These, dass eine auf dem Prinzip der Identität aufgebaute Demokratie keine Verantwortung kenne, es sei denn die subalterner Befehlsausführung[91], dass „die Theorie des identitären Parteienstaates" geradezu die Abkehr von und die Verachtung des Parteiwesens provozieren müsse, denn am Massstab der Identität gemessen sei das Parteiwesen eine tiefe Unwahrhaftigkeit, die nur durch die noch grössere totalitäre Identifikation überwunden werden könne[92].

Abgesehen davon, dass mit solchen Folgerungen das Identitätspostulat seines hypothetischen Charakters beraubt wird und damit gerade jene Massstab-Funktion nicht mehr erfüllen kann, die ihm doch zuvor unterstellt worden ist, bleibt der historische Verweis hier insoweit doch von Relevanz, als damit die in der Tat oft getroffene, einfache Zuordnung von imperativem Mandat und Demokratie einerseits, freiem Mandat und vordemokratischem Repräsentationsgedanken andererseits in dieser, simplifizierten Form unmöglich wird[93]. Zwar finden sich solche vereinfachten Zuweisungen in unterschiedlichen Konzepten von Repräsentation immer wieder; doch besagt dies wenig dagegen, dass die Institute selber, unabhängig von ihrer historischen Tradition, die gewiss nicht ausser acht gelassen werden soll, in unterschiedlichen Entwicklungsstufen von Gesellschaft auch unterschiedliche Funktio-

---

[90] Christoph Müller, *Das imperative und freie Mandat*, a.a.O., S. 206.
[91] Wilhelm Hennis, „Amtsgedanke und Demokratiebegriff", in: *Politik als praktische Wissenschaft*, a.a.O., S. 54.
[92] Ebd., S. 63.
[93] Vgl. dazu Fritz Morstein-Marx, *Rechtswirklichkeit und freies Mandat*, a.a.O., S. 434: „Dieser Grundsatz der Repräsentation besagt aber seinem Wortlaut nach im Grunde nichts weiter, als dass das Parlament das Volk repräsentiert. Der Repräsentationsgedanke in seiner Allgemeinheit ist also logisch ebensosehr mit dem freien wie mit dem imperativen Mandat vereinbar; denn auch das imperative Mandat lässt ein Repräsentationssystem in der Weise zu, dass die Gesamtheit der Abgeordneten, eben „die Abgeordneten" das ganze Volk – nämlich in seiner Differenziertheit ständischer, religiöser, landsmannschaftlicher Art – repräsentieren".

nen zu erfüllen vermögen. Das freie Mandat, ehemals als Forderung eines politisch unterprivilegierten Bürgertums geeignet, feudale Gesellschaftsstrukturen zu unterlaufen und die bürgerliche Revolution mit voranzubringen[94], lässt sich heute in seinen Auswirkungen keineswegs mehr eindeutig positiv bestimmen: als juristische Konstruktion möglicherweise noch immer geeignet, den Abgeordneten im Falle divergierender Meinung gegen unmittelbaren Zugriff des Parteiapparates zu schützen, ihn vor allem von rechtlicher Verantwortung der Partei gegenüber freizusetzen[95], wird solche Wirkung aber doch durch langfristige Disziplinierungsmöglichkeiten einer hochbürokratisierten Gesellschaft, durch gängige Personalverflechtungen von Partei, Parlament, Regierung und Bürokratie weitgehend relativiert; sie verkehrt sich sogar dann in ihr Gegenteil, wenn die Partei ein von ihr gewünschtes Verhalten – durch welche Mittel auch immer – erreicht, zugleich aber mit dem Hinweis auf das Gewissenspostulat parlamentarischer Repräsentanten die inner- und ausserparlamentarische Willensbildung abzufangen und zu paralysieren sucht. In der Praxis erweist sich so das freie Mandat nicht selten als zusätzliche Stärkung der Parteiführungsstäbe, vor allem bezüglich des Verhältnisses von ausserparlamentarischer Parteiorganisation und ihrer parlamentarischen Vertretung, der Fraktion; anders formuliert: sowohl imperatives Mandat als auch – zeitlich begrenzter – recall können und werden durch die Partei- bzw. Fraktionsführungsgremien weitgehend wahrgenommen[96].

Zu überlegen wäre deshalb, inwieweit eine imperative Bindung des Repräsentanten, verbunden mit der Möglichkeit des sanktionierenden recall, den stärkeren demokratischen Rückgriff der Parteiapparate erzwingen könnte. Das darf nicht verwechselt werden mit einer „Parlamentarisierung" der unteren Parteiebenen, mit der sich die Frage der innerparteilichen Demokratisierung reduzieren würde „auf das Problem der Bestellung der Repräsentanten auf den verschiedenen Ebenen des Parteilebens", die Oligarchisierungsproblematik aber lediglich verschoben wäre, denn: „Wenn es sich nicht um gebundene Mandate handelt, dann bedeutet Einfluss unterer Parteigliederungen zunächst einmal Einfluss der Führungsgruppen in diesen

---

[94] Insoweit ist es immer als Errungenschaft der französischen Revolution interpretiert worden, Vgl. etwa Karl Loewenstein, *Volk und Parlament nach der Staatstheorie der französischen Nationalversammlung von 1789.*
[95] Gerhard Stuby, *Die Macht des Abgeordneten und die innerparteiliche Demokratie,* a.a.O., S. 324; in diesem Sinne auch noch die Interpretation von Gerhard Leibholz, der meint, Art. 38 GG habe heute nur noch die Bedeutung, „gewisse äusserste Konsequenzen des Parteienstaates abzuwehren", *Strukturprobleme der modernen Demokratie,* S. 117. Vgl. dazu auch Maunz-Dürig, *Grundgesetz-Kommentar,* Art. 38.
[96] Vgl. Anm. 63 und Ute Müller, *Die demokratische Willensbildung in den politischen Parteien,* S. 220, die meint, das freie Mandat komme heute mittelbar den Parteien zugute.

Gliederungen"[97]. Bedenkt man die Ambivalenz von Institutionalisierungs-
vorgängen, so hätte die Diskussion mindestens dies einzubeziehen: sie
hätte einmal davon auszugehen, dass auch verstärkte Partizipation (sowohl
der Mitglieder als auch der Wähler) an den Zwang zur Entscheidungs- und
Funktionsfähigkeit des politischen Systems gebunden bleiben muss[98], dass
imperatives Mandat also nicht primär verstanden werden kann als Instrument jener Gruppen der Gesellschaft, „deren Kraft zwar ausreicht, Entscheidungen zu verhindern, nicht aber den gordischen Knoten durchzu-
hauen und die gesellschaftlichen Konflikte selbst zu entscheiden"[99]; sie
hätte zum anderen zu reflektieren, unter welchen gesellschaftlichen wie technischen Bedingungen die Realisierung praktikabel erscheint, welche dys-
funktionalen Konsequenzen möglicherweise kalkuliert werden müssen.

Ohne im folgenden nun diese Forderungen selber detailliert einlösen zu
wollen, soll doch der damit verbundene Problemhorizont skizzenhaft angedeutet werden. Imperatives Mandat, dessen inhaltliche Bestimmung noch
genauer auszumachen bleibt, setzt zunächst einmal voraus, dass Gesellschaft wieder als politische begriffen wird, dass sie jenseits von funktionalem
Differenzierungszwang einer arbeitsteiligen Industrieorganisation ihre –
heute meist manipulatorisch betriebene – Partikularisierung in angeblich
fachspezifische Teilbereiche, die gegeneinander abgeschottet werden, zu
überwinden sucht, was allerdings nicht heissen kann, vorindustrielle Leit-
bilder zu revitalisieren. Will man solches langfristig als Richtungssymbolisierung akzeptieren, dann zwingt dies zu einer gesellschaftlich offenen Kommunikationsstruktur, zum Prozess einer Diskussion über gesellschaftliche
Wertorientierungen, welcher einmal die Rationalität gesellschaftlichen
Handelns durch Überwindung eines dominant technokratischen Sach-
zwangdenkens wieder herzustellen vermag, damit aber auch eine Öffentlichkeit neu konstituiert, die sich nicht durch die Deformation ihres eigenen
Bewusstseins der sehr viel breiteren Möglichkeiten von Gesellschaftspolitik
beraubt, nicht zum blossen Objekt politisch vermittelter Privatinteressen
denaturiert[100]: es zwingt aber auch dazu, diesen Prozess so anzulegen, dass

---

[97] Manfred Hättich, *Innerparteiliche Demokratie und politische Willensbildung*, a.a.O.,
S. 30.

[98] In diesem Zusammenhange ist nachdrücklich darauf zu verweisen, dass Demokrati-
sierungskonzepte und Effizienzanforderung an politische Entscheidungssysteme sich nicht
– wie häufig unterstellt – gegenseitig ausschliessen müssen. Dazu, Überblick gebend,
Frieder Naschold, *Organisation und Demokratie, Untersuchungen zum Demokratisierungs-
potential in komplexen Organisationen*, Stuttgart, 1969, und derselbe, „Demokratie und
Komplexität", in: *Politische Vierteljahresschrift*, 1968, S. 494 ff.

[99] Christoph Müller, *Das imperative und freie Mandat*, a.a.O., S. 206.

[100] Vgl. dazu allgemein Jürgen Habermas, *Strukturwandel der Öffentlichkeit*. Sieht man
im Modell von solchen Vorbedingungen ab, die ja von der Erkenntnis ausgehen, dass in-

er nicht in kommunikatorischer Beliebigkeit steckenbleibt, genauer: unverbindlich wird. Dass solche veränderten Kommunikationsstrukturen nicht
kurzfristig hergestellt, erst recht nicht von oben verordnet werden können,
zumal in einer Gesellschaft, in welcher „die ökonomisch vermittelte Macht
sich auch des Öffentlichkeitsbereiches bemächtigt"[101] hat, scheint evident.
Dies kann freilich kein Argument gegen Demokratisierung von Gesellschaft
sein, denn der Hinweis auf vermeintlichen Utopiecharakter, das Bezweifeln
einer Realisierungschance sind seit je eine „vielgebrauchte Ideologie, um
bewusst oder unbewusst erzwungene Unmündigkeit zu perpetuieren"[102].
Gerade die hier verborgenen Interdependenzen lassen die Hoffnung auf
Wandel durch Veränderung der individuellen Partizipationsmotivation als
eine nicht nur utopische erscheinen: kann nämlich die Erfahrung vermittelt
werden, dass gesellschaftliches Engagement auch faktische Ergebnisse und
Wirkungen zeitigt, so steht zu vermuten, dass solche Erfahrung positiv auf
die Enagegementbereitschaft zurückwirkt; inwieweit damit zugleich auch inhaltliche Progressionen mitgegeben werden, muss freilich vorerst zumindest
dahingestellt bleiben[103].

Die Notwendigkeit einer demokratisch geöffneten, tendenziell herrschafts-
freien Kommunikationsstruktur in der Gesellschaft richtet sich allererst an
die Parteien selber, gegen die informative Disziplinierung der Mitglieder

stitutionelle Regelungen dann nur einen begrenzten Effekt haben, wenn sie nicht zugleich
auch sozialpsychologisch abgesichert werden, d.h. dass jede Institutionalisierung im Zusammenhang mit sozialen Lernprozessen gesehen werden muss, so bleibt in der Tat der
ansonsten völlig verfehlte Einwand, „dass konsequente innerparteiliche Demokratie in
Spannung geraten kann zu der Rolle des Wählers im repräsentativen System", so Manfred
Hättich, *Innerparteiliche Demokratie und politische Willensbildung*, a.a.O., S. 33.

[101] Thomas Ellwein, „Staat und Verwaltung", in: *Nach 25. Jahren, Eine Deutschland-
Bilanz*, hrsg. von Karl-Dietrich Bracher, München 1970, S. 40.

[102] Gerhard Stuby, *Die Macht der Abgeordneten und die innerparteiliche Demokratie*,
a.a.O., S. 321. Eine nahezu klassische Formulierung findet sich bei Theodor Eschenburg:
„Das Volk ist nicht zur schöpferischen Gestaltung im politischen Bereich in der Lage und
ebensowenig zur politischen Führung. Das ist immer nur Sache einer ganz kleinen Minderheit", in: „Einige Voraussetzungen des Funktionierens einer parlamentarischen Demokratie", in: *Zur politischen Praxis in der Bundesrepublik*, Bd. II, München 1966, S. 54; ähnlich
auch Dieter Hilger, „Die demokratischen Parteien und die Parteiendemokratie", in:
Hamburger Jahrbuch für Wirtschafts- und Gesellschaftspolitik, Bd. I, Tübingen 1956, S. 177.

[103] Es braucht hier wohl kaum betont werden, dass eine sofortige, umstandslose Prak-
tizierung von Instruktion und recall unter den gegebenen gesellschaftlichen Bedingungen
eher die Konsequenz einer weiteren Absicherung bestehender Herrschaftspositionen
haben würde denn ihrer Demokratisierung. Wahlsoziologische Analysen haben inzwischen
genügend Aufschluss über die eher konservativen Neigungen sowohl von Parteimitgliedern
wie erst recht der Wählerschaft insgesamt gegeben. Die zentrale Frage dürfte daher wohl
sein, wie die stabilisierende Wirkung eines auf Veränderung des politischen Entscheidungssystems hin angelegten Institutes umgangen werden kann, oder ob gegebenenfalls solche –
möglicherweise vorrübergehenden – Nachteile bewusst zugunsten langfristig erhoffter
Demokratisierung von Gesamtgesellschaft in Kauf genommen werden können.

durch die Parteiführungsstäbe. Imperatives Mandat, zunächst den Parteimitgliedern zugestanden, am Ende freilich allen Wählern zur Verfügung,
verkommt zwangsläufig dann zur blossen Obstruktion, wenn mangelhafte
Kommunikation und die damit einhergehenden Kanalisierungsbemühungen
der Apparate das Gefühl politischer Ohnmacht erzeugen, den Einsatz und
die Bereitschaft zur Übernahme von Verantwortung lähmen, wobei nicht
verkannt werden darf, dass sich „Denkprozesse auf individualpsychologi-
scher Ebene nur in ganz bestimmten Fällen nach dem Muster freier Assozia-
tion,... im wesentlichen durch eine sich ständig weiterentwickelnde und
komplexer werdende kognitive Subsystembildung"[104] vollziehen. Das
schränkt das Postulat selber kaum ein, verweist eher auf die Notwendigkeit,
offene Kommunikation institutionell anders abzusichern, als dies gegenwärtig geschieht. Ist solche offene Kommunikation – auch über die Parteien
hinaus – im wesentlichen garantiert und werden die Möglichkeiten der Instruktion klar formalisiert, werden sie entsprechend den je unterschiedlichen
Aufgaben und Funktionen einer politischen Partei auf den verschiedenen
Ebenen des gesellschaftlichen Systems gestuft, so spricht zunächst wenig
gegen eine erfolgreiche Anwendung. Um zu verdeutlichen, wonach solche
Stufung sich auszurichten hätte, sei hier – bewusst nur allgemein – darauf verwiesen, dass imperatives Mandat innerhalb eines Repräsentativsystems sich
zu beschränken hätte auf innovative Grundentscheidungen, die sowohl
Partei als auch das gesamte gesellschaftliche System betreffen, wobei freilich nicht immer zweifelsfrei klargelegt werden kann, was je unter Innovation zu verstehen ist[105]. Unterstellt jedoch, dieses Problem werde in einer
formalisierten Entscheidungstypologie wenn nicht gelöst, so doch praktikabel formuliert[106], so liesse die Beschlussfassung der Mitglieder, die ihrerseits auf den verschiedenen Ebenen des Systems in unterschiedlicher qualita-
tiver Stufung getroffen werden müsste, liesse also die Festlegung einer politischen Richtlinie – die im Verhältnis von Partei und Regierung im wesentlichen das allgemein gehaltene Partei- bzw. Wahlprogramm präzisiert und

---

[104] Frieder Naschold, „Demokratie und Komplexität", in: *Politische Vierteljahresschrift*, 1968, S. 503.

[105] Zur Problematik des Innovationsbegriffes vgl. das Arbeitspapier für die Arbeits-
gruppe „Vergleichende politische Systemforschung" von Gerhard Lehmbruch, *Politische
Innovation, Begriff und Fragestellung*, Berlin 1969 (Masch.).
  Um zu verdeutlichen, woran hier gedacht ist, sei auf politische Entscheidungen wie:
Koalitionsbildung, wichtige personalpolitische Fragen (Parteivorsitz, Kanzlerkandidat)
oder Sachentscheide (Wiederbewaffnung, Anerkennung der DDR, der Oder-Neisse-Gren-
ze u.ä.m.) verwiesen.

[106] Als brauchbaren Ansatz einer solchen Entscheidungstypologie vgl. den Systemati-
sierungsversuch von Frieder Naschold, *Organisation und Demokratie*, a.a.O., S. 56 ff.

konkretisiert – bei aller definitiven Verbindlichkeit doch ausreichenden Spielraum, um im Vollzuge praktischer Umsetzung den taktischen Operationsbereich der Parteiführung offen zu halten. Da die einzelne Instruktion nur in genereller Anweisung bestehen kann, welche optimal von den zuständigen Führungsstäben realisiert werden soll, besteht für den Abgeordneten hier keineswegs der Zwang, das Realisierungsverfahren selber permanent rückzufragen. Die Notwendigkeit verstärkter Basisorientierung des politischen Handelns auf der Ebene des politischen Gesamtsystems kann ohnehin nicht durch singuläre Instruktionen alleine erzwungen werden, bleibt vielmehr daran gebunden, dass hohe Komplexität dieses Gesamtsystems seinerseits engen Verbund subsystemischer Kommunikationsstrukturen erzwingt, somit aber auch auf den demokratischen Rückgriff als integrierende Information angewiesen bleibt. Sichergestellt wäre damit zugleich jener Ermessensspielraum, den politisches Handeln immer bedingen wird, freilich auch die Notwendigkeit, stärker als in einem dem klassischen Repräsentationsgedanken verpflichteten Parteiensystem dieses Handeln demokratisch zu legitimieren. Die Souveränität der Entscheidung wäre – zumindest partiell – wieder dahin zurückgegeben, wo sie postulatorisch schon immer war: an die Mitgliederversammlungen und ihre Organe, denen gegenüber die Immunisierungsformel des Gewissensvorbehaltes seitens der Führungsstäbe kaum mehr geltend gemacht werden könnte.

Die organisatorische Funktionsfähigkeit des imperativen Mandates hat freilich mindestens zweierlei zur Vorbedingung: zum einen muss wohl gewährleistet sein, dass Instruktionen durch Mehrheitsentscheide zustande kommen, um so von vornherein jene Blockierungseffekte abzuschneiden, welche die Praxis ständischer Instruktionen charakterisiert haben, um also rein negative Vetogruppen zu vermeiden, die die funktional wichtige Konsensbildung erschweren oder gar verhindern, damit aber auch die temporäre Effizienz des politischen Entscheidungssystems durch gleichsam institutionalisiertes Veto infrage stellen würden; zum anderen müssen Sanktionsmöglichkeiten gegenüber den Mandatsträgern die optimale Umsetzung gegebener Weisungen garantieren, nicht zuletzt deshalb, um die sich wohl immer wiederherstellende Disziplinierungschance von Parteiapparaten auf ein funktional notwendiges Minimum zu reduzieren. In diesem Zusammenhang gewinnt der recall seinen Stellenwert, wobei freilich sogleich angefügt werden muss, dass auch hier – ähnlich wie bei einer Formalisierung der Instruktion – die Abberufbarkeit des Abgeordneten durch Mitglieder seiner Partei, tendenziell durch die Wähler seines Wahlbezirkes, in einer Skala aufeinander abgestimmter Sanktionen gefasst werden müsste: etwa Missbilligung, finanzielle Auflagen, zeitweiliges Untersagen der Innehabung

und Wahrnehmung von Parteiämtern und ähnliches mehr, denen schliesslich der Rückruf als äusserste Möglichkeit folgt[107].

Imperativem Mandat und regulativem recall in einem so verstandenen,
vorsichtig an die funktionalen Erfordernisse eines modernen, komplexen
politischen Entscheidungssystems angepassten Sinne kann kaum mehr
länger der ausschliessliche Vorwurf angelastet werden, mit ihnen liessen sich
„Entscheidungskompetenzen blockieren, nicht aber organisieren"[108], wie
umgekehrt nicht einfach mehr – mit historischem Verweis, der die Veränderungen politischer Repräsentation vernachlässigt – behauptet werden kann,
das freie Mandat sei „notwendige Voraussetzung jeder politisch führenden,
beschliessenden Versammlung"[109]. Beides setzt falsche Akzente, denn: die
intendierte stärkere Bindung politischer Mandatsträger einer Partei – nicht
nur der Abgeordneten, sondern konsequenterweise auch der politischen
Beamten[110] – an die gesellschaftliche Basis kann diese keineswegs, wie meist
befürchtet, zu blossen Exekutoren zufällig zustandegekommener Vollver-
sammlungsmehrheiten machen, ebensowenig wie sie verkennt, dass die Entscheidungen einer Partei immer über diese hinausführen[111]. Der Einwand
wäre nur dann gravierend, wenn die tatsächliche Komplexität der Kommunikationsstruktur in gesellschaftlichen Grossorganisationen auf einen von
unten nach oben organisierten Befehlsstrang reduziert werden könnte, eine

---

[107] Dass solche Disziplinierungsmittel heute (wieder seitens der Parteiapparate) vielfach wahrgenommen werden, liesse sich an einigen Beispielen: etwa Fall Ristock, Berlin,
oder Fall Boljahn, Bremen, durchaus demonstrieren. Ihre demokratische Umkehrung,
also die Möglichkeit, solche Disziplinierungsmittel seitens der „Basis" gegen Mandatare
und somit gegen Führungsstäbe einsetzen zu können, beantwortet freilich noch nicht die
Frage der Demokratisierung des gesellschaftlichen Gesamtsystems. Gerade an diesem
Punkt zeigt sich, dass auch partikular einsetzende Demokratisierungsstrategien nicht
ohne die Diskussion der notwendigerweise zu verändernden sozio-ökonomischen Bedingungen entworfen werden können, eine Diskussion, die hier allerdings auch nicht an-
deutungsweise geleistet werden kann. Insofern versteht sich der hier formulierte Ansatz
auch durchaus als transitorischer.

[108] Christoph Müller, *Das imperative und freie Mandat*, a.a.O., S. 213.

[109] Ebd., S. 2.

[110] Vgl. dazu Udo Bermbach, „Probleme des Parteienstaates, Der Fall Littmann", in:
Zeitschrift für Parlamentsfragen, Heft 3, 1970, S. 342 ff.

[111] So Manfred Hättich, *Innerparteiliche Demokratie und politische Willensbildung*,
a.a.O., S. 33. Dieser – auch sonst oft zu hörende – Einwand zielt darauf ab, Entscheidungen in Partei und Staat, auch wenn sie von Parteipolitikern geleistet werden, qualitativ zu
sondern mit der Konsequenz: „Innerparteiliche Demokratie kann nicht in einem von
unten nach oben abgestuften imperativem Mandat bestehen" (*ibidem*, S. 33). Damit wird
Demokratisierung allenfalls noch im Bereiche der Willensbildung, nicht aber in dem der
Entscheidungsgruppen möglich. Zu überlegen wäre aber doch wohl, wie solche qualitative
Trennung angesichts der immer enger werdenden Verflechtung von Partei und Staat
wirklich gerechtfertigt werden kann, bzw. nachzuweisen wäre, worin – im hier verstandenen
Sinne – der Eigenwert des staatlichen gegenüber einem wie immer definierten nichtstaat-
lichen Bereiche liegt.

Vorstellung, die sich angesichts der allgemeinen Bedingungen von Willensbildung und politischer Entscheidung in industrialisierten Gesellschaften von
selbst erledigt. Und überdies verbietet die Instruktion der Repräsentanten
diesen nicht, die eigene Position (und die der Führungsstäbe) zu vertreten,
für sie zu werben und um Unterstützung nachzusuchen. Gerade der Zwang,
Instruktion und recall an das Mehrheitsquorum zu binden, sie also über institutionalisierte Konsensbildung politisch praktikabel zu machen, mag
geeignet sein, die Verfestigung einer monistischen Kommunikationsstruktur
zu verhindern, die den komplexen gesellschaftlichen Bedingungen inadaequat
wäre, sich ihrerseits auch allenfalls manipulativ herstellen lassen würde.

Doch bleibt andererseits wohl einsichtig, dass eine Demokratisierung des
liberalen Repräsentationsbegriffes, dessen Widersprüchlichkeit resultiert
aus den gesellschaftlichen Widersprüchen selber, durch isolierte Einfügung
demokratisierender Verfahrenselemente – was Instruktion und recall historisch nur bedingt gewesen sind – nicht umfassend geleistet werden kann,
wie überhaupt zu fragen ist, auf welche Weise demokratisch angelegte Or-
ganisationsmuster sich angesichts gesamtgesellschaftlich gegenläufiger
Orientierungen durchsetzen und stabilisieren können, ohne doch dysfunktional zu werden und ihre emanzipatorische Kraft zu verlieren. Wird Demokratisierung allgemein gefasst als permanent zu leistender Abbau historisch
überflüssiger Herrschaft, so kann sie nicht auf Teilbereiche von Gesellschaft, noch weniger auf Akte isolierter Institutionenreform eingeschränkt
werden, sondern verlangt vielmehr die kontinuierliche und umfassende
Überprüfung des gesellschaftlichen Systems insgesamt auf seine imanenten
Zielsetzungen hin. Für den Repräsentationsbegriff bedeutet dies, dass seine
inhaltliche Interpretation nicht ein für allemal fixiert werden kann, sondern
ihrerseits selber den dauernden gesellschaftlichen Veränderungen unterliegt, eine Feststellung, die – angesichts der gegebenen gesellschaftlichen Bedingungen von Repräsentation – lediglich den Zwang zur Reduktion der
klassisch-liberalen Repräsentationsidee, wie sie dem bürgerlichen Verfas-
sungsgedanken noch immer als normative unterlegt wird, auf ihren instrumentalen Aspekt hin umschreibt. Zugleich aber impliziert solches die Konsequenz, politische Parteien als notwendige Instrumente demokratischer
Willensbildung und Entscheidung durch binnenorganisatorische Demokra-
tisierungsverfahren zu „Sprachrohren des mündigen Volkes"[112] zu trans-
formieren.

---

[112] Gerhard Leibholz, *Strukturprobleme der modernen Demokratie*, a.a.O., S. 90.

GOTTFRIED DIETZE

STAATSRECHT UND RECHTSSTAAT

Inhaltlich erschien „Staatsrecht" oft als Verkehrung von „Rechtsstaat".
Funktionell gesehen ist es jedoch anders: Das Staatsrecht hat die Aufgabe
den Rechtsstaat zu schaffen und polizeilich zu sichern. Ohne Staatsrecht kein
Rechtsstaat.*

I

Unsere Liebe zum Rechtsstaat darf keineswegs in Rechtsstaatsduselei ausarten, denn eine solche Perversion kann allzuleicht zur Rechtsstaatsdämmerung führen. Mass und Mitte.[1]
   Die Gefahr der „Rechtsstaatsduselei" ist besonders in der Demokratie
gegeben. Insbesondere hier müssen sich daher die Freunde des Rechtsstaates
davor hüten, in ihrem Idealismus zu vertrotteln. Sie müssen auf der Hut
sein nicht nur vor jener demokratischen Brandung, welche auf die Unterdrückung des Individuums durch die Staatsgewalt hinausläuft, sondern auch
vor demokratischen Tendenzen zur Auflösung staatlicher Ordnung. Die
Demokratie ist nicht zuletzt gerade deshalb eine so schwierige Regierungsform weil sie, im Gegensatz zu anderen Herrschaftsarten, nicht nur einen
Januskopf hat, sondern weil neben ihrer guten Seite der verfassungsmässigen
Demokratie gleich zwei böse Aspekte auftauchen, welche die goldene Mitte
des Konstitutionalismus zu zermalmen und unkenntlich zu machen drohen.
Neben der Despotie der geballten, zur Einheit verschmolzenen Mehrheit
gibt es das ungebührliche Gewährenlassen, die zur Anarchie treibende
permissiveness der pluralistischen „Regierung" einer atomisierten Gesell-

---

   * Die vorliegende Arbeit beantwortet und ergänzt meinen Beitrag „Rechtsstaat und
Staatsrecht" in der Festschrift für Gerhard Leibholz zum 65. Geburtstag, Bracher/Daw-
son/Geiger/Smend, Hrsg., Die moderne Demokratie und ihr Recht, Bd. II (1966), S. 17 ff.
Das jetzt gesagte wurde vor fünf Jahren noch von mir vorausgesetzt. Heute ist es wohl der
Betonung wert.
   [1] Vgl. Wilhelm Röpke, *Mass und Mitte*, 1950. Zu der im folgenden behandelten *permissiveness*, vgl. seine: *Torheiten der Zeit*, 1966, S. 9 ff.

schaft, in der sich jeder gemäss dem Grundsatz *tel est mon plaisir* benehmen und danebenbenehmen kann. Hat die despotische Variante der Demokratie Menschenrechte nur allzu oft in Frage gestellt, so bedroht ihre permissive Variante diese Rechte, indem sie ihre Bürger den Gewalttätigkeiten ihrer Mitmenschen aussetzt. Die Demokratie kann zum Zauberlehrling des Liberalismus nicht nur durch unbeschränkte Mehrheitsherrschaft werden, sondern auch durch Libertinismus.

Diese Gefahren müssen gerade bei der sozialen Demokratie, die von vielen als die einzig echte Demokratie angesehen wird, betont werden. Denn die soziale Demokratie kann mit ihren Regulierungsplanungen und der damit verbundenen Straffung des Staatsaufbaus und Vergrösserung der Staatsgewalt nicht nur despotisch sein. Aufgrund ihrer deterministischen Auffassungen wird sie auch kaum umhin können, bei rechtswidrigem Verhalten ihrer Bürger, insbesondere gegenüber dem Privateigentum, ein Auge zuzudrücken und so der Rechtlosigkeit den Weg zu bahnen.[2] Die Geschichte des Sozialismus ist eine Geschichte sowohl des Anarchismus als auch des Despotismus. Mit anderen Worten: Die soziale Demokratie ist potentiell nicht nur rechtsstaatsfeindlich, weil sie vom *laissez faire* im Sinne Adam Smiths nichts wissen will, sondern auch weil sie Vergehen und Verbrechen aus Mängeln der Sozialstruktur zu erklären sucht und damit eine Art von *laissez passer* erzeugt, in dem alles passieren kann und sogar Entschuldigungen für Mord und Totschlag gang und gäbe werden. Sozialethisch unerträgliche Handlungen im Sinne Welzels[3] werden in Handlungen umgemünzt, die angeblich von einer sozialethisch unerträglichen Umwelt hervorgerufen werden und dieses Milieu wird insbesondere deshalb als unerträglich geschildert, weil es noch echte liberale Substanzen enthält. Der Nachtwächterstaat, der zwar ein Minimum an Eingriffen in das Privatleben seiner Bürger vorsah, dennoch aber Mann's genug war, seine Gesetze strikt durchzusetzen und zum Wohle des Volkes das Recht zu wahren, wird von denen abgelehnt werden, die wie Marx glauben, Gesetze seien nur da, die wirtschaftlich Starken vor den wirtschaftlich Schwachen zu schützen und „soziales Unrecht" zu legalisieren. Recht und Ordnung werden so unterminiert. Die unter Hinweis auf „soziale Gerechtigkeit" und das „soziale Gewissen" propagierte Beschützung des *underdog* führt zu einem Hundeleben rechts- und friedliebender Bürger, die in ständiger Angst vor jenen Rohlingen leben müssen, von denen ein amerikanischer Präsidentschaftskandidat sagte, sie

[2] Vgl. Friedrich A. Hayek, *The Road to Serfdom*, 1944; Harry W. Jones, „The Rule of Law and the Welfare State," *Columbia Law Review* LVIII, 1958, S. 143 ff.; mein *In Defense of Property*, 1963, S. 99 ff., 153 ff.

[3] Hans Welzel, *Das Deutsche Strafrecht*, 11. Aufl. 1969, S. 1 ff.

seien schon aus der Haft entlassen, bevor ihre Opfer auch nur daran denken
könnten, aus dem Krankenhaus zu kommen.[4]

Bei allen Gefahren, die dem Recht durch den autoritären Staat drohen,
sollte man daher nicht vergessen, dass die Ausführungen John Lockes über
das Recht im Naturzustand utopisch sind.[5] Wie Lincoln schon am Anfang
seiner politischen Laufbahn bemerkte, gibt es in der Anarchie eben kein
Recht und ein Gemeinwesen, in dem die Gesetze nicht durchgeführt werden,
muss zugrunde gehen.[6] Selbst Autoren, deren Widerstand gegen staatliche
Intervention bekannt ist, haben keinen Zweifel an der Notwendigkeit des
Gesetzesgehorsams gelassen.[7] So gefährlich ein Übermass an Gesetzgebung
auch ist, weil es Gesetzeswirrwarr und damit Rechtsunsicherheit und ausserdem übermässige Freiheitsbeschränkungen zur Folge hat, so bedenklich
ist andererseits die Nichtdurchsetzung bestehender Gesetze durch die aus-
führende Gewalt.[8] Der Rechtsstaat ist durch Gesetzesnegierung genau so gefährdet wie durch Gesetzgebungsmanie. Bezüglich der Ausführung der Gesetze ist eine *rule of law* eben ohne die *rule of men* schlecht denkbar.

Aus dieser Situation kann die politische Wissenschaft wohl weniger heraus-
helfen als die Staatsrechtslehre, da erstere eher auf die Freiheit des Einzelnen
vor der Staatsmacht, letztere auf die Durchsetzung der Staatsgewalt abzielt.
Nun kann Staatsrecht freilich eine über den ordentlichen Schutz der Menschenrechte hinausgehende, zur Anarchie führende, *permissiveness* vorsehen.
Aber das dürfte selten vorkommen. Verfassungsgeber werden kaum lebens-
unfähiges Staatsrecht schaffen. Auch eine gesunde politische Wissenschaft
wird den Einzelnen nicht soweit schützen, dass dadurch das Gemeinwesen
selbst gefährdet würde, wenn auch nur deshalb, weil mit der Zerstörung der
polis auch die politische Wissenschaft zu Ende käme. Bewussten Selbstmord
gibt es im allgemeinen bei Wissenschaftlern ebenso wenig wie bei Politikern.
Andererseits darf nicht übersehen werden, dass, vom Bestand des Bestehenden her gesehen, das Recht weniger gefährdet erscheint als die Wissenschaft,

---

[4] Wie immer man George C. Wallace gegenüber eingestellt sein mag, so hat er doch das
Verdienst, den Schwund von *law and order* klar herausgestellt und auf die damit verbundenen Gefahren für die Existenz der Vereinigten Staaten hingewiesen zu haben. Auch der
Präsidentschaftskandidat Nixon wies daraufhin auf den Verfall von Recht und Ordnung
hin, wodurch er vielleicht die Wahl gewann.

[5] John Locke, *Two Treatises of Government*, 2. Laslett ed. 1967, S. 69, 97 ff., 287 ff.

[6] Address Before the Young Men's Lyceum of Springfield, Illinois, vom 27. Januar
1838, in *The Collected Works of Abraham Lincoln*, Basler ed., 1953, Vol. I, S. 108 ff.

[7] Vgl. Wilhelm Röpkes Brief vom 18. August 1952 an Pierre F. Goodrich: „Lord Acton
certainly did not mean to deny that, if there is something worse than despotism, it is
anarchy, i.e. the absence of power".

[8] Dies wird von Hamilton und Madison klar ausgedrückt im *Federalist*, insbes. Essays
62 und 70, auch 13, 21, 26, 37, 49, 51. Vgl. mein: *The Federalist*, 1960, S. 109, 115, 120 f.,
131, 150 f., 163, 228 f., 248.

die ja stets auf Neuerung abzielt.[9] Staatsrecht, wie es auch aussehen und wie immer es auch mit dem Rechtsstaatsideal kollidieren mag, wird stets gewisse Werte vertreten, unter denen sich immer der der Ordnung befinden wird, selbst wenn die vorgesehene Ordnung eine äusserst labile ist. Dagegen kann die politische Wissenschaft als Wissenschaft im Sinne des Scientismus durchaus wertfrei sein und tatsächlich ist sie auch immer wertfreier geworden. Dies hat sich nicht nur dahin ausgewirkt, dass sich ihre Vertreter zunehmend mit der blossen Beschreibung und Aufzählung von Fakten begnügen, sondern auch in der Befürwortung eines *laissez passer*, unter dem jeder seine eigenen Wertmassstäbe anlegen kann, selbst wenn dies zur Gesetzlosigkeit führt.

Es ist ein Verdienst von Carl Joachim Friedrich, auf die Gefahren des Anarchismus, der durch Gewährenlassen den Rechtsstaat in Frage stellt, aufmerksam gemacht zu haben. Die Demokratie bedroht den Rechtsstaat, weil sie den Keim der Verwirklichung der Macht-, Willkür- und Unrechtsgelüste einzelner Bürger insofern in sich birgt, als sie zur *permissiveness* neigt. Friedrich ist so ein politischer Wissenschaftler, der sich gefährlichen Tendenzen innerhalb seiner Disziplin widersetzt hat und im nötigen Sinne auch Staatsrechtler ist.[10]

[9] Vgl. mein: *Youth, University and Democracy*, 1970., S. 57 ff.

[10] Zum Problem der „Wertfreiheit" vgl. insbes. sein *Man and his Government*, 1963. Schon am Anfang seiner Veröffentlichungen finden sich neben Arbeiten über konstitutionelle Institutionen, wie „The Issue of Judicial Review in Germany", *Political Science Quarterly* XLIII, 1928, S. 188 ff. und *Politica Methodica Digesta of Johannes Althusius*, 1932, Studien, welche die staatsrechtliche Sanktion rechtsstaatlicher Einrichtungen betonen. Dem Beitrag über „The German and the Prussian Civil Service", in L. D. White, Hrsg., *The Civil Service in the Modern State*, 1930, folgt eine Verteidigung von Art. 48 der Weimarer Verfassung: „The very nature of this form of government, based as it is upon a separation of powers and legislation after extensive discussion and negotiation with all interested groups, is peculiarly in need of extraordinary arrangements whenever an imminent danger requires immediate action. The real reason for such arrangements as are made by Article 48 is the preservation of the constitutional fabric as a whole by temporarily dispensing with certain parts of it."Während die „crisis through which Germany has been passing does not at all imply the establishment of a dictatorship" betont Friedrich, im Hinblick auf die von seiten der Nationalsozialisten und Kommunisten drohende Gefährdung der öffentlichen Sicherheit und Ordnung: „Truly benevolent despotism of this sort forestalls internal chaos and a complete breakdown of the government, particularly when it is placed in the hands of a man who has grown old in unswerving loyalty and service to his country". „Dictatorship in Germany?", *Foreign Affairs* IX, 1930, S. 128, 131, 132. „The Development of the Executive Power in Germany", *American Political Science Review* XXVII, April, 1933, betont dass „even in time of peace a national emergency will call forth executive leadership in more or less dictatorial forms... dictatorship is the natural concomitant of democracy in times of stress and strain," und schliesst mit den Worten: „In any case, Germany will remain a constitutional, democratic state with strong socializing tendencies whose backbone will continue to be its professional civil service" (S. 190, 203). Obwohl diese Hoffnung sich nicht erfüllte, liess sich Friedrich von der Ansicht, der Rechtsstaat setze die Sanktion durch das Staatsrecht voraus, nicht abbringen.

Er hatte alle Veranlassung hierzu. Als Walter Jellinek in den letzten Jahren der Weimarer Republik bestritt, der Rechtsstaat habe sich als eine liberale Einrichtung überlebt und müsse einer erneuten Stärkung der Staatsgewalt Platz machen, hatten sich schon die Nationalsozialisten breit gemacht, die, wie die Kommunisten, die Republik stürzen wollten. Dass dies am Ende durch Hitlers Machtergreifung geschehen konnte, lag wohl nicht zuletzt daran, dass die Weimarer Republik, demokratisch wie sie war und sozialdemokratisch wie sie regiert wurde, nicht nur Tendenzen zur Despotie, sondern auch zur Anarchie in sich barg. Letztere, gekennzeichnet durch eine wohl von den Radbruchschen Strafrechtsreformvorschlägen beeinflusste, laxe Strafrechtspflege, führten zu erhöhter Kriminalität und wachsender Unordnung infolge von Demonstrationen, welche wiederum ein Anschwellen von Ordnungsparteien wie die der Nationalsozialisten und Kommunisten zur Folge hatten.[11] Wenn Jellinek einmal Vorbehalte gegenüber „einer erneuten Stärkung der Staatsgewalt" geltend macht und zum anderen betont, „dass ein geordneter Rechtsschutz den Staatsgedanken und damit auch die Staatsgewalt kräftigt" und so die aufgrund des Staatsrechts bestehende Staatsgewalt als *conditio sine qua non* des Rechtsstaats hinstellt,[12] so zeigt dies das Dilemma eines liberalen Demokraten, der die Staatsgewalt zugleich fürchtet und für notwendig erachtet, weil sie den Bürger nicht nur beschränkt, sondern auch schützt.

Sein *Constitutional Government and Democracy* (ursprünglich unter dem Titel *Constitutional Government and Politics* veröffentlicht), das die Freiheit des Individuums im Rechtsstaat zum Gegenstand hat, setzt in allen Auflagen (1937, 1941, 1946, 1950, 1968) nicht nur allgemein Gesetzesgehorsam voraus, sondern rechtfertigt auch Notstandsmassnahmen.

Friedrich ist so ein geistiger Nachfahre des Staatsrechtlers Robert von Mohl, der von vielen als der Vater des Rechtsstaatsbegriffs angesehen wird und zu dessen Methode sich Friedrich ausdrücklich bekannt hat in seinem *Der Verfassungsstaat der Neuzeit* (1953) S. VII, dem er den Spruch Hölderlins voranstellt:

> Wie auf schlanken Säulen ruh'
> auf richt'gen Ordnungen das neue Leben,
> Und euern Bund befest'ge das Gesetz.

Auch wirkte er im Sinne eines grossen amerikanischen Gelehrten und Freund des Konstitutionalismus, der in diesem Jahre hundert Jahre alt geworden wäre und Carl Joachim Friedrichs Vorgänger als Eaton Professor of the Science of Government war, Charles H. McIlwain. Auch in dessen Werk, *The Political Works of James I*, 1918, *The American Revolution: A Constitutional Interpretation*, 1923, *Christopher Goodman, How superior powers oght to be obeyed of their subiects and wherin they may lawfully by Gods worde be disobeyed and resisted*, 1931, *The Growth of Political Thought in the West from the Greeks to the End of the Middle Ages*, 1932, *The High Court of Parliament and its Supremacy*, 1934, *Constitutionalism, Ancient and Modern*, 1940, zeigt sich die Friedrich eigene Paarung von Rechtsstaatler und Staatsrechtler, die den politischen Wissenschaftler in einem Department of Government und in einer juristischen Fakultät zu Hause sein liess.

[11] Vgl. Heinrich Brüning, *Memoiren* 1918-1934, 1970.
[12] Walter Jellinek, *Verwaltungsrecht*, 3. Aufl. 1931, S. 96 f.

Die Erfahrung der Weimarer Republik hat gezeigt, dass idealistisches Verträumen des Rechtsstaats ebenso riskant ist wie seine offene Bekämpfung. Der formale Rechtsstaat der Weimarer Verfassung war zwar, wie Schmitt mit der herrschenden Lehre betonte, vorwiegend liberaler Prägung[13] und kam so dem Rechtsstaatsideal recht nahe. Andererseits enthielt er nationale und soziale Bestandteile, die diesem Ideal abträglich waren.[14] Es ist oft betont worden, dass er aufgrund von Einrichtungen wie dem Gesetzesvorbehalt bei den Grundrechten und der Macht des Reichspräsidenten ständig Gefahr lief, zur Despotie zu degenerieren, sei es die der Mehrheit, des Reichspräsidenten oder des für die Mehrheit handelnden Reichspräsidenten. Es sollte aber nicht übersehen werden, dass die Tragik der Weimarer Republik auch im Hang zur Rechtsstaatsduselei gelegen hat.

II

Unter dem „demokratischen und sozialen Rechtsstaat" des Grundgesetzes (Art. 28) ist die Bundesrepublik nicht hinreichend gegen den Anarchismus abgesichert worden.

Betrachten wir die Verfassungen, die nach dem zweiten Weltkrieg geschaffen wurden, so gebührt dem Grundgesetz Lob. Im Gegensatz zur Verfassung der Vierten Republik, die der der Dritten Republik sehr ähnelt, und der Verfassung der italienischen Republik, die dem *Statuto* ähnelt, zeigt das Grundgesetz bedeutende Verbesserungen gegenüber seinem demokratischen Vorgänger.[15] Offenbar hatte der Parlamentarische Rat aus den Fehlern der Nationalversammlung und der Praxis der Weimarer Republik seine Lehren gezogen. Dennoch enthält das Grundgesetz Bestimmungen, die vom rechtsstaatlichen Gesichtspunkt nicht unbedenklich sind. Da die Möglichkeiten der Despotie bereits aufgezeigt wurden,[16] wollen wir uns hier nur mit denen der Anarchie befassen. Denkt man nun an die Parallelen der Verfassungsentwicklung in den Vereinigten Staaten und Deutschland – nicht nur der amerikanische Einfluss auf das Grundgesetz und auf die die Bundesrepublik erschütternden Demonstrationen, die Max Webers Ansicht, unser Leben werde sich amerikanisieren, im Guten wie im Bösen bewahrheiten zu scheinen, gehören hierher[17] – so kann einem angst und bange werden. Dies ins-

---

[13] Carl Schmitt, *Verfassungslehre*, 1928, S. 30 f.
[14] Siehe mein „Rechtsstaat und Staatsrecht", a.a.O., S. 36 f.
[15] Vgl. mein „Natural Law in the Modern European Constitutions", *Natural Law Forum* I, 1956, S. 73 ff.; „The Federal Republic of Germany: An Evaluation After Ten Years", *Journal of Politics* XXII, 1960 S. 112 ff.
[16] Vgl. mein „Rechtsstaat und Staatsrecht", a.a.O., S. 29 ff.
[17] Max Weber, *Wissenschaft als Beruf*, 1919, *Gesammelte Aufsätze zur Wissenschafts-*

besondere dann, wenn man die These Hans Hubers, die Entwicklung treibe in Deutschland bedeutend schneller voran als in Amerika,[18] beachtet.

Diese These, im Zusammenhang mit dem Untergang des Liberalismus vorgetragen, entsprach nur allzu sehr den Tatsachen. Als sie laut wurde, war der den Liberalismus fördernde deutsche Bundesstaat bereits durch Hitlers Zentralstaat ersetzt, während die Vereinigten Staaten trotz des Anwachsens der Bundesregierung immer noch ein Bundesstaat waren, dessen Bürger sich weitgehender Freiheiten erfreuten. Bedenkt man nun, dass sich im Sog des *New Deal* und der *New Frontier* unter dem *Warren Court*[19] eine *permissiveness* breit machte, die aus der Dekade, die Präsident Kennedy als die glorreichen sechziger Jahre verhiess, die furchtbarste seit dem Bürgerkrieg machte, ihn selbst, seinen Bruder, Martin Luther King und vielen friedliebenden Bürgern das Leben durch Mörderhand kostend, so muss der Gedanke, *permissiveness* werde in Deutschland noch schneller und furchtbarer ihr Gesicht zeigen, die Frage nach dem Treiben der Bundesrepublik noch beängstigender machen als die seinerzeit von Jaspers gestellte.[20]

Auf einem Versagen des Parlamentarischen Rates beruht das kaum. Er war ehrlich darum bemüht, ein stabiles Staatswesen zu schaffen. Der amerikanischen Verfassung sowie den Verfassungen der Vierten Republik und der Republik Italien folgend,[21] beschränkt das Grundgesetz zur Sicherung seiner staatsrechtlichen Ordnung sogar den Verfassungsgeber (Art. 79). Trotz weitgehenden Schutzes der Grundrechte verwirkt eine Reihe dieser Rechte, wer sie zum Kampf gegen die freiheitliche demokratische Grundordnung missbraucht (Art. 18).[22] Vereinigungen, die sich gegen die verfassungsmässige Ordnung richten, sind verboten (Art. 9). Parteien, die nach ihren Zielen oder dem Verhalten ihrer Anhänger darauf ausgehen, die freiheitliche demokratische Grundordnung zu beeinträchtigen oder zu beseitigen oder den Bestand der Bundesrepublik zu gefährden, können als verfassungswidrig erklärt werden (Art. 21).

Dieser weitgehende Schutz der Bundesrepublik und der ihr eigenen

---

lehre, 2. Aufl. 1951, S. 568. Der amerikanische Einfluss ist unverkennbar bei einem Konstitutionalisten wie Robert von Mohl und zeigte sich auch schon in der deutschen staatsrechtlichen Literatur des 19. Jahrhunderts, insbes. in Bezug auf Probleme des Förderalismus.

[18] Hans Huber, ,,Ueber Foederalismus , *Neue Schweizer Rundschau VI*, 1938, S. 241 ff.

[19] Vgl. Alpheus T. Mason, ,,Understanding the Warren Court: Judicial Self-Restraint and Judicial Duty ', *Political Science Quarterly LXXXI*, 1966, S. 523 ff.

[20] Karl Jaspers, *Wohin treibt die Bundesrepublik*, 1966, fürchtet den Despotismus, nicht aber die Anarchie.

[21] *U.S. Verfassung*, Art. 5; *Verfassung der Vierten Republik*, Art. 95; *Verfassung der Republik Italien*, Art. 139.

[22] Siehe auch Art. 17a.

rechtsstaatlichen Merkmale wird ergänzt durch eine Festigung der parlamentarischen Regierung. Während die Verfassungen der Vierten Republik und der Republik Italien das labile System, das ihre demokratischen Vorgänger kennzeichnete, kaum verbessern,[23] bereichert das Grundgesetz mit dem konstruktiven Veto (Art. 67) den Parlamentarismus um eine bedeutende Stabilisierungsinstitution. Die Erfahrung hat gezeigt, dass der Bundeskanzler ein ähnliches Mandat besitzt wie der amerikanische Präsident. Die Bundesrepublik wurde als Kanzlerdemokratie bekannt. Der Sturz Erhards ist die Ausnahme, die die Regel bestätigt, und selbst er war keine parlamentarische Krise im herkömmlichen Sinn mit der ihr eigenen Regierungslosigkeit.

Trotz dieser Bestimmungen erscheint es jedoch zweifelhaft, ob unter dem Grundgesetz der Anarchismus erfolgreich bekämpft werden wird. So stabilisierend das konstruktive Veto auch sein mag: der abwählbare Bundeskanzler ist doch nicht so mächtig wie der frühere Reichspräsident. Letzterer hatte nicht nur die fast doppelte Amtszeit, sondern auch weitreichendere Vollmachten zur Bewahrung der staatsrechtlichen Ordnung des Weimarer Rechtsstaats.[24] Generell wie Beschränkungsklauseln zum Schutze des Bonner Rechtsstaats auch sein mögen: sie sind doch vor allen Dingen zum Schutze gegen eine neue Diktatur gedacht. Denn wie sehr auch die *permissiveness* unter der Weimarer Republik bei den Beratungen des Parlamentarischen Rates hätte berücksichtigt werden sollen, – an die Diktatur des Reichspräsidenten und die Hitlers dachte man wohl mehr. Eher die Furcht vor der Diktatur als vor der Anarchie lag wie ein Alpdruck auf denen, die das Grundgesetz schufen und dann verwalteten.[25]

Überraschen kann die Tatsache, dass die Bundesrepublik mit dem Problem der Rechtsstaatsduselei behaftet ist, auch deshalb nicht, weil den Par-

---

[23] Art. 51 der französischen Verfassung von 1946, der eine Auflösung der Nationalversammlung möglich macht, wenn innerhalb von 18 Monaten zwei Regierungskrisen stattfinden, wurde nur einmal angewandt und stabilisierte die französische Regierung kaum, deren Lebensdauer während der Dritten Republik durchschnittlich bei etwa 9 Monaten lag.

[24] Vgl. Carl J. Friedrich, ,,The Development of the Executive Power in Germany", *American Political Science Review XXVII*, 1933, S. 185 ff.; Grau, ,,Die Diktaturgewalt des Reichspräsidenten" in: Anschütz/Thoma, *Handbuch des Deutschen Staatsrechts*, Bd. 2, 1932, S. 275 ff.; Johannes Heckel, ,,Diktatur, Notverordnungsrecht, Verfassungsnotstand", *Archiv des öffentlichen Rechts XXII*, 1932, S. 257 ff.; Harlow J. Henemann, *The Growth of Executive Power in Germany*, 1934; Hugo Preuss, ,,Reichsverfassungsmässige Diktatur", *Zeitschrift für Politik XIII*, 1924, S. 97 ff.; Carl Schmitt, *Der Hüter der Verfassung*, 1931.

[25] Vgl. Carl J. Friedrich, ,,The Political Theory of the New Democratic Constitutions", *Review of Politics XII*, 1950, S. 215 ff.; John F. Golay, *The Founding of the Federal Republic of Germany*, 1958; Peter H. Merkl, *The Origin of the West German Republic*, 1963; Die Beratungen des Parlamentarischen Rats sind beschrieben im *Jahrbuch des öffentlichen Rechts* (N.F.) Bd. 1, 1951.

teien, aus denen der Parlamentarische Rat vorwiegend bestand und von denen die Bundesrepublik vorwiegend regiert wurde, auch programmatisch ein resolutes Vorgehen gegen anarchistische Tendenzen nicht leicht fallen dürfte.

Diese Gefahr ist einmal bei den christlichen Parteien gegeben. Wir wollen das nicht mit Nietzsches Angriff auf die Ethik des Christentums[26] begründen und bezweifeln, ob solche Parteien überhaupt regierungsfähig sein können. Wir wollen nicht behaupten, sie seien Widersprüche in sich selbst, weil sie als staatsrechtliche Einrichtungen[27] nach politischer, weltlicher Macht streben, während das Reich des Christen nicht von dieser Welt ist (John. 18, 36) und Christen ihren Feinden vergeben, ja sie lieben sollen (Luk. 23, 34; Matth. 5, 44). Wenn auch der Gedanke an christliche Parteien Christen noch mehr zur Verzweiflung treiben könnte als der Gedanke an christliche Kirchen den jungen Nietzsche, dürften sie doch Trost finden in Guardinis Entgegnung an Burckhardt, nach welcher die Macht nicht an sich böse ist, weil es ja ganz darauf ankommt, wer sie ausübt.[28] Dennoch dürfen regierungstechnische Schwächen christlicher Parteien nicht übersehen werden. Sie liegen nicht nur in christlicher Ethik begründet, sondern auch in der Organisation christlicher Kirchen. Mit der Aufspaltung einer Kirche als grosser, umfassender Ordnungsmacht ist die Ordnungsfunktion der Kirche immer mehr zurückgegangen. Ein Malebranche konnte noch an eine staatsrechtliche Konstruktion christlicher Werte denken.[29] Auch ein Stahl konnte noch an den Bestand seines christlichen Rechtsstaats glauben. Aber heute, wo sogar die katholische Kirche, selbst nach der Reformation noch eine Ordnungsmacht ersten Ranges, von der Auflösung bedroht ist? Hinzu kommt, dass die christlichen Parteien der Bundesrepublik Zwitterdinge sind, die zwar Katholiken und Protestanten zu politischer Willensbildung vereinen, aber infolge ihres Unionscharakters ein zentrifugales Element in sich tragen, dass das Regieren erschweren dürfte, von der Spaltung zwischen CDU und CSU ganz abgesehen. Das historische Verdienst dieser Parteien um die Erschaffung, Konsolidierung und Anerkennung des Bonner Rechtsstaats soll keineswegs abgestritten werden. Andererseits ist dieses Verdienst wohl zum grossen Teil der Persönlichkeit Adenauers zuzuschreiben. Im Kaiserreich

---

[26] Friedrich Nietzsche, *Der Antichrist*, 1902.

[27] Grundgesetz, Art. 21. Vgl. Gerhard Leibholz, „Zum Parteiengesetz von 1967", in Horst Ehmke, Carlo Schmid, Hans Scharoun, Hrsg., *Festschrift für Adolf Arndt*, 1969, S. 179 ff.; Henning Zwirner, „Die Rechtsprechung des Bundesverfassungsgerichts zur Parteifinanzierung", *Archiv des öffentlichen Rechts* XCIII, 1968, S. 81 ff.

[28] Jakob Burckhardt, *Weltgeschichtliche Betrachtungen*, Ausgabe Kröner, S. 97; Romano Guardini, *Die Macht*, 1951, S. 19.

[29] Vgl. Carl Schmitt, *Politische Romantik*, 2. Aufl. 1925, S. 24.

aufgewachsen, sah er noch klar den Wert des Staatsrechts für die Erhaltung des Rechtsstaats. Ein Opfer des Nationalsozialismus, war er nicht nur auf der Hut vor rechtsstaatsfeindlichen Elementen wie Nationalismus und Sozialismus, sondern auch in der Lage, anarchistischen Gebaren entgegenzutreten. Hingegen dürfte es denjenigen, die für ihr Mitmachen im Dritten Reich Vergebung fordern, schwer fallen, nun nicht auch denen, die den Rechtsstaat der Bundesrepublik gefährden, mit christlicher Nächstenliebe zu vergeben.

Bei den Freien Demokraten liegt es nicht viel anders. Unter modernen Weltanschauungen ist der Liberalismus wohl die fragilste. Im Gegensatz zum Klerikalismus findet er, einst selbst im Kampf gegen Klerikalismus entstanden, kaum Halt im Religiösen. Die Kurzlebigkeit liberaler „Religionen" wie die in der französischen Revolution oder von Mazzini vorgeschlagenen hat dies immer wieder bewiesen.[30] Auch findet der Liberalismus, einst selbst als Reaktion auf weltlichen Absolutismus entstanden, wenig Halt im Autoritären, sei es nun in seiner monarchischen, nationalistischen oder sozialistischen Spielart. Für den Liberalen ist das Mass aller Dinge nicht Gott, König, Vaterland oder Klasse, sondern der Mensch.[31] Nur der Mensch, und der Mensch allein, ist ein All. Dieses Allsein des Menschen ist im Grunde nicht nur mit der Allmacht des Staates, sondern auch mit staatlicher Macht schlechthin unvereinbar. Dem Liberalen ist daher die Gefahr der Rechtsstaatsduselei immanent. Menschen, die frei sein wollen und im Glauben *that government is best that governs least* einen Nachtwächterstaat bevorzugen, laufen Gefahr bei der Nachtwache einzuschlummern, das für ein geordnetes Zusammenleben erforderliche Mindestmass staatlicher Gewalt preiszugeben und im Zustand der Anarchie zu erwachen. Ausserdem birgt eine solche anthropozentrische Anschauung die Gefahr einer pluralistischen Gesellschaft, in der Einzelne wie Atome durcheinanderwirbeln, staatsrechtliche Formen zerstört werden und Kollisionen zum *bellum omnium contra omnes* führen. So leicht es Liberalen fällt, das Abgleiten guter Polizei in schlechte wahrzunehmen, so schwer fällt es ihnen, das Gute guter Polizei anzuerkennen. Glücklicherweise hat sich die enge Verbindung des Liberalismus mit dem Rationalismus immer wieder dahin ausgewirkt, dass Liberale rational dachten und die Notwendigkeit des Staatsrechts zum Schutze des Rechtsstaats sahen. Diese Notwendigkeit wurde auch von Freien Demokraten nach dem zweiten Weltkrieg erkannt.[32] Andererseits unterlagen sie

[30] Vgl. Eric Voegelin, *The New Science of Politics*, 1952; John F. Hayward, *Existentialism and Religious Liberalism*, 1962.

[31] Zum Satze des Protagoras in Deutschland vgl. Federico Federici, *Der deutsche Liberalismus*, 1946.

[32] Die Parteisatzung von 1949 spricht von einer „freiheitlichen Gesellschaftsordnung"

ständig der ihnen eigenen Versuchung, anarchistische Tendenzen zu übersehen. So wäre es wenig erstaunlich, wenn innerhalb der FDP solche Tendenzen immer mehr die Oberhand gewönnen und aus ihr ein Zwittergebilde
machten, das zwar Freiheit in einem geordneten Gemeinwesen will, andererseits aber Demonstrationen zulässt, die dieses Gemeinwesen zerstören.

Was schliesslich die Sozialdemokraten angeht, so ist bei ihnen sowohl die
Gefahr der Despotie als auch die der Rechtsstaatsduselei wahrscheinlich
grösser als bei den anderen Parteien. Was oben über die besondere Gefährdung des Rechtsstaats durch die soziale Demokratie gesagt wurde, gilt
auch für die Sozialdemokraten. Darüber hinaus erhebt sich die Frage, ob
denn die Sozialdemokraten überhaupt einen Rechtsstaat und das diesen
garantierende Staatsrecht wollen können. Müssen sie, die soziale Rechte
gegenüber liberalen betonen, bei der Unvereinbarkeit beider Rechtsarten[33]
den Rechtsstaat nicht vielmehr ablehnen und an der Zersetzung und Ver-
trottelung eines jeden Staatsrechts, das rechtsstaatliche Bestandteile enthält,
interessiert sein? Jedenfalls haben sie seit der Gründung ihrer Partei sowohl
unter orthodoxen als auch revisionistischen Programmen den Liberalismus
angegriffen und damit gezeigt, dass ihnen am echten Rechtsstaat wenig liegt
und dass ihnen Unordnung in einem solchen Staat nur gelegen kommt. So
stifteten sie als Oppositionspartei im Kaiserreich Unruhe bis zur Revolution
von 1918, und so waren sie in der Weimarer Republik als Regierungspartei
für jene *permissiveness* mitverantwortlich, die schliesslich zur nationalsozialistischen Revolution führte. Ihre Stimme gegen das Ermächtigungs-
gesetz vom 24. März 1933 – eine mutige Tat, die von Freunden des Rechtsstaats nie vergessen werden sollte – mutet an wie eine späte Reue für früheres
staatsrechtliches Versagen, wie ein letztes, vergebliches Aufbäumen gegen
die Perversion rechtsstaatlicher Restbestände durch die Nationalsozialisten.
In der Nachkriegszeit hat nun die SPD in ihrem Godesberger Programm dem
Marxismus entsagt. Dadurch sind die eben beschriebenen Probleme dieser
Partei aber kaum gelöst worden. In starkem Masse von wahlpolitischen Erwägungen motiviert, stellt auch dieses Programm soziale Rechte nicht hinter
liberale. Es macht offenbar, wie umstritten die Abkehr von marxistischen
Thesen innerhalb der Partei ist.[34] Als Partei der Strafrechtsreform, des er-
weiterten Demonstrationsrechtes und der Herabsetzung des Wahlalters

---

als Zweck der Partei. Vgl. die Ausführungen von Thomas Dehler zur Formulierung von
Art. 81 des Grundgesetzes. *Jahrbuch des öffentlichen Rechts* (N. F.), Bd 1, 1951, S. 592 ff.,
605 ff.
 [33] Erich Fechner, *Freiheit und Zwang im sozialen Rechtsstaat*, 1953, S. 5; Helmut Rumpf,
Der ideologische Gehalt des Bonner Grundgesetzes, 1958, S. 27 ff; Gerhard Leibholz, *Strukturprinzipien des modernen Verfassungsstaates*, 1965, S. 15.
 [34] Das wurde auch wieder beim Parteitag in Saarbrücken offenbar.

dürfte die SPD auch in der Bundesrepublik Unruhepartei bleiben und anarchistischen Bestrebungen nicht Einhalt gebieten,[35] sei es auch nur, um liberale Bestandteile des Grundgesetzes zu unterminieren und aus der hieraus entstehenden Trübheit in die sozialen Generalklauseln des Grundgesetzes zu fliehen[36] und eine soziale Zwangsordnung zu verwirklichen.

Die eben beschriebene Befangenheit der die Bundesrepublik regierenden Parteien einerseits und die von diesen Parteien offiziell anerkannte Notwendigkeit, den Bonner Rechtsstaat zu erhalten andererseits kann zu eigenartigen Ergebnissen führen. Wenn sich auch jede Partei zum Grundgesetz bekennt, so will das nicht notwendigerweise viel heissen, weil es ein Bekenntnis sowohl zu Ordnungsfaktoren als auch zu der im Parlamentarischen Rat vorherrschenden Furcht vor zu weitgehender staatsrechtlicher Ordnung sein kann. Nun könnte man zwar sagen, das Gesetz sei weiser als der Gesetzgeber[37] und ausschliesslich auf den schwarz auf weiss ersichtlichen Schutz des Bonner Staatsrechts für den Bonner Rechtsstaat abstellen. Aber das dürfte aufgrund der gespaltenen Persönlichkeiten der regierenden Parteien schwerfallen. Und dann ist da immer noch das traurige Vermächtnis des Dritten Reiches. Eben weil die Erlebnisse dieses Reiches so furchtbar waren, dürften viele – insbesondere die, die ein schlechtes Gewissen haben – die Furcht vor allzu viel Ordnung überbetonen. So ist nicht nur ein Rechtsstaatsleerlauf möglich, weil die verschiedenen Auffassungen vom Rechtsstaat sich innerhalb von Regierungskoalitionen neutralisieren können.[38] Auch ein Staatsrechtsleerlauf ist möglich, weil innerhalb der Parteien Tendenzen zur Ordnung von solchen zur Anarchie aufgehoben werden und staatsrechtliche Obligationen durch ,,rechtsstaatliche" Pseudoverpflichtungen neutralisiert werden können. Dieser Staatsrechtsleerlauf könnte dann seinerseits wiederum zu einem Rechtsstaatsleerlauf führen insofern, als er den Bonner Rechtsstaat durch Rechtsstaatsduselei dem Untergang preisgibt. Der Rechtsstaat kann nicht nur durch Formalisierung, sondern auch durch Formlosigkeit zerstört werden.

Betrachtet man nun die Ereignisse in der Bundesrepublik während der letzten Jahre, so deutet vieles auf Leerlauf hin. Nach langem Hin und Her entschliesst man sich zur Notstandsgesetzgebung.[39] Zugleich aber bereitet

---

[35] Der Sozialdemokrat Peter von Oertzen wurde von seiner Partei zum Kultusminister bestellt, nachdem er Schüler und Studenten aufgerufen hatte, ,,den Aufstand zu proben". Gegen die anarchistischen Tendenzen innerhalb seiner Partei wendet sich neuerdings der Münchner Oberbürgermeister Hans-Jochen Vogel.

[36] Vgl. mein Rechtsstaat und Staatsrecht,,", a.a.O., S. 43.

[37] Vgl. Gustav Radbruch, *Rechtsphilosophie*, 4. Aufl. 1950 S. 211.

[38] Vgl. mein ,,Rechtsstaat und Staatsrecht", a.a.O., S. 44.

[39] 17. Gesetz zur Ergänzung des Grundgesetzes vom 24. Juni 1968, *BGBl.* I, 709. Vgl.

man Strafrechtsreformen vor, die dazu angetan sind, *permissiveness* und damit potentiell den Notstand zu fördern.[40] Ausserdem erweitert man das Demonstrationsrecht just zu der Zeit, als dieses Recht in Frankreich aufgrund der Maiunruhen 1968, die die Fünfte Republik fast und den Franc ganz zu Fall brachten, wesentlich beschränkt wird zum Wohle der öffentlichen Ruhe und Ordnung.[41] So wird die Notstandsgesetzgebung zum guten Teil aufgehoben und neutralisiert. Der Staatsrechtsleerlauf schafft einen durch steigende Kriminalität und Unruhen gekennzeichneten öffentlichen Notstand. Diese Situation bringt dann Stilblüten hervor wie das Weissbuch der Bundesregierung zum Fall Spreti, in dem eher die Regierung von Guatemala für den Tod des Botschafters verantwortlich gemacht wird als die gegen die Rechtsordnung dieses Landes verstossenden Entführer, Erpresser und Mörder, und in dem man kaum Überlegungen darüber anstellt, inwiefern es einer Regierung denn überhaupt (auch vom Völkerrecht her) zuzumuten ist, solchen Erpressern nachzugeben und damit – wie Brasilien gezeigt hat – zu weiteren Erpressungen zu ermutigen und die Rechtsordnung des Landes sowie die Existenz der Regierung selbst aufs Spiel zu setzen.[42] Eine solche Denkart entspricht zwar dem Rechtsstaatsbegriff einer Linkskoalition und zeigt erneut das Risiko formaler Rechtsstaatsbegriffe, zeugt aber zugleich von einer Haltung welche in einer den Rechtsstaat gefährdenden Weise dem Staatsrecht den ihm gebührenden Platz streitig macht.

So ist die Frage nach der Zukunft des Bonner Rechtsstaats eine bange Frage. Während man anfangs optimistisch war, hat man in den letzten Jahren immer mehr vom Unbehagen in der Bundesrepublik gesprochen. Betonte man früher die Vorteile Bonns gegenüber Weimar, so begann man bald zu fragen, ob die Bundesrepublik wohl doch noch das Schicksal ihres Vorgängers ereilen werde.[43] Meist denkt man dabei an ein Wiederaufkommen der Diktatur.[44] Es wäre unverantwortlich, solche Warnungen

Dieter Sterzel, Hrsg., *Kritik der Notstandsgesetze*, 1968, und die in Anm. 44 genannten Autoren.

[40] 10. Strafrechtsänderungsgesetz vom 7. April 1970, *BGBl.* I, 313.

[41] 3. Gesetz zur Reform des Strafrechts vom 20. Mai 1970, *BGBl* I, 505. Loi tendant à réprimer certaines formes nouvelles de délinquance No. 70-480 vom 8. Juni, 1970. *Journal Officiel*, 9. Juni 1970, S. 5324.

[42] Vgl. *Archiv der Gegenwart* vom 10 April 1970, S. 15401 ff. Friedrich Berber, *Lehrbuch des Völkerrechts*, Bd. 3, 1964, S. 7; Georg Dahm, *Völkerrecht*, Bd. 3, 1961, 177 ff.

[43] Büchertitel wie Fritz René Allemann, *Bonn ist nicht Weimar*, 1956, Paul Lücke, *Ist Bonn doch Weimar?*, 1968, Hans Dichgans, *Das Unbehagen in der Bundesrepublik*, 1968, sind bezeichnend.

[44] Eugen Kogon, offenbar noch ganz unter dem Eindruck des SS-Staates, spricht von einer „verhängnisvollen Vorsorge", und fürchtet „die Verwandlung des Geistes der Freiheit in den Geist der ‚Ordnung ‚", in Eugen Kogon/Wolfgang Abendroth/Helmut Ridder/Heinrich Hannover/Jürgen Seifert, *Der totale Notstandsstaat*, 1965, S. 6. Siehe auch: Hans

leichtfertig zurückzuweisen und womöglich ohne Grund als linksinspiriert zu verdächtigen, obwohl man sich natürlich auch davor hüten muss, jemand schon allein deshalb zu trauen, weil er derart verdächtigt wird. Sollte man auch nicht gleich jeden, der den Ruf nach Recht und Ordnung laut werden lässt, als rechtsstaatsfeindlichen Reaktionär oder Nazi denunzieren, so gibt es in der Bundesrepublik zweifellos Menschen, die hinter dem Verlangen nach Recht und Ordnung ihre Rechtsstaatsfeindlichkeit verbergen. Der Rechtsstaat ist ein zu wichtiges und zugleich zu zerbrechliches Gebilde, als dass man es sich leisten könnte, Bedenken über seine Bedrohung, welcher Art sie auch seien und von wem sie auch ausgehen mögen, in den Wind zu schlagen.

Eben aus diesem Grunde darf man aber nun auch nicht davor zurückschrecken, zu untersuchen, inwiefern diejenigen, die als permissive Verteidiger des Rechtsstaats posieren, tatsächlich das Rechtsstaatliche an ihm schützen wollen. Immer muss man fragen, ob nicht gerade ihre *permissiveness* zum Verfall der Bundesrepublik führen könnte. Trotz der autoritären deutschen Tradition, die wohl ebenso naiv-natürlich gewachsen ist wie andere Traditionen, muss man selbst nach den Exzessen des Hitler Regimes, wenn nicht sogar aufgrund dieser Exzesse, auch in dem jetzigen, vorwiegend gegen die Ordnungstradition gerichteten intellektuellen Klima den Mut aufbringen, nicht ins entgegengesetzte Extrem zu verfallen und rechtsstaatlich zu vertrotteln. Man muss objektiv abwägen und permissiven Perversionen die Stirn bieten. Man darf sich nicht davor scheuen, jenes Mass an Staatsrecht, das nun einmal zum Bestand rechtsstaatlicher Elemente erforderlich ist, durchzusetzen. Dadurch wird man keineswegs gleich zum Gegner des Rechtsstaats. Ganz im Gegenteil: man folgt nur den grossen Verfechtern der Rechtsstaatsidee. Denn immer waren diese Idealisten Realisten genug, um den Wert des Staatsrechts für den Rechtsstaat zu erkennen.

III

Wie auch Staatsrecht den Rechtsstaat orientiert haben mag: immer war es zum Schutz rechtsstaatlicher Elemente unerlässlich.

Freunde des Rechtsstaats haben es nicht nötig, sich die Beweisführung bequem zu machen, indem sie etwa das Dritte Reich ignorieren und einfach

Ulrich Evers, ,,Die perfekte Notstandsverfassung: Kritische Bemerkungen zum Entwurf des Rechtsausschusses des Bundestags'', *Archiv des öffentlichen Rechts XCI*, 1966, S. 1 ff., S. 193 ff.; Hans Schäfer, ,,Die lückenhafte Notstandsverfassung: Kritische Bemerkungen zur dritten Gesetzesvorlage'', *Archiv des öffentlichen Rechts XCIII*, 1968, S. 37 ff.; Werner Hofmann/Heinz Maus Hrsg., *Notstandsordnung und Gesellschaft in der Bundesrepublik*, 1967; Jaspers, a.a.O., Dichgans, a.a.O.

als Unrechtsstaat abtun. Stimmt es auch, dass dieses Reich den Rechtsstaat im grossen und ganzen annihilierte, so waren doch selbst in ihm rechtsstaatliche Überbleibsel vorhanden, denn man kann doch wohl schwerlich alle Juristen, die das Hitler Regime als Rechtsstaat bezeichneten, einfach als Opportunisten abtun.[45] Das untermauert nicht nur Triepels Ansicht, die Idee des Rechtsstaats sei älter als das Wort,[46] sondern zeigt auch, dass der Rechtsstaatsbegriff insofern zeitlos ist, als selbst unter schwersten polizeistaatlichen Belastungen nicht nur die Idee, sondern auch Institutionen des Rechtsstaats bestehen bleiben können. Und ging auch Carl Schmitt zu weit, als er im Hinblick auf den Reichstagsbrandprozess noch im März 1934 behauptete, der nationalsozialistische Staat sei „zweifellos ein mustergültiger Rechtsstaat,"[47] so ist doch nicht zu verkennen, dass dieser von Nationalsozialisten und Schmitt angeprangerte Prozess von rechtsstaatlichen Erwägungen geleitet war und dass solche Erwägungen vor dem Tode des Reichspräsidenten von Hindenburg eine grössere Rolle spielten als oft behauptet wurde.

So erhebt sich die Frage, ob die Regierungsaktion des 30. Juni 1934 als staatsrechtliche Rettung des Rechtsstaats gewertet werden kann. Dabei haben wir selbstverständlich nicht den formalen „nationalsozialistischen Rechtsstaat"[48] im Sinne, sondern echt rechtsstaatliche Elemente. Wir dürfen uns ruhig erinnern: Viele Freunde des Rechtsstaats, seit Hitlers Machtergreifung zunehmend unter dem Terror der SA leidend, atmeten damals auf in der Hoffnung, nun werde Recht und Ordnung wiederhergestellt. Tatsächlich ermöglichte es der am 30. Juni beginnende vermeintliche Thermidor der nationalsozialistischen Revolution noch vielen, nun etwas ruhiger zu leben oder auch Deutschland zu verlassen. Daraus darf man nun aber keine falschen Schlüsse ziehen. Die Aktion der Reichsregierung mag Stalin die Bemerkung entlockt haben, Hitler hätte hier seine staatsmännischen Fähigkeiten unter Beweis gestellt. Ein legitimer Gebrauch des Staatsrechts zum Schutze rechtsstaatlicher Elemente war sie kaum. Hitler wollte solche Elemente gar nicht schützen. Er war Staatsmann im Sinne Stalins, d.h. Macht-

---

[45] Eine Übersicht in meinem „Rechtsstaat und Staatsrecht", a.a.O. S. 37 f.

[46] Heinrich Triepel, *Veröffentlichungen der Vereinigung der Deutschen Staatsrechtslehrer*, VII, 1932, S. 197. Vgl. auch Christian Friedrich Menger, *Der Begriff des sozialen Rechtsstaats im Bonner Grundgesetz*, 1953, S. 6; Ernst Forsthoff, „Begriff und Wesen des sozialen Rechtsstaates", *Veröffentlichungen der Vereinigung der Deutschen Staatsrechtslehrer*, XII, 1954, S. 15.

[47] Carl Schmitt, „Nationalsozialismus und Rechtsstaat", *Juristische Wochenschrift*, LXIII, 1934, S. 716.

[48] Heinrich Lange, *Vom Gesetzesstaat zum Rechtsstaat*, 1934, S. 3; Schmitt, „Nationalsozialismus und Rechtsstaat", S. 716 f.; „Was bedeutet der Streit um den ‚Rechtsstaat'?", *Zeitschrift für die gesamte Staatswissenschaft XCV*, 1935, S. 199.

politiker. Als solcher achtete er, der den Liberalismus verdammende Nationalsozialist, den Rechtsstaat noch weniger als der Reichsgründer Bismarck, der zwar den Sozialistengesetzen eine Sozialgesetzgebung folgen liess, sich aber immerhin noch weitgehend auf die Nationalliberalen stützte. Am 30. Juni schützte Hitler nicht, wie Schmitt meinte, das Recht,[49] sondern nur das Recht im Sinne des formalen nationalsozialistischen Rechtsstaats. Er war der abstrakt-normativistischen Sophistik von Rechtsstaat = Staatsrecht[50] verfallen, denn er setzte sein Staatsrecht dem Rechtsstaat gleich. *L'état des lois, c'est moi.* Ihm lag lediglich an einer Konsolidierung seiner Macht. Der Ansicht, seine Aktion habe objektiv der Bewahrung rechtsstaatlicher Elemente gedient und der Zweck so die Mittel geheiligt, kann man daher nicht nur die Fragwürdigkeit des ebengenannten Prinzips entgegenhalten sowie die Feststellung, dass gerade prozessuale Garantien ein wesentlicher Bestandteil des Rechtsstaats sind und dass man dem Rechtsstaat kaum dient indem man ihm Wunden schlägt, sondern auch den Einwand, dass der Zweck überhaupt kein legitimer war. Denn mit den rechtsstaatsfeindlichen SA-Führern wurde ja auch die bedeutendste institutionelle Garantie des Rechtsstaats, die Gewaltenteilung, liquidiert, wodurch rechtsstaatlichen Einrichtungen dann leichter der Garaus gemacht werden konnte.[51] Hitlers staatsmännischer Weitblick erschöpfte sich so in einer längerfristigen Planung der Zerstörung des Rechtsstaats, wenn seine Aktion am 30. Juni dem Rechtsstaat auch kurzfristig zugute kam. Der nationalsozialistische Terror wurde vertagt, um dann seit der Kristallnacht und dem Beginn des Krieges umso stärker zu toben.

Um vertretbar zu sein, müssen staatsrechtliche Aktionen den Rechtsstaat nicht gefährden, sondern ihm dienen. Damit nähern wir uns einem anderen umstrittenen Kapitel der deutschen Verfassungsgeschichte, nämlich der

---

[49] Carl Schmitt, „Der Führer schützt das Recht", *Deutsche Juristen-Zeitung XLIX*, 1934, S. 945.

[50] Schmitt, „Was bedeutet der Streit um den ‚Rechtsstaat,?" a.a.O., S. 200.

[51] Schmitt, „Der Führer schützt das Recht", a.a.O., S. 946 f.: „Der wahre Führer ist immer auch Richter. Aus dem Führertum fliesst das Richtertum... Für die Rechtsblindheit des liberalen Gesetztdenkens war es kennzeichnend, dass man aus dem Strafrecht den grossen Freibrief, die ‚Magna Charta des Verbrechers' (F. v. Liszt) zu machen suchte. Das Verfassungsrecht müsste dann in gleicher Weise zur Magna Charta der Hoch- und Landesverräter werden". Nach einem Hinweis auf das von Häberlin im 18. Jahrhundert befürwortete Staatsnotrecht und die von *Dufour* im 19. Jahrhundert beschriebene *acte de gouvernement*, die sogar im liberalen Rechtsstaat ein Notrecht zuliess, fährt Schmitt fort: „In einem Führerstaat aber, in dem Gesetzgebung, Regierung und Justiz sich nicht, wie in einem liberalen Rechtsstaat, gegenseitig misstrauisch kontrollieren, muss das, was sonst für einen ‚Regierungsakt' Rechtens ist, in unvergleichlich höherem Masse für eine Tat gelten, durch die der Führer sein höchstes Führertum und Richtertum bewährt hat" ebd., S. 948. Zur Gleichschaltung vgl. mein „Rechtsstaat und Staatsrecht", a.a.O., S. 37.

Diktaturgewalt des Reichspräsidenten. So gefährlich die Diktaturerlaubnis
des Artikels 48 der Weimarer Verfassung dem Rechtsstaat auch werden
konnte, so notwendig war sie vielleicht zum Schutze rechtsstaatlicher Elemente durch das Staatsrecht.[52] Vermögen wir auch dem Tenor von Schmitts
Kommentar zum 30. Juni nicht zu folgen, so hat er doch nicht ganz unrecht,
wenn er von der „leeren Gesetzlichkeit einer unwahren Neutralität" der
Weimarer Verfassung spricht und „die inneren Widersprüche des Weimarer
Systems, das sich in dieser neutralen Legalität selbst zerstörte und seinen
eigenen Feinden auslieferte," beklagte.[53] Weimar litt nicht nur an einem
Rechtsstaatsleerlauf, weil Nationalismus und Sozialismus dem Liberalismus
den Rang streitig machten, sondern auch, weil letzterer in *permissiveness*
ausartete, welche die Rechtsordnung auf ihre Art gefährdete. Wer sich mit
dem früheren Reichskanzler Brüning unterhalten konnte, der weiss, wie
dieser Freund des Rechtsstaats darum gerungen haben muss, das Staatsrecht zum Schutz rechtsstaatlicher Elemente anzuwenden, wie er fast ver-
zweifelte über der Frage, ob es während seiner Kanzlerschaft auch richtig angewandt wurde, und wie er dann diese schwere Frage immer wieder bejaht hat.

Wir wollen hier offen lassen, ob Artikel 48, der sowohl unter Ebert als
auch Hindenburg, bei den Geburtswehen und in der Todesagonie der Weimarer Republik, reichlich Anwendung fand, die ideale Bestimmung zur
Aufrechterhaltung von Recht und Ordnung war. Vielleicht hätte man es
lieber bei der Regelung des Artikels 68 der alten Reichsverfassung belassen
sollen, die eine klare Erklärung des Ausnahmezustandes vorsah. Artikel 48
enthielt sicher „eine Deformalisierung des Ausnahmerechts, gegen die sich
de lege ferenda vom Standpunkte rechtsstaatlicher Formenstrenge gewichtige
Bedenken erheben."[54] Auch hätte man vielleicht Begriffe wie „Sicherheit"
und „Ordnung" verstehen sollen wie im überlieferten Polizeirecht mit den
ihm eigenen Schranken. Dann wären Verordnungen zur Abstellung rein
polizeiwidriger Zustände wie Gewalttätigkeiten, politische Ausschreitungen,
Putschversuche und Strassenunruhen rechtens gewesen, nicht aber solche,
die in den Wirtschafts- und Finanzorganismus eingriffen und von denen es
vielleicht allzu viele gab. Wichtig für unsere Betrachtung ist vor allen Dingen,
dass sich die Anhänger des Rechtsstaats in der Weimarer Republik im klaren
darüber waren, dass der Rechtsstaat nicht nur von der Diktatur, sondern
auch von der Anarchie her gefährdet ist, und dass sie die Notwendigkeit des
Staatsrechts zum Schutze des Rechtsstaats sahen.[55]

[52] Vgl. Gerhard Anschütz, *Die Verfassung des Deutschen Reichs*, 14. Aufl. 1933, S. 267
ff., mit reichen Literaturangaben.
[53] Schmitt, „Der Führer schützt das Recht", a.a.O., S. 945.
[54] Anschütz, *Die Verfassung des Deutschen Reichs*, S. 277.
[55] Daselbst 279 ff.

Im Kaiserreich war es nicht anders. Wie immer man auch den Rechtsstaat sehen und national oder sozial verbrämen mochte, meist war man sich
darüber im klaren, dass mit dem formalen Rechtsstaat auch echte rechtsstaatliche Elemente durch das Staatsrecht garantiert wurden. Denn wie
sehr nationale und soziale Elemente den Rechtsstaat auch zunehmend bestimmen mochten, so verdrängten sie doch auch in damaligen Auffassungen
vom Rechtsstaat, formalisiert wie sie gewesen sein mögen, liberales Gedankengut nie ganz, sondern befanden sich solchem Gedankengut gegenüber
meist sogar in der Minderheit. Nur zu oft setzten viele Verfechter des formalen Rechtsstaatsgedankens, die schliesslich in einer liberalen Atmosphäre
aufgewachsen waren und sich darin wohlfühlten, liberale Grundsätze in dem
von ihnen jeweils postulierten Rechtsstaat voraus, der auf diese Weise im
grossen und ganzen ein echter Rechtsstaat blieb. Eine solche Unterwande-
rung mit illiberalen Elementen mochte dem Rechtsstaat auf die Dauer gefährlich werden; an der allgemeinen Anerkennung des Staatsrechts als Be-
schützer des Rechtsstaats ändert dies nichts.

Diese Anerkennung spiegelt sich in den Gesetzen, wenn neben der alten
Reichsverfassung auch Landesgesetze für den Schutz bestehender Rechtsordnungen, formaler Rechtsstaaten die sich generell dem materialen Rechtsstaat näherten, sorgten.[56] Sie ist auch in der Literatur offenbar.

Thomas Überblick über die Elemente des formalen Rechtsstaats aus dem
Jahre 1910, der trotz der Feststellung, die individualistische Rechtsstaatsidee
habe ihre Rolle ausgespielt, weitgehend auf dem Boden dieser Idee steht, hat
den bezeichnenden Titel „Rechtsstaatsidee und Verwaltungsrechtswissenschaft". Während er die Verwaltungsrechtswissenschaft durch die Rechtsstaatsidee orientiert wissen will und die Verwaltung, den Staat und das
Staatsrecht durch den Rechtsstaat, setzt er für all dies staatsrechtliche Sanktion voraus.[57]

Bei anderen Verwaltungs- und Staatsrechtlern der wilhelminischen Ära
ist es ähnlich. Von Sarwey, dessen Rechtsstaat auf einer von Menschen ge-

---

[56] Eine Zusammenstellung bei K. Strupp, *Deutsches Kriegszustandsrecht*, 1916.
[57] Für Richard Thoma, der sich zur „formal-juristischen Rechtsstaatsidee"
bekennt und deren „Auswirkungen im positiven deutschen Verwaltungsrecht" betrachtet, ist die
dem Rechtsstaat eigene Gesetzmässigkeit der Verwaltung „Handhabung der Militär, –
Finanz, – Polizei – und Enteignungsgewalt, der Aufsichtsgewalt über Gemeinden, Kirchen
und Genossenschaften, der Disziplinargewalt über Beamte. . . Dieses Prinzip der Gesetzmässigkeit der Verwaltung ist das Fundament des modernen Rechtsstaats, keineswegs
seine Erfüllung. Noch ist mit ihm die Gesetzgebung nicht geschaffen, welche die Bahnen
und Grenzen der staatlichen Wirksamkeit, wie die freie Sphäre des Bürgers *genau* abgrenzt, noch sind die Garantien nicht errichtet, welche diese unverbrüchlich *sichern*."
„Rechtsstaatsidee und Verwaltungsrechtswissenschaft", *Jahrbuch des öffentlichen Rechts*
IV, 1910, S. 201, 197, 204 f.

setzten freiheitlichen Verfassung beruht (Verfassungsstaat), liess keinen Zweifel über „die Staatsgewalt als Gesetzgebung, Vollziehung und Verwaltung"[58]. Obwohl Preuss Sarweys Ansicht, zum Rechtsbegriff gelange man nur durch den Staatsbegriff, angriff, war er doch für „die Anerkennung der Persönlichkeit des Staates" und sah im Rechtsstaat ein Gebilde, in dem das „Rechtsband", welches das „Zellengewebe" des Staates zusammenhält, durch die Verwirklichung positiver Gesetze geschützt wird.[59] Rosin betonte gleich am Anfang seines Werkes über das Polizeiverordnungsrecht: „Recht ist uns die äussere Abgrenzung der Willensmacht der Persönlichkeiten, welche denselben von einer über ihnen stehenden Potenz gesetzt wird. Auch diese ordnende Macht selbst, durch welche das Recht in dem bezeichneten objektiven Sinn als der Inbegriff der Rechtssätze geschaffen wird, pflegen wir in subjektiver Auffassung das Recht zu nennen." Für ihn ist die Verwirklichung des vom Staate gesetzten Rechts eine Hauptaufgabe des Rechtsstaats.[60] Für Otto Mayer, soll der Rechtsstaat „die Bahnen und Grenzen seiner Wirksamkeit wie die freie Sphäre seiner Bürger *in der Weise des Rechts* genau bestimmen und abgrenzen." Wenn er den Rechtsstaat auch klar vom Polizeistaat unterschied, so liess er doch keinen Zweifel darüber, dass auch der Rechtsstaat eine straffe Durchführung der Gesetze voraussetzt.[61]

Georg Jellinek, der Verfasser von *System der subjektiven öffentlichen Rechte* (1892) und *Die Erklärung der Menschen- und Bürgerrechte* (1895), hatte schon vorher *Gesetz und Verordnung* veröffentlicht mit dem Ziel, „das Staatsrecht aus dem flüssigen Elemente einer schwer zu begrenzenden Kunde vom Staate dauernd hinüberzuführen in den festen Aggregatzustand einer juristischen Disziplin"[62]. Seine Staatslehre zeigt, dass der Rechtsstaat auf der rechtmässigen Durchsetzung des Staatsrechts beruht. Diese Ansicht wurde von den meisten Staatsrechtlern der Zeit geteilt.[63]

Auch bei früheren Autoren war dies der Fall, selbst bei einem Idealisten

---

[58] O. von Sarwey, *Das öffentliche Recht und die Verwaltungsrechtspflege*, 1880, S. 44 ff., 49 ff.

[59] Hugo Preuss, *Gemeinde, Staat, Reich als Gebietskörperschaften*, 1889, S. 201, 213 f.

[60] Heinrich Rosin, *Das Polizeiverordnungsrecht in Preussen*, 2. Aufl. 1895, S. 1, 3, 18.

[61] Mayer betont, die von ihm zitierte Stahlsche Forderung „bezieht sich nur auf die *Verwaltung*. Für die Justiz ist es keine Forderung mehr; bei dieser bestimmt jeder Staat, auch der Polizeistaat schon, fest und unverwandt die Bahnen seiner Wirksamkeit in der Weise des Rechts." Deutsches Verwaltungsrecht I (1895) S. 62. Später schrieb er: „Der Rechtsstaat ist der Staat des wohlgeordneten *Verwaltungsrechts.*" *Deutsches Verwaltungsrecht* Bd. 1, 3. Aufl. 1924, S. 58.

[62] Georg Jellinek, *Gesetz und Verordnung*, 1887, S. vii.

[63] Richard Schmidt z.B. stellt seine Diskussion über „die staatlichen Rechtsgarantien" einer Diskussion über „das Rechtsstaatsprinzip" voran. *Allgemeine Staatslehre* Bd. 1, 1901, S. 175, 180.

des Rechtsstaats wie Lasker. Obwohl er 1870 die Zweckmässigkeit der Todesstrafe für Deutschland verneinte, sagte er doch, diese Strafe sei bei Staatsnotwendigkeit gerechtfertigt und angebracht, wenn sich der Staat in Notwehr befindet.[64] Schon Anfang der sechziger Jahre hatte er den Gesetzesgehorsam nicht nur der staatlichen Organe, sondern auch der Bürger, betont: „Der *Rechtsstaat* . . .wendet sich an die stillen Tugenden der Menschen, ruft alle sittlichen Energien wach und unterdrückt jede überwuchernde, ausartende Kraft." Während der Bürger an den Staat „keinen andern Anspruch" hat „als Schutz vor verletzender Willkür," hat er dem Staate zwar „Nichts mehr," aber doch soviel, „zu opfern, als die Lust, in fremde Rechte einzugreifen." Die „Ordnung des Rechtsstaates" heisst für Lasker zwar zuerst „Achtung der Gesetze vor den Rechten der Einzelnen," dann aber auch „Achtung der Bürger vor dem Gesetze". Und der Staat hat den Gesetzen Nachdruck zu verleihen.[65]

Für Lorenz von Stein, der 1864 ein Gneist gewidmetes Werk über *Die vollziehende Gewalt* veröffentlichte, setzte der Rechtsstaat nicht nur eine verfassungsmässige Gesetzgebung und Verwaltung voraus, sondern auch eine Verwaltungsrechtspflege mit der ihr eigenen Befolgung und Ausführung der Gesetze.[66] Für Gneist, dem Bewunderer des englischen Rechts, der 1873 auch *Die Eigenart des preussischen Staates* beschrieb, war es klar, dass der Rechtsstaat ebenso wenig wie die *rule of law* ohne das Staatsrecht bestehen kann. Er, dem der Staat „*selbständig* in der sittlichen Natur des Menschen gesetzt" ist, zweifelte nicht, „dass die Staatstätigkeit den Rechtsschutz. . . zur Aufgabe habe –, dass diese äussere Ordnung erzwingbar sein müsse, – dass der Gehorsam gegen Gesetz und Obrigkeit erste Vorbedingung der bürgerlichen Freiheit sei".[67] Bährs Auseinandersetzung mit Stahl, die vom Dreiklang Gesetz, Richterspruch und Vollziehung beherrscht ist und bei primitiven Verhältnissen sogar die Lynchjustiz als Rechtsschutz zulässt,

---

[64] Eduard Lasker, *Über die Todesstrafe*, 1870, S. 4, 7.

[65] Eduard Lasker, „Polizeigewalt und Rechtsschutz in Preussen", *Deutsche Jahrbücher für Politik und Literatur*, 1861, S. 44. Lasker fährt fort: „Im *Rechtsstaate* ist die Rechtsverletzung das schlimmste Übel, sie darf nie und von keiner Seite her geduldet werden. Die höchste Aufgabe des Staates ist, sie aufzuheben, wenn sie irgend wo vorgekommen ist. Der Staat soll jede Klage über Rechtsverletzung anhören, den Grund oder Ungrund mit allen hierzu tauglichen Mitteln erforschen, und der gerecht befundenen Klage die nötige Abhilfe gewähren. Das ist sein Richteramt. Wer den Rechtsstaat in diesem Sinne erfasst hat und ernstlich an die alte Überlieferung Preussens anknüpfen will, der wird die Frage: Ob jede Person, so oft sie in ihrem Rechte sich verletzt glaubt, den Schutz der Gesetze und die Entscheidung des Richters anrufen dürfe? nicht anders, als unbedingt und bejahend beantworten."

[66] Lorenz von Stein, „Rechtsstaat und Verwaltungsrechtspflege", *Grünhuts Zeitschrift für das private und öffentliche Recht der Gegenwart VI*, 1879, insbes. S. 321.

[67] Rudolf von Gneist, *Der Rechtsstaat*, 1872, S. 28, 34.

postuliert, dass der Staat es „als seine erste Aufgabe" betrachtet, „das Recht in bestimmten Regeln und Formen zu verwirklichen. Staat und Recht sind unzertrennliche Begriffe. In der Verwirklichung des Rechts verwirklicht der Staat den ersten Keim seiner eigenen Idee"[68].

Stahl schliesslich, der 1845 einen Vortrag über Kirchenzucht gehalten hatte, schrieb: „Rechtsstaat ist der Staat dadurch, dass er sowohl dem Menschen, als den verschiedenen Elementen des Staats, eine festbegrenzte und gesicherte rechtliche Stellung gibt, in welcher kein Eingriff nach Ermessen (*arbitrary government*) zulässig ist, und dass er eben deshalb jede Berührung mit der individuellen Moral ausschliesst. Der Rechtsstaat sichert dem Staatsbürger eine unverletzliche Sphäre gegenüber der Kriminal- und Polizeigewalt durch bestimmte Schranken und Formen. Er gewährt ihm völlige Freiheit der religiösen und politischen Überzeugung und deren Kundgebung. Er erteilt nicht minder den Korporationen, den Instituten, der Kirche selbst ihre bestimmte Berechtigung und Stellung im Staate. Er hat eine gesetzlich-unüberschreitbare Ordnung für die Wirksamkeit der Gerichte und der Behörden, eine verfassungsmässige Festsetzung über die Gewalt des Souveräns und die Rechte der Landesvertretung." Und dann: „Mit dem Charakter des Rechtsstaats ist überhaupt nur die Unverbrüchlichkeit der gesetzlichen Ordnung gegeben, nicht aber ihr Inhalt, dieser muss anderwärts herkommen, und kommt eben aus höheren sittlichen und politischen Prinzipien"[69]. Auch Stahl, dessen Definition des formalen Rechtsstaats[70] die bekannteste wurde, sagte, was später die meisten Anhänger des Rechtsstaats betonten. In einer Weise, die zeigt, dass auch er, der Verfechter eines christlichen Rechtsstaats, von liberalem Gedankengut nicht frei war, machte er klar, dass jede Art von Rechtsstaat eine staatsrechtliche Ordnung und deren unverbrüchliche Durchsetzung braucht.

IV

Obgleich der Rechtsstaat aus einer Auseinandersetzung mit dem Staatsrecht des Polizeistaates hervorging, wurde die Notwendigkeit seines Schutzes durch das Staatsrecht von Anfang an anerkannt.

---

[68] *Otto Bähr, Der Rechtsstaat*, 1864, S. 8. „*Recht* ist daher... identisch mit *Freiheit*. Aber es ist keine absolute Freiheit .Jene geistige Schranke, die den Einen wider Eingriffe des Anderen in seiner Freiheit schützt, soll ihm selbst zugleich eine Abwehr sein, welche ihn hindert, darüber hinaus in dasjenige Gebiet einzugreifen, auf welchem der Andere gleiche Freiheit beanspruchen darf... Damit der ‚Rechtsstaat' zur Wahrheit werde, genügt es nicht, dass das öffentliche Recht durch Gesetze bestimmt sei, sondern es muss auch eine Rechtssprechung geben, welche das Recht für den konkreten Fall feststellt, und damit für dessen Wiederherstellung, wo es verletzt ist, eine unzweifelhafte Grundlage schafft." Ebd. S. 4 f., 192.

[69] Friedrich Julius Stahl, *Der christliche Staat*, 1847, 2. Aufl. 1858, S. 73 f.

[70] Friedrich Julius Stahl, *Philosophie des Rechts*, Bd. 2, Teil 2, 3. Aufl. 1856, S. 137 f.

Wenn Stahl und andere Anhänger des formalen Rechtsstaats den Wert des Staatsrechts betonten, überrascht das kaum. Bestimmte Arten von Staaten – nationale, soziale, nationalsoziale, nationalsozialistische – wollen schon ihre jeweiligen Werte durchsetzen. Aber der liberale Staat, dessen Zweck die Freiheit des Bürgers nach dem Grundsatz *that government is best that governs least* ist? Schon dieser Grundsatz beantwortet unsere Frage. Auch der liberalste Staat, der reinste Rechtsstaat, ist ein Staat mit einer Regierung, welche das Staatsrecht durchsetzen muss, soll der Staat und die von ihm garantierte Freiheit des Menschen bestehen. So verwundert es nicht, dass auch jene Liberalen, die an der Wiege des Rechtsstaats standen, eine Funktion des Staatsrechts zugunsten des Rechtsstaats anerkannten.

Das zeigt sich auch bei Mohl. Sein dem Rechtsstaat gewidmetes Gesamtwerk erscheint umrahmt von dem Gedanken, dass derselbe durch das Staatsrecht gesichert wird. Am Anfang stehen Studien über das Staatsrecht der Vereinigten Staaten und Württembergs, am Ende eine Arbeit über das deutsche Reichsstaatsrecht.[71] Als Rechtsstaatler war Mohl auch Staatsrechtler. Aber er war ein Staatsrechtler der, wenn er in späteren Jahren auch zum formalen Rechtsstaat hin tendierte, doch nie den materialen Rechtsstaat, der für ihn der Kern der Rechtsstaatsidee blieb, vergass.[72] Und immer erkannte er die Gefahr einer Rechtsstaatsduselei. Als er in den sechziger Jahren mit Besorgnis die Entwicklung der amerikanischen Demokratie beobachtete, bedauerte er nicht nur Tendenzen zum Demokratismus, sondern auch solche zum Anarchismus.[73] Acht Jahre früher schrieb er, die staatliche „Einheit" solle „ein Veto haben gegen alle Ausschreitungen der Einzelge-

---

[71] Robert von Mohl, *Das Bundes-Staatsrecht der Vereinigten Staaten von Nord-Amerika*, 1824, *Grundriss zu Vorlesungen über Württembergisches Staatsrecht*, 1824, *Das Staatsrecht des Königreiches Württemberg*, 1829/31, *Das deutsche Reichsstaatsrecht*, 1873.

[72] Fernando Garzoni, der der deutschen Staatsrechtslehre die Formalisierung des Rechtsstaatsbegriffes vorwarf und auch Mohl dem Abgrund zutreiben sah, schrieb: „Und doch erscheint Mohl noch als ein Staatsrechtler, der das Wesen des Rechtsstaates nicht in der Form allein suchte, wie *Stahl*, *Bähr* oder *Gneist*, sondern auch die materielle Seite der Idee stets vor Augen hatte. Der Rechtsstaat erscheint als ein Staat, der nur dort einzugreifen hat, wo die Selbsttätigkeit der Bürger nicht genügt. Trotz aller Relativierung ist bei Mohl, wegen seiner ‚Tendenz einer Beschränkung des Staates auf das Notwendigste', ein Kern der materiellen, antiabsolutistischen Rechtsstaatsidee haften geblieben." Es enthält demnach sein Rechtsstaat, den er als eine sittliche Notwendigkeit betrachtet, noch materielle, dauernd wertvolle Elemente, die in der folgenden Entwicklung des deutschen Rechtsstaatsbegriffes bald ausser Betracht fallen werden." *Die Rechtsstaatsidee im schweizerischen Staatsdenken des 19. Jahrhunderts*, Diss. Zürich 1952, S. 87.

[73] Robert von Mohl, „Die Weiterentwicklung des demokratischen Principes im nordamerikanischen Staatsrechte", in *Staatsrecht, Völkerrecht und Politik* Bd. I, 1860, S. 493 ff. Vgl. mein „Robert von Mohl, Germany's de Tocqueville", in *Essays on the American Constitution, A Commemorative Volume in Honor of Alpheus T. Mason*, 1964, S. 187 ff.

lüste, somit der Staatsgedanke immer das letzte Wort haben"[74]. Darf man hierin auch nicht gleich ein Bekenntnis zur Staatsvergötterung sehen,[75] so zeigt diese Bemerkung doch deutlich Mohls Abneigung gegen *permissiveness*. Wenn Mohl auch in allen Auflagen seines Werkes über die Polizeiwissenschaft betonte, ,,dass der Bürger eines Rechtsstaates vor allen Dingen Sicherstellung seiner Rechte verlangen darf, und dass mit der Befriedigung dieser Forderung der Vorteil einer folgerichtigeren formellen Durchführung der Staatseinrichtung, so wie grösserer Schnelligkeit der Verwaltung nicht in Vergleichung gestellt werden kann"[76], so ist doch nicht zu vergessen, dass bei aller Qualifizierung der Staatseinrichtung und der Verwaltung als Mittel zum Zweck dieselben für notwendig erachtet werden, die Freiheit des Individuums zu sichern. Und kann man auch einem Kenner des Polizeirechts wie Wolzendorff nicht folgen, der über Mohls Lehre ausrief, ,,es ist der Polizeistaat in seiner ganzen Schönheit", so darf man nicht übersehen, dass Mohl zwar Polizeiwillkür bekämpfte, andererseits aber eine wissenschaftliche Polizei förderte und ein Werk über Polizeirecht schrieb, welches nach Wolzendorff der Polizei derart viele Zwecke zuwies, ,,dass seine Grundsätze des Polizeirechts keineswegs geeignet sind eine neue Kultur- und Rechtsepoche, die des Rechtsstaats, zu begründen"[77]. Auch eine Polizeiwissenschaft nach den Grundsätzen des Rechtsstaats, wie immer sie die Polizei beschränken mag, setzt Polizei voraus. Mohl selbst fand den Ausdruck ,,Rechtsstaat" für den von ihm gewünschten Verfassungsstaat ,,nicht ganz passend, indem *Recht* nur die Hälfte der Tätigkeit dieser Staatsgattung ist; man müsste ihn eigentlich ,Recht- und Polizei- Staat' nennen. Vielleicht am besten *Verstandes-Staat*?"[78]. Er war zu vernünftig, sich einzubilden, der Staat könne das Recht ohne Polizei schützen.

Mohl dachte wie die meisten Liberalen seiner Zeit. Er hatte wenig gemein mit ,,Ministeriellen", die für eine starke Verwaltung im Sinne des absolutistischen Polizeistaates eintraten, und hielt sich auch von jenen ,,Ultras" zurück, welche die Staatsgewalt über das vernünftige Mass hinaus beschränken wollten. Als Konstitutionalist war er für Mass und Mitte. Neben Bekk und Mittermaier war er der Hauptvertreter des in Anlehnung an französische Verhältnisse benannten *Juste Milieu*.[79]

[74] Robert von Mohl, ,,Das Repräsentativsystem, seine Mängel und die Heilmittel", *Deutsche Vierteljahresschrift*, 1852, 3. Heft, S. 222 f.
[75] Vgl. *Erich Angermann, Robert von Mohl*, 1962, S. 417 ff.
[76] Robert von Mohl, *Die Polizei-Wissenschaft nach den Grundsätzen des Rechtsstaates*, Bd. 1, 1832, S. 32; 2. Aufl. 1844, S. 42; 3. Aufl. 1866, S. 60 (hier der Zusatz ,,formellen").
[77] Kurt von Wolzendorff, *Die Grenzen der Polizeigewalt*, Bd. 2, 1906, S. 61 ff.
[78] Robert von Mohl, *Das Staatsrecht des Königreiches Württemberg*, Bd. 1, S. 11. Anm. 3.
[79] Johann Baptist Bekk wandte sich gegen jene, die es unternommen hatten, ,,die

Aber nicht nur Mohl und sein Kreis, sondern auch Anhänger der kantischen Schule liessen keine Zweifel über den Wert des Staatsrechts für den Rechtsstaat wenn sie, die liberalistischer dachten als Mohl, die Aufgabe des Staates in der Verwirklichung der Rechtsidee sahen. Auch der „ehrwürdige Behr", wie Mohl den Würzburger Staatsrechtslehrer nannte,[80] schrieb eine Staatslehre und eine Polizeiwissenschaftslehre.[81] Aretin, von dem gesagt wurde, er vertrete „die Position des extremen liberalen Rechtsstaatsgedankens"[82], mochte das, „was man Wohlfahrtspolizei nennt (sonderlich die Beglückungs- und Aufklärungspolizei)" als offenbaren „Eingriff in die Freiheit der Staatsbürger" brandmarken. Dennoch hielt auch er das Staatsrecht nicht für entbehrlich. Seine Polemik gegen den Wohlfahrtszweck des Staates hebt dessen Rechtszweck hervor und betont, der Staat habe „die Rechte jedes Einzelnen zu schützen und zu achten"[83].

Was endlich die Staatslehre Kants angeht, so ist Mohls Feststellung, sie

Überzeugung von der Nichtigkeit und Verwerflichkeit aller moralischen Grundlagen der bestehenden Gewalt immer weiter zu verbreiten, sie nach und nach sogar den *Dienern* der letztern, der bewaffneten Macht, beizubringen, und damit der Autorität auch ihre *physische* Stütze zu entziehen." Von Regierung und Verwaltung sagte er: „Wie sie überhaupt das *Recht*, wenn es auch kein geschriebenes ist, zu achten hat, so hat sie ebenso das gegebene *Gesetz* überall gewissenhaft zu befolgen, da *nur dadurch* auch beim *Volke* der Sinn für Gesetzlichkeit genährt und gestärkt wird. In dieser Hinsicht wird einer Regierung häufig *Schwäche* vorgeworfen, wenn sie wegen gewissenhafter oder ängstlicher Beobachtung der Gesetze Gefahren für den Staat nicht abwendet. Allein der Satz: *salus publica suprema lex esto* – führt leicht zu Missbräuchen. Um nicht das Ansehen des Gesetzes zu erschüttern, was immer nachteilige Folgen hat, soll man eher die Gesetze selbst so machen, dass die Regierung für ausserordentliche Fälle die erforderliche Macht hat, oder dass ihr für solche Fälle das Gesetz *selbst* eine Abweichung von der Regel gestattet, so dass sie bei dieser Abweichung dann doch wieder *innerhalb* des Gesetzes, nämlich mit gesetzlicher *Ermächtigung*, handelt, dass sie also nicht genötigt werde, das *Gesetz selbst* zu verletzen und damit den Widerstand gewissermassen zu rechtfertigen, oder doch die Verletzbarkeit des Gesetzes zu sanktionieren." Bekk hielt es für „Vorurteil oder Verblendung, wenn man die Regierungsgewalt wegen der blossen Möglichkeit eines Missbrauchs stets zu schwächen sucht, ohne auch an den noch viel gefährlicheren Missbrauch von der *andern* Seite her zu denken. Je stärker durch die Freiheit und Volksrechte die Kraft der Einzelnen oder Teile, und die des Auseinandergehens wird, desto mehr Stärke muss auch der *einheitlichen* Macht zuteil werden, um das Ganze zusammen- und aufrechtzuhalten." *Die Bewegung in Baden von Ende des Februar 1848 bis zur Mitte des Mai 1849*, 1850, S. 4, 11 f., 48 f. Vgl. *Angermann*, a.a.O., 186 f., S. 194 f.

[80] Robert von Mohl, *Geschichte und Literatur der Staatswissenschaften*, Bd. 2, 1856, S. 399.

[81] Wilhelm Joseph Behr, *System der angewandten allgemeinen Staatslehre oder der Staatskunst (Politik)*, 1810; *Allgemeine Polizei-Wissenschaftslehre oder Pragmatische Theorie der Polizei-Gesetzgebung und Verwaltung. Zur Ehrenrettung rechtsgemässer Polizei, mittels scharfer Zeichnung ihrer wahren Sphäre und Grenzen*, 1848. Vgl. Erich Angermann, „W. J. Behr", *Neue Deutsche Biographie*, Bd. 2, S. 10 f.

[82] Angermann, *Robert von Mohl*, a.a.O., S. 105.

[83] Johann Christoph von Aretin, *Staatsrecht der konstitutionellen Monarchie*, nach

treibe „die Gründung des Staates auf die menschliche Subjektivität zur Spitze" und rechtfertige „die selbstsüchtige Vereinzelung des Individuums"[84], wohl übertrieben. Hat diese Lehre auch einen individualistischen Ausgangspunkt, so bahnt sie dem Anarchismus wohl kaum den Weg. Im Gegenteil, sie sieht den Staatszweck in „der grössten Übereinstimmung der Verfassung mit Rechtsprinzipien..., als nach welchen zu streben uns die Vernunft durch einen kategorischen Imperativ verbindlich macht," in der Sicherung der „gesetzlichen" oder „gesetzmässigen" Freiheit[85]. Für die Rechtssicherheit des Einzelnen und die Erhaltung der Rechtsgemeinschaft lehnt sie jedes Widerstandsrecht ab und gibt dem Herrscher weitgehende Vollmachten.[86] Angermann hat behauptet: „Mit seiner unbedingten Unterordnung des Einzelnen unter die nach *Kant* allein im Bestand der Rechtsordnung zu sehende *salus publica* steht somit dieses Staatsideal in mancher Beziehung dem Obrigkeitsstaat näher als dem individualistischen Rechtsstaat"[87]. Wie

seinem Tode fortgesetzt von Karl von Rotteck, Bd. 2, Teil 1, 1828, S. 178 ff. Letztere Stelle lautet im ganzen: „Will man aber behaupten, die Rechtsherrschaft *und* die Wohlfahrt seien der Staatszweck, so nimmt man *zwei* Zwecke an, die überdas einander geradezu aufheben. Die Rechtsherrschaft vom Staate verlangen, heisst ihn verpflichten, die Rechte jedes Einzelnen zu schützen und zu achten, die Wohlfahrt von ihm verlangen, heisst ihn auffordern, die Rechte der Einzelnen zu verletzen, weil die Mittel, wodurch die Grösse, die Macht, der Ruhm, der Wohlstand einer Nation befördert werden soll, in der Regel von der Art sind, dass jene Rechte dadurch beeinträchtigt werden. Wer also beides zugleich begehrt, überlässt der Regierung zwischen zwei Aufträgen die Wahl, und muss sich darein ergeben, dass sie den glänzenderen und inhaltsvolleren vorzieht. Unter dem Vorwande der Beglückung kann die Regierung, wie wir es täglich sehen, die drückendste Bevormundung ausüben. Denn erstlich gibt es keine Äusserung menschlicher Tätigkeit, die nicht mittelbar oder unmittelbar auf die Wohlfahrt des Ganzen Einfluss hätte. Zweitens ist der Begriff von Glückseligkeit überhaupt zu unbestimmt, als dass man die Auslegung füglich den Machthabern überlassen könnte. Der eine wird sich bemühen, das Volk zu dem gelehrtesten, geschicktesten, gewerbsamsten der Erde zu machen; der andere wird es dafür auf Brot, Eisen und rauhe Sitten zurückführen wollen; ein dritter, der keine so guten Absichten hat, wird die Beglückung in der Beförderung seiner Privatinteressen finden; alle aber werden dabei mit der strengsten Willkür verfahren, und mit der Freiheit der Bürger wäre auch ihr Interesse verletzt. Wo dagegen die Polizeigealt nur auf die Handhabung der Ordnung und Sicherheit beschränkt ist, da können die Rechte der Individuen weder wegen eines eingebildeten oder vorgegebenen, noch wegen eines wahren Staatsvorteils unterdrückt werden."

[84] Mohl, *Geschichte und Literatur der Staatswissenschaften*, Bd. 1, 1855, S. 241, 243. Eine Kritik von Mohls Kant-Kritik bei Angermann, *Robert von Mohl*, S. 108 ff.

[85] Immanuel Kant, *Rechtslehre*, in *Gesammelte Schriften*, hrsg. v. d. Kgl. Preuss. Akad. d. Wiss. Abt. 1, VI, 1911, S. 318, 314; *Über den Gemeinspruch: Das mag in der Theorie richtig sein, taugt aber nicht für die Praxis*, ebd., VIII, 1912, S. 298.

[86] Vgl. Kant, *Rechtslehre* a.a.O., S. 305 ff., 319; *Gemeinspruch* a.a.O., S. 298 f., 303 f.; Kurt Lisser, *Begründung des Rechts bei Kant*, 1922, S. 35 ff.; Robert Wilbrandt, „Kant und der Zweck des Staats", *Schmollers Jahrbuch für Gesetzgebung, Verwaltung und Volkswirtschaft XXVIII*, 1904, S. 915 f.; H. S. Reiss, „Kant and the Right of Rebellion", *Journal of the History of Ideas XVII*, 1956, S. 179 ff.

[87] Angermann, *Robert von Mohl*, S. 112.

dem auch sei, so besteht kaum ein Zweifel, dass auch im idealen Staate Kants der Rechtsstaat durch das Staatsrecht verwirklicht wurde.

Wenden wir uns nun jenen hannoverschen Gelehrten zu, die als Kenner der englischen Verfassung dem Rechtsstaat den Weg bereiten halfen, so ergibt sich auch hier das Bild einer Anerkennung des Staatsrechts. Rehberg, von Kant beeinflusst, beklagte den Mangel eines grossen Vorbildes in Deutschland und sah im englischen Staat einen Ersatz für den Staat Friedrichs des Grossen,[88] der gewiss nicht an mangelnder Durchführung der Gesetze litt. Von Berg, ebenfalls von Kant beeinflusst und wohl auch von Adam Smith, war durchaus auf die Beschränkung staatlicher Verwaltung bedacht. Dennoch sah er die Sicherheit der Gesellschaft als Hauptzweck des Staates und teilte der Polizei wichtige Rollen zu.[89] Brandes, dessen Beschreibung des englischen Regierungswesens den Einfluss von Montesquieu, de Lolme und Burke zeigt, schrieb: „Der freieste Staat ist der, wo jeder nur denjenigen Teil seiner freien Handlungen aufopfert, den durchaus die Aufrechthaltung des gemeinen Wesens erfordert...wo...nur Rücksicht auf feste Regierungsform und mutmassliche Verdienste genommen wird"[90]. Dahlmann, einer der Göttinger Sieben, bekleidete eine Professur für Politik, Kameral- und Polizeiwissenschaften. Er bedauerte die Demokratisierung der englischen Verfassung, welche ihm Vorbild für eine deutsche Verfassung war, so lange unter ihr die staatsrechtliche Ordnung der konstitutionellen Monarchie die *rights of Englishmen* garantierte.[91]

V

Die vorstehende Übersicht zeigt, dass seit der Prägung des Rechtsstaatsbegriffs Anfang des 19. Jahrhunderts derselbe stets eine staatsrechtliche Sanktion voraussetzte. Blicken wir nun nicht mehr in die Vergangenheit sondern in die Zukunft, so brauchen wir die Frage nach den Chancen des Staatsrechts kaum zu stellen. So lange es menschliche Gemeinschaften und Staaten gibt, wird es Staatsrecht geben. Dagegen ist die Antwort auf die Frage nach der Zukunft des Rechtsstaats weniger klar. Infolge seiner Formalisierung kann

[88] Hermann Christern, *Deutscher Ständestaat und englischer Parlamentarismus am Ende des 18. Jahrhunderts*, 1939, S. 181.

[89] G. H. von Berg, *Handbuch des deutschen Polizeirechts*, Bd. 2, 1799, S. 1: „Der Hauptzweck des Staats, Sicherheit der ganzen Gesellschaft und jedes einzelnen Gliedes derselben." Siehe auch insbes. Bd. 1, 1799, S. 133; Bd. 3, 1800, S. 4.

[90] Ernst Brandes, „Ueber den politischen Geist Englands", *Berlinische Monatsschrift*, VII, 1786, S. 217.

[91] Friedrich Christoph Dahlmann, *Ein Wort über Verfassung*, 1815, *Die Politik*, 1835, 2. Aufl. 1847.

der Rechtsstaat einmal durch das Staatsrecht verdreht und annihiliert werden.[92] Betrachtet man die inhaltliche Entwicklung des Staatsrechts als Konkretisierung politischer Entscheidungen,[93] so erscheint der Fortbestand des Rechtsstaats fraglich. Zwar haben Idealisten des Rechtsstaats mit wechselndem Erfolg immer wieder versucht, auch unter schwersten Bedingungen staatsrechtliche Einrichtungen zu schaffen, welche dem rechtsstaatlichen Ideal nahe kommen. Aber oft brachten diese Bestrebungen, begrüssenswert wie sie zur Bannung der Bedrohung des Rechtsstaats durch staatliche Macht gewesen sein mögen, infolge ihrer allzu permissiven Auffassungen eine Rechtsstaatsduselei mit sich, welche die Bedeutung des Staatsrechts für den Rechtsstaat übersah und so den Rechtsstaat durch staatliche Ohnmacht gefährdete.

In Deutschland ist heute der Rechtsstaat durch staatliche Ohnmacht wohl ähnlich gefährdet wie durch staatliche Macht. Vor dem ersten Weltkrieg, als der vornehmlich liberal bestimmte Rechtsstaat trotz Formalisierung und zunehmender Bedrohung durch nationale und soziale Elemente sich immer noch behauptete, schrieb Thoma: „Der Deutsche darf den Gedanken fassen, dass es seiner Nation gelingen könnte, in unermüdlichem Ausbau der historisch gegebenen Anfänge mit ihrem öffentlichen Recht eine Form der Versöhnung von Macht und Recht zu schaffen, welche – in sich geschlossen und zu Ende gedacht – ähnlich den Gebilden des römischen Privatrechts oder der griechischen Philosophie in kulturzeugender Kraft die Nation, der sie entstammt, zu überdauern vermöchte"[94]. Versteht man nun unter der Nation, von der Thoma sprach, das damalige Reich, so überdauerte sie nicht einmal die nächste Dekade. Und versteht man unter Nation das Zusammengehörigkeitsgefühl der Deutschen, so ist fraglich, ob diese Nation heute, hundert Jahre nach der Reichsgründung Bismarcks, noch existiert. Das alles aber wäre für Thoma, der vielleicht das Ende der deutschen Nation ahnte, wohl noch zu verschmerzen gewesen, wenn es zu der von ihm erhofften Versöhnung von Macht und Recht gekommen wäre. Aber dies war wohl kaum der Fall und es ist fraglich, ob es in Zukunft besser sein wird.

Dem vorwiegend liberal bestimmten formalen Rechtsstaat des Kaiserreichs folgte der schon mehr nationalsoziale formale Rechtsstaat Weimars[95] und diesem wiederum der schliesslich mehr und mehr nationalistisch-sozialistisch bestimmte „deutsche Rechtsstaat Adolf Hitlers",[96] in dem die

---

[92] Vgl. mein „Rechtsstaat und Staatsrecht", a.a.O., S. 29 ff.
[93] Carl Schmitt, *Verfassungslehre*, a.a.O., S. 20 ff.
[94] Thomas, a.a.O., S. 218.
[95] Vgl. mein „Rechtsstaat und Staatsrecht", a.a.O., S. 36 f.
[96] Hans Frank, „Der deutsche Rechtsstaat Adolf Hitlers", *Deutsches Recht IV*, 1934, S. 120; Schmitt, „Was bedeutet der Streit um den ‚Rechtsstaat'?" a.a.O., S. 199.

Macht das Recht vergewaltigte. Nicht viel anders ist es heute im kommunistischen Teil Deutschlands, in welchem der Ausspruch des von den Nationalsozialisten geschundenen Sozialdemokraten Kurt Schumacher, die Kommunisten seien rotlackierte Nazis, nur zu oft demonstriert wurde.

Wird im östlichen Teil Deutschlands das Recht durch Macht erdrückt, so ist es im westlichen Teil zunehmend durch staatliche Ohnmacht gefährdet. War der nationalsozialistische Staat eine höhere Potenz des nationalsozialen Staates von Weimar,[97] so erscheint, was Rechtsstaatsduselei angeht, die Bundesrepublik zunehmend als höhere Potenz der Weimarer Republik. Das mag daran liegen, dass Weimar nur eine Reaktion auf das beschränkt demokratische, vom Militarismus beeinflusste, Zweite Reich war, die Bundesrepublik dagegen eine Reaktion auf die Despotie des Dritten Reiches ist. Vielleicht hängt der Grad von *permissiveness* vom Ausmass vorheriger Unterdrückung ab. Dann könnte Thomas Hoffnung auf eine Versöhnung von Macht und Recht in der Bundesrepublik durch ein Entweder-Oder von Ohnmacht und Recht zugunsten der Ohnmacht ebenso zerstört werden wie im östlichen Teil Deutschlands durch das Entweder-Oder von Macht und Recht zugunsten der Macht. Wie nationalsozialistischer und kommunistischer Macht, könnte der Rechtsstaat auch bundesrepublikanischer Ohnmacht erliegen.

Letztere Gefahr beruht auf einem Missverständnis der Paarung von Macht und Recht, welches zustande kam, weil viele, die im nationalsozialistischen Staat aufgrund seiner Macht einen Unrechtsstaat sahen, zu der überspitzten Ansicht neigten, Macht sei notwendig böse und dem Recht abträglich.[98] Sie übersehen, dass auch bei einem Primat des Rechts vor der Macht Recht ohne Macht kaum denkbar ist, will man sich nicht in das Reich naturrechtlicher Utopien begeben. Selbst der liberale Staat, der dem Rechtsstaatsideal wohl näher kam als ein anderer Staat, war bei all seiner Betonung des Rechts vor der Macht auch in seiner mildesten Form noch ein (Nacht)-Wächterstaat, in dem die bestehende liberale Ordnung streng behütet wurde. Der liberale Staat war nicht Nichtstaat, sondern Rechtsstaat.

Gibt es für Freunde des Rechtsstaats kein Entweder-Oder von Macht und Recht, so kann es auch kein Entweder-Oder von Staatsrecht und Rechtsstaat geben. Aus dem Wort „Staatsrecht" folgt das zwar nicht. Dessen zweite Silbe kann durchaus eine geschickte Tarnung für vom Staate gesetztes Unrecht sein. Wohl aber folgt es aus dem Wort „Rechtsstaat", das bei aller Symbolisierung des Primats des Rechts den Staat doch nicht vergisst. Rechtsstaat und Staatsrecht einander ausschliessend gegenüber zu

---

[97] Vgl. mein „Rechtsstaat und Staatsrecht", a.a.O., S. 37.
[98] Vgl. oben, Anm. 7.

stellen ist bedenklicher noch als dies mit Rechtsstaat und Unrechtsstaat, Sinn und Unsinn zu tun. Letzteres erscheint wenigstens logisch, obwohl man in der Staatslehre, die Menschen und Menschliches zum Gegenstand hat und perfekte Antworten kaum finden wird, nicht mit Schwarzweissmalerei operieren sollte, weil selbst der Unrechtsstaat als Gegen-Rechtsstaat den Rechtsstaat (insbesondere seit dessen Formalisierung) befruchten kann ebenso wie Gegen-Sinn den Sinn.[99] Ringt der Rechtsstaat auch mit dem Staatsrecht und beraubt ihn das Staatsrecht auch oft des Sinnes, so ist er doch wenig sinnvoll ohne das Staatsrecht. Der Rechtsstaat ist zwar ein zartes Gebilde, das vom Staatsrecht zerbrochen werden kann, aber gerade seine Zerbrechlichkeit verlangt nach dem Schutze des Staatsrechts.

Im englischen Sprachraum fallen ,,Rechtsstaat" und ,,Staatsrecht" unter den Begriff der *rule of law*, der im Anschluss an Harrington besonders durch Dicey bekannt wurde. Dieser Begriff birgt in sich den Primat des *law*, der *laws* im Sinne des englischen Konstitutionalismus von Bracton bis Coke, welcher auch gemäss Locke und sogar Blackstone bei aller Betonung der Macht des Gesetzgebers die Funktion des Staates im Schutz von *life, liberty and property* sieht und in Amerika neue Bestätigung fand.[100] Er birgt in sich aber auch die gewissenhafte und strikte Durchsetzung (*empire, rule*) des dem Einzelnen in der Gemeinschaft förderlichen *law*, welches auch in der Form von Gesetzen dem Recht weitgehend entspricht. Die *rule of law* ist nicht nur die Magna Charta des Verbrechers,[101] sondern auch der rechtschaffenen Bürger einer Gemeinschaft.

So wünschenswert klare Begriffe wie ,,Rechtsstaat" und ,,Staatsrecht" anstelle des vagen *rule of law* sein mögen, so gefährlich sind sie, weil sie den Eindruck erwecken können, sie ständen einander feindlich gegenüber. Dieser politischen Denkart,[102] die deutscher Perfektionismus leicht in politischen Extremismus ausarten lassen kann, setzen wir entgegen die politisch-wissenschaftliche, wie sie von Freunden des Rechtsstaats, wie dem Staatsrechtler von Mohl,[103] vertreten wurde. Gerade weil machtstaatliches Staatsrecht den Rechtsstaat verdreht und verdrängt hat, darf man nun nicht ins entgegengesetzte Extrem verfallen und die Bedeutung des Staatsrechts für den Rechtsstaat verkennen, und einer Rechtsstaatsduselei verfallen, die allzu leicht zur Rechtsstaatsdämmerung führen kann. Mass und Mitte.

[99] Vgl. mein ,,Rechtsstaat und Staatsrecht", a.a.O., S. 19 ff.

[100] Vgl. ebd. S. 17 ff.; und mein *America's Political Dilemma: From Limited to Unlimited Democracy*, 1968, S. 5 ff., 143 ff.; Carl. J. Friedrich, ,,Englische Verfassungsideologie im neunzehnten Jahrhundert: Diceys ,,Law and Public Opinion", *Festschrift für Gerhard Leibholz* Bd. 1, 1966, S. 101 ff.

[101] Vgl. Franz v. Liszt, *Lehrbuch des Deutschen Strafrechts*, 22. Aufl. 1919, S. 18.

[102] Vgl. Carl Schmitt, *Der Begriff des Politischen*, 1932, 1933.

[103] Vgl. Carl J. Friedrich, *Der Verfassungsstaat der Neuzeit*, 1953, S. vii.

ROLF-RICHARD GRAUHAN

POLITISCHE ASPEKTE DER JUSTIZ

„Dispute-settling is perhaps the most basic kind
of political process" Carl J. Friedrich

I

Gerichte sind Einrichtungen zur Handhabung von Konflikten unter Menschen. Diese These, von der dieser Aufsatz ausgeht, erhebt keinen Anspruch
auf besondere Originalität. Sie beleuchtet lediglich einen Aspekt der Justiz,
der neben ihrer Betrachtung als Rechtssprechung oder Rechtsanwendung
nicht in den Hintergrund treten sollte, und den zu verfolgen vor allem eine
Aufgabe der Politikwissenschaft sein muss. Solange sie ihren zentralen
Gegenstand im Phänomen der Macht sah oder im Bedenken der guten Ordnung des Gemeinwesens ihre Aufgabe fand, konnte sie sich mit der auf
Hamilton und Montesquieu zurückgehenden These zufriedengeben, unter
den drei Gewalten des Gemeinwesens sei die Gewalt zu richten „en quelque
façon nulle". Unter dem Blickwinkel der Macht schien die Justiz der Politik
am fernsten zu stehen, eine detachierte Hüterin der Ordnung und des
Rechts. Doch schon bei Montesquieu hat die Justiz ein janusköpfiges Ant-
litz: einerseits zwar gegenüber Legislative und Exekutive in ihrer puissance
en quelque façon nulle – andererseits aber doch „si terrible parmi les hommes"[1].
Einerseits anscheinend ein Gefilde politischen Friedens, fern vom Ge-
tümmel der Mächtkämpfe, andererseits aber doch geeignet, Schrecken zu
verbreiten, wie dann nach der marxistischen Lehre neben Polizei und Ge-
fängnissen Teil der „besonderen Repressionsgewalt"[2]: Dieses Doppelge-
sicht zeigt die Justiz bis auf den heutigen Tag. In besonders ausgeprägter
Form beispielsweise in Gestalt des westdeutschen Bundesverfassungsgerichts. Es ist vom Grundgesetz eingesetzt als pouvoir neutre zur Schlichtung
von Streitigkeiten unter den konstituierten pouvoirs actifs,[3] zugleich aber

[1] Charles de Montesquieu, *de l'Esprit des Lois*, Livre IX, Chapitre VI; Alexander
Hamilton, *The Federalist Papers*, Nr. 78.
[2] W. I. Lenin, *Staat und Revolution*, Ausgabe Dietz, Berlin 5. Aufl. 1958, S. 12 und 18.
[3] Vgl. dazu näher Rolf-Richard Grauhan, *Gibt es in der Bundesrepublik einen Pouvoir*

eliminiert es durch Parteiverbot und Grundrechtaberkennung als politische Justiz nach der Definition von Otto Kirchheimer „politische Feinde des bestehenden Regimes nach Regeln, die vorher festgelegt worden sind"[4].

Es ist nicht die Absicht dieses Aufsatzes, dieser speziellen Erscheinungsform näher nachzugehen.[5] Vielmehr ist seine These, dass die einst von Carl Schmitt beschworene Doppelmöglichkeit einer „Juridifizierung der Politik" und einer „Politisierung der Justiz"[6] nicht auf die Verfassungsjustiz beschränkt ist, sondern aus der grundlegenden Tatsache folgt, dass Justiz Handhabung von Konflikten unter Menschen ist. Ferner soll gezeigt werden, dass sich der politische Aspekt bis in die Normen des Zivil- und des Strafrechts hinein verfolgen lassen kann, um abschliessend einige Konsequenzen – daraus – hier für die Strafjustiz – anzudeuten.

Die These, dass die Justiz eine Einrichtung zur Handhabung von Konflikten unter Menschen sei, ist noch nicht genügend präzise. Worin bestehen diese Konflikte? Hier sind einschränkende Auffassungen möglich, die von einer institutionellen Betrachtungsweise her zu einer Aussonderung spezifischer Justizkonflikte führen. So wird beispielsweise im Strafverfahren nur der Konflikt „des Interesses der Staatsanwaltschaft, die Schuld des Angeklagten zu beweisen, mit dem Interesse der Verteidigung, diesen Beweis zu verhindern oder zu widerlegen"[7] gesehen. Oder es wird für den Justizkonflikt generell die Auffassung vertreten, es handle sich um den Konflikt „over the issue of whether or not a rule has been violated".[8] Diese Aspekte der Sache sind gewiss nicht falsch; nur schöpfen sie den Konfliktgehalt dessen, was im Bereich der Justiz zur Verhandlung steht, noch nicht aus. Um auf den Grund der Konfliktslagen zu gelangen, haben wir uns den Gegensatz

Neutre?, Heidelberg (Jur. Diss.) 1959 und: Karl Doehring, „Der Pouvoir Neutre und das Grundgesetz", in: *Der Staat*, 1964, S. 201 ff.

[4] Otto Kirchheimer, *Politische Justiz*, Neuwied und Berlin, 1965, S. 26.

[5] Vgl. zum Bundesverfassungsgericht jetzt den Versuch von Otwin Massing, seine verschiedenen Funktionen unter dem Begriff der „sozialen Kontrolle" als „Teil des staatlichen Krisenmanagements" zusammenzufassen, in:Das Bundesverfassungsgericht als Instrument sozialer Kontrolle, in: Probleme der Demokratie heute, Sonderheft 2 der Politischen Vierteljahresschrift, 1970, S. 180 ff.

[6] Carl Schmitt, *Der Hüter der Verfassung*, Tübingen, 1931, S. 22.

[7] Ralf Dahrendorf, *Gesellschaft und Demokratie in Deutschland*, München, 1965, S. 163.

[8] Gabriel A. Almond u. G. Bingham Powell, *Comparative Politics*, Boston-Torronto, 1966, S. 159. Hieran schliessen sich typische Einengungen in der Erfassung des politischen Charakters der Justiz, z.B. die Auffassung, das Rechtliche werden nur *manchmal* politisch „when judges disagree among themselves or reverse earlier decisions", so noch: Vernon van Dyke, „Process and Policy as Focal Concepts in Political Research", in: Austin Ranney (Hrsg.), *Political Science and Public Policy*, Chicago 1968, S. 34 – oder es werden gar die „quasi-mechanical components" des richterlichen Entscheidungsprozesses als typisch hervorgehoben wie bei: Robinson-Majak, „The Theory of Decision-Making",in: James C. Charlesworth, (Hrsg.) *Contemporary Political Analysis*, New York, 1967, S. 183.

unter den Partnern des Falles zuzuwenden, der vor Gericht zur Verhandlung steht. Der Konfliktscharakter der Sachverhalte selbst, mit denen Gerichte sich befassen, liegt in der Ziviljustiz eindeutig zutage: Der Rechtsstreit zwischen Kläger und Beklagtem macht ihn sichtbar. Ebenso in der völkerrechtlichen und Verfassungsgerichtsbarkeit. In der Verwaltungsjustiz begehrt der Kläger ein Handeln oder ein Unterlassen, das die beklagte Behörde verweigert. Auch in der Strafjustiz besteht in den meisten Fällen kein Zweifel: Zwischen Mörder und Opfer, Dieb und Bestohlenem, Betrüger und Betrogenem, Beleidiger und Beleidigtem, beim „Widerstand gegen die Staatsgewalt" und beim Amtsmissbrauch, bei Notzucht, Raub und Erpressung lag offensichtlich ein Konflikt zwischen Angreifer und Angegriffenem vor. In anderen Straftatbeständen ist jedoch auf Anhieb kein Konflikt zu entdecken, besonders im Bereich des Sittenstrafrechts. Bei der Gestattung des Verlobtenbeischlafs oder der sogenannten „einfachen" Homosexualität liegt unter den Beteiligten ein Konflikt offensichtlich nicht vor. Ihr Verhalten kann jedoch Konfliktscharakter dadurch gewinnen, dass ihm ein bestimmter Spiegel vorgehalten wird. Betrachtet man z.B. gleichgeschlechtliche Handlungen – selbst wenn sie unter den Beteiligten einverständlich vorgenommen werden – im Spiegel einer auf dem Prinzip der Zweigeschlechtlichkeit beruhenden Menschenwürde, so erhellt, dass sie nach der Kantischen Formulierung „als Läsion der Menschheit in unserer eigenen Person durch gar keine Einschränkungen und Ausnahmen wider die gänzliche Verwerfung gerettet werden können."[9] Der zentrale strafrechtliche Begriff der „Unzucht" lebt aus dem Konflikt mit dem Konsens über einen Begriff der „Zucht". Die Strafdrohung gilt in diesen Fällen dem Konflikt mit einem symbolischen Partner. Indem sich der Konsens über den Begriff der „Zucht" in einer Gesellschaft umbildet, wandelt sich auch der Partner des Konflikts. Die Bestrafung der „einfachen" Homosexualität z.B. begegnet im westlichen Kulturkreis deshalb wachsendem Unverständnis, weil hier der symbolische Konflikt nicht mehr gesehen wird. In anderen Tatbeständen des Sittenstrafrechts, wie etwa dem des Inzests, wird dieser Konflikt allerdings noch sehr wohl empfunden.

Wir können nun daran gehen, ohne Anspruch auf Vollständigkeit, jene Konflikte näher zu bestimmen, mit denen es Justiz zu tun hat und dabei zugleich die formale Übereinstimmung mit jenen Konflikten aufzudecken, die wir von vornherein als politische verstehen. Drei Kriterien sind hier von besonderer Bedeutung:

---

[9] Immanuel Kant, *Metaphysik der Sitten*, Suhrkamp Ausgabe Frankfurt 1969, Band VIII, S. 390.

1. Das Kriterium: interner oder externer Konflikt bezogen auf einen entscheidenden Dritten,
2. das Kriterium: Gegnerschafts- oder Feindschaftskonflikt und
3. das Kriterium: selbständiger oder symbolischer Konflikt

Das erste Kriterium lässt uns danach unterscheiden, ob der zur Auseinandersetzung drängende Gegensatz unter den Konfliktspartnern einer Instanz unterworfen ist, die befugt und tatsächlich in der Lage ist, den Konflikt zu beenden-oder ob der Konflikt ausgetragen wird, ohne dass für ihn
eine solche dritte Instanz besteht oder bestellt ist. Im ersten Fall können wir
von einem formell innenpolitischen, im zweiten Fall von einem formell aussenpolitischen Konflikt sprechen.

Das zweite Kriterium lenkt die Aufmerksamkeit darauf, ob die Partner
der Auseinandersetzung sich als Gegner verstehen, die neben ihrem Gegensatz durch Elemente der Übereinstimmung – im Hinblick auf mindestens
einen Teil der Friedrich'schen Trias von „Werten, Interessen und Überzeugungen"[10] miteinander verbunden sind, die den Konflikt prinzipiell be-
grenzen, oder ob sie sich als prinzipiell unverbundene Feinde gegenüberstehen, die ihren Konflikt ohne Konsensbezug notfalls auch unbeschränkt
auszutragen bereit sind. Den ersten Fall können wir als einen materiell
innenpolitischen, den zweiten als einen materiell aussenpolitischen Konflikt bezeichnen.

Das dritte Kriterium schliesslich ermöglicht uns festzustellen, ob die unmittelbar stattfindende Auseinandersetzung für sich selbst oder zugleich
noch für einen weiteren Konflikt steht, der unmittelbar nicht ausgetragen
wird oder nicht ausgetragen werden kann, der aber den Konfliktsstoff
liefert, wie z.B. im Falle realer Kämpfe um ideologische Positionen – oder ob
gar ein Verhalten vorliegt, das erst im Spiegel gewisser normativer Standards
Konfliktscharakter gewinnt, wie in den oben genannten Beispielen oder
„politischen" Affairen vom Schlage des Profumo-Skandals.

Ehe wir nun der Frage nachgehen, wie materiell innen- und aussenpolitische Konfliktslagen Eingang in die Tatbestände des Zivil- und des
Strafrechts gefunden haben, wenden wir uns dem vor der Justiz ausgetragenen Konflikt als dem formell innenpolitischen Konflikt zu, um daraus
einige Modelle von Justiz abzuleiten.

II

Der Justizkonflikt ist typischerweise der einem Dritten unterbreitete, im
Sinne des ersten Kriteriums also formell innenpolitische Konflikt. Bedeutet
Justiz Konfliktslösung durch einen Dritten, so ergeben sich verschiedene

[10] Carl J. Friedrich, *Man and His Government*, New York, 1963, S. 138.

Modelle der Justiz daraus, dass die Stellung dieses Drittem zu dem ihm unterbreiteten Konflikt variiert. Mindestens drei Modelle lassen sich hier unterscheiden: Nach dem ersten Modell unterbreiten die Konfliktspartner als gleiche den Konfliktsstoff einem von ihnen gemeinsam anerkannten Dritten. Die Initiative zur Streitschlichtung bleibt zumindest bei einem der Partner. Beide wählen die judizielle Konfliktslösung, obwohl sie den Konflikt auch als formell aussenpolitischen im antagonistischen Kampf austragen könnten. Der Dritte kann nur durch Autorität wirken, da er seine Entscheidung für beide Seiten akzeptabel gegründen muss.[11] Historisch fand sich dieses Justizmodell im Fall der Sühnejustiz zur Ablösung der Fehde und lässt sich heute z.B. in der internationalen Schiedgerichtsbarkeit oder den vertraglichen Schlichtungsvereinbarungen zur Vermeidung von Arbeitskämpfen feststellen. Dieses Justizmodell entspricht einem Rechtsbegriff, der die Frage der Zustimmung der Rechtsgenossen zum entscheidenden Kriterium erhebt, während dem zweiten Justizmodell ein Rechtsbegriff korreliert, der entscheidend auf das Zwangselement abstellt.[12]

In diesem zweiten Modell wird der Konflikt von dem Dritten selbst seiner Entscheidungsgewalt unterworfen. In diesem Modell braucht der Dritte nicht gemeinsam anerkannter Schlichter sein, denn der Dritte ist souverän. Die Konfliktspartner sind vor dem Dritten gleich, jedoch als gemeinsam Gewaltunterworfene. Der Dritte wirkt durch Imperium, die Geltung seiner Entscheidung hängt nicht von der für beide Konfliktspartner akzeptablen Begründung ab, sondern vom Rechtsbefehl. Dieses Justizmodell trifft den Fall der Hausgewalt des pater familias ebenso wie die anstaltlichen Justizformen des europäischen souveränen Fürstenstaates. Unabhängig davon, ob Max Webers originäre Herleitung der Verwaltung des anstaltlichen Staates aus der Hausherrschaft richtig ist,[13] sind jedenfalls strukturell in beiden Fällen Justiz und Administration als Formen der Handhabung von Konflikten nicht unterscheidbar. Unabhängig von der Frage der historischen Entwicklung lässt sich als Hypothese formulieren, dass sich von dem ersten Modell die freiheitliche Justiz herleitet, die Bezug behält auf die Selbstbestimmung der Partner und insofern politisch und öffentlich ist, während sich vom zweiten Modell die Justiz als Subsystem eines Staatsverwaltungssystems herleitet, die Bezug behält auf die herrschaftlich-administrative – und damit der Tendenz nach nichtöffentliche – Streitentscheidung im Verhältnis von Obrigkeit und Untertan.

---

[11] Vgl. dazu: Carl J. Friedrich, *Die Philosophie des Rechts in historischer Perspektive*, Heidelberg u.a., 1955, S. 125 ff.

[12] Dazu näher: Carl J. Friedrich, *Man and His Government*, a.a.O., S. 268-278.

[13] Max Weber, *Rechtssoziologie*, Ausgabe Neuwied, 1960, S. 91.

Im dritten Modell schliesslich wird der Konflikt von einem Ankläger mit der Anklage gegen einen der Partner als Unrechtstäter zum Schutz des anderen Konfliktspartners als einem Teil der Rechtsgemeinschaft dem Dritten unterbreitet. Der Konflikt zwischen Angreifer und Angegriffenem wird vor dem Dritten als Konflikt zwischen dem Vertreter der Rechtsgemeinschaft und dem Unrechtstäter mit umgekehrten Vorzeichen wiederholt. Hierbei handelt es sich um den Fall der Strafjustiz, die ihrerseits wieder mehr nach dem freiheitlichen ersten, wie nach dem herrschaftlichen zweiten Modell ausgestaltet sein kann, worin man z.B. die Wiederspiegelung des Gegensatzes zwischen angelsächsischem und kontinental-europäischem Strafprozess erblicken kann.

Beziehen wir diese Modell auf die uns hier interessierende Problematik von Politisierung und Entpolitisierung, so liesse sich folgendermassen argumentieren: Dem ersten Justizmodell liegt ein Entpolitisierungsvorgang insofern zugrunde, als der Konflikt überhaupt einem Dritten unterbreitet und der offene Kampf für diesen Fall ausgeschlossen wird. Entschliessen sich z.B. zwei Sippen, statt der Blutrache ein Sühneverfahren zu akzeptieren oder tragen souveräne Staaten einen Streitfall vor einen internationalen Gerichtshof, so wandelt sich insoweit ein formell aussenpolitischer Konflikt in einen formell innenpolitischen Konflikt um. Insofern in dem offen ausgetragenen Konflikt der „politischere" gesehen wird, liegt darin ein Vorgang der Entpolitisierung, ohne dass freilich der dem Dritten unterbreitete Konflikt dadurch überhaupt aufhörte, politisch zu sein.

Im Hinblick auf das Kriterium Gegnerschaft-Feindschaft liegt ein Entpolitisierungsvorgang auch darin, dass unter den Partnern des Konflikts ein Konsens zustande kommt und zwar in zweierlei Hinsicht:

1. über den angerufenen Schlichter selbst und
2. über das Bezugssystem, anhand dessen die vom Dritten gegebene Lösung von beiden Partnern als vernünftig anerkannt werden kann, also beispielsweise die Standards des internationalen Rechts.

Für das zweite Justizmodell ist die Ausgangslage eine entscheidend andere. Die formelle Entpolitisierung hat hier bereits stattgefunden mit der Etablierung der Souveränität des Dritten. Justiz wird hier, in der Eastonschen Formulierung, zu einem Unterfall der „de-politizising system responses"[14]. Diese Entpolitisierung kann im Formalen stecken bleiben. Sie erschöpft sich dann in der wiederkehrenden Demonstration der Souveränität einer streitentscheidenden Justiz, die das Konfliktspotential verdrängt, aber nicht durch Konsensbildung unter den Partnern ausräumt und damit den Grund bereitet für rückläufige Politisierungsvorgänge. Hierzu mag eine

---

[14] David Easton, *The System Analysis of Political Life*, New York, 1965, S. 262 ff.

systembedingte Neigung insofern bestehen, als die souveräne Justiz durch Imperium entscheiden kann, ohne durch Autorität wirken zu müssen. In einem System jedoch, das sich von der Seite der politischen Institutionen her der offenen Austragung gesellschaftlicher Konflikte öffnet, wird auch die nach dem ursprünglichen System souveräne Justiz sich dem Typus konsensbildender Streitschlichtung annähern müssen. Dieser materiellen Entpolitisierung sind freilich dadurch Grenzen gesetzt, dass nur die kontradiktorische Justiz, in der Kläger und Beklagter sich als Partner des zu behandelnden Konflikts vor Gericht als gleiche gegenübertreten, auf den Gegnerschaftskonflikt, d.h. den Konflikt materieller Innenpolitik, zugeschnitten ist.

Unser drittes Modell dagegen, nach dem ein Unrechtstäter vom Vertreter der Rechtsgemeinschaft vor dem Dritten angeklagt wird, zielt auf die Domestikation des gruppeninternen Gewaltkonflikts. Hierauf wird im Zusammenhang zurückzukommen sein. An dieser Stelle ist noch ein Wort zu dem durchaus ambivalenten Verhältnis der Setzung von Rechtsnormen zum Phänomen der Entpolitisierung am Platze.

Häufig findet sich die Modellvorstellung, dass die rechtliche Normierung eines Sachverhalts ihn aus dem politischen Streit herausnimmt: Mit dem Rechtsetzungsvorgang wird aus Politik Recht. Das geschieht im Falle des ersten Justizmodells ad hoc und durch die streitschlichtende Instanz selbst, im Fall des zweiten Justizmodells durch die Recht setzende Instanz des souveränen politischen Systems. Auf dieses Modell bezieht sich auch die Auffassung, nach der Justiz es nur mit dem Konflikt darüber zu tun habe, ob eine Rechtsregel verletzt worden sei oder nicht. Die Annahme, Gerichte hätten es nur mit Konflikten darüber zu tun, ob eine bestehende Regel verletzt worden sei, wird jedoch jenen Fällen nicht gerecht, in denen die Regelverletzung selbst vom Angreifer nicht bestritten, aber als rechtmässig angesehen wird. Unter diesen Fällen sind in politischer Perspektive nicht jene interessant, in denen der Angreifer für sich einen individuellen Rechtfertigungsgrund in Anspruch nimmt, wie z.B. den der Notwehr, sondern die Rechtmässigkeit der Regel selbst bestritten wird, also die Fälle der Überzeugungstäter. In diesen Fällen richtet sich der Angriff des Täters gerade gegen die verletzte Regel, das heisst sie wird von ihm nicht als Rechtsregel anerkannt. Hier mag sich zwar der ,,demand'' letztlich auf ,,new rulemaking'' richten, er wird aber nicht unmittelbar an die ,,authoritative rulemaking structure'' adressiert, entweder weil die ,,authoritative rule-making structure'' diesem demand nicht offensteht, oder weil sie nach der Intention des Überzeugungstäters gerade durch Verletzungen der strittigen Regel dazu gebracht werden soll, sie zu ändern. Deshalb handelt es sich in diesen Fällen gerade nicht um den von Almond berufenen ,,familiar interest-articulation, aggregation, rule-making cycle"[15] sondern darum, dass dieser Zyklus nicht besteht oder nicht funktioniert. Der Konflikt geht um die Geltung der verletzten Regel selbst. Vor den Schranken des Gerichts findet eine Auseinandersetzung statt, deren Grund ein Gegensatz unter verschiedenen Rechtsüberzeugungen innerhalb des Jurisdiktionsbereichs des Gerichts ist. Die Justiz wird von einem Politisierungsvorgang getroffen, weil gegensätzliche Rechtsüberzeugungen in Verletzungen der vom Gericht angewendeten Regel ihren Ausdruck finden. Insofern Rechtsüberzeugungen gruppengebunden sind, sind diese Verletzungen Ausdruck eines in der Gesellschaft bestehenden, offenen oder latenten Gruppenkonflikts. Die Pole, innerhalb deren sich diese Politisierungsvorgänge abspielen, werden gekennzeichnet durch die Begriffe: Politisches Verbrechertum auf der einen, verbrecherische Politik auf der anderen Seite der Skala.

Im Bereich der Justiz selbst können so Politisierungsvorgänge auftreten, obwohl mit einem abgeschlossenen Rechtsetzungsvorgang eine formelle Entpolitisierung stattgefunden zu haben scheint. Entweder erweist sich das normierte Konfliktspotential als resistent, trotz formeller Verdrängung des Konfliktsstoff schlägt der Konflikt wieder durch, oder auch ein materiell erreichter Konsensus löst sich wieder auf, weil innerhalb der Gruppe sich neue abweichende Rechtsüberzeugungen bilden. Zwei Sonderfälle dieser Lage verdienen hier Beachtung: einmal in Systemen, die die Unterscheidung von öffentlicher und privater Sphäre kennen, die Rückspielung von Konflikten, die bereits in die private Sphäre abgedrängt waren, aus der privaten in die öffentliche Sphäre. Zum anderen die Fälle, in denen die Justiz als Teil eines solchen angegriffenen politischen Systems zum Partner eines Zweikampfes wird, also die Fälle der politischen Justiz im engeren Kirchheimerschen Sinne.

Zu der ersten Fallgruppe sind für die politischen Systeme der westlichen Demokratien einige Erläuterungen angebracht: Sind die als politisch angesehenen Konflikte in ihrer Grundstruktur mit den Streitigkeiten identisch, mit denen das Recht sich befasst, so kann nur die Bedeutung, die der je konkrete Gegensatz für die Allgemeinheit besitzt, darüber entscheiden, ob er als ein politischer Konflikt angesehen wird oder nicht. Daraus folgt, dass grundsätzlich jeder „Rechts" Konflikt ein „politischer" Konflikt sein kann, wenn ihm genügend öffentliche Bedeutung beigemessen wird oder jeder Rechtsstreit sich zu einem politischen Konflikt auswachsen kann, wenn er genügend öffentliche Bedeutung gewinnt.

Die Unterscheidung von Konflikten in Angelegenheiten von öffentlicher Bedeutung von solchen in Angelegenheiten von privater Bedeutung ist unab-

---

[15] Almond and Powell, *Comparative Politics*, a.a.O., S. 160.

hängig davon, ob diese Konflikte in einem öffentlichen oder privaten Verfahren zum Austrag kommen. Wir können Vorgänge unterscheiden, in denen Konflikte in Angelegenheiten von öffentlicher Bedeutung in einem öffentlichen Verfahren zum Austrag kommen (z.B. im Parlamentsplenum) Vorgänge, in denen Konflikte von privater Bedeutung in einem privaten Verfahren zum Austrag kommen, (z.B. ein häuslicher Familienstreit), Vorgänge, in denen Konflikte von öffentlicher Bedeutungen in einem privaten Verfahren zum Austrag kommen (z.B. während eines Arbeitsessens) und Vorgänge, in denen Konflikte von privater Bedeutung in einem öffentlichen Verfahren zum Austrag kommen. Dieses ist der Fall der Justiz. Bei der Justiz handelt es sich in den politischen Systemen der westlichen Demokratien um ein öffentliches Verfahren. Doch die Konflikte, mit denen sie es zu tun hat, zeigen eine reiche Skala von ausschliesslich privater Bedeutung über Konflikte von privater und öffentlicher Bedeutung bis zu solchen von vorwiegend oder ausschliesslich öffentlicher Bedeutung, z.B. in der Verfassungsjustiz, die allerdings durchaus auch Fälle mit vorwiegend privater Bedeutung kennt. Die Strafjustiz ist teilweise auf diese Skala eingestellt. Sie bietet z.B. in der Bundesrepublik im Privatklageverfahren die Möglichkeit, Konflikte von ausschliesslich privater Bedeutung (z.B. Beleidigungen) in einem öffentlichen Verfahren zum Austrag zu bringen. Sie ermöglicht aber auch schon im Privatklageverfahren der Staatsanwaltschaft, das Verfahren zu übernehmen, um so einer möglicherweise mitspielenden öffentlichen Bedeutung der Sache Rechnung tragen zu können. Die Antragsdelikte und danach die Offizialdelikte stellen weitere Stufen dar, in denen private Konflikte entweder auf den Antrag des Verletzten hin (z.B. beim Familiendiebstahl) oder von vornherein (z.B. bei gefährlichen Körperverletzungen) als von öffentlicher Bedeutung angesehen werden.

Doch sind nicht alle Konflikte, deren öffentliche Bedeutung vom System unserer Strafjustiz unterstellt wird, tatsächlich von Bedeutung für die Öffentlichkeit. Andererseits unterstellt die Strafjustiz auch in den Fällen, in denen sie von dem höchsten Mass an öffentlicher Bedeutung ausgeht, nämlich in den Staatsschutzsachen, dass sie es ausschliesslich mit dem isolierten Konflikt zwischen dem individuellen Angeklagten und dem Schutzobjekt zu tun hat. Tatsächlich kann ein Landesverratsverfahren gegen den Agenten X einen Konflikt zum Gegenstand haben, der nicht mehr Bedeutung für die Öffentlichkeit besitzt als eine Wirtshausschlägerei. Schwierigkeiten machen der Justiz dagegen jene Fälle, in denen dem individuellen Konflikt, der ihrer Entscheidung unterbreitet ist, zugleich öffentliche Bedeutung zukommt: und zwar nicht das *Interesse* der Öffentlichkeit allein, das sich auch auf etwas Privates richten kann – wie in den Spalten der Sex- and Crime-Presse-sondern die Bedeutung für die Öffentlichkeit des Gemeinwesens selbst. Durch diese über den individuellen Fall hinaus gehende öffentliche Bedeutung gewinnt der individuelle, zu behandelnde Tatkonflikt eine zusätzliche *symbolische* Dimension. Diese Bedeutung ist empirisch zu ermitteln, sie folgt aus dem Sachverhalt und kann deswegen vom normierten Tatbestand und von der Prozessart nur generell vermutet werden, ist von ihnen aber tatsächlich prinzipiell unabhängig. Öffentliche Bedeutung kann deshalb ein Landesverratsverfahren gegen den Herausgeber einer Zeitschrift, das in einem symbolischen Zusammenhang mit einer Auseinandersetzung über die Verteidigungsstrategie steht, ebenso gewinnen wie ein Meineidsverfahren gegen einen ehemaligen Minister, ein Verwaltungsprozess um einen Pensionsanspruch oder ein Zivilverfahren zwischen einem Arbeitgeberverband und einer Gewerkschaft. Wir können danach als Hypothese formulieren: je grösser die öffentliche Bedeutung des zur Entscheidung stehenden Konflikts, um so mehr handelt es sich bei der Justiz – gleich welchen Rechtswegs – um *politische* Justiz.

III

In die Rechtsregeln selbst finden die Konfliktslagen Eingang durch die Formulierungen der gesetzlichen Tatbestände. Wir betrachten das Recht damit von einer Seite, die Hermann Kantorowicz im Auge hatte, als er für einen umfassenden Überblick über die Geschichte der Rechtswissenschaft die Definition vorschlug: „Das Recht ist eine Gesamtheit von Regeln, welche die Vermeidung oder die ordnungsmässige Beilegung von Streitigkeiten bezwecken.''[16] Der gesetzliche Tatbestand führt den sich in der Wirklichkeit abspielenden Konflikt der rechtlichen Erörterung zu, die Rechtsfolge bringt das Prinzip ein, nach dem der Konflikt beigelegt werden soll.

Wenn wir uns in der dritten Ebene unserer Überlegung der Struktur der Rechtssätze selbst zuwenden, so hat uns die Frage zu beschäftigen, in welcher Art und Weise das Recht den wirklichen Konflikten gegenübertritt und welche Massstäbe es zu ihrer Lösung benutzt. Der politische Aspekt lenkt in dieser Ebene die Aufmerksamkeit auf einen strukturellen Unterschied, der die Art und Weise, in der die Rechtsnormen den wirklichen Konfliken gegenübertreten, grundlegend bestimmt: Die Rechtsnormen regeln entweder ein Verhältnis oder einen Zustand als *Recht*, das, sofern es eingehalten wird, *Konflikte vermeidet*. Dabei weisen sie zugleich Lösungswege für Konflikte, die sich aus dem Zusammentreffen verschiedener *Rechtspositionen* ergeben können, oder die Rechtsnormen behandeln einen Zustand oder ein

---

[16] Hermann Kantorowicz, *Der Begriff des Rechts*, Göttingen, 1963, S. 29.

Verhalten als *Unrecht*, das, sofern es realisiert wird, einen *Konflikt hervor-bringt*. Zur Vermeidung des Konflikts muss also das tatbestandlich definierte Unrecht selbst vermieden werden. Geschieht es dennoch, so kündigt die Rechtsnorm dem dafür Verantwortichen eine Sanktion – Strafe oder Busse an.

Dies ist der Unterschied zwischen den – als Recht oder als Pflicht formulierten – in der Sache aber stets einen Begünstigten *berechtigenden* Normen und den ein Unrecht unterdrückenden, *repressiven* Normen. Dieser Unterschied ist nicht mit dem Unterschied von materiellem Zivilrecht und materiellem Strafrecht identisch[17], lässt sich aber an diesem Unterschied am augenfälligsten demonstrieren: ein Beispiel für die erste Art von Regeln ist der § 611 BGB: „Durch den Dienstvertrag wird derjenige, welcher Dienste zusagt, zur Leistung der versprochenen Dienste, der andere Teil zur Gewährung der vereinbarten Vergütung verpflichtet." Beispiel für die zweite Art von Regeln ist der § 154 StGB: „Wer vor Gericht oder einer anderen zur Abnahme von Eiden zuständigen Stelle vorsätzlich falsch schwört, wird mit Zuchthaus bestraft."

Eine Regel wie § 611 BGB setzt einen Interessengegensatz von Dienstverpflichtetem und Dienstberechtigtem voraus, der in einem gemeinsam anerkannten Rechtsverhältnis aufgehoben wird, das eine Auseinandersetzung verhindern soll. Führt der zugrundeliegende Gegensatz unter den Vertragspartnern dennoch zu einer Auseinandersetzung, so soll das Rechtsverhältnis als Konsens-Basis für die Lösung des Konfliktes dienen.

Eine Regel wie § 154 StGB schafft dagegen keine Gemeinsamkeit unter den Partnern des Konflikts, sondern hebt sie auf. Indem sie das Verhalten des „Täters" zum *Un*-recht setzt, ist für sie nur der Verletzte *im Recht*. Da die Auseinandersetzung zwischen beiden für die repressive Norm als Angriff des Täters auf einen schutzwürdigen Rechtszustand erscheint, greift sie selbst auf Seiten des Verletzten in den Konflikt ein und droht dem Täter zur Abwehr des Angriffs eine Sanktion an. Die repressive Norm ist so strukturell die Antwort auf einen äusseren (= un-rechten) Angriff auf den Rechtskonsens, setzt also prinzipiell einen konsensungebundenen, d.h. materiell *aussen*politischen Konflikt voraus. Die Problematik dieses, die Rechtsnormen durchziehenden Strukturunterschiedes wird offenbar, wenn wir die Frage nach den Massstäben des Rechts stellen. Was macht Recht zu „Recht"? Das Recht ist nicht eine Gesamtheit von Regeln, mit dem Zweck, Streitigkeiten irgendwie zu vermeiden oder beizulegen. Das Recht ist eine spezifische Antwort auf das Vorhandensein von Konflikten: sie sollen *gerecht* gelöst oder durch eine gerechte Regelung vermieden werden. Nach der Ihering'-

---

[17] Vgl. z.B. das materiell-zivilistische Recht der unerlaubten Handlungen.

schen Formel: „Im Begriffe des Rechts finden sich die Gegensätze Kampf und Frieden zusammen".[18] Der aristotelischen Unterscheidung verteilender und ausgleichender Gerechtigkeit folgend, haben wir uns gewöhnt, die Gerechtigkeit des Zivil – wie das Strafrechts unter dem Begriff der ausgleichenden Gerechtigkeit zusammenzufassen.[19] Es macht aber einen grundsätzlichen Unterschied, ob verschiedene *Rechtspositionen* untereinander ausgeglichen werden oder ob ein *Un-Recht* durch Hinzufügung einer Strafsanktion „ausgeglichen" wird. Diese beiden Dinge lassen sich kaum auf einen Nenner bringen.

Nicht zufällig haben unsere Vorstellungen von einem *gerechten Recht* zunächst die Rechtsnormen im Auge, die Rechtsverhältnisse regeln. Das gilt von der römischen Definition als „ars aequi et boni" ebenso, wie von der berühmten Definition von Kant aus der „Metaphysik der Sitten", das Recht sei „der Inbegriff der Bedingungen, unter denen die Willkür des einen mit der Willkür des anderen nach einem allgemeinen Gesetze der Freiheit zusammen vereinigt werden kann."[20] Diese Vereinigung der Willkür des einen mit der grundsätzlich als gleichberechtigt erachteten Willkür des anderen unter einem allgemeinen Gesetz der Freiheit erscheint wie eine philosophische Formulierung des Zivilrechtssystems. Dieses System besteht seinem Aufbau nach, aus einem Gefüge einander korrigierender Rechtsregeln, die, wie es der kontradiktorischen Form des Zivilprozesses entspricht, darauf abzielen, die Willkür freier und rechtlich gleichberechtigter Rechtsgenossen miteinander zu vereinigen: dem Prinzip „pacta sunt servanda" steht zum Beispiel das Prinzip der Verjährung entgegen, diesem wiederum das „Verbot der unzulässigen Rechtsausübung" usw.

„Gerade dieses komplizierte Wechselspiel zwischen einander entsprechenden und oft widerstreitenden rechtlichen Pflichten ist es, das die so paradox erscheinene Natur des Rechts ausmacht, nämlich eine Gesamtheit von Regeln zu sein, die Pflichten auferlegen im Interesse der Freiheit die eigenen Rechte zu geniessen."[21] Diese „paradox erscheinende Natur des Rechts" aber ermöglicht es dem Ziviljuristen, nach den Kunstregeln des juristischen Gutachtens durch ständiges gegeneinander Abwägen der für den einen und für den anderen Partner sprechenden Rechtsregeln zu einer „ausgewogenen", im Interesse der Justitia Contributiva gerechten Entscheidung zu gelangen, die den Konflikt beenden kann.

Die Vorstellung einer ausgleichenden Gerechtigkeit ist ihrer Struktur

---

[18] Rudolf v. Ihering, *Der Kampf ums Recht*, Wien, 1872, S. 7.

[19] Vgl. Carl J. Friedrich, *Die Philosophie des Rechts in historischer Perspektive*, a.a.O., S. 12.

[20] Immanuel Kant, Suhrkamp-Ausgabe Band 8, a.a.O., S. 337.

[21] Hermann Kantorowicz, a.a.O., S. 54.

nach mit der Zivilrechtsnorm und dem Begriff eines konsensbezogenen Konflikts verwandt. Alle drei Begriffe beziehen sich auf einen dreistufigen Zusammenhang: einen Konflikt, einen diesen umgreifenden Konsens und eine Lösung des Konflikts auf der Basis dieses Konsenses.

Der Konflikt wird von dem Begriff der „materiellen Innenpolitik" beleuchtet, der Konsens über das Bezugsystem für die Vermeidung oder Beilegung von Konflikten von der Zivilrechtsnorm und die Lösung des Konflikts auf der Basis dieses Konsenses von dem Begriff der ausgleichenden Gerechtigkeit. Der Begriff der „materiellen Innenpolitik" setzt voraus, dass die Partner des Konflikts durch gemeinsame „Werte Interessen oder Überzeugungen" miteinander verbunden sind und ihr Konflikt auf der Basis dieser Gemeinsamkeit lösbar ist. Die Zivilrechtsnorm, die ein konfliktsloses Rechtsverhältnis regelt, setzt den Interessen- oder Wertkonflikt unter den Partnern voraus, zu dessen Lösung sie durch ihre Regelung verhelfen soll. Der Begriff der ausgleichenden Gerechtigkeit setzt ebenso einen Konflikt voraus, den es auszugleichen gilt, wie einen Konsens über das Bezugsystem, anhand dessen der Konflikt ausgeglichen werden kann.

Die Ähnlichkeit liesse sich strukturell auch so formulieren: die Zivilrechtsnorm setzt einen Interessengegensatz voraus unter Personen, deren Status als Rechtssubjekt anerkannt ist (Freiheit), deren rechtsgeschäftlicher Wille gleichberechtigt ist (Gleichheit) und die sich zu Rechtsbeziehungen vergemeinschaftet haben (Brüderlichkeit). Oder der Vorgang ausgleichender Gerechtigkeit liesse sich funktionell beschreiben als die Lösung einer Auseinandersetzung unter gleichberechtigten Partnern durch eine Schlichtungsinstanz, die ihre Entscheidungen aus einem Bezugsystem begründen kann, das von beiden Partnern anerkannt wird – also eine Lösung im Rahmen unseres ersten Justizmodells.

Die starre Schematik strafrechtlichen Schliessens dagegen fällt aus diesem dreistufigen Zusammenhang heraus. Das folgt daraus, dass die repressive Norm das Verhalten des Täters zum äusseren, unrechten Angriff auf das von der repressiven Norm geschützte Rechtsgut setzt. Nach der Strafrechtsdoktrin hat der Strafrichter nur im gleichbleibenden Takt zu prüfen, ob der angeklage Täter nach Tatbestandsmässigkeit, Rechtswidrigkeit und Schuld „mit dem Gesetz in Konflikt geraten" ist. Als Ergebnis seiner Prüfung hat er entweder das Vorliegen eines materiell aussenpolitischen Unrechts-Konfliktes freisprechend zu verneinen, oder, wenn er einen solchen, „strafrechtlich relevanten" Konflikt festgestellt hat, ihn mit einer strafrechtlichen Sanktion (Strafe oder Massregel) reprimierend zu beantworten.

Da der Richter durch die repressive Norm gezwungen wird, auf Seiten des Geschützten in den Konflikt mit dem Täter einzugreifen und damit in der

Richtung seiner Rechtsfindung einseitig festgelegt ist (was nicht etwa heisst, dass er voreingenommen sein müsse), wird der Gerechtigkeitsbezug der Norm selbst problematisch. Dieses Problem hat in der Hegelschen Rechtsphilosophie seine klassische Formulierung gefunden: Erblicken wir in einem gerechten Recht nach der Hegelschen Kurzformel „überhaupt die Freiheit als Idee"[22], dann sind „Gewalt oder Zwang. . . abstrakt genommen unrechtlich".[23] Wie kann dann aber der von dem Richter mit der Strafe über den Partner eines Konflikts unter Rechtsgenossen verhängte Zwang „rechtlich" sein?

Die Hegelsche Lösung dieses Problems verweist bemerkenswerterweise auf das Recht ausserhalb der repressiven Norm selbst zurück: der repressive Zwang sei „nicht nur bedingt rechtlich, sondern notwendig – nämlich als *zweiter* Zwang, der ein Aufheben eines ersten Zwanges ist".[24] Für die Begründung dafür, „das das Strafen an und für sich *gerecht*" sei, komme „es allein darauf an, dass das Verbrechen und zwar nicht als die Hervorbringung eines Übels, sondern als *Verletzung des Rechts* als Rechts aufzuheben sei.[25] Dass die Strafe gerecht ist, hängt also davon ab, dass die Tat des Täters ungerecht war. Dass die Tat des Täters ungerecht war, hängt davon ab, dass der Rechtszustand, den sie verletzt hat, gerecht war. Der Täter eines Diebstahls z.B. verletzt die bestehende Eigentumsordnung. Dass dieser Angriff als ungerecht, seine Bestrafung damit als gerecht angesehen werden kann, setzt voraus, dass die verletzte Eigentumsordnung selbst gerecht ist. Die Gerechtigkeit der repressiven Norm ergibt sich niemals aus ihr selbst, sondern aus dem Bezug zu einer Gesamtheit berechtigender Regeln, die ihrerseits „ars aequi et boni" ist. Eine Gesamtheit von Regeln, die nur aus repressiven Normen bestünde, könnte kein gerechtes Recht sein, sondern höchstens ein materell aussenpolitisches Kampfinstrument zur gewaltsamen Niederhaltung einer Rasse, Klasse, Religion oder eines durch die normierten Tatbestände sonstwie bestimmten Inbegriffs von „Tätern" durch die in den Gerichten institutionalisierte „besondere Repressionsgewalt".

IV

Der nur mittelbare Gerechtigkeitsbezug der repressiven Norm macht die These fragwürdig, „the kind of breach of law which violates a rule of law acknowledged as right" sei „the particular sphere of the criminal law."[26]

---

[22] Georg Wilhelm Friedrich Hegel, *Grundlinien des Philosophie des Rechts*, § 29.
[23] Hegel, a.a.O., § 92.
[24] Hegel, a.a.O., § 93.
[25] Hegel, a.a.O., § 99.
[26] Carl J. Friedrich, *Man and His Government*, a.a.O., S. 281.

Dem wäre die Gegenthese – freilich nicht symmetrisch – entgegenzuhalten, dass die Strafnorm, da sie den Täter zum äusseren Angreifer auf den Rechtskonsens setzt, sich im besonderen Masse zur Aufnahme symbolischer Konflikte eignet, die aus innerpolitischen Gruppenkonflikten gespeist werden, die gerade den Rechtskonsens in Frage stellen. Da die repressive Norm strukturell auf einen nicht konsensbezogenen, d.h. nach der hier verwendeten Terminologie auf einen Feindschaftskonflikt antworten will, erweist sie sich zunächst einmal als Mittel, Feindschaftskonflikte im Innern politischer Einheiten überhaupt erst zu eröffnen, das heisst innenpolitische Gegner von Machthabern, die die „Klinke der Gesetzgebung" in der Hand haben, zu aussenpolitischen Feinden zu setzen.

Von der Strafnorm her betrachtet ist zwar stets der Täter in der Situation des Angreifers. Die Norm aber kann auch in Form einer Pönalisierung bisher als rechtlich zulässig betrachteten Verhaltens, beispielswiese im Bereich des sogenannten Schutzes der öffentlichen Ordnung, den Angriff erst schaffen, so dass die Pönalisierung selbst der eigentliche Angriff ist. Kriminalisierungen dieser Art können gerade darauf abzielen, die Gemeinschaftlichkeit materieller Innenpolitik aufzuheben. Die Forderung nach der Einführung der Todesstrafe für bestimmte, nach der Konfliktsart als „politisch" deklarierte Straftaten kann so die Tendenz kennzeichnen, die Auseinandersetzung bis zur äussersten Radikalität eines Konflikts auf Vernichtung treiben zu können.

Andererseits dringen von Seiten der „Täter" her Feindschaftskonflikte unter Gruppen im Innern politischer Einheiten in statu nascendi besonders leicht in Tatbestände des Strafrechts ein, die anscheinend vom Rechtskonsens getragene Werte schützen. Was sich der Justiz als Diebstahl, Brandstiftung, Körperverletzung oder Totschlag darstellt, steht dann zugleich für eine sich im Jurisdiktionsbereich entwickelnde materiell aussenpolitische Auseinandersetzung, die den angenommenen Rechtskonsens selbst in Frage stellt. Die gewaltsamen Ausbrüche in Gettosituationen ebenso wie die Konzeption des „revolutionären Bürgerkrieges" mit seinem Prinzip ubiquitärer, den Täter möglichst unidentifizierbar lassenden Gewaltsamkeit kennzeichnen die Aktualität dieser Form politisch symbolischer Strafrechtskonflikte.[27]

Von diesen Fällen sind jene symbolischen Konflikte zu unterscheiden, in

[27] Die Verklammerung innen- und aussenpolitischer Aspekte in diesem politischen Problemfeld zeigt sich auch z.B. darin, dass in internationalen Konflikten, in denen die Taktik des revolutionären Bürgerkrieges eine Rolle spielt, im zunehmenden Masse zum zentralen Problem der Kriegsführung wird, was man bisher nur für ein praktisches Problem der Strafverfolgung gehalten hatte: nämlich den Täter des Mordes, der Brandstiftung des Sprengstoffanschlages zu finden und die „Dunkelziffer" herabzusetzen, d.h. den Kombattanten überhaupt zu identifizieren und ihn vom Nicht-Kombattanten zu unterscheiden.

denen die Verwirklichung des Straftatbestandes selbst aus symbolischen Gründen geschieht, wie in den Fällen studentischer Demonstrationen, die Straftatbestände wie „Auflauf" und „Zusammenrottung" (§§ 115, 116 StGB) erfüllen. Hierbei handelt es sich nicht selten um Strafnormen, die selbst einst in politischer Absicht zur Bekämpfung innerpolitischer Gegner erlassen worden waren und deren Entleerung vom Rechtskonsens durch den symbolischen Bruch dargetan werden soll. Hier geht es nicht darum, per se eine gewaltsame Auseinandersetzung zu führen, wie in den Fällen der ersten Gruppe, sondern gerade darum, die Fortentwicklung des Rechtskonsenses zu dokumentieren.

Nicht zuletzt diese Fälle lassen den nur mittelbaren Gerechtigkeitsbezug der repressiven Norm für die Reaktionsweise der Justiz als problematisch erkennen. Da die Justiz als *Strafende* stets in den Konflikt mit dem Täter eingeschaltet ist, ist sie stets in Gefahr, von der Polarisierung, die der repressiven Norm zu eigen ist, ergriffen zu werden. Entweder sie arbeitet selbst mit politischen Zweck im Kirchheimerschen Sinne, d.h. mit dem Zweck die politischen Gegner des Regimes, das sie zu verteidigen wünscht, auszuschalten, oder ihr wird ein solcher Zweck von den „Tätern" prinzipiell unterstellt, die in ihr nur die Manifestation der „besonderen Repressionsgewalt" erkennen wollen. Strafrichter, in deren Bewusstsein die Anwendung repressiver Normen als Applikation staatlicher Strafgewalt im Vordergrund steht, können dann zum zweiten (anstaltlichen) Justizmodell tendieren und versucht sein, das Repressionsgebot der Strafnormen als militärischen Befehl und sich selbst, wie Kirschheimer etwas verwundert zitiert als „Soldat des Gesetzes" betrachten oder auch sich auf „den soldatischen Charakter des richterlichen Amtes" berufen.[28]

Der moderne Strafprozess jedoch sucht, je mehr er *gerecht* sein will, das typische *Dreiecksverhältnis* der ausgleichenden Gerechtigkeit herzustellen.

Da die kämpfende Truppe aber nicht nach dem Grundsatz „in dubio pro reo" vorgeht, trifft sie auch den Nicht-Kombattanten und stärkt damit gerade jene Solidarität der Nichtkämpfer mit den Kämpfenden, die die Voraussetzung für ihre Unidentifizierbarkeit ist. Erfolgreiche Verbrechensbekämpfung ist davon abhängig, dass die Rechtsgemeinschaft den Verbrecher ausstösst, d.h. dass sie ihn denunziert oder er sich selber stellt. Stösst die Rechtsgemeinschaft ihn nicht aus, kann er sich tatsächlich in ihr „wie ein Fisch im Wasser" bewegen, so kann man ihn allein auch nicht als Partner des Konflikts belangen. Kann man die Bevölkerung nicht dazu bewegen, den „Verbrecher" auszustossen, so muss man entweder den Konflikt auf die ganze Bevölkerung ausdehnen, oder den Feindschaftskonflikt auf einen innerpolitischen Gegnerschaftskonflikt zurückschrauben, d.h. sich mit dem Konfliktspartner arrangieren, oder die Auseinandersetzung mit ihm überhaupt unterlassen. Zur Verwischung des Unterschiedes von „internal war" und „international war" vgl. George Modelski, „The international relations of internal war", in: James N. Rosenau (Hrsg.), *International Aspects of Civil Strife*, Princeton, 1964, S. 44.

[28] Otto Kirchheimer, *Politische Justiz*, a.a.O., S. 263.

Diese Bemühungen ziehen einmal auf die prozessuale Situation, in der der Konflikt, der in der Straftat zum Austrag gekommen war, mit umgekehrten Vorzeichen zwischen Anklage, Angeklagtem und Richter wiederholt wird. Vor allem geht es dabei darum, dem Angeklagten während der Dauer des Prozesses den Status eines gleichberechtigten Rechtspartners zu verschaffen, das dritte Justizmodell also tendenziell dem ersten anzunähern. Rechtskonsens und bestehendes politisches System rücken dann im Rollenspiel der Prozessbeteiligten bewusst auseinander: Der öffentliche Ankläger fungiert als Vertreter des formalen politischen Systems, der Richter als Vertreter des Rechtskonsenses, der als im Wandel befindlich begriffen wird und an dem der staatliche Strafanspruch stets noch zu messen ist.

Dennoch bleibt im Strafverfahren, solange es im dezidierten Sinne als *Straf*-Justiz verstanden wird, stets eine unaufhebbare Inkongruenz mit der Situation, an die sich die Vorstellung ausgleichender Gerechtigkeit knüpft, da die Strafnorm als repressive Norm selbst *gegen* einen Straftäter gerichtet ist, dessen Handlungen in dem tatsächlich ausgetragenen Konflikt sie als Unrecht definiert, d.h. als äusseren Angriff auf den oder die vom Rechtskonsens Geschützten. Das Gerechtigkeitsproblem des Strafprozesses besteht also auch abgesehen von der Prozesssituation materiell darin, den von der repressiven Norm als äusseren Angreifer des Rechtskonsenses behandelten Täter dennoch als Insider des anscheinend durch die Tat gebrochenen Rechtskonsenses zu sehen. Die Rückverweisung der Gerechtigkeit der Strafe auf den Gerechtigkeitsgehalt des angegriffenen Rechtszustandes kann es dem Strafrichter nicht ersparen, die Prüfung dieses Gerechtigkeitsgehalts mit in seine Kognition einzubeziehen. Wird der Rechtskonsens, der Gerechtigkeitsvorstellungen zu tragen vermag, als im Wandel befindlich begriffen, so erfordert die Dreieckssituation der ausgleichenden Gerechtigkeit auch die Anerkennung des Prinzips, dass der Symboltäter gerade an diesem Wandel teilhat, ihn möglicherweise repräsentiert.

Dieses Modell stellt allerdings an die Justiz in Rechtssystemen, die noch im Zwangselement das Spezifikum des Rechts zu sehen geneigt sind, besondere Anforderungen. Sie verlangt, die Prägung der Rolle des Juristen durch die Repressionsfunktion aufzugeben, die der Skepsis gegenüber der Weisheit des Juristen den Satz eingab: der Jurist „der die Waage des Rechts und nebenbei auch das Schwert der Gerechtigkeit sich zum Symbol gemacht hat, bedient sich gemeiniglich des letzteren, nicht, um etwa bloss alle fremden Einflüsse von dem ersteren abzuhalten, sondern wenn die eine Schale nicht sinken will, das Schwert mit hineinzulegen. . ."[29].

[29] Immanuel Kant, *Zum ewigen Frieden*, Zweiter Zusatz-Geheimer Artikel zum ewigen Frieden, Suhrkamp-Ausgabe Band XI, a.a.O., S. 228.

WILLIAM A. ROBSON

THE MISSING DIMENSION OF GOVERNMENT

Since the early years of the 20th century there has been what may be loosely called a regional movement in many parts of the world. By a regional movement I mean an interest in regional phenomena of many different kinds, ranging from literary and artistic activities to economic and political activities, from meteorological conditions to culinary methods. Geographers, historians, planners, scholars and specialists in many other branches of knowledge or fields of activity, have devoted much time to the study of regionalism, or rather to those aspects of it which are of interest to them. As the century has advanced interest in regionalism has increased in scope and in depth. Moreover, many governments now recognise the importance of regional characteristics and concepts for the purpose of planning and development. In consequence we find in a large number of countries regional planning, regional development politicies and regional administration.

In exploring this subject and discussing its political implications the first question to be asked is: "What is a region?" The answer is that regions are concepts or creations devised for many different purposes. There is no single authoritative definition. The extent and character of a region will vary according to the purpose for which it is formulated .

Geographers have for long been specially interested in the study of regions. They distinguish homogeneous and nodal regions as two major types. A homogeneous region is an area in which similarities existing in its different parts are more significant than the differences. The similarities may relate to natural phenomena, such as climate, soil or mineral resources; or to human phenomena, such as ethnic composition, religion or language. A nodal region is an area in which there is a concentration of elements or activities, such as an urban or metropolitan area. The geographical determinants of regions are sometimes human and economic, and sometimes based on physical phenomena such as a mountain chain or a river basin. When economic function is used as a determinant, this usually involves both natural and human elements. Even geographers differ in the criteria they apply in delimiting regions. Some emphasize population distribution, others the focal point or nodule, others regional consciousness and loyalties. Obviously the appropriate criteria will depend on the purpose for which the delimitation of regions is being carried out. R. E. Dickinson, writing in 1947, said the regionalist is concerned to find "The natural fabric of community interests upon which the delimitation of new local government and major units of intermediate government must be based".[1] Here the geographer was seeking to assist the political scientist and the political reformer.

Regional movements have grown up in many or even most countries. They arise from various causes, such as distinctive historical traditions; racial, linguistic, ethnic or religious peculiarities; economic or class interests; and even literary or cultural affinities. Such movements imply a higher national unity and the existence of national interests transcending those of the region. If these assumptions are denied or rejected the notion of a regional movement is replaced by a demand for autonomy or independence based on a separate nationality. This happened in Ireland and India before partition. It is what the war in Nigeria was about. In Catalonia, Scotland, Wales, the Basque Provinces, Quebec and elsewhere regional movements could evolve into claims for national autonomy. There are some countries which can be regarded as coextensive with a single region. Denmark is sometimes cited as an example of a single-region country with Copenhagen as the regional city. An official report on the Netherlands states that when seen within the larger geographical framework of Europe, the Netherlands looks more like a region than a country.[2]

The most important concept which has emerged in recent decades is that of the regional city, or the urban region as it is sometimes called.[3] This is due to improvements in methods of transportation, and particularly the rise of the motor vehicle. The urban region consists of one or more main cities, with possibly some smaller towns or urban settlements. It will include a wide area containing the places in which the city workers of all kinds and classes live, and to whom the shops and showrooms in the city or cities sell their goods. From these places people go to a major city or town for recreation, for medical treatment, for specialised professional services, for business purposes, or to meet their friends. The local newspapers circulate throughout the area, which can be regarded as comprising the zone of influence of the

---

[1] R. E. Dickinson, *City Region and Regionalism*, 1947, p. 7.

[2] *Second Report on physical planning in the Netherlands*, Part I. p. 8. (Government Printing Office The Hague 1966.

[3] See Derek Senior, *The Regional City*, London 1966.

city, or as the area within which a vast and complex system of interactions takes place in the social, economic, cultural, administrative and political spheres. An urban region may include a single dominant city, such as London or Paris; or a conurbation, as in the case of the twin cities of St. Paul and Minneapolis, or the chain of towns adjoining Manchester. It may also include smaller towns or suburban centres, land devoted to market gardening, dairy farming or agriculture, forest or woodland, golf courses, country clubs, playing fields, race courses, village settlements, self-contained housing estates etc. The urban region may thus be of a uninuclear type, centred on a great city or conurbation; or it may be polynucleated with two or more major centres.

The polynucleated region tends to be of a much larger size since it usually contains several towns or cities with an extensive rural or semirural hinterland. These town and country regions, as they may be called, are usually marked by a close relation between the industries within the region, and they normally offer a wide range of diverse economic activities and living environments.

Another type of region is the multi-purpose river valley region. The forerunner of these is the Tennessee Valley Authority. It has been followed by the Damodar Valley Authority in India, the great Volta river project in Ghana, and several others.

A much more common phenomenon is the *ad hoc* region, created to perform a single function in an area which is larger or more conveniently shaped than the existing areas of local government. Many thousands of *ad hoc* regional bodies have been set up in many countries to provide or administer such services as the supply of gas, water or electricity, highways, land drainage, street transport, hospitals, etc.

The term regionalism thus has a wide variety of meanings. It can refer to ethnic and cultural affinities, geographical or geological characteristics. For the purpose of this essay it will refer to government, administration, coordination, planning and development activities.

In recent decades the need for regional planning and development has done more than anything else to advance the case for regionalism, despite opposition from both central and local government.

To define regions for planning purposes requires consideration of several inter-related factors, such as the economic base, population size, communications, cultural affinities, the existence of a sense of regional identity. The desiderata for a planning and development region will ideally include a balanced composition of rural and urban elements embracing commerce, industry and agriculture. A certain degree of self-sufficiency in the basic public services such as education, public health, and public utilities, is also desirable, and every region should have a recognised regional capital. These requirements involve a fairly high degree of convergence of the economic, social and geographical characteristics of a region; and this cannot always be realised in practice.

There is a marked distinction between governments which have adopted a system of regional planning and development for the whole country and those which have applied regionalism to a particular area or areas. For example, regional planning applies to the whole of Poland, whereas in the United States *ad hoc* regions have been established in particular parts of the country for particular purposes, such as the T.V.A. or the six large regions created for the administration of the Public Works and Economic Development Act 1965.[4] A true regional movement requires that regional planning and development shall extend to the entire national territory.

I have emphasised the rise in interest and importance of regional planning and development, but the regional administration and co-ordination of certain public services also occupies a prominent place on the agenda of public affairs. Regionalism in this broad sense is seen as a possible solution to three other problems. They are (1) the reform of local government (2) regional deconcentration (3) regional decentralisation or devolution of central government functions.

As regards the first of these, local government areas and authorities have become obsolete or obsolescent in most countries which have a system of local government.[5] The reasons are obvious. Improved methods of transport and communication, the emergence of modern functions such as physical planning, urban development, public housing, new towns, provision of recreational facilities, public utilities, have created a need for local government units with much larger areas and resources, comprising not only municipalities but also their rural hinterland, and containing the workplaces and the homes of commuters. The archaic municipal structure is most clearly visible in the great cities, where it bears no relation to the area in which the metropolitan community lives and works. This is gradually becoming recognised in the reforms which have led to the Greater London Council, the Metropolitan Council in Toronto, the District of the Paris Region and the extension of Moscow's city limits. But local government elsewhere than in the great

---

[4] M. R. Levin „The Big Regions" in: *Journal of the American Institute of Planners*, Vol. 34, No. 2. March 1965.

[5] See W. A. Robson, *Local Government in Crisis*, 2nd edition, 1968 London. J. P. Mackintosh, *The Devolution of Power*, London, 1969. W. A. Robson: *Great Cities of the World: Their Government, Politics and Planning*, 2nd Revised Edition, 1959 A new (third) edition of his work is in the press.

cities is also in need of reshaping and projection onto a larger scale, and this has nowhere taken place.

The reports of the Royal Commission on Local Government in England, published in July 1969, has condemned the obsolete character of the present structure in uncompromising terms. The Royal Commission[6] recommend that the 1200 existing local authorities should be replaced by only 61 new units whose boundaries would embrace both urban and rural areas. In 58 of these new areas one authority would be responsible for all statutory local government functions. The remaining 3 areas comprise the Metropolitan communities of Merseyside, South East Lancashire and North East and central Cheshire, (known as Selnec) and the West Midlands. The 38 unitary authorities will have a minimum population of about 250,000 and a maximum of 1 million. The 3 Metropolitan areas will contain much larger populations: of the order of 2-3 millions.

Above these operating units of local government the Royal Commission recommended the creation of 8 large provinces, each with a provincial council. A majority of the members of a provincial council would be indirectly elected by the unitary and metropolitan councils in proportion to their relative sizes, and the remainder would consist of co-opted members drawn from industry, commerce, trade unions, universities and the professions. Each provincial council would be responsible for making and keeping up to date a strategic plan for the development of its province. It would determine the framework and priorities within which the metropolitan and unitary authorities would carry out their own planning policies and investment programmes. Its principal purpose would be to concentrate on questions which affect more than one authority. It would decide priorities on further education, the planning of education for handicapped children, and of such services as child care, cultural and recreational facilities, tourism, etc. The Provincial Councils would replace the existing regional economic planning councils described earlier in this essay.

The Royal Commission was concerned only with reorganising the structure of local government. They were therefore unable to consider how far, if at all, the Provincial Councils could be entrusted with powers at present possessed by central Ministries, or by *ad hoc* public corporations such as the Regional Hospital Boards. But many people regard the delegation downwards of functions from central government Ministries to the Provincial Councils as no less necessary than the projection of powers upwards from local government. This is a question which the Constitutional Commission is expected to explore.

[6] Royal Commission on Local Government 1966. Vol. 1 Report Cmnd. 4040/1969. H.M.S.O.

The Provincial Councils envisaged by the Royal Commission would be weak bodies. The indirect election of a majority of councillors would probably tend to make them the meeting place of local interests rather than an assembly in which a truly regional outlook prevails. They would have no executive powers save in exceptional circumstances. They would have hardly any staff of their own and their financial resources would be small. I do not therefore regard them as a model on which regional government should be based.

Mr. Derek Senior, a member of the Royal Commission, proposed an entirely different structure. He recommended 35 directly elected regional authorities responsible for a complex of functions centered on planning, transportation and development, including technical services such as water supply, sewerage and refuse disposal, together with police forces, fire protection and education. A separate tier of 148 directly elected district authorities would be responsible for the personal social services, national health service, the management of public housing, consumer protection and all other functions involving personal contact with the citizen.

Mr. Senior also recommends the establishment of 5 very large provinces. The Provincial Councils would for the most part be nominated by the regional authorities and their duties would be mainly advisory to the central government. They would serve as a bridge between central and local government.

The scheme devised by Mr. Senior is entirely different from that recommended by the majority who signed the Royal Commission's report. His philosophy of regionalism is expressed in the 35 regional authorities which form the backbone of his scheme. They vary greatly in size, the population ranging from 3,993,000 in Birmingham region to 312,000 in the region centered on Carlisle. Their areas range from 2,799 square miles in the Birmingham region to 682 square miles in the Liverpool region. He considers variations in scale of small importance: the only significant criteria is the existence of a genuine city region. Mr. Senior is, indeed, the principal exponent of the regional city as the only correct basis for the organisation of local government so far as the functions of planning, development, transportation and public utilities are concerned.[7]

All proposals which seek to reform local government on regional lines meet with fierce opposition from the spokesmen of existing local authorities. The motives for this vary. Sometimes they spring from a desire to cling to

[7] Royal Commission on Local Government in England 1966-1969 Vol II, Memorandum of Dissent by Mr. D. Senior. Cmnd 4040 – 1/1969. H.M.S.O. See also Derek Senior, *The Regional City*, London, 1966.

office in an existing unit, or to preserve the privileges which a favoured community enjoys, – a common phenomenon in the affluent suburbs of American
cities – or to escape higher taxation; but sometimes there is a genuine concern
lest the sense of community should be lost if its organ of self-government
were merged in a much larger unit.

Deconcentration of central government functions to regional offices raises
no political opposition and is widely accepted by national governments as
being the best or indeed the only way of dealing with regional problems. The
outstationing of civil servants employed by the national government has
become more and more widely practised even in countries which have not
adopted the prefectural system on the French model, and in most countries
today a much smaller proportion of national civil servants are working in the
capital than in the rest of the country. Regional prefects can be appointed in
regions which already have departmental prefects.

But voices are beginning to be heard contending that the concentration
of power at the national level has gone too far, and that some of the functions which are administered by the central government should be devolved
on elected regional authorities. In federal constitutions the movement for
more decentralisation would naturally be for an increase of state power, or a
revival of state rights, and this is the current trend in India and in the United
States under President Nixon. In unitary regimes where there is no intermediate level of government the demand would be for a more democratic
and decentralised form of regional authority. Recent events in France and
England are not without significance in this context.

France has had since 1960 21 administrative and planning regions (cir-
conscriptions d'action régionale) and the regional services of the government were gradually brought into lines with them. In each region there
is a Regional Prefect. The regions consist of groups of departments which
continue to operate with their prefects and elected councils. In 1964 the
Regional Prefects were given a more effective part. Thenceforth, they were
to exercise co-ordinating functions in the administrative sphere and positive
functions in the economic sphere. They are co-ordinators in regard to
planning and have powers to implement government policy with regard to
economic development and territorial planning and development in their
regions. The region is not a new authority, but only a link between the
central government and the department.

The Regional Prefect is subject to directions from the Prime Minister and
also from other Ministers in regard to their particular responsibilities. Like
all prefects he is an official of the central government, and on the basis of
the directions given to him by the government he prepares the section of the

National Economic and Social Development Plan for his region and submits it to the government. Before doing so, he must consult two advisory bodies. One is the *Conference administrative regionale*, consisting of the departmental prefects in the region, the regional Inspector-General of the National Economy, and the Treasurer and Paymaster General for the region, representing the Ministry of Finance. The other is the *Commission de developpement economique regional*, (CODER) a body representing elected local authorities, organised interests, and specially qualified persons.[8] It is a kind of miniature edition of the Economic and Social Council which exists at the national level.

The regional system in France is essentially an extension of the central power mitigated to a certain degree by consultation with local interests. President de Gaulle believed in a strong national executive and the constitution of the Fifth Republic was framed with this express object in mind; but he nonetheless declared in 1969 that the regional machinery must be immediately reformed so as to give the people of the region a greater voice in their affairs.

De Gaulle's proposals would have transformed the existing regions into territorial units of the Republic, with a status comparable to that of the departments and communes. They would have become organs of government capable of providing and administering schools, cultural facilities and historic monuments, health and social amenities, roads, airports, ports, nature parks, tourist facilities etc.

Each region would have had a Regional Council composed of three elements: (1) The deputies to the National Assembly elected by the region; (2) territorial councillors elected by the Departmental Councils and the communal councils on the basis of 20 per region plus one additional councillor for every 250,000 inhabitants; (3) social and trades councillors nominated by such bodies as Chambers of Commerce, family associations, trade unions, trade and industrial associations, professional organisations and so forth. The large towns would have had special rights of representation. The size of the Regional Councils would have ranged from 50 to 196. They would have had their own financial resources derived from state grants, assigned taxes and loans.

---

[8] The Commission consists of not less than 20 or more than 50 members. At least 25 per cent must consist of councillors appointed by each Department Council in the region and one or more mayors similarly appointed, together with the mayor of the regional capital. Fifty per cent are appointed by the chambers of commerce, industry, agriculture and trades, trade unions and employers associations. The remaining members are appointed by the Prime Minister on the strength of their competence in economic, social, family, scientific or cultural matters.

The regional council would have had the right to pass the regional budget, express its views on the regional espects of the national plan, and draw up programmes of public utilities or services to be provided or subsidised by the region.

The Regional Prefect would, as in the Departments, exercise the executive power. He would be appointed by the President and not by the regional council; he would prepare and implement the budget; and have at his disposal state services in the region, meaning presumably that his staff would consist of national civil servants.

The 21 regions in France have been severely criticised by economists and planners on account of their small size, compared with the British planning regions and the Länder in West Germany, but they were left intact by de Gaulle's reforms. The population varies from 736,323 in Limousin to 9,220,000 in the Paris region.

These proposals did not involve any very drastic change from the existing situation, since the Regional Prefect, appointed and removable by the President, would exercise all executive power. The two major changes would have been giving the regions the status and powers of a public authority, and replacing the advisory councils by indirectly elected councils with positive powers resembling those of a Departmental Council.

President de Gaulle linked these modest changes with proposals for the reform of the Senate. He insisted on submitting the linked proposals to a referendum and staked his willingness to continue in office on the result. His failure to obtain a majority in the referendum was incorrectly ascribed to insufficient explanation of the reforms to the electorate, but other influences led to the decision of the electorate.

In 1964 the Labour Government in Britain divided England into eight great regions for the purpose of economic planning and development. In each of these regions an Economic Planning Council was appointed to serve as an advisory body to the Secretary of State for Economic Affairs. Similar bodies were set up in Scotland and in Wales making ten in all. In each region an executive body was appointed called the Regional Economic Planning Board, composed of civil servants, drawn from the regional offices of Ministries interested in regional planning and development.

The Regional Economic Planning Councils are somewhat similar to the French CODER described above. They contain a substantial proportion of local government councillors who are appointed in their personal capacity and not as representatives of local authorities. Other members are drawn from industry, commerce, trade unions, agriculture and the universities. As in France, the councils are advisory. They have no funds at their disposal and no staff. The executive boards are under the direct control of the Government, and there is no attempt to create a new level of government but only a new tier of influence. However the story may not end there.

In 1969 Mr. Wilson as Prime Minister announced the setting up of a Commission on the Constitution with the following terms of reference (in part): "To examine the present functions of the central legislature and government in relation to the several countries, nations and regions of the United Kingdom:

"To consider, having regard to developments in local government organisation and in the administrative and other relationships between the various parts of the United Kingdom and to the interests of the prosperity and good government of our people under the Crown, whether any changes are desirable in those functions or otherwise in present constitutional and economic relationships:. . ."

The result of the Constitutional Commission's deliberations, and still less the practical outcome of any recommendations it may make, cannot be foretold; but the terms of reference show that the question of regional government is prominently on the agenda of public affairs at the present time, in Britain no less than in France. There have been frequent suggestions made that the Regional Economic Planning Councils should be replaced by elected regional Councils with substantial planning and executive powers.[9]

It would be quite possible, and indeed desirable, to introduce a regional system involving the transfer upwards to regional authorities of certain functions at present exercised by local authorities, and also the delegation downwards from central ministries of a number of functions which could and should be carried out by regional councils. It is this latter notion that ministers and civil servants tend to resist, partly because they dislike the idea of parting with any of their functions even if they are neglected or badly performed by their own Ministries, and partly because they fear that representative regional councils would be formidable bodies whose actions would be much more difficult to control than those of local authorities. In consequence, the normal outlook in Whitehall is to regard regionalism as no more than a deconcentrated form of central government operating with the aid of an advisory council in large areas.

The appointment of the Constitutional Commission was mainly due to the growth and demands of Scottish nationalists and Welsh nationalists for a greater degree of autonomy, independence or succession, and to occasional rumblings of discontent in the Isle of Man and the Channel Islands. Any

---

[9] See my *Local Government in Crisis*, Chapters VIII and XXVII, I, 2nd revised edition, London 1968.

concessions granted to these demands may well assist the regional movement in Britain.

In federal constitutions there are special objections to creating a tier of elected planning and development authorities in properly designed regions because they would cut across state or provincial boundaries, challenge the state or provincial governments, and in effect establish a fourth level of government. So in the United States the attempt to express regional needs has been confined to three types of approach: the T.V.A. implanted by the Congress as a new type of *ad hoc* body; a large number of organisations concerned with various aspects of regional planning and development, such as City Planning Commissions, Metropolitan Planning Organisations, Metropolitan and Rural Special Districts, State Planning and Development Agencies, Interstate organisations, private Area Development Agencies; and the huge regions set up under the Public Works and Economic Development Act. Dr. Harvey Perloff's comment on this proliferation is "This multiplicity of planning (agencies) is amazing: and yet there is no plan."[10]

The most serious difficulties in this respect have arisen in the metropolitan areas of the U.S. For constitutional, legal and political reasons it is considered impossible to set up any system of metropolitan planning or administration on the basis of statutory power. So an expedient which has emerged is the requirement laid down in federal legislation whereby the Department of Housing and Urban Development is to consult and co-operate with state govenors and agencies with respect to Federal and State programmes for assisting communities in finding solutions to community and metropolitan development problems, and for encouraging effective regional co-operation in the planning and conduct of metropolitan development programmes and projects.[11]

In the Soviet Union there was no regional planning before 1957. Gosplan had been planning the national economy for many years, and each republic had its own Gosplan to perform a similar function at the republican level. But the republics are not regional entities in any meaningful sense. There were a number of All-Union ministries in charge of separate sectors of the economy, such as oil and gas, building materials, heavy machine construction etc. and they were responsible for formulating planning proposals on a sectoral basis.

In 1957, regional economic councils called Sovnarkhozy were set up and

---

[10] J. Friedmann, „The Concept of a Planning Region – the evolution of an idea in the United States" in: Friedmann and Alonso: *Regional Development and Planning*, U.S. 1964, pp. 497-9.
[11] See my Foreword to *Metropolitan Problems*, Drew University, Madison, N.J. 1968.

ten All-Union Sectoral Ministries and thirteen Union-Republic Ministries were abolished. Originally these were 105 Sovnarkhozy but the number was reduced by successive steps to 47 in 1962. According to Professor Bernard, the Sovnarkhozy were not set up with the object of achieving overall comprehensive planning and development in the regions;[12] but whatever the purpose may have been the new system was criticised in 1961 and 1962 on the ground that planning by sectors continued to prevail over territorial planning.[13]

In 1960 eighteen large regions were created, presided over by super sovnarkhozy, whose function was to secure economic co-ordination and to make recommendations concerning the development of their territories. In a huge area such as the R.S.F.S.R. there are several large regions, while elsewhere a single super-region might comprise several republics. The best results are said to have been achieved in those parts of the Soviet Union where the boundaries of a sovnarkoz was conterminous with the territory of a single republic.

After the fall of Khrushchev in 1964 the sovnarkhozy were abolished although the super-sovnarkhozy were allowed to remain in existence. Mr Kossygin, his successor, announced a return to the former system of reliance on Ministries responsible for a particular industry or group of industries. Many industrial Ministries were created or revived, a majority of them belonging to the All-Union rather than the Union-Republican category.[14] The regional planning machinery was scrapped and the planning function was again concentrated in Gosplan, which has a division concerned with the planning of regional development.

A regional economic council was appointed by and was responsible to the republican government, so in the Soviet Union, as in other countries, regionalism did not yet achieve a representative or independent status. Nonetheless, the regional councils had extensive powers. They were responsible for industrial production, apart from small-scale local industry which is controlled by the local authorities (the *oblast* Soviets). They appointed and dismissed the top managers or directors of industrial undertakings.

The 1957 reforms aimed at introducing a measure of regional delegation within a framework of central and republican planning and control. A measure of decentralisation had been achieved over the extreme centralisation of the previous system. But the regional economic councils were far from satisfactory, and tended to display a narrow localism exhibited in, for ex-

[12] Philippe J. Bernard, *Planning in the Soviet Union*, 1966 p. 84.
[13] *Ibid.*, p. 85.
[14] Leonard Schapiro, *The Government and Politics of the Soviet Union*, London 1965, p. 125-127.

ample, reluctance to send manufactured goods to other regions when supplies were short at home. This led to stronger central control in some respects. But as Professor Nove remarks "It is not suggested that these defects are such as to eliminate all the advantages of having regional planning and administrative bodies. Clearly, they made possible some significant improvements, but the built-in tendency towards 'regionalism' necessitated the reinforcement of strict centralisation."[15] This applies especially to any attempt to modify resource allocation between different sectors or between interdependent regions.

To summarise the position one may say that the Soviet Union has not led the way in the sphere of regional planning. It has, indeed, been slow to appreciate its importance in view of the regime's early and sustained dedication to planning. But between 1957 and 1964 the authorities displayed a conscious interest in evolving a viable regional policy and a rational distribution of industry.[16] At the same time, the Soviet Union has probably done more for the inhabitants of the backward areas of its vast territory than the government of any other country in the way if providing jobs, homes, education and other social services.

In Yugoslavia, according to Professor Fisher, the Yugoslavs have been attempting to build "an economic and political system that provides regional autonomy within the framework of federal supervision."[17] But although there is a substantial amount of delegation of power to the separate republics, the republics are based on ethnic, cultural and historic influences and are therefore "regional" in only a very restricted sense. There is no regional planning apparatus between the central planning authority and the local communes or, in the larger urban centres, the city planning commissions. Hence planning which can be regarded as regional is usually carried out by the central organs and related to designated underdeveloped areas.

Poland has probably developed regional planning techniques to a more advanced stage than any other country, despite the backward state of the economy. The authorities used for regional planning and development are the *voivods* or provinces of which there are 17, and the five large cities of Warsaw, Lódz, Kraków, Poznan and Wroclaw, which are also treated as *voivods*.[18] The Voidvods are divided into countries of which there are 320. Here too the large cities rank as counties. In each province there is a People's

---

[15] Alec Nove, *The Soviet Economy*, London 1961, p. 198. See also pp. 69-77 and 191-200. cf. Philippe J. Bernard, *Planning in the Soviet Union*, London 1966, pp. 30-35.

[16] Bernard, *op. cit.*, p. 172.

[17] J. E. Fisher, *Yugoslavia – a multi-national State*, 1966, pp. 146, 165-168.

[18] B. Malicz ,,Urban Planning Theory: Methods and Results" in: J. Fisher (ed.): *City and Regional Planning in Poland*, (1966), pp. 57-58.

Council and its praesidium; and a special feature of the Polish constitution is that the national government has no provincial or local organs of its own but relies entirely on People's Councils at the lower levels, and their related organs of administration, for carrying out national policy. The Communist Party and the Polish Planning Commission act as co-ordinating bodies for integrating policy and planning at the various levels of government.

When long term or perspective economic planning was introduced in Poland, an effort was made to increase the decentralisation of economic planning authority. In recent years the preparation of economic plans has begun at the level of counties, provinces and large cities and then moves upwards to the higher levels of government and the Planning Commission. In consequence the divergence between economic and physical planning which prevails in so many countries has been largely overcome in Poland. Another feature is that the planning bodies at all levels form part of the organs of general government.

The general position in Western Europe has been summarised by the United Nations Economic Commission for Europe in the following terms. Separate regional organisations are the exception rather than the rule, mainly because of the administrative complexities to which they give rise, and the fact that a separate organisation can rarely be given effective executive powers. Two general trends can be detected. One is that when national economic planning emerges, regional physical planning becomes part of national economic planning and is administered by the central authority either directly from its headquarter offices or from regional outposts. The other is a trend towards the regionalisation of local physical planning. This stems from the inadequacy of the local government structures to cope with physical planning problems within their traditional boundaries. This trend is most apparent in the large urgan agglomerations.[19]

The most striking aspect of regional physical planning in Western Europe, remarks the United Nations report, is the rarity of separate regional planning bodies. Despite much discussion there is little evidence of the institutional realisation of the theoretical concepts of planning at the national, regional and local levels. The chief reason for this is that the existing organisation of government usually consists of central and local authorities, with no provision for regional organs. In default of a reform of the entire structure, which rarely takes place, the tendency is for local authorities to form joint planning bodies with advisory powers, or for the central government to exercise its

[19] *Regional Physical Planning*. Economic Commission for Europe. United Nations New York. 1966.

own functions on a regional scale, though not necessarily with regional offices.[20]

Regional planning is only one aspect of the regional movement, and although of great importance it is in a sense the tip of the iceberg. Regional planning leads to regional development; regional development presupposes regional policies; and these require regional administiation and organisation.

The most widespread aims of regional planning are to secure the development of the more backward regions in the national territory, to foster economic growth, and to reduce the imbalance in the standard of living between the more prosperous and the less prosperous regions.[21] These aims are pursued by various methods with varying degrees of succes in virtually every country which engages in general regional planning throughout its territory.

Regional development requires a multitude of co-ordinated activities. There may be regions with a need for an extended and improved infrastructure, for better roads, sewage, transport services, housing, and public utilities. Some regions may be suffering from decayed or contracting industries, such as outworn mines, quarries or shipyards and the only chance of survival or revival is through extensive rehabilitation and the introduction of new industries or processes. Other regions may be mainly agricultural and the flight from the land has left them stranded with obsolete methods, a denuded and impoverished population, and a stagnant economy. Prosperous regions based on great cities or conurbations often require restraints on development, spatial control of growth, satellite new towns, and the co-ordination of development throughout the region.

This brief statement of aims is only the barest outline. It could easily be expanded to fill an entire book. My purpose here is only to indicate the immense field of governmental action called for by regional planning. Government action, however, must be based on regional policy or policies; and such policies are distinct from the regional plan, even though they may be implied or expressed by it. Many plans at all levels often fail to get off the ground because they are not supported by the necessary government policies and financial resources. Such policies will not necessarily depend on the decisions of the planning authority. They will usually come within the province of the organs of general government at the appropriate level, which varies in different systems of government. These decisions involve policies

[20] *op. cit.*, p. 28.

[21] Goals in Regional Policies and Objectives in Regional Planning by Dr. Anton Kuklinski, Programme Direction, Regional Development, U.N. Research Institute for Social Development. See also his article on "Regional Development, Regional Publics and Regional Planning", in: *Regional Studies*, Vol. 4, 1970, pp. 269-278.

affecting the regions, and regional policies will often be determined at the highest level of government.

Regional policy can cover as wide a field as regional planning. It may involve the placing of restrictions on development of specific kinds (such as the building of factories or offices or universities) in certain regions, and the encouragement of industrial or commercial development in other regions (or in selected growth points in such regions). There may be several kinds of financial or fiscal inducements offered to firms willing to open factories or warehouses, shops or offices, in regions needing economic growth. These can range all the way from loans on favourable terms, "subsidies" and fiscal benefits to negative control and fiscal penalties. There may be government-sponsored training or re-training schemes. The government may decide to move some of its headquarter staff to specified regions. A policy for the construction of new towns may be adopted to stimulate growth in backward regions or to ease the congestion in crowded urban concentrations. These are only some of the possible government policies which may be needed to carry out plans for regional development, in addition to the more ordinary functions concerning roads, schools, hospitals and other services.

The policies we are considering will usually be national policies for regional development, but this does not mean that they can or should be carried out by the national government. There are various methods of implementation in use. Sometimes a development authority will be created for a special task such as building a new town. Sometimes the officers of a national ministry stationed in the region will assume responsibility. Sometimes a public corporation will be constituted for a special function. Sometimes local governments, acting singly or jointly, will be asked to carry out a specific part of the programme. Where this last mentioned method is chosen the larger units will be selected, such as the departments in France or the provinces in Poland.

All these methods have defects of one kind or another. The national government is organised in a number of Ministries or agencies which are responsible for particular functions and there is seldom adequate co-ordination among them. Development corporations are appointed bodies and are not representative or politically responsible in the democratic sense. Local authorities have jurisdiction in only parts of the region and even a combination of local authorities seldom displays a regional outlook. Regional officers of central Ministries tend to represent the views of their particular interests unless fortified by organs which can express the needs and aspirations of the region.

Here then is a great need, and it can only be satisfied by some form of regional government. If political democracy is desirable at the national and local levels, surely it is also desirable at the regional level. I believe, therefore, that the only effective way to solve the problem of regional planning and development is to create democratically elected councils and executives at the regional level.

The difficulties which stand in the way are greatly reduced if the creation of regional government is accompanied by a simultaneous reform of local government. Local government needs to be projected onto a regional scale in respect of several of its functions such as physical planning, sewage, refuse disposal, large public housing projects, major open spaces and recreational facilities, fire brigades, police, the ambulance service, hospitals and certain public health functions, public utilities and regional transport. Some of these functions have been entrusted to public corporations owing to the inadequacy of local government areas and these could in many instances be transferred to a new form of regional government.

The situation which presents the greatest problem is where an intermediate level of government already exists in a federal polity. What can one do about the Länder in the West German Republic or the States in the U.S.? The answer to this question is inevitably a pessimistic one. If the structure of government remains static regardless of the changing needs of the modern world, nothing can overcome the disadvantages which result from that situation. Yet how strange it is that in an epoch in which change has become an end in itself, in which more rapid and more frequent change has taken place than at any previous period of history in science and technology, in industry and retail trade, in transportation and military affairs, in manners and morals, in values and belief, that the areas and authorities of government should have remained static, and that any proposal for territorial change or adjustment should be fiercely resisted. It is this which explains the aching void created by the Missing Dimension of Government.

HANS-JOACHIM ARNDT

VERNUNFT UND VERRAT
ZUM STELLENWERT DES TREUBRUCHS IN DER POLITISCHEN THEORIE

Zwischen den sich gegenseitig der falschen Rationalität und der Irrationalität bezichtigenden Lagern der politisch gespaltenen Gegenwart fristet der uralte politische Begriff und Akt des Verrats ein eigenartiges Dasein. Das Zwielicht, in dem Verrat immer schon stand, hat sich verdichtet, aber nur nach der einen Seite hin. Der Akt als solcher wird immer häufiger und fast alltäglicher, ob nun als klassischer Hoch- und Landesverrat, wie es die deutsche Rechtstradition unterschied; ob im moderneren Gewande als Verfassungsverrat oder Verstoss gegen eine freiheitlich-demokratische Grundordnung; oder ob in modernster Verkleidung als Subversion und Diversion, als Defaitismus und Sabotage, als „security risk" und „loyalty defect", als „un-American activities" oder als „nationale Unwürdigkeit" der Kollaborateure in Frankreich (Verordnung 1944), als Klassenverrat oder parteischädigendes Verhalten. Dagegen hüllt sich der Begriff als Mittel und Gegenstand der theoretischen Reflexion immer mehr im Dunkel.

Selten wird der Gegenstand mit theoretischem Anspruch behandelt[1]; taucht in politologischen Schriften der Begriff auf, so ist meist damit der historische oder der juristische Tatbestand gemeint, der unproblematisiert

---

[1] An Monographien aus den letzten Jahren – mit sehr verschiedenartigem theoretischen Anspruch und Niveau – sind zu erwähnen: M. Boveri, *Der Verrat im XX. Jahrhundert*, 4 Bde, Hamburg, 1956-1960; A. Thérive, *Essai sur les trahisons*, Préface de R. Aron, Paris, 1951; R. West, *The Meaning of Treason*, London, 1952; Hinweise, wenn auch durchweg nicht mit ausdrücklicher Thematisierung, finden sich bei der Behandlung benachbarter oder umfassenderer Sachgebiete wie etwa der Politischen Justiz (hierzu als Beispiel O. Kirchheimer; *Politische Justiz*, Neuwied und Berlin, 1965), der Notstandssituationen und Ausnahmegesetzgebung (hierzu C. J. Friedrich; *Constitutional Reason of State, The Survival of the Constitutional Order*, Providence, 1957), bei den politischen Legitimitätslehren (hierzu die ausnahmsweise sehr eingehende Behandlung der Verratssituation im Kapitel III – Verbrechen und Erinnerung – von A. Grosser, „*In wessen Namen?*", *Grundlagen politischen Entscheidens*, Tübingen, 1969, S. 81-134), in den Abhandlungen über Revolution (wenig allerdings in H. Arendt, *Über die Revolution*, dtsch. München, 1963, die das Stichwort „Verrat" z.B. nicht im Index erwähnt), und „Widerstand" (z.B. H. v. Borch, *Obrigkeit und Widerstand*, Tübingen, 1954).

bleibt[2]; die Sache selbst erscheint auch nicht unter einem Synonym (bei deren Neuprägung die Sozialwissenschaften ja gewöhnlich nicht in Verlegenheit sind), denn „Widerstand", „Kritik", „Negation", „Konflikt" oder „Dysfunktion" wird man schwerlich als Äquivalent für den Akt des Verrats bestimmen können.

Verrat bedeutete ursprünglich den Treubruch gegenüber einer Person oder Personengruppe; in den Begriffen des Hoch- und Landesverrates schwingt diese Felonie-Vorstellung heute noch mit, trotz aller „Versachlichung" der politischen Gemeinwesen und der Umadressierung der Treu-Eide von Personen auf Verfassungen. Doch wird die Tatsache oder die Auffassung, dass der Verräter heute – und seit geraumer Zeit – nicht so sehr eine Person oder Personengruppe verlässt als eine (gemeinsame) Sache, nicht als Rechtfertigung dafür dienen können, dem Verrat und seinen modernen Formen so wenig Aufmerksamkeit zu schenken, wie es die politische Theorie gegenwärtig tut.

Vielmehr werden andere Gründe für diese Vernachlässigung vorliegen. Ein möglicher unter ihnen scheidet aus: dass wir es hier mit einem gegenwärtig wenig oder gar nicht "relevanten" Gegenstand zu tun haben. Ein beträchtlicher Teil der Politik, die über Staats- und "System"- Grenzen hinweg betrieben wird, beinhaltet heute die Aufforderung zum Verrat an der je "herrschenden" Sache oder Gruppe; und bei Anlegung eines bestimmten Massstabes trifft dies sogar auf einen Grossteil der Politik innerhalb der Staats- und Systemgrenzen zu. Zeiten tiefgehender politischer Spaltung erhöhen immer das Potential und die Gelegenheit für Verrat jeder Art und jedes Motivs, von Opportunismus, Geldgier, Abenteurer- und Reisläufertum bis zur wahrhaftigen Gesinnungsänderung; und wir leben in Zeiten tiefgreifender politischer Spaltung. Allein das in solchen Zeiten vorherrschende Gefühl der Vorläufigkeit aller politischen Zustände bietet dann für schwächere Gemüter einen Vorwand, für stärkere einen aus Notwendigkeit legitimierten Grund für ein Handeln, das man in stabileren Zeiten eher mit Verrat zu bezeichnen neigt. Liegt hier vielleicht einer der tragfähigen Gründe für das Absinken, gar Abwiegeln der Kategorie des Verrats in der Politischen Theorie? Ist für sie etwa der "bestimmte Massstab", den wir oben als Hinweis dafür nannten, dass auch in der Innenpolitik in grossem Stil Aufforder-

---

[2] Hierzu die schier unübersehbar werdende Literatur zu den Verratsgeschehen in den einzelnen Staaten im Zusammenhang mit den Legitimitätswirren der letzten Jahrzehnte, etwa zum 20. Juli 1944 im Deutschen Reich, zur Kollaboration mit der nationalsozialistischen Wehrmacht in den besetzten Ländern samt nachfolgender „Säuberung", zum „McCarthyism" in den USA, zu den politischen Prozessen und „Säuberungen" in den sozialistischen Ländern.

rung zum Verrat betrieben wird, gar kein brauchbarer Massstab mehr, oder besser: einer, den sie nicht mehr gebraucht?

Um welchen Massstab handelt es sich?

Eine – und zwar die vorherrschende – Theorie des liberalparlamentarischen Verfassungsstaates operiert mit einem idealtypischen Modell-Begriff des Bürgers (genauer: des Wählers), der im innenpolitischen Auseinandersetzungsraum die Kategorie des Verrats deshalb nicht mehr gelten lässt, weil er die reziproke Bindungsform der Treue nicht mehr kennt. Von diesem Modell-Bürger wird als Wähler ein Verhalten erwartet, das zuweilen – etwa im Gegensatz zum traditionellen – als "rational" bezeichnet wird und das diese Bezeichnung auch verdient, soweit darunter "Zweck-rationalität" in Richtung auf Stabilität des Gesamtsystems, also letzlich Systemkonformität, verstanden wird. Mit der Voraussetzung, dass eine ausreichend grosse Zahl von Wählern sich auch tatsächlich diesem Modell gemäss verhält, nämlich "unengagiert" an jeweiligen innenpolitischen Gruppierungen, steht und fällt die Legitimationsgrundlage dieser Theorie des liberal-parlamentarischen Verfassungsstaates[3].

Den Wähler, der sich dergestalt auch empirisch gemäss dieser Theorie richtig verhält, bezeichnet man als Wechselwähler (floating vote). Nur eine genügend grosse Zahl an potentiellen Wechselwählern garantiert, dass die Prämisse dieses Demokratiemodells, nämlich die stete Möglichkeit des Wechsels zwischen Mehrheits- und Oppositionsparteien in der Regierung, auch realisiert werden kann. Ein zu hoher Anteil – oder gar das exklusive Vorhandensein – von Wählern mit der gegenteiligen Verhaltensmaxime, nämlich sogenannten Stammwählern, ist dysfunktional; es zerstört die Möglichkeit zur Realisierung der Systemprämissen[4].

Der Wechselwähler ist – so könnte man in altertümlicher Sprache sagen – rational, indem er untreu ist (nämlich gegenüber etwaigen Sub-Gruppen des

---

[3] Ausprägungen dieser Lehre, die heute weite Verbreitung gefunden hat und zuweilen – wegen der Notwendigkeit der Existenz fester Organisationen und „Kader" für die rivalisierenden Gruppierungen – als „elitist theory of democracy" bezeichnet wird, z.B. bei C. J. Friedrich; *The New Belief in the Common Man*, o.O. 1949, S. 151 ff. („need for dissent"), R. T. McKenzie, *British Political Parties*, Melbourne/London/Toronto, 1955, S. 588 ff., in Anlehnung an J. A. Schumpeter; *Capitalism, Socialism, and Democracy*, 2nd ed., New York, 1947, S. 279 ff. Ausdrücklich formuliert bei S. M. Lipset; *Political Man*, New York, 1963, S. 27.

[4] D. Sternberger nennt z.B. ein Zwei-Parteiensystem mit soziologisch bedingter geringer Chance des Regierungswechsels ein „hinkendes" („Über parlamentarische Opposition", in: *Wirtschaft und Kultursystem, Festschrift für A. Rüstow*, Erlenbach-Zürich-Stuttgart, 1955). Zu Studien über Wechselwähler-Verhalten in der Wirklichkeit vgl. z.B. H. Daudt, *Floating Voters and the Floating Vote*, Leiden, 1961, M. Kaase, *Wechsel von Parteipräferenzen*, Meisenheim a. Glan, 1967.

Gesamtsystems: Parteien, Verbänden)[5]; der Stammwähler verhält sich "traditional", indem er "seiner" Partei oder Gruppe die Treue hält, auch unter ungünstigen Bedingungen. Wesentlich für die zugrundegelegte Theorie – und auch für die Wissenschaft, die sie prägte – ist nun, dass die Verbindung zwischen Rationalität und Untreue bzw. Traditionalität und Treue nicht als Kausalnexus konstruiert werden kann (,,rational weil untreu"); es findet hier vielmehr ein ,,Umschlagen" auf eine ganz andere Analyseebene statt, erkenntnistheoretisch ganz analog dem Raisonnement des Thomas Hobbes, wenn er die Unterscheidung zwischen König und Tyrann verwirft und statt dessen die ,,rationale" Figur des Souveräns setzt[6].

In der Tat operiert die hier beschriebene Demokratietheorie innenpolitisch solange noch mit systemfremden Prämissen, als sie Parteien von starrem Gesinnungs- oder gar Schicksalscharakter oder Wähler mit traditionellem, also ,,irrationalem" Verhalten zulässt. Der Wähler ist erst dann voll system- und funktionskonform, wenn er ,,Dezisionen" so ,,rational" vollzieht wie im Modell der Hobbes'sche Souverän, – wobei ,,rational" inhaltlich hier nichts anderes bedeuten kann als ,,zweckentsprechend" für den jeweiligen (subjektiven) Zweck, sei es ein individualistischer oder kollektivistischer. Irrational bedeutet dann einfach unzweckmässig, und traditionelles Verhalten (auch z.B. auf früherer ,,konkreter Sittlichkeit" etwa eines Standes beruhendes) ist dann nicht mehr nur gelegentlich irrational, nämlich *insofern als* es unzweckmässig ist, und kann gelegentlich rational sein, nämlich *solange als* die Umstände, auf die es als zweckmässiges zugeschnitten war, dieselben bleiben. Das (prinzipiell) Traditionelle wird (prinzipiell) unzweckmässig, sobald eine rasche Veränderung der Umstände jeweils ,,rationales" ad-hoc-Verhalten erfordert. Die modernen Industriesysteme mit ihrem Bestehen auf Wandel, Dynamik, Mobilität und Fungibilität sind es, die solch rationales Verhalten als normgemässes voraussetzen müssen, wie sie andererseits durch seine Ausbreitung überhaupt erst entstanden sind.

Die hier behandelte Demokratietheorie untersucht also gar nicht die subjektiven Motive der einzelnen Wechselwähler, – weniger als Hobbes dies tat, der allen Bürgern noch das Grundmotiv der Furcht imputieren zu müssen glaubte –; diese lässt sie gerade gemäss der liberalen Grundrechts-

---

[5] Einen ,,Ersatz" oder ,,Zusatz" für Wechselwähler-Verhalten in politischen Gemeinwesen mit mehr als zwei Parteien haben die Koalitionen zu bieten, die zur Regierungsbildung notwendig sind. Analog dem ,,Untreue"-Vorwurf gegenüber individuellen Wechselwählern taucht hier dann der Vorwurf des ,,Umfalls" oder der ,,Verfälschung des Wählerwillens" auf, z.B. wiederholt im Fall des Koalitionsverhaltens der FDP in der Bundesrepublik.

[6] Thomas Hobbes, *De Cive*, Leipzig, 1949, 7. Kap.

lehre „frei"; von Belang ist ihr, dass die Verfolgung dieser subjektiven Motive „verfahrensadäquat" vor sich geht, und zur Adäquanz des Verfahrens gehört ausser der Verfassungskonformität die „Rationalität" i.S.v. Zweckmässigkeit für den jeweiligen Zweck. Hier trifft sich diese Demokratietheorie mit einem Grundzug der ökonomischen Wettbewerbstheorie: die dem Wähler wie dem Marktsubjekt gleichermassen als Modell- und Normvorstellung zuzurechnende besondere Art von Rationalität macht es möglich, „Economic Theories of Democracy" zu entwerfen[7]. Auch der Verbraucher (oder sonstige Nachfrager am Markt) muss, rational handelnd, seine „traditionelle" Stamm-Markenware oder Bezugsquelle „verraten", wenn sie nach Preis, Qualität oder anderen Kriterien gegenüber der Konkurrenz nicht mehr bestehen kann, – um sie gegebenenfalls später, nach Änderung der Umstände, wieder zu wählen[8]. Das gleiche gilt für die jeweilige Interessengruppe, der man beitritt. Der stete Zwang zur Mobilität verbietet in einer rationalen Marktgesellschaft quasiständische, schicksalsähnliche „Repräsentation organisierter Interessen"[9].

Es ist in diesem Zusammenhang irrelevant, wenn auch bezeichnend, dass eine bestimmte Forschungs- und Prognosemethode des Wähler- wie des Verbraucherverhaltens aus dem system-unkonformen Vorhandensein von „irrational" traditionellen Stammwähler- oder Verbraucher-Kategorien

---

[7] Paradigmatisch für das heutige „Zusammendenken" von Politik und Ökonomie vom „subjektivistischen" Rationalismus her: J. M. Buchanan, G. Tullock, *The Calculus of Consent, Logical Foundations of Constitutional Democracy*, Ann Arbor, 1962, R. A. Dahl, Ch. Lindblom, *Politics, Economics, and Welfare – Planning and Politico-Economic Systems Resolved into Basic Social Processes*, New York, 1953, A. Downs, *An Economic Theory of Democracy*, New York, 1957. – Kritisch dazu: C. B. Macpherson, *Die politische Theorie des Besitzindividualismus*, Frankfurt/M., 1967, B. Willms, *Revolution und Protest oder Glanz und Elend des bürgerlichen Subjekts*, Stuttgart, 1969, E. Altvater, *Gesellschaftliche Produktion und ökonomische Rationalität. Externe Effekte und zentrale Planug im Wirtschaftssystem des Sozialismus*, Frankfurt & Wien, 1969.

[8] Die Tatsache, dass – wie empirische Untersuchungen nachweisen (vgl. z.B. G. Katona, dtsch. *Das Verhalten der Verbraucher und Unternehmer*, Tübingen, 1960) – keinesfalls alle Wirtschaftssubjekte sich so „rational" verhalten, besagt so wenig über die Gültigkeit und sogar das Existieren eines „Systems" wie etwa die Kriminalstatistik prinzipielle Einwände gegen die Gültigkeit von Strafgesetzen zu setzen vermag.

[9] Gegen den Repräsentationsbegriff, wie ihn Kaiser (J. Kaiser, *Die Repräsentation organisierter Interessen*, Berlin, 1956) in diesem Zusammenhang verwendet, müssen also Einwände erhoben werden. Inwieweit z.B. Arbeitnehmerinteressen, vertreten durch Gewerkschaften, „Existentialien" repräsentieren, entscheidet sich aus der Interpretation ihres Inhalts im Verhältnis zum zugrundegelegten Systembegriff. Durch das Marktbewegungen „erzwungene" Berufsbewegungen mit entsprechender transitorischer Unterbeschäftigung wird ein Existential nur dann betroffen, wenn das Verbleiben an einem *konkreten* Arbeitsplatz oder Beruf darunter gerechnet wird. Vgl. z.B. den Satz des damaligen Vorsitzenden der I.G. Bergbau anlässlich drohender Entlassungen bei Vorliegen alternativer Beschäftigungsmöglichkeiten: „Um ein Lebensrecht bettelt man nicht, darum kämpft man" („Über 70.000 Bergleute protestierten", *Die Welt*, 26. 1. 1959).

gerade Vorteil zieht: derart konditioniertes und demnach auch korrelier-
bares Verhalten erhöht den Wahrscheinlichkeitsgrad von Prognosen und
damit auch die Chance für den Erfolg bestimmter Beeinflussungstechniken
der kommerziellen Werbung und des Wahlkampfes, nämlich jener, die
„conditioned responses" auszunutzen[10]. Ein völlig rationaler Wähler oder
Verbraucher wäre nur mit nackten „Informationen" ansprechbar; dann wäre
seine Ausrichtung auf ein erwünschtes Verhalten (z.B. die Stimmabgabe für
eine bestimmte Partei) nur mit ausreichender Wahrscheinlichkeit erzielbar,
wenn an die jeweiligen individuell-subjektiven Motivationen angeknüpft
würde, die per definitionem (wegen des zugrundegelegten individualistisch-
instrumentalen Rationalitätsbegriffs, der die Autonomie des Subjekts als
Bedingung enthält) durch kein Eingehen auf kollektive Pauschal-Motiva-
tionen kategorialer Art ersetzbar sind[11].

Im innenpolitischen Wechselspiel von Parteien und Interessen soll also die
Vernunft – und zwar eine bestimmte Rationalität kalkulierender Art, eine
prudentia – Treue und deren Bruch, den Verrat-proditio – verdrängen; eine
„normative Theorie" der Politik fordert dies als Grundprämisse für Legitimation wie für Funktionieren des Systems, soweit dessen Variabilität betroffen ist; eine empirische Theorie stellt fest, inwieweit und warum ein
solches Verhalten tatsächlich gegeben ist, wobei paradoxerweise die systematisch begründeten Aussagen und Voraussagen dieser letzteren Theorie
einen um so höheren Grad von Wahrscheinlichkeit erreichen, je weniger das
von der normativen Theorie geforderte Verhalten gegeben ist.

Die entgegengesetzten, womöglich kollidierenden Ausgangspunkte der
normativen und der empirischen Theorie brauchen nicht notwendigerweise
eine Kollision von Grundprinzipien zu beinhalten (von „Werthaltungen",
wie zuweilen gesagt wird)[12]; der Forscher, der unter der Voraussetzung
Analysen und Prognosen unternimmt, dass in einer Bevölkerung in statistisch bedeutsamen Ausmass traditionell-irrationales Verhalten vorliegt,
braucht sich selbst mit solchem Verhalten nicht zu identifizieren; er kann es

[10] Diese „conditioned responses" können zuweilen nur ceteris paribus gelten. Vgl. z.B.
die Debatte um den Voraussagewert von Wählerverhalten nach etwaiger Wahlrechtsände-
rung zwischen R. Wildenmann, W. Kaltefleiter und H. Jäckel in *PVS* 1966, S. 537-573.

[11] Im Wesentlichen das wird man nur unter dem Begriff einer „kritischen Öffentlichkeit" verstehen können, wie ihn z.B. J. Habermas (*Strukturwandel der Öffentlichkeit*,
Neuwied, 1962) gebraucht.

[12] Diesem – noch „vor-dialektischen" – Irrtum unterliegt z.B. H. Barion in seiner Rezension von O. Veit's *Soziologie der Freiheit*, Frankfurt/M, 1957 (*ARSP* 1961, S. 259-268),
wenn er kritisch anmerkt: „Was V. in diesen Teilen materialiter bietet, ist im Grunde eine
Soziologie der Unfreiheit, während für eine Soziologie der Freiheit nicht viel anderes
übrigbleibt als eine Bilanz ihrer Gefährdungen und Rückzüge" (ebd., S. 265).

zur „politischen Pathologie"[13] rechnen. Anders steht es mit dem Verwender der Ergebnisse solcher Forschungen: für ihn mag das Fortbestehen solcher „pathologischer" Verhaltensweisen nützlich, gar vital notwendig sein.

Der Widerspruch zwischen prudentia und proditio wird erst da virulent und scheinbar unüberbrückbar, wo mit allem Nachdruck behauptet wird, das angeblich pathologische Verhalten sei das eigentlich gesunde, das scheinbar rationale aber das kranke. So kommt es, dass dieselbe politische ad hoc-Orientierung von den einen als vernünftiges, von den anderen als verräterisches Verhalten bezeichnet wird, wofür das Urteil der verschiedenen Teile der SPD – und weiter links stehender Gruppen – zum Godesberger Programm als Beispiel stehen möge. Der Fall, dass von beiden Seiten „Rationalität" in Anspruch genommen wird und der Tatbestand des Verrats dann im Abfall von einer bestimmten Art von Rationalität gesehen wird, ist nur ein Unterfall und beweist, dass Treue wie Verrat nicht nur auf Personen und Gruppen, sondern auch auf gemeinsame Sachen bezogen werden. Die politische Theorie wie die politische Praxis sehen sich jedenfalls in dem Dilemma, ein Unterscheidungskriterium zwischen Vernunft und Verrat anbieten zu müssen, und zwar eines, das stichhaltig ist; was bedeutet: eines, das die Argumente beider Seiten einleuchtend entkräftet.

Das Problem scheint auf der innenpolitischen Ebene noch verhältnismässig einfach zu lösen, nämlich durch einen Hinweis auf die alle „Parteien" übergreifenden Bindungen, etwa eine Verfassung im rechts-positiven Sinne, eine freiheitlich-demokratische Grundordnung (im metajuristischen Sinne, interpretiert durch eine Verfassungsjudikatur), eine Nation, ein Volk usw.[14] Hier wird den Sub-Gruppen-Loyalitäten eine Homogenität und damit ein Loyalitäts-Anspruch übergeordnet, der sie entschlossen mediatisiert und instrumentalisiert (etwa zu politischen Parteien mit „freiem Ein- und Austrittsrecht", die an der Willensbildung „nur" „mit" wirken). Diese reinlich liberalistische Lösung – genauer; eine national- oder einzelstaatlich-liberalistische Lösung – dominiert noch dort, wo ein ungebrochenes Verhältnis

---

[13] Dieser Ausdruck, – über den von C. J. Friedrich eine Monographie zu erwarten ist –, kann direkt mit I. Kant's Verständnis von Freiheit (Intelligibilität) in Beziehung gesetzt werden und bedeutet eben dann Unfreiheit: „. . .Weil eine pathologisch affizierte (obgleich dadurch nicht bestimmte, mithin auch immer freie) Willkür einen Wunsch bei sich führt, der aus *subjektiven* Ursachen entspringt, daher auch dem reinen Bestimmungsgrunde oft entgegen sein kann. . . „(I. Kant, *Kritik der praktischen Vernunft*, Erster Teil, I. Buch, 1. Hptstück, § 7, Ausg. Meiner, 1951, S. 38). – Kant versteht hier unter „pathologisch" von den Sinnen affizierte oder auf Sinnes-gegenstände gerichtete Handlungen, – und Konditionierung durch „Nicht-Subjektives" enthält auch der moderne Pathologiebegriff in der Politik.

[14] Oft finden sich hier – je nach theoretischer Grundhaltung – die Topoi „gemeinsame Werthaltungen", „agreement on fundamentals", Homogenität, pouvoir constituant u.a.

zum Einzelstaat und dessen soziologisch-politischen Träger besteht oder simuliert wird, vornehmlich etwa im politischen Strafrecht der Einzelstaaten; sie wird aber zunehmend in Frage gestellt sowohl von innen (durch die Dysfunktionen „Parteienstaat", „Verbändestaat" oder „Klassenstaat", in denen ein oder mehrere Subsysteme Loyalitäts-Kollisionen auslösen) als auch von aussen (durch die Auffassung von Einzelstaaten als „penetrated systems", durch Internationalen verschiedener Provenienz, von „durchgehenden Verfassungsstandards"), und letzlich durch die Ubiquität innenpolitischer Lagen in einer „One World".

In der Tat erscheint es theoretisch wie praktisch schwer, einzusehen, warum das, was in der Innenpolitik vernünftig sein soll – die Instrumentalisierung, damit Mediatisierung jeglichen politischen Engagements – in der Aussenpolitik (analog: beim Verfassungsschutz) Verrat bedeutet. Anders ausgedrückt: warum ein Ontologisierungsverbot nur für den Binnenraum, nicht aber für grenzüber- (oder unter-) schreitende Politik gelten soll. Der Verdacht ist nicht von der Hand zu weisen, dass hier ein politisches Kontinuum vorschnell und ohne zureichenden Grund durchbrochen wird, oder wenn mit Grund, so aus einer Rationalität (etwa einer ratio status) heraus, die binnenpolitisch als Reifizierung angreifbar ist[15]. Man kann schlecht für die Innenpolitik ein „Harmoniemodell", für die Internationale Politik ein „Konfliktmodell" (oder umgekehrt, je nach Inhalt der Begriffe) als theoretischen Ausgangspunkt wählen.

Jedenfalls kann in dem Hinweis auf den „Survival Value" eines jeweiligen Einzelstaates (mit gegenüber anderen Nachbar-Einzelstaaten homologer Verfassung nebst Grundrechten) *heute* kein ausreichender Grund mehr gefunden werden etwa für diskriminierende Anwendung von Ein- und Auswanderungsgesetzgebung, Parteienverboten u.a. Es ist z.B. schlechthin uneinsehbar, warum eine KP, auch wenn nachgewissen ist, dass sie eine „subversive 5. Kolonnen"-Politik treibt, nach der Verfassung der IV. und V. Republik Frankreichs erlaubt, nach der der Bundesrepublik jedoch verboten sein soll[16]. Die Pascal'sche Formel „verité en deça, erreur au delà"

---

[15] Interessant ist in diesem Zusammenhang die Auffassung eines Völkerrechts-Juristen über den Standort des Wissenschaftlers: „Wenn er vor allem anderen objektiv sein will, treibt er Wissenschaft, wenn er vor allem anderen Interessen bestimmter Gruppen, zum Beispiel seines Staates oder Volkes oder seiner Partei gegen andere Interessen vertreten will, treibt er Politik" (R. Laun, „Das Völkerrecht und die Verteidigung Deutschlands", *Schriften z. Geopolitik*, Heft 25, Heidelberg 1951, S. 3). Die Wahl zwischen diesen Verhaltensweisen sieht er offenbar zur Verfügung gestellt: „Die Entscheidung liegt im Willen des Handelnden" heisst es im vorhergehenden Satz.

[16] Für das Urteil des Bundesverfassungsgerichts vom 17.8.1956 (Entsch. *BVG*, s. Bd. Nr. 14) wurden unter den Gründen nur zum Teil historisch-konkrete, allein auf Deutschland, die Bundesrepublik oder die KPD anwendbare Umstände, Tatbestände oder

wird heute angesichts übernationaler „Lager" auch dann nicht einsichtiger, wenn Wahrheit durch Rationalität und Irrtum durch Verrat ersetzt sind.

Eine wirtschaftliche Theorie, die Berufs-, Waren- und Kundentreue durchaus systemrichtig als dysfunktional klassifiziert, eine politische Theorie, die – wie vorsichtig auch immer – ebenso systemrichtig Partei-, Verbands- und Standestreue als Gruppenegoismus und pathologisches Verhalten darstellt, sieht sich in der schwierigen Lage, weiter Staats- und Verfassungstreue zu fordern, ohne die Grundlagen des politischen und des theoretischen Systems zu verletzen. Auf der „nationalen Ebene" sollen die von einer deskriptiven Theorie nur als faktische Daten hingenommenen – und oft mit Bekümmernis als pathologisch gewerteten – traditionell-loyalen Verhaltensweisen nunmehr als Norm gesetzt werden. Der zur Begründung oft angeführte Beweis, es handele sich hier um einen ganz anderen und bestimmten Inhalt oder um „Werte" (etwa Verfassungsgrundsätze, nationale oder staatliche Einheit), mag für eine empirische Theorie zureichen (wie sie z.B. eine Zeit lang der „Wertrelativismus" des Historismus, der Soziologie oder der Ethnologie vertrat); für eine „normative Theorie" erklärt er den Bruch des politischen Kontinuums nicht. In der Tat enthalten denn auch alle ent-ontologisierenden politischen Doktrinen, von Kant's „Ewigem Frieden" bis zu Popper's „Open Society", Elemente des Verrats an den vorhandenen (zumeist den einzelstaatlichen) politischen Strukturen, soweit sie nicht direkt als Kritik daran gemeint waren[17], und andererseits sahen sich politische Theoretiker, die den (groß-) politischen Status quo *und gleichzeitig* eine rationale Methode (und rationale Grundlagen) zu legitimieren versuchen, an entscheidenden Stellen ihrer Darlegungen zum Nähen mit heisser Nadel gezwungen.

Der politischen Praxis – einschliesslich den sogenannten Massen und dem Mann auf der Strasse – ist diese Verlegenheit der politologischen „Eggheads" heute wie einst wohl nicht ganz verborgen geblieben; die Heranzie-

Willenserklärungen angeführt (z.B. Teil AI-S. 87 ff. – „Geschichte der KPD"; Teil C – S. 133 ff. – „Die Rechtsgrundlagen des Verfahrens"). Den grössten Teil des zweiten Abschnitts machen Begründungen aus, die weit über die Bundesrepublik hinaus auch auf andere liberal-parlamentarische Verfassungsstaaten zutreffen, z.B. Teil A I – S. 147 ff. – „Das Bekenntnis (der KPD) zum Marxismus-Leninismus"; Teil A II – S. 165 ff. – „Die Lehre von der proletarischen Revolution"; Teil A III – S. 175 ff. – „Die Lehre von der Diktatur des Proletariats"; Teil A V – S. 195 ff. – „Die Vereinbarkeit des Staats- und Gesellschaftsbildes der Diktatur des Proletariats mit der freiheitlichen demokratischen Grundordnung."

[17] Über die „Naturrechtler" als eine „Schule" nicht nur der politischen Theorie, sondern auch der Staatslehre konnte deshalb Gierke bemerken, sie strebten „weniger nach wissenschaftlicher Erklärung des Gewordenen, als nach der Darlegung und Rechtfertigung eines herzustellenden neuen Zustandes' (O. v. Gierke; *Das deutsche Genossenschaftsrecht*, 4. Bd: *Die Staats- und Korporationslehre der Neuzeit*, Berlin, 1913, S. 276).

hung von Politologen als Beratern erfolgt bezeichnenderweise – sei es als ausgewählte Individuen, sei es in pluralistischer Komposition bei Hearings –
nicht allein im Hinblick auf ihr spezialistisches Fachwissen, sondern auch
unter Berücksichtigung ihrer potentiellen – aus ihren Veröffentlichungen und
ihrer bisherigen Tätigkeit bekannten – Loyalitäts-Tendenz. Der „Mann von
der Strasse" lernte oft aus den Lehrbüchern und Vorträgen der Politologen –
soweit er sie nur in ausreichender Pluralität zur Kenntnis nahm und gewitzt
genug interpretierte – für seine Lebenspraxis (was die hier behandelte
Problematik von Vernunft und Verrat betrifft) wohl nicht viel mehr als ein
vages Korrektiv, das in die Richtung von Talleyrand's „La trahison c'est une
question du temps" und Anthony Ascham's „He who spits against the wind
spits but in his owne face"[18] geht.

Der dialektische Materialismus in allen Schattierungen (einschliesslich der
„Kritischen Theorie") beansprucht, zwischen Vernunft und Verrat in der
Politik der Gegenwart rational vermitteln zu können. Diese Vermittlung
beruht im wesentlichen auf einem Verfahren, das vorgibt, den Punkt des
Umschlags oder die Übergangsstrecke zwischen einem politischen Zustand,
für den eine empirische Theorie des pathologischen Verhaltens als richtige
gilt („Reich der Notwendigkeit"), und einem Zustand, den eine normative
Theorie richtig präsentiert („Reich der Freiheit"), überzeugend und einleuchtend feststellen zu können. Diese Feststellung geschieht teilweise durch
Analyse des Gegebenen, einschliesslich vorgefundener Bewusstseinsinhalte
(auf der Basis einer bestimmtgearteten Theorie), teilweise durch Veränderung des Gegebenen mit politischen Mitteln, einschliesslich von Gewalt-
mitteln (auf der Basis einer bestimmtgearteten Theorie-Praxis). Mit anderen
Worten: der dialektische Materialismus beansprucht, den Talleyrand'schen
Zeitpunkt zu erforschen bzw. herzustellen, zu dem jeweils Vernunft in
Verrat umschlägt und umgekehrt.

Insofern ist der Diamat – insbesondere in der Lenin'schen Ausprägung –
eine Geschichts-Taktik- und Strategielehre, geradezu eine Verlängerung der
Machiavelli'schen Handlungslehre, und zwar, wie die Praxis zeigt, eine noch
unvollkommene Handlungslehre: die analytischen und dialektischen Instrumente, mit deren Hilfe der „richtige Zeitpunkt" (z.B. für eine Revolution) ermittelt wird, geben keine eindeutige Auskunft ex ante, woraus sich
die diversen Spaltungen des „sozialistischen Lagers" u.a. erklären[19]. Im-

---

[18] Letzteres Wort von einem Rebellen, der schliesslich politischem Mord zum Opfer
fiel, bei Irene Coltman („Private Men and Public Causes", *Philosophy and Politics in the
English Civil War*, London, 1962, p. 235), die das Verhältnis von Vernunft und Verrat für
die englische Situation im 17. Jh. untersuchte.

[19] Vom Revisionismusstreit bis zur „Gewaltdebatte" der heutigen ausserparlamentarischen Opposition zieht sich eine durchgehende Linie.

merhin – wäre es hiermit getan, so böte diese Geschichts-Handlungs-Lehre doch ein grobes Kriterium für die Unterscheidung von Vernunft und Verrat; umfassend angelegte, empirische Untersuchungen in fortgeschrittenen Industrieländern mit liberal-parlamentarischer Verfassung und Marktsystem könnten ergeben, dass deren Bevölkerung im hohen Masse von einer Grundlinie dieser Handlungslehre, nämlich von ihrem retrospektiven Teil, beeinflusst ist, indem sie die – im marxistischen Sinne: – „herrschende Klasse" des Bürgertums für wenig zukunftsträchtig hält. Hier wird also, wenigstens „im Herzen", bereits Verrat geübt, – übrigens einer, den bestimmte Vertreter des liberal-parlamentarischen Verfassungsstaates gar nicht als solchen bezeichnen, indem sie gewisse Elemente der Wirtschaftsverfassung (z.B. das Privateigentum an den Produktionsmitteln und die Steuerung über Marktpreise) ausdrücklich aus den ontologischen Prämissen ausnehmen.

Jedoch – damit ist es nicht getan, denn der Diamat beansprucht über das Verfahren zur retrospektiven Feststellung des richtigen Zeitpunktes zur Abschaffung des Alten hinaus auch zu wissen, welcher neue politische Zustand der richtige für die nähere und die weitere Zukunft zu sein hat: seine Handlungslehre weitet sich zu einer Geschichts-Stufen-Lehre aus. Das bedeutet, dass er nicht nur zu definieren versucht, was heute Verrat und Vernunft unterscheidet, sondern auch vorgibt, die Verratskriterien von morgen zu wissen. In dieser Prognose des Verrats zeigen sich zwar die Stalinisten etwas härter als etwa die Anhänger einer „Kritischen Theorie", deren skeptische Grundhaltung ihnen Warnzeichen setzt (oder setzen sollte), doch ist unverkennbar, dass hier, gleichsam am bisherigen Endpunkt einer rationalen „Entzauberung" von Welt und Politik, Treue und Verrat einen neuen Stellenwert einnehmen.

Über den gegen den damaligen Status quo Kämpfenden schrieb Horkheimer 1935: „Die Möglichkeit, auch unabhängig vom Bestehenden fest zu bleiben, gehört zu seinem Wesen; denn er lebt in einer Idee, die erst wirklich werden soll. Der durchschnittliche Angehörige zurückgebliebener Gruppen ist eine Funktion der je herrschenden Macht, er besitzt kein eigenes Wort. Die ihn überwinden wollen, haben eine eigene Sache zu erfüllen; sie müssen daher die Achtung vor ihrem Wort und vor sich selbst bewahren. . . Die menschliche Qualität der Treue zu sich selbst und zum gegebenen Wort hat sich in einem langen geschichtlichen Prozess als moralische Forderung verselbständigt, sie bildete in dem jetzt zu Ende gehenden Zeitalter des selfinterest einen Teil des als Gewissen verinnerlichten Zwangs. In der gegenwärtigen Periode, in der die Verhältnisse durchsichtig werden, geht die auf Erkenntnis gegründete Festigkeit, aller mythischen Illusionen über ihre

Herkunft entkleidet..., als Wille zu einer menschlicheren Zukunft in die vorwärtstreibende Praxis ein".[20]

Wem es hier die Treue zu halten gilt, ist die „Idee"[21] einer Sache und einer Gruppe zugleich, nämlich der in bestimmte Verfassung zu bringenden Menschheit, vertreten durch eine Klasse, die ihrerseits vertreten wird durch eine Partei, diese selbst repräsentiert durch eine Avantgarde von Revolutionären. Und auch hier wieder ist, wie bei den elementarsten Treuebündnissen vorrationaler Zeit, die Bindung an die Idee oder Gruppe nicht zu trennen von der Überzeugung, Idee und Gruppe seien schicksalhaft bestimmt, wie hartnäckig auch für Schicksal und Bestimmung die Vokabel „Freiheit" gebraucht wird und die „Annahme der einheitlichen Bestimmung (bestritten wird), weil in der bisherigen Geschichte das Schicksal der Menschen ausserordentlich verschieden ist"[22].

Den Menschen als Bedürfniswesen aufzufassen, enthält auch eine Bestimmung: „Gerechtigkeit fordert, unter allen Begriffen und Situationen den Massstab nicht zu wechseln und die Wirklichkeit so einzurichten, dass keiner ohne sinnvollen Grund zu leiden hat; denn von der Vernunft bedarf nicht das Glück, sondern nur das Elend eines Grunds"[23].

Dass der Treue stark sei, gehört zu den werbenden Lehren aller Entschlossenen, sei es bei Gefahr, Angriff, Verteidigung oder Umsturz. Dass der Treue dumm sei, gehörte zur Resignation der Unterlegenen. Entsprechend stufte sich die Einschätzung und Beurteilung des Verrats: von moralischer oder psychischer Schwäche bis zur Gescheitheit. Trotzdem widerstrebt es der Feder, dort bereits mit Notwendigkeit Resignation zu vermuten, wo proditio und prudentia mit prinzipiellen Argumenten so nahe aneinander gerückt werden. So wie – um Musil zu paraphrasieren – nicht jede Dummheit

[20] Marx Horkheimer, „Bemerkungen zur philosophischen Anthropologie", in *Ztsch. f. Sozialforschung*, 1935, wiederabgedr. in *Kritische Theorie, Eine Dokumentation*, hrsg. von A. Schmidt, Frankfurt/Main, 1968, Bd I, S. 218.

[21] Dem steht nicht entgegen, wenn der Diamat immer wieder behauptet: „Die theoretischen Sätze der Kommunisten beruhen keineswegs auf Ideen, auf Prinzipien,... Sie sind nur allgemeine Ausdrücke tatsächlicher Verhältnisse" (Kommunistisches Manifest). In dem bekannten Satz „Die Arbeiterklasse hat keine Ideale zu verwirklichen" wird das „Ideale" nur im Sinne des „Utopischen" oder „Ideologischen" abgelehnt. So fügt F. Marek diesem Marx'schen Satz aus „Der Bürgerkrieg in Frankreich" auch die Interpretation hinzu: Ideale „hier wohl im Sinne von spekulativen Vorstellungen" (F. Marek, *Philosophie der Weltrevolution, Beitrag zu einer Anthologie der Revolutionstheorien*, Wien-Frankfurt-Zürich 1966, S. 24).

[22] Horkheimer, a.a.O., S. 227; zu der hieran anknüpfenden Diskussion in der Politischen Anthropologie vgl. als gutes Resumee jetzt W. Lepenies, H. Nolte, „Experimentelle Anthropologie und emanzipatorische Praxis, Überlegungen zu Marx und Freud", in *Archiv für Rechts- und Sozialphilosophie*, 1970/LVI/1, S. 61-121.

[23] Horkheimer, a.a.O.

der Treue entspringt, kann auch nicht jeder Verrat der Gescheitheit zuge-rechnet werden. „Jede Tätigkeit in dieser widerspruchsvollen Realität trägt widerspruchsvollen Charakter"[24].

Aber nicht nur, weil alles Tun in Zeiten tiefgehender politischer Spaltung so widersprüchlich ist wie die Wirklichkeit selbst, und sicher widersprüch-licher als in Zeiten ohne Bürgerkriegsatmosphäre, sind Vernunft und Verrat schwieriger zuzuordnen. Es ist die historisch einzigartige Rolle, welche eine bestimmt geartete Rationalität in der Politik der Gegenwart und der Neuzeit überhaupt spielt, die den Akt des Verrats und der Vernunft so schwer unter-scheidbar werden lässt.

Rationalität wird seit der frühen Neuzeit als Werkzeug des individualisier-ten Subjekts begriffen[25], und entsprechend mussten fortlaufend alle sozialen Gebilde, soweit sie sich vor dieser Rationalität rechtfertigten, als Instrumente im Dienst der Subjektivität erscheinen. Nicht nur schuldet man dann diesen Instrumenten keine Treue und kann sie nicht verraten, auch die kontrakt-förmige Partnerschaft, auf der die politischen Gebilde, dem individualis-tischen Grundansatz entsprechend, erst fiktiv konstruiert und dann zuneh-mend auch real aufgebaut wurden, enthielt mit ihrer individualistischen Wurzel immer ein Element, das Sezession, Widerstand und Verrat, selbst wo sie verboten waren, mit rationalen Argumenten die Spitze abzubrechen gestattete. Jede Contrat-Social-Theorie erlaubt zwei Umkehrungen: „Er gehört dazu, also hat er zugestimmt" – das Argument aller Kollektivschuld-oder doch Kollektivhaftungs-Thesen, die alle politischen Gebilde so behan-deln als seien sie Vereine mit freiem Ein- und Austrittsrecht, und: „Er stimmt nicht zu, also gehört er nicht dazu" – idem, nur mit der Variante, dass mit dem Dissens die Mitgliedschaft erlischt[26].

Für das Vorherrschen der gesellschaftlichen Vertragstheorien auch in der politischen Praxis ist bezeichnend, wie stark die Auffassung verbreitet ist, dass nur eine Minderheit – etwa ein einzelner – verraten kann. Für das Ver-halten der (manipulierten) Reichstagsmehrheit, die Hitlers Ermächtigungs-gesetz 1933 zustimmte, sind alle möglichen Bezeichnungen verwendet wor-den, nur selten die des Verrats[27]. Trotz verfassungsjuristisch oder verfas-

---

[24] M. Horkheimer; „Zum Rationalismusstreit in der gegenwärtigen Philosophie", *Zschr. f. Sozialforschung*, 1934, a.a.O., S. 166.

[25] Hierzu die oben (Anm. 7) zitierten Werke von Macpherson und Willms.

[26] Die kategoriale Bedeutung der Mitgliedschaft (im liberalen Sinne) für System- und Funktionalanalysen z.B. gut erfasst bei N. Luhmann, *Funktionen und Folgen formaler Organisation*, Berlin, 1964, z.B. Kap. 3: Mitgliedschaft als Rolle, Kap. 7: Motivation der Mitglieder.

[27] In Frankreich wurden die Abgeordneten, die dem „Ermächtigungsgesetz" für Pétain 1940 zustimmten, nach der Liberation zur Verantwortung gezogen (Grosser, a.a.O., S. 98). – Vgl. demgegenüber die zurückhaltenderen Formulierungen zur Abstimmung vom 23.

sungspositiv durch qualifizierte Mehrheitsauflagen oder strikte Änderungs-
verbote abgesicherter Verfassungsgrundbestandteile hält sich hartnäckig
der Argwohn gegen eine Totalitarismusgefahr aus rousseauistischer ab-
soluter Demokratie, in der auch weniger als die Mehrheit die „Substanz"
zu wahren vermögen, und in der umgekehrt eine Mehrheit verraten kann.

In direktem Zusammenhang hiermit steht übrigens die Forderung nach
dem „imperativen Mandat" statt irgendwelcher „Idealrepräsentation"[28];
das imperative Mandat bedeutet nicht nur einen Verratsschutz für den Vertretenen, sondern auch für den Vertretenden, was nur ein anderer Ausdruck
dafür ist, dass bei konsequenter Durchführung der Sozial-Kontrakt-Auf-
fassung der Verrat überhaupt eliminiert wird. Eine Vereinigung mit freiem
Ein- und Austrittsrecht, die also nicht repräsentiert und für die demgemäss
nicht(s) repräsentiert, sondern nur vertreten werden kann, kann man nicht
verraten. Das müsste folgerichtig auch für politische Vereinigungen zutreffen, die sich als auf individueller Zustimmungserklärung ruhend begreifen.
Wenn solche Vereinigungen als Eidbünde auftreten – wie z.B. die Ur-
Schweiz –, also doch Verrat sich gegenüber kennen wollen, so ist dies ein
schlüssiges Indiz dafür, dass sie doch etwas Überindividuelles repräsentieren[29].

Es gehört zu den Elementen der marxistischen Doktrin, die ihre besondere
Brisanz ausmachten, dass sie den Boden der Gesellschaftsvertrags-Theorien
und damit alle instrumentalistischen und nominalistischen Politiktheoreme
verliess, mit der Invozierung einer besonderen Art von Schicksalhaftigkeit
im Begriff der fortgeschrittenen Klasse aber letzlich nicht – oder doch nicht
eindeutig – den Individualismus und dessen Rationalität preisgab. In der
Lehre von der Klassensolidarität haben wir eine ganz einzigartige Mischung
von Schicksalsbestimmtheit und freiem Entschluss aus „richtigem Bewusstsein" vor uns, also eine Mischung aus Treue-Anspruch und Zweck-Rationalität, die dann auch dazu geführt hat, dass das Wort vom „Verratenen
Sozialismus" gängige Münze geworden ist, selten jedoch von verratenem
Liberalismus oder verratener Demokratie gesprochen wird[30]. Klaus Fuchs,

März 1933 bei W. Hoegner (*Die verratene Republik, Geschichte der deutschen Gegenrevolu-
tion*, München, 1958, S. 356-358), die in dem metaphorischen Urteil gipfeln: „Der Deutsche Reichstag hatte einen Selbstmord vollzogen" (ebd., S. 358).

[28] Der letztere Ausdruck bei R. Altmann, *Das Problem der Öffentlichkeit und seine
Bedeutung für die moderne Demokratie*, Diss. Marburg, 1954.

[29] Dies auch das Thema der von F. Schiller in seinen *Wilhelm Tell* hineinkonstruierten
Auseinandersetzung zwischen Tell und Parricida.

[30] H. J. Albrecht, *Verratener Sozialismus*, o.O. 1939. – Der Titel der von einem Aposta-
ten verfassten Reissers bürgerte sich als Sprachmünze ein, weniger jedoch L. Trotzki,
Verratene Revolution, Was ist die USSR und wohin treibt sie?, Antwerpen, 1936, und die o.
in Anm. 27 erwähnte *Verratene Republik* von W. Hoegner.

die Rosenbergs, Alger Hiss wurden als klassische Fälle von Landesverrat oder -verratsverdacht behandelt, nicht von „Systemverrat".

Jedoch – auch die Fälle von Verrat und Subversion in Staaten innerhalb des sozialistischen Lagers, die bekannt geworden sind, sind als Verletzungen oder angebliche Verletzungen der inneren oder äusseren Sicherheit dieser Staaten als klassischer Staats- oder Völkerrechtsgebilde behandelt worden, wie immer „totalitär" diese von der anderen und wie „transitorisch" sie von der eigenen Seite beurteilt worden sein mögen[31]. Die Formel vom „Verratenen Sozialismus" wurde geprägt und verwendet nicht im Hinblick auf einen Verrat an einem konkreten sozialistischen Land, sondern im Hinblick auf einen Verrat an einer konkret nirgends realisierten Idee oder Sache, – womöglich begangen von einer konkreten „sozialistischen Regierung". Hier wird wiederum deutlich, dass mit „Sozialismus" ganz unmaterialistisch doch eine Idee, oder genauer: eine Gruppe, die etwas repräsentiert, gemeint sein muss.

Der Modus der Repräsentation für politische Gemeinwesen, die sich als Personenverbände begreifen, ist die Wahrung von Geheimnis, das sich entweder durch Hinnahme eines Nicht-Gewussten oder Nicht-Wissbaren und Un-Begreifbaren, aber als wirklich Erlebtem darstellt – so in allen „Naturvölkern", aber auch noch in der Nation[32] –, oder in der Verbergung von Gewusstem und Gewolltem, wie bei allen Geheimbünden, die ihre Existenz, ihre Mitglieder, Pläne, das Vorhandensein von Waffenlagern, Gegnerdossiers, Treffpunkte und Treffzeiten und letztlich ihr Mysterium vor der (alten) Öffentlichkeit bewahren müssen[33]. Verrat besteht dann in der Preisgabe von Geheimnis, wie die Macht eines Schwurbunds wesentlich auf der Wahrung von Geheimnis beruhen kann[34]. Ein solcher Bund, der Personen

---

[31] Es ist bezeichnend, dass M. Boveri in ihrer vierbändigen Verratsanthologie keinen geborenen – und nicht später naturalisierten – Staatsbürger eines sozialistischen Landes behandelt. „Der Kommunismus" wird in Band 3 unter dem Titel *Zwischen den Ideologien* abgehandelt, „Abfall vom Kommunismus", meint aber durchweg: „Abfall" von Kommunisten, die ursprünglich nicht sowjetische (oder anderer sozialistischer Staaten) Staatsbürger waren oder es nie wurden. – Die Ausklammerung des gesamten sozialistischen Raumes als Staatsraumes kann nicht allein mit der Quellenlage begründet werden.

[32] Die Koppelung zwischen der Forderung, der Abgeordnete müsse als Vertreter „des ganzen Volkes" handeln, und der, er sei „nur seinem Gewissen unterworfen", wie sie sich bis heute in vielen Verfassungen findet, zeugt von diesem ursprünglichen Geheimnis.

[33] R. Koselleck (*Kritik und Krise, Ein Beitrag zur Pathogenese der bürgerlichen Welt*, Freiburg/München, 1959) stellt im 2. Kapitel am Beispiel der Vorrevolutionszeit in Frankreich anschaulich „Die Entfaltung indirekter Gewalt" dar durch die „Integrierende Funktion des Logengeheimnisses" (III, S. 61-68) und wertet „Die politische Funktion des Logengeheimnisses" als „Die verborgene Wendung gegen den Staat" (IV, S. 68-81).

[34] In ihrer Allgemeinheit ist die Formel „Macht beruht auf der Wahrung von Geheimnis", wie sie R. Schroers aufstellt, schwer zu halten (in *Frankfurter Hefte*, VIII (1953), Heft 4, S. 267-286).

aneinander bindet wie die Jünger einschliesslich des Judas an Christus, bedarf keiner Organisationskriterien formalisierter oder regelhafter Art, schon gar nicht öffentlicher oder veröffentlichter, weder eines Dogmas für das Geheimnis noch der Gesetze gegen einen Verrat. Zwar ermangelt ein solcher Bund nicht ganz der Exekutive oder doch der Exekution – wie die bekanntgewordenen Fememorde beweisen und die geheim gebliebenen Niederschriften und Erinnerungen „subversiver" Gruppen weiterhin beweisen würden –, aber diese Exekution gleicht einer „action directe" im speziellen Sinne: dem Kurzschluss zwischen Gesinnung und Handeln.

Der Modus der Repräsentation für politische Gemeinwesen, die Rationalität im neuzeitlichen Sinne für sich beanspruchen und sich demgemäss „in Form" bringen müssen, ist die Verfassung. Erst mit ihrem Vorhandensein und ihrer Veröffentlichung verfügen deshalb solche Gemeinwesen auch über die ihrem Rationalitätsbegriff adäquaten, randscharfen Kriterien für Treue und Verrat. Von daher wird dann auch die Bedeutung verständlich, die liberale Verfassungsstaaten ihrer Konstitution für die Unterscheidung von Vernunft und Verrat beigemessen haben, und scheinbar voll zu Recht.

Jedoch existiert dabei eine Schwierigkeit. Solange Gesellschaften sich als kontraktuelle Gebilde begreifen – und das gilt z.B. für den Liberalismus par excellence –, stellen ihre öffentlichen Veranstaltungen (also auch die Verfassung) für sie Instrumente im Dienste der Subjektivität dar, denen man – wie wir oben feststellten – keine Treue schuldet und die man gar nicht verraten kann. In der Tat neigt deshalb der Liberalismus bis heute dazu, wenn es ernst wird, den Pouvoir Constituant – etwa die Nation – dem Pouvoir Constitué zu unterschieben, womit er wieder über die notwendige ontologische Basis zu verfügen meint. Verraten wird dann nicht die Verfassung, sondern die Nation; Recht gesprochen wird nicht im Namen eben dieses Rechts, sondern des Volkes, – oder eines überpositiven, vorkonstitutionellen Naturrechts.

Wir treffen hier wieder auf das Dilemma, das wir oben „Bruch des politischen Kontinuums" nannten: die Instrumentalität schlägt in die Ontologie um, sowie es „aufs Ganze" geht. Die Legitimation von Verfassung und Vernunft, und damit die Illegalisierung von Verrat, dürfte sich jeweils nur auf einen historischen Status von Rationalität berufen und nicht auf einen ontologisierten, womit sie stets kritisierbar und verwundbar bliebe, – zwar nicht von jedem beliebigen Denken und Tun her, aber von begriffener Wirklichkeit her. Das Beispiel der Entscheidungsfolgen des Supreme Court in den USA zeigt, dass auch eine liberale Gesellschaft Beachtliches leisten kann beim Einholen der Wirklichkeit durch das Recht; doch kann eben dann sogar juristisch heute Verrat sein, was morgen Vernunft heisst, – nur wissen das viele der Kritiker nicht oder wollen für solch Wissen nicht einstehen.

Die Lage ist für konkretisierte Gebilde im sozialistischen Lager nicht gänzlich anders, auch wenn der Diamat die Historizität der Vernunft ausdrücklich zum Prinzip erhoben hat. Allerdings ist die temporale Unsicherheit für Kritiker dadurch bedeutend gesteigert. Ein Slansky, Harich, Bloch, Havemann verfängt sich eher und unkalkulierbarer in den Schlingen des jeweils Gültigen, schon weil Uminterpretation – selbst nur der Verfassung – und Anwendung schnell aufeinander folgen, nicht selten regellos und gar ohne Einhaltung des Sequens. Aber auch in liberalen Verfassungsstaaten kann die Illegalitätserklärung von Vereinen, Parteien und einzelnen Handlungen zuweilen nahe an der Opportunitätsgrenze gebaut sein.

Der Hauptunterschied liegt wohl darin, dass zu Ende geformte Gesellschaften wie liberale Verfassungsstaaten in Normalzeiten nur ein Grundkriterium für die Unterscheidung von Vernunft und Verrat kennen, nämlich die Verfassung und ihre Interpretation – also eine juristische Norm –, während in sozialistischen Staaten zur Verfassung noch eine weitere „Grundnorm" hinzukommt, nämlich Annahme, Interpretation und Extrapolation der Lehre des Marxismus-Leninismus. Das sozialistische Lager dokumentiert auch in diesem Fall, dass es eine Geschichts-Stufenlehre „repräsentiert", der zufolge der jeweilige „Staat" und seine Verfassung nur einen Übergangszustand markieren und als Regelgerüst gegenüber der Lehre zurücktreten müssen[35]. Vor der Revolution in Russland, und heute noch überall dort, wo die Weltrevolution nicht gelang, muss diese Lehre vollständig eine Verfassung ersetzen bei dem Bemühen, aus blosser Geheimbündelei zur clarté rationaler Aktion zu gelangen.

Da die Lehre ständig und unvoraussehbar der – vorsichtig gesagt: – Interpretation unterworfen ist, und da diese Interpretation von Personen vollzogen und sanktioniert wird, die dem Zentrum politischer Macht nicht fernstehen, enthält der sonst sich „rational" verstehende Sozialismus in seinen formierten Ausprägungen ein Element von „Bewegung", das schwer mit Rationalität vereinbar ist[36]. Die politisch-historische Handlungslehre erscheint dann als nur dürftig verhüllender „merciful veil of symbols", und was die Kader und die Massen zusammenhält, scheint schwerlich noch die

[35] In der Verfassung der DDR ist diese Lehre sogar im Art. 1 mit der Formel „unter Führung der Arbeiterklasse und ihrer marxistisch-leninistischen Partei" ausdrücklich verankert. – Reziprok findet sich in der Verfassung der UdSSR von 1936, Art. 129, die Verankerung eines politisch konkret definierten Asylrechts: „Die UdSSR gewährt Bürgern auswärtiger Staaten, die wegen Verfechtung der Interessen der Werktätigen oder wegen wissenschaftlicher Betätigung oder wegen nationalen Befreiungskampfes verfolgt werden, das Asylrecht".

[36] Dieser – sozusagen system-unkonforme – Bewegungscharakter ist nicht mit einer „Revolution in Permanenz" oder einer „Kulturrevolution" zu verwechseln.

vernünftige Einsicht in Notwendigkeit zu sein, die zu solidarischer Arbeit und Aktion anspornt, als vielmehr ein Gemisch aus Opportunismus und dem Relikt von persönlicher Treue, die nach der rationalen Schulung vergangener Jahrhunderte und Jahrzehnte die stete Tendenz hat, sich in Furcht einerseits, Berechnung andererseits aufzulösen.

An dieser Stelle jedoch bedarf es einer entscheidender Einschränkung: Es ist keinesfalls so, dass selbst ein gerade aus einer Revolution geborenes oder neu geborenes politisches Gemeinwesen sich allein aus der Treue der Verräter des Alten und seinem Verfassungsersatz – etwa einer geschichtsphilosophischen Legitimationslehre – zusammenhält, so wie ein liberaler Verfassungsstaat auch in Grenzfällen mehr „Sachliches" als seine Verfassung hat, auf das er zurückfallen kann, und wenn zur Unterscheidung von Vernunft und Verrat.

Wir meinen hier nicht nur die Rechtssysteme ausserhalb des Verfassungsrechts, von denen bekannt ist, dass sie massive Stützen der Staatensukzession auch durch Revolutionen hindurch sein können[37]. Die politische Theorie vergisst oft, auch wenn sie sich noch so soziologisiert und ökonomisiert, dass zum „In-Verfassung-Sein" eines Gemeinwesens stets ausser den juristischen Normen und den sogenannten „Werthaltungen" auch gerechnet werden müssen alle tragenden Prozesse bis hin zu den „geregelten" Alltagsverrichtungen einer Bevölkerung, darunter selbstverständlich Stand und Organisation der sogenannten „Produktivkräfte". Wenn der Durchschnittsbürger vor einer Revolution als „dem Chaos" Angst hat, so bezieht er sich ebenso – und vielleicht mehr – auf die mögliche Unterbrechung und Störung der Alltagsleistungen und -erwartungen des Jedermann wie auf das drohende Interregnum der „Staatsautorität". Das bedeutet: Die Theorie muss er wägen, dass die Sicherheit dieser Alltagsleistungen und -erwartungen genauso „verraten" werden kann wie einst der Lehnsherr und jetzt die Verfassung im engeren Sinne.

Die Anwendung der Kategorie des Verrats auf diese – wohl keinem Revolutionär unbekannten – Besorgnisse erscheint heute noch outriert[38], und zweifellos war sie es tatsächlich bis zum endgültigen Rezedieren der Agrarwirtschaft und Dominieren des „industriellen Sektors". Die Kriegssoziologie und Militärstrategie hatten mit den Folgen derselben Erscheinung zu tun: Krieg – wie auch Revolution – und Pestilenz konnten nicht nur solange im Bewusstsein eines Volkes nahe zusammengerückt werden, als Kriege wie

[37] In der Weimarer Nationalversammlung wurde die Kontinuität des Deutschen Reiches u.a. ausdrücklich mit dem Weitergelten von Strafrechtsnormen begründet (s.H. Preuss; *Reich und Länder, Kommentar zur Weimarer Verfassung*, a.d. Nachlass hrsg. v. H. Anschütz, Berlin, 1928, S. 5).

[38] Wenn auch ein Hinweis auf Sabotageakte gegen kommerzielle oder staatliche Luftverkehrslinien diese Anwendung weniger abwegig erscheine lässt.

Naturereignisse empfunden wurden, sondern auch, als sie nach der Erfahrung gewöhnlich nicht mehr anrichteten als Naturereignisse. Das war solange gegeben, als die Befriedigung aller Bedürfnisse einer Bevölkerung – von Randzonen des Handels und Handwerks abgesehen – in direkter Bearbeitung der Natur abgerungen wurde. Ein Feldzug oder ein Aufstand konnten zwar etliche Städte und die darin gelegenen einfachen Produktionsstätten zerstören, aber gewöhnlich – schon weil aus Gründen der Selbstequipierung darauf Rücksicht genommen wurde[39] – nur eine Ernte. Kriege, die mehrere Ernten „verrieten", sind bekannt; sie dauerten auch entsprechend lange; Rebellionen und Revolutionen führten nur in denjenigen Zentren zu langdauernden Versorgungsstörungen, in denen sie wegen der dortigen Ballung von Herrschaftssitzen und -symbolen auch stattfanden[40].

Die Ausbreitung des „sekundären Systems" künstlicher Industrie- und Verkehrsstrukturen über nahezu die gesamte Oberfläche neuzeitlicher Territorialstaaten macht diese politischen Gemeinwesen nicht nur verwundbarer gegenüber Krieg und Aufstand, sie macht sie auch verratbarer. Die Figur des Saboteurs ist in ihrer umfassenden Bedeutung nur in Industrieländern aufgetaucht, sie verliert erst neuerdings – man denke an die Neuprägungen Industriespionage und Wirtschaftssabotage – ihre enge Bindung mit der Störung des militärischen Nachschubs und der Waffenproduktion. Der politische Streik – und zwar in seiner realen, wirtschaftslähmenden Bedeutung, nicht als Sorel'scher Mythos – tritt heute nicht zu Unrecht neben die militärischen Machtmittel als ultima ratio, und solche Gewerkschaften, die zu einem politischen Generalstreik fähig und entschlossen sind, erwerben politisches Gewicht und Einfluss ähnlich wie einst das stehende Heer[41].

Eine fast total künstlich gewordene Versorgungsumwelt ist heute mindestens so sehr Grundbestandteil der Verfassung von Industrieländern wie Staatsbürgerrechte oder sozialistische Persönlichkeitsrechte. Die marxistisch-leninistische Geschichts-Handlungs-Lehre hat insofern eine Veränderung durchgemacht, auch wenn sie seit hundert Jahren inhaltlich dieselbe geblieben sein sollte: diese Veränderung betrifft ihren Stellenwert. Sie greift

---

[39] Hingegen kommen zeitgenössische Revolutionäre nicht darum herum, auf eingeschliffenes „Überfluss"-Verbrauchs-Verhalten von Bevölkerungen Rücksicht zu nehmen: Streiks sind z.B. in Frankreich schon einige Zeit vor der grossen Ferienpause schwer zu beginnen oder durchzuhalten; der 13. Mai 1958 z.B. lag für einen Generalstreik aus rein „konsumptiven" Gründen bereits fast zu spät.

[40] Die Untersuchung von R. Cobb, *Terreur et Subsistances 1793-95*, Paris, 1965, handelt zum Beispiel durchweg von Versorgungsschwierigkeiten in grossen Städten (Paris, Lyon).

[41] Unter den „ausserparlamentarischen" Kräften spitzte sich z.B. anlässlich der Notstandsgesetzgebung in der Bundesrepublik 1968 die Debatte zum Schluss wesentlich auf das Verhalten der Gewerkschaften zu, die als Gegengewicht zur Bundeswehr im Notstandsfall angesehen wurden.

weiter – hier ist sie der legitime Erbe von Locke und Rousseau – „Herrschaftspositionen" an und ruft zu deren Verrat auf; doch sie begriff und begreift sich als „soziale Revolution" und zielt demgemäss auf mehr als nur auf staatliche Ämter und „Rollen". Die sozialen „Herrschaftspositionen" einer höchstentwickelten Marktgesellschaft sind jedoch nunmehr (rein nach der Funktion der von ihnen aus ausgeübten Tätigkeit) weit lebenswichtiger für die Alltagsnormalität der Gesamtbevölkerung geworden als etwa das Tun und Lassen der immer noch relativ kleinen „Kapitalistenschicht" des Vor- und Nach-März im 19. Jahrhundert, und sicherlich erheblich funktionswichtiger als etwa einst die „politischen Herrschaftspositionen": die „Kingship" der Stuarts oder die Rolle des „schmarotzenden" Adels in Frankreich.

Infolgedessen entnehmen Bürger und Arbeiter jetzt durchaus mit Gründen aus einer Agitation zur sozialen Revolution u.a. auch einen Aufruf zur Störung und Zerstörung von Versorgungsleistungen. Die marxistische Agitation mag sich noch so sehr über den „verbürgerlichten Arbeiter" beklagen, der zu sehr an seinen goldenen Ketten hängt, um die „Überschussrepression"[42] abzuschütteln, – was der Arbeiter und seine Frau durch diese Agitation und Aktion gefährdet sehen, ist weniger die Herrschaftsposition des kleinbourgeoisen Milchhändlers oder der grossbourgeoisen Molkereizentrale als vielmehr die tägliche Milchbelieferung, – auch zu hohen Preisen. Wenn radikale Zellen über die Teilnahme oder doch Anteilnahme breiter Bevölkerungskreise an Aktionen gegen Fahrpreiserhöhung von Öffentlichen Verkehrsmitteln ebenso erfreut wie bekümmert sind (weil sie ihre Aktion dadurch in Trade-Unionismus umaffirmiert sehen), so geben sie damit zu erkennen, dass sie die wenigen Chancen, die dem dialektischen Materialismus zur Herandifferenzierung an die neuen Anforderungen geblieben sind, selbst in einem günstigen Falle nicht wahrzunehmen gewillt sind.

Agrargesellschaften waren nicht zufällig Personenverbände, gegründet auf persönlicher Treue und persönlichem Gehorsam. Mit dem Verrat wurden Treue und Gehorsam gegenüber den Personen aufgekündigt, nicht jedoch gegenüber der Natur und den paar technischen „Sachen", mit denen man sie bearbeitete – selbst wenn diese im Besitz der Herren waren. Die modernen Regelsysteme der Wirtschaft und des Staates bestehen fast gänzlich aus Technik (inclusive Sozialtechnik, also Verfassung) und einem kleinen Rest an (erkennbarer) persönlicher Herrschaft, bei der Treue ausdrücklich nur noch in Relikten des Beamten- und Arbeitsrechts eine Rolle spielt. Selbst wenn in solcher Lage Verrat nur noch gegen diesen kleinen Rest per-

---

[42] Vgl. H. Marcuse, „Triebstruktur und Gesellschaft", dtsch. Ffm., 1969, S. 48: „zusätzliche Unterdrückung".

sonaler Herrschaft – der in seiner Bedeutung funktionell erheblich sein kann – gerichtet sein soll, ist es erstens eine Sisyphusarbeit, ihn aus dem komplizierten Geflecht herauszusondern und kenntlich zu machen, und zweitens nötig, für die verbleibenden, nun „herrschaftslosen" Prozesse und Funktionen rechtzeitig die neuen Legitimationen und – sollte es sich bei den bisherigen Stelleninhabern um zu eliminierende „Herrscher" gehandelt haben – die neuen Fachkönner bereitzustellen[43]. Sonst werden mit der „Herrschaft" gleichzeitig viele erhaltenswerte „soziale Errungenschaften" gestürzt, und solcher Verrat findet wenig Brüder.

Jeder Verräter, auch der, der von einem „Interessierten Dritten" gestützt wird, welcher vielleicht schon in Form und Verfassung sein mag, durchmisst zu Beginn eine Strecke und eine ungewisse Zeit, während derer er vermeint, auf nichts sich zu stellen als auf die eigene Treue und die Solidarität der Genossen. Die Regel steht am Ende des politischen Prozesses, nicht am Beginn. Am Beginn steht der Verrat alter Regeln, – aber beileibe nicht aller, und von dem bewahrten Rest lebt auch der Verräter im Übergangszustand, mehr als er meint. Der Verräter setzt keine ganz neue Vernunft, sondern fügt bestenfalls dem Kontinuum vernünftiger Politik etwas hinzu. Ob aber sein Verrat das für gegebene Zeiten und Umstände Vernünftige war, darüber kann im vorhinein kein Buch und kein Dogma Gewissheit verschaffen, so wenig wie der blosse Erfolg oder Misserfolg darüber entscheiden. Wieviel Vernunft im Verrat alter Regeln lag, misst sich einmal in der Sorgfalt, mit der Überlebtes vom noch Haltbaren geschieden wird. Zum anderen gibt es wohl ein Kriterium, das mit dem Erfolg zu tun hat, aber hier zählt nicht das Mass an Macht, das vom Verrat freigesetzt wurde, und auch nicht der Zuwachs an Glück. In der vernünftigen politischen Welt zählen die Chancen, die der Verrat eröffnete für mehr Treue und weniger Verrat unter Menschen.

Der Akt des Verrats am Alten, mit dem dies Neue anhebt, wird als erstes auf der Debetseite eingetragen. Diejenige Vernunft, die dafür sorgt, dass auch solche Eintragungen nicht gelöscht werden, vermag dann auch diesen Verrat zu heilen.

---

[43] Man vergleiche hier den Versuch, eine eigene, „legitime" Bürokratie von der „illegitimen" Bürokratie der anderen zu unterscheiden (z.B. in *Imperialismus Heute, Autorenkollektiv des Instituts für Gesellschaftswissenschaft beim ZK der SED*, 5. Aufl., 1. Aufl. Berlin 1965).
Die Unterscheidung kann nur in der Verwendung und Funktion konstruiert werden, nicht jedoch im topos des immanenten, sozialtechnischen Tuns: „Das Wesen des Bürokratismus besteht in der Entfremdung des Leistungs- und Machtapparates sowohl gegenüber dem Volk, den Interessen, Sorgen und Wünschen der Werktätigen als auch gegenüber der objektiv notwendigen und im allgemeinen Sinne produktiven Funktion, das wirtschaftliche, kulturelle und politische Leben der Gesellschaft in organisierter Form zu leiten, das heisst den weiteren Fortschritt zu organisieren" (ebenda S. 209). Wenig Einsicht in dies Problem z.B. bei dem oben (Anm. 21) zitierten Werk des Austromarxisten Marek (*Philosophie der Weltrevolution*, a.a.O., S. 117).

BENJAMIN AKZIN

ON GREAT POWERS AND SUPER-POWERS*

A special place among States is held by those of them generally referred to as Great Powers. The term has been widely used since the second half of the 18th century, but the phenomenon which it designates is far more ancient. What is meant by it are those States which have at one and the same time the *power* to influence decisively developments well beyond their proper territory and the neighbouring regions, and the *will* to exercise this influence.[1]

What is the zone in which Great Powers are interested and in the affairs of which they tend to interfere? The answer to this question will depend on the material conditions prevailing at the time and especially on the available means of communication. Generally speaking, this zone will comprise all the regions known and accessible at the period. For ancient China, this meant all of Central and Eastern Asia, and during the periods when it was able to gather a considerable fleet its influence extended to Japan as well. In the ancient Near East, Egypt, the Hittite and Sumerian empires, Assyria and Babylon, having each a relatively large population, a well-trained infantry, and the contemporary equivalent of armoured cars, acted as the Great Powers of that part of the world, at times fighting against each other, at times agreeing on respective „spheres of influence", at times maintaining a kind of balance of power among themselves. Persia played a similar role, except that, profiting at the time of its greatest power from the absence of any serious rivals, it was able to hold a position somewhat resembling that of

---

* The present article is based on a chapter from a manuscript of a forthcoming book on international politics.

[1] For brevity's sake, the current circumlocution is used here, according to which a State „acts", „intends", „wishes" etc. It should be remembered, of course, that all these activities and intentions are those of the authorities which exercise control within the State at a given moment. Cross-currents within the State and even within its government inevitably destroy the fiction of its homogeneity and weaken the practical effects of any policy, act, intention etc. ascribed to it.

China in the Far East: its influence extended to a far larger area and the intensity of this influence amounted to a position of unchallenged hegemony. The ancient Greeks, just as the Phoenicians before them, made extensive use of what was to others a merely rudimentary means of communication – shipping, and this enabled them to extend their influence to very distant shores; but being much too divided among themselves, no Greek State with the exception of Macedonia in Alexander's life-time could seriously pretend to the status of a Great Power on a larger plane; and it was only on the restricted scale of Greece itself that Athens and Sparta and Philip's Macedonia held this position in relation to other Greek States.

Rome, Carthage for a brief period, Byzantium, the Mongols (who were able to widen very considerably the area of their predominance thanks to the gigantice perimeter of their principal arm – light cavalry), a few of the Arab caliphates, the Holy Roman empire, Venice, and the Ottoman empire, had each its period of existence as a true Great Power. The zones of their influence differed somewhat in each case, but in general terms they comprised parts of Europe and those areas in Africa and Asia which encircled the Mediterranean; in the case of the Mongols, the zone extended, of course, much further East. France, which lacked neither the resources nor the will to play the Great Power game, had almost made it during the Middle Ages, and a similar status was held by Sweden at a much later time, in the 17th century.

With the Age of Discovery, a new type of Great Power emerges: one the interests of which extend in principle over the entire globe and whose means enable it to exercise a fairly effective world-wide influence over affairs. This geographical expansion of the zones of influence did not materialize all at once, but the basic tendency was there and the various stages of its materialization were crossed fairly rapidly, arriving at their zenith in the 19th century. Spain, France, the Netherlands, Great Britain, and at a later period Russia and Prussia-Germany reached this position one after another. Austria-Hungary and finally Italy were also counted among the Great Powers, by courtesy more than by reason of their effective power: Austria in consideration of its glorious past as the principal element within the defunct Holy Roman empire, and Italy in consideration of its newly achieved unification. Outside of Europe, the United States took its place among the Great Powers since the Spanish-American war in 1898, and Japan since its victory over Russia in 1904. China certainly ranks as a Great Power in the 1960s.

Certain findings emerge from this brief historical summary:
(a) The quality of a Great Power is not a title which one acquires for good. A State may arrive at this level at one time and may fall below it once arrived. Spain, Austria, the Netherlands, Sweden and Turkey do not count any more

among the Great Powers and, incidentally, do not pretend to this position.
Italy, Japan, the German Federal Republic, don't attempt, for the time
being at any rate, to play the part of Great Powers, though their resources
would entitle them to do so. But all three, as well as Brazil and Canada, can
be regarded as being well on their way to become, or to become once more,
Great Powers.

(b) The position of a State as a Great Power is not based on a single
criterion, but rather on a conglomeration of several criteria neither of which
is susceptible of a precise quantitative determination. Neither a given size
of population or territory, nor military force, nor the measure of economic
development, nor a certain level of culture or technology, determines in itself
whether a State has entered this exclusive „club". It is rather a combination
of these elements, a combination in which sometimes one element, sometimes
another, will prevail, which transforms a State into a Great Power, *but always
provided there is present the added subjective criterion of the will to behave
as a Great Power*, i.e. actively to pursue its interests all over the international
scene. India, with its hundreds of millions, is not a Great Power. Indonesia
and Pakistan, each with a population around the hundred million mark, are
not Great Powers. Brazil, with its enormous territory, its vast natural riches,
and its large population, is not yet one. The Chinese colossus did not become
a Great Power until it acquired a modern technological apparatus and developed a will to play an active role in the world (the acquisition of nuclear
arms having been a result rather than a cause of these developments).
Post-war Italy is approximately the equal of France in population and in
economic and cultural development, while the German Federal Republic
exceeds France in the number of inhabitants and in industrial production.
Nonetheless these two States do not figure among the Great Powers of today
while France does so figure. The difference is that Italy and Western Germany do not behave (perhaps one ought to say: do not *yet* behave) as Great
Powers, and are satisfied to seek influence within a more limited sphere which
concerns them closely, while the French government considers that France
has political interests the world over and that therefore everything political
that occurs anywhere on earth is of concern to it and ought to be influenced
in a sense favourable to French interests. An abnegation similar to that
of Italy and Western Germany characterizes in the 1960s the policy of
Japan and Canada – two countries which certainly possess the material
criteria necessary for figuring among the Great Powers. And, again, a similar
abnegation characterized the policy of the United States between 1865 and
1898, and even, to some extent, between 1898 and 1916, thus keeping the
United States at the time on the margin of the group of Great Powers in-

stead of placing it in the forefront of the group, as would have been all too justified on the basis of material criteria only.

(c) If formal „recognition" on the part of other States is not an essential condition for a State's existence and functioning but merely an appreciable covenience, the quality of a State as a Great Power is even less dependent on anything resembling „recognition" of this quality by other States or Great Powers. The Soviet Union has regained in the 1920s the position formerly held by Imperial Russia as Great Power despite the concerted refusal of the other Great Powers of the day to deal with it on this basis and despite their attempt to boycott and isolate the Soviet Union altogether. Similarly, communist China was able to secure for itself a position as a Great Power despite the failure, continued right into 1971, of the major international organizations to grant it a place on their membership roster. On the other hand, even though Austria-Hungary and Italy were „recognized" as Great Powers before the 1914-1918 war, it was generally understood that this was an act of courtesy rather than a reflexion of a factual state of affairs. Nevertheless, the attribution of this quality by some States to another is not a negligible factor: this attribution, in and by itself, strengthens the position of a State on the international scene and furnishes it with added occasions for exercising its influence.

(d) If a State is treated as a Great Power, this does not mean that it is assumed to possess the same power, to have the same will to exercise it, or to enjoy the same objective possibilities to do so, as all other Great Powers. The "equality" of Great Powers is no less fictitious than is the equality traditionally attributed to sovereign States as such. At all times, there were States and Great Powers more powerful, more ambitious, or seeking to radiate their influence over a wider area, than others. And this is certainly true of the present juncture. No more dramatic confirmation of this fact need be considered than the current usage of terms such as „super-Powers" or „world-Powers"[2] when referring to the United States and the Soviet Union, as distinct from other Great Powers, whose position on the international scene, however much it may differ in one case from another, is certainly weaker than that of these two.

(e) All this denotes that the category of Great Powers cannot be rigorously defined or circumscribed. The features which make of a State a Great

---

[2] The term „world Power" began to be used early in the 20th century, especially by German writers on geopolitics and diplomatic history. Distinguishing between *Grossmacht* and *Weltmacht*, they employed the former expression to denote the Great Powers (mostly members of the traditional „European concert") with a somewhat limited radius of effective influence, while the latter expression implied effective world-wide influence. Great Britain and Germany were usually designated by these writers as „world-Powers".

Power are relatively vague and leave room for an intermediary group as well as for marginal phenomena. At the side of States whose character as Great Powers at a given time is beyond doubt, there are others which are about to become, or to cease being, Great Powers, or whose position is one of a near-Great Power. Of late, there is a tendency to refer to States of this latter kind as "Medium Powers". Since the criteria of a "Medium Power" are even vaguer than those of a Great Power, the individual circumstances of the so-called Medium Powers are still more varied, and the term itself has not yet taken firm root in the vocabulary of international relations, we shall not try a closer analysis of the meaning of the term.

This being the situation, one may legitimately enquire whether the category of Great Powers truly merits retention in a systematic analysis of international politics, and whether it should not be relegated instead to the status of a mere popular expression deprived of theoretical significance. It seems to us that, while maintaining all the reservations set out above as to the imprecisions involved in its use, the expression is certainly a useful one. It permits us to pay attention to the different roles played on the international scene by States with limited interests and by those whose interests extend in principle to everything that goes on on this scene. This difference in behaviour is in itself an interesting phenomenon of international life and helps to understand many of that life's details. Incidentally, this difference, and the distinction between Great Powers and other States which flow therefrom, are facts well acknowledged and partly formalized by the States themselves. Making room for the special category of Great Powers brings us accordingly closer to the factual situation and assists us in understanding it. And this is, after all, all one can expect of an exercise in taxonomy.

Despite the imprecisions inherent in the term, some clarification can and should be sought regarding three rather essential aspects of the Great Power problem. One of these aspects concerns the relationship between the effective power of a State and its wish to exercise influence across the globe. The other aspect has to do with attempts to formalize and institutionalize the quality of a State as a Great Power. The third aspect is related to the special circumstances of the present era: one may ask, namely, whether different criteria apply to the category of Great Powers in these days of nuclear weapons and of advanced technology than before.

The examples cited above have amply demonstrated that the elements of the will to function as a Great Power and of the effective power to do so must both be present if the claim of a State to be considered a Great Power is to be taken seriously. It is true that a State possessing a sufficient material basis must be considered a potential Great Power even if its rulers do not exhibit any intention to extend its influence in the world. On the other hand, the desire to play the part of a Great Power has occasionally caused State rulers to develop their material resources even more rapidly than they would have done otherwise. Examples of this are sufficiently familiar to all those who follow recent events to make their explicit mention superfluous. The element of will serves thus to anticipate and to accelerate the accumulation of effective power. Finally, we have seen that a State can be treated in some ways as a Great Power by simple habit or because its rulers give themselves airs even though the material basis for functioning as a Great Power is lacking as yet or is no longer adequate. But in the long run the pretension to constitute a Great Power cannot be maintained, and risks moreover to become ridiculous, if the material basis, the power, is absent. Correspondingly, in the long run the very acquisition of a vast material basis and of very considerable power leads to so pronounced a widening and to so large a variety of interests that the State involved will find it extremely difficult to refrain from taking an active part in the overall international arena. Up till now, at any rate, no State that was materially in a position to play the part of a Great Power was able to escape at length the impulse to conduct an activist policy; after a shorter or longer interval it threw itself into the part of a Great Power with all the omnipresent activist *élan* which the part calls for.

The second aspect deals with the attempts occasionally made to formalize the special position which Great Powers occupy in international affairs. In ancient China, under the sway of the Mongols, in the Roman empire and those political structures which claimed to be its successors, in the great Moslem States, and during the brief reign of Napoleon, these attempts took the form of ceremonial privileges and a certain normative pre-eminence, and these attributes were accepted by the lesser States involved as well as by third States. Not always did the formal position amount to a suzerain-vassal relationship, but whatever its exact pattern, the privileged position of the Great Powers was admitted and even taken for granted. Under European feudalism the hierarchization of political entities and therefore their inequality reached its zenith, but once feudalism began to disintegrate, it was on the contrary the principle of equality of sovereign States which asserted itself, and the special position of the Great Powers had somehow to adjust itself to this framework of formal equality. This end was accomplished without much difficulty by means of diplomatic conferences or informal contacts among the Great Powers, to which other States were either not admitted at all or in which they could participate in a limited way only, but in the course of which the fate of such other States would be cavalierly disposed of. This practice became prevalent in the 17th century, with its great international congresses, and continued until the eve of the First World War. The „European concert", of which Austria-Hungary, France, Great Britain, Prussia (after 1871 – Germany), Russia, and after 1870 – Italy, were the participants, was the expression of this de facto position occupied by the Great Powers of Europe on the European and colonial plane. The position, and the influence that went with it, were no less effective because they were not accompanied by any formal sign of superiority.[3] About the last excrescence of the European concert was the Conference of Ambassadors of the six European Great Powers, which sat in London in 1912-1914 and arrogated unto itself to regulate Balkan affairs.[4]

A significant change begins to manifest itself with the 1914-1918 war. On the allied side, there emerges a group of "Principal Allied and Associated Powers" which tends to take on the form of a structure apart. At the Paris Conference, these victorious Great Powers undertake to regulate world affairs in a manner much more formal than this was done in Vienna in 1815, in Paris in 1856, and in Berlin in 1885. The "Council of Four" and the „Council of Ten" were the visible manifestations of this development. The institutionalization of the Great Powers registers further progress with the category of „Permanent members" of the Council of the League of Nations and of the Security Council within the United Nations, as well as with the „Occupying Powers" of Germany. However, once one starts to institutionalize a factual situation, there is always the danger that the institutionalized form and the factual situation won't keep the same pace. This was so already in Paris in 1919, where the views and interests of Italy, member though it was both in the Council of Four and in the Council of Ten, were not take seriously by its partners. This was the case again in the League of Nations, where the absence of the Soviet Union till 1934, the voluntary absence of the United

[3] At most might one indicate the custom that prevailed during the period to exchange ambassadors among Great Powers while sending ministers plenipotentiary in most other cases. It is worth noting that this distinction, largely ceremonial though it was, has been dropped since, most chiefs of missions today being ambassadors.

[4] A „Conference of Ambassadors" was revived after 1919 in order to regulate certain regional problems; but by then it functioned already within a more formalized framework. The efforts of the French Government since 1968 to have the settlement of the Arab-Israel conflict turned over to a forum composed of „The Four Powers" (France, Great Britain, USA, and USSR) represent the latest attempt of the kind. The reasons for this attempt are two-fold: firstly, to improve the chances that the conflict will be resolved in a manner assumed to correspond to French interests: secondly, to manifest France's special position as a Great Power, setting it apart from other States of the Western European continent. Both considerations, and not only formal scruples or French unwillingness to have Great Britain enter into closer relations with these States, explain the annoyance of the French government at the move by Great Britain in February 1969 in consulting these other States concerning the Middle Eastern conflict; but in 1971 France itself consulted in this matter the governments associated with it in the "Common Market".

States, and that of Germany and Japan after 1933, served to reduce the influence of the international organization rather than the stature of these countries as Great Powers. Finally, in the United Nations the discrepancy between the formal and the real position finds its clearest expression in the Chinese affair: first China, under General Chiang-Kai Check, is treated as a Great Power at a time when it is not really one (this mainly in order to have a "coloured" State represented in this category in the absence of defeated Japan); then – when Mao-Tse-Tung's China becomes a Great Power in fact – it is kept out for reasons deriving from the Cold War, while the fiction of China's presence among the Permanent members of the Security Council is preserved in favour of the government of Chiang-Kai-Check, by then the head of an insular State of certainly less than Great Power proportions which enjoys a special relationship with the United States. This has not weakened the position of mainland China in the world, and has only underlined the artificial nature of the formal arrangement. One must remember, then, that formalization and institutionalization of the position of a Great Power, even when accomplished, are only of secondary importance. Indeed, whatever the formal framework, the governments of those countries which are Great Powers *in fact* find it useful at times to discuss matters on their own level and with no one else but others of the same brand. This practice went on throughout the League of Nations period, continued into the United Nations period, and found special expression in the "summit conferences". From time to time, efforts are made to solve burning international issues by guarantees, intervention, or other forms of collective action of those countries which, in fact, are Great Powers.

The third aspect to be investigated has to do with the question what it takes to be considered a Great Power under present-day conditions. The opinion is occasionally expressed that possession of nuclear weapons, together with the capacity to produce them by the State's own means, constitutes today the decisive criterion; or else, that only those States can be considered today Great Powers which possess resources sufficient to enable them to carry out their political objectives in the international sphere through their own efforts, without having to rely on outside support. We cannot subscribe to either of these views. It is generally admitted that Israel, Sweden and Switzerland, among others, are in a position, should they wish to do so, to produce nuclear weapons in the immediate future. However greatly such a development would increase their military power, one could not seriously maintain that Israel or Sweden or Switzerland would thereby pass into the category of Great Powers. As for the second alleged criterion, it seems to us to be altogether too pretentious and therefore unreal. There are international objectives which almost any State, even a relatively small and weak one, is able to carry out by its proper means when faced by a favourable constellation. On the other hand, there are objectives which even the two "super-Powers" of our days, the United States and the Soviet Union, could not accomplish without assistance, and a very solid assistance at that, from abroad. This is true where certain peaceful or economic objectives are concerned, and even more so where warlike complications arise (except, as far as the latter are concerned, during the brief period of nuclear monopoly enjoyed by the United States in 1945-1949). It will be more realistic to keep in mind, for the present period as well as for the past, that combination of criteria which we have suggested before: the extension of a State's interests on a global scale, together with a power sufficient to influence international developments everywhere and the will to exercise such influence. The existence of States answering this description in the past and their continued existence at the present time are doubtlessly facts of political life and bring to it an added factor of the highest importance.

It would be tempting to try a description of the special manner in which Great Powers, as distinct from other States, behave among themselves and toward other, "lesser", countries. It is best, however, to approach the issue with a great deal of caution. A brief glance at political history and at contemporary developments will reveal that Great Powers are not necessarily more aggressive or more peaceful, more expansion-minded or more satisfied with the *status quo*, more self-centered or more cooperative, more law-abiding or more inclined to infringe international law, more humane or more callous, wiser or more foolish, than other States. Their record and performance are just as far from uniformity, and the techniques they use in pursuing their objectives are in the main the same as are used by the rest of the States of the world. What distinguishes them principally is the *extent* of their interests, their might and their influence, *not the manner* in which they behave and act. There is something resembling a mythology that has developed around the concept of "Great Powers politics", with some seeing in the Great Powers the root of all evil on the international scene, and with others expecting salvation to come from their collective wisdom. Much of this is as unfounded as are other mythologies. Certain specific patterns, though, can be discerned in the behaviour of Great Powers, which are an outcome of their greater size and strength. These will be briefly mentioned here:

(a) Unless it borders on another Great, a Great Power does not have generally to worry about possible danger from its neighbours.[5] It is only

---

[5] The qualification „generally" has been added because exceptions do occur. Austria-Hungary before 1914-1918 was definitely aware that its smaller southern neighbour, Serbia,

when seriously weakened by internal dissension or by conflicts with other Great Powers that smaller neighbouring States become a source of difficulty for it. This circumstance affords a Great Power an additional margin of safety not necessarily enjoyed by the general run of States, and permits it to concentrate on the pursuit of other objectives.

(b) Even when not intent on territorial expansion or political and economic domination, and even if inclined toward genuine international cooperation, a Great Power is easily tempted to acquire in certain areas in which it is more particularly interested, a more than usual dose of influence. This means not only being able to influence men and policies in the foreign State in a sense favourable to the influencing Power; it means first and foremost excluding or at any rate minimizing the influence therein of other States, especially of other Great Powers. Thus, there is a tendency to create a "zone of special interests", the political entities within which are sometimes transformed into partly willing, partly unwilling followers of the Great Power. Only rarely will another Great Power or near-Great Power be thus affected, and this only when the difference between its power position and that of the leading Great Power becomes very pronounced. As a rule the following of the Great Power will be composed of smaller States. To what extent the purpose of the Great Power in establishing this kind of special relationship with a smaller State is to dominate the latter so as to further the dominating Power's interests, or to safeguard that State against domination by another Great Power, is a question that cannot be answered in a uniform manner. Motives are often mixed, in the politics of States just as in the actions of men. The former motive usually prevails, but the latter motive plays a larger part than commonly thought.

The said relationship must be considered from the viewpoint of the smaller State involved as well. When not conscious of any overwhelming danger from other quarters, rulers and the public in a small State will mostly prefer minimizing Great Power influence as much as possible, and only very special circumstances (sentiment of ethnic closeness, identity of material interests sometimes going as far as bribery) will make them react differently. To counteract attempts by any Great Power to exercise disproportionate influence, they will try to maneuver between various Great Powers, playing them up one against another so as to neutralize the respective influences; they will try to rely on regional or universal international organizations

represented a danger to its territorial integrity. To a certain extent this was also true of Rumania, which had irredentist aspirations toward Transsylvania, then part of Hungary. But then the conventional character of Austria-Hungary's Great Power position has been commented upon already, and besides the process of internal dissension in the Double Monarchy had already set in at the time.

within whose framework they would not be left face-to-face with the individual Great Powers; and they may try to set up a league of small States as
á (mostly ineffective) counter-weight to one or more Great Powers. But while
serious danger looms, whether from other small neighbours or from an
especially unpalatable Great Power, a smaller State will often gladly avail
itself of the protection afforded by a close connection with a Great Power and
will not particularly mind the price of foregoing in favour of the latter much
of its freedom of action.

(c) Another form of action to which Great Powers are occasionally
driven is that of *intervention*, i.e. forcible interference within the territory of
another State. Practiced quite often in the course of the 19th century, intervention has become less frequent in more recent times, but it has not yet
fallen into complete desuetude. Intervention as a means of pressure to ensure
payment of debts seems to have been abandoned entirely. Equally outmoded
is intervention to enforce respect of a country's flag and diplomatic and
consular representatives, the protection of its vessels, aircraft, and citizens, as
well as humanitarian intervention. What is still encountered, either openly
or in a disguised form, is intervention in the interest of a desired regime, to
prevent or subdue disorder, or to combat the kind of public order regarded
as illegitimate or undesirable. This kind of intervention reached its height in
the first half of the 19th century, in the days of the Holy Alliance, when it
bore a distinctly ideological character. In the 20th century it is once more
untertaken both when material interests are threatened by disorders or
changes of regimes and when the change threatens to carry a country from
one ideological camp into another.[6] At times, intervention is given a semb-
lance of justification by a call for assistance which the affected country's
government or one of the warring groups issues to the intervening Power.
Collective intervention by several States is another device to render intervention either more effective or more acceptable. In the latter case, the Great
Power may be joined by smaller States taking part in the operation. But
though in principle intervention is not limited to Great Powers only, in
practice it is only they, because of their far greater strength and special
position, that make use of the device[7] or take a lead in using it.

---

[6] Spain in 1936-1939, Korea in the early 1950s, Jordan and the Lebanon in 1958, Vietnam in the 1960s, and Czechoslovakia in 1968, are the outstanding examples.

[7] Two recent exceptions to the rule have occurred in the Middle East, where both the
United Arab Republic and Saudi Arabia intervened in Yemen, and where Iraqi troops
took up position on Jordan territory. In the first case, active hostilities ensued and the
country's regime was at stake. In the second case, the declared reason for the presence of
foreign troops was to help defend the host country against Israel, but ulterior motives, too,
seem involved. On the other hand, the despatch of Saudi Arabian troops to Jordan and of

(d) Just because the perimeter of their interests is so large, there is a greater possibility of clashes of interests between Great Powers than between any but the closest neighbours among smaller States. Consequently, a permanent state of tension exists between them which, unless regulated by understandings, easily erupts into active rivalry. Most of the forms this rivalry takes are not peculiar to Great Powers and need not be considered at this point. But two of them should be mentioned. One is the formation of a group of smaller or client States under the leadership of the Great Power so as to form an alliance or bloc of countries geared for action in pursuit of common interests, but also the better to serve the purposes of Great Power rivalry. The other form to which Great Powers often resort, either in combination with bloc-formation or independently of it, is the establishment of military and supply bases and the stationing of armed forces in foreign territory. On the other hand, this very tension, coupled with the fear of mutually destructive wars, may result in attempts to establish a framework that would ensure a measure of coordination of the Great Power's foreign policies over a shorter or longer period. The Holy Alliance, the Concert of Europe, the Council of Four and the Council of Ten at the Paris Peace Conference, special conferences of Great Powers, summit conferences, and the attempts to set up conditions for "peaceful coexistence" that went on ever since the 1950s, are all examples of this kind of activity. An often practiced, though not always openly avowed, form of such coordination is an understanding to divide the rest of the world, or parts of it, into "spheres of influence" or "spheres of special interests" between contending Great Powers. Another form is the grouping of all or most of them within the framework of an international organization. Characteristic of the latter is the effort put into securing to the Great Powers a privileged position within the organization so that no decisions can be taken by it which would run counter to the interests of one of them. When the organization deals with matters of secondary importance, this safeguard is often omitted. But when important political issues are at stake, it is insisted upon, and the natural weight which the Great Powers carry within the organization is supplemented by formal and procedural devices. The institution of Permanent members of the League of Nations Council and of the Security Council within the United Nations system, the heavy representation originally given to the Great Powers in the higher echelons of the personnel of these agencies,[8] and the requirements of

Algerian troops to the United Arab Republic cannot be put down as interventions; they are rather genuine cases of concerted and agreed action.

[8] In recent years, a contrary trend is felt, that aims at „neutralizing" international organizations by entrusting responsible positions on the permanent staff and on special mis-

unanimity in the League or of non-opposition of the Permanent members for substantive Security Council decisions in the United Nations, are devices of this kind.

(e) A special form of accomodating acute or latent Great Power rivalry is connected with the manipulation of opposing alliances, of which each groups part of the Great Powers only. Such alliances preceded both the First and the Second world wars. The technique of alliances is, of course, not peculiar to the Great Powers, but what is more characteristic of them is the use of the technique so as to maintain an unstable equilibrium by means of the "balance of power". This device helps to keep budding rivalry in check and, should large-scale hostilities erupt, is meant to guard against consequences that would be too catastrophic. Experience shows that as a temporary check the device is fairly effective, but that in the long run it does not work and that once a full-fledged war breaks out anywhere, too much cannot be expected of the device under modern conditions.

The expression "balance of power", current in European diplomatic history since the 18th century, stands for a pattern which is more complex than the words convey. Obviously, an alliance which is designed for offensive purposes, whether it be a Great Power alliance, an alliance between small States, or a mixed one, is not aimed at achieving a *balance* of power with any opposing forces, but at achieving a *preponderance* of power. When the purpose of the alliance is essentially *defensive*, i.e. favouring the preservation of the *status quo*, preponderance will still constitute the optimum objective; but if this is unobtainable, a rough *equivalence* will serve the purpose of making a hostile offensive so hazardous as to render its outbreak and at any rate its success unlikely. In a literal sense, an equilibrium, or balance, of power will thus be attained. But the meaning given to the expression in international politics goes beyond this relatively simple situation. This meaning is rather linked to a pattern which might be more accurately described as "holding the balance" and which was best developed and most often used by British diplomacy. The pattern is that of intrinsically staying out of near-permanent alliances, but encouraging other States (especially other Great Powers) to group into alliances of approximately equal power. In this way, the Great Power in question, by holding the specter of its support to either side, is able to exercise maximum influence on both sides with a minimum of commitment. Should one side become definitely stronger and thus threaten to dominate the other and ultimately the entire international scene, a

sions to persons drawn among citizens of smaller States. Military contingents under United Nations auspices are also increasingly drawn from smaller States. To what extent these measures will lead to the expected result, remains yet to be seen.

temporary alingment of the "balance-holding" Power with the other side would re-establish the balance, by peaceful maneuvering if possible, by a war – the risks and dangers of which would be lessened owing to the participation of allies – if necessary. In recent years, France has tried to play the part of a "balance-holding" Power. The same idea was at the root of the combination of "non-aligned" States as conceived originally by the late Premier Nehru of India, by President Nasser of Egypt, and by Marshal Tito of Yugoslavia; only in this case the rulers of the three States, by combining their resources, tried to achieve a result that one Great Power might have accomplished on its own. – It is doubtful whether the device will prove effective unless employed by a Power which really has the strength required to shift the balance from one side to another in case of need. It is noteworthy that the old masters of the game, in Great Britain, have ceased to play it in recent years after becoming convinced that they no longer possess adequate strength to do so successfully.[9]

There has been occasion already to mention in the preceding pages the concept of "world-Powers" or "super-Powers", a concept which has gained such popularity of late. Basically, the expression denotes nothing more than that there exist one or a few States whose power is so disproportionately greater than that of others, even of the ordinary run of Great Powers, as to warrant putting them down as a category apart. The permanent state of tension, characteristic of relations between great Powers *inter se*, will be all the more pronounced as between super-Powers. At this time, the United States and the Soviet Union are commonly regarded as constituting super-Powers, with China being considered a serious contender for the position. What justifies the appellation under present-day conditions is a combination of a very large territorial and population basis, a highly developed and relatively self-sufficient economy, a high level of technology, and a very strong armed force well equipped with the latest weapons of mass-destruction, i.e. nuclear weapons.

Here again, we face a purely pragmatic development. There is no *necessity* why there should exist one or more States answering this description; indeed, during long periods of history there were none. Nor is it certain that the existence of States holding so pre-eminent a position will endure: should a few additional countries, now in or near the Great Power category and possessing a sufficient material basis, develop a higher technology and become equipped with weapons of utmost destructive potential, the dispropor-

[9] In a way, „holding the balance" is but a variation of the simple pattern, one of the best-known in all spheres of political and human relations, that of the *tertius gaudens*, or of „playing both ends against the middle".

tion in power would shrink, the present super-Powers would merge once more into the Great Power category, and the rest of the Great Powers that would fail to make the jump would gradually recede into the larger group of "medium Powers".

The above remarks do not free us from the need to consider the principal problems arising out of the presence of super-Powers as long as these represent a clearly discernible fact. On the basis of reality and near-reality, three situations ought to be contemplated: (a) the existence of a single super-Power; (b) the existence of two super-Powers; (c) the existence of three super-Powers. Anything beyond this number has not yet occurred, is not likely to occur in the near future, and, for the reasons set out above, would tend to change the very essence of the super-Power phenomenon.

A single super-Power in the true and modern sense was in existence for a brief period between 1945 and 1949. This was the time when the Soviet Union, though with a strong army and airforce, was still in the throes of industrial reconstruction after the destruction wrought by the war, and the United States, with its vast industrial power, was the only one to possess atomic weapons. In vastly different circumstances, France between 1804 and 1812 might be said to have very nearly held the same position, even if, as later events have proved, it did not quite reach it. It is quite conceivable that such a single super-Power would be tempted to use its position in order to establish and consolidate world dominion. One may speculate that this would have been the attitude of National-Socialist Germany had it won the war, and of the Soviet Union had it found itself in a position similar to that of the United States in 1945. But the example of the United States during the years of its sole pre-eminence indicates that this must not necessarily be the attitude of a single super-Power. The choice between a policy of seeking to maximize a privileged position and to convert it into world dominion, and of a policy of relative self-restraint along more traditional lines, remains open in this event too.

It is not quite commensurate with modern conditions to speak of "world-Powers" in the context of pre-technological times, for in those days no State did or could extend an effective influence over the entire globe; its greatness was necessarily regional, even if the region was a very extensive one. The nearest approaches to our phenomenon were China on the one hand and Persia followed by Rome on the other.[10] For part of the period in question, China shone alone in this light, and for another part it had a counter-part in

---

[10] The empire of Alexander, for all its brilliance, was too ephemeral to be considered as more than a fleeting episode; this despite its far-reaching effects in the domain of cultural history.

the West. But since conditions prevented close contacts, the issue of relations *between* the super-Powers did not arise. What remained was the question of the relations between a near-super-Power and those other States that were in the orbit of its attraction. In this respect it can be said that, for all the differences between their respective administrative and diplomatic practices, each one of the three Powers attempted, within the limits of the then feasible, to extend and consolidate its pre-eminence to the outmost. A true confrontation between world-Powers is a phenomenon of the present age, with Great Britain and Germany facing each other before 1914, and the United States and the Soviet Union facing one another today. The natural antagonism of today's two giants is immeasurably heightened by the difference in social ideologies between them.[11] Close observation of the history of US-USSR relations over the last 20 years shows that these relations have been veering on both sides between a tendency to reduce the second Power to relative insignificance and that aiming at co-existence on the basis of an equilibrium of power and influence.[12] If, in recent years, co-existence has been more emphasized, this has been due *mainly* to the growing fear in both camps of the destructive effects of a nuclear war between them, effects for which even victory would not serve as a sufficient compensation.[13] As a matter of principle, both rivalry and co-existence are likely variations in the mutual relations of two super-Powers facing one another.

The above still leaves open the question of the policy of two super-Powers toward other countries. The same alternative between a desire to extend domination to the utmost and a policy of relative self-containment, will

[11] This writer does not agree with those who view the entire problem as a clash between rival ideologies or 'ways of life". But there is no denying that the difference in ideology is seriously aggravating what would be otherwise a simple case of inter-Power rivalry.

[12] The concept of co-existence must be looked at closely. It is being used in two different meanings: as a principle of near-permanent accomodation, which may perhaps be upset by historical developments but is not intended to be sacrificed to deliberate policy; and as a tactical device of an advisedly temporary character. Used in the latter sense, co-existence is a term applied to a stage preparatory to a coming struggle. Optimists will console themselves with the dictum *il n'y a que le provisoire qui dure*, and, indeed, following the „cooling-off" procedure in labour disputes, a struggle postponed *may* become a struggle avoided. But this is only a possibility, not a certainty.

[13] We say "mainly". There are three additional factors which contribute to the policy of co-existence at the present juncture. One such factor is the conviction shared by increasing strata in American public opinion, if for different reasons, that the United States should adopt a policy of self-containment and restraint in international affairs. The other factor, encountered in the Soviet Union, is the fear that an aggravated conflict with the United States will lead to dangerous complications with the newest contender – China. The complications feared are both territorial – the loss of territory in Asia, and ideological – the loss of leadership in the communist movement. The third factor is the fear in both camps lest an armed conflict between them endanger the established social order in their own territory and that of their followers.

exist here as well. However, once the two super-Poers have agreed, albeit informally, on a policy of permanent or temporary co-existence, it is more than
probable that this will be accompanied by an understanding that they will
mutually tolerate the existence of respective spheres of influence and of
certain "no-man's" or "neutral" areas. The temptation to exploit this understanding to the full and to make the most of each "sphere of influence" will
be very strong indeed; and only very powerful pressures or impulses toward
self-restraint will prevent the Powers from establishing their full domination
within the sphere conceded to them.

Once a third contender-State puts up its claim for a super-Power status,
we return to a more traditional situation: the options open in this case are
the same as those which Great Powers have always used: (a) Division of
spheres of influence, coupled with co-existence; (b) Forming a coalition of
two Powers against a third one; and (c) Each one maneuvering for a decisive
position through holding the balance between the two, occasionally veering
to the weaker side if this becomes necessary to re-establish the balance.

The more States contend for the position as super-Powers, the more the
pattern will resemble that of a Great Power scheme. Indeed, when several
countries achieve the measure of power which we currently associate with a
super-Power status, this measure becomes less exceptional. If one wished to
speculate, one could say that the super-Powers of today are veering between
two extremes: that of a growing preponderance of one of them over all
competitors to the point of remaining sole in the field (a situation which has
never yet occurred on a world-wide scale for any appreciable length of time),
and that in which the special category of super-Powers merges into the more
familiar picture of several Great Powers sharing the scene with a multitude of
smaller States. In the meantime, the situation since the aftermath of the
Second World War is characterized by a precarious balance in which a few
super-Powers exist side-by-side with Great Powers and other States; and this
situation, for all we know, may remain with us for the foreseeable future.

Ernst Fraenkel

EFFEKTIVITÄT UND LEGITIMITÄT ALS FAKTOREN ZWISCHENSTAATLICHER ANERKENNUNGSPOLITIK

Als Bundeskanzler Brandt in seiner Regierungserklärung vom 28. Oktober 1969 die schicksalsschweren Worte sprach:

„auch wenn zwei Staaten in Deutschland existieren, sind sie doch füreinander kein Ausland; ihre Beziehungen zueinander können nur von besonderer Art sein"

nahm er die Existenz der DDR zur Kenntnis und lehnte gleichzeitig ihre Anerkennung ab, die, wie er hinzufügte, „nicht in Frage kommen kann."
Brandt tat einen Schritt, dessen theoretische Unausweislichkeit der amerikanische Völkerrechtler Philip Marshall Brown bereits im Jahre 1950 – also lange bevor die Anerkennung der DDR durch die BRD auch nur als Eventualität ins Auge gefasst worden war-vorausgesehen und wie folgt formuliert hat (wobei es in diesem Zusammenhang unerheblich ist, dass Brown's Darlegungen sich auf die Anerkennung einer Regierung, Brandts Erklärungen sich jedoch auf die Anerkennung eines Staates beziehen).

„Selbst für den Fall, dass eine Regierung aus welchen Gründen auch immer, nicht willens ist, der de facto Regierung eines anderen Staates volle und uneingeschränkte Anerkennung zu gewähren, ist sie doch gezwungen, von der Existenz der neuen Regierung Kenntnis zu nehmen. Die Tatsache ihrer Existenz zu verneinen, würde es erforderlich machen, metaphysische Abstraktionen und juristische Fiktionen zu verwenden, die den gesunden Menschenverstand geradezu herausfordern. Es mögen ernsthafte Zweifel an der Lebensfähigkeit der neuen Regierung bestehen, ihre Politik mag auf Widerstand stossen und andere Regierungen mögen zögern, die diplomatischen Beziehungen fortzusetzen, die sie mit der vorigen Regierung unterhalten haben. Das Problem lautet nicht, *ob* man zu der neuen Regierung Beziehungen hat; es besteht vielmehr darin, die Natur und den Umfang der Beziehungen zu bestimmen, die man mit ihr haben will."[1]

Niemand, der sich auch nur flüchtig mit den verschiedenen in den Jahren des kalten Kriegs entwickelten Theorien über die Rechtslage Deutschlands

---

[1] *American Journal of International Law*, Bd. 50, S. 632.

beschäftigt hat, wie sie am übersichtlichsten wohl im 3. Kapitel von Rudolf
Schusters Untersuchung über Deutschlands staatliche Existenz dargestellt
sind: der Schrumpfstaatstheorie, der Staatskerntheorie, der Kongruenz-
theorie, der Teilidentitätentheorie, der Äquivalenztheorie, der Sezessions-
theorie, und wie sie alle heissen mögen,[2] wird in Abrede stellen können, dass
seitens der Bundesrepublik das menschenmögliche an metaphysischen Abstraktionen und juristischen Fiktionen ins Feld geführt worden ist, um die
Existenz eines Staates Deutsche Demokratische Republik zu verneinen. Seit
dem 28. Oktober 1969 haben alle diese Theorien ihre akute Bedeutung verloren. Dieses mal war es ein einziger Satz eines Staatsmanns, der bewirkte,
dass „aus Bibliotheken Makulatur wurde".

In der bundesdeutschen Publizistik gingen diese metaphysischen Abstraktionen und juristischen Fiktionen nicht zuletzt auf die weitverbreitete
Ansicht zurück, die Verneinung des staatlichen Charakters der DDR sei
unerlässlich, um die Weigerung zu rechtfertigen, das Ulbricht Regime völkerrechtlich anzuerkennen. Solange die BRD bona fide die Existenz eines
Staates auf dem Territorium, das unter der faktischen Kontrolle des Ulbricht Regimes stand und steht, verneinte, fühlte sie sich nicht nur berechtigt, sondern geradezu verpflichtet, von einer Anerkennung der DDR Abstand zu nehmen. Die Idee, sie könne jemals völkerrechtlich zu einer solchen
Anerkennung verpflichtet sein, wäre ihr geradezu als absurd erschienen. Hieran dürfte sich durch die am 28. Oktober 1969 in die Wege geleitete Wende der
bundesdeutschen Ostpolitik nichts geändert haben.

Kurz bevor – als eine Folge der kommunistischen Revolution in China
und des Kalten Kriegs in Zentraleuropa – das Anerkennungsproblem eine
eminente politische Bedeutung erneut gewonnen hatte, veröffentlichte im
Jahre 1947 der führende englische Völkerrechtler Lauterpacht unter dem
Titel „Recognition in International Law" ein Werk, in dem er die These vertrat, ein Anerkennungsanwärter habe einen völkerrechtlichen Anspruch
darauf, anerkannt zu werden, sofern er die Voraussetzungen erfüllt habe
und erfülle, die das Völkerrecht für die Anerkennungsfähigkeit eines de
facto Regimes aufgestellt hat.

Diese Theorie vermochte sich jedoch nicht durchzusetzen, wozu die
scharfe Kritik beigetragen haben dürfte, die TI'Chiang Chen in seinem unter
dem gleichen Titel im Jahre 1951 erschienenen Buch an ihr geübt hat.[3] Im
Gegensatz zu der in breiten Kreisen der öffentlichen Meinung vertretenen
Ansicht hielten völkerrechtliche Theorie und Praxis an der traditionellen

---

[2] Rudolf Schuster, *Deutschlands staatliche Existenz im Widerstreit politischer und rechtlicher Gesichtspunkte.* 1945-1963. München, 1963, S. 76 ff.

[3] Ti Chiang Chen, *The International Law of Recognition*, New York, 1951, S. 50 ff.

These fest, dass es einem jeden Staat freisteht, einem Anerkennungs-Anwärter allein aus politisch motivierten Opportunitätsgründen die Anerkennungseignung abzusprechen und ihm die Anerkennung auch dann zu versagen, wenn völkerrechtliche Bedenken gegen seine Anerkennung nicht bestehen. Die allgemeine Ablehnung, die die Lauterpacht'sche These gefunden hat, machte es – so sollte man meinen – einem jeden Staat leichter als zuvor, sich in einem konkreten Fall ausschliesslich auf politische Erwägungen zur Begründung der Ansicht zu berufen, dass eine Anerkennung „nicht in Frage kommen kann" und sich garnicht erst lange auf völkerrechtliche Argumente einzulassen, die auf dem Gebiet des völkerrechtlichen Anerkennungsrechts sowieso exzeptionell unklar und umstritten sind. Politische Motive und die Rücksichtnahme auf die öffentliche Meinung des In-und Auslands mögen es jedoch ratsam erscheinen lassen, bei der Ablehnung eines Anerkennungsbegehrens sich nicht ausschliesslich auf die Politik zu stützen sondern zum mindesten den Anschein zu erwecken, dass die getroffene Entscheidung kraft positiven Völkerrechts geboten sei.

So ist denn auch die Bundesrepublik nicht den bequemen und völkerrechtlich durchaus zulässigen Weg gegangen, zu argumentieren, die Anerkennung der DDR sei für sie politisch unerwünscht und werde deshalb von ihr abgelehnt. „Während das Völkerrecht festlegt, welche Bedingungen erfüllt sein müssen, damit einem Staat die *Anerkennungsfähigkeit* zugesprochen werden kann, entscheiden politische Erwägungen darüber, ob er die *Anerkennungseignung* besitzt, d.h. aber, ob es im Interesse des über die Anerkennung entscheidenden Staates liegt, eine Anerkennung auszusprechen."[4] Vor dem 28. Oktober 1969 hat sich die Bundesrepublik nicht damit begnügt, der DDR wegen angeblichen Fehlens des einen oder anderen Merkmals der souveränen Effektivität den staatlichen Charakter abzusprechen. Sie hat vielmehr kategorisch verneint, dass die DDR ein de facto Regime darstellt. In der politischen Praxis hat sie zwar durch den Abschluss von Wirtschafts- und Verwaltungsabkommen das Ulbricht Regime wie ein de-facto Regime behandelt; in der Theorie und in der öffentlichen Meinung hat sie jedoch auf der Ansicht bestanden, die „SBZ" werde nach wie vor von den russischen Besatzungstruppen regiert.

Nur auf der Grundlage dieser Prämisse glaubte die Bundesregierung ihre während des kalten Krieges konzipierte These aufrecht erhalten zu können, dass es auf deutschem Boden nur einen Staat, nämlich die BRD gäbe, dass dieser Staat mit „Deutschland als Ganzem" identisch sei und daher ein Alleinvertretungsrecht besitze, dessen Beachtung durch Dritte Staaten im

---

[4] Ernst Fraenkel, „Der Streit um die Anerkennung der DDR im Licht der politischen Wissenschaft", in: *Aus Politik und Zeitgeschichte*, 25. April 1970, S. 10. (B 17/70).

Konfliktsfall mittels völkerrechtlicher Repressalien, wie z.B. dem Abbruch der diplomatischen Beziehungen (Hallstein Doktrin) erzwungen werden könne.

Wollte die BRD andere Staaten eines völkerrechtlichen Delikts bezichtigen, sofern sie sich bereit fänden, die DDR anzuerkennen, dann musste sie sich selber völkerrechtlich gebunden erachten, der DDR die Anerkennung zu versagen.

Der monomane Nachdruck, der während mehr als eines Jahrzehnts auf die Bezeichnung der DDR als SBZ gelegt wurde, war symptomatisch für die mangelnde Bereitschaft der Bundesrepublik, bei der Beurteilung des Ulbricht Regimes den grundlegend bedeutsamen Wandlungen Rechnung zu tragen, die nach Beendigung des kalten Krieges östlich der Elbe-Werra-Linie – wenn auch in anderer Form – nicht minder deutlich in Erscheinung getreten waren als westlich dieser Demarkationslinie. Ihre eigene Geschichte hätte die Bundesrepublik lehren sollen, dass nach völkerrechtlichem Anerkennungsrecht Geburtsfehler heilbar sind. Vielmehr sträubte sie sich gegen eine Erkenntnis, der bereits im Jahre 1951 Ti Chiang Chen mit den Worten Ausdruck verliehen hat!

„Ein neuer Staat mag durch die Intervention eines fremden Staates auf dem Territorium eines bestehenden Staates errichtet werden. Sobald er jedoch einmal auf seine Füsse gestellt und tatsächlich in der Lage ist, ein unabhängiges nationales Leben zu führen, ist die Tatsache, dass der intervenierende Staat durch diese Intervention einen Völkerrechtsbruch begangen hat, allein nicht notwendigerweise geeignet, die völker-rechtliche Existenz des neuen Staates auszuschliessen. Ueber seine Anerkennung sollte vielmehr im Einklang mit dem üblichen de-facto Prinzip (principle of de-factoism) entschieden werden.''[5]

Die unabdingbaren Voraussetzungen der Anerkennungsfähigkeit eines Staates sind:

1.) die Unabhängigkeit und Stabilität der Staatsgewalt;
2.) die Effektivität und Stabilität der Staatsregierung;
3.) (was allerdings problematisch ist) die ausreichende Rückendeckung der Staatsgewalt durch das Volk.

Liegen diese Voraussetzungen vor, so stehen einer Anerkennung keine völkerrechtlichen Bedenken entgegen und es ist vom völkerrechtlichen Standpunkt aus gesehen weder angebracht noch zulässig, zwecks Entscheidung über die Anerkennungsfähigkeit eines Staats oder einer Regierung weitere Nachforschungen anzustellen, wie etwa die nach der verfassungsrechtlichen Legalität der Regierung des Anerkennungsanwärters, der Legitimität seiner

[5] a.a.O., S. 414 f.

Staatsgewalt und ihrer Uebereinstimmung mit generell akzeptierten zivilisatorischen Mindestanforderungen. Ueberflüssig hinzuzufügen, dass das Vorliegen oder nicht-Vorliegen dieser Merkmale nach dem freien Ermessen des über die Anerkennung entscheidenden Staates berücksichtigt werden darf, sofern es sich nicht um die völkerrechtliche Frage der *Anerkennungsfähigkeit* sondern die politische Frage der *Anerkennungseignung* handelt, d.h. aber um das Problem, ob die Anerkennung aus Rechtsgründen verweigert werden *muss* oder ob sie lediglich aus Opportunitätsgründen verweigert werden *kann*.

In einer am 16. Mai 1936 von Staatssekretär Hull abgegebenen Erklärung, von der Whiteman ausführt[6] sie sei die offizielle Erklärung der USA über Anerkennungsfragen, auf die am häufigsten Bezug genommen werde, heisst es:

„Es ist die Regel der Vereinigten Staaten, einer Regierung die Anerkennung zu versagen, bevor ausreichend dargetan ist, dass sie den Staatsapparat beherrscht, ihre Hoheitsfunktionen mit dem Einverständnis des Volkes („assent of the people") ausübt, und dass kein irgendwie beachtlicher Widerstand gegen die von ihr wahrgenommenen Ausübung der staatlichen Hoheitsgewalt besteht; sie muss in der Lage sein, alle internationalen Verpflichtungen und Verantwortungen zu erfüllen, die einem Staat unter internationalen Verträgen und dem Völkerrecht obliegen."[7]

Solange russische Tanks erforderlich waren, um das sozialistische Regime der DDR vor einem Arbeiteraufstand zu schützen, solange die Errichtung einer Mauer für geboten erachtet wurde, um die Volksangehörigen der Volksrepublik daran zu hindern, durch eine Massenflucht die Wirtschaft des Landes zum Erliegen zu bringen, war es prima facie nicht abwegig, den staatlichen Charakter dieses Gebildes – und folglich auch dessen Anerkennungsfähigkeit – in Zweifel zu ziehen. Der Ausbruch der Arbeiterrevolte des 17. Juni 1953 warf die Frage nach der Effektivität, die Niederwerfung des Aufstands die Frage nach der Unabhängigkeit d.h. aber der Souveränität des Regimes auf. Die Errichtung der Mauer provozierte geradezu die Aufrollung des Problems, das hier als Rückendeckung einer Regierung durch das Volk bezeichnet wird.

Es kann nicht in Abrede gestellt werden, dass nach der Errichtung der Mauer eine Konsolidierung der Verhältnisse in der DDR eingetreten ist, die sich darin äussert, dass

1.) ein modus vivendi nicht nur vorübergehender Art zwischen der DDR und der Sowjet Union zustande gekommen ist, der im Rahmen der Breschew Doktrin im grossen und ganzen der DDR nicht weitere Einschränkungen ihrer Souveränität auferlegt, als dies bei den anderen Satellitenstaaten der Fall ist;

---

[6] Marjorie M. Whiteman, Digest of International Law, Washington, 1963 7, 7. Bd. 2. S. 71.
[7] ebd.

2.) dank der wirtschaftlichen Stabilisierung und der Neuordnung der Verwaltung das reibungslose Funktionieren des Staatsapparats sichergestellt ist;

3.) zum mindesten dem äusseren Anschein nach die Massen der Bevölkerung sich mit ihrem Schicksal abgefunden haben.

Dem Gebilde, dass der Volksmund schon lange nicht mehr die „SBZ" vielmehr ohne Zusatz „die Zone" nennt, wegen mangelnder Souveränität die Anerkennung zu versagen, war problematisch geworden, nachdem sowohl zwischen der BRD und ihren Schutzmächten als auch zwischen der DDR und der Sowjet Union Verträge zustande gekommen waren, die dazu berufen waren, die Besatzungsregime der Nachkriegszeit abzulösen. Während die BRD in § 2 des Vertrages vom 26. Mai 1952 ihren Schutzmächten bedeutsame Vorbehalte eingeräumt hat, sicherte die Sowjet Union der DDR am 25. März 1954 zum mindesten auf dem Papier feierlich zu, dass sie „die Freiheit" besitzen solle, nach eigenem Ermessen über ihre inneren und äusseren Angelegenheiten einschliesslich der Frage der Beziehungen zu Westdeutschland zu entscheiden. Hingegen sieht § 2 des Vertrages vom 26. Mai 1952 vor, dass die USA, England und Frankreich „die bisher von ihnen ausgeübten oder innegehabten Rechte und Veranwortlichkeiten in Bezug auf Berlin und auf Deutschland als Ganzes einschl. der Wiedervereinigung Deutschlands und einer friedensvertraglichen Regelung" behalten sollen. Da die BRD seit langem nicht mehr ernsthaft in Abrede stellt, dass die Ulbricht Regierung in dem ihrer Herrschaft unterworfenen Territorium ein äusserlich ausserordentlich wirkungsvolles Regime errichtet hat und handhabt, insoweit also das Merkmal der „Effektivität" einwandfrei erfüllt, bleibt nur die Frage offen, ob sie ausreichend als Repräsentant der Bevölkerung des von ihr beherrschten Gebietes ausgewiesen ist, d.h. ob sie nicht nur über die Macht sondern auch über die Autorität verfügt, auf die Dauer zur Zufriedenheit und mit der Zustimmung ihrer Bürger zu regieren.

Es bleibt jedoch problematisch, ob dies nicht über das Erfordernis der Rückendeckung der Regierung durch das Volk hinausgeht. Rückendeckung der Regierung durch das Volk ist alles andere als ein eindeutig definierter oder zu definierender Begriff. Wie namentlich die von Moore, Hackworth und Whiteman herausgegebenen Digests of International Law und das in ihnen enthaltene Quellenmaterial zur Anerkennungspraxis und zum Anerkennungsrecht ergeben, (das auch ausserhalb der USA ständig zitiert wird) hat sich das Erfordernis der Rückendeckung gelegentlich auf ein blosses Sich-Abfinden („acquiescence") beschränkt, zuweilen Einverständnis ("assent") Zustimmung („consent"), in einigen Fällen Unterstützung („support"), in anderen sogar Bestätigung („approval") sei es durch die öffentliche Meinung, sei es durch Staatsorgane, sei es sogar durch den „pouvoir constituant" beinhaltet. In den Worten Quincy Wright's kann die Haltung der Bevölkerung zu einer revolutionären Aenderung der Substanz oder Struktur ihres Staates, die so tief geht, dass die Frage der völkerrechtlichen Anerkennung akut wird, zwischen einem geduckten Sich-fügen, einer zufriedenen Hinnahme der gegebenen Tatsachen und einer begeisterten Zustimmung schwanken.[8]

Ob und welche Mindestanforderungen erfüllt sein müssen, damit dem Erfordernis der Rückendeckung des Regimes durch das Volk so ausreichend Genüge getan wird, das gegen eine völkerrechtliche Anerkennung keine Bedenken bestehen, entscheidet massgeblich über den demokratischen Charakter einer jeden Anerkennungspolitik. Nachdem die BRD von der inzwischen eingetretenen Konsolidierung der DDR auch amtlich Kenntnis genommen hat, hat sich die Diskussionsgrundlage zwischen den Antagonisten verschoben. Der Streit um den staatlichen Charakter der DDR ist in den Hintergrund getreten und die Szene wird neuerdings durch die Erörterung des Problems beherrscht, ob eine etwaige Anerkennung der DDR mit den Grundprinzipien des Selbstbestimmungsrechts der Völker in Einklang zu bringen sei. Diese Verschiebung des Diskussionsgegenstandes mag bewirken, dass die Nuancen über die Notwendigkeit der Rückendeckung der Regierung durch das Volk sich für die künftige Behandlung des innerdeutschen Anerkennungsproblems als entscheidend bedeutsam erweisen werden.

Indem Brandt der DDR den staatlichen Charakter nicht mehr abspricht, hat er ihr attestiert, sie bezitze die zum *objektiven* Bereich gehörigen Merkmale für eine Anerkennung. Seitdem er jedoch das Anerkennungs- mit dem Selbstbestimmungsproblem gekoppelt hat, hat er der DDR die zusätzliche Auflage gemacht, vor Gewährung der Anerkennung dafür Sorge zu tragen, dass auch ihre dem *subjektiven* Bereich zugehörigen Merkmale vorliegen.

Die Respektierung des Selbstbestimmungsrechts der Völker schliesst die Notwendigkeit ein, sicherzustellen, dass die Ausübung staatlicher Hoheitsgewalt mit der Zustimmung der Bürger „with the consent of the governed" erfolgt. „Consent of the governed" ist nach anglo-amerikanischer Ansicht der Kern der modernen Demokratie. Im Zeichen des Selbstbestimmungsrechts der Völker kann dem Erfordernis der Rückendeckung der Regierung durch das Volk nur Rechnung getragen werden, wenn unter ihm ein demokratisches Mitbestimmungsrecht verstanden wird. Bedeutet dies, dass durch Aufrollung des Selbstbestimmungsproblems das Erfordernis der Rückendeckung der Regierung durch das Volk auf eine völlig neue Basis gestellt ist? Dieses Erfordernis wurde bisher aus dem Effektivitätsprinzip mit der Erwägung

---

[8] *American Journal of International Law*, Bd. 49, S. 315.

abgeleitet, dass Effektivität einer Regierung deren Stabilität voraussetzt, und dass auf die Dauer Stabilität eines Staates und einer Regierung ohne aktive Kooperation der Massen des Volkes nicht zu erreichen ist. Die Koppelung von Rückendeckung und Selbstbestimmung begründet die Vermutung dass das Erfordernis der Rückendeckung nichts anderes als die unter der Maske des Effektivitätsprinzips verborgene Tarnung des demokratischen Legitimitätsprinzips darstellt.

So scheint denn auch die Entwicklung des Prinzips des Selbstbestimmungsrechts der Völker, die seit Ende des zweiten Weltkriegs erfolgte, nicht zu gestatten, an Gedankengängen festzuhalten, die Staatssekretär Hughes in einem berühmten Brief an den Gewerkschaftsführer Gompers vom 19. Juli 1923 entwickelt hat, denen in den Vereinigten Staaten fast die Bedeutung beigemessen wird, die einem Präzedenzfall zukommt. Diese Darlegungen wurden durch die damalige Kontroverse über die Anerkennung der UdSSR ausgelöst. Sie gipfelten in der These, dass das während mehrerer Jahre in Erscheinung getretene Sich-Abfinden des russischen Volkes mit dem Sowjetsystem ausreiche, um der Notwendigkeit Genüge zu tun, dass ein Regime durch das Volk gestützt werden müsse, um anerkannt zu werden. Ausreichend lange Duldung einer Diktatur genügt nach dieser Ansicht zu der Annahme, dass der Diktator das für eine Anerkennung unerlässliche Minimum an Unterstützung durch die Untertanen seines Regimes besitzt.

Die entscheidenden Sätze dieses Briefes lauten wie folgt[9]:

„Die Frage der Legitimität einer Regierung, wie sie früheren europäischen Massstäben entspricht, bedeutet uns nichts. Wir erkennen das Recht auf Revolution an und wir versuchen in keiner Weise, die inneren Angelegenheiten fremder Staaten zu bestimmen... Der Wille der Nation ist das einzig wesentliche, was wir zu beachten haben... Man sollte jedoch nicht aus dem Auge verlieren, dass, obwohl diese Regierung bei der Entscheidung darüber, ob eine neue Regierung anerkannt werden soll, Nachdruck auf den Wert gelegt hat, den eine ausrückliche Zustimmung des Volkes für die Entscheidung über die Anerkennung besitzt, sie doch niemals darauf bestanden hat, dass der Wille des Volkes nicht auch durch eine lang anhaltende Hinnahme („acquiescence") eines Regimes als tatsächlich funktionierende Regierung in Erscheinung treten könne. Die Anerkennung dieser wohlbekannten Prinzipien beim Umgang mit fremden Staaten steht nicht im Widerspruch zu den von uns verehrten demokratischen Idealen und kann nicht als Rechtfertigung für eine Tyrannis gleich wie welcher Art angesprochen werden. Sie stellt vielmehr die Bedeutung der internationalen Beziehungen ebenso angemessen in Rechnung wie das generell anerkannte amerikanische Prinzip der Nichteinmischung in die internen Angelegenheiten anderer Völker."

In der Gegenwart taucht jedoch das Problem auf, ob diese von Staatssekre-

[9] G. H. Hackworth, Digest of International Law, Band 1, Washington 1940, S. 177.

tär Hughes proklamierten Grundsätze mit der Entwicklung in Einklang zu bringen sind, die Idee und Realität des Selbstbestimmungsrechts der Völker inzwischen genommen haben.

Das Postulat, auch bei Handhabung der Anerkennungspolitik die dem Selbstbestimmungsrecht immanente Idee der demokratischen Legitimität zu verwirklichen, findet seine Schranken in der Notwendigkeit, dem Gedanken der Verjährung Rechnung zu tragen. Indem Staatssekretär Hughes sich bei der Entscheidung der Dynamit-geladenen Frage nach der Anerkennungsfähigkeit der Sowjet Union auf die „acquiescence" Theorie stützte, bekannte er sich zu der Burke'schen Erkenntnis, dass der beste aller Titel der der Verjährung sei. Er demonstrierte gleichzeitig ad oculos, dass die Auswahlmöglichkeit zwischen verschiedenen Rückendeckungstheorien dem Staatsmann die Möglichkeit eröffnet, Anerkennungsfragen flexibel zu behandeln – eine Haltung, die dem pragmatischen Charakter einer jeden Aussenpolitik entspricht, in deren Kategorien allein das Anerkennungsproblem verstanden werden kann.

Dogmatisch darauf zu bestehen, dass ein Regime, an das sich die Bevölkerung eines Landes gewöhnt hat, nicht anerkannt werden dürfe, weil es ihm ursprünglich gegen ihren Willen aufgezwungen worden war, könnte darauf hinauslaufen, im Namen des Selbstbestimmungsrechts einem Volk erneut ein Regime aufzuzwingen, das nicht seinem Willen entspricht.

Wenn nicht alle Zeichen trügen, neigt die Regierung Brandt der Ansicht zu, dass die Rückendeckung, die das Staatsvolk der DDR dem Ulbrichtregime gewährt, ausreichend sei, um ihm im Einklang mit den traditionell anerkannten Prinzipien des völkerrechtlichen Anerkennungsrechts den Charakter eines anerkennungsfähigen Staates zuzusprechen. Andererseits vertritt sie offenkundig die Ansicht, diese Rückendeckung reiche nicht aus, um den Anforderungen zu genügen, die der Lehre vom Selbstbestimmungsrecht der Völker in der Gegenwart entspricht.

Vertrautheit mit der Geschichte der Anerkennungspraxis, namentlich der USA, lehrt, dass die Flexibilität der Anerkennungspolitik, die sich in der Auswahlmöglichkeit zwischen verschiedenen Rückendeckungstheorien am deutlichsten manifestiert, ein Wesensmerkmal einer jeden Anerkennungstheorie darstellt, die praktisch verwertbar ist.

Flexibilität bei Handhabung der Anerkennungspraxis schliesst kategorisch die Uebernahme des Dogmas der demokratischen Legitimität aus.

So bedeutsam während der letzten zwei Jahrhunderte das demokratische Legitimitätsprinzip auch für die Ideologie der Anerkennungspolitik gewesen sein mag, so wenig war man doch geneigt, sich zu ihm zu bekennen. Lauterpacht, der der Auffassung Ausdruck verleiht, für die völkerrechtliche Anerkennung sei die nachträgliche Legitimität einer revolutionär entstandenen Regierung durch einen der Sachlage ausreichend Rechnung tragenden Akt der Zustimmung des Volkes unerlässlich, hält es an und für sich für zulässig, diesen Akt als eine Manifestation des demokratischen Legitimitätsprinzips zu qualifizieren.[10] Er zieht es jedoch vor, in der Vornahme eines solchen Aktes einen schlüssigen Beweis für die Effektivität des Regimes zu erblicken. Legt er doch auf die Feststellung grössten Nachdruck, dass die vom Völkerrecht generell aufgestellten Merkmale für das Vorliegen des staatlichen Charakters eines politischen Herrschaftsverbandes (die das Selbstbestimmungsrecht der Völker nicht enthalten) für die Behandlung der Anerkennungsfrage erschöpfend sind. Sie hätten nichts mit dem Stand der Zivilisation des neuen Staates, mit der Legitimität seiner Entstehung, mit seiner Religion oder mit seinem politischen System zu tun.

„In dem Augenblick, in dem Erwägungen solcher Art in Rechnung gestellt werden, ist der klare Pfad des Rechtes verlassen und die Tür ist weit geöffnet für jegliche Willkür, für Erpressungsversuche, und für Interventionen, die den Kern der Staatlichkeit berühren."[11]

Gelten diese Ausführungen auch für das Selbstbestimmungsrecht der Völker? Bevor dies beantwortet werden kann, erscheint es unerlässlich, einige Ausführungen über Anerkennung im allgemeinen und über das Effektivitäts- und Legitimitätsprinzip im besonderen zu machen. Anerkennung ist ein polemischer Begriff, der sich auf eine Haltung bezieht, die gegen die traditionelle Ordnung gerichtet und auf die Herstellung einer neuen Legalität ausgerichtet ist. Die Verwendung dieses Begriffs setzte ursprünglich regelmässig eine durch Anwendung von Gewalt bewirkte erfolgreiche Störung der überkommenen Ordnung voraus, deren Korrektur nicht mit den Methoden der überwundenen Legalität sondern durch Sanktionierung der – je nach Lage des Falls – von den Revolutionären oder Aufständischen illegal bewirkten Aenderungen der Herrschaftsstruktur erfolgte.

Im Verlauf des 19. Jahrhunderts wurde der Begriff der Anerkennung insoweit von dem „Ludergeruch der Revolution" gelöst, als die Begründung neuer Staaten (Italien 1860; Deutsches Reich 1871) auch dann zu einer Anerkennung führte, wenn sie im Einklang mit der bestehenden Rechtsordnung und mit Zustimmung aller Beteiligten erfolgte. Besonders deutlich trat diese Tendenz bei der Loslösung Norwegens von Schweden zutage, die eine Art Präzedenzfall für die Anerkennung zahlreicher nach dem ersten und zweiten Weltkrieg entstandener Staaten bildete, die ebenfalls kampflos ihre Souveränität erlangt hatten.

[10] Lauterpacht, Sir Hersh, Recognition in International Law, Cambridge 1947, S. 115.
[11] ebd.

Wenn es sich jedoch nicht um die Schaffung neuer sondern um Aenderungen fortbestehender Staaten handelte, wurde und wird an dem Prinzip festgehalten, dass die durch eine „legale Revolution" bewirkte Ablösung eines Regimes durch ein anderes Regierungssystem die Frage der Anerkennung nicht aufkommen lässt, selbst wenn sie in ihrer Verfassungsstruktur und Verfassungsideologie durch Welten voneinander getrennt sind. Die Auflösung der Weimarer Republik und die durch sie bewirkte Begründung des Dritten Reichs ist niemals zum Gegenstand diplomatischer Verhandlungen über die „Anerkennung" dieses revolutionären Aktes gemacht worden. Hingegen hat Hitler mit Erfolg darauf bestanden, dass der „Anschluss" Oesterreichs und die Eingliederung der Tschechei in das „Gross-deutsche Reich" völkerrechtlich ebenso anerkannt wurden wie die Schaffung des „souveränen Staates Slowakei."

Die Anwendung des Anerkennungsbegriffs auf die angestrebte völkerrechtliche Sanktionierung der Errichtung der DDR dürfte, obwohl sie nicht im Wege einer Revolution erfolgte, zulässig sein, da es sich nach dem Petitum des Anerkennungs-Anwärters nicht um Veränderungen innerhalb eines bestehenden sondern um die Schaffung eines neuen Staates handelt.

Der Begriff der Anerkennung beinhaltet, dass ein Staat als vollwertiges Mitglied und dessen Regierung als vollwertiges Organ eines Mitglieds der Völkergemeinschaft zu behandeln sind, auch wenn, (und gerade wenn), sie nicht im Einklang mit der geltenden innerstaatlichen Verfassungsordnung und in Übereinstimmung mit den ihr zugrunde liegenden und in der öffentlichen Meinung vorherrschenden Legitimitätsvorstellungen an die Macht gelangt sind.

Historisch erlangte der Begriff der Anerkennung sein spezifisch politisches Gepräge als Ausdruck des monarchischen Legitimitätsprinzips, wie es seitens einiger Mitglieder der Heiligen Allianz in Troppau im Jahre 1820 festgelegt wurde. Die einschlägigen Sätze dieser Erklärung lauten:

„Les gouvernements nés de la révolution se placent en dehors de l'Alliance Européenne; ils cessent ipso facto d'être membres de cette Alliance. C'est pourquoi les monarques ont décidé de ne pas reconnaître les gouvernements surmentionnés."

Nach der Anerkennungstheorie der Heiligen Allianz schliesst die erfolgreiche Durchführung einer Revolution die Anerkennung der durch einen solchen Umsturz bewirkten Aenderungen des status quo aus. Nach der Anerkennungstheorie der Gegner der Heiligen Allianz reicht der Umstand, dass Aenderungen des status quo durch eine erfolgreich durchgeführte Revolution bewirkt worden sind aus, um ihre Anerkennung zu rechtfertigen. Der amerikanische Staatssekretär Livingstone hat im Jahre 1833 dargelegt, es sei das Prinzip und die unabänderliche Praxis der Vereinigten Staaten, jede Regierung eines anderen Staats als legal anzuerkennen, die dadurch die Vermutung begründet habe, die ausdrückliche oder stillschweigende Zustimmung des Volkes zu besitzen, (und deshalb anerkennungsfähig zu sein), dass sie sich in der tatsächlichen Ausübung der politischen Macht etabliert hat.[12] Auseinandersetzungen über „Anerkennung" hat es zwar lange vor der Polemik der Heiligen Allianz gegen die revolutionären Strömungen gegeben, die in den 20er Jahren des 19. Jahrhunderts im Raum des Mittelmeers (Spanien, Neapel, Griechenland) in Erscheinung traten. Sie haben ihre welthistorisch bedeutsamste Folge jedoch erst im Abfall der lateinamerikanischen Kolonien vom Mutterland gehabt.[13]

Wie Alfred Verdross in seinem Beitrag zum *Wörterbuch des Völkerrechts*[14] dargelegt hat, standen sich bei den Auseinandersetzungen über die Anerkennung der von Spanien abgefallenen Kolonien ursprünglich zwei Thesen gegenüber: das monarchische und das demokratische Legitimitätsprinzip.

„Die eine vom Gedanken der historischen Legitimität geleitete behauptete, dass kein Staat berechtigt sei, den neuen Staat anzuerkennen, bevor dies nicht das Mutterland getan habe. Die neue vertrat den neuen Legitimitätsgedanken, das Prinzip der Selbstbestimmung, dass es ein angeborenes Menschenrecht sei, sich nach freier Wahl zusammenzuschliessen; nur ein solcher Staat sei legitim."

Verdross führt im Anschluss hieran an, keine dieser Theorien habe sich jedoch durchsetzen können. Die neue Staatenpraxis vertrete vielmehr, „geleitet besonders von den USA" den Standpunkt, das Schwergewicht sei darauf zu legen, ob die neuen Staaten ihre Unabhängigkeit erlangt hätten, d.h. aber, ob ihre Herrschaft „effektiv" sei. Das Recht der Vereinigten Staaten, die Unabhängigkeit der lateinamerikanischen Republiken anzuerkennen, ohne andere Nationen zu kränken, hatte der auswärtige Ausschuss des Repräsentantenhauses am 19. März 1822 in einem richtungsweisenden Bericht, der die klassische Rechtfertigung des Effektivitätsprinzip enthält, damit gerechtfertigt, sie hänge nicht von der Gerechtigkeit ihrer Sache sondern einzig und allein davon ab, ob sie sich durchgesetzt habe.

„Um eine solche Anerkennung durch uns zu rechtfertigen, ist es nur notwendig darzutun, dass innerhalb seiner Grenzen das Volk von Spanisch-Amerika uneingeschränkt souverän und daher tatsächlich unabhängig ist... Wer der rechtmässige Souverän eines Landes ist, das einer Prüfung zu unterziehen, ist fremden Nationen nicht gestattet; ihnen liegt es ausschliesslich ob, mit den Mächten zu verhandeln, die existieren („to treat with the powers that be")"

[12] John Bassett Moore, A Digest of International Law, Washington, 1906, Bd. 1, S. 120.
[13] Vgl. Reinhart Koselleck, Fischer Weltgeschichte, Bd. 26. Das Zeitalter der Europäischen Revolution, Frankfurt, 1969, S. 222.
[14] Wörterbuch des Völkerrechts und der Diplomatie, Berlin und Leipzig, 1924, S. 52.

Mit apodiktischer Klarheit wird alsdann die gesamtpolitische Bedeutung der Entscheidung, die lateinamerikanischen Staaten aus den angeführten Gründen anzuerkennen mit den nachfolgenden Worten begründet, die symptomatisch für die Herrschaft des Effektivitätsprinzips sind:

„Der Friede der Welt und die Unabhängigkeit eines jeden Mitglieds der Völkerrechtsgemeinschaft erfordern es, dass jeder Staat Richter seiner internen Auseinandersetzung ist und dass fremde Nationen sich ausschliesslich an Tatsachen zu halten haben."[15]

Den Darlegungen dieses Berichts hat sich President Monroe in seiner Kongressbotschaft vom 8. März 1822 angeschlossen und Quincy Adams hat sie dahingehend zusammengefasst, dass Anerkennung nichts anderes sei als die Anerkennung von Tatsachen, d.h. aber der Tatsache, dass die Bewohner der lateinamerikanischen Kolonien von ihrem natürlichen Recht auf Freiheit Gebrauch gemacht haben. In den Worten John Quincy Adams:

„Die Allianz der Europäischen Kaiser und Könige hat als die Grundlage der menschlichen Gesellschaft die Lehre von der unveräusserlichen Treuepflicht proklamiert. Unsere Lehre beruht auf dem Prinzip der unveräusserlichen Rechte. Die europäischen Verbündeten haben in der Sache der Südamerikaner eine Rebellion gegen ihre legitimen Souveräne erblickt. Wir haben in ihr die Geltendmachung natürlicher Rechte gesehen."[16]

Es verdient festgehalten zu werden, dass anlässlich der Anerkennung der lateinamerikanischen Staaten die USA dem monarchischen nicht das demokratische Legitimitätsprinzip entgegengesetzt haben, sondern vielmehr ohne Bezugnahme auf ein spezifisches Legitimitätsprinzip die Anerkennung ausschliesslich mit der Notwendigkeit gerechtfertigt haben, den gegebenen Verhältnissen Rechnung zu tragen. Eine Bezugnahme auf das demokratische Legitimitätsprinzip verbot sich schon allein aus der Erwägung, dass in Lateinamerika (damals zum mindesten) schwerlich von dem geredet werden konnte, was Jefferson den „will of the nation substantially declared" nannte; sie verbot sich aber auch aus den machtpolitischen Erwägungen, das sie vermutlich zu einer Spaltung zwischen den USA und England geführt und die USA in einen „kalten Krieg" mit der Heiligen Allianz verwickelt hätte.

Für die Heilige Allianz war es relativ unerheblich, wer de facto die Regierung in den lateinamerikanischen Staaten ausübte; für sie war es primär massgeblich, wem sie de jure zustand. Für die USA war es unerheblich,

---

[15] zit. nach: William R. Massing, *Diplomatic Correspondence of the United States concerning the independence of the Latin-American Nations*, New York, 1925, Bd. 1, S. 148, 151.

[16] zit. nach: Lauterpacht, a.a.O., S. 403.

wem in den lateinamerikanischen Staaten de jure die Regierung zustand; für sie war primär massgeblich, wer sie de facto ausübte. Weil sie die alleinige Rechtfertigung eines Regierungssystems in seiner Fähigkeit erblickte, wirksam die staatliche Hoheitsgewalt auszuüben, konnten sie sich zu dem Grund, satz bekennen, der in der Monroe Doctrine seinen Niederschlag gefunden hat, dass ein wirksames de facto Regime ein gültiges de jure Regime darstellt. Hierzu schreibt Lauterpacht:

„es war nur allzu natürlich, dass die Ablehnung des Dogmas der Legitimität der entscheidende Aspekt in dem Verhalten eines Staates wurde, der selbst aus einer Revolution hervorgegangen war und der in anderen amerikanischen Staaten, die um ihre Unabhängigkeit kämpften, die Sache der Revolution förderte."

Lauterpacht weist jedoch gleichzeitig darauf hin, dass auf die Dauer das strikte Bekenntnis zum Effektivitätsprinzip mit den demokratisch-rechts-staatlichen Grundprinzipien der USA nicht in Einklang zu bringen war.

„Es wurde aber nur allzu bald offenkundig, dass das strikte Bekenntnis zu dem kompromisslosen Prinzip der Effektivität – im Sinne einer nicht in Frage gestellten Herrschaft der physischen Macht – dazu führen könnte, die monarchische Legitimität durch die Tyrannis rücksichtsloser und auf Abenteuer erpichten Diktatoren zu ersetzen."[17]

Diese durch die Geschichte der lateinamerikanischen Anerkennungspolitik der USA nur allzu häufig bestätigte Befürchtung hat auch in der wissenschaftlichen Literatur ihren Niederschlag gefunden, wie aus dem nachfolgenden Zitat aus dem bedeutenden Werk von Krytyna Marek über Identität und Kontinuität der Staaten im Völkerrecht hervorgeht:

„Im Falle einer zweifellos erfolgreichen und siegreichen Revolution findet das Prinzip der Effektivität seine volle Bestätigung, und seine Missachtung kann lediglich zu Absurditäten führen. Es muss mit einem Ausdruck des Bedauerns zugegeben werden, dass es ohne die geringste Bedeutung ist („of no relevance whatever") ob die Revolution den Willen der überwältigenden Mehrheit des Volkes oder den Willen von Terroristen, der nur einen Bruchteil der Bevölkerung darstellt, widerspiegelt. Das Recht, nur von einer Regierung, der man seine Zustimmung gegeben hat („government by consent") unterworfen zu sein, ist vom Völkerrecht gegenwärtig nicht geschützt, so offenkundig auch die Beziehungen zwischen innerer Freiheit und internationalem Frieden sein mögen."[18]

In der deutschen Literatur hat *J. Spiropoulos*[19] wohl am radikalsten den Standpunkt vertreten, es sei für die Drittstaaten völkerrechtlich irrelevant, ob

---

[17] Lauterpacht, a.a.O., S. 123.

[18] Krystyna Marek: *Identity and Continuity of States in Public International Law*, Genf, 1954, S. 59.

[19] J. Spiropoulos, *Die de facto-Regierung im Völkerrecht*, Kiel, 1926, S. 41.

eine Regierung dem Volkswillen entspreche. Wesentlich sei lediglich, dass sie Effektivität besitze. Von dieser These ausgehend hat er Kritik an der amerikanischen Uebung geltend gemacht, vor der Anerkennung einer revolutionären Regierung deren plebiszitäre Bestätigung zu verlangen.

So offensichtlich es ist, dass Beziehungen zwischen innerer Freiheit und internationalem Frieden bestehen, so unzweifelhaft dürfte es auch sein, dass die Errichtung eines Terrorregimes friedensgefährdende Wirkungen nach sich zu ziehen vermag. Es kann schwerlich das letzte Wort einer völkerrechtlichen Anerkennungstheorie sein, ob sie sich gegenüber der Frage neutral verhält, inwieweit sie geeignet ist, den Frieden zu fördern oder zu gefährden.

Führt demnach – konsequent zu Ende gedacht – das Effektivitätsprinzip zu einer Apotheose der Macht, so schliesst die Idee des demokratischen Legitimitätsprinzips nicht automatisch die Gewähr ein, dass sie für den Fall ihrer Realisierung nicht auch machtpolitische Tendenzen zu verstärken in der Lage sei.

Wenn Verdross davon spricht, dass sich in der formativen Periode der Anerkennungstheorie vorübergehend gegenüber dem monarchischen ein neues auf dem Prinzip der demokratischen Selbstbestimmung basierendes Legitimitätsprinzip herausgebildet habe, dürfte er an die viel zitierten Instruktionen Thomas Jeffersons gedacht haben, die dieser in seiner Eigenschaft als Secretary of State an die amerikanischen Botschafter in London und Paris gerichtet hat.

Die an den amerikanischen Botschafter in England Pitney am 30. Dezember 1792 gerichtete Botschaft lautete wie folgt:

„Wir können ganz gewiss nicht anderen Nationen das Prinzip versagen, auf dem unser eigenes Regierungssystem beruht – nämlich, dass jede Nation das Recht hat, im Inneren so zu regieren, wie es ihr beliebt, sowie ihre Regierungsform jeweils nach ihrem freien Willen zu ändern. . . Das allein wesentliche ist der Volkswille. (the only thing essential is the will of the people").

Die an den amerikanischen Botschafter in Frankreich Morris gerichtete Botschaft vom 12. März 1793 hatte den folgenden Wortlaut:

„Es entspricht unseren Prinzipien, jede Regierung als rechtswirksam anzuerkennen, die durch den authentisch zum Ausdruck gebrachten Willen des Volkes zustandegekommen ist. („formed by the will of the nation substantially declared") Dies war bei der vorigen Regierung der Fall und sie wurde daher von uns allseitig anerkannt. Folglich wird jede Aenderung, die von dem authentisch zum Ausdruck gebrachten Willen der Nation (‚by the will of the nation substantially declared') in der gleichen Art und Weise anerkannt werden."[20]

---

[20] Moore, a.a.O., Bd. 1, S. 120.

Beide Instruktionen bekennen sich zu dem Prinzip der Volkssouveränität welches, wie die Geschichte der Diktatur und des Totalitarismus der vergangenen mehr als 175 Jahre eindeutig erwiesen hat, allein nicht genügt, um dem demokratischen Legitimitätsprinzip zum Durchbruch zu verhelfen. Im Gegensatz zu der ersten enthält die zweite Instruktion jedoch eine Qualifikation des Postulats der Volkssouveränität. Um anerkennungsfähig zu sein, muss eine Regierung einem Willen des Volkes entsprechen, der nicht in der vagen Form etwa der öffentlichen Meinung in Erscheinung tritt, sondern der – wie gleich zweimal gesagt wird, – „substantially declared" sein muss. Lediglich einem Volk, dem die Möglichkeit gewährt ist, seinen Willen authentisch zum Ausdruck zu bringen und das von dieser Möglichkeit Gebrauch gemacht hat, soll die Chance eröffnet werden, von den USA anerkannt zu werden. Berücksichtigt man, dass diese Instruktion an den amerikanischen Botschafter in *dem* Land gerichtet ist, das durch den Erlass der Verfassung des gleichen Jahres das vielleicht grandioseste Verfassungsexperiment der Menschheitsgeschichte geplant hatte, so wird man hinter den wohl unübersetzbaren Worten „the will of the people substantially declared" die ganze Spannung ahnen, die damals den amerikanischen Staatssekretär Jefferson ebenso tief ergriffen hatte wie die französische Nation.

Die von Julius Goebel in seinem Buch über die Anerkennungspolitik der Vereinigten Staaten[21] vorgetragene Ansicht, der sich Ti Chang Chen[22] angeschlossen hat, Jefferson sei der eigentliche Vater der amerikanischen Effekti vitätstheorie, ist nicht zutreffend. Richtig ist vielmehr die Ansicht Lauterpachts[23], Jeffersons Anerkennungstheorie sei offenkundig unvereinbar mit dem reinen de facto Prinzip („clearly inconsistent with the de facto principle"). Jeffersons Anerkennungstheorie basiert auf dem demokratischen Legitimitätsprinzip rechtsstaatlicher Observanz, denn, wie *C. G. Fenwick*[24] ausgeführt hat:

„Wo es keine Meinungsfreiheit, keine Pressefreiheit und keine Versammlungsfreiheit gibt, existiert kein Masstab, wie der Volkswille festgestellt werden kann, sofern Jeffersons Test noch als unsere nationale Anerkennungspolitik gelten kann."

Obwohl das Bekenntnis zu Jeffersons Prinzipien geradezu zu einer Art Ritual der amerikanischen Anerkennungspolitiker und -Theoretiker geworden ist, sollte nicht übersehen werden, dass sie ständig durch die in der Monroe-Botschaft enthaltenen (auf Quincy Adams zurückgehenden)

---

[21] Julius Goebel, *Recognition Policy of the United States*, New York, 1915, Kap. 4.
[22] Ti Chang Chen, a.a.O., S. 120.
[23] Lauterpacht, a.a.O., S. 128, Anm. 2.
[24] C. G. Fenwick, *American Journal of International Law*, Bd. 58, S. 965.

Grundsätze modifiziert wird, es sei die amerikanische Politik „to consider the government de facto as the legitimate government for us".

Dass das demokratische Legitimitätsprinzip, sei es in seiner genuinen Form, sei es in seiner modifizierten Form als getarnte radikale Rückendeckungstheorie nicht ohne Gefahren für eine das Prinzip des Selbstbestimmungsrechts der Völker respektierende Anerkennungspolitik ist, beweist die nachfolgende in der Botschaft Grants vom 7. Dezember 1875 enthaltene Definition[25] die *Joseph Kunz*[26] als „klassisch" bezeichnet hat.

„Um die begrifflich unentbehrlichen Mindestbedingungen für eine Anerkennung zu erfüllen, muss ein Volk vorhanden sein, das ein bestimmtes Gebiet bewohnt und das unter einer bekannten und definierten Regierungsform lebt; letztere muss von denen, die ihm unterworfen sind, bestätigt sein (‚acknowleged by those subject thereto'). Die Regierungsfunktionen müssen mittels der üblichen Methoden ausgeübt werden und die Regierung muss fähig sein, sowohl ihren Bürgern als auch Fremden Gerechtigkeit zukommen zu lassen und Rechtsbehelfe für die Wiedergutmachung öffentlichen und privaten Unrechts zu besitzen. Sie muss fähig sein, die ihr obliegenden internationalen Aufgaben zu übernehmen und in der Lage sein, die darin eingeschlossenen Pflichten zu erfüllen."

Diese Definition kann als „klassisch" für die lateinamerikanische Anerkennungspolitik der USA während einer Epoche angesehen werden, in der Effektivität mit dem Funktionieren eines Staatswesens gleichgesetzt wurde, das fremden Kapitalgebern die grösst-mögliche Garantie der Sicherheit ihrer Investitionen gewährleistete und daher als ein Mittel zur Verwirklichung der Dollardiplomatie missbraucht werden konnte.

Das demokratische Postulat der Rückendeckung eines revolutionären Regimes durch die von ihm beherrschte Bevölkerung kann und ist dazu missbraucht worden, den Anerkennungsanwärter unter die Kontrolle des Staates zu stellen, der über die Anerkennung zu entscheiden hat. Seiner Idee nach dazu berufen, dem Selbstbestimmungsrecht der Völker zum Durchbruch zu verhelfen, kann das demokratisch getarnte Erfordernis der Rückendeckung nur allzu leicht dazu führen, das Selbstbestimmungsrecht zu unterminieren. Die Erfahrungen, die die lateinamerikanischen Nationen in der zweiten Hälfte des 19. und der ersten Hälfte des 20. Jahrhunderts gemacht haben, dürften massgeblich dazu beigetragen haben, dass durchweg dem Effektivitätsprinzip der Vorzug vor einem irgendwie gearteten demokratischen Legitimitätsprinzip gegeben worden ist. In der Gegenwart gleicht die Anerkennung einem Spiel mit drei Bällen: der Effektivität, der Flexibilität und der im Selbstbestimmungsrecht der Völker implizierten demokratischen

---

[25] Moore, a.a.O., S. 107 f.

[26] Josef Kunz, *Die Anerkennung von Staaten und Regierungen im Völkerrecht*, Stuttgart, 1928, S. 58.

Legitimität. Dies mag erklären, warum es im Bereich der Anerkennungspolitik keine allgemein gültigen sondern jeweils nur optimale Lösungen gibt.

Auf dem Höhepunkt des letzten Krieges hat eine im Jahre 1944 in London
abgehaltene Juristenkonferenz die nachfolgenden Grundsätze proklamiert,
die geschichtlich gesehen weniger utopisch sind, als es auf den ersten Blick
den Anschein hat. Die einschlägigen Sätze lauten wie folgt:

„De-jure Anerkennung sollte neu errichteten Regierungen gewährt werden, deren
Autorität wirksam, unabhängig und offenkundig stabil ist. Diese Autorität muss
entweder mit der allgemeinen Zustimmung des Volks erworben oder vom Volk in
der geeigneten Weise bestätigt worden sein. Dies bedeutet aber unter normalen Verhältnissen in modernen zivilisierten Ländern die Abhaltung freier Wahlen oder
eine Abstimmung durch das Volk oder deren Repräsentanten."[27]

Die Verwirklichung dieses Postulats würde der Neubelebung einer Anerkennungspolitik gleichkommen, wie sie in den Jahren vor Ausbruch des
ersten Weltkriegs mit Erfolg angestrebt worden war. Als im Jahre 1910 die
Monarchie in Portugal gestürzt und durch eine Republik ersetzt worden war,
regte England an, dass zwischen den Grossmächten eine Verständigung erzielt werden solle, die Republik Portugal anzuerkennen, nachdem eine frei
gewählte Nationalversammlung die Aenderung der Staatsform sanktioniert
hatte. Vor die Wahl gestellt, ob sie sich vor der Normativität des Faktischen
beugen (Effektivitätsprinzip) oder die Geltung des pouvoir constituant
respektieren sollten (Legitimitätsprinzip), haben sich die Mächte einschliesslich des deutschen Reichs für das letztere entschieden.

Am 21. Oktober 1910 richtete der Reichskanzler von Bethmann-Hollweg
an Kaiser Wilhelm II. die nachfolgende Eingabe:

„Der englische Botschafter hat heute die allerunterthänichst beigefügte Aufzeich-
nung übergeben, worin ein gemeinschaftliches Vorgehen der Mächte behufs Anerkennung der portugiesischen Republik vorgeschlagen wird. Der englische Vorschlag schliesst sich eng an das Vorgehen an, wie es seinerzeit von den Mächten
bei Anerkennung der brasilianischen Republik befolgt worden ist. Es ist auch
damals mit Euerer Kaiserlichen und Königlichen Majestät huldreicher Genehmigung von Euerer Majestät Regierung die Ansicht vertreten worden, dass einer
Entscheidung auf gesetzlichem Wege nicht vorgegriffen werden dürfe, und dass die
provisorische Regierung nicht eher anerkannt werden könne als bis deren verfassungsmässige Bestätigung erfolgt sei. Euere Kaiserliche und Königliche Majestät
wage ich ehrfurchtsvoll um die Ermächtigung zu bitten, der Königlich Grossbri-
tannischen Regierung die Zustimmung Euerer Majestät Regierung zu dem Vorschlag erklären zu dürfen. Die englische Demarche ist umso erfreulicher, als zu
befürchten stand, dass die Engländer, wie schon wiederholt in ähnlichen Fällen,
sich durch vorschnelle Anerkennung bei dem neuen Regime auf Kosten der an-

---

[27] *American Journal of International Law*, Bd. 38, S. 294.

deren Mächte besondere Vorteile zu sichern suchten. Ein gemeinsames Vorgehen war diesseits bereits in unverbindlicher Form angeregt worden."[28]

Die Eingabe enthält den eigenhändigen Vermerk des Kaisers vom 22. Oktober 1910 „einverstanden".

Die Republik Portugal ist von sämtlichen Mächten im Jahre 1911 anerkannt worden, nachdem die neugewählte portugiesische Nationalversammlung die Aenderung der Staatsform verfassungsmässig legitimiert hatte.

Der Fall Portugal ist ein markantes Beispiel für die Richtigkeit der These, dass so apodiktisch auch in den Lehrbüchern des Völkerrechts behauptet werden mag, mangelnde staatsrechtliche Legitimität sei kein Grund für Verneinung der Anerkennungsfähigkeit, so trete in der politischen Realität dieses Prinzip bei der Entscheidung von Anerkennungsfragen doch stets und von neuem massgeblich in Erscheinung.[29] Der Umstand, dass das DDR-Regime nicht aus freien Wahlen hervorgegangen ist, kann nicht weggedacht werden, wenn man die Haltung der Bevölkerung der BRD zur Anerkennungsfrage und die Anerkennungspolitik der Westmächte gegenüber der DDR richtig verstehen will.

[28] *Akten des Auswärtigen Amtes*, A. 17492 J, Nr. 12365.
[29] Fraenkel a.a.O., S. 15.

BIBLIOGRAPHIE CARL J. FRIEDRICHS

I. SELBSTÄNDIGE VERÖFFENTLICHUNGEN*

Alfred Weber, *Theory of the Location of Industries*. Transl. with an introduction and notes by –, Chicago, 1929 (2nd impr. 1957).

Politica Methodice Digesta of Johannes Althusius (Althaus). Reprinted from the third edition of 1614. Augmented by the preface to the first edition of 1603 and by 21 hitherto unpublished letters of the author. With an introduction by –, *Harvard Political Classics* Vol. II, Harvard University Press, Cambridge, 1932.

–, and Taylor Cole, "Responsible Bureaucracy. A study of the Swiss Civil Service", *Studies in systematic political science and comparative government*, Cambridge/Mass., 1932.

Responsible Government Service under the American Constitution. (In commission of inquiry on public service personnel. *Problems of American Public Service*, Monographs 7) New York-London, 1935.

Constitutional Government and Politics, nature and development, New York-London, 1937; Boston, 1941, 1946. Rev. Ausgabe: *Constitutional Government and Democracy. Theory and Practice in Europe and America*, New York, 1950. 4. Rev. Ausgabe Toronto London, 1968 (f. 1958, span. 1965, ital. 1966).

Foreign Policy in the Making. The search for a new balance of power, New York, 1938.

–, and J. Sayre, *The Development of the Control of Advertising on the Air*. (Radio broadcasting research project at the Littauer Center, Harvard University. *Studies in the control of radio*, N. 1, Nov. 1940) Cambridge/Mass., 1940.

Controlling Broadcasting in Wartime; a tentative public policy. (Radio broadcasting research project at the Littauer Center, Harvard University. *Studies in the control of radio*, N. 2, Nov. 1940) Cambridge/Mass., 1940.

The New Belief in the Common Man, (Repr.) 1st ed., Boston, 1942. 5th ed., Brattleboro, 1945.

Radio Broadcasting and Higher Education. With the assistance of Jeanette Sayre

---

*Da die deutschen Übersetzungen amerikanischer Bücher zum Teil vom Verfasser selbst besorgt wurden und gelegentlich starke Veränderungen gegenüber dem Original aufweisen, wurden sie in dieser Aufstellung – im Gegensatz zu den Übersetzungen in andere Sprachen – gesondert aufgeführt.

Smith. (Radio broadcasting research project at the Littauer Center, Harvard University. *Studies in the control of radio*, N. 4, May 1942) Cambridge/Mass., 1942.

"War; the causes, effects, and control on international violence," *Problems in American life*, N. 11, Washington, 1943.

–, and Evelyn Sternberg, *Congress and Control of Radio Broadcasting*. 1.) (Radio broadcasting research project at the Littauer Center, Harvard University. *Studies in the Control of radio*, N. 5, March 1944), 2) Repr. from the *American Political Science Review*, 37 (1943), N. 5 and 6. Cambridge/Mass., 1943-44.

American Policy toward Palestine. Publ. under the auspices of the American Council on Public Affairs, Washington, 1944.

Inevitable Peace, Cambridge/Mass., 1948.

–, and Sidney Connor, "Military Government," *The Annals of the American Academy of Political and Social Science*, Vol. 267, Philadelphia, 1950.

The New Image of the Common Man, (Enlarged ed. of: *The New Belief in the Common Man*) Boston, 1950 (span. 1960).

The Age of Baroque, 1610-1660, The rise of modern Europe, Vol. 5, New York, 1952.

Der Verfassungsstaat der Neuzeit, (Constitutional Government and Democracy, deutsch. nach einer vom Verf. für die dt. Ausgabe bearbeiteten Fassung übers. v. Alfons Mutter). *Enzyklopädie der Rechts- und Staatswissenschaft*, Abt. Staatswissenschaft. 6, Berlin-Göttingen-Heidelberg, 1953.

Das Zeitalter des Barock. Kultur und Staaten Europas im 17. Jahrhundert. Aus dem Engl. übers. v. F. Schöne. Stuttgart, 1954.

–, and Robert G. McCloskey: *From the Declaration of Independence to the Constitution. The roots of American constitutionalism.* Ed. with an introd. by —. (*The American Heritage Series*. 6) New York, 1954.

–, and Robert R. Bowie, *Probleme einer europäischen Staatengemeinschaft. Studien zum Föderalismus*, durchgeführt unter Leitung von –. (*Dokumente und Berichte des Europa-Archivs*, 11) Frankfurt/Main, 1954.

Die Philosophie des Rechts in historischer Perspektive, Hrsg. v. Wolfgang Kunkel. (*Enzyklopädie der Rechts- und Staatswissenschaft*. Abt. Rechtswissenschaft. 3) Berlin-Göttingen-Heidelberg, 1955. (holl. 1964, span 1964, portug. 1965).

Cours d'histoire des idées politiques; évolution de la liberté constitutionnelle en Angleterre à travers les deux révolutions, Paris, 1956.

Etablissements de formation: Proposition de création d'un centre de formation des fonctionnaires européens de la C.E.C.A. ou de semblables autorités supranationales, Paris, 1956.

–, and Zbigniew K. Brzezinski, *Totalitarian Dictatorship and Autocracy*. Cambridge/Mass., 1956. 2. Aufl. 1965.

–, and Charles Blitzer, *The Age of Power. The development of western civilization*, New York, 1957.

Constitutional Reason of State. The survival of the constitutional order, (*The Colver Lectures in Brown University*, 1956) Providence/Rhode Island, 1957.

Totalitäre Diktatur. (Übers. v. Autor.) Unter Mitarbeit von Zbigniew K. Brzezinski. Stuttgart, 1957.

The Philosophy of Law in Historical Perspective, Chicago, 1958. (Korean. 1960).

Demokratie als Herrschafts- und Lebensform. (*Studien zur Politik*) Heidelberg, 1959. 2. Aufl. 1966, (japan 1965).

Puerto Rico: middle road to freedom. Fuero fundamental, New York, 1959. (Span. 1959)

Die Staatsräson im Verfassungsstaat, (Übers. v.: *Constitutional Reason of State*, 1957) Freiburg-München, 1961.

Man and His Government, New York, 1963.

Zur Theorie und Politik der Verfassungsordnung. Ausgewählte Aufsätze. Heidelberg 1963.

Transcendent Justice. The Religious Dimension of Constitutionalism, Durham, N.C., 1964.

Selected Trends and Issues in Contemporary Federal and Regional Relations, Washington, 1965.

Christliche Gerechtigkeit und Verfassungsstaat, Köln Opladen, 1967 (Übers.).

The Impact of American Constitutionalism Abroad. Boston, 1967.

An Introduction to Political Theory, New York, 1967.

Prolegomena der Politik. Politische Erfahrung und ihre Theorie, Berlin, 1967 (Übers. des 1. Teiles von "Man and His Government").

Federalism. Trends in Theory and Practice, New York, 1968.

Europe: An Emergent Nation? New York, 1969.

–, and Michael Curtis und Benjam Barber, *Totalitarianism in Perspective. Three Views*, New York, 1969.

Politik als Prozess der Gemeinschaftsbildung. Eine empirische Theorie, Köln Opladen, 1970 (Übers. des zweiten Teiles von "Man and His Government").

The Pathology of Politics. New York 1971.

II. Herausgeberschaft

Studies in Systematic Political Science and Comparative Government, Cambridge/ Mass., 1932-42.

Public Policy. A yearbook of the Graduate School of Public Administration, Harvard University. Ed. by – and E. S. Mason, Vol. I ff.; – and J. K. Galbraith, Vol. IV ff.; – and S. E. Harris, Vol. VII ff.) Cambridge/Mass., Vol. I/1940 – XIII 1963.

Radio Broadcasting Research Project at the Littauer Center, Harvard University. *Studies in the control of radio*, Cambridge/Mass., N. 1/1940, N. 2/1940, N. 3/1941. N. 4/1942, N. 5/1944.

–, et al.: "Planning for the Greater Boston Metropolitan Area. in: *Public Administration Review*, 5/1945, pp. 113-126.

–, James Landis, and Wilbur White: *The Middle East: Zone of conflict? A radio discussion*, (The University of Chicago Round Table. Transscript. – 594th broadcast in cooperation with the National Broadcasting Company. Nr. 383, July 22, 1945) Chicago, 1945.

–, et al.: *American Experiences in Military Government in World War II* (*American Government in Action Series*) New York, 1948.

[Immanuel Kant.] *The Philosophy of Kant. Immanuel Kant's moral and political writings*, Ed. with an introd. by –. (*The modern library of the world's best books*, 266) New York, 1949.

Totalitarianism. Proceedings of a conference, held at the American Academy of

Arts and Sciences, March 1953. Ed. with an introd. by –. Cambridge/Mass.-Oxford, 1954.

[Georg Friedrich Wilhelm Hegel.] *The Philosophy of Hegel*. Ed. with an introd. by –. (*The modern library of the world's best books*, 239) New York, 1953, 1954.

–, and Robert R. Bowie, *Studies in Federalism*, Boston, 1954, frz. 1960/62, ital. 1959 arab. 1965.

The Soviet Zone of Germany. Gen. Ed.: –. (Subcontractor's Monograph. HRAF-34. Harvard-1) New Haven/Conn., 1956.

Authority. (*Nomos* I) Edited for the American Society of Political and Legal Philosophy. Cambridge/Mass., 1958.

Community. (*Nomos* II) Edited for the American Society of Political and Legal Philosophy. New York, 1959.

Responsibility. (*Nomos* III) Edited for the American Society of Political and Legal Philosophy. New York, 1960.

Die Politische Wissenschaft, (Sammlung Orbis) Freiburg München, 1961.

Liberty. (*Nomos* IV) Edited for the American Society of Political and Legal Philosophy. New York, 1962 (Portug. 1967).

Public Interest. (*Nomos* V). Edited for the American Society of Political and Legal Philosophy. New York, 1962 (Portug. 1967).

Justice. (*Nomos* VI) Edited for the American Society for Political and Legal Philosophy. New York, 1963.

Rational Decision. (*Nomos* VII). Edited for the American Society for Political and Legal Philosophy. New York, 1964.

Revolution. (*Nomos* VIII) Edited for the American Society for Political and Legal Philosophy. New York, 1966.

Politische Dimensionen der europäischen Gemeinschaftsbildung, Köln Opladen, 1968.

–, und Benno Reifenberg: *Sprache und Politik. Festgabe für Dolf Sternberger zum 60. Geburtstag*, Heidelberg, 1968.

III. Beiträge in Zeitschriften und Sammelwerken

"The Issue of Judicial Review in Germany". in: *Political Science Quarterly*, 43, (1928) pp. 188-200.

"Der Aufbau des amerikanischen Hochschulwesens". in: *Mitteilungen des Verbandes der deutschen Hochschulen*, 9 (1928/29) S. 16-22.

"Reparation Realities". in: *Foreign Affairs*, 7 (1928/29) pp. 118-131.

"Der Grundsatz des angemessenen Ertrags in der staatlichen Regelung der amerikanischen Eisenbahnen und seine Beziehung zur Kostentheorie der Beförderungstarife". in: *Archiv für Sozialwissenschaft und Sozialpolitik*, 62 (1929) S. 299-343.

"Das Berufsbeamtentum in den Vereinigten Staaten". in: *Beamten-Jahrbuch*. 1 (1930) S. 1-8.

"Jugend und Hochschule in Nordamerika". in: Der Student im Ausland. *Schriftenreihe der akad. Mitteilungen*, Heidelberg. 7/8 (1930) S. 170-182.

"Die Entwicklung des amerikanischen öffentlichen Rechts nach dem Kriege". in: *Jahrbuch des Öffentlichen Rechts*, 20 (1931) S. 393-429.

"National Socialism in Germany". in: *The Political Quarterly*, London. N. 4, (1931) pp. 20-30.

"The Development of the Executive Power in Germany". in: *The American Political Science Review*, 27, N. 2 (1933) pp. 185-203.

"This progressive Education". in: *Atlantic Monthly*, 154 (1934) pp. 421-426.

"Diritto naturale e leggi di natura". in: *Rivista internazionale di filosofia del diritto*, 15 (1935) pp. 481-486.

"Blind Alleys". in: *Atlantic Monthly*, 157 (1936) pp. 369-378.

"Peasant as Evil Genius of Dictatorship". in: *Yale Review*. 26 (1936) pp. 724-740.

–, Wolfgang Kraus: "Zum gegenwärtigen Stand des Föderalismus in den Vereinigten Staaten". in: *Jahrbuch des Öffentlichen Rechts*, 23 (1936) S. 343-375.

–, and Mary C. Trackett, "Suggestions for a General Index for Political Science". in: *The American Political Science Review*, XXXI, 3 (1937) pp. 517-525.

"Rise and Decline of the Spoils Tradition". in: *Annals of the American Academy of Political and Social Science*, 189 (1937) pp. 10-16.

–, and H. Schuyler Foster jr., "Public Opinion". in: *The American Political Science Review*, XXXI, 1 (1937) pp. 71-79.

"Education and Propaganda". in: *Atlantic Monthly* (1939) pp. 693-701.

"Refugees and Professions". in: *Harvard Law Review*, 53 (1939) pp. 112-122.

"Les Relations entre le Gouvernement et la Presse aux Etats-Unis". in: *Cahiers de la presse*, 2 (1939) pp. 145 ff.

"Lord Halifax". in: *Atlantic Monthly* (Nov. 1939).

"Continental Tradition of Training Administrators in Law and Jurisprudence". in: *Journal of Modern History*, XI, 2 (1939) pp. 129-148.

"An Atlantic Portrait: Eduard Beneš". in: *Atlantic Monthly*, 162 (1940) pp. 357-366.

"An Essential of National Defense". in: *New England News Letter*, Sept. (1940) pp. 3, 14-16.

"FCC Monopoly Report; a critical appraisal". in: *Public Opinion*, 4 (1940) pp. 526-532.

"Public Policy and the Nature of Administrative Responsibility". in: *Public Policy*, I (1940) pp. 3-24.

"Selection of Professors". in: *Atlantic Montly*, 161 (1940) pp. 110-114.

"The Total War. For democracy or dictatorship?" in: *Harvard Guardian*, 4 (1940) N. 5, pp. 3-8.

"We build the Future". in: *Atlantic Monthly* (1940/41) pp. 33-35.

"Belief in the Common Man." in: *The American Scholar*, IX, 3 (1940).

"Controlling Broadcasting in Wartime". in: *Studies in the Control of Radio*, 2 (1940).

"The Development of the Control of Advertising on the Air". in: *Studies in the Control of Radio*, 1, (1940).

"Administrative Responsibility in Democratic Government. H. Finer – Bibliography". in: *Public Administrative Review*, 1 (1941) N. 4, pp. 335-350.

"An Analysis of the Radiobroadcasting Activities of Federal Agencies". in: *Studies in the Control of Radio*, 3 (1941).

"Controlling Broadcasting in Wartime: a tentative public policy", in: *Public Policy*, II (1941) pp. 374-401.

"The Nazi Dictatorship in Action". in: *Democracy is different*, (1941).

"Paul Reynaud." in: *Atlantic Monthly*, 164, (1941) pp. 491-501.

"The Poison in our System". in: *Atlantic Monthly*, 167 (1941) pp. 662-672.

"A Sketch of the Scope and Method of Political Science". in: – *Constitutional Government and Democracy*, Ch. 25 (1941) pp. 567-670.

"Foreign-Language Radio and the War". in: *Common Ground*, 3 (1942) N. 1, pp. 65-72.

"Rights, Liberties, Freedoms". in: *University of Pennsylvania Law Review*, 91, 1942, N. 4, pp. 312-320.

"Issues of Informational Strategy". in: *Public Opinion Quarterly*, 7, (1943) pp. 77-89.

"Military Government as a Step toward Self-Rule". in: *Public Opinion Quarterly*, 7 (1943) pp. 527-541.

"Childhood Education and World Citizenship". in: *Childhood Education*, 20 (1944) pp. 391-395.

"The Role and the Position of the Common Man". in: *American Journal of Sociology*, 49 (1944) N. 5, pp. 421-429.

"British Policy in Palestine". in: *Menorah Journal*, 33 (1945) pp. 248-251.

"Organic Humanism". in: *The Humanist*, Vol. IV, N. 4, January (1945).

–, and Alfred D. Simpson, "Metropolitan Tasks for Education". in: *Harvard Educational Review*, Vol. XV, N. 3, May (1945).

"Guilt and Atonement: Comments on German postwar attitudes". in: *The Humanist*, Summer (1945) pp. 63-70.

"International and Imperialist Problems. Democratic and socialist issues involved in the international settlement of the Japanese Empire". in: *Japans Prospect* (1945) pp. 355-372.

–, and D. G. Haring, "Military Government for Japan". in: *Far East Studies*, 14 (1945) pp. 37-40.

–, and John G. Hazam, "Should Jewish Refugees be admitted to Palestine now?" in: *Talks*, Vol. II, N. 3, July (1946).

"The Ideology of the United Nations Charter and the Philosophy of Peace of Immanuel Kant, 1795-1945". in: *Journal of Politics*, 9 (1947) pp. 10-30.

"American Political Science during Wartime". in: *American Political Science Review*. Vol. XLI, Oct. (1947) pp. 978-989.

"Mehrheit und Minderheit in der demokratischen Praxis". in: *Prisma* (*Kulturzeitschrift;* München) 1 (1947) N. 6, S. 17-19.

–, et al.: "Democratic Process: lectures on the American liberal traditions". (Henry Wells Lawrence Memorial Lectures. 2) New London/Conn., 1948.

in: *American Experiences in Military Government in World War II*, (Ed.: –, and ass., American Government in Action Series) New York, 1948: 1.) "Military Government and Democratization: a central issue of American foreign policy". pp. 3-27; 2.) "Organizational Evolution in Germany," 1945-1947. pp. 197-210; 3.) "The Three Phases of Field Operations in Germany", 1945-1946. pp. 238-252; 4.) "Denazification", 1944-1946. pp. 253-275.

"Representation and Constitutional Reform in Europe". in: *Western Political Quarterly*, 1 (1948) N. 2, pp. 124-130.

"Wesen und Grenzen der Verfassung". in: *Amerikanische Rundschau* (München) 4 (1948) N. 21, S. 11-24.

–, et al.: "American Experiences in Military Government in World War II". Review. in: *Public Administration Review*. 8 (1948) N. 3, pp. 218-226.

"Rebuilding the German Constitution". in: *American Political Science Review*, 1. Vol. XLIII, June (1949) pp. 461-482; 2. Vol. XLIII, August (1949) pp. 704-720.

in: *Encyclopedia of the Social Sciences*. (Repr.) New York (1950) 1.) "Johannes Althusius" (1557-1638). 2. pp. 13-14; 2.) "Charles V". (1500-1558). 3. pp. 346-347; 3.) "Confiscation". 4. pp. 183-187; 4.) "Oliver Cromwell" (1599-1658). 4. 605-606; 5.) "Otto von Gierke" (1844-1921). 6. pp. 655-656; 6.) –, and "Frederick M. Watkins: Monarchy". 10. pp. 579-584; 7.) "Naturalization". 11. pp. 305-309; 8.) "Oligarchy". 11. pp. 462-465; 9.) "Plutocracy". 12. pp. 175-177; 10.) "Prerogative". 12. pp. 318-320; 11.) "Reason of State". 13. pp. 143-144; 12.) "Separation of Powers" 13. pp. 663-667.

"Military Government and Dictatorship". in: *Annals of the American Academy of Political and Social Science*, 267 (1950) pp. 1-7.

"The Political Theory of the New Democratic Constitutions". in: *Review of Politics*, 12 (1950) N. 2, pp. 215-224.

"Amerika in der Weltpolitik". in: *Gummi und Asbest*, 3 (1950) N. 9, S. 235-240.

"Das Ende der Kabinettspolitik". in: *Aussenpolitik*, 1 (1950) N. 1, S. 20-27.

"Considérations générales sur la constitution de Porto-Rico". (Trad. par Nina Nossalévitch.) in: *Problèmes constitutionnels*, 2 (1951) pp. 179-187.

"Die Rolle des Wissenschaftlers im Staat". in: *Hamburger Studentenzeitung*. 2 (1951) N. 17, S. 1-2.

"Why the Germans hesitate (Remilitarisierung)". in: *Atlantic Monthly*, 187 (1951) N. 4, pp. 40-41.

"Autonomy for Puerto Rico". in: *Dalhousie Review*, (1953) N. 4, pp. 12-24.

"European Unity and European Tradition". in: *Confluence*, Sept. (1953) p. 42.

"Eine Kolonie wird selbständig. Die Vereinigten Staaten und die Verfassung von Puerto Rico". in: *Gegenwart*, 8 (1953) 1.) N. 1, S. 18-19; 2.) N. 4, S. 114-116.

"Policy – a Science?" in: *Public Policy*, IV (1953) pp. 269-281.

"Research in Comparative Politics". in: *American Political Science Review*, 47 (1953) N. 3, pp. 641-661.

–, and Theodor S. Baer, "Public Finance in Six Contemporary Federations: a comparative constitutional analysis". in: *Public Policy*, IV (1953) pp. 180-227.

"The World Significance of the New Constitution (Puerto Rico)". in: *Annals of the American Academy of Political and Social Science*, 285 (1953) pp. 42-47.

–, and H. J. Spiro, "Constitution of German Federal Republic". in: *Governing Postwar Germany*, Ithaca/N.Y. (1953) pp. 117-151.

"Arnold Brecht. Jurist and political theorist". in: *Social Research*, 21 (1954) N. 1, pp. 107-109.

"Le déclin du controle et de la discussion parlementaires". in: *Revue internationale d'histoire politique et constitutionnelle*, (1954) pp. 126-134.

"Grundsätzliches zur Geschichte der Wissenschaft von der Politik". in: *Zeitschrift für Politik*, N.F. 1 (1954) S. 325-336.

"Loyalty and Authority". in: *Confluence*, Sept. (1954) pp. 307 ff.

"Movimenti rivoluzionari contemporanei". in: *Studi politici*, 2 (1954) pp. 118-120.

La nueva constitución de Puerto Rico, University of Puerto Rico (1954) p. 15.

"The Unique Character of Totalitarian Society". in: *Totalitarianism.*, Ed. by –. (1954).

"Die Philosophie der Geschichte als Form der Überlagerung". in: G. Eisermann (Hrsg.): *Wirtschaft und Kultursystem. Alexander Rüstow zum 70. Geburtstag.*

Erlenbach-Zürich (1955) S. 149-171.

"The Political Thought of Neoliberalism". in: *American Political Science Review.* 49 (1955) pp. 509-613.

"Religion and History: Philosophy of history as the expression of religious universalism and imperialism". in: *Confluence*, April (1955) pp. 105-115.

"Style as the Principle of Historical Interpretation". in: *Journal of Aesthetics and Art Criticism*, 14 (1955) N. 2, pp. 143-151.

–, und Ludwig Erhard, *Rede anlässlich der Vollversammlung der Industrie- und Handelskammer Augsburg am 3. November* (1955), S. 1-14.

"Der Stil als Ordnungsprinzip geschichtlicher Deutung". in: *Edwin Redslob zum 70. Geburtstag*, Berlin (1955).

"Il diritto e la teoria dell'esperienza". in: *Rivista internazionale de filosofia del diritto*. Ser. 3, 33 (1956) pp. 273-283.

"The Ideological and Philosophical Background on the Idea of Codification". in: *Code Napoleon and the Common Law World*. Ed. by Bernard Schwatrz. New York (1956) pp. 1-18.

"Israel and the End of History". in: *Israel. Its role in civilization*. Ed. by Moshe Davis. New York (1956) pp. 92-107.

"Die öffentliche Meinung Amerikas in der Krise". in: *Aussenpolitik*, 7 (1956) S. 502-512.

"Philosophie und Wissenschaft von der Politik. Zur Methodologie einer umstrittenen Disziplin". in: *Deutsche Universitätszeitung*, 11 (1956) N. 15/16, S. 8-10.

"Le problème du pouvoir dans la théorie constitutionnaliste". in: R. Polin (Ed.): *Le Pouvoir*, T. 1 (Annales de Philosophie Politique. 1) Paris (1956) pp. 33-51.

Die schöpferische Rolle der Gruppen im demokratischen Staat. in: Industriekurier. 9 (1956) N. 99, S. 18-19.

"Zwei philosophische Interpretationen des Naturrechts". in: *Diogenes* (deutsche Ausgabe) II (9-10). 3 (1956) S. 232-248.

"Die Staatsräson im Verfassungsstaat". in: *Politische Studien*, 7 (1956) N. 73, S. 6-20.

"Ausbildungsstätten. Vorschlag für eine Ausbildungsanstalt für Europabeamte der Montanunion und ähnlicher übernationaler Behörden". in: *Der europäische öffentliche Dienst. Künftige Stellung, Ausbildung und Fortbildung des europäischen Beamten. Internationales Kolloquium*, Saarbrücken, Nov. 1955. Stuttgart (1957) S. 182-184.

"Les conceptions actuelles de la démocratie en Europe et en Amérique". in: *Bulletin européen d'information*, (1957) N. 49, pp. 1-8.

"Creative Methods in Urban Political Change". in: *Annals of the American Academy of Political and Social Science*, 314 (1957) pp. 86-93.

"Die Einigung Europas in amerikanischer Perspektive". in: *Europa – Besinnung und Hoffnung*, Erlenbach-Zürich und Stuttgart, (1957) S. 59-71.

"La nascita degli Stati Uniti d'America. Rendiconti del convegno tenuto a Roma dal 13 al 15 luglio 1956. A cura di Luciano Bolis". in: *Il fondamento europeo della costituzione americana*, Conclusione, Milano (1957) pp. 1-258.

"Totalitarismo e cultura. Antologia da 'Confluence' a cura di Gian Antonio Brioschi e Leo Valiani". Pref. di Aldo Garosci. in: *Storia e religione*, Milano (1957) pp. 1-532.

"Die Vereinigten Staaten als Vormacht des Westens". in: *Hat der Westen eine*

Idee? Hrsg.: *Aktionsgemeinschaft Soziale Marktwirtschaft*. Tagungsprotokoll 7. Ludwigsburg (1957) S. 71-84.

"Voorlopige resultaten van de proeven betreffende toepassing van een 5-tal typen van verbiciden in verelvlas in 1956". in: *Mededeelingen van der Landbouwuvoge-school een der opzoekingsstations van den stadt te Gent*, D. 22 (1957) pp. 632-646.

"What is meant by 'Politically Impossible'?" in: *Political Research Organization and Design*, Princeton. 1 (1957) N. 5.

"Die heutigen Auffassungen über die Demokratie in Europa und Amerika". in: *Schweizer Monatshefte*, 37 (1957/58) S. 112-120.

"Alfred Weber gestorben". in: *Ruperto Carola*, 10 (1958) Bd. 23, S. 163-164.

"Die Aufgabe des Unternehmers in der aktiven Konjunkturbeeinflussung". in: *Industriekurier*, 11 (1958) N. 106, Beil.: *Technik und Forschung*, S. 5 ff.

"Authority, Reason, and Discretion". in: *Authority*. (*Nomos*, I) Cambridge/Mass. (1958) pp. 28-48.

"Demokratie und Propaganda". in: *Schweizer Monatshefte*, 38 (1958) N. 8, S. 600-609.

"Apuntes Sobres el Valor de la Discrecion". in: *Revista de Ciencias*, II (1958) N. 1.

"Political Philosophy, Ideology, and Impossibility. The range of theory and practice". in: *International Political Science Association*, Rome Congress (1958) pp. 1-25.

"Political Philosophy and the Science of Politics". in: *Scritti giuridici in memoria di Piero Calamandrei*, Vol. I, Padova (1958) pp. 183-201.

"Das Wesen des Barock". in: *Marianne Weber-Kreis. Festgabe für Georg Poensgen*. Heidelberg (1958) S. 95-99.

"Wiedervereinigung von Amerika aus gesehen. Sache der Deutschen oder der vier Siegermächte?" in: *Frau und Frieden. Mitteilungsblatt der Westdeutschen Frauenfriedensbewegung*, Wattenscheid (1958) N. 10, S. 5 ff.

–, and M. Croan, "The East German Regime and Soviet Policy in Germany". in: *Journal of Politics*, 20 (1958) pp. 44-63.

"Freiheit und Verantwortung. Zum Problem des demokratischen Totalitarismus. Festgabe für Eduard Heimann". in: *Hamburger Jahrbuch für Wirtschafts- und Gesellschaftspolitik*, Tübingen (1959) S. 124-132.

"The Concept of Community in the History of Political and Legal Philosophy". in: *Community* (*Nomos* II) New York (1959) pp. 3-24.

"The New French Constitution in Political and Historical Perspective". in: *Harvard Law Review*, 72 (1959) N. 5, pp. 801-837.

"Puerto Rico als assoziierter Staat der USA." in: *Jahrbuch des Öffentlichen Rechts der Gegenwart*, N. F. Tübingen (1959) N. 8, S. 463-475.

"Die Weltpolitische Situation". in: *Was muss die freie Welt tun*? Hrsg.: Aktions-gemeinschaft Soziale Marktwirtschaft. Tagungsprotokoll 13. Ludwigsburg (1959) S. 84-98.

"Politische Autorität und Demokratie". in: *Zeitschrift für Politik*. N.F. 7 (1960) N. 1, S. 1-12.

"Filosofia Politica, Ideologia e Imposibilidad". in: *Revista de Estudios Politicos*, Madrid (1960) N. 105.

"The Dilemma of Administrative Responsibility". in: *Responsibility*. (*Nomos* III) New York (1960) pp. 189-202.

"The Baroque Age". in: *Horizon*, II (1960) N. 6, pp. 33-64.

"Legitimität in politischer Perspektive". in: *Politische Vierteljahresschrift*, I (1960) N. 2, S. 119-132.

"Organization Theory and Political Style". in: *Public Policy*, X. Cambridge/Mass. (1960) pp. 44-61.

"Origin and Development of the Concept of Federalism in the United States". in: *Jahrbuch des Öffentlichen Rechts der Gegenwart*, N. F. Tübingen (1960) N. 9.

"Ursprung und Entwicklung des Begriffs des Föderalismus in den Vereinigten Staaten von Amerika". in: *Zwei Völker im Gespräch*. Sammlung "Res Novae". XI. Frankfurt/Main (1961) S. 41-56.

"Law and History". in: *Vanderbilt Law Review*, XIV (1961) Oct., pp. 1027-1048.

"Political Leaderschip and the Problem of Charismatic Power". in: *Journal of Politics*, XXIII (1961) pp. 3-24.

"Internationale Beziehungen". in: Strupp-Schlochauer: *Wörterbuch des Völkerrechts*, 2. Aufl., Bd. II, Berlin (1961) S. 50-53.

"Politische Herrschaftssysteme". in: *Staatslexikon. Recht – Wirtschaft – Gesellschaft*, Freiburg. 6. Aufl. (1961) S. 361-369.

"Das Versagen des Staates und das Problem der politischen Ordnung". in: *Studium Generale*, 15 (1962) N. 6.

"Ursprung und Entwicklung des Begriffs des Föderalismus in den Vereinigten Staaten von Amerika". in Edward McWhinney: *Föderalismus und Bundesverfassungsrecht. (Studien zur Politik.* 4) Heidelberg (1962) S. 66-80.

"The Grassroots Base of Unification of Europe." *Public Policy. Yearbook of the Graduate School of Public Administration*, Harvard University, Vol. XII. Cambridge, Mass.: Harvard University Press, 1963, pp. 23-40.

"Nation-Building?" *Nation-building*. Edited by Karl W. Deutsch, 1963, pp. 27-32.

"Rights, Liberties, Freedoms: A Reappraisal." *American Political Science Review*, LVII, No. 4, December, 1963, pp. 841-854.

–, *et al.* "Son Compatibles con la Democracia la Personalización y la Concentración del Poder?" *Revista de Instituto de Ciencias Sociales*, Barcelona, 1963, pp. 231-246.

"International Federalism in Theory and Practice." *Systems of Integrating the International Community*. Edited by Elmer Plischke, 1964, pp. 117-155.

"Karl Llewellyn's Legal Realism in Retrospect." *Ethics*, LXXIV, No. 3, April, 1964, pp. 201-208.

"Die Macht der Negation und das Verhängnis totaler Ideologie". *Atlantische Begegnungen, eine Freundesgabe für Arnold Bergstraesser*, Freiburg/Breisgau: Rombach, 1964, pp. 13-24.

"Max Weber und die Machtpolitik: Diskussion zum Thema." *Max Weber und die Soziologie heute*. Deutsche Gesellschaft für Soziologie, Tübingen: J. C. B. Mohr, 1964.

"Nationaler und Internationaler Föderalismus in Theorie und Praxis." *Politische Vierteljahresschrift*, Jg. 5, Heft 2, 1964, S. 154-187.

"Nuevas Tendencias en la Teoria y en la Practica del Federalismo." *Revista de Instituto de Ciencias Sociales*, Barcelona, 1964, pp. 47-66.

"Panhumanismus: Die kommende Weltordnung und die Einigung Europas." *Europa Archiv*, F. 23, 1964, S. 865-874.

"The Religious Motive Reaffirmed." *The Thirty Year's War*. Edited by Theodore K. Rabb, 1964. pp. 32-35.

656 BIBLIOGRAPHIE

"The Unique Character of Totalitarian Society." *Totalitarianism*. Edited by C. J. Friedrich. Universal Library. New York: Grosset & Dunlap, 1954, 1964.

"A Critique of Pareto's Contribution to the Theory of a Political Elite." *Cahiers Vilfredo Pareto*, V, 1965, pp. 259-267.

"Ideology in Politics: A Theoretical Comment." *Slavic Review*, XXIV, No. 4 December, 1965, 612-615.

"Kommentar zu den Empfehlungen der Vereinigung Deutscher Staatsrechtslehrer." *Politische Vierteljahresschrift*, Jg. 6, Heft 2, 1965, S. 240-241.

"Law and Dictatorship in the 'Contrat Social'." *Rousseau et la Philosophie Politique*. Annales de Philosophie Politique, Institut International de Philosophie Politique (Paris), No. 5. Vendôme: Presses Universitaires de France, 1965, pp. 77-97.

"New Tendencies in Federal Theory and Practice." *Jahrbuch des Öffentlichen Rechts der Gegenwart*. Hrsg. von G. Leibholz. Tübingen: J. C. B. Mohr, N.F./ Bd. 14, 1965, S. 1-14.

"Un Ordre Politique Modèle Fondé sur L'Etude du Passé." Paper presented at the Conference Internationale de *Futuribles*, Paris, April, 1965.

"Past Political Experience and a Model Political Order for the Future." Paper Presented at the International Conference of S.E.D.E.I.S. (*Futuribles*), Paris, April, 5-7, 1965.

"The Political Elite and Bureaucracy." *Pareto and Mosca*. Edited by J. H. Meisel. (1965) pp. 171-179.

"Betrachtung zur Frage der Pathologie in der Politik." *Staat, Wirtschaft und Politik in der Weimarer Republik: Festschrift für Heinrich Brüning*. Herausgegeben von Ferdinand A. Hermens und Theodor Schieder. Berlin: Duncker & Humblot, 1966. S. 469-488.

"The Democratic Tradition." Lecture at the Industrial College of the Armed Forces. Washington, D. C.: The Industrial College of the Armed Forces, August, 1966.

"Diktatur." *Sowjetsystem und Demokratische Gesellschaft, eine vergleichende Enzyklopädie*. Freiburg: Verlag Herder, 1966, S. 1239-1259.

"Englische Verfassungsideologie im Neunzehnten Jahrhundert." *Die Moderne Demokratie und ihr Recht – Festschrift für Gerhard Leibholz*. Tübingen: J. C. B. Mohr, 1966, Bd. 1, S. 101-121.

"Federalism and Opposition." *Government and Opposition*. Vol. I, 1966, pp. 286-296.

"Implications politiques de la formation informelle d'une communauté économique européenne." Paper prepared for the meeting of the Association pour le Developpement de la Science Politique Européenne. Lyon, France. October, 1966.

"International Politics and Foreign Policy in Developed (Western) Systems." *Approaches to Comparative and International Politics*. Edited by R. B. Farrell. Evanston, Ill.: Northwestern University Press, 1966, pp. 97-119.

"Pan-Humanism, Culturalism, and the Federal Union of Europe." *Philosophy, Religion and the Coming World Civilization: Essays in Honor of William Ernest Hocking*. Edited by Leroy S. Rouner. The Hague: Martinus Nijhoff, 1966.

"Philosophical Reflections of Leibniz on Law, Politics, and the State." *Natural law Forum*, XI, 1966, pp. 79-91.

"Political Pathology." *The Political Quarterly*, XXXVII, January-March, 1966, pp. 70-85.

"Political Science." *The World Book Encyclopedia*. 1966, pp. 560b-561.

"Selected Trends and Issues in Contemporary Federal and Regional Relations." *Status of Puerto Rico: Selected Background Studies Prepared for the U. S. – Puerto Rico Commission on the Status of Puerto Rico*. Washington, D.C.: U. S. Government Printing Office, 1966. pp. 471-553.

"Some General Theoretical Reflections on the Problems of Political Data." *Comparing Nations: The Use of Quantitative Data in Cross-National Research*. Edited by Richard L. Merritt and Stein Rokkan. New Haven, Conn.: Yale University Press, 1966, pp. 57-72.

"Auswahl und Ausbildung des akademischen Nachwuchses in Amerika und ihre Bedeutung für die deutsche Hochschulreform." in: *Jahrbuch für Amerikastudien*, Bd. 12, 1967, S. 36-47.

"The Concept of Governmental Responsibility: The United States, Great Britain, and the Federal Republic of Germany." *The Indian Journal of Politics*, I, 1, Jan-June, 1967, pp. 1-20.

"Federalism and Nationalism." *Orbis*, X, 4 Winter, 1967, pp. 1009-1021.

"Die Methodologischen Fragen der Politischen Wissenschaft: Synkretismus oder Synthese?" *Methoden der Politologie*. Darmstadt: Wissenschaftliche Buchgesellschaft, 1967, S. 373-385.

"Rechtsphilosophie und Politik, Gedanken zu Perversion und Korruption." *Festschrift für Fritz von Hippel*. Herausgegeben von Josef Esser und Hans Thieme. Tübingen: J. C. B. Mohr, 1967, pp. 133-144.

"The Rise of Totalitarian Dictatorship." *World War I: A Turning Point in Modern History*. Edited by Jack Roth. Borzoi Books. New York: Alfred A. Knopf, 1967, pp. 47-63.

"Some Reflections on Constitutionalism for Emergent Political Orders." *Patterns of African Development*. Edited by Herbert Spiro. Englewood Cliffs, N. J.: Prentice-Hall Inc. 1967.

"Totalitarianism." *Handbook of World History: Concepts and Issues*. Edited by Joseph Dunner. New York: Philosophical Library, Inc., 1967.

"Die Verantwortung der Regierung der Vereinigten Staaten, Grossbritannien und der Bundesrepublik." *Politische Vierteljahresschrift*, Jg. 8, Heft 3, 1967, S. 374-390.

"Administration: Administrative Function." *International Encyclopedia of the Social Sciences*. 1968, Vol. I, p. 67.

"Authority." *International Encyclopedia of the Social Sciences*, 1968, Vol. I, p. 474.

"The Changing Theory and Practice of Totalitarianism." *Il Politico*, XXXIII, 1, 1968, pp. 53-76.

"Dictatorship." *International Encyclopedia of the Social Sciences*, 1968, Vol. IV, p. 162.

"The Failure of the United Nations." *Comprendre*, No. 31-32, 1968, pp. 1-7.

"The Legacies of the Occupation of Germany." *Public Policy*, The Yearbook of the Graduate School for Public Administration, Harvard University, Vol. XVII. Cambridge, Mass.: Harvard University Press, 1968, pp. 1-26.

"Man the Measure: Personal Knowledge and the Quest for Natural Law." *Intellect and Hope: Essays in the Thought of Michael Polanyi*. Edited by T. A.

Langford and W. H. Poteat. Durham, N.C.: Duke University Press, 1968, pp. 91-110.

"Man and His Government." *Man and His World/The Noranda Lectures/Expo '67* Toronto: University of Toronto Press, 1968, pp. 111-119.

–, et al. "Planning for the Greater Boston Metropolitan Area." *Public Administration Review*, V. No. 2, Spring, 1945, pp. 113-126; and, with a new preface, *Portia Law Journal*, III, 2, Spring, 1968, pp. 191-213.

Politics, comparative. *International Encyclopedia of the Social Sciences*, 1968, Vol. XII, p. 332.

"Public Interest." *International Encyclopedia of the Social Sciences*, 1968, Vol. XIII. p. 172.

"Public Policy and the Nature of Administrative Responsibility." *Public Policy.* Yearbook of the Graduate School of Public Administration, Harvard University, Vol. I. Cambridge, Mass.: Harvard University Press, 1940, pp. 3-24; and, *The Politics of the Federal Bureaucracy.* Edited by Alan Altshuler. New York: Dodd, Mead, & Co., 1968, pp. 414-425.

"Puerto Rico: The Next State of the Union?" *Howard Law Journal*, XV, No. 1 Fall, 1968, pp. 88-100.

"Repräsentation und Verfassungsreform in Europa." *Zur Theorie und Geschichte der Repräsentation und Repräsentativverfassung.* Darmstadt: Wissenschaftliche Buchgesellschaft, 1968 S. 209-221.

"Responsibility." *International Encyclopedia of the Social Sciences*, 1968., Vol. XIII., p. 499.

"Some Thoughts on the Relation of Political Theory to Anthropology." *American Political Science Review*, LXII, No. 2, June, 1968, pp. 536-545.

"Totalitarianism." *International Encyclopedia of the Social Sciences*, 1968, Vol. XVI, p. 107.

"Totalitarianism: Recent Trends." *Problems of Communism*, XVII, No. 3, May-June, 1968, pp. 32-43.

"What Are Human Rights?" *Report of the Iowa Commonwealth Conference on Human Rights.* Jowa City, Iowa: Division of Extension and University Services, University of Iowa, 1968, pp. 7-16.

"The Background of European Community." *Las Constantes de Europa: VI Semana Internacional de Estudios Sociales.* Barcelona: Instituto de Ciencias Sociales, 1969, pp. 119-125.

"Conceito de Responsabilidade Governmental." *Revista Ciências Politicas* (Rio de Janeiro), Jan.-Mar. 1969.

–, und Klaus von Beyme. "Führung." *Sowjetsystem und Demokratische Gesellschaft: Eine vergleichende Enzyklopädie.* Freiburg: Herder, 1969, S. 782-796.

"The Nation: Growth or Artifact?" *L'Idée de Nation.* Annales de Philosophie Politique, Institut International de Philosophie Politique, Paris, No. 8. Nogent-le-Rotrou: Presses Universitaires de France, 1969, pp. 23-36.

"Political Development and the Objectives of Modern Government." *Political and Administrative Development.* Edited by Ralph Braibanti. Durham, N.C.: Duke University Press, 1969, pp. 107-135.

"Die Verfassungsproblematik der Entwicklungsländer im Hinblick auf die Aufgaben des Modernen Staates." *Sprache und Politik: Festgabe für Dolf Sternberger.* Heidelberg: Lambert Schneider, 1969, S. 459-479.

"War As a Problem of Government." *The Critique of War: Contemporary Philosophical Explorations.* Edited by Robert Ginsberg. Chicago: Henry Regnery Company, 1969, pp. 163-184.

"Bureaucracy Faces Anarchy." (Clifford Clark Memorial Lecture). *Canadian Public Administration*, XIII, 3 & 4, Fall & Winter, 1970.

"Entscheidung und Planung in politischer Perspektive." *Neue Anthropologie: Eine Integration der Wissenschaften vom Menschen.* Herausgegeben von H. G. Gadamer und P. Vogler. Stuttgart: Georg Thieme Verlag, 1970.

"Erasmus and Kant on War and Peace." *World Affairs*, Vol. 133 (June, 1970), pp. 1-12.

"Failure of a One-Party System." *Authoritarian Politics in Modern Society.* Edited by Samuel P. Huntington and Clement H. Moore 1970, pp. 239-260.

"The Function and Revival of Ideology in the United States." Institut International de Philosophie Politique (Paris), *Annales de Philosophie politique*, Vol. IX. Paris: Presses Universitaires de France, 1970.

"Law and Politics: Constitutional Reform and Treaty Change." *Festschrift for Josef Kunz.* Toledo, Ohio: *Law Review* of the University of Toledo, 1970.

"Political Decision-Making, Public Policy, and Planning." Clifford Clark Memorial Lecture, The Institute of Public Administration of Canada. *Canadian Public Administration*, XIII, Nos. 3 and 4, Fall and Winter, 1970.

"The Theory of Political Leadership and the Issue of Totalitarianism." *Political Leadership in Eastern Europe and the Soviet Union.* Edited by R. B. Farrell. Chicago: Aldine Pub. Co., 1970, S. 17-27.

IV. Ausgewählte Rezensionen

G. E. G. Catlin, *The Science and Method of Politics*, New York, 1927. in: *Archiv für Sozialwissenschaft und Sozialpolitik*, Bd. 62, 1929.

Stuart A. Rice, *Quantitative Methods in Politics*, New York, 1928. in: *American Political Science Review*, Vol. 23, 1929.

Friedrich Meinecke, *Die Idee der Staatsräson in der Neueren Geschichte*, München-Berlin, 1924. in: *American Political Science Review*, Vol. 25, 1931.

Käthe Spiegel, *Kulturgeschichtliche Grundlagen der amerikanischen Revolution*, München-Berlin, 1931. in: *Archiv für Sozialwissenschaft und Sozialpolitik*, Bd. 66, 1933.

Dietrich Schindler, *Verfassungsrecht und soziale Struktur*, Zürich, 1932, in: *Archiv des Öffentlichen Rechts*, Bd. 59, 1934.

Charles Edward Merriam, *Political Power. Its composition and incidence*, New York, 1934. in: *Harvard Law Review*, März 1935.

T. V. Smith, *The Promise of Politics*, Chicago, 1935. in: *The Commonweal*, Nov. 1936.

Charles E. Merriam, *The Role of Politics in Social Change*, New York, 1936. in: *The Commonweal*, Dec. 1936.

Hyman Ezra Cohen, *Recent Theories of Sovereignty*, Chicago, 1937. in: *Brooklyn Law Review*, Dec. 1937.

Lewis Meriam, *Public Service and Special Training*, Chicago, 1936; und John M. Gaus, Leonard D. White, and Marshall E. Dimock, *The Frontiers of Public Administration*, Chicago, 1936. in: *Journal of Social Philosophy*, Jan. 1938.

Marie C. Swabey, *The Theory of the Democratic State*, Cambridge/Mass., 1937. in: *Harvard Law Review*, Febr. 1938.

Leo Strauss, *The Political Philosophy of Thomas Hobbes*, New York, 1936. in: *Journal of Social Philosophy*, Apr. 1938.

William E. Rappard, *L'individu et l'état dans l'évolution constitutionelle de la Suisse*, Zürich, 1936. in: *American Historical Review*, Apr. 1938.

Benjamin Evans Lippincott, *Victorian Critics of Democracy: Carlyle, Ruskin, Arnold, Stephen, Maine, Lecky*, Minneapolis, 1938. in: *Journal of Political Economy*, June 1938.

Harold J. Laski, *Parliamentary Government in England. A. Commentary*, New York, 1938. in: *Survey Graphic*, Jan. 1939.

Pitirim A. Sorokin, *The Crisis of Our Age – The Social and Cultural Outlook*, New York, 1941; und Mortimer J. Adler, *A Dialectic of Morals – Towards the Foundations of Political Philosophy*, Notre Dame, 1941. in: *Journal of Politics*, Vol. IV, Nov. 1942.

Gorham Munson, *Twelve Decisive Battles of the Mind*. in: *Yale Review*, Vol. XXXII, Sept. 1942.

Frederick L. Schuman, *Night over Europe: The diplomacy of nemesis 1939/40*. in: *Political Science Quarterly*, Vol. LVII, Dec. 1942.

Thomas Porter Robinson, *Radio Networks and the Federal Government*, New York, 1943. in: *The Saturday Review*, July 1943.

Max Radin, *The Day of Reckoning*, New York, 1943. in: *Harvard Law Review*, July 1943.

Charles A. Beard, *The Republic – Conversations on Fundamentals*, New York, 1943. in: *Yale Law Journal*, Vol. 53, March 1944.

Herbert von Beckerath, *In Defense of the West. A. Political and Economic Study*, Durham, 1942. in: *Journal of Economic History*, May 1944.

Arnold Brecht, *Prelude to Silence. The End of the German Republic*, New York, 1944. in: *Columbia Law Review*, Sept. 1944.

W. Friedman, *The Crisis of the National State*, London, 1943. in: *American Economic Review*, Sept. 1944.

Leverett S. Lyon, Victor Abramson, and associates, *Government and Economic Life. Development and current issues of American public policy*, Washington, 1939 and 1940. in: *Advanced Management*, April-June 1944.

Ferdinand A. Hermens, *The Tyrants' War and the Peoples' Peace*, Chicago, 1944. in: *Political Science Quarterly*, Vol. 59, Dec. 1944.

Ernst Fraenkel, *Military Occupation and the Rule of Law. Occupational government in the Rhineland 1918-23*, New York, 1944. in: *Harvard Law Review*, Febr. 1945.

Friedrich A. Hayek, *The Road to Serfdom* Chicago 1944. in: *American Political Science Review*, Vol XXXIX, June 1945.

Hans Kelsen, *General Theory of Law and State*, Cambridge/Mass., 1945. in: *Lawyers Guild Review*, 1946.

Zechariah Chafee, Jr., *Government and Mass Communications*, Chicago, 1947. in: *Virginia Quarterly Review*, Summer 1948.

Erich Kordt, *Wahn und Wirklichkeit*, (2^d ed.) Stuttgart, 1948. in: *Annals of the American Academy of Political and Social Science*, N. 265, 1949.

David Spitz, *Patterns of Anti-Democratic Thought*, New York, 1949. in: *Harvard Law Review*, Nov. 1950.

Arnold Brecht, (papers published in *Social Research*). in: *Social Research*, Spring 1954.

Karl Carstens, *Grundgedanken der amerikanischen Verfassung und ihre Verwirklichung*, Berlin, 1954. in: *Tulane Law Review*, Vol. XXXI, Dec. 1956.

Ernst Reibstein, *Johannes Althusius als Fortsetzer der Schule von Salamanca*, Karlsruhe, 1955. in: *Zeitschrift der Savigny-Stiftung für Rechtsgeschichte*, Bd. 74, 1957.

Fritz von Hippel, *Die Pervision von Rechtsordnungen*, Tübingen. 1955. in: *Archiv des Öffentlichen Rechts*, Bd. 82, H. 4, 1957.

Albert Hunold (ed.), *Masse und Demokratie*, (Aufsätze von L. Baudin, J. B. Duroselle, F. A. Hayek, H. Kohn, Th. Litt, W. Kägi, M. Oakeshott, W. Röpke, A. Rüstow, H. Schoeck.) Erlenbach- Zürich und Stuttgart, 1957. in: *Kyklos*, Vol. X., N. 4, 1957.

Zechariah Chafee, *Three Human Rights under the Constitution*, Kansas, 1956; und Roscoe Pound, *The Development of Constitutional Guarantees of Liberty*, New Haven/Conn., 1957. in: *Tulane Law Review*, Vol. XXXII, N. 1, Dec. 1957.

Karl A. Wittfogel, *Oriental Despotism – A comparative study of total power*, New Haven/Conn., 1957. in: *American Slavic and East European Review*, Oct. 1958.

Hans Barth, *Die Idee der Ordnung – Beiträge zu einer politischen Philosophie*, Erlenbach-Zürich und Stuttgart, 1958. in: *Kyklos*, Vol. XII, 1959.

Klaus Epstein, *Matthias Erzberger and the Dilemma of German Democracy*, Princeton, 1959. in: *The New Leader*, April 1959.

Leo Strauss, *Thoughts on Machiavelli*, Glencoe/Ill., 1958. in: *The New Leader*, Oct. 1959.

Walter Berns, *Freedom, Virtue, and the First Amendment*, Baton Rouge, 1957. in: *Tulane Law Review*, Vol. XXXIII, Febr. 1959.

Arnold Brecht, *Political Theory. The foundations of twentiethcentury policital thought*, Princeton, 1959. in: *American Historical Review*, Jan. 1960.

Leo Strauss, *What is Political Philosophy? And other studies*, Glencoe/Ill., 1959. in: *American Historical Review*, July, 1960.

Christopher Emmet and Norbert Muhlen, *The Vanishing Swastika: facts and figures on nazism in West Germany*, Chicago, 1961. in: *Annals of the American Academy of Political and Social Science* N. 339, 1962.

Ch. Emmet, N. Muhlen, *The Vanishing Swastika. Facts and Figures on Nazism in West Germany*, Chicago, 1961 in: *Ann. Amer. Acad. of Polit and Soc. Sc.*, Vol. 339, 1962.

M. Polanyi, *Personal Knowledge*, Chicago, 1958. in: *Natural Law Forum* 7 (1962).

A. Verdross, Ebd. *Abendländische Rechtsphilosophie*, Wien, 1958. in: *Erasmus* 16, 1964.

P. J. Winters, *Die Politik des Johannes Althusius und ihre zeitgenössischen Quellen*, Freiburg, 1963. in: *Politische Vjschr.* 5 (1964).

H. B. Gisevius, *Adolf Hitler*. in: *Politische Vjschr.*, 6, 1965.

R. A. Dahl, *Political Oppositions in Western Democracies*, Yale, 1966. in: *Virginia Quarterly Rev.*, 42, 1966.

J. Stone, *Human Law and Human Justice*. in: *Sydney Law Rev.*, 1967, S. 434-435.

M. J. C. Vile, *Constitutionalism and the separation of powers*. in: *American historical rev.*, 1968.

K. N. Waltz, *Forreign policy and democratic politics*. in: *Annals of the American Acad. of political and social science*, 375 1968.

Gh. Ionescu, *Politics of the European communist states*. in: *Government and opposition*, 3, 1968.

B. Lippincott, *Democracy's dilemma*. In: *Midwest J. of politicial science*, 12, 1968.

Marxist Ideology in the contemporary world. Ed. by M. M. Drachkotvitch in: *Slavic Rev.*, 27. 1968.

A. Sutherland, *Constitutionalism in America*. in: *Verfassung und Verfassungswirklichkeit*, 3, 1968.